Wolfgang Pfaff
Garanten der Zukunft

Unseren lieben Nachbarn Kurt
Juli 2009

Wolfgang Pfaff
+
Frau Traudl

Wolfgang Pfaff
Rüdliebstr. 11
81925 München
Tel. 089 - 986391
Fax 089 - 981227

Wolfgang Pfaff

Garanten der Zukunft

Wie man eine ganze Generation
auf's Kreuz legt
(K)ein Roman

printul

CIP-Kurztitelaufnahme der Deutschen Bibliothek

Pfaff, Wolfgang:
Garanten der Zukunft : Wie man eine
ganze Generation auf's Kreuz legt;
(k)ein Roman / Wolfgang Pfaff. –
München : printul, 1989
ISBN 3-925575-18-9

Copyright © 1989 by printul Verlagsgesellschaft mbH, 8000 München 12.
Alle Rechte vorbehalten. Nachdruck, auch auszugsweise, nur mit ausdrücklicher Genehmigung des Verlages.
Buchumschlaggestaltung: Graupner & Partner, München
Gesamtherstellung: H. Mühlberger, Gersthofen.
ISBN 3-925575-18-9

*Es hieße lächerlich und ein Fremdling in der Welt zu sein, wenn man über irgendein Ereignis in seinem Leben staunen wollte.
Liebe das, was dir widerfährt und zugemessen ist, denn was könnte dir angemessener sein?*

(Marc Aurel, Römischer Kaiser 121–180 n. Chr.)

Für meine und anderer Leute Kinder

INHALTSVERZEICHNIS

VORWORT

ERSTES BUCH
GARANTEN
EINLEITUNG

Föhn 13 – Augusta Vindelicorum 15 – Ora et labora 18 – Vierzehn Jahre...! 25 – Der Fackelzug 29 – Hedwig 32 – Ferien in Berlin 36 – Andere Welt 40 – Unsere Fahne flattert uns voran 44 – Der Deutsche Gruß 49 – Die Juden 54 – Olympiade 62 – O sole mio 68 – Gaudeamus igitur 89 – RAD 101 – Ehrenkleid der Nation 106 – Karriere 122 – Navigare necesse est 140 – Tyske Tropper 155 – Der Gröfaz 163 – Diverse und die Seine 172 – Bad Gastein 185 – Warum ist es am Rhein so schön 191 – Im Namen des Volkes 203 – Non scholae sed vitae discimus 210

ZWEITES BUCH
DIE VERSAGER
EINLEITUNG

Führers Geburtstag 241 – Der Grüngürtel 248 – Die Russen kommen 254 – Caritas 260 – Walküre 278 – Von der Maas bis an die Memel 281 – Königsberg 307 – OKL 322 – Bavaria wants to see you 338

DRITTES BUCH
ALLES IN BUTTER
EINLEITUNG

Land ohne Brücken 355 – Kraut und Rüben 367 – Onkel Peter 376 – Die kleine Stadt 380 – Giorgetto 390 – Brillanten 395 – Musica viva 399 – Pension Pirzer 403 – Quod licet Jovi 415 – Wiedergutmachung 420 – Comeback 423 – Schönes neues Geld 430

NACHWORT

Vorwort

Bei der Lektüre der »Erinnerungen eines alten Mannes« von Wilhelm von Kügelgen, eines Zeitgenossen Napoleons aus Dresden, habe ich über das Leben am Anfang des 19. Jahrhunderts in Deutschland mehr gelernt als im Geschichtsunterricht. Das gab mir den Anstoß zu vorliegender Arbeit.

In der Schule haben wir Alexanders Züge genau verfolgt, Cäsars Erlebnisse in Gallien und Rom mühsam übersetzt, die Blutspur Napoleons quer durch Europa nachgezeichnet, ohne die heutigen Franzosen zur kollektiven Scham aufzufordern, Bismarcks Genie bewundert und schlimme Dinge über diverse »Erbfeinde« gehört. Und herzlich wenig darüber erfahren, wie der »kleine Mann« die Zeiten empfand. Aber gerade dieser, der die Geschichte nicht macht, sondern erleidet, könnte das beste Zeugnis geben.

Man wird mir den Vorwurf machen können, daß ich den Eindruck erwecke, als ob die Jugend im Dritten Reich sich nicht pausenlos des Führers geschämt hätte. Daß wir während des Krieges auch nicht ständig geweint haben, könnte als Sünde gelten. Mancher Altersgenosse, der schweres Soldatenlos erlitten hat, möge mir verzeihen, daß ich Glück hatte. Ich kann nichts dafür.

Die »Garanten der Zukunft« sind gesammelte Bilderbögen. Nichts an diesem Buche ist erdichtet. Mühe hat es mir bereitet, die Vorgänge so zu schildern, wie ich sie damals empfunden habe, denn es ließ sich nicht vermeiden, älter und klüger zu werden. Aber so klug wie die Kritiker, die heute oft über meine Generation richten, werde ich wohl nie werden.

Danke, mein Führer!

Man hat uns ein Leben gestohlen,
In Uniformen gesteckt
Und sagte uns unverhohlen:
Ein Kerl ist nur, wer verreckt.

Wir waren 17, noch Knaben,
Und hielten es für die Pflicht,
Gar keine Jugend zu haben.
An später dachten wir nicht.

Dann kam die große Misere.
Der Schwindel war offenbar.
Wir klammerten uns an die Ehre
Und taten es noch ein Jahr.

Die Pleite war unbeschreiblich,
Ein Teil hat sie überlebt,
Doch leider Gottes nur leiblich.
Das andere wird überklebt.

Jetzt quälen wir uns und die Frauen,
von denen wir draußen geträumt.
Die können es auch nicht verdauen.
So wird die Liebe versäumt.

Die Weiber sind Kameraden
Mit etwas verstärkter Brust.
Tagsüber stehn sie im Laden,
Und nachts hat keine mehr Lust.

Zuweilen kommt eine Stunde,
dann wissen wir, was wir sind:
Arme, betrogene Hunde.
Und immer noch ein Kind.

(Geschrieben im Gefängnis in Weilheim, 1948)

Erstes Buch

Garanten

Einleitung

Es ist offensichtlich nicht so schwer, Menschenmassen in einen Zustand der Hysterie zu versetzen. Heute genügt dazu oft eine Stimme, eine Gitarre und eine ordentliche Verstärkeranlage.

Damals war das Werkzeug etwas umfangreicher: der staatliche Rundfunk, die gleichgeschaltete Presse und eine um ihre Anstellung fürchtende Lehrerschaft.

Der Erfolg ist bekannt.

Föhn

In der Beurteilung dieser typisch bayerischen Naturerscheinung gehen die Meinungen der Betroffenen oft recht weit auseinander. Für die einen ist er eine große Plage, verbunden mit Kopfweh, Arbeitsunlust und starker Reizbarkeit. Den anderen beschert er Beschwingtheit, Hochgefühl, aber sonderbarerweise ebenfalls Arbeitsunlust. Letztgenannte Empfindung macht selbst vor Gymnasiasten nicht halt, deren Schulzeugnisse allen Anlaß böten, sich den warmen Winden nicht zu beugen, welche von den Alpen herabfallen und oft mitten im Winter die schwäbisch-bayerische Hochebene südlich der Donau heimsuchen.

Die glücklichen Franken nördlich des Stromes sind davon nicht geplagt und deshalb auch besser geeignet, innerhalb Bayerns das größere Kontingent an strebsamen Beamten, Polizisten und Revolutionären zu stellen. Bei den Südbayern und den dort lebenden Zugereisten wird glücklicherweise die föhnbedingte Reizbarkeit durch die gleichzeitig entstehende Arbeitsunlust weitgehend kompensiert. Auseinandersetzungen verpuffen deshalb in kurzen Raufereien, wortstarken Demonstrationen und Tat-Aufforderungen, die aus hygienischen Gründen oder Faulheit nie befolgt werden.

Überhaupt bückt sich der Bayer nur ungern. Wie oft hört man aus dem Munde tüchtiger norddeutscher Kaufleute die Rede: »Das Geld liegt auf der Straße. Man muß sich nur danach bükken!« Nun, die Wahrheit dieses Spruches wird hierzulande nicht bestritten. Aber ist es nicht eine Sünde, den Blick in den Straßendreck zu senken, wenn über den Bäumen und Kirchtürmen Schäfchenwolken über einen unbeschreiblich blauen Himmel ziehen? Wenn duftende Linden dem Fußgänger die Nase förmlich nach oben reißen? Wenn über Haustüren angebrache Schilder den Ausschank unbekannter, aber köstlicher Biere verkünden? Freilich, im Ruhrgebiet hat der Himmel oft die gleiche Farbe wie der Asphalt. Da ist es gleichgültig, in welche Richtung man blickt. Und kein Bayer nimmt es den dortigen Bewohnern übel, wenn sie sich nach dem Geld bücken. Weniger schön ist es jedoch in seinen Augen, wenn die Zugereisten in südlichen Gefilden das Bücken einführen. Es soll eben auch kein anderer das Geld aufheben. In der Hand von Fremden hat Geld die unangenehme Eigenschaft, Neid zu erregen. Nicht minder häßlich ist die Folge, daß gemütliche Normen verpatzt werden und am Ende womöglich die Konkurrenz dazu zwingt, selbst rührig zu werden. Diese Einstellung kann man nur subjektiv als Faulheit bezeichnen, und es gehört schon übertriebenes Sendungsbewußtsein dazu, wollte man ein Volk glauben machen, durch die Verkürzung der Freizeit glücklicher zu werden. Ich weiß nicht, wie lang der Arbeitstag von Adam im Paradies war. Jedenfalls hört man glaubwürdig, daß die Vertreibung aus dem Paradies zeitlich mit dem Beginn harter Arbeit zusammenfalle. Nun, das Paradies ist dahin; heute bekommt dem Menschen das Nichtstun wesentlich schlechter, weil fleißige Geschäftsleute Tag und Nacht darüber nachdenken, wie man diesen Müßiggang möglichst ungesund gestalten kann; Auto, Alkohol, Amüsement, Zerstreuung, Zigaretten und am Ende Zyankali. Von A bis Z Dinge, die allgemein dem Fortschritt zugeordnet werden – ein Schritt fort vom natürlichen und genüßlichen Leben. Ein gesunder Bauerninstinkt hindert die Ureinwohner unserer Landstriche, das Rad in dieser unseligen Richtung noch schneller zu drehen. Die Meinung »lieber arm in München als reich in Recklinghausen« hat noch zahlreiche Anhänger. Deshalb begnügt man sich damit, den lieben Nächsten nur in erträglichem Ausmaß, vielleicht beim Viehhandel oder bei Grundstückstransaktionen zu »bescheißen«. Da merkt der Betrogene wenigstens sehr bald, daß man ihn hereingelegt hat, und wird in Zukunft vorsichtiger sein. Wie unmoralisch ist im Vergleich dazu die großangelegte Werbung, das künstliche Schaffen von Bedürfnissen in Form von teuren Autos, Mode oder Nikotin.

Der größte Betrug dieses Jahrhunderts wurde jedoch von einem Menschen verübt, der keineswegs aus dem Norden zuwanderte, sondern bajuwarischen Geblütes war, will man nicht eine nicht bestehende Volkstumsgrenze zwischen Inn, linkes Ufer, und

Inn, rechtes Ufer, ziehen. Verdächtig an ihm war seine Verehrung des Preußentums. Nicht etwa, daß mit diesem Verdacht eine Abwertung preußischer Qualitäten verbunden gewesen wäre. Im Gegenteil! Die Leistungen der Preußen auf eigenem und teilweise auch anderer Leute Boden sind ganz beachtlich. Echte Preußen sind hart gegen andere und auch gegen sich selbst. Jener Pseudo-Preuße jedoch hatte mit seinen Führerideen die Härte auf die Untergebenen beschränkt und damit sowohl preußische wie bayerische Art mit Füßen getreten. Der Betrug lag also schon in der schlechten Imitation begründet sowie in dem unseligen Vorhaben, seine Mitmenschen das Bücken zu lehren und damit ihr Glück zu erzwingen. Hätte er nur, wie 1923, seine Revolution erneut von München aus vorbereitet und in jenen föhnigen Märztagen 1933 gestartet, dann wäre zur Reizbarkeit der Revolutionäre die Arbeitsunlust gekommen. Die gleiche Unlust, die mich am Tage der nationalen Erhebung aus der Zucht des Studiersaales im Knabenseminar zum Bummel durch die Stadt Augsburg trieb.

Augusta Vindelicorum

Eine sehr oberflächliche Redensart sagt, das Schönste von Augsburg sei der Schnellzug nach München. Es gibt bedauerlicherweise Menschen, denen es grundsätzlich da besser gefällt, wo sie gerade nicht weilen dürfen. Diese ewig Unzufriedenen machen sich auch gar nicht die Mühe, die liebenswerten Eigentümlichkeiten ihres Aufenthaltsortes näher kennenzulernen. Und welcher Fleck auf der Erde hätte nicht seine Besonderheiten, die man bei gutem Willen auch ins Herz schließen könnte! Gerade eine so alte und reiche Stadt wie die zweitausendjährige Gründung des römischen Kaisers Augustus kann gar nicht reizlos sein. Die Sprache, derer sich dort das Volk bedient, erinnert jedoch kaum an alte römische Laute. Ja, sogar das Latein, das an den Gymnasien gelehrt wird, hat phonetisch eine stark schwäbische Färbung. Es ist nicht das Schwäbisch der Württemberger, sondern das unverkennbare Augsburger Schwäbisch, das sich an die triste Ebene des Lechs klammert. Nur fünf Kilometer östlich der Stadt, auf den Höhen um Friedberg, hört man eindeutig altbayrische Sprache. Für den oberbayerischen Schüler, den die Eltern zum Zwecke gründlicher Bildung nach Augsburg in das Internat schicken und der beim Schulausflug den Lech östlich überschreitet, klingt seine Heimatsprache trotz einiger Unreinheiten dann wie köstliche Musik. Im Vergleich zum breiten Augsburgerisch ist es reiner Belcanto, reich an Vokalen und arm an Zischlauten. Kurzum die höchste sprachliche Anmut.

Der Regierungsbezirk Schwaben-Neuburg ist noch nicht so lange politisch zu Bayern gehörig, wie man beim Anblick lederhosentragender Augsburger meinen möchte. Der Schwabe ist praktisch und hat sich deshalb dieses Gewand schnell zunutzen gemacht; nicht so konsequent allerdings wie die Franken Nürnbergs, die immerhin 80 Prozent aller echt bayerischen Trachtenkapellen in Norddeutschland und dem übrigen Ausland stellen. Aber der Augsburger ist durch den Lech stark mit den Bergen verbunden, ein Wandersmann, der die Natur liebt.

Seine Sprache zu schildern ist ein schwieriges Unterfangen. Ich will es dennoch wagen, auch wenn ich dabei an die schöne Baderstochter Agnes Bernauer denken muß, der man den höchsten Liebreiz nachsagte. Bayerns Herzog Albrecht machte sie zu seiner Gefährtin – ihres Dialekts zum Trotz. Sie muß in der Tat unbeschreiblich hübsch gewesen sein – oder sehr wortkarg –, denn ihre Muttersprache ermangelt völlig des Charmes. »Wennscht it mogscht, kahscht mi, verschtehscht!« Der Leser kann leicht an der Anhäufung der Zischlaute ermessen, wo die Besonderheiten liegen, wobei aber auch der Text durchaus der ortsüblichen Mentalität entspricht. Bei der Wiedergabe ist außerdem zu beachten, daß der Unterkiefer weit vorzuschieben ist unter gleichzeitiger Herabzwängung der Mundwinkel. Diese Mundstellung ist dem Latein sehr abträglich, so daß es mich nicht wundert, wie schwer es mir gefallen ist, in dieser klassischen Sprache trotz bester Lehrer gute und die Eltern stets zufriedenstellende Noten zu erhalten.

Und dies in einer Umgebung, die auf Schritt und Tritt ans alte Römische Reich sowie an die Renaissance erinnerte. So fand ich bei Ausgrabungen in der Umgebung des Domes im abgeräumten Schutt eine alte römische Münze, die ich, natürlich mit schlechtem Gewissen, behielt. Eine spätere Expertise erleichterte mein Gewissen gründlich, denn die Münze wurde an vielen Plätzen in großen Mengen zu Tage gefördert. Der deutlichste Hinweis auf Rom in der Stadt ging aber von den drei herrlichen Brunnen aus: Herkulesbrunnen, Merkurbrunnen und Augustusbrunnen. Augustus grüßte uns bei jedem Gang durch Augsburg mit der ausgestreckten, erhobenen rechten Hand. Zumindest ab März. In den Wintermonaten hatte die Stadtverwaltung Mitleid mit dem Südländer und schützte ihn durch Holzverschalungen vor der Kälte. Durch diese Brunnenverhüllung in der ganzen Stadt entzog man dem Schüler auch die Möglichkeit vergleichender Anatomie, denn unter den Brettern ruhte für Monate der Sex eherner Brüste, ohne den die Allegorie nicht auszukommen scheint. Sicher waren dann auch manche Stadtväter erleichtert, diese nie welkenden Gaben der Kunst nicht sehen zu müssen, deren weltweit anerkannt künstlerischer Wert allein sie davor bewahrte, ganz entfernt zu werden.

Man muß nämlich wissen, daß seit der Badstuben-Zeit der Bernauerin ein erheblicher sittlicher Wandel in der Stadtverwaltung stattgefunden hat. Außer den Kommunisten im Stadtrat waren alle Stadtväter gegen das gemeinsame Baden der Geschlechter in den städtischen Bädern. Und selbst in der Brause des städtischen Hallenbades durfte man nur in der Badehose duschen. Mein kindlicher Verstand kam durch diese Übung in größte Verwirrung, als ich in den Ferien in Berlin vom Bademeister des Wellenbades in Halensee als »Sau« gerügt wurde. Er erwischte mich, als ich mich in der Badehose vor dem Betreten des Beckens abseifte, soweit dies eben in Hosen möglich war.

Im Laufe des Jahres 1933 halfen die Nationalsozialisten nachträglich den Bolschewisten Augsburgs zum Siege und richteten das Familienbad am Plärrer ein. Dieser Vorgang ging nicht ohne heftige Debatten über die Bühne und erregte die Gemüter beachtlich. Für uns Schüler des humanistischen Gymnasiums St. Stephan und interne Kostgänger des Joseph-Seminars war es ein Zeichen der beginnenden Neuzeit. Unsere Erzieher, Patres des Ordens vom Hl. Benedikt, hielten sich, wie immer in Fragen von untergeordneter Bedeutung, in der Beurteilung der Badesitten zurück. Um so mehr äußerten sie sich zu den Dingen, die die Welt wirklich bewegten. Zur Geschichte, zur Kunst, zur Wissenschaft. Und zu meinen Noten in den verschiedenen Fächern. Voll von Erinnerungen an meine Lehrer und die Schule sowie an das Seminar wird es wohl das beste sein, diese zum weiteren Verständnis vor dem Leser auszubreiten.

Ora et labora

An der alten Stadtmauer hinter dem Gymnasiumbau war kaum Passantenverkehr, und es lohnte sich deshalb nicht, die Mauer mit politischen Parolen, Hammer und Sichel oder dem Hakenkreuz zu verschmieren. So wurden wir vom Anblick der leidenschaftlichen und häßlichen Auseinandersetzungen der frühen dreißiger Jahre verschont. Das Gymnasium, eine staatliche Einrichtung und dem Benediktinerorden zur Führung anvertraut, ahndete jede Politisierung der Schule auf das strengste. Die Mitgliedschaft in politischen Jugendorganisationen jeder Art, auch solcher des als katholisch geltenden Zentrums oder der konservativen Bayerischen Volkspartei, wurde rücksichtslos mit der Entfernung aus der Schule bestraft. Ein Teil der Lehrerschaft war weltlich und nur den staatlichen Behörden gegenüber verpflichtet. Und auch dieser Teil verzichtete darauf, in die jugendlichen Köpfe die Verwirrung der sterbenden Weimarer Republik zu tragen.

Um so größer war die Aufregung, als eines Tages an den geweihten Klostermauern, die nahtlos in die Mauern des Schultraktes übergingen, groß eine Schmähschrift angebracht war, die wie üblich mit »NIEDER MIT...« begann. Das Unfaßbare schien geschehen. Der Pöbel griff auch nach den Stätten des Gebetes und der Bildung. Was hatten die gütigen Söhne des Heiligen Benedikt wohl verbrochen? Der weitere Text der Inschrift lehrte es uns deutlich: »... nieder mit den Kutteln, hoch das Schweinerne!« Es handelte sich also eindeutig um einen Angriff auf den Küchenzettel der Armenspeisung an der Klosterpforte.

Die Praxis christlicher Nächstenliebe sorgt nämlich seit Jahrhunderten an den meisten Klostertüren für die unverschuldet in Not Geratenen, oft auch für die schuldlos in Durst geratenen Pennbrüder. Die Klosterbrüder an der Pforte verteilen Brot, Suppen, ganze Mahlzeiten und oft auch Bargeld in kleinen Beträgen, je nach Vermögen des Klosters. Im Jahre 1933 war ein

Zweipfennigstück die Norm. Viele scheinheilige Kreuze wurden von den Bettlern vor dem Bruder Pförtner geschlagen, auf die sündige Stirn, die asthmatische Brust oder den knurrenden Magen. Blicke unendlicher Demut zu Boden oder verzückt gen Himmel, schöner als auf französischen Heiligenbildchen in Pastellfarben, sollten den braven Klosterbruder dazu verleiten, irrtümlich zweimal in den Geldnapf zu greifen, damit es vier Pfennige würden. Aber die Fratres waren realistische Burschen bäuerlicher Abstammung. Sie kannten die Scheinheiligkeit noch von ihrem Heimatdorf her und dachten sich pausenlos: Der Heilige Benedikt hieß uns, den Nächsten zu lieben, gleich ob Gerechter oder Ungerechter. Was soll das Theater? Du kriegst deine milde Gabe so oder so. Wenn die Schüssel leer ist, hilft auch kein Rosenkranz im Knien gebetet.

Und oft war die Schüssel leer, ehe die lange Schlange der Wartenden versorgt war. Dennoch wechselte das Geldstück später noch häufig seinen Besitzer, denn es gab ein Glücksspiel, das bei den Ärmsten sehr verbreitet war. Da konnte man sogar den morgen zu erwartenden »Zweiring« einsetzen. Gleich um die Ecke vom Kloster, ungerührt vom Stirnrunzeln der gütigen Spender, wurde es gespielt. Die Not war so groß, daß es in der Hoffnung auf weitere Pfennige auch zu Lumpereien kam. Unser Abscheu war entsprechend.

Dagegen hatten wir volles Verständnis für die sensationelle Parole jenes Tages. Denn auch wir verehrten das Schweinerne sehr und machten lange Gesichter, wenn es Kuttelfleck gab. Gekröse oder Kaldaunen sagten die Norddeutschen dazu und aßen es nicht einmal widerwillig, sondern gar nicht. Der niedrige Kulturstand der Bayern ist auch heute noch daran ersichtlich, daß sie ein Stück Schlachtvieh nicht zur Hälfte wegwerfen, sondern es ziemlich gründlich verwerten und sogar noch köstliche Speisen daraus machen, unbeschwert von Vorurteilen und in dem Gedanken, daß eine Gottesgabe nicht auf das Filet beschränkt ist, vor allem dann nicht, wenn man rechnen muß und kein Hochstapler sein will. Freilich, freilich, wir wagten nicht zu zweifeln, daß Kutteln auch zur Schöpfung gehörten, aber das feste Fleisch des Schweines war halt die schönere Schöpfung.

Die Gehilfen des Schöpfers waren fleißige Fratres im Klosterhof, der, östlich der Stadt im Hügelland gelegen, oft Ziel einer

Klassenwanderung war. Täglich brachte ein Wagen die frische Milch und sonstige Erzeugnisse ins Kloster und in das Seminar. Keiner der Gymnasiasten, die als »Externe« in der Stadt bei ihren Eltern wohnten, hatte je so gute Milch bekommen, wie wir Seminaristen sie täglich tranken. Und das selbstgebackene Klosterbrot, trocken dazu verzehrt, war oft Tauschobjekt für einen Handel mit den Externen. In den Schulpausen durften wir »Internen« zum Speisesaal des Seminars laufen und aus einem großen Korb die Scheiben nach Herzenslust greifen. Nachschub aus der Bäckerei im Keller war stets gesichert, dessen waren wir gewiß. Ein größeres Gefühl der Geborgenheit kann ich mir heute noch nicht denken, als es der Gedanke bescherte, in einer autarken Gemeinschaft zu leben, mit Schustern, Bäckern, Schlossern, Schneidern, Bauern. Das Gefühl wurde noch verstärkt durch die eigene Stromgewinnung im Hause mit Hilfe eines der ersten Diesel-Aggregate, die je erstellt wurden. Schließlich war der Dieselmotor in Augsburg geboren worden. Unserer, mit seinem riesigen Schwungrad hinter dem einzigen ungeheuren Zylinder, konnte auch nicht den Geist aufgeben, denn er hatte seinen eigenen Pfleger: Bruder Emmeram.

Daß hinter einem Ordensgründer mehr steckt als hinter einem Verbandsvorsitzenden, wird nicht nur am Heiligen Benedikt deutlich. Die Grundgesetze der Staaten sind oft der Bewunderung wert. Die Leistung von Verwaltungsgenies wie Napoleon oder Friedrich II. von Preußen ist Gegenstand vieler Schriften. Aber 1500 Jahre nach ihrer Konzeption eine Verfassung zu besitzen, die man nur als hochmodern bezeichnen kann, die keiner Änderungen bedarf und weitere 1000 Jahre gelten kann, ist das Glück derer, die nach den benediktinischen Regeln leben. Über diesen Regeln steht der Leitsatz »Ora et labora« – bete und arbeite! Und zwischen den Regeln steht unsichtbar: aber übertreibe es nicht! Und es wurde nichts übertrieben, weder das eine noch das andere.

Im Kloster ist zu unterscheiden zwischen den Fratres und den Patres, den Brüdern und den Geistlichen. Das »Labora« der Brüder bestand in den manuellen Arbeiten, dem Handwerk, der Landwirtschaft. Und das »Labora« der Patres im Schulunterricht, auf den sie durch Gymnasialbildung, Studium und Staatsexamen vorbereitet waren. Der Standesunterschied zwischen den beiden Gruppen war für uns als Außenstehende schon spürbar, aber nie im negativen Sinn. Der Arbeitstag war für alle gleich lang, und gebetet wurde gemeinsam. Alle unterstanden ihrem Gelübde des Gehorsams gegenüber dem Abt, der Keuschheit und der Armut. Der hochwürdige Herr Abt war kein Despot. Als Lehrer für Religion und neue Fremdsprachen genoß er in den oberen Klassen den Ruf der erträglichen Strenge. Verstöße gegen die Keuschheit kamen uns nicht zu Ohren, und unnormale Ambitionen waren selbst bei bösem Willen nicht andeutungsweise zu bemerken.

Wohltuend war die Art der gepflegten Armut. Denn auch sie war nicht übertrieben. Natürlich gab es keinen persönlichen Besitz im Kloster, und alle Habe war Gemeingut, welches dem einzelnen mit Erlaubnis des Abtes zur Benutzung belassen werden konnte. Die Patres schauten deshalb nicht »auf meine goldene Uhr von meinem Firmpaten«, sondern »auf unsere goldene Uhr von meinem Firmpaten«. Ein Gehalt für die Lehrtätigkeit erhielten sie nicht, wohl aber für den jährlichen Urlaub einen Zuschuß von ca. 200 Mark, den man auch über Jahre ansammeln konnte für eine Reise in das Land der Griechen. Meist fuhren sie aber in den Ferien in ein Dorf, um einen Dorfpfarrer zu vertreten.

Wenn qualifizierte Kräfte im Dienste des Staates und der Jugenderziehung gratis arbeiten, bewahren sie sich eine schöne Unabhängigkeit von der Obrigkeit und von den zahlungskräftigeren Eltern der Anbefohlenen. Die Klosterschulen haben zu keiner Zeit Anstoß zur Begabtenförderung nötig gehabt. Bei uns hatte mindestens jeder Dritte einen Freiplatz oder Ermäßigung von den ohnehin schon lächerlichen Gebühren. Aber man ließ es nicht fühlen, es sei denn, die Leistungen oder das Betragen waren ausgesprochen übel.

Wie sollte es anders sein: Die Maßstäbe waren unterschiedlich. Pater Hugo, der mit meinem Großvater zusammen auf der gleichen Schule die Bank gedrückt hatte und schon 75 Jahre alt war, ohne dem Griechischunterricht entsagen zu können, schimpfte mich einen Verschwender, weil ich in der Pause eine teure Brezel für drei Pfennige schmauste: »Laugabrätzga! Des wenn dei Großvatr seha tät, der war koi so Verschwender!« Unser Herz gehörte natürlich den »Modernen«, die im Weltkrieg Soldat waren und den Duft der großen weiten Welt mit der Kutte durch die Gänge wirbelten. Bruder Emmeram gehörte dazu. Er zeigte uns nach der Dieselmaschine, die förmlich in Öl gebadet war, Bilder aus den Jahren 1914 bis 1918 in Frankreich. Dann klagte er über die Enge des Klosters, bedankte sich für mitgebrachte Zigarren und Bier und war ganz Maschinist. Ich hörte später, er sei dem Kloster entlaufen. Um ein Haar wäre ich sein Ersatzmann geworden, wenigstens war ich es für eine geschlagene Stunde und so unheilig wie Emmeram selbst. Wenn es auch das heikle Kapitel der Keuschheit betraf, möchte ich die Angelegenheit dennoch nicht verschweigen.

Die Küche des Klosters und des Knabenseminares befand sich im Erdgeschoß, aber die Hilfsräume dazu waren im Keller, der sich rund unter dem ganzen Gebäudeviereck von Internat, Konvent und Wirtschaftsgebäude hinzog. Gekocht wurde von Ordensschwestern, die auch die Krankenpflege übernahmen. Sie wohnten im Wirtschaftsgebäude. Ob die Schwestern schön waren, kann ich eigentlich nicht mehr beurteilen. Jedenfalls waren sie mild und lautlos wie gute Krankenpflegerinnen sowie von einer gewissen Mütterlichkeit gegenüber uns Kleinen, was uns nicht nur in der Krankenstube wohltat. Ihr Händedruck war kraftlos und äußerst reserviert, da sie dem Fleische ablehnend gegenüberstanden, auch auf dem Speisezettel. Aber sie müssen dennoch etwas von den irdischen Versuchungen gewußt haben, weil die von ihnen ausgewählten Küchenmädchen abgrundtief häßlich waren. So häßlich, daß die Absicht deutlich wurde, in den Schülern der oberen Klassen keine unziemlichen Gedanken zu erwecken. Mit 14 Jahren achtet man noch wenig auf die Figur, ist aber durchaus in der Lage, geringe Spuren von Lieblichkeit in Gesichtern zu entdecken. Wir entdeckten nichts. Meist liefen die braven Jungfrauen auch mit gesenktem Haupte an den Mannspersonen vorbei und mieden die Begegnung mit dem anderen Geschlecht, soweit es möglich war. Dennoch war es zuweilen unvermeidlich, im Kellergang oder bei Putzarbeiten in den Gängen auf die eine oder andere von ihnen zu stoßen.

Diese Begegnungen im Kellergang waren eigentlich schon vermeidbar, denn dort unten hatten Schüler eigentlich nichts zu suchen. Die Schlosserei, die Bäckerei und die Lichtmaschine übten indessen eine starke Anziehungskraft aus. Besonders die

Ora et labora

Schlosserei, weil wir zu ihr einen Nachschlüssel besaßen, um Bier dort hinzubringen. Das Bier wiederum mußten wir hinbringen, weil in manchen Nächten dort ein Kartenspiel mit dem Namen »Schafkopf« gespielt wurde. Das Kartenspiel seinerseits wurde gepflegt, weil einer seiner stärksten Anhänger nach dem Abitur in den Orden eingetreten war, um Pater zu werden. In der Zeit der niederen Weihen vor dem endgültigen Gelübde war der Ärmste zu Schweigeübungen verpflichtet, konnte also nicht laut in aller Öffentlichkeit seine Trümpfe auf den Tisch hauen. So blieb ihm nur der Weg, in aller Stille mit uns im Keller die Karten zu mischen, wobei er tatsächlich nur das Nötigste sprach. Dafür brachte er aus dem Refektorium, dem Speisesaal des Klosters, manchmal einige Flaschen Bier mit, die dem Gelübde der Armut entsprechend nicht sein Eigentum waren. Er hat übrigens ohne Groll noch vor der endgültigen Verpflichtung das Ordensgewand wieder abgelegt und sich auf einen lukrativen Beruf vorbereitet. Immerhin war er der beste Abiturient seines Jahrgangs, wenn auch nicht der geeignetste Ordensgeistliche.

Auf einem solchen Kellergang erhob sich unter uns Lausern eines Tages die Frage, ob die Küchenmädchen wohl wirklich so ungeschlechtlich seien. Für die Rolle der Versuchsperson meldete ich mich freiwillig, da es eine ruhmbringende Heldentat war, die kaum entdeckt werden konnte meinen Berechnungen nach. Zu den wichtigsten menschlichen Erfordernissen gehört die Kenntnis der eigenen Grenzen. Fern davon, meine Männlichkeit von 14 Jahren zu überschätzen, mußte ich nach einer Verkleidung trachten, und mein Blick fiel just auf die schwarze Arbeitskutte von Bruder Emmeram, die unbewacht in der Heizung hing. Die Länge stimmte, die Hutnummer fast. Nun lagen wir hinter einer Ecke auf der Lauer und harrten der Mägde in Jungfräulichkeit. Der falsche Frater in Startposition. Endlich rauschten in der Ferne knöchellange Kleider und die häßlichste der Häßlichen kam den langen, dämmerigen Gang herunter. Der Frater bog um die Ecke und schritt ihr gesenkten Hauptes entgegen, die Arme verschränkt, mit den Händen in den Ärmeln vergraben, wie wir es schon tausendmal gesehen hatten. Wir gingen aneinander vorbei, und fast auf gleicher Höhe stieß ich einen kleinen lockenden Pfiff aus. Gerade so, wie es balzende Burschen diskret auf der Straße zu machen pflegen. Meine Freunde auf dem Beobachtungsposten versicherten mir, die Maid habe ruckartig den Kopf nach dem sinnlichen Bruder gewendet und einen Augenblick, zu kurz, um als Beweis zu gelten, zu lange, um als reiner Schreck gewertet zu werden, innegehalten. Wir ergötzten uns dann nachher gewaltig an dem Gedanken, welche Versuchungen das Wesen überkommen sein mochten und was sie, falls rein in Gedanken, für Traurigkeit befallen haben mag über die Sittenverderbnis des gefallenen Bruders.

Zwei Stunden später erwiesen sich alle unsere Phantasien als unzutreffend, denn ich wurde zum Direktor gerufen. Pater Raphael, ein alter Herr mit nasaler Aussprache und großer Unordnung in seinem Zimmer, empfing mich mit verdächtiger Freundlichkeit. Der Empfang fand auf seinen ausdrücklichen Wunsch hin statt. »Bob« sagte er, denn »Bub« konnte er wegen seiner Nase nicht sagen. »Bob, ich habe gehört, du willst in unseren Orden eintreten.«

Als ich dies eindeutig und wahrheitsgemäß verneinte, stimmte er mir vollkommen zu, da er mich absolut für ungeeignet hielt. Aber dann kam ein mittlerer Wolkenbruch, teilweise sogar in Natur, denn er sprach in der Erregung sehr feucht. Ob ich denn nicht wüßte, daß man mit geweihten Gewändern keine Späße treibe. Nein, das heißt doch, ich wüßte es schon, aber die Arbeitskutte von Bruder Emmeram mit den tausend Ölflecken könne doch unmöglich geweiht sein. Mir schien, als müßte er selbst einen Augenblick überlegen, ob dieser schäbige Rock wirklich jemals Weihen erlebt haben konnte, verzog dann ein wenig seinen Mund und schickte mich mit einem Klaps aus dem Zimmer, nachdem er mich noch als »Lausbob« tituliert hatte. Vermutlich nur deswegen so schnell, weil er das Lachen nicht mehr lange halten konnte. Für ihn war die Sache damit erledigt, mir aber wurde die Falschheit der Weiber erstmals deutlich, denn es konnte kein Zweifel darüber bestehen, daß die demütigen Mädchen jeden der 120 Seminaristen nicht nur von Angesicht, sondern auch mit Namen kannten. Wie anders sollte die Anzeige der Enttäuschten sonst so schnell den Direktor erreicht haben. Da man aber keine Vorurteile haben soll und Verallgemeinerungen immer ungerecht sind, versagte ich dem weiblichen Geschlecht nicht für immer das Interesse.

Vierzehn Jahre...!

Wenn man 1919 geboren ist und im Jahre 1933 wiederholt aus dem Radio hören muß, daß die letzten 14 Jahre gekennzeichnet waren durch tiefste Schmach und Erniedrigung, vergleicht man diese Behauptung am Ende doch mit dem bisherigen eigenen Leben. Also ganz so schlimm war es ja nicht, dachte ich mir, aber ein Körnchen Wahrheit steckte schon dahinter.

Die größte Schmach war ohne jeden Zweifel der »Spaz«. Der Leser bedarf hier der Aufklärung, daß sich hinter diesem niedlichen Wort der gemeinsame Spaziergang der Zöglinge verbarg. In geordneten Zweierreihen wie einst im Kindergarten, zog die Schar derer, welche keine Beinverletzung vortäuschen konnten, durch die Gassen und belebten Straßen Augsburgs. Vorne die Zehnjährigen und nach hinten ansteigend in Größe und Scham die höheren Klassen. Ganz am Ende, gelöst und froh über die Bewegung, einer unserer geistlichen Präfekten; meist in eine angeregte Unterhaltung mit einem guten Schüler der neunten Klasse vertieft. Für den Pater war es freilich nicht peinlich, denn er hatte ja keine Freundin in der Stadt, die hämisch grinste über die »Herren unter Aufsicht«. Die meisten von uns hatten natürlich auch keine, wenigstens keine, die von ihrem Glück, angebetet zu werden, wußte. Doch genügte es völlig, von gleichaltrigen Mädchen in solcher Ohnmacht gesehen zu werden. Für mich war es doppelt schlimm in Anbetracht der Tatsache, daß ich in den ersten Jahren meiner Gymnasialzeit externer Schüler war und daher über bessere Verbindungen zum weiblichen Geschlecht verfügte als meine Internatskollegen. Allein in einer einzigen Familie verehrte ich alle fünf Töchter heftig, Gegenliebe nur bei der jüngsten, Alix, findend, weil die vier anderen alle älter waren als ich; natürlich auch interessanter, aber hoffnungslos unerreichbar. Bei Margot, der zweitjüngsten, hatte ich kurze Zeit in sehr günstiger Position gelegen. Ich durfte ihr das Rad flicken und bei dieser Gelegenheit viel Schmeichelhaftes über meinen männlich-technischen Verstand hören. Den anschließenden Ausflug machte sie zwar mit einem anderen, doch habe ich diesem Schurken vorher eines ausgewischt, indem ich einen tiefen Blick in das Dekolleté des Sommerkleids senkte, wo ich der 15jährigen Wölbungen andichtete, die sie später sicher einmal bekam.

Pater Barnabas, mein verehrter Lateinlehrer der ersten Klasse, sah mich einmal mit Alix in verfänglicher Situation, nämlich nebeneinander durch die Stadt gehend. Schnell wollten wir untertauchen im Gewühl, um nicht durch direktes Ansteuern des Gestrengen ein Strafgericht auf offener Straße zu provozieren. Zwei Tage glaubte ich, gerettet zu sein, dann aber winkte der »Knödel« – diesen Spitznamen hatte er wegen seiner gepreßten Stimme – mich im Hof zu sich heran und meinte: »Du darfst mich ruhig grüßen, auch wenn du mit einem netten Mädchen gehst! Oder schämst du dich deiner Lehrer?«

Ich schämte mich nicht. Genausowenig wie Marlene Dietrich, die in einem Kino auf der Leinwand auftrat. Das Stück hieß »Die blonde Venus«. Der Name sagte mir alles. Er versprach immerhin, wenn unser Unterricht über die römische Mythologie nicht falsch war, annehmbare Körperformen. Und zwar unverhüllte. Die Hoffnungen der Kinogänger werden seit der Erfindung der Kinematographie durch entsprechende Plakate gestärkt, in besonderem Maße durch den Hinweis: Nicht für Jugendliche unter 18 Jahren. Aber gerade diese Hürde bereitete mir Kopfzerbrechen. Die Körpergröße läßt sich beim Gang durch die Kasse auf Zehenspitzen erhöhen. Aber was tun, wenn der Stimmbruch noch auf sich warten läßt und der Wunsch nach der billigsten Karte im Sopran vorgetragen werden muß? Ich nahm Zuflucht zur Zeichensprache und nützte außerdem die Großzügigkeit des Kinobesitzers angesichts des geringen Andranges an der Kasse. Die Bevölkerung hatte nämlich an diesem Tage ganz andere Gedanken als ich, wie ich nach dem Film feststellen sollte. Der Streifen war natürlich nichts Besonderes. Die unvergeßliche Marlene zeigte ihre legendären Beine respektabler Länge von allen Seiten. Der Höhepunkt der spannenden Handlung war, daß sie sich hinter einem Busch auszog, dann schnell in einen Teich stieg, um zu schwimmen und sich in den Fluten zu räkeln. Dabei wurde das Wasser mit Absicht so bewegt, daß es seine ganze Durchsichtigkeit einbüßte und damit das Eintrittsgeld von 60 Reichspfennigen sich als gründliche Fehlinvestition erwies. Arm und enttäuscht schritt ich ins häßliche Licht des Tages. Weil ich den »Spaz« geschwänzt hatte, mußte ich bei meinem weiteren Handeln äußerste Vorsicht walten lassen.

Viel schwieriger als das Verlassen der artigen Spaziergangsschlange war es nämlich, sich später unauffällig in den Betrieb des Internats wieder einzufädeln. Augsburg hat viele enge und winklige Gäßchen. Wenn die Spitze des Zuges schon um die Ecke bog, war der Herr Präfekt nicht mehr in der Lage, den vorderen Teil des Zuges zu überblicken. Mit einem mutigen Satz in einen Hausgang konnte man dann leicht die Freiheit erlangen. Aber die Rückkehr fand in jedem Falle durch die Klosterpforte statt, wo der Bruder Pförtner die Möglichkeit hatte, dem Herrn Direktor telefonisch etwaige Einzelheimkehrer zu melden. An diesem Tage schien jedoch die Ordnung nicht nur in der Stadt, sondern auch in unserer kleinen Sonderwelt gestört.

Fahnen sind völlig sinnlos bei Windstille. Sie müssen flattern, um ihre Symbolkraft zu entwickeln, waagrecht im Winde stehen und möglichst noch knattern. Dann lassen sie die Herzen höher schlagen, die von Sturm, Kampf und Sieg träumen. Und davon träumten damals Millionen Bürger, Arbeitslose und Straßenkämpfer der 30 verschiedenen politischen Parteien. Am häufigsten die Nationalsozialisten oder Hakenkreuzler, nach ihrem Anführer auch »die Hitler« genannt. Der Föhn dieses Märztages tat ihnen dann auch den Gefallen und spannte die schwarz-weißroten Tücher, welche nicht die offiziellen Staatsfarben, sondern die Farben des gestorbenen Kaiserreiches trugen. Dazwischen die Fahnen mit dem Hakenkreuz und die Augsburger Stadtfahne. Auch das frische Weißblau Bayerns war zu sehen, denn der Anlaß zur Beflaggung kam für manchen Hausbesitzer schneller als der Gesinnungsumschwung. Die Leute auf der Straße sprachen vom Tage der Machtergreifung, von der nationalen Erhebung, vom Ende der Judenherrschaft und von ihren persönlichen Feinden. Aber auch von der Hoffnung auf würdigere Zustände in der Politik und dem Ende der schrecklichen Arbeitslosigkeit, mit der man ständig konfrontiert wurde. Nicht nur durch die Schlangen der Unterstützungsempfänger vor dem Arbeitsamt, sondern auch durch die Männer, die sich auf Anlagenbänken beim Kartenspiel die Zeit vertrieben, und die Bettelnden an Haustüren und Klöstern. Wer diese Not beseitigen konnte, war der Retter Deutschlands, darüber war man sich einig.

Sein Name war in aller Munde: Hitler hieß er, und das Hakenkreuz war das Symbol seiner Bewegung. Seine Stimme lernte ich noch am gleichen Tage im Rundfunk kennen. Sie war tief und kehlig, klang zuversichtlich und sehr bestimmt. Zuweilen überschlug sie sich etwas in dem Bemühen, sich noch zu steigern und uns klarzumachen, daß hinter uns vierzehn Jahre tiefster Schmach und Erniedrigung lagen. Wir sollten diese Stimme in der nächsten Zeit noch öfter hören, und immer wieder begann sie mit »vierzehn Jahre«, wobei die erste Silbe »viiieer« unnatürlich lange gedehnt wurde. Dafür beeilte er sich bei dem Wort »Erniedrigung«. Den weiteren Inhalt der Reden begriffen meine Altersgenossen und ich nicht recht. Die Juden sollten an den schlimmen Dingen die Schuld haben. Das konnte stimmen, denn sie waren schließlich ganz anders als wir Bayern, und einer der ihren, der sogar noch Judas hieß, hat für dreißig Silberlinge Jesus verraten. Mit seinem Geldbeutel in der Hand machte er auf allen Gemälden einen äußerst üblen Eindruck, das konnte niemand bestreiten. Die gewitzten Bauernsöhne unter uns wußten auch noch zu berichten, daß die Juden für das Vieh nichts zahlen wollten. Pfui Teufel!

Dann beinhalteten die Reden auch immer eine Anspielung auf uns, auf die deutsche Jugend. Er nannte uns »die Garanten der Zukunft«. Wir seien sehr wichtig, meinte Herr Hitler. Das war ein sympathischer Zug an ihm, so von uns zu sprechen. Bisher hatten wir nur zu hören bekommen, daß wir Faulpelze, Lausbuben, Schmierfinken, Schulschwänzer und Rüpel seien. Dieser Mann hatte recht. Der erste Mensch, welcher erkannte, daß wir Garanten seien. Zwar hatte niemand von uns eine Ahnung, was ein Garant ist, aber jedenfalls war es etwas von Bedeutung. Denn ohne Garant kann kein Volk bestehen, sagte der Hitler. Er sagte nicht genau, was ein Garant ist, aber er gab uns im Laufe der folgenden Jahre Gelegenheit, es zu erfahren. Ich habe genau neun Jahre dazu gebraucht, die Bedeutung richtig zu verstehen. Der Sinn dieses Buches kann nur sein, folgenden Generationen von Lausbuben diese lange Lehrzeit abzukürzen.

Der Fackelzug

Bismarck soll kein guter Schüler gewesen sein. Graf Luckner auch nicht. Fast sah es so aus, als ob gute Noten späterer Berühmtheit abträglich wären, ergo...

Den neuesten Beweis für diese These lieferte der im Gymnasium ziemlich unbekannte Schüler B. Den Leser mag es befremden, daß Namen plötzlich nur noch angedeutet werden. Ich bitte also um freundliches Verständnis für die ungewöhnliche Diskretion. Nicht weil ich befürchte, die erwähnte Person könne einmal an die Macht gelangen und schaurige Rache an mir üben. Man wird es allmählich leid, daß sich die Menschen gegenseitig ihre Beteiligung an der Nazibewegung vorwerfen. Letztlich waren wir alle Betrogene, der eine mehr, der andere weniger. Je nach dem Grade der Intelligenz. Je länger ich diese Zeit des Dritten Reiches überdenke, desto mehr komme ich zur Erkenntnis, daß die ganze Revolution eine Machtergreifung der Halbgebildeten, wenn nicht der völlig Ungebildeten war. Die Teilnahme von Professoren beweist nicht das Gegenteil, denn es gibt eine akademische Eitelkeit, welche in Erwartung von Würden und Auszeichnungen gerne Verrat am Geist übt.

Besagter Schüler B. brauchte diesen Verrat nicht zu üben, denn er hatte keinen Geist. Nur schlechte Noten und Angst, die nächsthöhere Klasse nicht zu erreichen. Aber er hatte auch Verdienste um Deutschland erworben durch seine illegale Zugehörigkeit zum NS-Schülerbund. Kein Mensch ahnte bislang, daß B. im Untergrund tätig war. Jetzt hörten wir es erschauernd und blickten zu ihm auf, denn Hitlers Sieg war auch sein Sieg. Die Vierer und Fünfer in seinem Zeugnis waren seine persönlichen Opfer für die Bewegung, und er konnte Hoffnung schöpfen, daß kein Rektor es wagen würde, ihn durchfallen zu lassen. Als erste Handlung nach seiner Machtergreifung nagelte er einen Erlaß ans Schwarze Brett, der ihn als Führer der zu bildenden Nazi-Schülergruppe deklarierte. Gleichzeitig setzte er einige Schulvorschriften außer Kraft und rügte das Verhalten von Lehrern, die ihm reaktionär erschienen. Erstaunlicherweise gelang es ihm nicht, die tägliche Zahl der Unterrichtsstunden zu verkleinern und die Lernfächer abzuschaffen. Nach einigem Ringen verschwanden zwar seine Anschläge am Brett, doch konnte auch der Rektor, Pater Gregor, nicht verhindern, daß B. öffentlich zum Eintritt in die Hitlerjugend und deren Untergruppierung, den NS-Schülerbund, aufforderte.

Das Kultusministerium war nämlich schon umbesetzt und beeilte sich, am Niedergang der Kultur mitzuwirken. Bei den Klosterschulen hatten die Ministerien für Kultus es zwar sehr schwer, die neue Primitivität zur Norm zu machen, aber es gelang ihnen in späteren Jahren doch durch Schließung, Entzug der Lehrerlaubnis für Ordensgeistliche und andere Gewaltakte.

Als ersten Schritt gab man dem Körper den Vorrang vor dem Geiste und erhob Turnen zum Hauptfach. In allen Klassen war das eine Schlappe für den Primus, die wir ihm gerne gönnten. Der Nationalsozialismus wurde immer sympathischer, und es zog mich mit Gewalt in seine Reihen. Meine Kinder mögen mir verzeihen, aber wie sollte ich sonst Hoffnung schöpfen mit einem Fünfer in Griechisch, einem schlechten Vierer in Latein und einem wackeligen Dreier in den meisten anderen Fächern bis auf Turnen, wo die Eins sicher war. Hitler würde auch mich aus der Schmach führen, und darum mußte ich in die nach ihm benannte Jugend. Dazu bedurfte es der Erlaubnis des erziehungsberechtigten Seminardirektors Pater Raphael, die er mir prompt verweigerte. Sein Kommentar zu meinem Antrag: »Bob, das ist doch Unfug! In ein paar Jahren ist der ganze Spuk vorbei!«

Ich war außer mir vor nationaler Empörung und klärte ihn auf, daß jetzt das Tausendjährige Reich gegründet worden sei. Das hätte ich nicht tun sollen, denn nun wurde er fuchsteufelswild und schrie: »Was, im Geschichtsunterricht hast du auch geschlafen? Da muß ich mal mit deinem Geschichtsprofessor reden, wieso er dir einen Dreier zugebilligt hat. Tausendjähriges Reich! Wo gibt es denn so was!«

Daß doch die Alten nie lernen! Freilich waren alle Diktaturen schnell vergangen, aber was waren schon Alexander der Große, Cäsar, Napoleon gegen den Mann, der ohne mittlere Reife als Gefreiter von der Vorsehung auserwählt worden war. Bei meinem nächsten Bittgang zum Direktor war ich schon mutiger, denn B. hatte mir einen Tip gegeben. »Was ist, Herr Direktor, wenn mein Vater wünscht, daß ich zur HJ gehe?«

»Dann kann ich eurer Familie auch nicht helfen, aber so dumm wird dein Vater nicht sein.«

Der Fackelzug

Er war es. Eigentlich war er eher gutmütig, denn mein Bittbrief nach Berlin war herzzerreißend. Mit der Antwort kam das Geld für die erbetene Uniform, und wenige Stunden später war ich eine tragisch-komische Figur. Das braune Hemd, steif wie eine Zeltplane, war der tragische Teil meiner Aufmachung, denn es wurde in seiner allgemeinen Verbreitung das Leichenhemd aller Deutschen. Ausgesprochen komisch dagegen wirkte die Schirmmütze auf dem Kinderkopf. Wie Jungbriefträger sahen wir damit alle aus. Unser Tribut an Mars war der Schulterriemen, der nichts zu tragen hatte, aber unerläßlich schien, wollte man nicht als halber Krieger gelten. Das Koppel um den Bauch wurde von einem Schloß zusammengehalten, das herrlich glänzte und ritterliche Gefühle des Gepanzertseins verlieh. Als Hose mußte vorerst noch die alte Lederhose dienen, weil der Vater nicht genügend Geld für eine Reithose hatte. Immerhin reichte es noch zu kriegerischem Schuhwerk für die kleinen Füße: Schaftstiefel, die bis zum nackten Knie reichten und dem Diktat von Versailles den Garaus machen konnten.

Dazu waren wir entschlossen, denn auch unser Geschichtslehrer befand diesen Frieden als schlecht geschlossen. Er fand fast alle Frieden schlecht geschlossen. Auch den zwischen Maria Theresia und Friedrich II. Falls dem Leser nicht klar ist, wer Friedrich II. ist, darf ich auch »der alte Fritz« sagen oder Otto Gebühr. Denn der Preußenkönig sah genau wie Otto Gebühr aus, den jeder Deutsche aus Filmen kannte, die von Schlachten handelten, Flötenkonzerten und Menschen, die begeistert starben. Wegen dieser Sterbenden durften wir im Geschichtsunterricht auch nicht Friedrich der Große sagen, sondern nur Friedrich II. v. Preußen. Der Herr Professor vertrat nämlich die These, daß die Enkel völlig zu Unrecht den Monarchen den Beinamen »der Große« verleihen, die in Kriegen die meisten Großväter sterben ließen. Möge der Herr meine Enkel davor bewahren, dereinst von »Adolf dem Großen« zu sprechen, auch wenn ich zufällig heil aus dessen Krieg nach Hause gekommen bin!

Wir wollten also in unserer Aufmachung zunächst Geschichte machen. In dieser Absicht sammelten wir uns zu einem Fackelzug. Es war mein erster, aber beileibe nicht mein letzter, denn Fackelzüge wurden zum Brauch wie heute die Opernfestspiele. Wir sammelten uns in einer kleinen Gruppe, der »Schar«. Viele

Scharen ergaben die »Gefolgschaft«. Mehrerere Gefolgschaften den »Unterbann« und zwei Unterbänne einen »Bann«. Jede dieser Einheiten hatte einen Führer, den wir ehrfürchtig bestaunten. Niemals zuvor hörte ich so viele wichtige Befehle erteilen. Auch sah ich erstmals in meinem Leben Mädchen in Uniform, die nicht kicherten. Sie sahen überhaupt nicht wie richtige Mädchen aus, sondern eher wie eine Parallelentwicklung zu Buben. Sie hatten nichts mehr gemein mit den allegorischen Figuren unter den schönen Brunnen. Ihre langen Haare ließen mich an die sagenhaften Germaninnen denken und an die Gallierinnen, deren Haar laut Cäsars »De bello gallico« zu Zugseilen verarbeitet wurde, wenn es der Krieg erforderte.

Dann kam der große Augenblick der Fackelverteilung. Die Dinger ruhten in unseren Händen wie Waffen, aber noch ungeladen. Bald würden sie Feuer speien und die Bürger aufscheuchen aus ihrer unnötigen Ruhe. Von vorne nach hinten wurde das Feuer weitergereicht, bis wir alle rote Augen vom Rauch hatten und heilige Schauer im fröstelnden Rücken. Es roch – ja nach was eigentlich? Nach Fackelzug. Eine genauere Beschreibung gibt es nicht. Und die Haare und die Kleider rochen am nächsten Tage noch danach.

Kommandos erschallten, der Marschtritt wurde aufgenommen, und hie und da erklang ein rhythmisches »links-links-links«. Das war ein sicheres Zeichen dafür, daß viele neue Marschierer dabei waren, die noch nicht richtig im Gleichschritt gehen konnten. Unsere innere Spannung war zum Zerreißen, bis wir uns befreien konnten durch ein männliches Marschlied. Wer nun das Lied intoniert hat, weiß ich nicht. Jedenfalls sangen wir in dieser Nacht in Augsburg, Regierungsbezirk Schwaben-Neuburg, Land Bayern, das schöne Lied: »Määärkische Heide, määärkischer Sand sind des Määärkers Freuheude, sind sein Heimatland!«

Hedwig

Eines morgens kam der Herr Rektor, Pater Gregor, ins Klassenzimmer. Wir erschraken heftig. Die höheren Dienstgrade der Schule ließen sich zu Klassenbesuchen nämlich nur herab, wenn wieder einmal ein peinlicher Zwischenfall die Schulleitung beschäftigte. So wie damals, als in sämtlichen Aquarien des Erdgeschoßganges die Zierfische fehlten oder tot am künstlichen Meeresgrund lagen. Da die Tat am Aschermittwoch entdeckt wurde, vermutete man einen geschmacklosen Faschingsscherz. Später stellte sich dann einwandfrei heraus, daß Katzen im Schulbau ihr Unwesen trieben. Es handelte sich also nicht um eine Geschmacklosigkeit, sondern um ein sehr schmackhaftes Fischessen der Katzen am frühen Aschermittwochmorgen.

Den zynischen Gesichtszügen des Rektors war nie anzusehen, ob er Gutes oder Schlimmes im Schilde führte. Einmal bestellte er mich und versohlte mir den Hintern aus gegebenem Anlaß. Das Recht war nur teilweise auf seiner Seite, denn meine strafwürdigen Äußerungen waren von Denunzianten aus dem Zusammenhang gerissen worden. Ein andermal empfing er mich mit der gleichen Miene und fragte mich, ob ich wohl den Grund der Unterredung erraten könne. Meine Gewissensforschung ergab keine Vorfälle von höchstinstanzlicher Bedeutung, also verneinte ich. Da langte er in die Tasche, gab mir ein Fünfmarkstück mit der Bemerkung: »In letzter Zeit hast du dich angestrengt, du Lümmel. Wenn das so weitergeht, habe ich Hoffnung. Nimm das Geld und mach dir Spaß! Deinen Eltern brauchst du nicht zu sagen, wieviel du bekommen hast, sonst geht es ja doch zwangsweise in die Sparbüchse!«

Mit dem gleichen Gesicht stand er also vor uns im Klassenzimmer und verkündete: »Ich habe euch eine große Freude zu künden. Ihr bekommt heute ein Mädchen in die Klasse. Seid Kavaliere und behandelt sie manierlich!«

Hui, das war ein Hallo! Fast so, als wenn der Kapitän eines Seglers mitten im Atlantik verkündet hätte, in einem Heringsfaß stecke ein Mädchen, und das Faß würde jetzt zum allgemeinen Vergnügen geöffnet.

Kurz darauf wurde unser Faß aufgemacht. Anstelle eines erwarteten schüchternen Kindes von 14 Lenzen trat ein munterer Fratz herein und schrie: »Wo ist mein Platz?«

Der Zufall wollte es, daß er ganz in meiner Nähe war.

Dieses Ereignis bedeutete für Hitler einen gewaltigen Rückschlag, zumindest was meine Mitarbeit am neuen Reich betraf, und hatte auch eine Parallele in der 9. Klasse. Dort glänzte mein

Bruder mit guten Leistungen, und er bekam die große Schwester meiner neuen Mitschülerin neben sich gesetzt. Er zeigte sich des Vertrauens seiner Lehrer würdig und konnte mir bald berichten, daß der neue Kamerad sehr gut küßt. Solche Sachen fand ich damals unhygienisch und versprach meinem Bruder, Ähnliches niemals zu tun. »Warte nur Bub«, meinte der Kerl lakonisch. Womit er nicht ganz unrecht hatte.

Die beiden Mädchen kamen von einer Schule in der Provinz, und weil in ganz Augsburg keine Mädchenschule mit humanistischem Lehrplan war, erhielten sie die Erlaubnis, sich unter die Knaben zu mischen. Und sie mischten mit. Vor allem dadurch, daß Hedwig uns Buben weit an Frechheit übertraf und stets bemüht war, ihre Gleichberechtigung durch Streiche zu beweisen. In der Pause wurden die Mädchen in ein Zimmer gesteckt, wo ihnen eine Schwester Gesellschaft leistete. Langweilig, aber gesittet. Hedwig nannte diesen Raum dann auch schnell und in aller Öffentlichkeit den »Gänsestall«. Gegenüber dem Klaßlehrer gebrauchte sie auch schamlos den Spitznamen des hochwürdigen Herrn Abtes Placidus und sagte: »Der Pläh kommt auch manchmal in den Gänsestall zum Nachschauen und bringt uns fromme Bücher!«

Sie sprach in schwäbischer Mundart, fast so breit wie der Klaßlehrer Pater Carl, von dem man wußte, daß er nicht in der feinsten Gegend Augsburgs aufgewachsen war. Nichtsdestoweniger war er ein kluger Kopf und äußerst angesehen bei uns Schülern. Er hatte auch als einziger den Nerv für Hedwig und den Ton, der sie zum Schweigen brachte. Sie war nämlich schwatzhaft wie alle Frauen. Wenigstens hatten wir diese weibliche Untugend aus dem Munde Homers vernommen, dessen Räuberroman wir gerade mit Spannung im griechischen Original lasen. Pater Carl hatte einen Holzfuß, den er gutgelaunt hin und her schwang, wenn er dozierte. Er war die Ruhe selbst und geriet nie aus dem Häuschen. Nur ein einziges Mal verließ ihn die Beherrschung, veranlaßt durch das Weib in unseren Reihen. Er fiel in den Dialekt seiner Vorstadt-Jugendzeit zurück und schrie: »Hedwig, du Huraloas, haltsch jetz amol dei Gosch!« Auf Hochdeutsch würde es schlimmer klingen, nämlich: »Hedwig, du Dirne, hältst du jetzt endlich deinen gewöhnlichen Mund!« Ich habe jetzt ziemlich genau wörtlich übersetzt, wodurch der Satz nicht mehr ganz flüssig klingt und auch von unschöner Länge ist, aber ansonsten drückt er die Gefühle des Redners hinreichend aus.

Pater Hugo, der alte Mathematiklehrer, litt auch unter Hedwig. Aber er war etwas skrupelhaft, und seine Beschwerde klang wie eine Entschuldigung. Er klagte mit matter Stimme: »Fräulein Hedwig, Ihr Herr Vater, der ehrenwerte Amtsgerichtsrat, ist ein feiner Mann. Aber Sie! Sie tun mir weh!«

Hedwig tat niemandem absichtlich weh. Sie war keineswegs roh, auch nicht in sittlicher Hinsicht. Sie schüttete halt billiges Parfüm auf die Ordenskleider unserer Lehrer und meinte dazu: »Wenn der jetzt im Kloster stinkt, wird der Abt meinen, er hat es mit den Weibern!« Oder sie hob mit der Fußspitze die Kutte des vor ihr stehenden lehrenden Paters sachte hoch, um zu sehen, ob der Herr lange oder kurze Socken trug. Ich traf sie nach Jahren wieder und konnte feststellen, daß sie so ehrenwert geworden war wie der Herr Amtsgerichtsrat. In Erinnerung werde ich sie immer haben, und ich glaube, auch der freundliche Leser wird sie nie vergessen.

Die Nähe einer Eva war meinen wissenschaftlichen Leistungen nicht sehr zuträglich. Immer mehr verließ mich das griechische, lateinische und mathematische Selbstbewußtsein. Die Hausaufgaben quälte ich mir in den langen Studierzeiten des Seminars ab, die schriftlichen Schulaufgaben waren eine Serie von Niederlagen. Ich mußte dem Kampf aus dem Wege gehen. Deshalb erschien ich zur nächsten Griechisch-Schulaufgabe mit geschienter rechter Hand und dem Gesicht des tapferen Dulders. Während die Freunde nun zwei Stunden lang über dem Text ihre Nägel und Federhalter zerbissen, durfte ich spazierengehen. Ich konnte ja nicht schreiben. Dem Pater Carl wollte ich dennoch eine Freude machen und sagte ihm, ich würde die Zeit nützen, im Dom die Gemälde von Holbein d. J. zu betrachten. Er fand meinen Eifer sehr lobenswert und lächelte. Warum er lächelte, sollte sich 14 Tage später herausstellen.

Mein Leiden klang nämlich ab, und eines Tages erschien ich wieder ohne Verband. Da setzte mich der schlaue Fuchs an das Katheder, gab mir einen Text und ließ mich völlig isoliert die Schulaufgabe nachschreiben. Vorher demoralisierte er mich noch durch die trockene Bemerkung: »Der Schwindel mit dem Verband regt mich nicht auf, denn das kann ich dir sagen, der Griechisch Fünfer ist dir sicher.« Es war der klarste meines Lebens.

Die Noten vor den großen Ferien waren bedenklich und für die Jahreszeit außergewöhnlich schlecht. Ein gewisser Zyklus war nämlich in den Zeugnissen stets zu erkennen. Das Schuljahr begann nach Ostern. Dann kam das Sommertrimester, welches durch Mailüfte und Badewetter wenig Zeit zum Arbeiten ließ. Faulheit aber ist ein Zeitzünder. So kamen die schlechtesten Leistungen im Herbsttrimester, gerade recht, um das Weihnachtszeugnis, die Festtage und die Aussicht auf größere Geschenke zu verderben. Unter dem Christbaum gelobte man Besserung und strengte sich im dritten Trimester gewaltig an. Mit letzter Kraft erreichte man dann aus den Durchschnittsnoten des ganzen Jahres das rettende Ufer der nächsthöheren Klasse. Weil aber auch Fleiß ein Zeitzünder ist, ging die Schule im ersten Trimester wieder ganz leicht, und man konnte..., siehe oben. Doch in diesem Jahre war dank nationaler Erhebung und Hedwig auch der alte Rhythmus gestört. Ich fuhr recht bedrückt nach Berlin in die Ferien, wo meine Eltern sich inzwischen angesiedelt hatten.

Ferien in Berlin

Über diese erstaunliche Stadt an der Spree sind Tausende von Büchern geschrieben worden. Eines, das von Walter Kiaulehn, gehört jedoch zur Pflichtlektüre. Und zwar nach dem Besuch der Stadt, damit man sich so unbefangen auf sie einläßt, wie sie selbst den Besucher empfängt.

Möglich, daß ich zu sehr in Erinnerungen schwelge, um der heutigen Situation gerecht zu werden. Es kann aber unmöglich alles verschwunden sein, was damals so faszinierend war. Auch zu meiner Zeit verkündeten die Älteren, daß sie nur ein Abglanz früherer Jahre sei. So wird es heute noch sein und der Abglanz vom Abglanz des Abglanzes wie ein Feuerwerk sprühen.

Ich hatte keinerlei Vorstellung von der Stadt, aber eine Fahrkarte dritter Klasse D-Zug, die damals ab Augsburg 25 Reichsmark kostete. Enttäuscht hat der Bahnhof bei der Ankunft, denn auch der Anhalter Bahnhof, der die Züge aus dem Süden aufnahm, war nur einer der vielen, relativ kleinen Kopfbahnhöfe.

Aber gleich vor der roten Backsteinhalle packte mich der Wirbel. Zeitungsverkäufer an den Zugängen zur U-Bahn brüllten ihre Titel und Namen in nie gehörter Weise. Kein einziger Passant war in eine Unterhaltung vertieft, alles war in Fluß. Treppauf, treppab, über die Straße, auf den Gehsteigen.

Mir klopfte das Herz immer stärker, je weiter ich in die Tiefe der U-Bahn stieg. Kühle Kellerluft stieg herauf, und das künstliche Licht auf dem Bahnsteig war krank und geheimnisvoll. In der Ferne hörte man aus der Tunnelröhre ein Rauschen, das schnell lauter wurde, und mit einem Schlag stand die Front des Wagens im Tunnelausschnitt. Eins, zwei, drei, vier Wagen donnerten unvermindert schnell an der Bahnsteigkante entlang – Preßluftgeräusch, und der Zug stand. Alle Türen flogen auf, spuckten hastig Menschen aus und zogen wie Staubsauger alles hinein, was bisher in Ruhe stehend verharrte. Bumms, Türen zu, und das Geräusch der Tunnelfahrt drang an die Fenster. Ich war tatsächlich in der U-Bahn. Traum der Jugend! Unverständlich, daß die Leute um mich gar nicht aus dem Fenster sahen. Sie lasen Zeitung und Bücher. In aller Ruhe Bücher. Mit Titeln aller Art und anspruchsvoller als die Kleidung der Lesenden. Ich sollte noch oft darüber staunen, mit welchem Eifer die gering gebildeten Schichten das geistige Brot verzehrten. Bekömmliches und Unbekömmliches, wie es dem Autodidakt ohne Führung eben möglich ist. Sehr fragliche Thesen finden ihre Anhänger, und kein Freund oder Lehrer serviert die bestechend formulierte Antithese sowie die 1000 Schattierungen dazwischen.

So sind die Autodidakten und Halbgebildeten eigentlich eine große Gefahr. Hitler hat es bewiesen mit seinem Nationalsozialismus, der sich Weltanschauung nannte, aber ein Zerrbild war. Nietzsche, Chamberlain, Schönerer, Dietrich Eckart und Eigenbau Marke Hitler, miteinander verquirlt, ergaben das Gesöff, mit dem eine Nation betrunken gemacht wurde. Es begann zweifellos damit, daß der ehrgeizige Jüngling Adolf zu lesen begann und aus der ganzen erreichbaren Literatur immer nur das herauszog, was zum ersten Buch gut paßte. Selbst aus den folgenden Büchern wurde nur der Extrakt gesogen, der in die gleiche Geschmacksrichtung paßte. Am Ende umgab er sich entweder mit Leuten, die gar nicht lasen oder auch keine umfassende Bildung hatten. Solche Vermutungen kamen mir aber damals noch nicht, das sei ausdrücklich bemerkt.

Da mein Vater in den folgenden Tagen beruflich beschäftigt war, konnte er mir die Stadt nicht zeigen. So schaute ich sie mir auf eigene Faust an: ein echtes Abenteuer. Die Expeditionsmittel wurden durch den reichen Onkel aufgestockt. Er gab mir 20 Mark, einen Betrag, mit dessen unwirklicher Höhe ich fast nicht fertig wurde. Am Ende des Urlaubs hatte ich nämlich noch acht Mark übrig. Trotz U-Bahn, S-Bahn und Eisbecher. Meine erste Ausgabe war eine Monatskarte für die U-Bahn und ein Stadtplan. Dann fuhr ich zum Alexanderplatz und saß wie die Spinne in der Mitte des U-Bahnnetzes. Jeden Tag reiste ich von dort aus zu einer anderen Endstation und lief die Strecke zum Zentrum zu Fuß zurück. Nach zwei Wochen war die Weltstadt meine Heimat.

Eine vielfältige Heimat, weil kein Stadtteil einem anderen glich. Fast konnte ich an den Gesichtern der Leute erkennen, ob ich in Schmargendorf oder Pankow war. Am Baustil ganz bestimmt. Selbst die Parks, deren Berlin viele aufzuweisen hat und die voll schöner Singvögel sind, unterschieden sich stark. Der Stadtpark Schöneberg in ruhiger Noblesse und von weißen Kindermädchen übersät. Der Friedrichshain voller Rentner und Arbeitsloser. Der Schillerpark im Wedding war für fremde Knaben nicht ganz geheuer, wenn sie es wagten, in das Reich der örtlichen Banden einzudringen, und sei es nur, um zu staunen.

Fast jeder Stadtteil hatte auch seinen Rummel. So nannte man die bescheidene Anhäufung der Buden und Karussells der Schausteller. Ich wußte genau, daß ich da nicht hingehörte und eigentlich auch nichts dort zu suchen hatte. Aber die Musik und die Ganoven, die liederlichen minderjährigen Mädchen und die Heringssemmeln waren eine bestaunenswerte Welt. Fest hielt ich meinen Geldbeutel in der Hand und gab dort kein Geld aus, um nicht wie ein reicher Kaufmann im Mittelalter bei der Fahrt ins ferne Land überfallen zu werden. Und jedesmal, wenn ich wieder in Dahlem zwischen den gepflegten Leuten ausstieg, um mich zurückzumelden, fühlte ich mich froh und geborgen. Bis zum nächsten Tag mit der nächsten Reise.

Im Zoo kannte ich bald die Affen mit Namen, und ich hatte mich auch daran gewöhnt, daß in den öffentlichen Toiletten die Wände mit seltsamen Sprüchen übersät waren. Zum Beispiel dieser: Samtknabe für Donnerstag, 20 Uhr, gesucht. Dummes Zeug! Welcher Knabe trägt denn noch Sammetanzüge! Es waren auch immer freundliche Herren in der Nähe, wenn man austreten mußte. Mir schien, daß in Berlin viele Menschen blasenkrank sein mußten, denn sie entfernten sich kaum von den Häuschen.

In einem Schaukasten las ich dann, daß es jüdische Unholde gibt, die blonde Knaben mißbrauchen wollten. Die Zeitung hieß »Der Stürmer« und beschrieb genau, wie man Juden am Plattfuß und an den angewachsenen Ohrläppchen erkennen könne. In der Zeitung stand noch mehr, was meiner Aufklärung diente, und bald hielt ich homosexuelle Juden und arische Nutten leicht auseinander. Diese Damen bevölkerten Berlin recht zahlreich und machten Tag und Nacht Dienst. Überhaupt waren alle Bewohner der Stadt recht fleißig. Sie kamen anscheinend nie zur Ruhe, obwohl an manchen Hotels zu lesen war, daß man hier stundenweise ausruhen könne. Eines der verkommenen Wesen muß auch ein Röntgenauge gehabt haben, mit dem sie in meine Geldbörse schauen konnte. Denn sie sagte in der Augsburger Straße im Vorbeigehen zu mir, ich solle zwei Mark springen lassen, dann dürfte ich mitgehen. Ich verwies sie an andere Passanten, obwohl gerade nur wenige da waren, was sie wohl auch zu dem Sonderpreis veranlaßt hatte. Schließlich belegte ich sie ehrlich entrüstet mit Schimpfworten. Doch da ließ ich mich auf einen ungleichen Kampf ein. Sie konterte laut und wüst. Vor den Mauern Trojas können sich die Helden nicht annähernd Starkes an den Kopf geworfen haben. Ich war den Tränen nahe, weil die Leute um uns lachten, statt mir zu helfen. Als Schlußpointe rief sie dann noch, ich möge doch nach Hause gehen und mir dort die gewohnte Beschäftigung suchen. Daß sie mich dann noch »Bubi« nannte, fand ich besonders gemein.

Dieses Intermezzo konnte mir meine Freude an Berlin jedoch beileibe nicht verderben. Vor allem nicht die Liebe zur Gegend um den Zoo, wo in einem Automatenrestaurant das Schlaraffenland aufgebaut war. Manches Zehnerl fiel in den Schlitz und gab die Semmel mit dem italienischen Salat frei oder die Limonade im Papierbecher. So sieht die moderne Welt aus, dachte ich. Das ist ein Leben! Und ich beschloß in meinem Herzen, Augsburg so bald wie möglich den Rücken zu kehren und meine Studien hier fortzusetzen. Die Eltern fanden diesen Plan allerdings gar nicht gut. Es sei schädlich, die Schule zu wechseln, besonders während des Schuljahres. Und solche Sachen müßte man sich sehr gut überlegen. Immerhin, sie schienen es sich zu überlegen, wobei vielleicht auch der Gedanke ins Spiel kam, daß mein wissenschaftlicher Ruf in St. Stephan stark angeschlagen war. Der Wechsel konnte also eher nützen und das Sitzenbleiben verhindern. Für mich stand fest, daß früher oder später mein Umzug nach Berlin fällig war, und ich fuhr wehmütig, aber nicht ohne Hoffnung zurück ins Internat.

Meine Lehrer müssen mir wohl angesehen haben, daß ich um Jahre gereift war in diesen Ferien. Wenigstens blickten sie mich immer ernst und besorgt an. Vor allem der alte Religionslehrer, den wir Tschindra nannten, gab sich einen Ruck und warnte mich vor den Gefahren der Großstadt. Er meinte die sittlichen. Ich tat, als wenn er den starken Verkehr gemeint hätte. Das gab ihm Hoffnung, daß Berlin meine Seele noch nicht verdorben habe. Als ich aber plötzlich im Oktober nach Berlin gerufen wurde, um dort weiterzulernen, kam er vor dem Abschied noch einmal zu mir und warnte mich erneut und deutlicher vor den Sünden der Weltstadt. Ich war so gemein, dem guten Pater sofort nach der Ankunft eine Karte zu schreiben: Herzliche Grüße aus dem Mittelpunkt der Sünde!

Andere Welt

In St. Stephan hätte ich niemals gewagt, den Namen Goethes früher in den Mund zu nehmen als in der achten Klasse. Wir wurden ordentlich in unsere Schranken verwiesen und hatten zu warten, bis wir »dran« waren. Den Ruf des Schwätzers hatte sich eingehandelt, wer nicht über fundiertes Wissen verfügte. Hier in meiner neuen Schule in Berlin war man nicht so zimperlich. Da saß der dumme Bub aus Bayern, der gleich »Seppl« genannt wurde – bekanntlich heißen in Bayern alle Männer Seppl und alle Frauen Resi – und brachte vor Staunen den Mund nicht mehr zu. Was die alles wußten! Sätze wie: »Man kann über Joethe denken, wie man will, der Mann hatte seine Stärken!« gingen den 15- und 16jährigen Bengeln über die Lippen, ohne daß sie rot wurden. Vom Regen in die Traufe, dachte ich mir am ersten Tag. Und dabei sagte man meiner früheren Schule nach, sie habe Niveau. Wie sollte ich da mitkommen?

Eines Tages wurde eine Lateinarbeit geschrieben. Nach allgemeiner Auffassung war es eine hundsgemein schwere Probe gewesen. Mir kam sie erträglich vor, und als das Ergebnis mitgeteilt wurde, lag ich an der Spitze. Das erstemal in meinem Leben an der Spitze! So lernte ich schnell zwischen Wortgewandtheit und Fundus zu unterscheiden. In Griechisch verlief es später ähnlich, nur in Mathematik blieb ich gleich schlecht. Doch half mir in diesem Fach der Umstand, daß hinter mir der beste Rechner saß, der zudem nicht zugeknöpft war mit Auskünften, wie es gute Schüler sonst gerne sind. Es war eine Lust, zur Schule zu gehen!

Dieses Gymnasium stand im Rufe, stockkonservativ zu sein, kaiserlich und deutschnational sowie angenehm konsequent protestantisch. Der Glaube unterschied sich in vieler Hinsicht von dem meiner Klosterschule, aber vorhanden war er. Gute Lehrer wurden hier mit dem amtlichen Grad angesprochen. Also Herr Assessor, Herr Studienrat, Herr Doktor Sowieso. Im Laufe der Zeit hatte ich zwei verschiedene Klaßlehrer. Beide verdienten unsere Hochachtung. Der eine war unglücklich verheiratet, wie die Fama sagte, und deshalb unseres Mitgefühls sicher. Der andere ein Junggeselle mit den besten Anzügen und Krawatten. Es mag albern klingen, aber seine Anzüge waren schuld daran, daß ich begann, die griechische Sprache zu schätzen. Denn wenn ein Mann mit solchen Anzügen und so flotten Krawatten Griechisch unterrichtet, kann es sich nicht um eine dumme Sache handeln. Dr. Habenstein pflegte meine neue Neigung, und bald wurde aus dem Problemfach mein Lieblingsfach. Dabei half natürlich der Umstand, daß die Anforderungen geringer waren und die Grundlagen von Augsburg mir bis zum Abitur grandiose Faulheit gestatteten.

Kurz nach meiner Übersiedlung war ein Elternabend angekündigt. Die Schüler des Friedenauer Gymnasiums beehrten sich, zu einem bunten Abend einzuladen, um zu zeigen, welche Fortschritte gemacht waren. Die waren nicht zu übersehen. In den Klassenzimmern waren Bars aufgebaut, eine rotbefrackte Jazzband spielte, und etwas Blondes mit müden Augen sang mit müder Stimme »Johnny, wenn Du Geburtstag hast, bist du bei mir zu Gast die ganze Na- a- acht«. Gegen 22 Uhr bat dann der leitende Unterprimaner die lieben Eltern, sie mögen nach Hause gehen, weil wir mit den eingeladenen Mädels noch ungestört tanzen wollten. Die Eltern gingen fast alle, denn der Angriff kam überraschend. Der Direktor, wohl wissend, daß wir Garanten waren, erhob zunächst keinen Einspruch, doch muß er über Nacht Bedenken bekommen haben. Am nächsten Tage tanzten in den oberen Klassen die Puppen. Die Regisseure beriefen sich aber darauf, daß sie den Abend unter das Motto »Wir treiben Vorwitz« gestellt hätten. Er sei also getreu dem angesagten Motto verlaufen.

So hatte ich mir die Berliner Jungens vorgestellt, und so waren sie allenthalben: Keß, vorwitzig, mit allem vertraut, was in das Kapitel der Aufklärung gehörte, aber im Grunde hochanständig. Sie scheuten sich auch nicht, einen Studienrat, der den Unterricht in der ersten Zeit des Dritten Reiches in SA-Uniform abhielt, daran zu erinnern, daß er doch vor kurzem noch überzeugter Sozialdemokrat gewesen sei. Durch solche Reden ermutigt, erklärte ich dem gleichen Mann den Begriff der Schnelligkeit dann folgendermaßen: Schnelligkeit ist, wenn die Revolutionen so schnell hintereinander kommen, daß sogar die Lehrer sich nicht mehr rechtzeitig umstellen können.

Das andere absolut neue Erlebnis war für mich im gleichen Jahr der erste Kuß. Wie er zustande kam, darf jeder wissen, denn ich schnitt bei dem Unternehmen moralisch sehr gut ab.

Eines Tages stand vor der Schule ein Mädchen, für meine damals sehr geringen Ansprüche eigentlich recht nett anzusehen. Obwohl ich gerade an den Konditor dachte, wo ich mir eine verbilligte Cremeschnitte von vorgestern, sauer, aber weit unter Preis, kaufen wollte, glitten meine Gedanken von der Mehlspeise hinab ins Fleischliche. Das Weib rief mich. Natürlich nur symbolisch. In Wirklichkeit war sie stumm, aber ihre Augen sprachen Bände. Ein böser Mitschüler, der sie mir später einmal miesmachen wollte, meinte, die Augen sprächen sogar mehrere Bände. Genau gesagt zwei, denn sie schielte. In der ersten Glut fiel mir das nicht auf, doch später, als ich ihrer überdrüssig wurde, gestand ich den Fehler mir und meinen Freunden ein. Ein innerer Ruck und schon kam das Gespräch in Fluß. Eine Verabredung für den späten Nachmittag folgte. Nein, sie sei noch keine Fünfzehn, aber viel fehle nicht. Ja, Zeit hätte sie schon, und die Eltern seien auch nicht ekelhaft, wenn sie mal später heimkomme. Wie meine Eltern seien? Nun, die seien auch freundlich, und ich dürfe sogar eine Freundin zum Kaffee einladen. Oh ja, sie wolle schon kommen, wenn es meinen Eltern recht sei.

Nun mußte ich zu Hause schonend beibringen, daß wir am Sonntag einen Gast haben würden. Genau gesagt, ein Mädchen. Ein sehr anständiges. Aus guter Familie. Letzteres betonte ich besonders, weil ich selbst Zweifel daran hatte. Es stand auch zu befürchten, daß die Kleine nichts von Blumen wußte, mit denen man Mütter besticht. Deshalb kaufte ich einen Strauß, versteckte ihn im Keller und wartete auf das Klingelzeichen des Gastes in der Nähe der Türe, um den Strauß mit Anweisung zu übergeben.

Es war mir absolut nicht gleichgültig, was meine Familie von dem Kinde hielt. Deshalb verabredeten wir folgendes: Während der Kaffeestunde wollte ich fragen, wie der Kaffee schmecke. Kaffee sei das Schlüsselwort für das Mädchen, und der Beurteilung des Getränkes nach konnte ich dann auf die familiäre Zustimmung oder Ablehnung schließen. Warum ich das schon in Gegenwart der Kleinen wissen wollte, kann ich nicht mehr sagen. Jedenfalls stellte ich die Frage am Tisch, und mein großer Bruder meinte rücksichtslos, er habe noch nie eine so miserable Brühe getrunken. Wie zum Hohn sagte das Mädchen, der Kaffee sei doch ganz hervorragend. Ich bemerkte, daß er mir schmecke. Nur mein Bruder wollte ihn partout wegschütten. Schließlich schlichtete meine Mutter mit der Bemerkung: »Ich hätte ihn besser erwartet, aber manchmal geht es eben nicht so, wie man es sich denkt, und das nächste Mal gibt es vielleicht besseren. Heute ist es halt ein wenig schnell gegangen.«

Daraufhin sind wir beide dann auch schnell gegangen. Ich wollte die Geschmähte ritterlich an einen sicheren Ort bringen. Dieser befand sich im Hindenburgpark hinter dem Hause auf einer Bank. Dort saß ich nun schweigend und fühlte, wie mein Hals immer enger wurde. Ich war fest entschlossen, heute meinen ersten Kuß zu rauben. Doch die Angst vor dem Ungewissen, die Scheu vor der wahrscheinlichen Abweisung brachte mich zum Schwitzen, obwohl es Winter war und die Bank leicht eisig. Mein Objekt sah mich manchmal fragend von der Seite an, als warte es auf etwas Bestimmtes. Im Zweifel, ob das Bestimmte der Kuß oder der Abschied sein sollte, verlor ich unnütz viel Zeit. Ich mußte bald nach Hause. Also nahm ich mir vor, im Stillen bis drei zu zählen und mich dann auf ihr Gesicht zu stürzen. Aber immer, wenn ich bei »zwei« angelangt war, setzte ich wieder ganz vorne an. Es schlug ein Uhr, und nun war mir klar, daß ich handeln oder jede Achtung vor mir selbst verlieren würde. Todesmutig schloß ich die Augen, stürzte in ihr Gesicht und – welcher Schreck – in ihren geöffneten Mund. Daß ich nicht der erste war, fühlte ich deutlich. Die Ernüchterung erfolgte noch während des Kusses: Mundgeruch. Ganz sachlich dachte ich mir: Die stinkt aus dem Maul! Und mir hat die ganze Sache auch gestunken.

Ja, nun war es Zeit, in jeder Beziehung. Leider konnte ich sie nicht nach Hause bringen, denn es war schon spät für mich, während ihre Eltern ja bekanntlich großzügig waren.

Mein Bruder hatte recht, der Kaffee war enttäuschend. Ich würde lange keinen mehr trinken. Und so besann ich mich wieder auf meine Pflichten als Mann. Hitler hatte mich wieder gewonnen!

Unsere Fahne flattert uns voran

Fast ein Jahr unter der neuen Regierung und absolut kein Anzeichen dafür, daß der »Spuk« wieder verschwinden würde. Pater Raffael hat sich also doch geirrt. Auch meine Eltern kamen nicht mehr richtig mit der Zeit zurecht. Am schlimmsten war der Onkel. Der ließ gar nichts gelten und war sogar in Sorge um die weitere Entwicklung unserer Heimat. Wo doch jeder sehen konnte, daß es enorm aufwärts ging! Die Arbeitslosen verschwanden von den Straßen genau wie die Bettler an den Türen. Es gab mehr Geld unter den Leuten und vor allem viel mehr Uniformen.

Überall Uniformen! Uniformen in allen Schattierungen: SS-

Reiter, NS-Fliegerkops, SA-Reitersturm, Jungmädel, Arbeitsfront, NS-Kraftfahrkorps, Bund deutscher Mädchen, NS-Frauenschaft und vor allem die Hitlerjugend. Sicher habe ich nicht alle Organisationen aufgezählt, denn alles war uniformberechtigt und damit eliteverdächtig. Auch fehlte es nicht an Anlässen, die Uniform zu tragen: Fackelzüge, Aufmärsche, Feldübungen, Mädelring-Treffen, Scharabend, Kranzniederlegung, Führerparade, Vereidigung und Fahnenübergabe. Die ganze leidige Freizeit war gut ausgefüllt in der deutschen Familie. Nur mein Vater hielt wenig davon. Er rauchte abends seine Zigarre, aß in Ruhe und las einen Krimi zum Wein. Und der reiche Onkel feierte Parties mit Schauspielern und anderen Feinden der Uniform. Da war es an mir, die Ehre der Familie zu retten, und ich trug die Uniform, so oft mich der Führer rief. Er rief reichlich, vor allem auch am Sonntag, damit wir nicht so viel in die Kirche laufen konnten. Es war nicht der große Führer persönlich, der rief, sondern seine Stellvertreter, deren er abertausende hatte und die sich ebenfalls Führer nannten. Wir hatten jetzt nämlich in Deutschland kein dekadentes Wahlsystem mehr oder gar die Auslese nach Wissen und Bildung, sondern das Führerprinzip. Darunter ist die Pflicht zu bedingungs- und kritiklosem Gehorsam gegenüber dem jeweiligen Vorgesetzten zu verstehen. Ein sehr praktisches und zeitsparendes System. Es wäre theoretisch gar nicht so schlecht, aber wer gibt mir die Gewähr, daß vom obersten bis zum untersten Führer die Stellen mit dem absolut klügsten, unbestechlichsten und fehlerfreiesten Mann besetzt sind? So viele tüchtige Menschen gibt es gar nicht, wie man für dieses System benötigen würde. Ein Mangel an Leuten, die sich selbst für zum Führer befähigt hielten, konnte dagegen nie festgestellt werden.

Zwischen den Zielen und Praktiken des Nationalsozialismus und des Kommunismus bestand nach den Behauptungen meines Onkels wenig Unterschied. Er sprach deshalb auch nur von den Nationalbolschewisten. Dafür hatte er eine plausible Erklärung, die mir fast einleuchtete. Der linke Flügel und der rechte Flügel eines Halbrundes, wie man zum Beispiel im Parlament sitzt, nähern sich wieder, wenn die Flügel in ihrer Richtung extrem werden. Darum war es auch wohl für ganze Gruppen von Kommunisten in Berlin nicht schwer, geschlossen zur SA überzulaufen. Wir hatten bei der HJ im Norden der Stadt Musikkapellen, die mit ihren Instrumenten schon vor der offiziellen Gleichschaltung von der roten zur braunen Jugend gewechselt waren. Auf diese Weise kamen wir in den Genuß, hinter den aufreizenden und musikalisch sehr primitiven Schalmeien aus Blech marschieren zu dürfen. Ich liebte diese Musik. Sie ging durch Mark und Bein, klang revolutionär und machte den Feind erzittern. Inzwischen hatte ich auch für meine Stiefel die richtige Hose. Eine Reithose mit modischen Ausbuchtungen an den Seiten in Schenkelhöhe. Es gab eine richtige Mode auf diesem Gebiet. Je weiter die Ohren dieser Hosen abstanden, desto schicker waren sie. Die SA-Gruppenführer sahen unübertrefflich darin aus, und man konnte fast den Dienstgrad an den Flügeln sehen. Die Eitelkeit der Männer trieb die lächerlichsten Blüten. Wenn man ehrlich ist, sind alle Auswüchse heutiger Mode, ganz gleich was sich die Twens auch leisten mögen, kleine Spielereien im Vergleich zu dem, was sich die männliche Führerschicht damals an Torheiten geleistet hat. Während die Stiefel am Anfang wie Motorradstiefel geschnürt sein mußten, dann steif glänzend wie im Kaiserreich waren, wurden sie durch das Vorbild Hitlers allmählich weicher und ähnelten einer Ziehharmonika. Es war eine Zeit, in der die Männer den Ton angaben. Die Lieblichkeit der Frauen ließ zu wünschen übrig. Erst in der zweiten Phase von Revolutionen putzen sich die Damen wieder heraus, denn dann beginnt die Versorgung der finanziell gesicherten Führerschaft mit neuen Gattinnen.

Die Kommunisten träumten vom Sieg des Proletariats. Der Traum ging mit Hitlers Erfolg in Erfüllung. Daran änderte auch nichts, daß der Kronprinz in Nazi-Uniform auftrat, daß Prinz August Wilhelm, genannt Auwi, im braunen Obergruppenführergewand und im Mercedes-Kompressor als NS-Playboy durch die Stadt fuhr. Adelige Polizeipräsidenten in den Städten und Handlanger im Heer, auf Universitäten und Kirchen sprechen nicht gegen meine Behauptung. Den Ton gaben Rabauken an, Männer, denen die Umstellung vom Weltkrieg zum bürgerlichen Leben nicht gelang, im Beruf Erfolglose und aus der Gosse aufgestiegene, echte Proleten. Der Arbeiter in seiner Allgemeinheit stellte nämlich nicht das Proletariat dar, auch wenn ihm das von den Marxisten eingeredet wurde. Die Proleten, von denen ich sprach, hatten schon lange keinen ordentlichen Handschlag mehr geschafft. Es war auch nicht das Ziel, die Massen auf ein höheres Niveau zu bringen, sondern sie bemühten sich, in der Tiefe zu nivellieren. Offiziell wurde verkündet, daß die Einzelleistung unbedeutend sei, daß stattdessen die Gemeinschaftsleistung, der Durchschnitt, gepflegt werden müsse. Im Sport, im Denken, kurz in allem, in dem die Befehlenden selbst schlecht waren. Der Arbeiterflügel innerhalb der Partei, sie hieß ja immerhin Nationalsozialistische Deutsche Arbeiterpartei (NSDAP), hielt die Machtergreifung für eine Niederlage der bisher herrschenden Schichten. So entwickelte sich eine eigenartige Scham auf seiten der Nicht-Handarbeiter. Das köstliche Wort von den »Arbeitern der Faust« und den »Arbeitern der Stirn« wurde geflügelt. Ich konnte es mir nicht verkneifen, einen Lehrer zu fragen, ob zu denen der Stirn nicht auch der Ochse zu rechnen sei angesichts seiner Arbeitsweise. Der Sieg des Proletariats, die Durchsetzung von marxistischen Gedanken, äußerte sich auch in der Besetzung der Unter- und Oberführerposten in den verschiedenen Gliederungen der Partei. Zum Kraftfahrkorps, zum Fliegerkorps und zur Reiter-SS flüchteten deutlich sichtbar die gehobenen Schichten. Die SA blieb »proletarisch«. In der HJ war es nach Stadtteilen sehr unterschiedlich, wie man den großen Sieg auslegen sollte. Unsere höheren Führer waren jedoch keine Akademiker, sondern Burschen mit unterbrochener Bildung, oft auch gar keiner. Entsprechend waren die Themen der politischen Schulung. Man müßte Tonbandaufnahmen haben von dem, was damals geschwätzt wurde! Mir selbst wurde, da ich schon bis zum HJ-Scharführer avanciert war, die Aufgabe zuteil, über Kapitalismus zu sprechen. Klar für mich: Ein Kapitalist ist, wer mehr Taschengeld hat als ich. Noch klarer, die einen sollen ihr Geld hergeben und es den anderen geben. Zins ist unmoralisch, von Aktien zu leben, volksfeindlich, Besitz an sich schon Ausbeutung. Ehrlich gesagt, dieser Unterricht über den Kapitalismus war mir zuwider. Ich schämte mich, aber hinter mir stand ein »Höherer« und nickte beim größten Unsinn recht beifällig.

Eines Abends ging ich im Dunkeln nach Hause. Am Bahnhof Wilmersdorf huschten die S-Bahnzüge mit hellen Fenstern über den Bahndamm. Und jedesmal fiel das Licht auf die Büsche des Bahndammes zur Saalfelderstraße herab. Ich kannte die Gegend von vielen Spaziergängen um diese Zeit. Ich kannte auch die Nutten aus der Straße, aber nur vom Sehen. Wir hatten Spitznamen für einige besonders markante. Die berühmteste war der »Schwabbelarsch«. Unnötig, nach diesem Wort die Person zu schildern. Sie humpelte auch ein wenig, war aber immer im Dienst. Die Diensträume waren die Sträucher am Bahndamm. Die Besoldungsstufe ziemlich niedrig. Man sprach unter uns von zwei Reichsmark, je nach Saison. Und heute war schlechteste Saison, erkennbar an der vollen Straße und den leeren Sträuchern.

»N'Abend Schwabbelarsch!« rief ich. Obwohl ich in Uniform war, verzichtete ich auf das Heil Hitler.

»Na Kleener?«

»Was machts Geschäft?« fragte ich wie ein alter Kunde.

»Ebbe« kam die müde Antwort. Und dann gleich ihre Frage: »Haste Jeld?«

»Nee, nich für sowat!«

»Für 'ne Mark biste dran. Ist det 'n Anjebot?«

»Viel zu teuer! Kollegin nimmt neunzig Pfennige!«

»Wat, die miesen Zicken? Ich sag dir wat, du kannst für siebzig, aber janz schnell!«

»Kannste einen Hunderter wechseln?«

»Mensch hau ab, du Rotzneese, du Pimpf!«

Aus diesem Dialog ist deutlich zu ersehen, daß damals hundert Mark in der Hand eines Knaben absolut undenkbar waren. Deshalb habe ich diese Geschichte auch erzählt. In der Tat waren wir alle sehr knapp bei Kasse, und die Abende bei der HJ waren eine billige Unterhaltung. Man konnte auch aus nationalem Interesse nachts lange aufbleiben und von zu Hause fort sein. Besonders bei Umzügen, die reichlich angesetzt waren, um den noch nicht bekehrten Bürgern zu zeigen, wem die Straße, wem die Stadt gehört.

Bei einem dieser Umzüge kamen mir auch die ersten Zweifel, ob ich mich in der richtigen Gesellschaft befände, und von diesem Abend an lief Hitler erneut Gefahr, mich zu verlieren. Den Grund weiß ich nicht mehr. Jedenfalls war der Abend lau, der Bannführer durstig und die HJ-Fahne zu lange eingerollt gelegen. Die Kolonne marschierte, Musikzug voraus, hinter der Fahne und unter Absingen der albernen Lieder aus Landknechtszeit, Krieg und Straßenkampf in Berlin, durch Wilmersdorf. Wir setzten im Gesang den Roten Hahn aufs Klosterdach, schlugen siegreich Frankreich, begruben von der Reaktion erschossene SA-Kameraden, tranken in Magadaskar faules Wasser, hatten die Pest an Bord und versicherten, daß die Fahne mehr als der Tod sei. Am Straßenrand drückten sich die Leute auf die Seite, um das ärmliche Schauspiel nicht unmittelbar miterleben zu müssen. Andere machten Front zur Kolonne und grüßten mit erhobener Hand unsere Fahne. Sie grüßten den Bannführer, der lässig erwiderte, den Unterbannführer, der es übersah, den Gefolgschaftsführer, der noch nicht zurückgrüßen durfte, und mich, den Scharführer, sahen sie mitleidig an.

Es bestand Grußpflicht gegenüber der Reichsflagge, jetzt um das Hakenkreuz »bereichert«, und gegenüber den »Blutfahnen« der Partei, keineswegs aber gegenüber den vielen Fahnen und Wimpeln der angeschlossenen Gliederungen. Aber das war manchen HJ-Führern zuwenig. Die Leute am Straßenrand sollten schließlich auch unsere Fahne grüßen! Wenn Gesetze nicht ausreichen, müssen auf der Straße neue gemacht werden.

Also entwickelte es sich zum Sport des Abends, daß einige vorher informierte Schläger immer aus der Kolonne sprangen, wenn jemand nicht grüßte, der nach etwas »Besserem« aussah oder judenverdächtig war wegen seiner schwarzen Haare. Schnell schlugen sie ihr Opfer nieder, lachten und marschierten singend weiter. Die Gehsteige wurden leerer und leerer. Vergeblich wartete ich, ob nicht ein Polizist dem Treiben ein Ende setzen würde. Bald waren nur noch solche Leute am Straßenrand, die gerne grüßten, und es lohnte sich kaum mehr, weiterzumarschieren. Vielen armen Berlinern schwollen an diesem Abend die Augen zu. Mir gingen sie auf.

Der deutsche Gruß

Die alten Römer dachten sich nichts dabei, mit erhobener Hand zu grüßen. Augustus tat es auf seinem Brunnen in Augsburg, ebenso die jungen Römer. Mussolini zum Beispiel und seine Anhängerschaft. Sie hatten es von ihren Vorfahren gelernt. Aber bei ihnen war der Gruß schon kompromittiert, denn er war eine politische Demonstration, ein Glaubensbekenntnis, eine Probe des Grüßenden, ob sich der Gegrüßte auch den neuen Gesetzen unterwarf.

Im Dritten Reich wurde es dann noch schlimmer, weil die Deutschen jede Sache sehr dramatisieren und zur Religion erheben wollen. Die faschistische Seite der NSDAP hatte ihre Vorbilder in Italien. In den ersten Jahren litt sie sogar unter einem Minderwertigkeitskomplex gegenüber den Verwandten im Süden. Der erste Besuch Hitlers bei seinem Vorbild Duce verlief recht peinlich, weil der Duce den neu an die Macht gekommenen Führer ein wenig von oben herab behandelte. Es war aber auch ein Unterschied zwischen den beiden deutlich zu sehen. Der ehemalige Lehrer und Journalist neben dem Postkartenmaler aus Wien. Was letzteren nicht davon abhielt, später grausamer, arroganter und mächtiger zu werden. So mächtig man halt auf Erden werden kann, bis man tot an einer Mailänder Tankstelle hängt oder sich von seinem Chauffeur anzünden lassen muß.

Kleine Unterschiede in der Handhaltung wurden bewußt eingeführt, damit man nicht sagen konnte, die NSDAP sei eine Imitation der Partito Fascisto Italiano. So wie »Kraft durch Freude« keine Imitation von »Dopolavoro« war oder der Name Führer keine Imitation von Duce. In Deutschland hatte man den Arm in Augenhöhe zu heben und dabei die Hand gerade in Verlängerung des Armes zu strecken. Nur der Führer selbst tat es auf lässige Art, nämlich hinter dem Ohr, wobei die Fingerspitzen etwas nach hinten zeigten. So wie ein Ober das Tablett trägt. Ein Relikt aus seiner Wiener Kaffeehauszeit. Bei großen Paraden, wenn es ganz feierlich wurde und neue Waffen vorbeifuhren, streckte er den Arm nach Vorschrift, und er winkelte die Hand nach einer Weile ruckartig ab nach innen zur Brust, wie man es allgemein macht, wenn man sich einen Dolch in die Brust stößt. Damals wußte er noch nicht, daß er von der Vorsehung für Zyankali eingeplant war. Dazu schob er auch noch den Unterkiefer markig vor.

Der deutsche Gruß hatte auch eine Wortformel. Sie hieß »Heil Hitler«. Millionen Deutsche haben diese Aufforderung milliardenfach gerufen, ohne daß irgend jemand in der Lage war, Hitler zu heilen. Er blieb ein ungewöhnlicher und unkurierter psychiatrischer Fall. Wie Napoleon soll er an leichter Epilepsie gelitten

Der deutsche Gruß

haben, und deshalb versteht man auch, daß er Anfälle hatte, in denen er sich am Boden wälzte und in den Teppich biß. Der Vergleich mit Napoleon war, so nahe er oft lag, streng verboten. Wegen des Winters vor Moskau und vielleicht auch wegen der Epilepsie.

In Bayern war die Einführung des Grußes besonders schwierig. Seit 1000 Jahren hatte man »Grüß Gott« gesagt. Und nicht »Guten Tag«. Man kann den Tag verleugnen, aber bei Gott hat man schon größere Hemmungen. Das Ehrenmal an der Feldherrnhalle zu München mußte jedoch laut Polizeiverordnung gegrüßt werden. Die Folge war eine völlige Verödung dieser sonst so belebten Stelle. Die Gasse hinter dem Bau erfreute sich dafür immer größerer Beliebtheit und hieß damals »Drückeberger Gäßchen«.

Der deutsche Gruß war bei Behörden unerläßlich. Wer von einem Amt etwas wollte, schrie fröhlich zuerst sein »Heil Hitler« in den Raum. Der Kerl am Schreibtisch sollte wissen, hier kommt ein echter und überzeugter Nationalsozialist, dem man nichts abschlagen kann. Wer weiß, ob er nicht ein hohes Tier in der Partei ist, zum Beispiel Sturmführer, oder zumindest aufgrund seiner starken Überzeugung eines wird in nächster Zeit. Hinter den Schreibtischen kam es dann müde »Heil Hitler« zurück, so daß der Bittsteller gleich wußte: der Mann hat seinen Mitgliedsschein schon so lange, daß ihm der Gruß viel geläufiger ist als dem Eindringling. Er hat Demonstrationen nicht mehr nötig, sollte das heißen. Denn Eifer, vor allem Übereifer, kann auch verdächtig sein. Im weiteren Gespräch ließen sich dann die Fronten leicht klären. Fast immer wurde von Amts wegen die Frage nach der Parteizugehörigkeit gestellt sowie nach der Dauer der Mitgliedschaft. Es war ein spaßiges Kräftemessen ohne Kraft, dafür mit Angst. Hochstapler auf diesem Gebiet waren oft erfolgreich. Angstnaturen machten dann später bei der Entnazifizierung durch die Besatzung das Gleiche nochmals mit, aber mit umgekehrtem Vorzeichen. Die Hochstapler von damals schafften es wieder ganz gut.

Verpönt war das »Heil Hitler« im Umgang mit echten Freunden, in der Familie und in den Kirchen. Ausnahmen sind natürlich vorgekommen. So kam es zu Differenzen innerhalb der evangelischen Kirche, und die Deutschen Christen bemühten sich um die Gunst der Mächtigen. Mein Onkel meinte, das helfe ihnen doch nichts. Denn wenn einmal die Juden beseitigt wären, kämen die Katholiken dran, dann die übrigen Christen und am Ende vielleicht alle Radfahrer oder Linkshänder.

In Familien habe ich den deutschen Gruß auch erlebt. Zur Entschuldigung der Familie muß man jedoch vorbringen, daß der Vater Seidenhändler und im Hinblick auf die jüdische Konkurrenz in dieser Branche wirklich sehr überzeugt von der NS-Weltanschauung war. Der Sohn ging in meine Klasse. Sparen wir uns den Namen, die Zeit ist lange vorbei. Als ich an seiner Wohnungstüre klingelte, um nach ihm zu fragen, öffnete seine Mutter.

»Grüß Gott Frau R. Ist der U. da?«
»Weißt Du nicht, wie man in einer deutschen Familie grüßt?«
»Doch, höflich zuerst die Erwachsenen!«
»Kennst Du wirklich nicht den Gruß? »Heil Hitler!« heißt es bei uns!«
»Heil Hitler! Ist er da?«
»Nein.«
»Dann auf Wiedersehen.«
»Heil Hitler.«

Ich sah die Leute nicht mehr wieder. In so überspannte Häuser trieb es mich nicht, auch wenn ich noch von unserem Führer überzeugt war. Dafür erzählte ich die Sache in der Klasse, und es gab einen Riesenspaß. Der arme U. wurde deswegen von allen gehänselt, und wir spielten ihm vor, mit welchen Formeln seine Eltern im Schlafzimmer einander begegneten. Plötzlich wurde offenbar, daß es innerhalb der Klasse Nazis und Konservative gab. Und Anti-Nazis. Das Elternhaus war ausschlaggebend und auch der Grips im Hirn des Schülers selbst. Man kann nicht der Jugend auf den Schulen das Denken beibringen und gleichzeitig verhindern, daß die Logik auf politischem Sektor wächst, daß barer Unsinn durchschaut wird. In keinem Land ist es möglich, auf Dauer die Vernunft zu unterdrücken.

Eines Tages stand im Deutschunterricht wieder einmal die Phrase »Du bist nichts, Dein Volk ist alles« zur Debatte. Der Lehrer bemühte sich mit halber Kraft, uns einzureden, daß der einzelne nichts zu erstreben habe, daß er eben ein Nichts sei. Mit diesem Gedanken wollte ich mich nicht abfinden. Ich hatte allerlei Wünsche für mich und wollte leben. Leben, so gut es ging, ohne andere zu schädigen. Stolz auf mein logisches, geschultes Denkvermögen sprach ich davon, daß wir in der vorigen Stunde Mathematik und dabei zum x-ten Male die Feststellung getroffen hatten: Null mal Null gibt Null. Und tausendmal Null gibt auch Null. Demnach ergaben 65 Millionen deutsche Nichts nicht »alles«, sondern auch ein »Nichts«. Der Herr Studienrat war elegant. Er sagte, wir hätten jetzt Deutsch. Er sei kein Mathematiklehrer. Und er war auch kein Denunziant. Denn bei solchen Äußerungen mußte man fürchten, angezeigt zu werden.

Ein Beispiel großen Mutes gab unser Mitschüler Reinhard Steinlein, der Sohn eines Pfarrers der »Bekennenden Kirche«, also des Teiles der evangelischen Kirche, der nicht in die Partei eingegliedert werden wollte. Steinlein trat aus Überzeugung wieder aus der Hitlerjugend aus. Als beim Schulaufsatz ein freies Thema zur Wahl stand, wählte er schlicht: »Warum ich aus der Hitlerjugend austrete.« Sechzehn Seiten Begründung schrieb er. Logisch, klar, unanfechtbar und belegt durch allerlei böse Erfahrungen. Entsetzen beim Lehrer! Was für eine Note sollte er für dieses Glanzstück geben? Etwa eine Eins bei diesem Thema? Er gab den Aufsatz ohne Note zurück und erbat einen neuen mit anderem Thema. Steinlein weigerte sich. Da gab der Deutschlehrer das heiße Eisen an den Direktor weiter. Der wollte Steinlein ebenfalls vor Unglück bewahren und bot ihm auch an, einen neuen Aufsatz abzuliefern. Die Sache wurde für uns spannend. Steinlein lehnte erneut ab. Sein Argument: Wir hatten freie Themenwahl. Ich habe gewählt. Warum werde ich nicht gleich behandelt? Entweder wir hatten freie Wahl oder nicht. Wenn Sie den Aufsatz der ganzen Klasse zurückgeben, nicht bewerten und neu ansetzen ohne freie Themenwahl, dann kann ich nichts machen. Dann schreibe ich neu. So aber nicht!

Der Direktor war außer sich. Nun müsse er den Aufsatz leider weitergeben an die nächsthöhere Instanz, an den Schulrat. Das erschreckte Steinlein nicht im geringsten. Eiskalt gab er zur Antwort, das wolle er dem Herrn Direktor nicht verübeln, denn er verstehe die Lage eines Familienvaters. Außerdem habe er eine Abschrift des Aufsatzes auch bei der Bannführung der Hitlerjugend eingereicht.

Steinlein trat aus der HJ aus und machte bei uns Abitur. Ob

dieser Alleingang im Jahre 1943 noch möglich gewesen wäre, muß ich bezweifeln. Man hätte ihm wohl den weiteren Besuch einer höheren Schule untersagt.

Die Juden

In meinen unbekümmertsten Knabenjahren, mit etwa acht Lenzen auf dem schmalen Buckel, durfte ich eine Tante in Leipzig besuchen. Die Bahnfahrt von München nach der Buchstadt war das angenehmste Erlebnis der Unternehmung. Sie fand ohne Begleitung Erwachsener statt. Die erste selbständige Eisenbahnreise ist im Leben eines Mannes ein echter Markstein. Sie ist von weit größerer Bedeutung als das erste Liebeserlebnis, weil man viel mehr auf sich gestellt ist. Vielleicht auch, weil eine Bahnfahrt länger dauert. Vor beiden Unternehmungen wird man auf die ungeheuren Gefahren aufmerksam gemacht und zu äußerster Vorsicht ermahnt, wobei die größere Sicherheit einwandfrei auf seiten der Eisenbahn ist. Ich kam also gut bei der Tante an, lernte die sparsame wie unschmackhafte sächsische Küche kennen und leider auch, und das war die unvergeßlich unangenehme Seite, das Gefühl, ein Außenseiter zu sein.

Man muß einmal Minderheit gewesen sein, um die ganze Niedertracht kennenzulernen, deren das höchste Wesen der Schöpfung fähig ist. Kinder können Spott und Grausamkeit besonders weit treiben, doch muß man ihnen zu Gute halten, daß sie ja noch nicht reif sind. Der Gegenstand ihres Spottes ist schnell gefunden, zeigt jemand eine Gebrechlichkeit, aber ohne die Unterweisung von erwachsenen Vorbildern dürften sie kaum auf die Idee kommen, religiöse Unterschiede hochzuspielen. »Katholisches Schwein« tönte es vom Grat einer trennenden Hofmauer, als ich ahnungslos im Hof des Pfarrhauses spielte, während meine Tante, das Fräulein Lehrerin, beim hochwürdigen Herrn zu Besuch weilte. Mir lag ein bayrisches Schimpfwort auf der Zunge, doch konnte ich gerade noch rechtzeitig die Stärke der feindlichen Macht abzählen. Es waren genau fünf Altersgenossen. Grund genug für mich, zu schweigen und die weiteren Provokationen zu schlucken. Jeden einzelnen der Bande hätte ich mir von der Mauer geholt und ihm gezeigt, wie man in München gekonnt rauft. Aber gegen die Masse war ich machtlos. Ich habe abends in meinem Bett geweint und von der Tante den Trost bekommen, daß die Märtyrer Schlimmeres erdulden mußten in der heidnischen Umgebung Roms. Ich wollte aber gar kein Märtyrer werden, sondern Lokomotivführer. Und zwar auf der Strecke München–Leipzig. Ich beschloß daher, nur innerbayrische Strecken zu fahren, auch wenn der Bahnhof von Leipzig noch so gewaltig war. Tante Carina sagte auch, daß wir hier in der Diaspora lebten und die dummen Menschen überall auf der Welt die Schwachen quälten. Das könnten sie sich nur in der Menge leisten, denn einzeln seien diese Dummen recht feige. Hier in Leipzig seien halt die Katholiken eine Minderheit. Jesus habe aber gesagt: Herr verzeihe ihnen, denn sie wissen nicht, was sie tun! Ich solle für sie beten.

Ich nickte artig und betete: Lieber Gott, laß die Hundskrüppel von heute nachmittag von der Mauer fallen, daß sie sich alle Knochen brechen. Schicke mir einen großen Hund oder wenigstens ein paar starke Katholiken, daß wir die Kerle richtig aufmischen können. Laß mich auch bald größer und stärker werden, damit ich in Zukunft vor solchen Schweinen nicht klein beigeben muß! Dann malte ich mir noch einige Strafen aus und schlief über der theoretischen Ausübung meiner Rache selig ein.

Wie viele solcher Gebete mögen kleine und große Judenbuben wohl zum Himmel geschickt haben im Land der Dichter und Denker? Wie viele Tränen mögen ganze Familien vergossen haben? Welches Gefühl hatten wohl die Überlebenden im Jahre 1945, als ihre Gebete Erhörung gefunden hatten?

Sicher sind die Alliierten nicht für das jüdische Volk in den Krieg gezogen. In ihren eigenen Ländern waren und sind noch heute die Juden eine Minderheit und der Beschimpfung häufig ausgesetzt. Doch die ideelle Seite ihres Feldzuges gegen Hitler war der Kampf gegen den Mißbrauch überlegener Macht. Mitten im Kriege hörte ich aus einem »Feindsender« den Spruch von Churchill: »Wenn bei uns morgens die Haustürglocke schellt, kann es nur der Milchmann oder der Briefträger sein.« Als ich diesen Satz vernahm, bekam ich richtig Sehnsucht nach Frieden, nach Freiheit, nach einem anderen Land. Denn ich wußte, daß für viele Menschen in Deutschland das Läuten an der Türe der größte Schreck und ein Armesünderglöcklein war. Die Henker läuteten nämlich, während die Milchmänner an der Front Blut austrugen. Eigenes und fremdes. Am liebsten läuteten die Henker bei den Juden, denn diese waren in der Minderheit, schwach und ohne jeden Widerstand. Alles typische Eigenschaften, so hieß es.

In Berlin gab es damals bei etwa 4,2 Millionen Einwohnern rund 250 000 Juden. Eine stattliche Zahl, die aber keinem Verhältnis im übrigen Deutschland entsprach. Sie fielen »unangenehm« auf im Leben der Stadt. Teils so wie ich in Leipzig, teils tatsächlich durch unrühmliche Gewohnheiten. Die unrühmlichste war ihr Streben nach Geld und Erfolg. Sie bückten sich noch mehr als die Norddeutschen, um das Geld von der Straße aufzuheben. Als Studenten waren sie fleißig bis zum Strebertum und stellten unverschämterweise einen großen Teil der erfolgreichen Mediziner, Juristen, Kunstexperten. Einen größeren, als ihnen nach dem Zahlenproporz zugestanden hätte. Noch schlimmer war es in den Sparten des Handels und des Bankwesens. Zwar wurden sie im Mittelalter in diese Berufe gedrängt, weil einem Christenmenschen das Zinsnehmen verboten war, aber es mußte doch nicht so weit kommen, daß diese Typen Vermögen hatten! Es war richtig Zeit für ein Aufbegehren, um wieder Gerechtigkeit und Gleichheit herzustellen. Viele von ihnen kontrollierten das Nachtleben und die gewerbliche Unzucht der Stadt. Das war nicht so auffallend, aber für die alten, braven Mütterlein, deren Söhne und Gatten ihr Geld dorthin trugen, ein echter sittlicher Grund zum Antisemitismus. Diese schmierigen Typen waren zwar nicht der Umgang der jüdischen Gelehrten, aber der Einfachheit halber warf man sie alle in einen Topf. Denn beide Sorten waren dunkelhaarig, mosaischen Glaubens und nicht arm.

Trotz aller Bemühungen der jüdischen Bevölkerung, als vollwertiger Bürger anerkannt zu werden, blieb die Distanz zur einheimischen Bevölkerung immer gleich groß. Da half auch keine Teilnahme am Ersten Weltkrieg, keine noch so große Wohltätigkeit, kein vorbildlich soziales Verhalten den eigenen Angestellten gegenüber. Ja nicht einmal der Verrat an der eigenen Mespoche, wie man auf jiddisch die Verwandtschaft nennt.

Besonders nett war eine Freundin meines großen Bruders.

Eigentlich war sie nur »Halb-Jüdin«, aber man sah es ihr an. Sie war 16, als sie erstmals in unsere Familie kam und 17, als wir sie zum letzten Mal sahen. Unter Tränen und wirklich gebrochen. Ich konnte es nicht mit ansehen, wie das liebe Ding weinte. Mein Bruder war Student der Medizin und stand kurz vor dem Vor-Physikum. Irgendein edler Kollege mußte auf der Universität gemeldet haben, daß der Student mit einem Mädchen artfremden Blutes Rassenschande trieb. Nun war schon die Immatrikulation abhängig von der Mitgliedschaft zu einer Parteigliederung abhängig gemacht worden. Mein Bruder Hans verkroch sich in das NS-Kraftfahrkorps, dem man relative Harmlosigkeit unterstellte. Diese Zugehörigkeit war jedoch besonders unvereinbar mit der Sünde wider das Blut. So wurde er offiziell aufgefordert, seine Liebe oder sein Studium aufzugeben. Man hätte ein Held sein müssen, um ein Ritter zu sein. Das wollte auch das Mädchen nicht, und so kam es zu der Trennung. Nur durch die Post konnte noch eine Weile die Verbindung aufrechterhalten werden, bis auch das zu gefährlich war. Ja, man mußte sogar mit Telefonüberwachung rechnen, wie unser Onkel meinte, der immer gut informiert war und den Nazis jede Schlechtigkeit zutraute. Die Familie des Mädchens konnte noch rechtzeitig nach Dänemark fliehen, doch war es nicht möglich zu erfahren, ob sie dort nach dem Einmarsch den Henkern entkam. Der Name Müller gab zu wenig Anhalt bei der Suche. Ich denke oft an die Kleine und frage mich: Warum sollte sie sterben, sie und die Millionen anderer »Minderheiten«?

Der Leser kann nicht erwarten, daß dieses Kapitel heitere Episoden birgt. Ein kleines Bild freundlicherer Art möchte ich dennoch aus dem Gedächtnis malen.

Schöner als das Pergamon-Museum war für mich im Jahre 1935 das Licht- und Luftbad Südende. Es gehörte dem Priesnitzverein, sollte der Gesundheit dienen, diente aber vorwiegend der Freizeitgestaltung Halbwüchsiger und der Aufklärung dieser Spezies. Der Name »Luftbad« besagte nämlich, daß man sich dort ganz ohne Hülle der Luft aussetzen konnte. Natürlich in getrenntgeschlechtlichen und abgezäunten Bezirken. Neben der Damenabteilung war ein künstlicher Hügel, im Winter als Rodelberg gedacht, dessen Zugang durch Stacheldrahtverhaue geschützt war. Man wollte nämlich vermeiden, daß die Knaben das

Schwimmen verlernten, weil sie nur auf dem trockenen, höchsten Punkt lagerten, von wo aus Einblick ins »Paradies« möglich war. Ich scheue Wunden nie, wenn es um hohe und höchste Dinge ging. Hier ging es um den höchsten Punkt im Gelände, – und ich erreichte ihn. Blutend am ganzen Körper, aber in der Gewißheit, hinter die letzten Geheimnisse des Lebens zu kommen und zu lernen. Ich lernte. Die Erkenntnis, derer ich teilhaftig wurde, lautete: Es ist nicht alles lecker, was aus Fleisch ist! Mein Rückzug fand unter dem Protest der Damen statt. Denn ich hatte meiner Enttäuschung durch einige Steinwürfe Luft gemacht. Der Empfang durch den Bademeister war entsprechend. Hart aber gerecht. Das war so seine Art, wie er uns auch später noch bewies.

Die Clique von Jungens und Mädchen, die immer alles gemeinsam unternahmen, war ungefähr zehn Personen stark. Ein tätowierter Altkommunist mit ungeheurem Abscheu vor Arbeit war das Idol. Wir nannten ihn Tarzan, denn er hatte Haare auf der Brust und konnte auf den Händen laufen. Sogar die Treppe zum Restaurant empor, wenn ihm dafür oben ein Bier bezahlt wurde. Er war täglich im Bad und schlief nachts in einem zweckentfremdeten Laden, den er billig gemietet hatte. Seine Reden waren oft politisch, aber linientreu mehr in Richtung KPD, seine Kleidung eine SA-Uniform, denn diese bekam er gratis von der SA, und die Stiefelsohlen wurden auch umsonst besohlt. Dafür ging er wöchentlich einmal ins Sturmlokal seines SA-Sturmes, trank dort gratis Bier und rief gegen 23 Uhr mit den anderen Helden dreimal »Sieg-Heil«.

Dann waren noch einige Mädchen im Kreis. Nach dem Motto, im Rachen des Löwen ist man sicher, und unter dem Schutz unserer gegenseitigen sehr wachsamen Eifersucht blieben sie unberührt.

Eine davon hatte den Spitznamen »Engelchen«, weil sie lange blonde Locken hatte, sehr klein und etwas pummelig und obendrein äußerst gutmütig war. Sie war eine Tochter Terpsychores. Dank meiner Griechischkenntnisse darf ich aufklärend sagen, daß sie also Tänzerin war oder zumindest eine werden wollte. Wie eine Puppe, die man aufzieht, tanzte sie uns auf Wunsch immer etwas vor. Sterbendes Pummelchen, Schwanenpummelchen, Pummelchenfee und alle anderen chemischen Verbindungen von Pummelchen und Wasserstoff-Superoxyd. Sie tat alles aus Liebe zur Kunst. Ich glaube, daß sie auch später kein Geld mit ihrem Tanz verdiente. Vielleicht haben wir das Püppchen auch vorzeitig kaputtgemacht, weil wir es pausenlos unter frenetischem Beifall tanzen ließen.

Die Konkurrenz von Pummelchen-Engelchen war Spiegel. Der berühmte taubstumme Solotänzer Spiegel. Er konnte sich wunderbar durch Bewegungen und Gebärden ausdrücken, denn er war Spezialist für ostasiatische Tänze. Seine Finger waren beweglich wie bei einer siamesischen Tempeltänzerin. Seine Zunge aber furchtbar schwerfällig. Nur das Wort »Capri« brachte er verständlich hervor, denn dort war er jedes Jahr mit einem anderen Schwulen in Urlaub. Deshalb ließ er uns auch in Ruhe. Obwohl wir blond und er Jude war. Er stand bei uns unter Denkmalschutz und genoß besondere Verehrung, weil er jeden Tag mit einer anderen Tabakspfeife anrückte. Tarzan war einmal in Spiegels Wohnung und erzählte, dort sei die schönste Sammlung von Tanzmasken aus Ostasien und eine Sammlung von etwa 100 Pfeifen zu besichtigen. Spiegel schnorrte Tabak von uns, denn er war ohne Engagement.

Eines Tages schritt – ja man muß »schreiten« dazu sagen – ein stattlicher und streng blickender Herr durch das Bad. Er hätte ein hoher Richter sein können, ein Neffe von Bismarck oder Suspensorialrat. Eine Weile beobachtete er das Treiben unserer Clique, die sich am Reck versuchte, Steinstoßen übte, Schattenboxen trieb, die Brücke baute, nach Boxerart Seil hüpfte und auf alle erdenkliche Weise die Muskeln ins rechte Licht setzte; in das der Damen. Spiegel rundete die Schau durch tänzerische Einlagen ab und nahm ihr dadurch die männliche Eintönigkeit. Besagter Herr Rat drehte sich plötzlich um und rief nach dem Bademeister. Dieser kam in mäßiger Eile herbei und wurde erregt von dem Herrn Rat gefragt, wie es möglich sei, daß in dieses Bad auch Juden dürften. Dabei deutete er auf Spiegel. Der las die Frage vom Mund ab und deutete, daß er kein Jude, sondern Tänzer sei. Eine kleine verzeihliche Feigheit. Dann tat er etwas ganz Schlimmes und sagte von unten herauf zu dem Hünen: »Du bist Jude!« In der Erregung brachte er es sogar verständlich aus seiner Kehle. Das gab ein großes Gelächter im Bad! Als Herr Rat nun den Bademeister strammstehen lassen wollte und laut wurde, meinte der Bademeister, hier stünde Behauptung gegen Behauptung. Bisher habe er bei den Badegästen nicht nachgesehen, ob sie beschnitten seien. Aber er wolle dies auf Wunsch gerne einführen. Da Herr Rat heute zum erstenmal im Bad sei und auch die gute Idee gehabt habe, bitte er ihn höflich, die Hose herunterzulassen und seine arische Abstammung unter Beweis zu stellen. Spiegel sagte zu, nach dem Herrn Rat gerne das gleiche zu tun.

Die hochgestellte Persönlichkeit trat einen geordneten Rückzug an. Sie war nämlich, wie ich damals in Leipzig, plötzlich in der Minderheit. Ein seltenes Phänomen im Dritten Reich, als Nazi Minderheit zu sein. Wir verdankten diese Erscheinung einem schlichten Berliner Bademeister.

Der Herr Rat aber kühlte sich im Wasser ab. Währenddessen opferte Tarzan sein Parteiabzeichen, und wir hefteten es an die hintere Seite seiner Hose, die er während des Schwimmens bei seinem Handtuch liegen hatte. Nachher sah das verehrte Publikum erstmals einen Parteigenossen mit dem Hakenkreuz auf dem Hintern. Ich ging artig zu ihm hin und sagte scheinheilig aufmerksam: »Herr Kreisleiter haben die Hose falsch an. Das Parteiabzeichen ist am Arsch!«

Dann kamen alle herbei und schauten ihn hinten so lange an, bis er Verrat am Führer übte und feige das Bad verließ. Er kam auch nie mehr wieder. Das war noch 1935.

Später war Spiegel verschwunden. Keiner wußte wohin. Ich sah oft auf den Geleisen der S-Bahn Kolonnen von Juden in Sträflingskleidung an den Schienen arbeiten und schaute in die Gesichter, ob irgend jemand dabei war, den ich schon in der Nachbarschaft oder sonstwo gesehen hatte. Es waren maßlos traurige Gesichter, und die wartenden, freien Menschen auf dem Bahnsteig schämten sich, sie anzusehen. Es war ihnen sichtlich peinlich, bis der einfahrende Zug die Erlösung brachte. Na ja, man würde ihnen ja gerne helfen, vielleicht wenigstens ein paar Zigaretten zustecken oder etwas zum Essen. Aber schließlich hatte man ja Kinder und konnte nicht riskieren, auch noch ins KZ zu kommen.

Die ausgemergelten Streckenarbeiter hatten übrigens auch Kinder. Wie unser Schneider Myslowitz. Er war ein Vertreter des Standes Handwerks-Juden aus Polen. In der Kellerwohnung eines Hauses am Paretzer Platz hauste er im Dämmerlicht mit Frau und Tochter. Er hatte keinen Anlaß zu Neid gegeben, denn er war arm, fleißig, unauffällig. Aber auch das konnte ihn nicht davor bewahren, ermordet zu werden. Sein Verbrechen war, ein Vaterherz zu haben, das nichtarisches Blut durch die Adern pumpte und Frau und Kind liebte, die vom gleichen minderwertigen Saft durchpulst waren. Von Myslowitz konnten sie nur das Leben holen. Sie taten es. Myslowitz hatte eine Brille vom Chic der Ortskrankenkasse mit ganz dicken Gläsern. Seine Tochter auch. Die Brille paßte zu ihren roten Haaren um das verängstigte, blasse Kellergesicht. Wenn ich kam und die Hosen meines Vaters zum Richten oder Weitermachen brachte, waren die Leute von geschlagener Freundlichkeit. Man fühlte sich an einen Besuch im Tierasyl erinnert, wo die heimatlosen, struppigen Mischlinge den Interessenten rührend anschauen. Mit Augen, die sagen: Schlag mich nicht, Fremder! Ich bin zwar ein Köter, aber ich würde so gerne etwas leisten. Bellen, wachen, die Hände lecken. Ich will nur das nötigste Futter, aber leben. Wie ein Hund, gerne, aber leben!

Myslowitz arbeitete für wenig Geld. Seine Preise wurden immer niedriger, weil die Kunden weniger wurden. Der Hausmeister fragte mich einmal, ob wir keinen anderen Schneider wüßten als den Juden. So trat ich in die Wohnung von Myslowitz nur noch, nachdem ich mich vorher vergewissert hatte, ob ich ungesehen war. Ich war kein Held, das sah man deutlich an diesem Verhalten. Vater bestand darauf, daß seine Anzüge dort gebügelt und gerichtet wurden. Er bestand länger darauf, als Myslowitz die Aufträge ausführen konnte, denn eines Tages stand ich vor der Tür, ohne daß sie geöffnet wurde. Es war auch ein anderer Name dran. Als ich meinem alten Herrn davon berichtete, nahm er mir die Hose aus der Hand und ging wortlos weg. Vielleicht hat er daran gedacht, daß der Schneider auch ein Familienvater war, der ums tägliche Brot für die Seinen kämpfte. Bis den Verbrechern an der Spitze Deutschlands selbst die trockenen Scheiben Brotes der Familie Myslowitz noch zu üppig dünkten. Und mein Onkel, dem ich davon erzählte, sagte: Wartet nur, wir kommen alle noch dran!

Olympiade

Unter dem Motto »Ich rufe die Jugend der Welt« eröffnen alle vier Jahre unerschütterliche Optimisten das schönste Fest der Welt, in der Hoffnung, daß der friedliche Wettkampf auch friedliche Ziele setzt für die tatendurstigen Nationen. Die Jugend erhält ihre »Leitbilder«, wie man heute so schön sagt, und kann ihre Kräfte auf eine Weise erproben, die dem Gegner nicht das Leben kostet. Wir aber hatten schon vorher amtliche Leitbilder vorgesetzt bekommen.

Sonderbarerweise lauter tote Personen. Dulce et decorum est, pro patria mori. Ganz hat mir das ja nie eingeleuchtet, warum ein toter Straßenkämpfer dem Vaterland mehr wert sein sollte als ein lebender Techniker. Man konnte über Horst Wessel erfragen, soviel man wollte, es kam eigentlich nie mehr an Leistung heraus als die Tatsache, daß er erschossen worden war und den Text zum Horst-Wessel-Lied gedichtet hatte, das mit einer Melodie aus dem kommunistischen Liedgut gesungen wurde. Damit es die Überläufer schneller singen konnten, wenn sie die neue Uniform anzogen. Aber als Leitbild sind Tote besser geeignet als Lebende, deren Fehler schnell offenbar werden können.

Ein anderes Leitbild war unser Reichsjugendführer Baldur von Schirach. Er kam von der romantischen Jugendbewegung her und geriet als junger Mann per Zufall an Hitler, der ihm Deutschlands Jugend anvertraute. Daß er nach dem Krieg als Verbrecher behandelt wurde und 1967 noch im Zuchthaus Spandau saß, war eine zu harte Strafe für ihn. Als Texter des Liedes »Unsere Fahne flattert uns voran« hat er zwar dummes Zeug verbrochen, doch am Unsinn gemessen gehören andere »Dichter« mit mehr Recht ins Gefängnis, wenn Dummheit strafbar ist. In diesem Lied heißt es zum Beispiel »unsere Fahne führt uns in die Ewigkeit« oder »ja die Fahne ist mehr als der Tod«. Die Fahne ist inzwischen verschwunden, von der Ewigkeit hat die Ouvertüre noch nicht begonnen.

Aber sonst war er wirklich harmlos. Ich bin sicher, daß er inzwischen aufrichtig gelernt hat, daß die Fahne mehr für ihn als der Tod bedeutete, nämlich bis heute mehr als 20 Jahre Zuchthaus. Er hat gebüßt. Auch für Pfingsten 1936, als er uns Berliner Hitlerjungen sehen wollte und auf dem heißen Sand des Gutes

Düppel bei Wannsee 100 000 Garanten der Zukunft aufmarschieren ließ.

Um zwölf Uhr mittags sollte das Heer der Knaben und Mädchen für den verpatzten Feiertag mit seinem Anblick entschädigt werden. Das bedeutete für uns um sechs Uhr morgens Versammlung der Schar, um sieben Uhr der Gefolgschaft, um acht Uhr des Unterbannes und so weiter und so weiter. Denn jeder Einheitsführer bestellte seinen Haufen eine Stunde früher als nötig, um bloß nicht gegen die militärische Pünktlichkeit zu verstoßen. Um elf Uhr waren die 100 000 komplett, und um 14 Uhr warteten wir immer noch auf den Reichsjugendführer. Reihenweise fielen erschöpfte Kinder in den heißen Sand und wurden schamhaft weggebracht. In mir kochte es. Schließlich kochte es über, und ich rief: »Wenn das militärische Pünktlichkeit sein soll und ein Vorbild, dann kann mich der Reichsjugendführer am...«. Doch ehe Baldur meiner Aufforderung nachkommen konnte, enteilte ich flink quer durch die Wüste in Richtung Straße. Dort erreichte ich gerade einen Omnibus, und eine halbe Stunde später aß ich Eis im Garten des Onkels in Dahlem. Die versammelten Gäste nannten mein Verhalten Zivilcourage, obwohl ich in der Uniform des Scharführers steckte. Diese Uniform mußte ich daraufhin mit Schimpf und Schande ausziehen. Der Herr Bannführer riß mir die Tressen herunter, und die Szene erinnerte stark an den Film über die Affaire Dreyfuß. Er meinte, ich könne mich später wieder bewerben und ganz unten vielleicht wieder anfangen. Ich wollte aber nicht mehr so weit herunter und genoß von da an meine freien Sonntage, freien Abende. Zu Hause sagte ich nichts, denn wie sollte ich sonst abends noch ausgehen dürfen, wenn das Vaterland nicht rief. Der jugendliche Leser muß verstehen, daß allmählich Partei mit Vaterland gleichgestellt wurde. Erst der 20. Juli 1944 machte deutlich, daß doch ein gewaltiger Unterschied zwischen den beiden Begriffen bestand.

Ich war um die Freizeit in diesem Jahre recht froh, denn ein ungeheures Pensum Vergnügen lag vor mir und war in einem Jahr fast nicht zu bewältigen. Ich war siebzehn, also reif für die Liebe. Die Dame meines Herzens wohnte unweit von mir in der Tübinger Straße, gerade gegenüber von meinem Klassenkameraden Wolfgang Höber, einem bekannten Züchter weißer Mäuse.

Von ihm hörte ich, daß dieses Mädchen sehr begehrenswert sei! Man schloß es wenigstens aus dem gewaltigen Andrang vor dem Hause der Schönen. In einem günstigen Augenblick konnte ich mich ihr nähern und ein Angebot unterbreiten, das sie sofort annahm. Wir schritten eilends zur Tat, denn sie mußte um 20 Uhr wieder zu Hause sein. Zwar ging das Taschengeld von zwei Wochen flöten, aber die beiden Eisbecher zu jeweils einer Reichsmark waren ihr Geld wert. Etwas Konversation über gemeine Lehrer und Swing und mein hinterhältiges Angebot eines Radausfluges in den Grunewald ließen die Zeit im Fluge vergehen. Sie war ein anständiges Mädchen und mußte, wie gesagt, um 20 Uhr zu Hause sein. Noch am selben Abend stieg ich über den Zaun eines Schrebergartens, stahl ein gutes Kilo roter Johannisbeeren und machte ein Paket davon, das ich ihr am nächsten Tag mit der Post schickte. Ich hätte auch wie der Schillersche Taucher ins schaurige Meer hinabsteigen können. Die Leistung war jedenfalls die gleiche, angesichts der guten Bewachung der Gärten. Vermutlich ist aber auf der Post der Saft aus den Beeren gelaufen, denn niemals erhielt ich ein Zeichen des Dankes. Dafür sah ich sie im Strandbad Wannsee mit einem alten Knacker von etwa 22 Jahren liegen. Der Greis ging mit ihr um wie mit einem Mädchen, das nicht um 20 Uhr zu Hause sein mußte. Ich legte mich daraufhin einige Tage bei Wolfgang Höber auf die Lauer und kam hinter die größte Gemeinheit, die ich mir damals vorstellen konnte. Jeden Abend, etwa um 20 Uhr 15 kam ein Sportwagen vorgefahren und holte das liederliche Stück ab. Ich war sicher, daß er sich einige Tage vorher beim Tanz an den Leib des Mädchens gedrückt hatte, der noch von meinem Eis gefüllt war.

Von da ab beschloß ich, liederlich zu werden und ohne Illusionen gleich zu zweifelhaften Mädchen zu gehen. Noch deutlicher gesagt, diese Sünderinnen zu mir kommen zu lassen. Es war nicht leicht, eine in Erfahrung zu bringen, welche den erhofft schlechten Ruf hatte. Höber, der Mäusezüchter und Repetent, wußte Rat. Es ist ein großes Glück, daß zuweilen Schüler sitzenbleiben, um beim zweiten Besuch derselben Stufe das erforderliche Wissen zu verbreiten, welches in den Lehrplänen der Studienräte nicht berücksichtigt ist. Mit Hilfe des erfahrenen Freundes konnte also von langer Hand und mit schlechtem Gewissen eine todsichere »Sache« vorbereitet werden.

Meine Mutter war in Bayern, und mein Vater beschloß, zu seiner Schwester nach Leipzig zu fahren. Der Bruder war beim Arbeitsdienst. Am Horizont zeichnete sich ein sturmfreier Tag ab. Ich war sehr unkonzentriert in der Schule, denn mein Vater hatte in der Frühe gesagt, daß er heute abend direkt nach Leipzig führe und erst morgen wiederkäme. Mein Mittelsmann bestätigte die Terminzusage der Dame, und preiswerte Getränke aus der Haut-Sauternes lagen bereit. Ich erwartete meine Gäste gegen 19 Uhr. Sie waren nicht ganz pünktlich. Dagegen war mein Vater sehr pünktlich und machte mir die erfreuliche Mitteilung, daß er es sich anders überlegt habe und erst eine Woche später fahren wolle. Kurz nach seinem Eintreffen klingelte es. Ich mußte vor die Türe eilen und die Invasion abblasen. Kurz danach klingelte es wieder, und die nächsten Gäste hörten von meiner Pleite. Der Vater meinte, heute sei ein unruhiger Tag im Hause.

Mein Vorschlag, den ich meinen Freunden und vor allem der mir zugedachten Dame machte, die »Sache« auf nächste Woche zu verschieben, fand keinen Anklang. Ich hatte meinen schlechten Ruf als Party-Löwe weg. Und die Tugend, die man angeblich doch so schnell verliert, klebte weiterhin wie Pech an mir.

Die Bauzäune der Stadt zierten inzwischen überall die fünf olympischen Ringe oder Girlanden. Fahnenmasten wurden aufgestellt und Berlin wie eine Braut geputzt. Es galt der Welt den Friedenswillen unserer Regierung zu demonstrieren, die gerade dabei war, die nächsten Einmärsche sorgfältig zu planen. Sorgfältiger als die Italiener ihren Krieg gegen Abessinien, den sie als Beitrag zur Olympiade in diesem Jahr stifteten. Zum Dank stattete ich in den großen Ferien noch kurz vor der Olympiade Italien einen Besuch ab. Doch darüber kann ich erst im nächsten Kapitel berichten, weil ich in meinen Gedanken in diesem Augenblick zu sehr »Sportler« bin.

Sport ist sehr gesund. Fast alle Fußballspiele sind im Freien, so daß man auch als Zuschauer gute Luft einatmet. Derart gesunde Körper bringen auch einen gesunden Geist hervor. Das wird am Verhalten der Sportfreunde auf den Tribünen deutlich und an der steigenden Intelligenz der Fußballanhänger. Selbst Professor Erhard ging gerne ins Stadion und ließ sich auch in kritischen Augenblicken der deutschen Geschichte stets über den Tabellenstand unterrichten. Ein Kanzler von Format – aus Fürth. Hitler dagegen benützte die Olympiade zu Demonstrationen. Gigantisch das Stadion, gewaltig die Organisation, fehlerlos der Ablauf des Festes.

Mir ward eine kleine Aufgabe am Tage der Eröffnung zuteil. Die Fahnen aller Nationen wurden von Schülern in das Rund des Stadions getragen. Alle Schüler hatten 1.75 zu messen, denn dies war die Durchschnittsgröße des nordischen Mannes. So stand es wenigstens in unserem Lehrbuch der Rassenkunde. Dank sei meinen Eltern! Ich bekam einen Ausweis zum Betreten des äußeren Ringes um das Stadion, weil der Einmarsch natürlich geübt werden mußte. So verschaffte ich mir schon rechtzeitig gute Ortskenntnisse. Zwei Tage vor der Eröffnung war mir klar, wie ich preiswert die ganze Olympiade sehen konnte. Die Methode sei aus moralischen Gründen verschwiegen. In der Schule wurde verlautbart, daß Besitzer von Karten für Veranstaltungen dem Unterricht fernbleiben können. Den Beweis konnte ich mit ausgeliehenen Karten täglich liefern. Sofern dies gelegentlich nicht möglich war, erkrankte ich. Im Herbstzeugnis stand dann zu lesen: »Wir wünschen dem Schüler die Gesundheit, welche seinem guten Ausehen entspricht.« Eine elegante Version, fürwahr. Das konnte nur ein Gräcophile formulieren!

Im Stadion wimmelte es schon morgens von Ausländern, die einen Blick auf die Anlage werfen wollten, wenn sie schon keine Karten mehr für Wettkämpfe hatten erhaschen können. Solchen Gruppen bot ich mich als Führer mit Englischkenntnissen an und lernte auf diese Weise reizende Leute kennen. Und immer wieder die Frage: Warum macht Hitler Krieg? Ich wies auf die friedliche Leistung der Olympiade hin und verteidigte meinen Führer, denn von Fremden läßt man sich keinen Landsmann madig machen. Ich war auch wirklich überzeugt, daß die Frage der Gäste unsinnig sei. Die machten aber immer wieder besorgte Gesichter und sahen mich mitleidig an, als ob ich ihnen zu schade zum Sterben sei. Wenn bei Wettkämpfen der Führer ins Stadion kam, war immer ein Sieg der Deutschen fällig. Entweder machte seine Nähe aus jedem deutschen Sportler einen Übermenschen, oder man empfahl ihm solche Veranstaltungen, die einen deutschen Sieg erwarten ließen. Vor Beginn der Veranstaltung jedoch grüßte er die 100 000 im Rund, und die Menge schrie hysterisch und regelmäßig minutenlang »Sieg-Heil – Sieg-Heil –

Sieg-Heil«. Die Ausländer sagten zu mir, sie seien nicht gekommen, um politische Demonstrationen zu erleben, sondern Sport. Ihnen war es damals schon so vorgekommen, wie uns heute Aufnahmen aus dem Sportpalast im Ohr klingen: unheilvoll, fanatisch. Wie das Messerwetzen eines Mörders. Natürlich gab es auch Besucher aus fremden Ländern, die sich beeindruckt zeigten. Im Schwimmstadion erlebte ich, wie eine Französin über die Brüstung sprang, zu Hitler eilte und ihn abküßte, ehe die Wachen das verrückte Weib wegzerren konnten.

Die Mächtigen wirken auf gewisse Damen ungeheuer anziehend. Ich war kein Mächtiger. Aber ein fleißiger Tänzer des damals aufkommenden Swing. Teddy Stauffer spielte im Delphi-Palast im wiegenden Rhythmus, und Billy Toffel, der Brite, sang dazu undeutsche Texte. Stauffer verjazzte eines Abends sogar den Badenweiler Marsch, jene geheiligte Musik, die nur erklingen durfte, wenn der Führer nahte. Ei, war das eine Freude in der Stadt! Teddy bezahlte dafür 5000 Mark Strafe, hieß es, und man fand es sehr gnädig, daß er nicht hingerichtet wurde. Sicher mit Rücksicht auf die Olympiade. Man hörte ihn in Berlin von da an nicht mehr. Leider! Denn wir hatten genug von den Liedern des Herrn Nillebrock, genannt Herms Nil, die wenig Swing, aber um so mehr Bumm-Bumm enthielten. Wir sagten deshalb oft aus Spaß: »Und jetzt hören Sie einen Nazi-Hot von Professor Bumms Nil.«

Im Delphi gab es Tischtelefone, ein Hilfsmittel für Gehemmte. Doch ein funktionierendes. Wenigstens verhalf es mir zu einer Dame, die mich am Ende des Abends auf ihr Zimmer einlud. Das war mein erster Gang auf eine »Bude«. Sie war möbliert. Die Dame sicher nicht aus gemeinstem Stande, aber auch nicht aufregend fein. Durchschnitt und sehr erstaunt über mein gesittetes Benehmen. Ich wurde nicht heimisch in dem Zimmer. Daran war sie selbst schuld, denn auf dem Schrank stapelten sich die leeren Koffer, Symbole des Abschieds. Ich muß allerdings dazu sagen, daß mir dauernd die Warnungen meines großen Bruders im Ohr klangen, der zwar wenige, aber sehr bedeutende Semester Medizin hinter sich hatte. Wie alle jungen Studenten sprach er sehr viel vom Studium, meist unnötigerweise mit lateinischen Ausdrücken, damit der Pöbel seine Unbildung selbst erkenne. Die allgemein bekannte Lungenentzündung wurde zur Pneumonie und bei jedem flatus fand er Anlaß zu einer Kurzvorlesung. Ich war sein häufigstes Auditorium. Die Gefahren der flüchtigen Liebe malte er mir wie Savonarola und zeigte mir dabei in seinen Atlanten gräßliche Bilder. So hat er mir die ganzen Abendveranstaltungen der Olympiade verdorben. Dank dafür!

Nie kam mir Berlin so trostlos vor wie nach dem Ende des Völkerfestes. Die Girlanden verschwanden an den Baustellen der U-Bahn, die Menschen mit dem Flair der Fremdheit waren fort, die Schule konnte nicht mehr geschwänzt werden, und die Versorgung mit den täglichen Gütern wurde etwas eintöniger. Die dänische Butter verschwand, genauso die Kokosnüsse und andere exotische Dinge. Göring verkündete »Kanonen statt Butter«. Nur die Preise blieben stabil. So hatten wir keine Geldnot, denn Geld war aus Papier, und Papier gab es in Deutschland reichlich. Wir sahen die Wirtschaft florieren. Vor allem die Rüstungswirtschaft.

Ein Bankdirektor im Hause des Onkels verkündete laut und unverständlich, daß unsere Geldwirtschaft an eine Kaffeemühle erinnere, in der man pausenlos den gleichen Kaffee durchdrehe, bis er immer dünner werde. Man könne bewundern, wie sich die Mühle tüchtig drehe. Dies sei kein Ersatz für Golddeckung, auch wenn man verdummend sage, unsere Währung sei durch Arbeit gedeckt. Der Mann war ein Prophet. Im Jahre 33 betrug der Notenumlauf sieben Milliarden Mark und 1945 ganze 70 Milliarden. Der Kaffee war wirklich dünn geworden und ohne Aroma. Der vielbewunderte Wirtschaftsaufstieg im Dritten Reiche und das Glanzstück Autobahn wurden nachträglich von denen bezahlt, die bei der Währungsumstellung neun Zehntel ihrer Ersparnisse verloren. Sieben zu 70, ein klarer Fall! Die Goldmedaille im Volksbetrug war 1936 auch an Deutschland gefallen.

O sole mio

Mit unserem Drang nach Süden befanden wir uns nicht in der schlechtesten Gesellschaft. Die üblen Erfahrungen von Konradin, dem letzten Staufer, und die fast so schlechten von Adolf, dem letzten Braunauer, wurden durch die Erfolge der übrigen deutschen Fürsten bei weitem aufgewogen. Per saldo war es also für Deutsche schon lohnend, über die Alpen zu ziehen. Wir rechneten aus, daß bei standesgemäßer Lebensführung pro Kopf etwa 200 Mark aufzuwenden seien für eine Reise von insgesamt 18 Tagen. Das galt auch für damalige Verhältnisse als sehr günstig. Man muß bedenken, daß die Währungen diktatorisch regierter Länder im eigenen Lande immer sehr gut sind, im Auslande aber meistens weniger hoch eingeschätzt werden. Je länger die Diktatur währt, desto mehr verschlechtert sich der Kurs. Folglich war 1936 die Reichsmark tatsächlich noch besser als die Lira, und wir hatten einen Kurs von einer Mark zu fünf Lire, der im gleichen Sommer sogar noch eins zu sieben korrigiert wurde.

Der Leser wird wissen wollen, wer mit »wir« eigentlich gemeint ist. Nun, es handelte sich immerhin um fünf Altersgenossen mit Lateinkenntnissen, die es für richtig hielten, die Quelle ihres ewigen Ärgers, nämlich Rom und einige andere Orte Latiums, zu besuchen. Die Idee zu der Reise stammte nicht von mir, denn mich hätte es mehr nach Athen, Delphi und Olympia gezogen. Ich wußte auch gar nicht, wie ich die 200 Mark aufbringen sollte. Mein Privatvermögen betrug damals 50 Mark, und Geschäftswerte besaß ich bis auf ein Fahrrad nicht. Mit dem Onkel war aber ziemlich sicher zu rechnen und in beschränktem Umfange vielleicht auch mit den Eltern, da die Zeugnisse recht zufriedenstellend ausgefallen waren. Ein kleines wissenschaftliches Wunder bei der enormen Zurückhaltung im Fleiß!

Ein größeres Problem stellte eigentlich die Ausreiseerlaubnis dar. Bekanntlich dürfen die Angehörigen glücklich regierter Total-Staaten nicht ohne weiteres ins Ausland reisen, damit sie nicht mit anschauen müssen, wie schlecht man andernorts zu leben gezwungen ist. Hitler hatte anfangs auch immer betont, daß der Nationalsozialismus kein Exportartikel sei. Damit sagte er die reine Wahrheit, denn diese Lehre war tatsächlich äußerst schwer zu verkaufen, und man mußte sie den desinteressierten Nachbarn später mit erheblicher Gewalt aufdrängen. So kam es, daß wir Jugendlichen der Erlaubnis von seiten der Reichsjugendführung bedurften, welche nicht besonders gerne erteilt wurde. Nach meiner Degradierung bestand sogar recht geringe Aussicht. Meine Schande war jedoch anscheinend noch nicht zu den höchsten Stellen durchgedrungen, und so konnte unser Reiseführer und Manager auch für mich das »placet« erhalten.

Ein Freund vom Tagebuchschreiben war ich eigentlich nie. Das schien mir eher etwas für Mädchen zu sein, die nichts erlebten. Dem Unternehmen »Italien« maß ich aber solche Bedeutung bei, daß ich entgegen allen Prinzipien doch ein Tagebuch begann und es fast zu Ende führte. Ich konnte es bis auf den heutigen Tag retten und stellte bei der Lektüre nach Jahren fest, daß ich doch nicht alles darin aufgeschrieben hatte, was mich bewegt hatte. Auch nicht alles, was ich erlebt hatte. Viele Schriftsteller werden mir wohl bestätigen können, daß Dünnpfiff dem literarischen Schaffen sehr abträglich ist.

Die Reise begann am 17. Juni mit dem Fahrrad und führte – es war unvermeidlich – über Leipzig. Die Etappen waren nicht nach Kilometern, sondern nach Verwandtenstützpunkten eingeteilt, weil die Fahrt bis zur Landesgrenze in Mittenwald in der Kalkulation mit nur fünf Reichsmark veranschlagt war. Alles inbegriffen. Wir bewunderten mit dem Sachverstand der 17jährigen die Schönheit der sächsischen Mädchen, ließen uns aber durch Sprachproben davon abhalten, die Reise vorzeitig in Leipzig zu beenden. Frank und frei strampelten wir durch den Thüringer Wald zu meinen nächsten Verwandten in der Nähe Bayreuths. Da die Festspiele im Juni noch nicht liefen, wurden wir nicht lange aufgehalten und waren einen Tag später schon im Raum Nürnberg.

Die Nacht im Zelt erinnerte uns so sehr an unsere Armut, daß wir keine Bedenken hatten, uns unsere nächste Mahlzeit direkt von deutscher Scholle zu holen. Wir fanden eine sehr frühe Kartoffelsorte, die sich zwar als noch nicht reif, dafür aber preiswert erwies und im Topf schnell gar wurde. Eile tat auch not, denn die deutschen Bauern lobten es, daß Hitler die Landwirtschaft durch Gesetz mit einem Federstrich entschuldete, hielten aber nichts von der Hitlerjugend, wenn sie ihrerseits von der Landwirtschaft profitieren wollte. Von dem so gesparten Geld konnten wir uns nachts um zwölf Uhr in Monheim ein Bier kaufen und erstmals in unserem jungen Leben die Qualität dieses Saftes wirklich schätzen. Wir waren den ganzen Tag geradelt und beschlossen am Abend, auch die Nacht hindurch weiterzustrampeln.

Die Gegend und der Abend waren nämlich zu schön, um zu

schlafen. Die kleinen Städtchen im fränkischen Jura lagen im Mondlicht wie Spitzwegbilder. Ja, sogar ein Nachtwächter ging durch einen Ort und gab den schlafenden oder liebenden Bürgern das schöne Gefühl der Sicherheit, das keine Polizeimacht mit Überfallkommandos in den Großstädten verleihen kann. Zwischen diesen Mauern ruhte die alte Zeit, die Ehrlichkeit und die Kunst, mit wenig Mitteln zufrieden zu leben.

Der Marktplatz war gepflastert und schüttelte unsere Räder. Die Brunnen spendeten silbernes Wasser. Die Apotheke war das schönste Haus im Rund, gefolgt von den anderen Bürgerhäusern mit Läden in Monopolstellung. Alles war geordnet, kein Fremder konnte sich mit einem Gewerbe hier niederlassen, denn jeglicher Besitz lag fest in immer den gleichen Händen, die sich vorzugsweise über den Platz hinweg zur Ehe fanden. Man heiratete aus Vernunftsgründen und klagte nach außen mit schweren Seufzern über den Zwang, sehr sparen zu müssen. Der Pfarrer hatte es nicht leicht, ans nötige Geld zu kommen für seine Kirche. Er befand sich damit in guter Gesellschaft mit den Kellnerinnen des führenden Hauses am Platze, die beim Herausgeben immer wieder erkannten, wo die Wurzel gutbürgerlichen Wohlstandes liegt. Natürlich mußten die Familienväter der braven Kleinstädte auch gelegentlich in die Stadt, die richtige große Stadt Nürnberg fahren, um dort dringende Geschäfte zu erledigen, was die Gattin meist einsah und auf den Laden aufpaßte.

Als wir in solch einer Landstadt zu mitternächtlicher Stunde die Wirtsstube betraten, waren nur noch wenige Bürger im Raum. Sie nahmen von unseren Uniformen keine freundliche Notiz, denn sie hatten mit Recht das dumpfe Gefühl, daß mit diesen Uniformen überhaupt Unruhe ins Land kommen würde. Irgendeine Änderung im bisherigen Leben. Sie wußten nicht, daß erst der verlorene Krieg mit seinen Flüchtlingen aus den Ostgebieten, die lockeren Gesetze der Besatzungsmacht die große Änderung in der Hierarchie der Ämter und Geschäfte bringen würde. Mit dem Nationalsozialismus wurden die Spießer leicht fertig. Sie legten ihn sich so zurecht, daß er herrlich in ihren engen Rahmen paßte. Wir Buben fühlten jedoch sogleich, daß wir nicht hierher gehörten, auch wenn es uns noch so gut in der Stube gefiel. Schnell tranken wir die Maß Bier aus und gaben der einzig freundlichen Person, der Bedienung, ein fürstliches

Trinkgeld von fünf Pfennigen pro Glas. Damit erwarben wir ihren Dank und ihre Einschätzung, daß wir sicher arme Kerle seien. Noch heute vermutet das Hotel- und Gaststättenpersonal, daß wirklich vermögend nur der arrogante Gast sein kann, der wenig Trinkgeld gibt, und deshalb besonders gepflegt und gut zu behandeln ist.

Das Städtchen lag schnell hinter uns, und der gute Mond leuchtete uns weiter nach Süden. Es war angenehm zu fahren in der lauen Luft. Wir sprachen wenig, waren wir doch innerlich berührt von der lieblichen Stimmung. Am frühen Morgen rollten die Räder den letzten Hügel hinab durch Donauwörth, wo sich das allererste Leben in den Backstuben regte, sich vereinzelt Rauch aus den Kaminen ringelte. Wie wohlig warm mochte es jetzt in mancher Küche sein, während mir der Nebel an den nackten Beinen hochkroch. Der häßliche Nebel der häßlichen Lechebene an der Mündung des Flusses in die Donau.

Vierzig Kilometer weiter südlich wußte ich Augsburg. Meine alte Schule, meine alte Liebe Alix und die engen Gassen, die mehr Bewunderung beim fremden Besucher als beim notleidenden Bewohner genossen. An allen sehenswerten Stätten dieser Erde ziehen entzückte Touristen durch die Elendsquartiere aus dem Mittelalter und loben die Baukunst, den Stil, die dankenswerte Erhaltung des Alten, bis sie vom Laufen und Schauen müde ins Hotel zurücktaumeln und sich im gefließten Bade erfrischen. Auch ich freute mich nun mit der nötigen Distanz als Tourist auf die alte Stadt. Schnell führte ich den Konvoi ins Seminar, um stolz zu zeigen, wo ich die Grundlagen meiner Bildung erhalten hatte. Pater Raphael, der Direktor, wußte ohne jede Erklärung, daß Kultur besonders angenehm berührt, wenn man gesättigt ist. Deshalb lud er uns zu einem Frühstück mit dampfendem Kaffee und riesengroßen Semmeln ein. Meine durchweg protestantischen Feunde warfen schnell die ererbten Vorurteile über die Pfaffen über Bord und fanden es erstaunlich, daß in einem Kloster auch Ketzer beköstigt wurden. Es kam ihnen sogar langsam der Gedanke, daß Ordensgeistliche echte Menschen sein könnten. Von Müttern geboren, vermutlich sogar von Vätern gezeugt. Ich war richtig glücklich über diese freundliche Aufnahme, denn mich hätte es nicht gewundert, wenn meinen Begleitern offenbar geworden wäre, daß ich nicht zu den unvergessenen Leuchten der Schule zählte. Mein Ansehen im Kreise stieg enorm. Abends stieg ich dann noch durchs Fenster der Jugendherberge, weil ich später heimkehrte, als es laut Hausordnung erlaubt war.

Es war der Tag der Sommersonnenwende und der Tag des Wiedersehens mit der Freundin. Wir legten beide Anlässe zusammen und gingen auf den Plärrer zum großen Feuer. Alix im Kleide des Bundes Deutscher Mädchen, ich im Fragment einer HJ-Uniform. Man nannte das damals Räuberzivil. Hand in Hand standen wir vor dem lodernden Haufen inmitten einer nur zum Teil kommandierten Jugend. Das Sonnwendfeuer war ein alter Pfadfinderbrauch und wurde nach und nach von den Nazis kultisch verschlissen. Die Flammen zeigten ihre Wirkung auf die Kinder, auch wenn sie nicht wußten, was der Zauber zu bedeuten hatte. Wir sangen von einer neuen Zeit, von Treue und lodernden Herzen. Nicht jeder Sänger wußte so genau, wofür es loderte. Ich aber hatte ein Mädchen am Arm und empfand etwas Brennendes. Vermutlich war es eine Jugendliebe: noch keusch, doch ganz schön flackernd. Nichts war zweideutig, wenn wir uns an der Hand hielten, und darum schämten wir uns nicht. Auch dann nicht, als wir aufgefordert wurden, uns zu schämen. Unsere Idylle wurde nämlich von einem häßlichen uniformierten Weib gestört, das sich mir als die ranghöchste BDM-Führerin von Augsburg vorstellte. Den hohen Dienstgrad hätte ich ihr auch so angesehen, denn sie war ohne jede Lieblichkeit. Wie ein Löwe stellte ich mich vor meine Freundin, die ja eine Untergebene dieses Drachens war, und beleidigte das hohe Tier nach Kräften. Natürlich stieß ich in ihre Wunde und sagte ihr mangelndes Verständnis nach, weil sie mit ihrer Figur nie einen Freund haben werde. Um der Sache Eiseskälte zu verleihen, bemühte ich mich um stärksten Berliner Dialekt. Das entlockte ihr Beleidigungen der Reichshauptstadt, die ich als alter Berliner mit erneuten Kommentaren über weibliche Häßlichkeit in Uniform quittierte. Schließlich rannte sie davon, um einen SA-Mann zu holen und mich verhaften zu lassen. Wir rannten bei dieser Gelegenheit auch weg, weil Mut nicht mit Dummheit identisch sein muß, selbst wenn dem oft so ist. Da in dieser Situation Geborgenheit mit Hausgang identisch war, flüchteten wir dorthin und hielten uns wortlos in den Armen, bis wir uns zu etwas aufrafften, was man bei gutem Willen als Kuß bezeichnen könnte. Wenn ich auch wiederum in die Rolle des Ungeübten verwiesen wurde, hatte ich doch nicht das Gefühl, verladen zu sein. Keine penetrante Technik stieß mich zurück, sondern ein kleines Stück gereifterer Mädchenhaftigkeit begegnete dem Wonnetrunkenen.

Nur kurzer Schlaf war mir in der Jugendherberge gegönnt. Die Kameraden drängten zur Weiterfahrt. Für sie war Augsburg eine Stadt wie viele andere auch. Mir fiel der Abschied schwerer. Die Gedanken waren bei der öden Fahrt ins südliche Lechfeld auf die Vergangenheit gerichtet. Erst in Landsberg am Lech, der Heimat mütterlicher Vorfahren, erwachte ich wieder. Diese Stadt spielte damals eine große Rolle, und jeder kannte ihren Namen, obwohl sie eigentlich recht klein war. Ihre Schönheit war unbestritten, doch erlangte sie ihre Berühmtheit aus einem anderen Grunde. Die politisch sehr desinteressierte Bevölkerung von Landsberg hatte auch später noch einmal das Unglück, ihr friedliches Städtchen ins Zeitgeschehen gerückt zu erleben. Das war nach 1945, als dort die echten und nicht ganz so echten Kriegsverbrecher inhaftiert und hingerichtet wurden, im gleichen Gefängnis, das nach 1923 Hitler beherbergte.

Der erste Versuch Hitlers, an die Macht zu gelangen, wurde im November 1923 unter Mißachtung parlamentarischer Wege unternommen und führte zu den Vorkommnissen vor der Feldherrnhalle in München. Hitler floh nach dem Fehlschlag an den Staffelsee, kam dann aber doch vor Gericht und wurde zu Festungshaft verurteilt. Eine Kavaliers-Vollstreckung, die man dem politisch andersdenkenden Straffälligen fast wie eine Ehrenhaft gewährte. Ein guter Brauch in den wahrhaftigen, etwas naiven Demokratien der guten alten Zeit. Er hatte seine Grundlage in der Annahme, der politische Täter handle in bester Absicht und werde, durch noble Behandlung beschämt, in Zukunft ein loyaler Bürger werden. Wir hatten in der Schule gelernt, daß 1923 eine verbrecherische, judenhörige, ultramontane, papistisch-reaktionäre Regierung Hitler durch schnöden Verrat daran gehindert habe, Deutschland zu befreien und ihn dann noch in den Kerker geworfen habe nach einem grausamen Schauprozeß. Dieser Kerker in Landsberg wurde zu einem Wallfahrtsort der Deutschen nach 1933. Auch wir hielten es für richtig und anständig, mit Andacht an dieser Stelle zu verweilen, wo Hitler sein Glaubensbekenntnis »Mein Kampf« verfaßt und Pläne für die Zukunft geschmiedet hatte. Wir wollten seinen Kerker sehen und fanden uns enttäuscht in einem freundlichen Zimmer, besser eingerichtet als die Mannschaftsquartiere beim Militär. Die Ehrfurcht verging uns recht schnell, und wir begannen, jeder für sich natürlich, den Unterschied zwischen objektiver und subjektiver Geschichtsschreibung zu erkennen. Das Beispiel war zu deutlich. Die Lehrer hatten uns allerdings auch immer gesagt, daß der Nationalsozialismus eine objektive Geschichtsschreibung ablehne, weil es für ein Volk, das an sich glaube, überhaupt nur subjektive Betrachtung geben dürfe.

Immer wieder mußte ich in den folgenden Jahren daran denken, daß Hitler bei diesem Strafvollzug gelernt hatte, wie politische Gegner nicht zu behandeln sind. Ich habe auch gelernt, wie anständig diese Weimarer Demokratie im Grunde war und wie grundverkehrt es ist, Anstand von denen zu erwarten, die einer Demokratie an den Kragen wollen. Beispiele von Ritterlichkeit bringen sie nur zum Lachen. Aus Notwehr hätte auch die Demokratie scharf reagieren müssen und nicht warten dürfen, bis sie vom begnadigten Gegner ermordet würde.

Der gleiche Abend bescherte uns ein Gasthausbett in Murnau. Die Wirtin war ein Schatz und nahm einen Pro-forma-Preis von 50 Pfennigen. Ihr habe ich in meinem Herzen ein Denkmal gesetzt. Nun hat der Mensch im Herzen bekanntlich Platz für viele Denkmäler. Auch ein junger Mensch oder vielleicht gerade ein junger Mensch. Auch sind Männer hier nachweislich geräumiger als Frauen. Jedenfalls setzte ich am nächsten Abend in Mittenwald gleich noch ein Denkmal, diesmal ein niederländisches.

Wir hatten uns in einem Heustadel zur Nachtruhe eingerichtet, unweit der Stelle, wo heute die Talstation der Karwendelbahn steht. Der malerische Ort war auch damals schon bei Reisenden aus aller Welt beliebt. Durch die Hauptstraße floß ein munterer Bach, in den die Betrunkenen häufig hineinfielen, vor dem Rathaus plätscherte der Marienbrunnen und erlaubte den Frauen manchen Waschtag. Vor den bunten Häusern saßen am Abend die Einheimischen und Gäste auf der Bank, wenn die Kuh- oder Ziegenherden von den Weiden vor dem Ort heimkehrten. Für eine Handvoll Salz liebkosten die Ziegen den Spender mit ihrer Reibeisenzunge, und die Kühe erstaunten den Städter durch ihre Ortskenntnis, wenn sie genau im richtigen Moment die Herde verließen, um in die richtige Gasse einzuschwenken, wo der warme Stall winkte. Die Burschen des Ortes bemühten sich, verwegen und potent bei ihren Stehkonventen dreinzuschauen. Die Jacke hing auf einer Schulter, der Hut gerade noch an einem Ohr und der Blick an den weiblichen Kurgästen. Angesteckt von solcher Unbekümmertheit pfiff ich von der Straße aus hinauf zu einem Balkon des Hotels Wetterstein, wo ein Mädchen an dem Balkongeländer lehnte. Sie ging sofort in den Raum zurück. Während ich sie noch entrüstet wähnte, kam sie unten aus dem Hotel heraus und zögerte, in welche Richtung sie sich wenden sollte. Da wartete ich nicht länger und sprach sie an, um nicht in den Ruf zu kommen, etwa kein Einheimischer zu sein. Sie war aus Holland und so groß, daß ich eine Stunde später auf einen Baumstumpf steigen mußte, um sie küssen zu können. Ich kam mir rundherum wie ein Sportsmann vor und fand, daß zum Küssen Liebe keineswegs nötig sei. Wohl hielt ich damals den Adressenaustausch noch für eine Kavalierspflicht. Und ich schrieb der Dame regelmäßig bis zum Ausbruch des Krieges. Dann machte sie – es sei ihr verziehen – eine politische Anspielung und zwang mich damit, die Rolle des Kavaliers nunmehr gegenüber meinem Vaterlande zu spielen, das sie angriff. Angriffe auf den Angreifer wurden verübelt. Welch verdrehte Welt!

In dem gleichen Jahre spielte Hitler seinen österreichischen Landsleuten einen bösen und teuren Streich. Als Strafe dafür, daß die dortige Regierung den verlorenen Sohn Adolf nicht wiederhaben wollte, belegte dieser seine Heimat mit dem Bann. Jeder Reisende nach Österreich mußte eine Kaution von tausend Mark stellen. Damit wurden Ferien in Österreich für deutsche Touristen praktisch unmöglich, da ein Betrag in dieser Höhe von den wenigsten Urlaubern aufgebracht werden konnte. In den bayerischen Grenzorten, in denen daraufhin die Zahl der Feriengäste enorm anstieg, war man nicht sehr traurig darüber. Ja, man hörte sogar viel Gutes über den Führer dort. Durchreisende nach Italien waren von dem Gangsterzoll befreit, den die deutsche Presse durch entsprechende Berichte aus Österreich rechtfertigte. Wie schnell eine gelenkte Presse die Gemüter verwirren kann, spürte ich an mir selbst. Und mir wurde auch klar, warum man uns nur ungern über den Zaun schauen ließ. Mit großem Erstaunen bemerkten wir nämlich, daß die Österreicher in Innsbruck freundlich, ungefährlich und so wie früher auch waren. Eigenschaften, die wir ihnen gar nicht mehr zugetraut hatten.

Dagegen machten wir in den nächsten Tagen in Südtirol Erfahrungen, die uns wirklich sehr erschütterten, da wir durch keinerlei Zeitungsberichte in Deutschland darauf vorbereitet waren. Es war der Kampf der Südtiroler um die Erhaltung ihres Volkstums, ihrer angestammten Kultur und gegen die Übervölkerung durch staatlich gelenkte Menschenimporte aus dem Süden Italiens. Heute, Dekaden später, ist es noch nicht gelungen, diese Frage zu lösen und dem Land Frieden zu geben. Wohl sind die Tiroler richtige Dickschädel, aber das Unvermögen der Politiker und üblen Meinungsmacher trägt an der Frage Südtirol die eigentliche Schuld. Faschisten nördlich und südlich des Brenners konnten dem Land den Frieden ebensowenig bringen wie die Christen diesseits und jenseits. Damals wurden wir auf der Straße in Bozen heimlich mit »Heil Hitler« gegrüßt und gefragt, wann Hitler nun endlich Südtirol befreie. Die Polizei ließ uns harmlose Buben nicht aus den Augen und vertrieb uns, wenn wir ins Gespräch mit Gruppen von Einheimischen kamen. Und bis vor kurzem noch mußten junge italienische Soldaten auf Posten sterben, weil sie eine Politik vertraten, die sich zwar von Mussolini distanzierte, aber seine Bestrebungen in Südtirol unverändert pflegte. Sie mußten zu Unrecht sterben, denn sie wären keine Feinde der Südtiroler, wenn wir alle Europäer wären und nicht Ausschau nach Minderheiten hielten, die wir majorisieren können. Damals wie heute stimmte die Fahrt in dieses herrliche Land traurig, weil das Unglück den prächtigsten Menschenschlag trifft und Streit in Gottes Garten herrscht.

Und wie schön war dieser Garten! Die Weingärten wuchsen wie Tonnengewölbe die Hänge empor zu den Bergen im Norden der Stadt Bozen und umschlossen die Häuser ihrer Besitzer. Breit und behäbig wie kleine Königsschlösser thronten die Bauernhöfe auf den Hügeln. Unter den weiten Dächern wohnten die Familien, denen bis auf den heutigen Tag Lug und Trug unbekannt geblieben sind. Jeder Bauer liebt seine Heimat, doch kaum irgendwo auf der Welt sind die Menschen so mit ihrem Boden verwurzelt und so sehr in die Landschaft hineingeboren, wie in

Südtirol. Sparsam die Sprache, sparsam die Lebensführung, doch nie ärmlich oder beschränkt wirkend. Die Begegnung mit diesen Menschen war für uns ein Erlebnis. Sie luden uns in ihre Häuser ein und baten uns, deutsche Volkslieder für sie zu singen. Da war kein Schwulst, kein falsches Pathos. Nur die neuen Bauwerke der Stadt Bozen befremdeten uns durch ihre kolossale Pracht, die in der Nähe der alten Laubengänge und Bürgerhäuser völlig fehl am Platze war. Es wäre falsch, diese Geschmacklosigkeit einfach »den Italienern« anzukreiden. Es war der Stil der Diktatoren. Diese Männer hatten auf der ganzen Welt den unaufhaltsamen Drang, gewaltige Bauwerke zu errichten. Sie wissen, daß der Tod auch sie einmal ereilen wird; darum ihr großes Bedürfnis nach Zeugnissen ihres Wirkens, nach Denkmälern zu Lebzeiten. Die Vergänglichkeit soll mit Steinen überlistet werden – von Gizeh bis Obersalzberg! An den Höfen der Mächtigen hat es nie an Künstlern gefehlt, die Verrat am guten Geschmack gerne für hohe Ehren übten. Wir sollten noch viele Beispiele dieser Art erleben, aber sie wurden in Italien überdeckt von unzähligen Beweisen höchster Kunst.

    Man denke nur an Venedig. Obwohl ich anfangs entsetzt war ob der Kanaldüfte, fand ich mich in der Stadt schnell immer besser zurecht. Da wir seit Mittenwald Eisenbahnreisende waren, dünkten wir uns vornehmer und schämten uns schnell der kurzen Hosen. Von jetzt ab mußte laut Finanzplan auch nicht mehr so eisern gedarbt werden. Eine lange Sommerhose für geringes Geld wirkte wie ein seelisches Korsett und ließ uns sicher auf dem Markusplatz lustwandeln inmitten der internationalen Gesellschaft von Engländern, Amerikanern und Deutschen. Das Hotel Stella d'oro mit einem Bettenpreis von fünf Lire war uns nach einer Nacht zu primitiv, und wir wechselten für die nächste Nacht in ein Haus am Campo S. Julian. Ich änderte auch meine vorgefaßte Meinung von der Markuskirche und fand sie nicht so schön wie die Frari-Kirche. Jugend ist unbestechlich und läßt sich von großen Namen nicht fangen, wenn die eigenen Wahrnehmungen nicht den Erwartungen entsprechen. So hinterließ der berühmte Lido ebensowenig Eindruck wie die vielen Tauben auf dem Markusplatz. Ich kann mir nicht helfen, diese Tiere sind dämlich und nur deswegen gelitten, weil sie den Menschen aus der Hand fressen. Widerspruchslose Untertanen, vorbildliche Bürger.

Zu den menschlichen Bürgern Italiens hatten wir bis dahin wenig Kontakt gefunden. Südtirol war von Deutschen bewohnt, Venedig von Touristen bevölkert. Das echte Italien war anderswo. Erst in der Eisenbahn – wir sagten natürlich inzwischen schon fließend »Ferrovia« – spürten wir etwas vom Volke Italiens. Der Zug war mächtig überfüllt und barst vor Lärm und Familienleben. Alle Augenblicke sagte hinter mir im vollen Gang ein eiliger Wanderer »messo, messo«. Ich sprach es nach, wenn ich zur fast hygienischen Toilette mußte und hatte mit dem Zauberwort Erfolg. Eine deutsche Lehrerin im Zug klärte mich darüber auf, daß dieses Wort die Verstümmelung von »e permesso« ist und soviel bedeutet wie das preußische »jestatten?«. Und alle gestatteten, denn die in Südtirol geschmähten »Katzelmacher« erwiesen sich als sehr zuvorkommend und hilfsbereit.

Firenze! Firenze! schallte es durch die Bahnhofshalle, die supermodern und sachlich-schön die Nordländer empfing. Zum Empfang stand auch ein Mitglied der deutschen Kolonie an der Bahn, um uns behilflich zu sein. Es war der örtliche HJ-Führer Eugen Brechler. In meinem Tagebuch steht er mit dem Vermerk: »Netter Junge, hält wohl nicht viel von Partei und so!« Ich muß dies ausdrücklich bemerken, denn so wie man nach dem Kriege die Deutschen kennengelernt hat, steht zu befürchten, daß ihn die ewigen Vergangenheitsbewältiger jetzt nachträglich nazistischer Umtriebe bezichtigen. Wenigstens dann, wenn es ihm heute gut geht. Meine dürftigen Kenntnisse aus damaliger Anschauung erlauben eine Erklärung der Situation der Auslandsdeutschen.

Diese Gruppe war eine Minderheit im Gastland. Sie schloß sich deshalb zusammen. Sicherlich nicht mehr als nötig. Der Sieg Hitlers in der Heimat verschaffte ihnen im Gastland keine größere Beliebtheit, aber doch mehr Prestige, weil hinter ihnen eine Regierung stand, der man allerlei zutraute. Das Betrüblichste der Jahre nach 1919 war doch die Tatsache der Isolierung gerade unserer friedfertigsten Politiker in der Republik seitens ihrer Partner oder Gegenspieler bei den Siegermächten. Man versagte ihnen so lange außenpolitische Erfolge und Fortschritte, bis es geradezu als erwiesen galt, Politik könne nur mit rigoroser Drohung und Gewalt betrieben werden. Darum gab es bei Hitlers Reden stets den größten Beifall, wenn er tönte: »Und nuuun werden wir mit ihnen in deer Sprache reden, die sie anscheinend als einzige verstehen!«

Die Deutschen im Ausland sollten das offizielle Bild der Nation, wie es die NS-Propaganda zeichnete, nicht stören. Zu diesem Zwecke wurden sie kontrolliert und organisiert, überwacht und kommandiert. Klar, daß dies im faschistischen Italien besonders leicht war. Andererseits war es zu dieser Zeit für die einfache italienische Bevölkerung geradezu kläglich, als Mann keine Uniform zu besitzen. Der junge Brechler war also durch sein Uniformtragen so unschuldig an den Greueln dieses Jahrhunderts wie die jugendlichen Ankläger etwa des Papstes Pius XII. oder dieser selbst. Herr Brechler senior erzählte mir jedoch, daß durch ein sehr schönes Erlebnis der Deutschen in Italien deren Prestige bei den Italienern einige Beulen bekommen habe. Dieser Vorfall ist es wert, beschrieben zu werden, weil er typisch ist für Regierungen, die sich aus dem Abfall eines Krieges zur eigenen Macht und Herrlichkeit herauswühlen, aber den Dreck nicht ganz loswerden, in dem sie groß wurden.

Der oberste Führer der SA hieß Röhm. Er war der einzige Parteigenosse, der sich mit Hitler duzen durfte. Man könnte ihn als eine Landsknechtsnatur bezeichnen, unfähig, irgendeinen anderen Beruf auszuüben als Krieg oder Raufhändel. Gerade richtig für Handlangerdienste in der Politik. Dabei störte es Hitler wenig, daß Röhm ein Homosexueller war, also wohl laufend straffällig im Sinne des Paragraphen 175. Erst als Röhm mit seiner SA einen etwas anderen Kurs steuern wollte, als es der Führer selbst für richtig hielt, befand Hitler die Veranlagung als höchst abartig. Es kam zu dem Kuriosum, daß ein Bürger, der sich im Mai 1934 über die Freuden des Herrn Röhm ausließ, sofort wegen Verleumdung ins Konzentrationslager wanderte, mit derselben Äußerung im Juli des gleichen Jahres aber straffrei blieb. Zwischen diesen Terminen ließ Hitler nämlich seinen Duzfreund ohne Prozeß erschießen. Zur Geselligkeit gleich noch einige tausend andere Leute dazu, die unbequem waren, Irrtümer vorbehalten. Darunter auch meinen Taufpaten, Fritz Beck, der aber zur persönlichen Wiedergutmachung einen Kranz mit Hakenkreuzschleife von der Partei erhielt anläßlich seiner angeordneten, sehr stillen Beerdigung. Die Kranzübergabe erfolgte mit dem deutlichen Hinweis, im eigenen Interesse der Hinterbliebenen Nachforschungen zu unterlassen.

Besagter Ernst Röhm war also 1933 noch ein angesehener und

mächtiger Mann. Wenn auch die Strafgesetze für ihn keine tiefere Bedeutung hatten, so fühlte er sich mit seinen Lustknaben doch unter der milden Sonne Italiens wohler und fuhr gerne dorthin, wohin auch sein nichtarischer Verwandter, Spiegel aus Berlin, gerne fuhr: nach Capri. Die Reise wurde zwar in Italien nicht als direkter Staatsbesuch registriert, doch zwang die Auslandsorganisation der NSDAP alle angesehenen Deutschen in Italien, Herrn Röhm und seine Begleitung auf den Bahnhöfen zu begrüßen und ihm angenehme Ferien zu wünschen.

Es sei enorm warm gewesen bei der Begrüßung, wie mir Herr Brechler erzählte. Aber viel bemerkenswerter seien die schadenfrohen Bemerkungen der Italiener gewesen, die aus ihrem Verständnis für Capri ebensowenig ein Hehl machten wie aus der Bewunderung dafür, daß die Spitzen der deutschen Gesellschaft dieses Unternehmen so würdig feierten.

Durch die Vermittlung von Frau Brechler gewannen wir die gepflegteste Unterkunft unserer ganzen Italienreise im Evangelischen Hospiz und durch Brechler jun. eine vorzügliche Führung durch die Stadt mit ihren Sehenswürdigkeiten. Mein Tagebuch strotzt vor Bildung in diesem Abschnitt! Der Leser könnte neidisch werden, wenn ich hier aufzähle, was ich in diesen drei Tagen an Kunst gesehen habe. Er möge selbst hinfahren, denn alles ist noch vorhanden und zu besichtigen. Nur das Grab der gefallenen Toskaner der faschistischen Revolution dürfte verschwunden sein wie in München die Ehrentempel für die Helden des neunten November 1923. Mortuis nil nisi bene! Ich beklage jeden Toten, auch wenn ein politischer Irrtum seinem Leben ein frühes Ende setzte. Anzuklagen sind aber jene, die kaltblütig Märtyrer fabrizieren, um Gefühle der Rache wachzuhalten. Die Toten der Christenverfolgung starben mit der Bitte um Nachsicht für ihre Peiniger. Die Diktatoren machen aus Gräbern Rachetempel.

Rom! Wahrhaftig die ewige Stadt! In der größten Mittagshitze trafen wir dort ein und zogen zum katholischen Gesellenhaus, das für die nächsten Tage unsere wanzenreiche Bleibe sein sollte.

Der erste Morgen in Rom war erfüllt von festlicher Stimmung. Es war der 29. Juni, Namensfest von Peter und Paul, ein Tag höchster Bedeutung für die römische Kirche. Die Landbevölkerung strömte zu Fuß, mit Auto, Motorrad oder Eselskarren, bei lautstarker Unterhaltung gestikulierend, in die Stadt. Das Ziel aller war der Platz vor dem Petersdom.

Der Platz füllte sich mehr und mehr. Auf den Gesimsen des Petersdomes kletterten winzige Menschlein und stellten eine Unzahl von Windlichtern auf, die am Abend die Konturen des gewaltigen Baues traumhaft illuminierten. Die Menschen waren in höchster Erregung. Für den Nordländer ist diese Art, kirchliche Feste zu feiern, ungewöhnlich. Der Bayer versteht sie gerade noch, aber der Protestant aus Brandenburg möchte sie für eine Gotteslästerung halten. Ich hatte Mühe, meinen Freunden klar zu machen, daß die barocke Art, fromm zu sein, eine nahtlose Synthese von Himmel und Erde darstellt. Das Gotteskind im Süden empfindet Religion als etwas Heiteres, als die Erlösung von dem Schweren dieser Welt. Nicht als Buße für die Genüsse des Alltags. Wir kamen in Debatten, die kein klärendes Ende fanden. Am Ende fühlte ich mich als Bayer den Italienern verwandter als den Klassenkameraden aus Berlin. Sie bestanden darauf, daß es scheinheilig sei, die Heiligen Peter und Paul als Vorwand für ein Volksfest mit viel Wein und Ausgelassenheit zu benützen. Daß die Römische Kirche solche Dinge fördere, sei ein Zeichen ihrer moralischen Bedenklichkeit, bewiesen durch ihre Päpste. Und nun durfte ich feststellen, daß man sogar Kenntnisse in der Geschichte der Päpste hatte. Von den 260 Päpsten, von Petrus bis zum damaligen Pius XI., war ihnen nämlich sogar einer mit Namen bekannt: Alexander VI. Sie wußten nicht, daß sie den Sechsten meinten. Sie sagten einfach Alexander. So kamen erstens rundweg alle Alexander in schlechten Ruf und zweitens alle Päpste schlechthin. Ein schöner Beweis dafür, daß man sich durch Verbrechen und Schweinerei sehr viel leichter Unsterblichkeit erwerben kann als durch Wohltaten für die gesamte Menschheit. Fragen Sie Katharina II., sie wird es Ihnen bestätigen können. Oder Heinrich VIII. Wenn Sie diese Liste in Gedanken selbst fortsetzen, werden Sie sich am Ende schämen müssen, was Ihnen von der Geschichte dieser Welt im Gedächtnis ist. Warum? Weil Sie genau soviel »daran« denken wie Alexander der Sechste. Mit dem Unterschied, daß jener die Macht und das Geld hatte, das anderen fehlt, um manches Tat werden zu lassen, was auch Filmruhm bringen würde.

Pius XI. genoß bei meinen Freunden einen besonderen Ruf, nämlich gar keinen. Sie waren sehr dafür, daß ich durch Beziehungen zu dem deutschen Prälaten Vogel um eine Audienz nachsuchen sollte. In der Tat bekam ich ein Empfehlungsschreiben, kurz darauf aber die Nachricht, daß Pius erst am Freitag nach Rom zurückkehren würde. Hier wird sich Hochhuth freuen zu hören, daß ein Prälat der römischen Kurie dem Heiligen Vater Hitlerjungen anempfohlen hat. Und er wird enttäuscht sein zu lesen, daß Pius, ein Stellvertreter, seinen Sommerurlaub in Castel Gandolfo nicht unterbrach, um die Gelegenheit zur Kollaboration mit kleinen Nazis wahrzunehmen. Oder könnte man ihm vielleicht nicht den Vorwurf machen, keine Zeit gehabt zu haben für die Nöte junger, bedrängter und verfolgter Opfer des Nationalsozialismus? Wir sahen ihn jedenfalls nicht. Aber wir durften seine Residenz, den Vatikan, besichtigen. In die Peterskirche konnten wir an diesem Tage nicht hinein, weil einige Freunde keine Jacke anhatten. Das war keine Überspanntheit der uniformierten Wächter, sondern entsprach der Auffassung aller Italiener. Am gleichen Tage hieß uns ein Straßenbahnschaffner wieder aussteigen, da er hemdsärmelige Fahrgäste nicht befördere. Den Italienern, speziell den Römern, ist auch in der Armut etwas von der Würde und den Formen ihrer Vorfahren geblieben.

Eigentlich ist es jammerschade, in Rom ein Verkehrsmittel zu benützen. Heiß ist es um diese Jahreszeit überall, und zu Fuß kommt man wenigstens gelegentlich an einem der schönen Brunnen zu einer kurzen Abkühlung. Ein Genuß, den auch die Katakomben verschaffen. Um nach Sankt Paul vor den Toren zu gelangen, leisteten wir uns dennoch den Luxus einer Busfahrt. Aber von dort liefen wir wieder wacker auf der Via di sette chiese zur Via Appia. Hei, ist das ein Gefühl für einen Gymnasiasten, auf den Highways der Antike zu laufen! Ein wenig schmal angelegt, aber solide und kerzengerade gebaut. Nach der Besichtigung der Callistus-Katakomben freute ich mich wieder auf den Fußmarsch stadteinwärts. Unersättlich wie die Jugend ist, setzte ich auf den ereignisreichen Tag noch eine Führung durchs Colosseum. Kolossal! Aber noch kolossaler war am nächsten Tag die Parade der Armee und der schwarzhemdigen Miliz vor dem Duce Benito Mussolini.

Was Paraden angeht, hatte ich einige Erfahrung. Berlin bot auf diesem Gebiet wirklich nicht wenig. Wir hatten ja einen Führer, viele Uniformen und ein Volk mit tiefer Liebe zur Marschmusik. Allerdings noch keinen Krieg. Den hatte damals, 1936, Italien mit Abessinien. An die Gerechtigkeit dieses für Italien nicht sonderlich ehrenhaften Feldzuges konnten wir nur mit großer Mühe glauben. Bei dem großen Verständnis Hitlers für solche Unternehmungen konnte der Duce immerhin mit der Unterstützung Berlins rechnen. Die Bevölkerung Roms war nicht sonderlich begeistert, trällerte aber wenigstens das fröhliche Lied aus der Retorte der staatlich approbierten Stimmungsmacher. Es war ein Song, bewußt gedrechselt für die Soldaten Abessiniens: Auf dem Wege zum Prügelempfang in Afrika marschierten und trällerten sie die Melodie von »Facetta nera, bell' Abessina...«, Schwarzgesichtchen, schöne Abessinierin! Man höre und staune: Die Soldaten des Duce trieben im Liede Rassenschande! Wir waren ehrlich entsetzt. Hatten wir doch einwandfrei gelernt, die Amharen seien der semitischen Rasse zugehörig. Für uns war der Faschismus eine dem Untergang geweihte Sache. Wenn man schon Neger, ja jüdische Neger, anhimmelt, dann mußte es bald abwärts gehen. Das Schönste an dem Liede war jedoch die Zeile: »Noi ti daremo un altro legge e un altro re!« Wir werden dir ein anderes Gesetz und einen anderen König geben. Mich haben die Versprechungen begeisterter Italiener niemals gestört. Ich mag sie so, wie sie sind, recht gerne.

Schön war die Parade aber doch! In ungewohnt schnellem Marschtempo zog Block um Block am Duce und an mir vorbei. Die Bersaglieri sogar im Laufschritt, und ich bewunderte, daß es auch Majore im Trab gibt. Das hatte ich in Deutschland noch nie gesehen. Alle Bewegungen der Truppe waren betonter, theatralischer. Die Beine flogen höher, die Arme pendelten wie bei einer Faschings-Prinzengarde, die Köpfe waren stolz zurückgelegt. Man wußte nicht, wer mehr von oben herunter schaut: die Paradierenden oder der Duce. Bei deutschen Paraden war der Heereswurm zweifellos Untertan. Hier überbot man sich gegenseitig in Legionenwürde. Der Duce hatte seinen Unterkiefer so weit nach vorne geschoben, daß die Kinnspitze weit ins Feindesland ragte und dort Schrecken verbreitete. Seine Haltung war pausenlos straff und aufrecht. Wir verglichen ihn bald mit unserem Führer und bekamen Komplexe. Der »unsrige« war vergleichsweise ein müder Zivilist. Er unternahm auch nicht wie der Duce Waldläufe oder hackte Holz, obwohl wir in Deutschland die größeren Wälder hatten. Aber die seitliche Richtung der Marschkolonnen, vor allem bei den nachfolgenden Verbänden des »Fascio« und der Balilla-Jugend, war verheerend. Mit diesen Leuten war kein Krieg zu gewinnen, darüber herrschte bei uns Einigkeit. Wir waren wieder stolz, Deutsche zu sein!

In der Nähe des Vatikans häuften sich ebenfalls Uniformen. Je näher wir kamen, desto konzentrierter. Die schwarzgekleideten Männer kamen aus den theologischen Kollegien Roms und prägten stark das Bild dieses Stadtteiles. Einmal verliefen wir uns hinter den vatikanischen Gärten und waren froh, in der damals noch öden Gegend einen »Spaz« von jungen Theologen aus irgendeinem fernen Land zu treffen. Sicher konnten wir dort Auskunft bekommen. Aber oh Schreck! Keiner sprach Deutsch, keiner Englisch, ich nicht Französisch und Spanisch, auch keinen afrikanischen Negerdialekt. Einer von ihnen sprach Italienisch, aber noch schlechter als ich. Auf der Suche nach einer allen geläufigen Weltsprache, tippte mein Partner auf Latein. Dummerweise gab ich zu, Lateinschüler zu sein. Ein Strahlen verklärte die Züge des jungen Priesters, und wie ein Wasserfall plätscherte fließendes Latein aus seinem blassen Asketengesicht. Ich hörte zum erstenmal in meinem Leben Gebrauchslatein. Römische Sprache, wie sie 2000 Jahre früher hier jeder Lausebengel ohne Schulbesuch sprach. Trotz meiner Zwei in Latein verstand ich soviel wie gar nichts. Ich nickte freudig zustimmend zum unverständlichen Geplauder, suchte krampfhaft nach Sätzen aus dem Kirchenlatein und verzog mich schleunigst. Da ich nicht unhöflich sein wollte, fischte ich nach einer Dankesformel. Glücklicherweise fiel mir eine ein, die ich dem regelmäßige Besuch der Heiligen Messe verdankte: »Gratias agamus tibi!« rief ich und konnte gerade noch verhindern, daß mir das »domino nostro« herausrutschte.

Geistig noch ermüdender war eine deutsche Führung auf dem Forum Romanum. Vor allem durch die Teilnahme einer anspruchsvollen Gruppe aus Sachsen, die durch intelligente Zwischenrufe glänzte. Es waren Pauschalreise-Witzbolde. Als wir die Stufen zum Palast des Augustus erklommen, meinte einer: »Hier woltsch nich' Briefträcher gewäsen sain!« Bei der Nennung des Palastes der Livia kam die ernste Frage: »War das die mit dem Schwane?« Schließlich zeigte man uns auch den Brunnen auf dem Forum, den die Römer gern als Mittelpunkt der Welt bezeichnen. Eine typische Story von einem Fremdenführer ohne Garantie für ihren Wahrheitsgehalt. Der Deckel wurde gelüftet, die Größe des Imperiums geschildert und jedermann aufgefordert, den Mittelpunkt nun anzusehen. Müde traten die Menschen heran und schauten. Plötzlich rief einer: »Huch, ne Ratte!« Heissa! Das brachte Leben in die Kulturbeflissenen! Alle wollten die Ratte sehen, und kein Aas interessierte sich mehr für Romulus, dessen vage Geschichte so sicher wie das Einmaleins in die flirrende Luft geleiert wurde.

Vom Forum direkt ins Kino! Eine herrliche Entfaltung des südlichen Familienlebens bot sich mir dar. Die Muttis hatten ohne Rücksicht auf den Tonfilm quäkende Babies im Arm, Papa hatte eine Zigarette im Mund, und kleine Knaben erlernten im nicht jugendfreien Film die Liebe der feinen Leute Hollywoods. Es war ja nicht ganz ausgeschlossen, daß man einmal von einer Amerikanerin mißbraucht werden könnte.

Mehr gab es in Rom nach drei Tagen nicht zu entdecken. Wir waren »durch«, denn das Reisefieber trieb uns nach Neapel. Nach drei Stunden Bahnfahrt waren wir dort. Ein Bad am häßlichen Strand von Bagnoli erfrischte notdürftig, brachte dafür Angst und Schrecken. Zuerst verwechselte ich einen Delphin mit einem Hai, dann hielten Soldaten der nahen Festung mich für einen britischen Spion. Erst nach Stunden entließen sie mich in meine Pension Fatty. Gerade noch rechtzeitig, um die geplante Besteigung des Vesuvs in der Kühle der Nacht zu bewerkstelligen.

Die Bahnfahrt nach Pugliano war lustig, der Aufstieg weniger. Dreizehnhundert Meter Höhenunterschied sind nicht schlimm, aber wir benützten für 400 Meter eine lange gerade Treppe neben der verkommenen alten Kraterbahn. Die Anstrengung war die Mühe wert! Die Lavamassen glühten für die Touristen sehr lobenswert, und die Spalten der halberkalteten Lava boten warme Schlafplätze auf der windigen Höhe.

Zum Glühen brachte uns auch der Marsch am Morgen in die Ruinen von Pompej, von denen ich mir Unanständigeres erwartet hatte. Oder hatte uns die Führung etwa betrogen und einen Rundgang ad usum delphini veranstaltet? Immerhin, wir waren da, und das war die Hauptsache! Wir waren sogar zweimal da, denn am gleichen Abend machte ich die qualvolle Wanderung noch einmal, um zwei Mädchen aus Wien zu zeigen, daß ich in Neapel zu Hause war wie Graf Luckner auf den Weltmeeren. Die Damen dankten für die Führung in der Art von Zechprellern. Sie blieben jeden Lohn schuldig.

Eine ältere deutsche Dame erwies sich ihrerseits als sehr hilfsbereit. Sie empfahl uns als guten und billigen Aufenthalt die kleine Stadt Massalubrense im Golf von Neapel. Der Tip war erstklassig. Mit dem Schiff schaukelten wir bis Sorrent und liefen zu Fuß in das Städtchen über dem Meere. Ein verlassenes Haus wurde kostenloses Quartier für fast eine ganze Woche. Schwer zu sagen, ob sich damals in diesem Ort schon Touristen aufhielten. Wir sahen keinen und wurden von der Bevölkerung auch wie die ersten Besucher empfangen. Solche Freundlichkeiten vermögen aber echte Italiener auch dem Millionsten Besucher eines Hotels zu erweisen. Nur die weibliche Jugend des Ortes überließ man uns nicht, nicht einmal zum ungestörten Anschauen, denn selbst beim fröhlichen Tanze im Fascio, dem unvermeidlichen Parteilokal jeder Gemeinde, gingen die Tanten, Mütter und Brüder keinen Meter von den hübschen Kindern weg. Es blieb uns der Wein als Tröster und die schöne Aussicht aufs Meer und Capri. Die Insel war mit einem Tagesausflug schnell verdaut, aber der Wein nicht so leicht. Es überkam mich großes Leid mit unkontrollierbarem Nahrungsverlust in mancherlei Richtung. Was so hoffnungsvoll begann, wurde auf dem Höhepunkt der Reise durch Naturgewalt unterbrochen, und das Unheil verfolgte mich bis in die Heimat. Große Sehnsucht nach der teuren Heimat überkam mich bei jedem Gang zur Toilette während der dreitägigen Bettlägerigkeit in Massalubrense. Sehnsucht nach grünen Wäldern, weißem Bettzeug, pflegenden Müttern, reichen Apotheken, Schleimsuppen. Kurzum, nach Deutschland! Ich löste mich von der Gruppe und trat die direkte

Heimreise mit der Bahn an. Der Vesuv verhüllte sein Haupt in Wolken, weil er nicht zusehen konnte, wie ich Neapel sah und fast starb.

In Mittenwald holte ich mein Rad, das ich untergestellt hatte, und schickte es mit einem Karton schmutziger Wäsche »unfrei« nach Hause. Der Rest meiner Barschaft betrug zwei Reichsmark. Die gab ich dem Fahrer des Bierwagens, der mich per Anhalter bis Weilheim in Oberbayern brachte. Er wollte das Geld zuerst absolut nicht annehmen. Durch meine Ruhr im Bauch sah ich wahrscheinlich aus wie ein Kellerkind aus dem Ruhrgebiet. Aber ich versicherte ihm, ziemlich wohlhabend zu sein, worauf er sich dann doch herzlich bedankte.

Wer Gutes tut, erntet wiederum Gutes. Ein Onkel, dessen Haus ich in Weilheim überraschend betrat, stellte sofort die richtige Diagnose. Mittellosigkeit bei akuter Darminfektion. Er gab mir 50 Mark und Kohletabletten. Damit konnte ich am nächsten Tag sehr sicher bis nach Königsbrunn fahren, wo meine Tante Lehrerin war. Gepriesen sei die kinderreiche Großmutter, die den Segen ihrer Fruchtbarkeit über alle deutschen Gaue verstreut hatte! Die Tante pflegte mich und steuerte weitere Reisemittel bei. Aber meine Verdauung konnte sich immer noch nicht recht beruhigen. Ein Umstand, der mir eine sehr denkwürdige Begegnung mit Adolf Hitler bescherte.

Die Tante hatte es bis dato vermieden, ein Führerbild ins Klassenzimmer der Dorfschule zu hängen. Über ihrem Pult hing immer noch der alte, am Ende auch politische Wirren überstehende Christus. Nun ließ es sich nicht mehr umgehen, den Mann mit der Rotzbremse unter der Nase aufzuhängen, weil der Schulrat sie schon gerügt hatte. Ein prachtvolles Bild war in Augsburg bestellt, und ich hatte die Ehre, meinen Führer dort abzuholen und nach Königsbrunn zu geleiten. Das Bild war schamhaft in Packpapier eingewickelt worden und ging nun mit mir zur Straßenbahn. In Haunstetten mußte ich an der Endhaltestelle in den Bus umsteigen. Nach einiger Wartezeit machte sich mein italienisches Leiden wieder bemerkbar. Heiß und kalt wurde mir, und ich wußte schon im voraus, daß selbst größte Beherrschung der Muskulatur auf die Dauer den Gewalten unterliegen würde. Um mich blickend sah ich keinen rettenden Hort. Nur gelangweilte Fahrgäste in Erwartung des Busses. Dieser nahte schon in der

Ferne, und ich begann blitzschnell abzuschätzen, ob die Zeit noch reichen würde. Bei meiner derzeitigen Schnelligkeit hatte ich einen geringen Zeitbedarf. Es hieß handeln! Ohne Rücksicht auf das Tageslicht und die Zuschauer sprang ich in den Vorgarten des Hauses an der Haltestelle und erleichterte mich, mit dem Führer unter dem Arm.

Sekunden später kam die Frage des Papieres auf mich zu und brachte mich zur Verzweiflung. Der Führer half, sie mir zu lösen. Denn der Führer kann alles, wenn er will. Er wollte und gab mir einen Teil seiner Packpapierumhüllung, selbstlos wie immer. Hart, aber gerecht empfand ich das. Doch das Schönste war das Auge des Führers, welches so gütig und vertraueneinflößend aus dem Loch in der Verpackung blickte. Ich war aus dem Welschland zurückgekehrt zu ihm und in meiner Not nicht mehr allein.

Sehr allein wäre ich sowieso nicht gewesen, weil die Fahrgäste sehr mitfühlend waren und mich während der ganzen Fahrt genau anschauten. Nie habe ich so intensiv die öde Ebene des Lechfeldes durch das Fenster bewundert wie auf dieser Fahrt. Das gleiche Lechfeld, auf dem Kaiser Otto I. 955 im Kampf mit den Hunnen in harte Bedrängnis geriet und in letzter Sekunde Hilfe aus Augsburg erhielt. Die Geschichte ist voll von Parallelen!

Gaudeamus igitur

Es wäre eine grobe Beleidigung des Lesers, die Überschrift dieses Kapitels, die dem berühmtesten Studentenlied entnommen ist, zu erklären oder etwa gar zu übersetzen in die deutschen Worte »lasset uns also Freude haben«. Es wäre aber auch eine Entstellung der Geschichte zu behaupten, die Jugend des Dritten Reiches habe keine Freuden gehabt. Viele Vergnügen verliefen vielleicht disziplinierter, als dies heute der Fall ist, und die Freizeit war durch den Dienst in der Hitlerjugend etwas beschnitten, wodurch wir unsere Zeit möglicherweise besser nützten und keine Sekunde das Gefühl der Langeweile kannten.

Ich hasse den Satz mit der »heutigen Jugend«, denn jede Jugend ist ausgelassen. Daß die üblen Typen und die kriminellen Vertreter ihrer Zeit mehr auffallen als die durchschnittlichen Jugendlichen, liegt in der Natur der Sache, und die Publizistik tut noch das ihre dazu. Gehen Sie doch einmal an einem Herbstsonntag auf eine Berghütte, oder schauen Sie sich bei einem Konzertabend eines bekannten Pianisten um. Sie werden versöhnt sein mit dem Nachwuchs und die letzten Berichte von Ausschreitungen bei Rockkonzerten vergessen. Die Ausschreitungen der Kriege erübrigen solche bei Rockkonzerten, das stimmt. Aber dabei gehen nicht nur die Stühle entzwei. Und wenn die Rede von der sexuellen Frühreife dieser Generation ist, fallen mir immer die Familienchroniken ein, in denen man gelegentlich blättert. Dort lese ich mit Erstaunen, daß unsere Urgroßmütter häufig mit sechzehn heirateten und meistens mit achtzehn Jahren den Großvater geboren haben. Im gleichen Alter sitzen die heutigen Mädels zu Hunderttausenden in den Oberschulen. Daß sie dies mit stattlichem Busen tun, wird dann mit Besorgnis festgestellt. Bei der Besorgnis darf ich mich selbst ausnehmen und dafür das Wort »Genugtuung« setzen. Damit unterscheide ich mich von den Besorgten jedoch lediglich durch Ehrlichkeit.

Der Jünglingsfreuden gab es damals in Berlin gar viele. Jede Jahreszeit hatte die ihren. Favorit im Winter war ohne Zweifel der Eislauf. Jeder Tennisplatz in Groß-Berlin wurde im Winter durch regelmäßiges Bespritzen zu einem idealen Eislaufplatz umgestaltet. Musik neuester Provenienz tönte aus den Lautsprechern, und in einer engen Baracke konnte man »Heißgetränk« kaufen und sich aufwärmen. Draußen auf der Fläche aber brodelte es. Wilde Flegel rasten auf Hockey-Schlittschuhen mit ungeheurer Kurvenlage durch die verängstigte Schar junger Mädchen. Bewunderung fordernd und auch erhaltend. Manche Knaben schoben auch völlig unnütz einen Hockeyschläger vor sich her, während sie gemächlich übersetzten. Die Schläger waren eine Musterschau aller Arten von Isolierband, wodurch sie meist so neu aussahen. Man hatte diese Sitte von den Rennlenkern der Fahrräder übernommen. Während der Spielpause wagte man gelegentlich einen galanten Angriff auf die Damen, indem man die Fahrbahn blockierte und einen Paarlauf, ein Heißgetränk oder einen sicheren Heimweg anbot. So war nämlich die amtliche Programmfolge. Ältere Knaben waren so rigoros, sich den ersten Punkt zu sparen und kraft ihrer Finanzen gleich bei Punkt zwei zu beginnen. Das soll auch bei Buben über Vierzig heute noch vorkommen. Uns war es am liebsten, wenn Punkt zwei ausfiel, dagegen verzichteten wir auf Nummer drei höchst ungern.

Der Eislauf war damals die einzige legale Art und Möglichkeit der Poussage. Mädchen wie Jungen erhielten erstaunlicherweise von ihren Eltern die Erlaubnis, noch nach dem Abendessen dem »Sport« bis nach 22 Uhr zu frönen. Genauso erstaunlich wie die Tatsache, daß Übernachtungen auf Berghütten in Oberbayern nicht als unsittlich gelten, während keine verantwortungsbewußte Mutter ihre Tochter von 17 Jahren bis morgens um fünf Uhr nach Schwabing läßt. Die Rede, daß es auf der Alm keine Sünde gäbe, ist unbewußt sehr tief gedrungen. Auf dem Eis war es ähnlich. Nur die Brüder der Mädchen betätigten sich als wilde Aufpasser, weil sie aus eigener Erfahrung um den »sicheren« Heimweg wußten. Er führte rein zufällig immer durch einen Park und hatte eine geringere Durchschnittsgeschwindigkeit als die bekannten fünf Kilometer des Fußgängers. Und dabei war doch alles so harmlos! Den Mädchen genügte es, umschwärmt zu werden, und sie fühlten sich von vielen umlagert wesentlich wohler, als von einem einzigen umarmt. Aber dieser lästige Heimweg war halt der unvermeidliche Preis für das Glück vielfachen Begehrtseins. Sie ließen es deutlich merken.

Ein anderes Vergnügen waren die Bälle. Fast jede höhere Schule in Berlin hatte einen Ruderclub, der tatsächlich sportliche Ambitionen verriet. In der Rudersaison wurde hart am Riemen gerissen. Siege wie Niederlagen waren Anlaß zu prächtigen Bällen. Man engagierte die besten Berliner Tanzkapellen, mietete gute Lokalitäten, zum Beispiel den Festsaal des Schöneberger Rathauses, und lud von vielen Mädchenschulen die höheren Töchter ein.

Das Austragen von Einladungen machte mir besonderen Spaß. Wir bekamen gedruckte Plakate ausgehändigt mit der Maßgabe, diese an solchen Mädchenschulen auszuhängen, die für »gutes Material« bürgten. In der Tat waren qualitative Unterschiede deutlich erkennbar. In hohem Ansehen standen das Westend-Lyzeum, die Freiherr-vom-Stein-Schule, die Rückertschule.

Wir verschafften uns immer einen guten Marktüberblick durch Herumlungern vor diesen Instituten, aber auch durch den

Besuch von Elternabenden, bei denen auch die Töchter zugegen waren. Einmal flog ich an einem solchen Abend hochkant hinaus, weil absolut nicht feststellbar war, in welchem Verwandtschaftsverhältnis ich zu welchem Mädchen stand. In der Turnhalle saß ich in der ersten Reihe, studierte die Keulenschwingerinnen und versuchte, sie durch Grimassen zum Lachen zu bringen. Dagegen überstand ich eine Aufführung der »Minna von Barnhelm« ohne Einladung sehr gut, weil sie mich einschläferte. Bei den Lyzeumsbegehungen studierte ich das Schwarze Brett gründlich, erforschte die geplanten Veranstaltungen dieser und benachbarter Schulen und hängte dann mein Plakat auf. Kannten wir ein Mädchen der Schule mit Namen, dann schrieben wir diesen mit Kreide auf die Tafel als Zeichen unseres Gedenkens. Oft hingen Hefte mit Bleistift am Brett, in die man sich eintragen sollte, wenn man Interesse am Beitritt in irgendeinen Verein hatte. Wir hatten viele Mädchen auf diese Weise ohne deren Wissen in Vereine eintreten lassen und damit dem deutschen Wesen nachgeholfen. Vorsicht war vor den Hausmeistern geboten. Diese waren unsere erklärten Feinde, aber durchwegs im Kurzstreckenlauf unterlegen. Ich lief damals die 100 Meter immerhin in 12,0. Denn Sport wurde auch getrieben. Handballturniere zwischen den Schulen. Leichtathletik ohne großen Ehrgeiz, aber doch ziemlich regelmäßig und zum eigenen Vergnügen. Durch meinen Klassenkameraden Günther Scharf kam ich auch zum Segelsport.

In Berlin ist damals wie heute der Wassersport großgeschrieben. Die vielen Flußläufe und Seen bringen das mit sich, so wie die Ägäis die Griechen zur Seefahrt verlockte. Ein Auto in Berlin ist nicht nötig. Aber ein Schifflein sollte man sich in jedem Falle leisten. Das taten wir auch. Eine zwölf Quadratmeter geklinkerte Wanderjolle. Gebraucht, aber heißgeliebt; preiswert, aber zuverlässig; langsam, aber sicher. Der Liegeplatz am Wannsee, beim Großen Fenster, kostete fünf Mark in Sommermonaten. Das war ein Opfer. Noch größer war das Opfer der alljährlichen Überholung. In den Osterferien wurde gekratzt und gestrichen, im Mai angesegelt und dann jedes schöne Wochenende auf dem Schiff zugebracht. Man konnte unter dem Persenning links und rechts vom Schwertkasten schlafen. Und am Tage konnte man auf Deck sitzen und schauen, ob nicht einsame Paddlerinnen

Gesellschaft nötig hätten. Die Eltern waren der Meinung, man könne auf Deck auch lernen, wenn man übers Wochenende die Schulbücher mitnähme, um sich auf das Abitur vorzubereiten. Am Anfang glaubten wir das auch, doch waren die Ablenkungen stets stärker als der Lernwille. Wie oft hatte ich Hefte und in Auflösung begriffene Schulbücher in der Hand. Aber kaum lallten die Lippen die ersten unregelmäßigen Verben, kreuzte ein Paddelboot in der Ferne auf, und wir mußten schnell auftakeln, um hinterherzufahren. Man konnte fast sicher sein, daß Solistinnen am Sonntag nicht erste Sortierung waren, aber die Hoffnung verließ uns nie. So lernten wir ohne Anleitung leidlich segeln, nur durch die ständige Übung in wechselnden Situationen. Manchmal sahen wir vom Boot aus auch glückliche Gruppen von Hitlerjungen, die am Ufer irgend etwas übten und ihrem kleinen Führer folgten.

Wir folgten dem Winde, denn Günther war nie in der HJ, weil sein Bruder Kommunist war. Er war Schauspieler, und von ihm hörte ich, daß die Nazis für die Kunst nichts tun, die Kommunisten dagegen ein Herz für die Künstler haben und sie gut leben lassen. Er sagte nicht dazu, daß dies nur gilt, wenn die Künstler das produzieren oder reproduzieren, was die Partei vorschreibt. Jedenfalls bewahrte er seinen Bruder vor jeglicher Organisation und bescherte mir, dem Freund, viel Zeit für unorganisierte Freuden. Günther hatte ein ganz festes Berufsziel und klare Vorstellungen von seinem Leben. Ich bewunderte ihn deshalb, denn ich lebte mehr in den Tag hinein und hörte auf dieses und jenes, um mir erst ein Urteil zu bilden.

Eines Tages sollte ich mir auch ein Urteil über das studentische Verbindungswesen bilden. Mein Bruder war Fuchs bei einer Verbindung geworden, die nach den Grundsätzen des CV nicht schlagend war, aber sonst allen Bräuchen huldigte, die der Kinobesucher oder natürlich auch der alte Student aus eigener Anschauung kennt. Unter den Mitgliedern der Korporation wurde angeregt, sich um Nachwuchs zu bemühen und Brüder oder Bekannte, die kurz vor dem Abitur standen, einmal mitzubringen, damit die sich eine Vorstellung vom Verbindungsleben machen konnten. Man war sicher, daß die Flamme der Begeisterung lodern und der Verein dadurch vergrößert würde.

Also erhielt ich die Ehre, einem Damentee beiwohnen zu dürfen. Tauentzien Ecke Marburger Straße war im fünften Stock die Heimstätte der »Sueven«. Dort war auch der Ort, an dem die alten Herren die jungen Füchse um sich scharten, um einen unterhaltsamen Ausgleich zu finden gegen die grantige Alte zu Hause. Ich bin sicher, daß alle Vereine, Verbindungen, Clubs, Parteien, Aufsichtsräte und Stammtische über Nacht eingehen würden, wenn es nur glückliche Ehen gäbe oder Familien, die sich jeden Abend noch etwas zu sagen hätten. Am eifrigsten sind die Alten im Vereinswesen, denn sie haben den Verein nötig. Sie müssen ja zu Hause sagen, daß »sie leider heute abend diese dumme Verpflichtung haben«, der sie gleich hinter der Haustür fröhlich pfeifend entgegeneilen. Da aber zur Geselligkeit eine größere Schar gehört, muß die Jugend motiviert werden. Die kommt, wenn ihr Ideale und freie Getränke serviert werden. Heute hört man von jungen Studenten oft, daß sie einer Verbindung beitreten, weil die Beziehungen enorm seien, die man dadurch gewinnen kann. Auch eine Form von Idealismus? Ich will nun gar nichts gegen das Verbindungswesen sagen, dessen geschichtlicher Wert unbestritten ist und das auch in der heutigen Zeit große Aufgaben hätte, wenn es reformiert und mit Idealen bereichert werden könnte, die unserer Zeit entsprechen. Jedenfalls erschien mir damals schon der Betrieb verstaubt und ungeeignet, einen Jungen an sich zu ziehen, der nichts Konkretes für Beruf oder Karriere erwartet. Die Förmlichkeiten brachten mich zum Lachen, denn mit Zutrinken und Salamanderreiben war mir der Abend zu schwach ausgefüllt. Auch die Lieder waren aus einer anderen Welt. Kurzum, ich war ein Banause und benahm mich auch so.

Zum Tee erhielt ich eine Tischdame. Sie hieß Magda, war zwei Jahre älter als ich, also 19, und hatte recht fröhliche Augen. Sie hatte den Schalk in den Augen sitzen, nicht im Nacken. Dort hatte sie eine kitzlige Stelle. Aber davon später. Mein Bruder bat Magda, sich meiner anzunehmen, da ich schüchtern sei. Die Couleurdame versprach es. Sie hielt ihr Versprechen auch auf das vortrefflichste. Das ganze Zeremoniell war eine Strapaze für mich. Immer hatte ich Angst, etwas falsch zu machen, denn alle Handlungen waren vom gängigen Verhalten bei ähnlichen Anlässen sehr verschieden. Die alten Herren waren streng, später etwas jovial und am Ende mit vorbildlicher Haltung trunken; die unteren Chargen ständig sehr beflissen und zunehmend geräuschvoller. Die Damen blieben züchtig und eigentlich unbeschreiblich isoliert und innerlich unendlich weit weg von den Vorgängen. Mein Bruder war stolz auf seinen Nachwuchs. Aber nur bis 21 Uhr. Dann platzte mir nämlich der Kragen, und ich fragte Magda, ob sie bereit sei, mit mir hinunter zu fahren auf den Tauentzien, wo der Wurstmaxe leckere Bockwürste anpries. Magda war bereit. Sie war sogar gerne aufgestanden von dem Tisch. Wir kamen uns vor wie Calvinisten, die einen feierlichen katholischen Gottesdienst in Rom verließen und nicht mehr befürchten mußten, ständig mit dem Ritus in Konflikt zu kommen.

Wir sprachen wieder Prosa miteinander. Und küßten Prosa im Fahrstuhl. Es war so verständlich, was von ihren Lippen kam, daß ich im Erdgeschoß nicht ausstieg, sondern ohne Unterbrechung den Knopf wieder auf »fünf« drückte und dann noch mehrmals auf und nieder fuhr. Ei, wie lag mir Magda wohlig im Arm! Ein Gefühl von Reife und Geborgenheit. Die Vorzüge eines älteren Mädchens waren unbestreitbar, und wenn es nur zwei Jahre Differenz waren. Ich segelte in einem Traumschiff der Liebe. Leider konnte dieses Traumschiff aber auch von außen bedient werden. Wieder im fünften Stock angekommen, wurde der Fahrstuhl von fremder Hausmeisterhand geöffnet, und wir zwei Sünder blickten in die empörten Gesichter der studentischen Spitzengremien. Mein Bruder erstarb in Schande, Magda hob trotzig das süße Haupt, und ich wartete einfach ab. Nicht lange, denn man reichte uns unsere Mäntel, und der Hausmeister fuhr mit uns nach unten. Was überflüssig war, denn wir waren uns im Stillen einig, daß wir nicht mehr hinauf wollten. Heute nicht und nie mehr.

Denn wir wollten sofort ins Café Aquarium gehen, wo man bei gedämpftem Licht eng tanzen konnte, ohne Fuchsmajor und Portier. Um zwölf Uhr nachts waren wir immer noch dort und merkten plötzlich mit Entsetzen, daß einige Mitglieder der Korporation auch hier eingetroffen waren. Sie lachten zwar zu uns herüber, als hätte ihnen der Zwischenfall auch gut getan, aber mir schienen sie keine Zierfische im Aquarium zu sein, und ich brach mit Magda sofort auf. Es kann auch die Angst eine Rolle gespielt haben, ich könne Magda wieder an die Studenten verlieren. Immerhin lassen sich Studiosi nicht gerne von Gymnasiasten die Damen auspannen.

In dem freien Gefühl, nicht satisfaktionsfähig zu sein, zog ich grinsend mit meinem fetten Fisch aus dem »Aquarium« hinaus und nach Wilmersdorf in ein ebenso mager beleuchtetes Lokal in der Nähe meiner Wohnung. Ich kannte es bislang nur von außen und hatte nun eine schöne Gelegenheit hineinzugehen. Wir nahmen an der Bar Platz und bestellten einen Flip. Damals tranken die Damen nämlich noch Süßes und nicht puren Whisky. Schüler sowieso. Das Getränk macht auch optisch sehr viel aus sich, denn es wird im Sektkelch serviert, trägt gewaltig auf und besticht durch prächtige Farben. Leider kostete es auch etwas, und zwar mehr als mir lieb war. Die Aussicht auf den Heimweg wog den finanziellen Schmerz weitgehend auf, und ich trank so lässig wie möglich die zwei Mark hinunter. Dann schlug ich Magda vor, daß sie nach einem kurzen Spaziergang im Hindenburgpark mit dem Taxi heimfahren könne, denn es ginge auf zwei Uhr zu. Magda fand den Vorschlag an sich nicht schlecht, meinte aber, sie habe nicht mehr so viel Geld bei sich, daß sie sich ein Taxi leisten könne. Ich muß hier einschieben, daß Magda außer den üblichen weiblichen Vorzügen auch den hatte, ihren Anteil am Verzehr selbst zu zahlen. Straßenbahn und Bus gingen nicht mehr in ihre Richtung, dagegen war es zu meiner Behausung nur ein Sprung von 300 Metern. Das hatte ich vorausberechnet, weil ich möglichst lange ausbleiben und am Ende der seligen Partie gleich daheim sein wollte.

Berlin ist groß, sogar sehr groß. Ich merkte es an diesem Abend, als ich Magda zur Perleberger Straße im Norden der Stadt nach Hause begleitete: zu Fuß. Aber es war auch romantisch, besonders unter einer Brücke, wo wir wegen der Länge des Weges eine Rast einlegen mußten. Wir sprachen fast nichts, wir konnten nicht reden, weil der Mund anderweitig in Anspruch genommen war. Mein Traum begehrte unter der eigenen Haustür zu rauchen, wahrscheinlich um die Nerven zu beruhigen nach dem Erlebnis mit einem aufregenden Lateinschüler. Ich holte aus dem nächsten Automaten für zehn Pfennige eine Packung mit drei »Eckstein« und lud damit neues Unglück auf mich. Als ich Magda verließ, war es fünf Uhr morgens, und die Omnibusse fuhren wieder. Die Linie T fuhr genau in meine Richtung. Ohne mich allerdings, da mir selbst die 15 Pfennige für einen Schülerfahrschein fehlten. Ich hatte noch ein Zehnerl, der Rest lag im Zigarettenautomaten. Ohne bittere Gedanken über Magdas Rauchleidenschaft ging ich den ganzen langen Weg zügig zurück und war nach zwei Stunden um sieben Uhr vor der Wohnungstüre.

Die Milch und die Brötchen lagen schon da. Ich ergriff beides, läutete und sagte der entsetzten Mutter, daß Milch und Brötchen jetzt da seien. Aber das schien der Familie gar nicht so wichtig zu sein. Man hatte bereits die Fahndung anlaufen lassen, die aber nach dem Aquarium meine Spur verloren hatte. Dabei bin ich doch sogar zweimal die selbe lange Straße gelaufen! Jetzt mußte ich mich beeilen, in die Schule zu kommen, wo die Lehrer auf mein Erscheinen und die Mitschüler sicher auf meinen erregenden Bericht warteten. Zur Beruhigung der Eltern machte Magda, die Gewandte, später einen Besuch bei uns, schilderte, wie harmlos alles gewesen sei, und nahm viel Schuld auf sich. Sie war noch öfters unser Gast, und alle freuten sich auf ihren Besuch, denn sie war ein Prachtkerl. Wir verloren sie aus den Augen und vermuteten, daß sie in der Liebe einem Unglück erlag und sich deshalb schämte, wieder zu uns zu kommen. Wenigstens kam uns etwas zu Ohren von einem Verhältnis zu einem Mann, der zwar älter, aber weniger Kavalier war als ihr Nachwuchs vom Gymnasium und vom Fahrstuhl.

Das war nicht mein einziger Ausflug ins Berliner Nachtleben. Die Auswahl war groß und die Neugierde nicht minder. In der Innsbrucker Straße in Schöneberg gab es ein neues Lokal mit dem Namen »Die Insel«. Dort stellten Maler ihre Bilder zum Verkauf aus. Ich glaube nicht, daß viel umgesetzt wurde an moderner Kunst, denn die Besucher der Bar waren meist sehr jung. So jung wie ich und einige Jahre darüber. Eine heiße Drei-Mann-Band spielte Swing und Lambeth Walk, daß die Lampen wackelten. Der Wermuth-Soda kostete 70 Pfennige und hielt etwa von 21 Uhr bis zwei Uhr morgens. Wir gaben großzügig 80 Pfennige dafür, denn die restlichen 20 Pfennige von der mitgebrachten Mark genügten, um schräg gegenüber ein großes Helles gegen den Durst zu trinken. Wir taten dies, während der Wermut-Soda am Tisch weiterkochte und die Kapelle Pause machte. Mein Vater fand diese Barbesuche nicht sehr sinnvoll, aber die Mutter hatte Verständnis dafür, weil sie 22 Jahre jünger war als Vater und auch noch nie ein Nachtlokal von innen gesehen hatte. Außerdem war ja mein großer Bruder dabei, mit dem ich immer gleichzeitig nach Hause kommen mußte. Er war so nett, auf mich zu warten, wenn es bei mir länger dauerte. Es war sein gutes Recht, mich dann manchmal daran zu erinnern, daß ich seine Küsse mit der Klassenkameradin in Augsburg damals verwerflich gefunden hatte.

Er begleitete mich auch in das schöne Lokal »Oberbayern« in der Friedrichstraße. Aus unerfindlichen Gründen sind Lokale dieses oder ähnlichen Namens meist ziemlich ordinär. Zwar grüßt die Zugspitze von den Wänden, aber die Milch ist unverschämt teuer und meist aus gepanschtem Rebensaft, und die Sennerinnen tragen sparsame Tracht. Man kann auch nicht behaupten, daß es auf diesen Almen keine Sünde gäbe.

Wohl aber gab es Landwirte im »Oberbayern« von Berlin. Vor allem während der Grünen Woche. Dieses Ereignis wurde alljährlich vom Landwirtschaftsministerium und von den Nutten sehr begrüßt. Aus Pommern, der Mark, Ostpreußen und Schlesien, Provinz Sachsen und Niedersachsen kamen die Ökonomen herbei, um den Fortschritt der Technik auf ihrem ureigensten Gebiete zu prüfen. Oft mit dem Bargeld in der Tasche, um eine neue Maschine zu erstehen. Im »Oberbayern« gab es laufend neue Maschinen. Sie stampften auf der Bühne zuerst als Ballett, durchfurchten dann den Saal und ernteten, wenn die Zeit reif war. Die leergedroschenen Brieftaschen mit dem Bild der Frau Gemahlin und der lieben Kinderlein durfte der Bauer aber behalten. Schließlich hat ja alles seine Grenzen. Wir fuhren zur Grünen Woche gerne dorthin und beobachteten mit der Ruhe des Armen, wie die Plünderung vor sich ging. An der Bar waren wir Gäste der deutschen Landwirtschaft, weil die Barfrau unaufgefordert für uns mit einschenkte, um Umsatz zu machen. Nach einer Weile sagte sie dann zu ihrem Opfer: »Die beiden Herren gehören doch zu Ihnen?« Regelmäßig wurde verneint, doch ließen sich die Grundbesitzer nicht lumpen und sagten:« »Na, dann lassen Sie mal!« Später, wenn das Ballett auf ihrem Schoß saß, sagten sie wiederholt: »Na, laß doch mal!« Die Mädel stellten viel Schönes in Aussicht und wollten zunächst Bilder von zu Hause sehen. Dabei schätzten sie schnell den Brieftascheninhalt, das alkoholische Stehvermögen und die Blödheit. Bald hatten sie ein lustig flatterndes Scheinlein zum Spielen ergattert und im Ausschnitt versenkt. Dann kam die Frau mit den Bonbonnieren und die Frau mit den Stofftierchen und die Frau mit den Zigaretten. Nur die eigene Frau kam gottlob nicht. Es wurde viel eingekauft, mit Küßchen Danke gesagt und die Ware weggebracht. Genau gesagt wieder an die Bauchladeninhaberinnen gegen Abschlag zurückverkauft. Das war äußerst rationell, da man mit geringem Warenlager enormen Umsatz erzielen konnte. Frequenz nennt dies der Kaufmann, aber hier waren ja Landwirte und keine Kaufleute zu Gast.

Der Text des Gaudeamus-Liedes erwies sich in der Tat als goldrichtig. Man muß sich freuen, solange man ein Jüngling ist, denn später wird das Vergnügen wirklich viel teurer. Oder man muß sich andere Vergnügungen suchen. Am besten immer solche, die dem Alter gemäß sind und in denen man den anderen Altersklassen überlegen ist. Das bewahrt uns vor dem Verglichenwerden, und damit ist schon viel gewonnen.

Diese Erkenntnis hatte ich auch beim Abitur und handelte konsequent danach. Es ist eine Frage des Geschmackes, ob die Prüfung zur Erlangung des Zeugnisses der Reife innerhalb eines Kapitels mit der Überschrift »Gaudeamus« behandelt werden kann. Ich möchte sie bejahen. Denn diese Prüfung war keine Folter.

Die deutsche Wehrmacht benötigte Offiziere, wie man uns in Vorträgen der Schule oft erklärt hatte. Und die Wirtschaft brauchte Abiturienten. Wir bekamen Reklame von Banken und Industriebetrieben zugestellt. Großer Garanten-Mangel auf allen Gebieten, dachten wir uns. Die Wehrmacht schrieb jedoch für den Offizier das Abitur vor. Also wurden die Prüfungen ein wenig diesem Umstand angepaßt. Ich will damit nicht sagen, daß Offiziere dumm sind oder daß für diesen Beruf ein geringes Maß an Bildung nötig wäre. Im Gegenteil, es wäre nur zu wünschen, daß die Jugend den besten Männern der Nation anvertraut würde. Aber man wollte nicht den Nachschub an Abiturienten für diesen Beruf verzögern. Uns war es recht so. Wir gingen ohne große Angst ins Examen. Acht Kameraden von insgesamt 30 hatten sich schon für eine Laufbahn als Berufsoffizier entschieden. Teils aus Familientradition, teils aus Verlegenheit, teils aus Freude an der Uniform. Ich gab an, technischer Kaufmann werden zu wollen und horchte zunächst in der Gegend herum, wie man Interesse an Technik mit Geldverdienen zweckmäßig verbinden könne.

Innerhalb der Prüfung gab es eine schöne Sitte: Das Wahlfach!

Dem Schüler war es überlassen, ein Fach als sein Lieblingsfach zu erklären und sich darin besonderen Prüfungen zu unterziehen. Mit diesem Schwerpunkt konnte man andere Schwächen etwas kompensieren. Ich hätte gerne Griechisch genommen, wurde aber den Verdacht nicht los, daß der Primus auch dieses Fach wählen wollte. Damit wäre ich garantiert zweiter geworden, hätte also mit einer Drei rechnen müssen, wenn der Primus nicht eine Eins macht. Wäre ich allein mit Griechisch, dachte ich, dann müßten sie nehmen, was kommt und mir eine Zwei geben. Im Verhältnis zu gar keinem Schüler wäre ich nämlich bestimmt gut. Der Primus ließ dann wirklich durchblicken, daß er Griechisch wählen würde. Und mit der gleichen Logik redete ich ihm das aus. Ich sagte ihm, wenn er keinen Gegner hätte, könne er nicht glänzen, also auf gar keinen Fall eine Eins bekommen. Das leuchtete ihm in seinem Ehrgeiz ein. Die Gegenfrage, was ich nehmen würde, beantwortete ich mit Latein. Darin wollte er mich schlagen. In letzter Sekunde sagte ich dem Klaßlehrer, daß ich Griechisch wählte. Darob war dieser sehr erfreut und gab mir noch viel Literatur mit nach Hause, die ich in den letzten acht Tagen auch tatsächlich las. Überwiegend alte Lyrik und Kunstgeschichte.

Das Abitur wurde kurz und bündig gemacht. An einem Tage alle Prüfungen. Die Zeugnisse des Jahres dienten ebenfalls als Bewertungsgrundlage. Das war von Vorteil und verminderte unser Lampenfieber. Am Morgen machte ich beim Aufstehen einige Freiübungen, damit an diesem Tage nicht einseitig der Geist strapaziert würde. Mein bester Anzug ward angetan und die Krawatte mit Sorgfalt gebunden. Ohne Mappe in der Hand, aber mit zusätzlich fünf Mark in der Tasche für das Mittagessen im Wirtshaus, weil die Mittagspause zu kurz war, zog ich Richtung Friedenauer Gymnasium. Es lief am Vormittag alles glatt, und ich konnte in die Kneipe ziehen, um mich mit einigen Buletten (Frikadellen) und mehreren Gläsern Bier zu stärken. Ganz leicht beschwingt von Schultheiß-Patzenhofer trat ich wieder in den Prüfungsraum und gab mein Wissen im Wahlfach ohne Hemmung preis. Die Prüfer bewerteten wohl auch den Vortrag, nickten beifällig und ließen durchblicken, daß alles in Ordnung sei. Bald darauf hielt ich ein gutes Zeugnis der Reife in Händen und dankte Gott, daß mein Lernvorrat aus Augsburg knapp bis zum Abitur gereicht hatte. Herr Dr. Habenstein sagte aber meiner Mutter, ich hätte das Zeug zum Altphilologen und großes Glück gehabt, daß die Schule nicht ein Jahr länger gedauert hat. Sonst wäre nämlich meine Faulheit aufgekommen. Ein kluger Schulmann, aber vielleicht kein sehr guter Menschenkenner. Denn Philologen dürfen nicht faul sein. Oder sollte er vielleicht selbst...? Mit dem Ende der Schulzeit kam indes auch das Ende der Faulheit. Es zeichnete sich verschwommen ab, daß Garanten nicht nur umworben sind, sondern daß man von ihnen ganz konkrete Dinge erwartet.

RAD

Hinter diesem Wort verbirgt sich nicht die fortschrittlichste Erfindung der Menschheit, sondern die Umkehrung des benediktinischen Wahlspruches »ora et labora«. Es ist die Abkürzung für »Reichsarbeitsdienst« und bedeutete soviel wie »arbeite ohne zu beten«. Früher lief diese Einrichtung unter der Bezeichnung »Freiwilliger Arbeitsdienst« und war eine Auffangstation für Arbeitslose, die sich durch ihre Untätigkeit nicht demoralisieren lassen wollten, sondern bereit waren, für den nackten Lebensunterhalt irgendwie tätig zu sein. Der Gedanke an sich war also gar nicht so übel. Im Jahre 1934 sprach man noch vom »Freiwilligen Arbeitsdienst«, der Vorbedingung war für die Erlaubnis zum Studium an einer deutschen Universität.

Mit dem Wort »freiwillig« war man im Dritten Reich nicht sehr pingelig. Im Grunde war alles freiwillig, nur konnte man, wenn man sich der Freiwilligkeit nicht beugte, mit starken Repressalien rechnen. Hinter dieser Freiwilligkeit steckte auch etwas vom alten marxistischen Klassenkampf. Die Arbeiter der Stirn sollten mal ordentlich Knochenarbeit leisten und wenigstens vorübergehend Arbeiter der Faust sein. Nun, diese Lösung des gegenseitigen Kennenlernens war jedenfalls beser, als wenn man alle Handwerker vorübergehend auf die Universitäten geschickt hätte. Daß eine solche Lösung erst gar nicht versucht wurde, läßt erraten, welcher Art die Beweggründe waren. Denn an Arbeitskräften mangelte es 1934 keineswegs. Im Jahre 1935 wurde der RAD dann zur Pflicht für alle Deutschen gemacht und schließlich eine vormilitärische Schule, die zur Hälfte Drill und zur Hälfte produktive Arbeit bescherte. Dabei war der Drill und die politische Schulung das Unangenehmere für die Teilnehmer.

Das Schlimmste aber waren die Führer dieses Unternehmens. Die meisten von ihnen wären gerne zur Wehrmacht gegangen, aber die hatte doch gewisse Einstellungsnormen, trotz des großen Personalbedarfs. So verblieb die zweite Wahl deutscher Führerschaft beim RAD. Es mag Ausnahmen gegeben haben, doch aus eigener Anschauung lernte ich leider keine kennen. Den Minderwertigkeitskomplex reagierten diese »Führer« bei uns ab in Form von sinnlosem, übertriebenem Drill auf dem Lagerhof und durch besondere Beschimpfung der Abiturienten höherer Schulen, von denen sie befürchteten, daß sie es zu Reserveoffizieren bringen würden, »nur weil die Eltern Geld hatten«. Von der Förderung armer Begabter hatten sie nichts gehört, weil sie nie in der Nähe von Begabten waren.

Man konnte sofort nach dem Abitur der Wehrpflicht und vorher der Arbeitsdienstpflicht genügen, wenn man sich freiwillig meldete. Das taten fast alle, damit sie später ungestört ihr Studium betreiben konnten. Wir hätten ja nie daran gedacht, daß wir außer dem halben Jahr RAD und den zwei Jahren Wehrmacht nochmals die Uniform anziehen müßten. Also wollte auch ich gleich alles hinter mich bringen und ließ mich mustern. Die Musterung gab uns einen kleinen Vorgeschmack auf die Menschenwürde im Reiche. Ärzte, die wohl nie etwas von Hippokrates gehört hatten, fertigten uns ab wie Schlachtvieh und die helfenden Sanitäter brüllten, wenn einer in der Öffentlichkeit nicht in der Lage war, auf Kommando zu urinieren. Wir halfen uns deshalb gegenseitig mit Urin aus, was die Ungenauigkeit der Untersuchungen aber nicht noch mehr verstärken konnte, als es schon der Fall war. Nach einigen Tagen kam die Einberufung, und die Lotterie, wo man hingeschickt wurde, hatte Ziehung.

Mich verschlug es nach Militsch, Kreis Trachenberg in Schlesien. Weit östlich von Breslau und direkt an der polnischen Grenze. Dort hatten die Grafen Maltzahn große Ländereien und auf diesen einige Arbeit für den RAD, der vom Auftraggeber für die Leistungen nach einem bestimmten Satz bezahlt wurde. Auch für unsere Verpflegung war ein täglicher Satz festgelegt. Er betrug in dieser Gegend pro Mann und Tag 59 Pfennige. Und so schmeckte es auch. Genauer gesagt, es schmeckte noch schlimmer, denn der »Führer« für die Verwaltung des Lagers unterschlug noch, wurde aber erst nach meiner Zeit entdeckt und bestraft. So sah ich sechs Monate lang nie ein Stück Butter, höchstens schlechteste Margarine. Keiner schrieb davon nach Hause, denn wir waren vorher eindringlich ermahnt worden, uns ja niemals einfallen zu lassen, sich über irgend etwas zu beschweren. Man würde uns sonst »zur Sau machen«.

Das Städtchen Militsch entbehrte nicht einer gewissen Romantik. Es schien von der preußischen Verwaltung vergessen worden zu sein und führte daher ein eigenes Leben. Daß ich am Leben blieb und nicht verhungerte, verdankte ich liebenswerten Wirtstöchtern, die auch gelegentlich ohne Bezahlung ein Gericht verabreichten, wenn wir am Sonntagabend zu einem kurzen Tänzchen erschienen. Die Familie Kumke war dort als vermögend angesehen und nützte dieses Vermögen zu Wohltaten an uns. Außerdem waren die Töchter recht niedlich. Graf und Gräfin sahen wir ein einziges Mal zu Pferd über den Besitz reiten. Sie waren für uns Figuren aus einer anderen Welt.

Von dieser Welt waren aber die Wälder des Grafen, in denen wir rodeten und pflanzten, die Wiesen, die wir entwässerten, und die Straßen, die wir vom Steineklopfen bis zum Belag eigenhändig bauten. Sicher war die Qualität unserer Arbeit miserabel. Wir waren alle ungelernt, auch unsere Führer hatten weder die Arbeit erfunden, noch eine richtig erlernt. Morgens um fünf Uhr wurden wir täglich aus den Strohsackgestellen geworfen, trieben schnell scharfen Frühsport, tranken die braune Brühe aus Eicheln und marschierten um sechs Uhr zur Baustelle, die manchmal bis zu zwölf Kilometer entfernt war. Um 14 Uhr kehrten wir todmüde zurück, verschlangen den üblen Fraß und machten uns fertig für das »Spatenexerzieren«. Mit dem Werkzeug wurden nun alberne Übungen gemacht, die dem Gewehrexerzieren ähnlich sein sollten. Das Wichtigste war dabei das »Präsentiert den Spaten!«, damit wir, auf Wache stehend, vor dem Schilderhäuschen unsere Vorgesetzten gebührend ehren konnten. Dann gab es Unterricht, Putz- und Flickstunde, Abendfraß und wieder Unterricht über NS-Weltanschauung. Dabei schliefen wir meistens total übermüdet ein und wünschten uns mit geschlossenen Augen in eine schönere Welt.

Aus der ganzen Zeit kann ich beim besten Willen nichts berichten, was auch nur ein Schmunzeln hervorrufen könnte. Denn das war keine Garanten-Behandlung! Nichts gegen die Arbeit, die wäre gesund gewesen bei entsprechender Ernährung. Aber die menschlich dumme Führung machte mir das RAD-Lager zum Straflager. Erst als der Reichsparteitag nahte, trat eine Wende ein. Die sechs besten Marschierer und Exerzierer wurden auserkoren, das Lager bei der großen Parade vor dem Führer in Nürnberg zu vertreten. Ich war unter ihnen und durfte kurzfristig nach Breslau zu einem Übungslehrgang. Wie staunte ich dort über die Essensportionen! Ich wurde nach Monaten wieder einmal satt. Dabei ging das Gerücht, daß in Nürnberg die Portionen nach Wehrmachtssätzen bemessen seien. Ich freute mich auf die Mästerei.

In einem Sonderzug trafen die Vertreter Schlesiens in Nürnberg ein und vereinigten sich dort im Lager Langwasser mit den Abordnungen aus ganz Deutschland. Wir waren wieder einmal 100 000, denn weniger konnte die NS-Führerschaft auf einem Haufen nur schlecht ertragen.

Die freie Reichsstadt Nürnberg hatte alljährlich die Ehre, den Parteitag zu erleben. Gewaltige Bauten, die man heute noch bewundern kann, wurden zu diesem Zweck errichtet. Sie sollten nach 1000 Jahren noch Zeugnis geben vom Willen des Führers. Nach dem Kriege hatten die Amerikaner dort Vorratslager angelegt, dann fanden Motorradrennen in einer Anlage statt, und nun überlegt man, wie man die Steinklötze vernünftig verwenden kann. Die Dome des Abendlandes sind heute noch Kirchen, die von Gläubigen freiwillig gefüllt werden. Die Kultstätten des Nationalsozialismus wurden von Anfang an nur auf dem Kommandowege frequentiert und sind heute restlos überflüssig: 50 Jahre nach ihrer Erbauung. Es scheint zu diesem Kult doch der richtige geistige Inhalt gefehlt zu haben. Da halfen auch die äußeren Formen nicht über die Leere oder den Blödsinn hinweg. Millionen Menschen erlagen jedoch diesen Formen, und von dem gewaltigen Aufmarsch war ich trotz aller Kritikfähigkeit fasziniert. Mir fiel in Nürnberg auf, daß man am Werke war, aus der Nazilehre eine Religion zu machen. Oder zumindest eine Art Gottesdienst zu zelebrieren. Mit Priestern, Opferjungfrauen, Feuer und Rauch. Und mit einem Götzen, der die Schirmmütze tief ins Gesicht gezogen hatte und in unerreichbarer Ferne die Hand zum deutschen Segen erhob.

Als die 100 000 Spaten im Sonnenlicht der Arena blitzten, ging ein Brunftschrei durch die 200 000 Zuschauer auf den Rängen. Die Regie war demnach perfekt. Ich saß in meiner Reihe auf dem Tornister, denn mir war schlecht geworden in der Hitze. Nicht mir allein, sondern vielen, die aber in der Masse keine Rolle spielten. Nach dem Götzendienst zogen die Marschreihen noch durch die Stadt und sangen auf Befehl so frisch wie Wanderer in der ersten Tagesstunde. Und dann kam der große Augenblick, wo wir den Führer auf dem Balkon des Hotels Deutscher Kaiser vorbeimarschierend ehrten. Ich kannte ihn ja von Berlin her und von ganz früher, nämlich 1925, aus München. Am Liebherrplatz war damals die Opelwerkstätte Häusler, wo er seinen Wagen in Pflege hatte. Einen sehr kleinen damals. Wenn wir ihm an unserem Spielplatz an der gleichen Ecke im Wege waren, sagte er zu uns »Na Buam, was treibt's?« Mein Freund, der Litzinger Kare, klärte mich dann auf, daß dies »der Hitla und ein Sauhund« sei. Wie er auf den Sauhund komme, wollte ich wissen. Und der Kare sagte überzeugt: »Mei Vata sagt's!« Im Jahre 1937 konnte auch Herr Litzinger nicht mehr »Sauhund« zu ihm sagen. Und mir war der Führer an diesem Tage auch erregender als 1925 mit seinem grünen Opel-Laubfrosch. Jetzt sah er nämlich zu mir herab vom Balkon, und ich wurde zwei Zentimeter größer.

Zwei Stunden später war er mir wieder wurscht, denn jetzt feierte das gute Nürnberger Bier unvergleichliche Triumphe. Die erste Maß vergesse ich niemals. Mein Führer, Dank sei dir dafür! Auch Dank für das Essen in Nürnberg, denn ich wurde seit Monaten wieder wie ein Mensch ernährt, der nichts verbrochen hatte.

Dank auch für die Weihestunde auf der Zeppelinwiese, die mit ihren Phrasen dafür sorgte, daß ich die Hohlheit dieser Unheilslehre erstmals erkannte. Wenn diese Erkenntnis mich nicht zum Revolutionär machte, lag es nur daran, daß ich einen deutlichen Unterschied zwischen Partei und Deutschland machte. Diesen Unterschied zu verwischen, war jedoch das fortgesetzte Ziel der Führung. Sie hat es eigentlich erst nach ihrer Vertreibung durch die Alliierten erreicht, und zwar bei den Alliierten selbst, zu deren Ehre man bekennen muß, daß sie diesen Irrtum inzwischen berichtigt haben. Ich war wie fast alle meine Landsleute immer noch der Meinung, daß die Albernheiten und Gemeinheiten Übergangserscheinungen seien, die von der heranwachsenden Jugend und vom erwachenden Verstande der Geprellten ganz allmählich, aber todsicher beseitigt werden könnten. Jetzt hieß es erst einmal, Versailles zu korrigieren und ein Verhandlungspartner am Tisch der Mächtigen zu werden. Darum murrten wir auch nicht über den Militärdienst, der uns anschließend erwartete, sondern gingen ihm entgegen, wie es die Bürger aller Länder, auch derer, die nie Kriege anzettelten, seit jeher tun.

Ehrenkleid der Nation

Ohne mich zu fragen, waren die Eltern inzwischen nach Tempelhof umgezogen. In eine kleinere und billigere Wohnung. Auch die Familie war im Begriff, kleiner zu werden, denn beide Söhne standen vor ihrer Militärzeit.

Mein Bruder, obwohl vier Jahre älter, wurde im gleichen Monat Soldat wie ich. Er hatte es darauf ankommen lassen eingezogen zu werden, weil er mehrere Semester hinter sich bringen wollte in der Hoffnung, dann für sein weiteres Studium beurlaubt zu werden. Diese Rechnung ging zum Teil auch auf. Durch sein Abwarten konnte er aber Truppengattung und Standort nicht wählen. Er kam zur Infanterie nach Guben.

Meine Kaserne war mit den Berliner Verkehrsmitteln in 30 Minuten erreichbar, denn als Freiwilliger hatte ich mir die Flakkaserne Lankwitz ausgesucht. Die Flugabwehr nannte sich nach der Abkürzung von Flug-Abwehr-Kanone kurz »Flak« und war dem Wehrmachtsteil Luftwaffe zugeteilt. Die Folge war eine schickere Uniform mit Schlips und Hemdkragen, Seidensocken und Halbschuhe zum Ausgehanzug. Nach solchen Gesichtspunkten wurden viele Altersgenossen Soldat. Die Fliegerei hätte uns nur genommen, wenn wir uns auf vier Jahre verpflichtet hätten. Dieser Preis war uns jedoch entschieden zu hoch. Ich blieb auf der Erde und in Berlin. Ein Merkblatt klärte mich auf, was ich alles in die Kaserne mitzubringen hätte. Außer den ver-

Ehrenkleid der Nation

merkten Dingen war persönliches Hab und Gut unerwünscht. So rückte ich mit einem bescheidenen Päckchen hinter klingendem Spiel durchs Kasernentor und freute mich, ein vollwertiger Bürger zu werden.

Die Freude verging mir noch am gleichen Tag am Nachmittag, als wir unzählige Kniebeugen im neuen Gewand machten. Dieses Gewand war in der Öffentlichkeit weniger aufgetreten und hieß Drillichanzug. Die Paßform war Nebensache, schließlich wurde es ja kostenlos verabreicht. Es saß salopp und war kühl wie ein Sommeranzug, obwohl wir schon Oktober hatten. An den Füßen quälten mich alte, harte Stiefel. Ihr Druck wurde verstärkt durch Fußlappen. Das waren Tücher vom Format eines Staubtuches und der Weichheit einer Zeltplane. Seit dem Siebenjährigen Krieg, als dem König das Geld für Strümpfe nicht mehr reichte, machte man allen deutschen Soldaten weis, daß solche Lappen, richtig gewickelt, zum Marschieren günstiger seien als Socken aus Wolle. Auf dem Haupte zierten uns Stoffdeckel, die noch aus den Beständen des kaiserlichen Heeres stammten. Die Flak führte nämlich die Tradition des »Train«, – in Berlin sagte man »Träng« –, und das Flakregiment zwölf sogar die Tradition des »Gardeträng«. Kaiser Wilhelms Fuhrknechte-Nachfolger könnte man sagen. Nach kurzer Zeit erhielten wir die Aufforderung, uns auf den Bauch in den Dreck zu legen, vorwärts zu kriechen, aufzustehen und vieles andere mehr. Anschließend hörten wir, daß wir das Ehrenkleid der Nation anhätten und morgen vereidigt würden, wir Affen und dämlichen Abiturentler. Das richtige Wort für unseren Bildungsgrad habe ich auf dem Kasernenhof nur vom Leutnant aufwärts gehört. Die unteren Dienstgrade nannten uns grundsätzlich nur »Abiturentler«. Mit schmutzigem Ehrenkleid gingen wir auf unsere Acht-Mann-Zimmer und genossen 60 Sekunden der Ruhe. Dann wurden wir wieder mobil gemacht und zur Entgegennahme weiterer Ausrüstung geschickt. Es war das Gegenteil von Selbstbedienung, denn ein Unteroffizier warf alles hin und befahl, daß es passe. Auch die Stoffuniformen waren im Schnitt etwas unzeitgemäß. Vor allem hatten sie nicht die weiten Hosen, die damals elegant waren. Hosenweite 60 war keine Seltenheit, und wir gierten danach, bald unsere eigene Ausgehuniform beim Schneider machen zu lassen, derentwegen wir schließlich zur Flak eingerückt waren. Aber das hatte noch Zeit.

Nach der Vereidigung mußten wir das Gehen lernen, denn alle Vorgesetzten vertraten die Ansicht, daß wir uns auf Gehwarzen wurmähnlich fortbewegten und von Gehen gar keine Rede sein könne. All mein Sport der letzten Jahre war also umsonst getrieben! Vor allem könne kein Rekrut die Kaserne verlassen, der nicht den Gruß beherrscht. Das dauere im allgemeinen vier Wochen. Ich schluckte allen Unbill mit dem festen Ziel, in zwei Wochen ausgehreif zu sein. Es gelang mir und noch einem Leidensgenossen tatsächlich. Stolz zwängten wir uns in die staatseigene Ausgehuniform und passierten die Kontrolle. Wie vorgeschrieben hatten wir ein sauberes Taschentuch, den Ausweis und ein Präservativ vorgezeigt. Man zwang die 18jährigen also, Dinge einzukaufen, die sie nicht wollten und deren sie sich teilweise sehr schämten. Meine Mutter warf das Ding jedesmal entrüstet weg, wenn sie die Uniform zu Hause reinigte und zwang mich daher zu Umsätzen in diesem Artikel, die beim Kantinenpächter Hochachtung auslösten, wenn ich schüchtern allwöchentlich danach verlangte.

In den Gaststätten des Olympiastadions machte ich dann die bittere Erfahrung, daß in Berlin Soldaten als Tänzer nicht sehr gefragt waren. Vor allem nicht ohne eigene, elegante Uniform. Deshalb mußte ich schnellstens eine Extrauniform machen lassen. Aus gutem Stoff war das eine Anschaffung von 200 Mark. Hosenweite 56 war erlaubt, und die Hose wurde vom »Spieß« mit seiner Imprimatur versehen. Danach konnte man die Hose noch ein Stück weiter auslassen. Das fiel nicht mehr auf. Zuerst mußte man diese Hose aber besitzen. Man mußte die 200 Mark aufbringen können. Der Vater fand diese Anschaffung völlig überflüssig und lobte die Staatshose ganz auffällig. So blieb mir nichts anderes übrig, als bei mehrtägiger Abwesenheit der Eltern das Klavier zu verkaufen. Es erbrachte genau 200 Mark. Abholung in aller Stille. Durch geschicktes Verstellen der restlichen Möbel deckte ich die entstandene Lücke leidlich. Da wir keine sehr musikalische Familie waren, fiel der Verlust einige Tage nicht auf. Ich hatte, obwohl ohne Unterricht, als einziger zuweilen den Kasten traktiert. Bruder und Mutter spielten nie Klavier, auch wenn sie es beherrschten. Die Veränderung im Raum wurde aber schließlich doch Gegenstand eines Gespräches, und ich mußte zugeben, zu welchem Zwecke ich mich von der Kunst getrennt hatte. Die Aussicht auf Ruhe ließ den Vater Gnade vor Recht ergehen, und mein Bruder spielte, wenn er auf Urlaub kam, beidhändig auf dem Rücken meiner Jacke, als wenn es ein Piano wäre. Er fragte immer vorher höflich an, ob es mich störe, wenn er jetzt etwas auf unserem Klavier klimpern würde.

Es langweilt allmählich, wenn ein Deutscher seine Erlebnisse als Soldat zum Besten gibt. Schließlich hat jeder diese Zeit mitgemacht, und es war im Grunde immer das gleiche. Darum beschränke ich den Bericht aus der Berliner Kaserne nun auf verschiedene Erscheinungen, die nicht im ganzen Bereich der Wehrmacht sichtbar waren. Dazu gehören in erster Linie die Spanienkämpfe.

Der spanische Bürgerkrieg 1936/38 war eine echte militärische Auseinandersetzung zwischen den Republikanern, stark unterstützt von Sozialisten und Kommunisten aus aller Welt sowie den Royalisten und Konservativen unter General Francos Führung, noch stärker unterstützt von Hitler und Mussolini. Man wurde aber nie den Verdacht los, daß es den faschistischen Helfern weniger um die Rettung Spaniens ging als um die günstige Gelegenheit, die neue Bewaffnung im scharfen Schuß zu erproben. Francos Verhalten zu späterer Zeit bestätigte diese Vermutung. Mit der Entsendung seiner »Blauen Division« nach Rußland beglich er seine Schulden, denn die »Helfer« aus Deutschland ließen sich gut bezahlen. Als Franco die Entscheidung im Kampfe nicht herbeiführen konnte, entschloß sich Hitler zur Ersten Hilfe. Die »Legion Condor« wurde gegründet, eine kleine Armee von »Freiwilligen«, die zur Bekräftigung ihrer Spontaneität auf Staatskosten Zivilanzüge bekamen, denn zufällig waren sie alle Soldaten. Die bestiegen in Hamburg und anderen Häfen die Schiffe, kotzten sich durch die bewegte Biscaya und kleideten sich in die zufällig an Bord befindlichen Uniformen der Legion. Die Waffen waren auch schon da, und der Krieg konnte beginnen. Er wurde ausschließlich von der Luftwaffe geführt. Mit Flakartillerie, Aufklärern und Bombern. Da die Roten keine Luftwaffe besaßen, war man schnell im Besitz der Luftüberlegenheit. Auf der Erde ging es etwas ausgeglichener zu, so daß die Flak als reine Bodenartillerie Verwendung fand. Der Nachschub aus der Heimat floß reichlich und dann auch ohne Tarnung, denn zu verbergen gab es schließlich nichts mehr. Es ließ sich auch bei uns zu Hause nicht verheimlichen, daß die deutschen Soldaten fürstlich entlohnt wurden. Die Ausmaße des Krieges waren viel zu gering, um all die Freiwilligen verschleißen zu können, die sich aufs Schlachtfeld drängelten. Es ließ sich nämlich weiterhin nicht verheimlichen, daß die Blutopfer von den Spaniern geleistet wurden und die Legion kein Todeskommando war. Mit Staunen hörten wir, die wir als Rekruten alle zehn Tage sieben Mark 50 erhielten, daß in Spanien ein Gefreiter 600 Mark im Monat erhielt, ein Unteroffizier 900, ein Wachtmeister 1200, und so weiter und so weiter. Von diesem Geld durfte nur ein kleiner Teil im Lande ausgegeben werden, der Rest wurde auf Konten in Deutschland überwiesen.

Im Lande benötigte man Geld hauptsächlich fürs Rauchen, Saufen und besonders fürs Bordell. Auch etwas Goldschmuck kaufte man, damit die gepflegte Zwölfendershand funkeln konnte wie nach dem unbeobachteten Besuch eines Inka-Grabes. Mancher Heimkehrer war so apart geschmückt, wie es heute viele Damen aus Nordrhein-Westfalen beim Wintersport sind. Verständlich, denn beide Sorten sind sehr schnell reich geworden. Um eine möglichst große Zahl von Unterführern im Scharfschießen auszubilden, wurde spätestens nach zwölf Monaten gewechselt. Bald hatten wir keinen Unteroffizier und Wachtmeister mehr, der nicht in Spanien gewesen war und ein Bankkonto von 8000 bis 12 000 Mark sein Eigen nannte. Man muß bedenken, daß dies eine enorme Summe war. Für 12 000 Mark konnte man ein hübsches Eigenheim mit Grundstück kaufen. Einer der Helden tat es. Zwar nicht freiwillig, sondern auf Betreiben seiner Frau. Die übrigen gaben das schnell verdiente Geld mit Hast wieder aus, und es war für uns fast ein größeres Vergnügen, diese Verschwendung zu beobachten als für die Besitzer der kleinen Vermögen selbst. Zunächst nahmen die Herren grundsätzlich nicht mehr an der Abendverpflegung teil, sondern fuhren zum Speisen in die Stadt. Einige mit dem eigenen Wagen, der nach der Rückkehr sofort angeschafft worden war. Im Hofe standen die Fahrzeuge und stachen den Hungerleidern von Hauptleuten und Majoren mit ihrem 500 Mark im Monat in die Augen. Ein Unteroffizier kaufte sich einen BMW um 6000 Mark. Das war eine Sensation, denn im Aufwand kommt dies heute einem mittleren Porsche gleich. Ganz generell war der Besitz eines Autos an sich schon aufregend, weil es ein Zeichen echten Wohlstands war. In meiner Abiturklasse war nur ein einziger Sohn eines Autobesitzers gewesen! Diverse Herren kauften sich ein schweres Motorrad. Zum Beispiel eine R 66 von BMW. Auch das war neiderregend. Die übrigen Magnaten fuhren mit dem Taxi zum Essen oder auch in freundliche Straßen, weil man sich das in Spanien so schön angewöhnt hatte. Aus den Erzählungen der Helden hörten wir viel Vorteilhaftes über die amor a la peseta. So hieß schon vor dem Kriege die dortige Währung. Bei einigen währte auch nach der Rückkehr ein Andenken, das sich, weil maurischen Ursprungs, hartnäckig hielt und laufend mit Sulfonamiden verjagt werden mußte. Diese Vorgesetzten grüßten wir immer besonders frisch und fröhlich, weil wir mit ihnen auch um viel Geld nicht tauschen wollten. Ihnen blieb unser Neid erspart. Von den anderen nahmen wir dankbar die kalten Abendportionen, die ihnen zu schlecht waren, und priesen die Legion Condor.

Eines Tages kam unser Korporal mit einer großen Kiste nach Hause. Er hatte einen Plattenspieler samt Radio erstanden und dazu 50 Schallplatten auf Empfehlung der netten Verkäuferin gekauft. Er legte die Platten der Reihe nach auf, hörte einige Takte, schrie »Scheiße« und warf die Platten zum Fenster hinaus in den Hof. Damals war die unzerbrechliche Schallplatte noch nicht im Handel. Ich durfte die Scherben zusammenkehren und bekam dafür fünf Mark geschenkt, weil ich laut seinen guten Geschmack auf dem Gebiet der Musik pries. Ich pries auch die Schönheit der ordinären Ziege, welche er mir auf dem Bild zeigte und als seine Braut vorstellte. Bräute hatten sie nämlich jetzt alle. Das kam von den vielen Abenden in der Stadt und von den begeisterten Müttern, die auch in die riesigen Pralinenschachteln greifen durften, mit denen die züchtige Maid gegen sechs Uhr morgens heimkehrte. Länger ging es beim besten Willen nicht, weil der Karl oder der Kurt, der Heinz oder der Helmut um halb sieben Uhr zum Dienst wieder in der Kaserne sein mußte. Da standen sie dann vor uns, rochen meterweit nach Alkohol und schwankten leicht im Winde. Die Augen waren rot und die Haut widerlich aufgeschwemmt. Aber die Stimme war laut und kräftig! Wir wurden aufgefordert, unsere Zeugung wiederholen zu lassen durch den Herrn Papa, da wir einen Dreck wert seien. Das

Ansehen des Verlegers verbietet mir die wortgetreue Wiedergabe aller Aussprüche. Dem Ansehen der Wehrmacht und des Ehrenkleides der Nation schienen sie nicht zu schaden, denn die Herren wurden nicht gemaßregelt. Die Offiziere ließen sich entweder nicht blicken, überhörten oder billigten ihr Benehmen. Eine andere Möglichkeit gibt es wohl nicht. Wir mußten es billigen, weil Beschwerden in der Beschwerdeordnung zwar festgelegt, aber nicht vorzubringen waren.

Der Unterricht über die Beschwerdeordnung hatte nämlich mit folgenden Worten begonnen: »Herhören! Heute sprechen wir über die Beschwerdeordnung. Die muß jeder Soldat kennen. Vorneweg möchte ich aber eines klarstellen: Wenn einer von Euch Schleimscheißern es wagt, sich jemals zu beschweren, dann machen wir den zur Sau. Merkt Euch das. Der bekommt keine ruhige Minute, solange er Soldat ist, auch wenn er in eine andere Batterie versetzt wird. Der Steckbrief geht mit!«

Und so war es auch erprobt. Also gewöhnte sich der Soldat an dieses gepflegte Deutsch und übte Rache bei Gelegenheit. Eine derartige Wiedergutmachung gelang mir vollendet im Zusammenhang mit einer erlittenen Schikane. Unteroffizier B. fand keinen Gefallen an meinem Gruß im Korridor der Kaserne. Er jagte mich hin und her, las aus meinen Augen einen Anflug von Widerstand und beschloß, mir den Ausgang am Samstag zu verpatzen. Gerade nach Dienstschluß, als ich im Begriffe war, mich fein zu machen, kam er in die Stube und holte mich heraus auf sein Zimmer. Dort hieß er mich seine Stube zu reinigen, die Schuhe zu putzen und die Ausgehjacke ganz gründlich zu klopfen. Solange, bis kein Stäubchen mehr zu finden war. Ich arbeitete wie ein Wilder, weil ich irrtümlich glaubte, durch besonderen Eifer doch noch in den Genuß der kurzen Freiheit zu gelangen. Aber immer wieder wurde meine Arbeit beanstandet. Da erfaßte mich der Grimm des Unterdrückten, und ich schmierte in die Halbschuhe aus Lackleder viel schwarze Schuhwichse, damit er durch die Socken hindurch schwarze Füße bekommen und sein Bett in der Nacht beschmutzen sollte. Es war nämlich mit großer Sicherheit anzunehmen, daß er sich die Füße vor dem Schlafengehen nicht wusch. Dann entdeckte ich, daß in der Brusttasche seiner Ausgehjacke eine wirklich schöne goldene Uhr steckte. Beute oder Souvenir aus Spanien. Scheinheilig und

Ehrenkleid der Nation 113

eifrig fragte ich, ob ich die Jacke denn mit dem Klopfer bearbeiten solle, damit sie ja ganz sauber werde. »Mit was denn sonst, Idiot!« war die Antwort. Freudig erregt schritt ich in den Hof, hängte die Jacke an einen Haken und schlug mit aller Kraft auf die gleiche Stelle, wo die Uhr ihre letzten Zuckungen machte. Wohlgefällig schaute der Herr Unteroffizier aus dem Fenster und ermunterte mich, nicht zu ermüden, bis das letzte Stäubchen entfleucht sei. Als ich ihm die Jacke übergab, mußte er zugeben, daß ich sehr fleißig gewesen war. Mit einem Lob entließ er mich, allerdings zu spät für meinen Ausgang in die Stadt. Darum verzichtete ich dankend und erklärte, daß ich ganz gerne zu Hause bliebe und meine Kleider auch reinigen wolle, weil ich gerade so schön in Übung sei. Er fand das löblich. Nach 20 Minuten tobte ein Orkan ins Zimmer. Schön angezogen und mit einem verbeulten Goldstück in der Hand, von dem er behauptete, es sei eine kostbare Uhr gewesen, stand er vor mir und verfluchte, daß körperliche Züchtigung so streng verboten sei. Ich bedauerte den Vorfall außerordentlich und verwies auf seinen ausdrücklichen Wunsch, die Jacke stark zu klopfen. Dann erstarben ihm die Worte, und von da an verschonte er mich mit privaten Dienstleistungen.

Als er besoffen nach Hause kam, schlug er an allen Türen im Gang die Oberlichte ein und schrie: »Was kostet der Rotz? Ich bezahle alles!« Er zahlte auch tatsächlich am nächsten Morgen freiwillig den angerichteten Schaden beim Spieß, der als Mutter der Kompanie und Kollege volles Verständis hatte für diese Geldanlage, zumal die Tat nicht von uns verübt worden war, sondern von einem Vorbild, dem wir nacheifern sollten. Dieses Scheibeneinschlagen wurde dann zur Manie bei ihm, und wir sahen sein Geld aus Spanien langsam zu Glas werden. Es ist gut, daß die Deutschen jetzt fleißig nach Spanien in Urlaub fahren. Vielleicht haben sie da Gelegenheit, den dortigen Glasern Arbeit zu geben, um eine alte Schuld abzutragen.

Unaufhaltsam zerrann der Teil des spanischen Volksvermögens, den man an die Helfer in großer Not ausbezahlt hatte, in Puffs, Schnaps und Scherben. Die Helden feierten bis zur Neige den Umstand, daß sie zwar nicht dem Tode, aber doch mit knapper Not einem marokkanischen Tripper entronnen waren. Die Autos wurden zu Motorrädern, dann zu Fahrrädern und am

Ende zu Erinnerungen. Das grausame Kater-Erwachen mit dem blöden Gefühl, doch ein armer Hund zu sein, fiel mit dem Ausbruch des Krieges zusammen. Es wurde somit erträglich und manchem Ex-Krösus die Laufbahn des Kriminellen erspart.

Dieser Krieg rückte im Jahre 1939 in greifbare Nähe. Manche Leute behaupten, daß die Existenz eines Heeres allein schon Krieg erzeuge. Das ist sicher Unsinn, denn es gab Länder mit guter Bewaffnung, die keinen Krieg vom Zaune brachen oder verursachten. Ein Heer kann ein notwendiger Schutz sein wie eine Feuerwehr. Es würde schließlich auch niemand behaupten, daß durch die Existenz der Feuerwehr Brände entstünden. Ein Unglück ist jedoch unvermeidbar, wenn der Kommandant der Feuerwehr Pyromane ist.

Ein solcher stand an der Spitze und an der Spritze in unserer Heimat. Manche wußten es, aber er war inzwischen unabsetzbar geworden. Zug um Zug hatte er es geschafft in kleinen Schritten, die so klein waren, daß sie keinen Grund boten, sich ihnen mit äußerster Kraft in den Weg zu stellen. Einer dieser Schritte war die Remilitarisierung des linksrheinischen Deutschlands. Laut Versailler-Amateur-Friedensvertrag war es Deutschland nicht erlaubt, westlich des Rheins Garnisonen und Truppen zu unterhalten, was dem Schutze Frankreichs dienen sollte. Das war ein immer zündendes Mittel, die nationalen Gefühle anzuheizen. Als die deutschen Truppen wieder über den Rhein zogen, gab es großen Jubel auf beiden Seiten des Stromes. In Frankreich, in Rußland, in Amerika jedoch nicht. Aber auch sonst keine Reaktion. Hitler gestand später, daß dies sein gewagtestes Spiel gewesen sei. Die Wehrmacht war nämlich paradestark, doch nicht fähig, einer ernsten Intervention zu begegnen. Es ist wirklich absurd, den Siegermächten von 1918 die Schuld an Hitler zu geben. Doch hat ihre Politik den Aufstieg Hitlers unbeabsichtigt gefördert und ihre Passivität in den Jahren nach 1933 ihn frech und siegessicher werden lassen. So wie die Ergebenheit und Blindheit der Deutschen ihn bestärkte, den Bürger machtlos gegen seinen Verführer und Sklaventreiber zu machen. Bejubelt wurde er von den Deutschen. Damit waren wir nicht die schlechtesten Menschen dieser Erde, aber bestimmt die dümmsten.

In einem kleinen Merkblatt der Amerikaner für ihre 1945

einmarschierenden Soldaten, herausgegeben von der Armee General Pattons, las ich zu meinem Erstaunen nach einer rasant gekürzten Geschichte des Reiches folgenden Satz: Den Menschen Hitler kann man der deutschen Bevölkerung nicht anlasten. Hitlers gibt es bei uns in den USA genügende. Nur werden sie bei uns nicht von einer Mehrheit zum Präsidenten gewählt. Das Wort in Gottes Ohr! Es ist sehr klug formuliert und sicher zutreffend. Dem amerikanischen und allen anderen Völkern ist zu wünschen, daß sie im Besitz des Wahlrechts nicht den Scharlatanen erliegen. Allen Politikern ist aber zu wünschen, daß sie nicht grundsätzlich ihre Gegner zu Scharlatanen erklären, während im Schatten der Tiraden unbemerkt der echte Ungeist heranwächst.

Eine Folge der Rheinlandbesetzung war die Verlegung unserer Flakbatterie in den Westen. Berlin ist als Garnison wenig reizvoll gewesen. Gut, ich war nahe zu Hause und konnte meine Wäsche von Muttern waschen lassen. Wir hatten die Ehre, am Geburtstag des Führers an der großen Parade teilzunehmen. Darauf waren wir tatsächlich stolz, denn wir ließen uns und unsere blankgeputzten Kanonen gerne sehen. Wir wurden durch unsere Nähe zur Regierung oft vorgezeigt, auch in der Kaserne. Immer wieder führten wir unseren Besuchern die Schau vor, wie man in Blitzeseile in Stellung geht und jeden Flieger vom Himmel holt. Davon war die Führung echt überzeugt und wir auch. Göring, unser oberster Luftwaffenchef, verkündete ja öffentlich, er wolle Maier heißen, wenn jemals ein feindlicher Flieger über Deutschland zum Bombenwurf käme. Darum nannten wir auch ganz ungeniert in den letzten Kriegsjahren die »Luftwaffendivision Hermann Göring« die »Maier-Division«. Die Überzeugung des Reichsmarschalls kam nicht von ungefähr. Sie war rechnerisch begründet.

An verschiedenen Orten der Ostseeküsten waren Flakschießplätze, zu denen wir manchmal mit Mann und Maus reisen durften, um die Waffen auf ihre Treffgenauigkeit zu prüfen. Das war eine beliebte Abwechslung, denn meistens gab es dabei eine schöne Bahnreise mit Dauerskat. Auf dem Übungsplatz waren die Unterkünfte ordentlich, das Essen gut und der Drill klein geschrieben. Unsere primitivsten Peiniger wurden freundlicher, weil auch immer der Herr General zur Besichtigung kam. Besichtigungen, auch die des Herrn Schulrat in der Volksschule, dienten nicht der Überprüfung des Schülers. Dieser strebte nicht nach Beförderung und höherem Gehalt. Wohl aber der Lehrer. Dessen Leistung sollte gemessen werden, und zwar an den Schülern. Man merkte dies im Laufe mehrjährigen Untergebenenseins doch allmählich. So kam in Rerik auf dem Schießplatz die große, die hohe Zeit der Abiturientler. Sie wurden ins erste Glied gestellt, damit sie das Gelernte wie Schillers Glocke herunterleiern konnten zur Freude des Generals, zum Lobe des Herrn Unteroffiziers Patzke oder Piefke. Ja, wir durften sogar mit unserem Ausbilder in die vollbesetzte Kneipe auf dem Gelände und dort das einzige Mädchen betrachten, welches auf 3000 Mann traf und sich nur vom Wachtmeister aufwärts an den Po fassen ließ. Er zahlte ein Bier und schickte uns um 22 Uhr ins Bett, denn auch er lebte in der trügerischen Hoffnung, wenn die Schar der Gierigen kleiner geworden war, bei der Schönen zum Zuge zu kommen. Sie wurde vermögend vom Aberglauben! Deutschland aber wurde arm vom Aberglauben. Vom falschen Glauben an die Treffsicherheit der Abwehr.

Wir schossen mit jeweils einer Kanone auf eine Schleppscheibe, die ein müder Vogel, Typ W 34 mit 50 m/sec = 180 km/Std. immer in gleicher Höhe auf gleichem Kurs zog. Saß der fotografierte Sprengpunkt, sichtbar durch eine farbige Wolke 30 Meter oder näher an der Scheibe, galt dies als Treffer. Die Granaten sollten auf diese Weise nämlich tödlich sein. Jeder vierte Schuß war ein Treffer. Da aber eine Batterie aus vier Kanonen besteht, trifft die Flak im Ernstfalle immer hundertprozentig. Klar? Göring war es klar, Hitler war es klar, mir war es auch klar. Bis zur ersten Gefechtsnacht im Kriege.

Der Vorbereitung des Krieges also diente unsere Verlegung in Richtung Westwall. Diese Befestigungsanlage zog sich an Deutschlands Westgrenze entlang, war im Abschnitt zwischen Zweibrücken und Trier besonders stark und erwies sich im Laufe des Krieges aber auch an anderen Abschnitten als sinnlos. So sinnlos, daß man sich an den Kopf fassen mußte und fragen, warum die Alliierten die Bunker nachträglich mit teuerem Pulver in die Luft jagten. Auch die Anlage war teuer. Sie brachte viel Geschäft ins Land, gelegentlich Todesurteile für Unternehmer, die am Zement sparten und erwischt wurden. Sie machte die

Ehrenkleid der Nation 117

Dörfer zu Wildwest-Stationen, und man darf sich wundern, daß die Bevölkerung in diesen Landstrichen bis heute so anständig geblieben ist. Der Rummel in dieser Ecke wird nämlich heute von den Amerikanern in leicht veränderter Form fortgesetzt. Die Einwohner merken kaum, daß sich in den letzten 50 Jahren etwas geändert hat. Baumholder war damals und ist noch heute ein Truppenübungsplatz. Mein Bruder war vorübergehend dort stationiert und schrieb mir einen Brief. Darin hieß es: »Vor dem Puff stehen sie Schlange, alle Dienstgrade durcheinander. Das nenne ich Sozialismus der Geilheit!«

Wir kamen nach Kusel, hintere Pfalz, auch Westrich genannt, zur damaligen Zeit 3000 Einwohner, zwei Brauereien, Barackenkaserne noch nicht fertig. Unterbringung in der Schule (die Kinder grüßten uns besonders aufmerksam!), obwohl keine Ferien waren, dann in Privatquartieren. Als wir einrückten in das Städtchen, lasen wir auf Transparenten über der Straße: Kusel grüßt seine Soldaten!

Das hatten uns die Berliner nie gesagt. Wir waren sehr angetan, zumal die Brauereien ein Zelt aufgestellt hatten und gemeinsam für die potentiellen neuen Konsumenten viel Freibier ausschenkten. Am nächsten Tage waren die Transparente wieder verschwunden. Es hätte auch kein Grund bestanden, uns nochmals zu grüßen, denn den ersten Töchtern wurde nachgestellt, und der Schlaf der Bürger war unruhig. Unser Herr Hauptmann war sehr ungehalten am nächsten Tage und versprach dem Bürgermeister Untersuchungen. Er meinte, wir hätten das Ehrenkleid der Nation beschmutzt. Das stimmte auch in meinem Falle, weil ich mich nach dem vielen Freibier stark hatte übergeben müssen. Im Beisein einer Dame, die mir aber in den nächsten Monaten dennoch die Treue hielt. Sie wollte sie mir sogar ewig halten, was ich jedoch nicht annehmen konnte. Ich nahm nicht einmal die Einladungen der Eltern zum Sonntagsessen an. Wenigstens so lange nicht, wie die Gefahr bestand, als Zukünftiger betrachtet zu werden. Meine Vorsicht war angebracht, denn viele Eltern erwarteten sich von dem Zustrom flotter Berliner einen erhöhten Töchterumsatz. Wir wollten jedoch nur Probesendungen haben und diese bei Nichtgefallen anstandslos – also ohne Anstand – zurückgeben.

Einige Berufsunteroffiziere blieben dann aber doch hängen.

Einer nahm mir die »meinige« ab, wodurch ich sehr elegant aus der Affaire kam. Eigentlich war es ja albern, mit 19jährigen Abiturienten ohne Beruf eine Ehe eingehen zu wollen. Das sagte auch Herr Unteroffizier X. zu mir. Er lud mich zu einem Biere ein und machte mir klar, daß ich Frl. K. niemals ernähren könne, da ich nur Kanonier sei und es vielleicht bis zum Gefreiten bringen könne. Er habe sehr reelle Absichten bei der Dame. Ob ich schon was mit ihr gehabt hätte? »Oh nein, Herr Unteroffizier! Da werden auch Sie sich die Zähne ausbeißen.« Das gefiel ihm gut, denn er hatte sie auch so wenig bemühen müssen wie ich, meinte aber, nur er sei so erfolgreich gewesen. Er zahlte noch ein Bier und noch eines, bis ich ihm versprach, der Dame nicht mehr nachzustellen und ganz formell Schluß zu machen. So übergaben wir die Dame feierlich, und ich fühlte mich frei wie ein vorübergehend inhaftierter Spatz, der das Loch gefunden hatte. Am folgenden Sonntag nahm ich dann die lang bestehende Einladung zum Essen an, brachte meinen Freund Rottke mit und verzehrte vor den entsetzten Augen der Mutter allein zwei Schweinekoteletts, wovon mindestens eines für den Hern Unteroffizier gedacht war, der verspätet kam und gebratene Eier bekam. Na, das war auch etwas!

Es wurde überhaupt viel aus zweiter Hand erworben und meist, ohne daß man es wußte. Im Autohandel gibt es den Kraftfahrzeugbrief zum Schutze des Erwerbers. Im Soldatenleben gibt es jedoch nur den wachen Verstand und die Logik. Im Leben eines gewissen Unteroffiziers gab es weder das eine noch das andere: nur Blödheit. Darum gönnte ich ihm auch, daß er einen Gebrauchtwagen heiratete und sehr stolz seinen Vorgängern die allgemein bekannten Vorzüge seiner Frau schilderte. Jung war sie tatsächlich, doch nicht ganz unerfahren. Man darf aus diesen Berichten keinesfalls schließen, daß die Mädchen von Kusel besonders unmoralisch gewesen seien oder daß die ganze Bevölkerung dort etwas Hautgoût hatte. Die Menschen waren sehr nett, gastfreundlich, korrekt und arbeitsam. Die weibliche Jugend fröhlich und nicht weniger sittsam als an anderen Orten. Der fremde Krieger gerät in allen Ländern mit traumhafter Sicherheit stets an die Nachtschicht und an die am Ort nicht abzusetzende zweite Wahl. Ein Mädchen kommt in einem kleinen Orte auch bei der kleinsten Jugendtorheit schnell in schlechten Ruf, bis es sich resigniert an einen Fremden hängt. Auch aus Liebe und in dem innigen Wunsch, in eine andere Stadt heiraten zu können, wo man ungestört treue und brave Frau sein darf. Frau Y. wird es nicht anders ergangen sein, und sie hat sicher mit ihrem Gatten eine schwere Buße auferlegt bekommen.

Von ihm sollte ich einmal gute Manieren lernen, als er Unteroffizier vom Dienst war und Aufsicht beim Essen übte. Es gab Spinat mit Ei. Ich aß mit der Gabel das vorzügliche Gericht. Da nahte der Gewaltige – ca. 161 cm groß – von hinten:

»Sagen Sie mal, warum nehmen Sie nicht das Messer, Sie Flasche?«

»Weil es Spinat mit Ei gibt, Herr Unteroffizier!«

»Das ist doch kein Grund. Man nimmt immer das Messer!«

»Nein, Herr Unteroffizier. Man nimmt das Messer nur zu solchen Speisen, die man nicht zerdrücken kann und schneiden muß.«

»Was, Sie wollen mich wohl belehren?«

»Nein, Herr Unteroffizier. Nur wiedergeben, was ich zu Hause gelernt habe.«

»Meinen Sie vielleicht, ich hätte noch nie in einem feinen Hause gegessen? Ich habe schon in den allerfeinsten Hotels gespeist, wo man Sie Drecksack nicht hineinläßt. Da habe ich Spinat mit Ei bestellt und ein Messer dazu bekommen!«

»Richtig, Herr Unteroffizier; die feinen Hotels, wo Sie immer speisen, legen ein ganzes Gedeck auf, ehe Sie bestellen.«

»Halten Sie Ihr vorlautes Maul! Bis heute abend schreiben Sie mir hundertmal »Ich soll Spinat und Ei mit dem Messer essen«, – verstanden?«

»Jawohl, Herr Unteroffizier. Ich werde es schreiben. Aber ich möchte doch gerne das Ei ohne Messer weiteressen!«

Das brachte ihn zur Raserei. Der ganze Speisesaal erschrak. Es hallte von den Wänden, daß die Abiturentler eingebildet und dumm seien. Daß er sich doch nicht belehren lassen müsse. Daß er Meldung machen wolle wegen Befehlsverweigerung. Jawohl, glatte Befehlsverweigerung.

Am Abend mußte ich zur Strafe seinen Ofen ausräumen und putzen. Meldung machte er nicht, denn unser Batteriechef, Hauptmann Pachaly, wußte wie man Spinat mit Ei ißt. Dieses Gefühl hatte Unteroffizier Y. auch, und irgend jemand aus seinem Kreise muß ihm geraten haben, sich erst einmal umzuhören, wie der Spinat gegessen wird.

Unser Herr Hauptmann war ein feiner Mann. Heeresmeister im Tennis, leise und gut verheiratet. Ich meine, er war in seiner Art leise, nicht leise verheiratet. Einmal geriet er in Befehlsnotstand, noch dazu über einen eigenen Befehl. Frau Hauptmann war zart und bedurfte einer Haushaltshilfe. Diese hieß Trude und wollte gerne einmal Frau Hauptmann spielen. Nicht mit ihm, dem Standortältesten selbst, sondern nur so im hauptmännlichen Ehebett. Sie lud sich einen Ersatzhauptmann, der Gefreiter war, ein, als das Dienstherrenpaar zum Tennisturnier nach Heidelberg fuhr. Der Herr Gefreite berichtete hinterher stolz von seiner Beförderung zum Hauptmann auf Zeit. Nach einigen Tagen berichtete er dem Arzt auch von der Infektionsquelle und fortan hieß des Hauptmanns Magd »die Trippertrude«. Man sprach sie auch so an, und sie ließ es gelten, weil sie stets ehrlich war.

Der Herr Hauptmann hatte einige Wochen vorher verfügt, daß zum Barackengelände diejenigen Mädchen keinen Zutritt haben sollten, welche laut Standortbekanntmachung unter der Gattung »Infektionsquelle« liefen. Also kam Trude automatisch auch auf die Liste. Eines Tages rief der Herr Hauptmann in seiner Wohnung an und befahl Trude, ihm einige Bücher schnell in die Kaserne zu bringen. Er benötige sie in seinem Büro. Ich war an diesem Tage Wachhabender und sah zu meinem Erstaunen Trude mit Büchern unter dem Arm durchs Tor laufen. Sofort hielt ich sie an, zog sie ins Wachlokal und las ihr die Namen aller gesperrten Mädchen vor. Sie verzog keine Miene.

»Na und? Der Hauptmann hat gesagt, ich soll auf sein Büro kommen.«

»Der Herr Hauptmann hat befohlen, daß du nicht ins Gelände darfst.«

»Ich gehe einfach. Du hast doch nicht mehr zu sagen als der Herr Hauptmann!«

»Werd nicht frech, Trippertrude, sonst machst du dich strafbar.«

»Ja, welcher Befehl gilt denn jetzt vom Herrn Hauptmann?«

In der Tat, die knifflige juristische Frage war nicht ohne weiteres zu beantworten. Ich kombinierte wie folgt: Der Herr Haupt-

mann ist Batteriechef. Als solcher rief er Trude ins Büro. Er ist aber auch Standortältester. Der Standortälteste ist den jeweiligen Batteriechefs aber vorgesetzt. Also darf der Herr Hauptmann nicht die Trude zum Herrn Hauptmann ins Büro lassen, weil er sonst gegen die Anordnungen von Herrn Hauptmann verstößt. Quod erat demonstrandum. Ich griff zum Telefon und meldete: »Herr Hauptmann, Ihr Fräulein Dienstmädchen ist hier und möchte Bücher bringen.«
»Ja, ist gut, lassen Sie sie kommen.«
»Das geht nicht, Herr Hauptmann!«
»Wieso denn das?«
»Ihr Fräulein Dienstmädchen, die Trude, hat den Tripper!«
Langes Schweigen am anderen Ende der Leitung. Dann ein Räuspern, wie beim ersten verpatzten Aufschlag beim Davis-Cup. Dann nochmal »hm«. Er kämpfte in echter Not. Das Recht siegte schließlich, und er sagte, wenn auch sehr ärgerlich: »Soll die Bücher da lassen. Ich schicke Ordonnanz!«
Trude verzog ihr Mündchen, haute die Bücher auf den Tisch und beleidigte den Wachhabenden mit einem Zitat aus Götz. Wegen der gefährlichen Nähe leistete ich jedoch Verzicht.
Die Wache brachte in der kommenen Nacht ein weiteres Erlebnis für mich. Ein Wachtmeister kam betrunken nach Hause und stieg neben dem Tor über den Zaun. Er hätte es nicht nötig gehabt, denn seinesgleichen hat immer Urlaub bis zum Wecken. (Vermutlich heißen die Wachtmeister so, weil sie nie zum Schlafen kommen.) Dort zerriß er sich seine Kleidung, weinte und war mir sehr dankbar für meine Hilfe. Ich geleitete ihn zur Toilette, wo er sogleich in eine bequeme Stellung sackte, doch übersah er in der Eile, die Hose vorher runterzulassen. Ich vergaß, ihn darauf aufmerksam zu machen, weil bald die ersten Soldaten nach dem Wecken zu erwarten waren. Denen konnte ich unmöglich vorenthalten, was man in ein Ehrenkleid alles hineinzaubern kann.
Wer mich nun für einen bösen Antimilitaristen hält, dem darf ich beruhigend sagen, daß ich sehr gerne Soldat war und Person von Sache gut auseinanderhalten konnte. Zumal es bei der riesiggroßen Sache auch einige wenige vorbildliche Personen gab. Eine davon, ein anderer Wachtmeister, vergoß ob der Schande des Kollegen fast Tränen der Scham. Er war ein Idealist, dem wir aufs Wort gehorchten, weil er nicht soff. Ehre sei seinem Anden-

ken! Er würde auch in Zivilkleidern eine gute Figur machen, wenn er noch Gelegenheit gefunden hätte, wieder Zivil tragen zu dürfen.

Karriere

Die Zeit in der Wehrmacht vor Beginn des Krieges war keine rechte Erholung. Wir wurden geschliffen, gejagt und geschunden, doch waren wir jung und gesund. Beim härtesten Sporttraining wird man auch nicht geschont. Immer wieder sagte ich mir vor: Wenn es jetzt Sport wär, täte ich es freiwillig. Es wäre auch nicht bequemer, vielleicht sogar anstrengender. Für den Körper ist es ja gut. Es macht kräftig und gibt Ausdauer.

Und die seelischen Grausamkeiten versuchte ich zu überhören. Das gelang mir auch immer, bis auf ein einziges Mal. Das war, als ich die Nachricht vom Tode meines Vaters erhielt und mit feuchten Augen in die Schreibstube trat.

»Herr Hauptwachtmeister, ich bitte um Urlaub nach Berlin.«
»Was wollen Sie denn in Berlin?«
»Mein – mein Vater ist gestern gestorben.«
»Vater gestorben – Vater gestorben. Ich habe auch keinen Vater mehr!«

Das sagte er mit einem Ton, als wenn ich über Kopfschmerzen geklagt hätte. Natürlich durfte ich fahren, weil der Hauptmann davon erfahren hatte. Doch verzögerte er die Abfahrt so lange, daß ich in Sorge war, den Zug in Kaiserslautern zu erreichen. Schließlich gab mir der Herr Hauptmann seinen Wagen mit Fahrer und ließ mich 45 Kilometer weit nach Kaiserslautern bringen. Beiden Personen habe ich ihre Handlungsweise nicht vergessen. Der Herr Hauptmann lebt noch. Hoffentlich gut.

Zur Erholung gehörte, daß die Politik für uns völlig gestorben war. Es wurde kein NS-Weltanschauungsunterricht erteilt, allen Wehrmachtsangehörigen war die Mitgliedschaft bei der Partei untersagt. Man stelle sich dies vor! Wer vorher Mitglied einer Gliederung war, befand sich im Zustand der ruhenden Mitgliedschaft. Die Erinnerung an HJ und Propaganda verblaßte völlig. Das Heer, die Luftwaffe, die Marine, waren durch nichts abgelenkt von ihren eigenen Aufgaben. War es eine Masche von Hitler, um den Aufbau zu forcieren? War es der Einfluß der konservativen Generalität? Das Übergewicht der alten Preußen in der bewaffneten Macht? Man sprach ja im Scherz und völlig offen von der »Kaiserlichen Marine«, dem »Christlichen Heer« und der »NS-Luftwaffe«. Aber auch in der Luftwaffe war der Nationalsozialismus auf Eis gelegt. Für eine Beförderung war lediglich die Brauchbarkeit des Mannes entscheidend.

Mann war ich zwar noch lange keiner, aber nach Meinung derer, die es wissen mußten, brauchbar. Insgeheim wurde ich mit einigen meiner Altersgenossen in den Personalakten als Offiziersanwärteraspirant geführt. Ich habe ja schon früher erzählt, daß ein großer Mangel an Offizieren herrschte. Mit einer weiteren Verknappung des Marktes wurde zudem gerechnet, selbst wenn man die Verlustquote an Menschen während eines Krieges noch gar nicht berücksichtigte. Die Geburtsziffern waren hoffnungsvoll. Die finanziellen Erleichterungen bei Kindersegen und der echte Optimismus seit dem Ende der großen Arbeitslosigkeit steigerten die Produktion von Garanten der Zukunft erheblich. Immer neue Jahrgänge wuchsen heran. Immer noch ein wenig zu langsam, und es wurde unter uns eine Führerrede kolportiert, in der es hieß: »Und so habe ich mich entschlossen, ab sofort die Schwangerschaft von neun Monaten auf sechs Monate herabzusetzen!« Zunächst rückten alljährlich aber neue Jahrgänge von Neunmonatskindern ein, deren Ausbildung von den größeren Kindern, die schon ein Jahr da waren, teilweise übernommen wurde. Es rückten auch die sogenannten Wöchnerinnen ein. Das waren Männer um die Dreißig, welche nicht mehr zwei Jahre dienen mußten, sondern in einem achtwöchigen Lehrgang an der Waffe ausgebildet werden sollten. Einen Zug solcher Männer, etwa 20 an der Zahl, gab man mir in die Hand. Auf den Kragenspiegel verabreichte man mir einen zusätzlichen Vogel, der mich als Gefreiten kenntlich machte.

Es ging aufwärts mit mir. Mit den Wöchnerinnen verfuhr ich milde, weniger wegen des Mutterschutzgesetzes als wegen der Unsicherheit, ob sie mich nicht auslachen würden, wenn ich mit meinen 19 Jahren den starken Mann gegenüber den Familienvätern mimte. Von solchen Hemmungen abgesehen, hatte ich mir ein eigenes Bild von militärischer Korrektheit gemacht und wollte es eben besser machen. Vernünftiger, menschlicher. Da ich am Ende des Lehrgangs auch Beurteilungen über die Herren abgeben mußte, versuchte ich, ihre charakterliche Seite in den Vordergrund zu stellen und, von hier aus gesehen, den Mann als geeignet oder ungeeignet für einen Führungsdienstgrad vorzuschlagen. Dabei machte ich natürlich Fehler. Zum Beispiel sprach ich einem Staatsanwalt, der auch nach Meinung seiner Stubengenossen recht verlogen war, jede Eignung ab. Die hohen Chefs wurden von dem Ehrgeizling jedoch vorher gewarnt, daß ich ihn vermutlich abqualifizieren würde. Herr Hauptmann rief mich und fand es eigenartig, daß ich einem Staatsanwalt Charaktermängel andichtete. Damals war Freisler anscheinend noch nicht bekannt. Der Kanonier Staatsanwalt wurde also nach acht Wochen Gefreiter und O. A. Das heißt nicht »ordentlicher Armleuchter«, sondern Offiziersanwärter. Gottlob ist er mir nie als Kollege begegnet. Sicher war es nicht zu vermeiden, daß er Vorgesetzter von armen Kerlen wurde, die sich dann fragten: »Welches Rindvieh hat denn diesen Kerl zum Offizier gemacht?«

Am 20. April, dem Geburtstag unseres Heißgeliebten, wurde ich Unteroffizier. Nach 18 Monaten Dienstzeit. Natürlich viel zu schnell in den Augen der Zwölfender, wie die aktiven Unteroffiziere mit zwölf Vertragsjahren hießen. Deshalb kamen wir mit unserem neuen Dienstgrad auf einen Kursus, in dessen Verlauf wir von anderern Unteroffizieren geschliffen wurden wie noch nie ein Rekrut. Im Dienstgrad gleich waren wir ihnen im Rang unterstellt, da sie als Lehrer fungierten. Bei der Postverteilung im Kasernenhof warf der edle Vorgesetzte die Briefe in eine Pfütze vor sich, befahl, daß wir mit dem Bauch durchs Wasser kröchen und mit dem Mund die Post auffischten. Anschließend war Kleiderappell mit der Feststellung, daß ein Vorgesetzter niemals solch dreckige Klamotten haben dürfe. Einer der Lehrgangsteilnehmer führte darob Beschwerde. Er fiel durch und wurde erst ein Jahr später als alle anderen Offizier. Diese Entscheidung muß jedoch auch von einem Offizier unterschrieben worden sein. Das gab uns die Gewißheit, daß die Unterführer zuviel Einfluß hatten und die Offiziere sich zuwenig um den Menschen kümmerten. Ich nahm mir heilig vor, diesen Fehler selbst nicht zu machen und meine Leute vor der Willkür der kläffenden Meute zu schützen. Vorerst hieß es auch für mich:

Maul halten, schlucken, hoffen. Vor allem hoffte ich auf die Beendigung der Dienstzeit und den Beginn des Studiums oder Praktikums. Ich sah bereits einen Lichtblick beruflicher Art, denn durch die Vermittlung eines Freundes – sein Vater war Werksdirektor – war mir das praktische Jahr bei Hollerith in Berlin-Lichterfelde zu günstigen Bedingungen zugesagt worden. Im Urlaub lernte ich den Direktor kennen, und er gab mir die Hand mit den Worten:

»Also, dann kommen Sie zu uns nach dem Militär und volontieren hier. Ich möchte aber ausdrücklich bemerken, daß der Volontär bei uns seinen Namen nicht trägt, weil er kommt, wann er will. Sie erhalten ein Gehalt, 150 Mark, und erscheinen regelmäßig zur Arbeit!«

Soviel Geld! Nicht auszudenken.

Der Tag der Entlassung rückte näher. Im allgemeinen wurden die Soldaten im September/Oktober nach Hause geschickt. An einem sonnigen Augusttag erschien der Betreuungsoffizier, dessen Aufgabe darin bestand, von Kaserne zu Kaserne zu reisen und den heimziehenden Soldaten zu erklären, wie man sich wieder ins Zivilleben einordne. Polizeiliche Anmeldung, Arbeitsanmeldung, Berufsberatung, falls nötig. Krankenkassen-Anmeldung. Er sagte sehr viel. Dann meinte er, wir könnten noch Fragen stellen, wenn etwas unklar sei. Ja, es war wirklich etwas unklar. Und zwar sehr unklar. Das Entlassungsdatum. Wir riefen die Frage im Chor. Der Gute zuckt die Schultern und sagte: »Das wird später bekanntgegeben«.

Es wurde sehr viel später bekanntgegeben, nämlich im Jahre 1945. Für manche, die in Rußland waren, noch später, etwa 1954. Für andere niemals. Zwei Tage nach dem Besuch des Betreuungsoffiziers gingen in der Nacht die Alarmglocken, und wir ahnten nichts Gutes. Schon im Jahr zuvor hatte es Alarm gegeben, als Hitler das Sudetenland besetzt hatte. Wir rückten damals in die feuchten und halbfertigen Bunker des Westwalls und deckten den Einmarsch in Böhmen gegen Westen ab. Sozusagen deckte ich meinen Bruder, der mit der Infanterie die tschechoslowakische Staatsgrenze überschritt. Empfangen von einer jubelnden deutschen Bevölkerung, die für ihren Jubel nach dem Kriege mit den schlimmsten Leiden bezahlen mußte. Wenn ich jetzt auch ketzerische Dinge verkünde, die von Sudetendeutschen und

Tschechen sicher als falsch bezeichnet würden, gebe ich ohne
Rücksicht meine Meinung wieder, welche ich mir nach den Interviews von Deutschen und Tschechen gebildet habe.

In den Grenzen dieses im Jahre 1919 etablierten Staates lebten über drei Millionen Österreicher. Man kann auch Deutsche sagen. Wie man sie auch nennt, ist es falsch. Jedenfalls waren sie vorher österreichische Staatsbürger deutscher Sprache. Sie stellten, allerdings in Parteien zersplittert, im Parlament eine kräftige Fraktion. Stärker als die Slowaken. In ihren Siedlungsgebieten sprachen sie Deutsch und lebten nach ihrer Art. Mit den Tschechen gab es Reibereien. Um Mädchen beim Tanz, um Politik und um die Allmacht der Hauptstadt, die natürlich unter dem Kommando von Tschechen stand. Wien war 1919 bei den Pragern ebenso wenig beliebt wie heute bei den Innsbruckern. Die Deutschen stellten auch nicht den ärmsten Bevölkerungsteil der Republik dar. Sie hätten so weiterleben können. Das Erstarken des Reiches nebenan brachte aber den »Großdeutschen« und den Nazis im Sudetenland die Gelegenheit zu größerer Aktivität, teilweise auch zu Penetranz. Ihr Wortführer hieß Henlein. Nicht alle Sudetendeutschen waren seine Anhänger, nach 1945 aber alle seine Opfer. Die Lage spitzte sich zu, Hitler war dankbar für die Siedehitze und sorgte für die Befreiung der geknechteten Deutschen, die heute gerne in ihren Fabriken säßen, auch wenn die Amtssprache Tschechisch wäre. Denn Europäer wären sie in jedem Falle und in keinem Falle Kommunisten. Das verdanken die heutigen Tschechen auch unserem Führer. Man kann ihre Wut verstehen. Der Kartoffelkrieg in Böhmen weitete sich nicht aus. Wir rückten wieder aus den Bunkern ab. Aber jetzt, 1939, war ein richtiger Krieg mit Polen im Gange, und wir waren gewiß, daß wir erst im November 39 nach Hause dürften.

Welches Gefühl beschleicht einen jungen Soldaten, wenn er hört, daß Krieg herrscht? Zunächst waren wir von dem Wort erschreckt, und im Magen kroch ein Gefühl hoch wie bei einer Griechisch-Schulaufgabe. Ich glaube, es ist schlichte Angst gewesen. Angst vor etwas Unbestimmtem, vor Unglück. Keiner zeigte sie dem Nachbarn, wodurch sie allmählich verschwand. Aus dem Radio kamen die zuversichtlichsten Prognosen, und beim Militär lief die Organisation wie am Schnürchen. Alles war geübt, jeder wußte, an welchem Rädchen er zu drehen hatte. Es gab Arbeit über Arbeit und keine Zeit zum Nachdenken. Die Reservisten kamen, direkt aus ihrem Beruf gerissen, und klammerten sich an uns, die keine wesentliche Änderung des Alltags verspürten. Die Löhnung wurde verbessert, es gab Wehrsold. Und Erkennungsmarken, falls einer seinen Namen nicht mehr selbst sagen konnte. Aber das war sehr unwahrscheinlich. Höchstens im Suff konnte einer vergessen, wie er hieß. Sonst bestand keine Gefahr, absolut keine. Die Reservisten verdarben schon etwas den Spaß, denn sie dachten und redeten immer von zu Hause. Von Frau und Kindern, vom Geschäft. Das war unangebracht, denn wir hatten jetzt auch weniger Zeit für Weiber. Das mußte sich erst einspielen an den Einsatzorten. Was auch der Fall war, und zwar zuerst bei den Verheirateten. Ich war empört, daß diese erst so betrübten Strohwitwer nun als erste Umgang hatten. Die Gewohnheit und die Übung verschafften ihnen wohl diesen Vorteil. Hinterher saßen sie dann wieder trübsinnig und lamentierend im Bunker und zeigten uns die Bilder ihrer Muttis.

Kennen Sie die Pfalz? Das Land mit den kleinen Bauernhöfen? Durch gerechte, aber unsinnige Erbgesetze wurde der Landbesitz in wenigen Jahrhunderten so zerstückelt, daß keiner mehr vorhanden war, wenn man nicht die winzigen Flächen noch als Landwirtschaften bezeichnen wollte. Von ihnen zu leben war eine echte Kunst, und nicht wenige Bewohner der Gegend wanderten aus. Die meisten nach Amerika. Für den bleibenden Rest reichte es in der Vorderpfalz durch Weinbau gerade noch, aber je weiter man nach Westen kam, desto ärmer wurden die Dörfer, desto armseliger die Häuser. Hie und dort etwas Industrie, aber nirgends roch es nur ein wenig nach Geld. Dennoch oder vielleicht gerade deswegen waren die Leute recht fröhlich und gastfreundlich. Im Herbst, wenn die geringe Ernte eingebracht war, feierte jedes Dorf seine »Kerw«, was soviel wie Kirchweih bedeutet. Von Weihe und von Kirche war jedoch herzlich wenig zu merken, denn mit der Frömmigkeit hatten es die Pfälzer nicht so sehr. Die Aufklärung ging ihnen wie Öl hinunter, und in den Gesprächen nach dem siebten Schoppen Wein kam die Moderne des vorigen Jahrhunderts gut konserviert zum Vorschein. Sie wurden dann lautstark, und wir wußten, warum man von »Pfälzer Krischern«, von Kreischenden, spricht. In der Politik hielten sie es am liebsten mit gar keinem. Ihr Land wurde so oft besetzt, hatte ein so wechselhaftes Schicksal und selten Erfreuliches erlebt, daß man von keiner Regierung etwas erwartete. Durch die vielen Auswanderer bestanden zudem Kontakte in alle Welt und als Folge davon eine berechtigte Skepsis.

Der Krieg kam für die Pfälzer nicht besonders überraschend. Sie kannten die umfangreichen Vorbereitungen aus eigener Anschauung, versuchten daran ein wenig zu verdienen und rätselten, ob die Franzosen nach dem Kriege bei der nächstfälligen Besetzung wieder »Schwarze« schicken würden. Einige dunkelhäutige Kinder aus der Besatzung der zwanziger Jahre liefen noch herum. Die Herbstsonne brachte den Laubwald auf den zahllosen Bergen zum Leuchten und bescherte uns weite Ausblicke über die Höhen bis nach Frankreich, wo sicher auch Soldaten auf der Lauer lagen und sich wunderten, daß nicht geschossen wurde, wo doch Kriegszustand herrschte. Die Erde und das Gestein waren fremdartig rot und ließen die Gegend wie verbrannt erscheinen. In der Tat war alles ein wenig trocken. Dem Wald aus Buchen fehlte es am Saft des Westfälischen Eggegebirges. Der Nadelbaumbestand machte einen so verstaubten Eindruck wie die Wälder um Nürnberg. Seen waren eine große Seltenheit, aber die Flußtäler zeigten sich lieblich und romantisch. Wir ahnten sie von unseren Bergkuppen aus und sehnten uns nach ihnen. Uns blieb nur der Wind und die Fernsicht. Und der Bunker. Der roch nach Neubau und schwitzte das Wasser in dicken Perlen an der Innenseite aus. Unsere Decken, die Kleider, die Haare, das Brot – alles war feucht. Halsweh wurde zum normalen Zustand für die Jüngeren, während die Reservisten sich für ihr ganzes Leben Rheuma einhandelten. Wir konnten die Türen wohl immer offen lassen, um die Luft zu verbessern, hatten aber auch damit keinen besonderen Erfolg. Pausenlos drehten wir die Belüftungsmaschine mit den Händen, als wenn wir schon belagert würden und unseren Frischluftbedarf über das dünne Rohr einkaufen müßten. Dabei kam uns der Gedanke, daß bei einer echten Einschließung der Feind es abwarten konnte, bis wir bereit waren, unsere entzündeten Mandeln dem feindlichen Doktor zu übergeben. Solange das Wetter schön war, weilten wir nur nachts in der Hydrokultur und bauten am Tage an unseren Geschützstellungen, an Telefonleitungen und Aborten herum. Dann kam der Regen. Trostlos und kalt. Die Quartalsäufer in der Batterie kürzten ihre Saufpause ab und gingen ins Dorf. Als der Kränkste von ihnen wiederkam, konnte ich es nicht glauben, daß dieser Mann, ein Reservist von größter Gewissenhaftigkeit, jemals wieder ein vernünftiges Wort reden würde. Kein Drohen und Zureden half. Er trank und trank, dann schlief er, erwachte und verrichtete seinen Dienst.

Unser Batteriechef war nicht mehr der Arbeitgeber von Trude, sondern ein Hauptmann der Reserve. Teilnehmer des vorigen Krieges. Aus der aktiven Batterie von Kusel entstanden bei der Mobilmachung mit Hilfe der Reservisten wie bei einer Zellteilung fünf Batterien. Unser neuer Chef also, seines Zeichens Landgerichtsrat, 56 und von der Mosel ebenso wie für den Mosel, hörte meinen Vortrag über den Säufer und meine Forderung nach disziplinarischer Bestrafung.

»Ja, ja«, seufzte er, »Ihr Jungen kennt nur die Todesstrafe. Ein kleineres Maß habt ihr nicht. Glauben Sie mir, je älter ich werde, desto milder fallen meine Urteile aus. Man lernt so vieles begreifen mit den Jahren. Schicken Sie ihn zu mir, ich spreche mit ihm. Der braucht mehr Trost als wir beide zusammen.«

Viel Trost benötigte auch Leutnant F., ein Ostpreuße mit 21 Jahren und viel Sehnsucht nach der fernen Heimat. Um diese zu bekämpfen, lud er mich ein, mit ihm nach Kaiserslautern zu fahren, um Ersatzteile für eine Kanone zu besorgen. Ich war inzwischen Wachtmeister geworden, also durchaus ein standesgemäßer Begleiter. Das Ersatzteil bekam er nicht, aber einen Kanonenrausch, den er sich mit Vorbedacht und gezielt verschaffte.

Das Café Bremer galt als führend in Konditoreiwaren und war entsprechend frequentiert. Die Hoffnung, städtisch gekleidete Frauen zu sehen, die mit Buttercremetorten ihre Figur ausbauten, war begründet. Tatsächlich erklang schon an der Tür das Summen sinnloser Konversation, das helle Klappern der Tassen und Teller und die dünne Kaffeehausmusik. Keiner hörte zu, aber in der Musikpause, wenn die Geige traurig und verlassen auf dem Stuhl lag, weil ihr Herr draußen mit seinem Prostataleiden kämpfte, verstummte auch das Gespräch der Gäste. Sie waren betroffen vom Ende der Darbietung, die die Konversation so schön untermalt hatte. In diese Stille hinein schrie der Herr Leutnant »Fräulein! Ein Tablett Kirsch. Sechs Stück bitte!« Das

Tablett kam, die Bedienung fragte, ob die anderen Herren noch kämen und staunte nicht wenig, als F. ohne Pause gleich fünf Herren darstellte und ein neues Tablett verlangte. Ich kam in einer halben Stunde zu drei Kirschwassern, der Herr Leutnant zu 15 und zu einem Fetzen Rausch. Er zahlte alles, pries seinen Vater, der zusätzlich zum Leutnantsgehalt Geld schickte und weinte mir etwas über Ostpreußen vor. Ich war begierig, dieses schöne und schnapsreiche Land kennenzulernen. Wir fuhren singend und im Zickzack zurück in unsere Einöde, stellten uns an die Stirnseite der Bunker und versuchten, diese mit direktem Strahl zu knacken. Als uns dies nicht gelang und sich der Beton so fest zeigte, lobten wir die Festungsbauer und bedauerten die Franzosen, die gegen so etwas Stabiles anrennen müßten. Zum Schluß nannte mich F. einen ordentlichen Freund, der zwar im Saufen noch viel lernen müsse, aber wenigstens so viel Manns sei, daß er »Doppelte« kippe. Anschließend gestattete er mir das Du, aber nur in der Kneipe. Dienst ist Dienst und Schnaps ist Schnaps. Man wird noch hören, wie bei ihm am Ende Dienst auch Schnaps war.

Der Herbst näherte sich dem Winter, und die letzten »Kerwe« in den umliegenden Dörfern zogen uns an wie die Sonnenblumen die Bienen. Zu meinem Namenstag erhielt ich ein Paket mit einer Prinzregententorte. Von einer Tante in München. Von anderer Seite Kirschlikör. Mit einem guten Freund vernichtete ich beides zu den schrägen Klängen des Luxemburger Senders, der immer noch englische Tanzmusik sendete. Wir grölten das englische Soldatenlied von der siegfried-line »we gonna hang out the washing on the siegfried-line, have you any dirty washing, mother dear...!« Und bald hatte die Mutter schmutzige Wäsche, denn die Torte war zu fett, der Likör zu süß und wir beide zu jung. Ich füllte meinen Stahlhelm mit meiner ausgehauchten Seele und schlief erleichtert ein. Mit Kopfweh vernahm ich am andern Morgen den Befehl zum Packen und Vorbereiten des Stellungswechsels.

Unsere Batterie verließ beleidigt den Westwall, weil nichts los war. In der Gegend von Bremerhaven dagegen sollten nächstens Engländer einfliegen und Bomben werfen. Es war an der Zeit, daß man uns rief, um dem Spuk ein Ende zu machen. In Windeseile verluden wir alle Waffen und Geräte auf einen Güterzug und rollten ohne eine Abschiedsträne nach Norden. Die Kinder an den Schranken winkten fröhlich, in den Bahnhöfen verheirateten wir uns mit den Augen schnell, innig und ohne zu fragen mit allen Mädchen zwischen 15 und 35. Auch wenn der Zug nicht hielt, ja besonders dann, wenn er nicht hielt. Jeder Mann weiß, daß die Frauen im Vorübereilen an Schönheit gewinnen, so wie die schönsten Frauen der Welt auch immer in den Autos der anderen sitzen. Man ist sich sicher, daß man erfolgreich gewesen wäre, wenn der Zug nur angehalten hätte. Auch diese Dame konnte man getrost auf der Gehabt-haben-Seite buchen. So wuchs das Selbstvertrauen von Bahnhof zu Bahnhof, bis wir, in Bremerhaven-Lehe angekommen, mit breiter Brust aus dem Wagen kletterten, um von der holden Weiblichkeit des Nordens bewundert zu werden. Auch wir hatten einiges Erfreuliches zu bewundern. Vergeblich suchten wir schlechte Beine, um uns darüber auszulassen. Gerade und schlank waren sie ausnahmslos. Wunder nordischer Eugenik, Beweis der Richtigkeit unserer Rassenweisheit.

Wir ließen die Kanonen noch auf den Wagen und zogen abends in ein großes Lokal, das uns vom Bahnhofsvorstand als passend empfohlen worden war. Im Volksmund nannten sie es das E-Werk, weil die wechselnden Beleuchtungseffekte den Tanz verschönten. Bei Tango rot, bei Slowfox blau, bei Walzer grün. Rund um den Saal zog sich eine Empore, die auch voll besetzt war. Meist durch Matrosen. Unsere erste Begegnung mit der Marine war denkwürdig. Wir kannten die alten Hafenrechte nicht und legten unbekümmert bei den Damen an, die ihre Landungsbrücken vor sich her schoben. Denen war die Abwechslung willkommen, denn Marine kannten sie jetzt schon jahrelang. Nach Blau mal Grau, das tat richtig wohl. Ein Gewitter zog sich langsam über der See zusammen. Plötzlich zuckte ein hundertfach verstärkter Schrei durch den Saal: »E-rich Gie-se!« Das war nicht der Name eines einzelnen Herrn im Saal, sondern der Name eines Zerstörers im Hafen. Und zufällig hatten die meisten Matrosen den gleichen Namen auf ihren Mützenbändern stehen. Kaum war der Schrei verhallt, flogen zu den Klängen des Liedes »Kleine Möve, flieg nach Helgoland« die Stühle von der Empore auf uns herab. Es gab auch unter den Mädchen Verluste, aber wir hatten keine Zeit, diese zu versorgen, denn eine Phalanx von Seeleuten rückte in den Saal und warf sich auf die Flaksoldaten. Rasch formierten wir uns, bildeten einen Igel. Einen dem Ausgang zu wandernden Igel, der sich in der Türe etwas verengte, sich dahinter wieder ausdehnte und zum Bahnhof kroch. Die Mädchen aber schämten sich an den Seemannsbrüsten, daß sie sich mit Schwächlingen vergessen hatten. Uns andererseits ging ein Licht auf, warum im E-Werk beim Servieren jede Bestellung sofort abkassiert wurde. Daß unsere Bezwinger einem Stärkeren zum Opfer fielen, hörten wir einen Monat später. Die »Erich Giese« versank mit Mann und Maus nach einem Gefecht vor Narvik in Norwegen. Lauter junge Burschen, die sich vom Leben noch weniger gerne trennten als von ihren Hafenbräuten. Möge ihnen der Herrgott im himmlischen E-Werk einen guten Platz bei der Musik einräumen.

Wir schimpften auf die Marine und bezogen unsere Stellung östlich vom Kriegshafen. Zum Schutze der Marine-Anlagen. Deshalb bekamen wir auch unsere Verpflegung von der Marine. Was war doch die Luftwaffe für ein Hungerleiderverein im Vergleich zu unseren neuen Brotherren! Pro Mann und Tag ein Viertelliter Rum, vom Essen ganz zu schweigen. Die Beute von aufgebrachten Schiffen, Whisky, Zigaretten, Schokolade, Tee und sonst noch was kam auf schnellstem Wege unters Volk. Man wußte endlich, wofür man kämpfte. Und man bekam trotz Nebel, Nässe und Kälte keinen Schnupfen, weil der Rum immer etwas mit heißem Tee versetzt war. Morgens, mittags, abends. Außer der Auswahl an Genußmitteln bekamen wir von den Engländern nichts zu sehen. Der Krieg ging vorbei, und wir haben nicht geschossen. Das hatten wir schon kommen sehen.

Vom neuen Stellungswechsel in die Gegend von Dorum, auf halbem Weg zwischen Cuxhaven und Bremerhaven, versprachen wir uns auch nicht viel. Indessen wurde es dort recht ereignisreich. Dank Leutnant F. Er holte nachts die Soldaten aus dem Stroh, schleppte sie ins Wirtshaus, ließ den Wirt ausschenken und zahlte alles. Das gab rauschende Feste mit beachtlichem Lärm. Als er es eines Nachts zu bunt trieb und einem Soldaten den Befehl gab, nackt auf dem Tisch zu tanzen, kam der Unteroffizier vom Dienst hinzu. Es war Unteroffizier Y. Der mit dem Messer im Spinat. Er forderte alle Soldaten auf, sofort ins Bett zu kriechen und Ruhe zu geben. Flugs zog F. seine Pistole, hielt auf den Unteroffizier und zählte ganz langsam: Eins, zwei ... bis drei kam er nicht mehr, denn Y. war schon draußen. Auf dem Wege zum Hauptmann. Der wurde das Opfer seiner richterlichen Milde, als er die Meldung des Y. entgegennahm und den Leutnant ordentlich schimpfte, aber nicht bei der Obrigkeit zur Meldung brachte. Nun sorgte Y. für eine Anzeige beim Kriegsgericht, das in Stade zusammentrat, aus dem Nackttanz einen Fall nach Paragraph 175 zimmerte und Leutnant F. unter Verlust seiner Rangabzeichen als gemeinen Kanonier für zwölf Monate ins Gefängnis schickte. Von dort schrieb er mir folgenden Brief: »Lieber W. – oder muß ich jetzt Herr Wachtmeister sagen? – ich habe gelernt, wohin der Alkohol den Menschen bringen kann. Sage allen unseren Kameraden, sie sollen ihm entsagen. Ich rühre keinen Tropfen mehr an, das weiß ich sicher. Sei gegrüßt von Deinem unglücklichen Willi.«

Bedrückt lasen wir alle den Brief, und der alte Hauptmann meinte, es wäre nicht nötig gewesen, einen Menschen mit 22 Jahren wegen einer Dummheit so ins Unglück zu stürzen. Mit dieser Meinung stand er allerdings ziemlich allein, und er wurde wegen Unfähigkeit strafversetzt. Als er sich von mir verabschiedete, ließ er durchblicken, daß schon im ersten Krieg Strafversetzungen keine schlechte Sache waren. Meistens traf man es viel besser. Ist der Ruf erst ruiniert...

Mich kotzte es an, weiterhin in der Nähe von Y. Dienst zu tun, und ich konnte bei dem mir wohlgesonnenen Abteilungskommandeur und Major M. eine Versetzung in dessen Stab erreichen. So lernte ich Oxstedt bei Cuxhaven kennen. Und seine liebe Bevölkerung, die dem Wesen unseres bayerischen Majors so diametral war, daß er jeden Sonntagmorgen den Bürgermeister kommen ließ und ihm vorhielt, wie neidisch, unfreundlich, egoistisch und profitgierig seine Bauern seien.

Wirklich hatten die Einwohner nur wenig für uns übrig. Auch für einander nicht. Wir bezweifelten, ob sie sich im Brandfalle beim Löschen helfen würden. Sie ließen sich aber gerne von uns helfen. Ein Soldat, der Metzger war, wurde reihum zum Schlachten angefordert und erhielt für seine Mühe einige Blutwürste. Unser Truppenarzt, sinnigerweise Gynäkologe aus Heidelberg, gerade das Richtige für junge Burschen, entband zur Tages- und Nachtzeit gratis. Man bot ihm eine Tasse Kaffee dafür an. Der Unterschied zu den armen, aber gastlichen Pfälzern war gewaltig. Als sie uns gar die Wasserentnahme aus ihren Brunnen untersagen wollten, brachen wir die letzten Brücken zu diesen Menschen ab, und der Major machte auch keine Bekehrungsversuche mehr. Mir jedoch gab er weise Regeln mit auf meinen weiteren Lebensweg. Eine seiner Maximen war, daß eine Ehe erst dann als richtig glücklich bezeichnet werden könne, wenn beide Partner sich ohne falsche Scham in trautem Beisammensein der lästigen Winde hörbar entledigten. Natürlich wählte er zum Vortrag solcher Weisheiten eine verständlichere Sprache, so wie sie heute allgemein in der Bestsellerliteratur üblich geworden ist. Diesen wertvollen Hinweis für mein künftiges Glück gab er mir beim Essen mit Hilfe eines praktischen Beispiels. Entgegen der in Oxstedt geübten Art, die Knechte abseits vom Herrentisch etwas Schlechteres essen zu lassen, liebte es der Herr Major auch, nach bayerischer Bauernsitte mit dem Gesinde am großen Tisch gemeinsam zu speisen.

Als ich an Weihnachten für drei Tage nach Berlin zu meiner Mutter und zu meinem Bruder wollte, der nach dem siegreichen Polenfeldzug für zwei Semester Studienurlaub erhalten hatte, ließ er mich nicht fahren. Die Führung erkannte die Notwendigkeit von Militärärzten, weil auch der schnelle Krieg im Osten nicht ganz unblutig verlief. Herr Major konnten auch nicht nach Hause fahren und benötigten deshalb einige Skatbrüder für die trostlosen Festtage. Er benützte keine faulen Ausreden, sondern sagte mir dies ganz offen. Ich sagte ihm ganz offen, daß ich den Heiligen Abend nicht einmal gegen einen Grand aus der Hand eintauschen wolle und, wenn schon nicht zu Hause, dann wenigstens für mich in ungestörter Freizeit sein wolle. Solchen romantischen Jugendspinnereien konnte er sich nicht verschließen, und so entließ er mich am 24. Dezember für 24 Stunden. Ohne zu wissen, daß ich wußte, wie man in 24 Stunden nach Berlin hin und zurück kam.

Auf dem nahen Flugplatz landete täglich eine Kuriermaschine der Marine, welche für das OKM, das Oberkommando der Marine, täglich die Runde Berlin-Jever-Nordholz-Neumünster-Berlin drehte. Um 14 Uhr stand ich auf dem Flugplatz in Nordholz, angetan mit bester Uniform und Seidensocken in den Halbschuhen. So wie man sich halt für einige Stunden Ausgang feinmacht. Der Vogel landete, der freundliche Feldwebel, der ihn flog, prüfte meinen selbstgemachten Marschbefehl zum Oberkommando der Luftwaffe in Berlin und hieß mich einsteigen. Das Flugzeug war eine Junkers, Typ W 34, schmucklos, aber zuverlässig und garantiert unbeheizt. Zusammengekauert fror ich Berlin entgegen und träumte von der Heiligen Nacht. Die Maschine erinnerte mich irgendwie an den Stall von Bethlehem, denn sie war zugig, bockte wie ein Esel, und neben mir saß ein Ochse von Zahlmeister, der nach einigen Luftsprüngen wiederkäute. Dem Geruch nach, Silofutter. Im Kampf gegen die Zwangsvorstellung, auch gleich krank zu werden, wurde ich grüner und grüner. Als Angehöriger des Heeres kann es kaum als Schande betrachtet werden, das Fliegen nicht zu vertragen. Im Kleide der Luftwaffe, noch dazu mit drei Vögeln auf jedem Kragenspiegel, erschien es mir untragbar, mich zu übergeben. Auch wollte ich dem freundlichen Feldwebel nicht seine Maschine verunreinigen. Ich hatte ja vor, am nächsten Tage wieder sein Gast auf dem Rückflug zu sein. Der Wille vermag Berge zu versetzen. Erst nach der Landung in Staaken opferte ich Aiolos, dem Gebieter der Winde. Diskret unter das Höhenleitwerk.

Kurz darauf war ich glücklich im Kreis der recht kleinen Familie. Erste Kriegsweihnacht! Eigentlich wollten wir alle zu diesem Zeitpunkt schon wieder ganz zu Hause sein, doch wurden wir wegen der kurzen Verzögerung von vielleicht drei Monaten nicht ungeduldig. Der Onkel hielt es jedoch für möglich, daß wir noch einige Heilig Abende bei Verdunkelung feiern könnten. Inzwischen war es nämlich üblich geworden, jeden Lichtschein nach draußen zu vermeiden, um den Fliegern, die nach Göring nie über deutsches Gebiet fliegen würden, keine Anhaltspunkte zu geben.

Das »Stille Nacht, Heilige Nacht« in der Christmette klang inbrünstiger, als ich es je zuvor gehört hatte. Die Augen wurden mir feucht, und ich konnte fast nicht mehr singen vor Rührung. Christ der Retter ist da! War er wirklich da? Wen sollte er vor was retten? Die Juden vor den Nazis? Die Polen vor den Russen? Die Seeleute vor den Wellen? Leutnant bzw. Kanonier F. vor dem Kriegsgericht? Es war zuviel Arbeit für Christus auf dieser Welt! Und das Eigenartige trat zutage: Viele wollten auch gar nicht gerettet werden. Sie rannten wie geblendet ins Feuer.

Ich betete um etwas Praktisches, recht Naheliegendes. Um die pünktliche Rückkehr zu meinem Herrn Major, damit er meinen Ausflug nicht entdecke. Und das Jesuskind erhörte mich, gab mir aber mit einem deutlichen Wink zu verstehen, daß es in Zukunft Urkundenfälschung auf Marschbefehlen auch bei guten Katholiken nicht decken würde.

Um acht Uhr morgens war ich wieder in Staaken und begrüßte meinen Feldwebel-Piloten. Start, Kurs auf Jever. In Jever kurze Zwischenlandung und wieder Start mit Kurs auf Nordholz. Plötzlich gab mir der Pilot ein Zeichen und winkte mich zu sich. Auf einem Zettel stand: Nordholz QBI! Diese drei Buchstaben QBI stammen aus der Funksprache der Flieger und bedeuten nicht mehr als: striktes Start- und Landeverbot für den Platz. Im allgemeinen wegen schlechter Sichtverhältnisse verhängt, hatte an diesem Tag dichtes Schneetreiben das Verbot ausgelöst. Ein Verstoß gegen diese Anordnung der Flugleitung war strafbar. Der Feldwebel schrieb auf einen anderen Zettel »Neumünster«. Ach so, der meinte, wir fliegen nach Neumünster weiter. Aber das war ja völlig unmöglich! Wie sollte ich, selbst bei besten Zuganschlüssen, aus Schleswig-Holstein so schnell nach Cuxhaven kommen? Nein, nein, das durfte nicht sein. Händeringend versuchte ich dem Piloten klarzumachen, daß ich runter mußte. Um jeden Preis. Auch um den Preis seiner Bestrafung. Das sagte ich natürlich nicht, aber er dachte es sich. Trotz des lauten Motorengeräusches redete ich wie ein Wasserfall auf ihn ein. Jetzt fing vermutlich das Gebet von gestern abend an zu wirken, denn er drehte an seinem Funkgerät herum und schrieb auf einen Zettel: mein Gerät ist kaputt, habe nichts empfangen vom Boden. Dann tastete er sich durch den Schnee langsam nach unten und fand den Platz sicher wie seinen täglichen Schulweg. Kaum ausgerollt, wurde die Maschine von aufgeregtem Platzpersonal umringt. Der Kommandant nahte persönlich, erhobenen Hauptes und im Kopf die Schimpfrede formulierend. Alles fiel über meinen Feldwebel her, der sich gekonnt dumm stellte und über sein Funkgerät schimpfte wie zuerst der Kommandant über ihn. Leise, ganz leise drückte ich mich auf die Seite und suchte die wohlige Nähe meines Majors, der die Karten schon gemischt bereit hielt und mich fragte, ob ich in Cuxhaven einen zuckrigen Schatz hätte, weil ich ihn so lange mit dem Skat warten gelassen hatte.

Ich hatte keinen Schatz in Cuxhaven, wenn man von kleinen

Flirts absehen will. Aber eine Gemeinheit gegenüber den Frauen ließ ich mir zu Schulden kommen. Bei nächtlichen Gesprächen mit der Luftwarnzentrale fiel mir eine Stimme angenehm auf, die ihrem Klange nach einer Traumfrau gehörten mußte. Ich plauderte oft lange mit dieser Stimme und begann mir allmählich ein Bild von der Besitzerin zu machen. Das schönste Frauenbildnis, das ich jemals gesehen hatte. Große strahlende Augen, lange blonde Haare, einen spöttischen Mund, der sich bei Annäherung aber in eine willenlose Breite zog. Dazu die feinen schlanken Hände mit dem Anflug mütterlichen Wohlwollens. Allmählich malte ich mir in der Phantasie auch die Figur dazu und fand, daß sie vollendet sei. Es fehlte nichts, aber auch gar nichts, obwohl alles in schickliche Kleidung gehüllt war. Wir waren nämlich noch nicht so intim, und ich wollte langsam vorgehen, um sie nicht zu erschrecken. Als die letzten Pinselstriche an meinem Traumgemälde angebracht waren, nahm ich den Hörer zur Hand und bat um ein Rendezvous. Die Dame hauchte zurück, wie sehr sie sich freue, aber sie halte es für besser, wenn wir uns niemals begegneten. Oh, ich wollte mein Bild doch nicht umsonst gemalt haben! Sie müsse, ja sie müsse mich treffen. Und zwar sehr, sehr bald. Als sie eine Enttäuschung wie ein Gespenst an die Wand malte, war mir völlig klar: aha, Tiefstaplerin, also besonders schön! Das sagte ich ihr auch. »Moment mal« klang es aus der Leitung. Pause. »So, da bin ich wieder. Also hören Sie mal, lieber Freund, es hat keinen Zweck. Ich weiß es. Ich weiß es ganz genau. Sie sind bestimmt enttäuscht.« Nun gab es kein Zurück mehr! Auch wenn sie krumm und bucklig sei und alt und voller Pickel im Gesicht. Ich müsse mit ihr zusammentreffen.

Sie ließ sich von mir überzeugen, sagte zu und versprach am nächsten Mittag an einer bestimmten Ecke in Cuxhaven zu sein. Als ich erwachte, begann ich zu überlegen, ob sie vielleicht doch nicht so schön sei. Bei der Betrachtung des Bildes in meinem Inneren waren auf einmal Flecken im Gemälde festzustellen. Wo kam die Brille her? Die hatte ich doch nicht gemalt. Eine Hand war etwas plump, und die ganze Gestalt etwas zu kurz für die Verhältnisse an der Waterkant. Zur festgesetzten Stunde war ich in Cuxhaven. Versteckt in der Nähe des Treffpunktes. Feige versteckt wie ein Diebsgehilfe. Meine Scham vor mir selbst wurde nur noch von der Vorsicht übertroffen. Und so etwas will Offizier werden? Will anderen Männern Beurteilungen schreiben? Da sah ich sie stehen und warten. Sie blickte um sich, schaute auf die Uhr, pendelte zwischen zwei Geschäften und schaute wieder um sich. Dann ging sie.

In der Nacht rief sie mich an und meinte nur: »Sehen Sie, ich sagte es Ihnen ja gleich. Aber Sie waren so nett am Telefon, da konnte ich Ihnen entgegen besserer Einsicht nicht absagen. Sie sind sicher noch sehr jung, stimmts?«

Ja, es stimmte. Aber ich ließ es nicht vor mir als Entschuldigung gelten und schämte mich. Bis auf den heutigen Tag schäme ich mich. Darum mußte ich es so ausführlich beichten.

Für einen Bayern und gleichzeitig Berliner gibt es nicht mehr viel Aufregendes an Landschaft und an Stadt. Außer dem Meer! Die Ostsee kannte ich von einem kurzen Badeurlaub, den Rhein hatte ich von Kusel aus besucht und so geschändet wie die meisten Landsleute. Durch Besuche in der Drosselgasse, Gröhlen der bekannten Rheinlieder und eine Dampferfahrt mit Strohhut und Weinflasche. Bis zum Deutschen Eck in Koblenz, um nationale Gefühle an der Stelle zu bekommen, wo das Bett der Mosel an die Lust Frankreichs erinnert. Was kann der arme Rhein eigentlich dafür, daß die Menschen an ihm so laut werden? Es muß das gezüchtete Hyper-Nationale auf beiden Seiten des Stromes sein.

Anders am Meer. Es macht still und bescheiden. Auch wenn heute an der Côte de Whisky in Kampen das Gegenteil von den neureichen Deutschen exerziert wird. Am Meer ist der Mensch klein und die Sehnsucht groß, weil man nicht sehen kann, nach was man sich sehnen soll. Da stand auch ich wortlos auf der Mole, die keinen Amerikafahrer mehr sah und keinen der stinkreichen Lotsen für die großen Pötte zur Elbfahrt losließ. Die Strömung zog um den Hafen und forderte Geschick von den Führern der Fischdampfer. Fischgeruch lag über der ganzen Stadt und wurde in der Nähe der Fischfabriken manchmal geradezu gemein. Die Mädchen hatten Mühe, nach Feierabend den Duft mit billigem Parfüm zu überdecken. In den engen Kneipen am Hafen, mit den innigen Tanzgewohnheiten, war kaum etwas davon zu bemerken. Die Matrosen und die Soldaten schwitzten und rochen selbst nicht nach Lavendel. Es war etwas Verruchtes um diese Kaschemmen. Dirnen mit strammen Pullovern überrollten mich in der Türe und erstaunten, daß die Landratten so lächerlich wenig zudringlich waren. Ihre Verachtung für uns war echt. Um so weniger verachtete ich dafür den ungewohnten Genuß des Fisches. Was weiß ein Mensch aus München oder Frankfurt von Fisch? Nichts, absolut nichts! Und wenn er dreimal die Woche Seezunge verzehrt, ist er immer noch ein Ignorant. Aber dort, wo der Fisch um drei Uhr morgens an Land kommt und um zwölf Uhr blau auf der Platte liegt, vergißt man das Fleisch sofort. Im Hotel Doelle, dem ersten Haus am Platze, hielt ich Zwiesprache mit den Meeresbewohnern. Ich ganz allein mit fünf Sorten von ihnen auf einer »gemischten Seefischplatte«. Das Geheimnis der Zubereitung lag in dem Willen des Kochs, dem Gast Fisch zu servieren und nicht Attribute der Gewürzindustrie und der Küchenphantasie.

Zum Baden kamen wir natürlich um diese Jahreszeit nicht, da ein vernünftiger Mensch freiwillig nicht in die kalte Nordsee steigt. Dazu sollte die Gelegenheit erst ein wenig später kommen. Es war April und trotz Krieg nicht ausgeschlossen, daß es wieder Frühling werde. Frühling 1940. In wenigen Tagen, am 20. April, würde wieder Hitlers Geburtstag sein und die nächste Beförderung mich in den hohen Offiziersstand versetzen. Man konnte sich das ausrechnen und kaufte deshalb die Embleme rechtzeitig vorher. Voller Stolz betrachtete ich im Kämmerlein die Mütze, die Kragenspiegel, die Schulterstücke, den Dolch, die Stiefel, die eigene Pistole im Lederzeug und das Sparbuch. 180 Mark plus 30 Mark Kleiderzulagen für »Selbsteinkleider«, das war ein beachtliches Monatsgehalt, wenn man freie Kost und Logis in Betracht zog. Soviel hatte ich als Leutnant zu erwarten. Dazu kam der Wehrsold, alle zehn Tage 24 Mark. Wohin mit dem vielen Geld? Jetzt fehlte nur noch, daß wir zu richtigem kriegerischen Einsatz kamen, dann wären nochmals 30 Mark Frontzulage pro Monat fällig gewesen. Der Krieg wurde allmählich langweilig. Ich machte Karriere, aber nicht von mir reden als Vorbild für die nach mir die Schulbank drückenden Garanten der Zukunft. Ach ja, richtig, zu Hause gab es noch Jungens in der Schule. Mit guten und schlechten Zeugnissen, mit Kummer ums Abitur, Ärger mit den Eltern und Zeltlagern der Hitlerjugend. So hatte noch vor kurzem auch unser Leben ausgesehen. Hatte die Zukunft schon begonnen? Und waren wir eigentlich noch die Garanten? Fast hätte ich das blöde Wort vergessen.

Am achten April brachen wir Hals über Kopf unsere Zelte in der Umgebung von Cuxhaven ab und fuhren, gar nicht weit, mit aller fiskalischen und privaten Habe nach Hamburg. Im Vorbeifahren sah ich, daß es den Ort Buxtehude wirklich gab. Ich hatte den Namen für einen Kinderscherz gehalten.

Navigare necesse est

Im April 1940 hatte der Krieg eine Müdigkeit erreicht, die uns ein weiteres Verbleiben beim Militär völlig sinnlos erscheinen ließ. Wir sahen 1939 ein, daß zur Wiedergutmachung des Unrechts von 1919 die Polen überfallen werden mußten und waren sehr erstaunt, daß daraufhin Frankreich und England uns den Krieg erklärten! Es schien uns ein Beweis dafür zu sein, daß Deutschlands ewige Feinde nur auf eine Gelegenheit gewartet hatten, um in unser Land einzufallen. Der Einfall blieb aus, wir verstanden die Politik nicht mehr. An der Westgrenze zu Frankreich herrschte relative Ruhe, und Rußland war damit beschäftigt, im Osten den polnischen Brocken zu verdauen, der ihm durch die Niederlage dieses Landes zufiel, besser gesagt, den es sich für das Schmierestehen beim deutschen Einbruch von der Beute abzweigte. Man munkelte, Hitler würde den alten Traum Napoleons verwirklichen und England nach einer Landung auf eigenem Territorium niederwerfen, damit es erkenne, wie vermessen es war, dem neuen unbesiegbaren Deutschland den Krieg zu erklären. Dann würden die hochnäsigen Snobs an der Themse sich bequemen, mit Deutschland über eine Aufteilung der Welt zu verhandeln. Die allgemeine Auffassung billigte es England weiterhin zu, Weltmacht zu bleiben, da die Engländer ja der germanischen Rasse angehören. Wenn von den »Feindsendern« die englischen Nachrichten uns verkündeten, daß keine englische Regierung jemals mit einem Herrn Hitler sich an den Verhandlungstisch setzen würde, dann glaubten wir dies einfach nicht. Wir kannten England nicht und Hitlers Außenminister v. Ribbentrop, aus der Sektbranche hervorgegangen, offensichtlich noch weniger. Sonst hätte er nicht die Queen bei einer Gartenparty vor dem Kriege mit dem deutschen Gruße, also mit erhobener Hand, begrüßt. Das war etwa so, als wenn man Stalin mit Weihwasser besprengt hätte oder Hitler »Heil Moskau« zugerufen hätte, wie sich die Kommunisten begrüßten. Da Hitler selbst nie in seinem Leben außerhalb der deutschen Grenzen war, wenn man von einem Italienbesuch absieht, nahm es nicht wunder, daß er sich ständig als weltpolitischer Ignorant gebärdete. Die Berufsdiplomaten haßte er, weil sie eben das fundierte Wissen aufwiesen, das ihm auf allen Gebieten fehlte. So kamen mehr und mehr Ratgeber zu Wort, welche seine Unkenntnis teilten. Hier war er primus inter pares. Oder einäugiger König unter den Blinden.

Es ist anzunehmen, daß eine gewisse Konzeptlosigkeit in der deutschen Politik dieser Zeit herrschte. Schlachtenpläne lagen indes genügend in den Schubladen des Generalstabs, der sein Handwerk weisungsgemäß wie eine Baufirma ausübte. In diese Zeit des »Was-nun?« platzte plötzlich die Nachricht, daß englische Verbände zum Sprung über die Nordsee angesetzt hätten, um die Erzschiffahrt der Deutschen von Narvik in Norwegen zu den deutschen Häfen zu unterbinden. Das Erz kam aus Schweden. Mancher deutsche Frachter lag schon auf dem Meeresgrund, aber die Versorgung der Hüttenwerke für die Rüstungsindustrie war noch immer gesichert. Bei unserer Ankunft in Hamburg dachten wir sofort an eine verstärkte Luftverteidigung dieser Hafenstadt und malten uns aus, ob wir wohl unsere Flakgeschütze auf der Reeperbahn in Stellung bringen dürften. Dann wurden wir in den Hafen geleitet und sahen natürlich ein, daß der Luftschutz dieser Anlagen im Krieg bedeutend wichtiger sei.

Für eine Landratte ist der erste Besuch eines richtigen Hafens tief bewegend. Ganz klein und häßlich steht man am Kai neben den großen Pötten oder schwimmt in einer Nußschale an den Docks entlang. Der Klang von Eisen mischt sich mit dem Plätschern des unsauberen Wassers und nach einer absolut unverständlichen Regie fährt in den weitläufigen Hafenbecken alles kreuz und quer durcheinander. Man erklärte uns, daß wir uns an der Stelle befänden, wo früher die Bananendampfer, die aus fernen Ländern ihre köstliche Fracht herbeischafften, ihre Ladung löschten. Ich versuchte mich gerade zu erinnern, wie die Dinge schmeckten, die es früher einmal zu kaufen gab. Mit eintretendem Mangel an Importware, schon vor Beginn des Krieges, bemühten sich korrupte Mediziner, uns in Zeitungsartikeln klarzumachen, wie schädlich diese oder jene Nahrungsmittel seien. Am schädlichsten waren alle Lebensmittel, die es nicht gab. So vermißten wir sie nicht besonders und waren unserer allgemeinen Meinung nach ja tatsächlich sogar recht gesund.

Der Import von exotischen Früchten wurde bis zum Kriegsbeginn vornehmlich von Schiffen der großen Linie »Hamburg-Süd« getragen. Eines der neuesten Schiffe für diesen Zweck war die »Florida«. Etwa 120 Meter lang und 7000 Tonnen schwer stand dieses schmucke Schiff vor mir. Es hatte noch keine Fahrt über den Ozean hinter sich, war also in gewisser Weise noch jungfräulich. So sauber und weiß sah es auch aus. Wir hatten es auch von innen besichtigt, als uns urplötzlich mitgeteilt wurde, daß wir die Ehre hätten, mit diesem Schiff nach Norwegen zu fahren. Diese Mitteilung wurde von uns sehr zwiespältig aufgenommen. Keiner von uns war jemals zur See gefahren, und unser Vertrauen auf die Tragfähigkeit des Wassers war eher gering. Von den norwegischen Fjorden hatte ich schon viel Erhebendes gehört, doch bezweifelte ich, daß dieses Unternehmen dazu dienen sollte, uns die schöne Welt zu zeigen. Andererseits kamen wir in eine erlöste Stimmung bei der Nachricht eines neuen Kriegsschauplatzes, weil wir die Hoffnung hegten, der Krieg käme in eine entscheidende, natürlich für Deutschland siegreiche Phase mit anschließender Entlassung nach Hause. Die Stimmung wurde weiterhin gehoben durch die Meldung, wir könnten an diesem Abend Hamburg anschauen und müßten erst um Mitternacht an Bord sein. Das war ein Angebot! Noch dazu für mich, der ich vor wenigen Stunden die erwartete Beförderung zum Offizier empfangen hatte. Leutnant und Hamburg bei Nacht! Der Erfolg war so sicher wie eine bevorzugte Unterkunft auf dem Schiff. Meine Hoffnungen in Richtung Unterkunft, sprich Kajüte, erfüllten sich. Einzelzimmer mit Bad. Nach Auskunft des Kapitäns, eines gemütlichen dicken Mannes im Kleid der Handelsmarine, die Kajüte für den Zollbeamten. Ich genoß sofort den Komfort. In Ruhe richtete ich mich ein, befreite die längst vorbereitete Leutnantsuniform aus dem Koffer und kleidete mich vor dem Spiegel an. Da stand ich nun, ein Milchgesicht von 20 Jahren, plötzlich beladen mit echter Verantwortung für Menschen, die meist älter waren als ich selbst. Würde ich meiner Berufung gewachsen sein? Konnte ich Vorbild sein? Würden mir die Soldaten überhaupt folgen? Ich könnte sie zwingen, ja das wäre kein Problem, denn die Kragenspiegel wiesen mich als Offizier aus. Hinter mir stand die Dienstordnung, die Disziplinarstrafordnung, das Führerprinzip. Und die überlieferte Anerkennung meines Grades. Aber ich wollte mehr. Ich wollte Gefolgschaft, Überzeugung und sogar Verehrung. Die Vierzigjährigen sollten den Zwanzigjährigen verehren. Das brachte mich sofort selbst zum Grinsen, und ich stellte mir die ältesten meiner Soldaten vor, wie sie vom lässigen »Herr Wachtmeister«, einer geläufigen Anrede für einen Schutzmann, nun zum strammen »Herr Leutnant« überwechseln würden.

Mit Herzklopfen und prächtig herausgeputzt verließ ich meine Kajüte wie der junge Künstler die Garderobe. Vorhang auf! Ich ging über Deck, und die ersten Hände zuckten zum Gruße empor. Dem militärischen Gruß an die Mütze oder bei Barhäuptigen zum Hitlergruß mit ausgestreckter Hand. Nanu, das ging ja ganz einfach! Niemand lachte, niemand drückte sich vorher um die Ecke. Die Würde paßte also wie ein Maßanzug. Leichtfüßig sprang ich das Reep hinunter ans feste Land, gesellte mich zu einem Kollegen, der in Hamburg beheimatet war, und vergaß Norwegen, Krieg und Seefahrt.

Als erstes wollte ich natürlich die Reeperbahn sehen. Sie war recht leer bei Tage und schien eine Ansammlung von Kaffeehäusern zu sein, denn überall waren Reklamen mit Hinweisen auf billige Gedecke »mit Kuchen 98 Pfennige« zu sehen. Zurück zum Jungfernstieg auf die belebten Geschäftsstraßen. Das war wesentlich sehenswerter, denn noch waren die Schaufenster gefüllt mit Dingen des täglichen Bedarfs. Heute würde man die Sortimente wohl als recht traurig bezeichnen, aber wir wurden ab 1934 ganz langsam daran gewöhnt, immer weniger Wünsche zu haben, so daß uns kaum auffiel, was jetzt alles im Fenster fehlte. Das galt besonders für Knaben von zwanzig Jahren, die 1934 mit fünfzehn wenig Augenmerk auf Waren richteten, die mehr kosteten als ein wöchentliches Taschengeld. Wir waren so zufrieden wie die Bewohner kommunistischer Länder es heute sind, wenn Heringe frei verkäuflich angeboten werden.

Plötzlich standen wir vor einem Fotogeschäft, das schöne Porträts innerhalb weniger Minuten versprach. Photomaton nannte es sich, war aber nur halbautomatisch, worüber wir später äußerst glücklich sein sollten. Ehe ich in den echten Krieg zog, wollte ich schon ein Bild vom Leutnant an alle traurigen Zivilisten zu Hause schicken. Mein Kollege war ebenfalls nicht abgeneigt, obwohl er noch auf seine Beförderung wartete und simpler Wachtmeister war. Wir betraten das Geschäft laut lachend und sahen uns drei netten jungen Mädchen gegenüber, die sich anschickten, die Bude dicht zu machen und nach Hause zu gehen. Sie fanden es wenig fein, so kurz vor Ladenschluß mit Arbeit überhäuft zu werden und hielten mit ihrer Meinung auch nicht hinter dem Berg. Wir jungen Herren aber hielten es für eine Schicksalsfügung und erboten uns, die Überstunde durch eine Einladung zum Abendessen abzugelten. Dabei dachten wir natürlich, wie es Männer immer schon tun, absolut nicht ans Essen, sondern ans Knutschen. Eine andere Mundbeschäftigung. Nach kurzer Beratung meinten die Damen, man solle Arbeit mit Vergnügen verbinden, im Delikatessengeschäft gegenüber etwas einkaufen, Brote machen und zwischendurch fotografieren. Der Chef käme heute nicht mehr vorbei, sie seien hier sehr selbständig.

Also eilte ich in den Laden und kaufte Berge von guten Sachen, meist italienischen Fisch und Salate, Kaviar, Oliven, Wurst und Käse. Man gab uns ohne Marken so manche Leckerei. Wohl, weil wir im Verhältnis zu unserer militärischen Würde noch recht unterentwickelt aussahen. So wie blondierte Haare nicht mehr ganz junge Frauen noch älter machen, lassen Uniformen Kinder noch jünger erscheinen. Als wir uns noch mit starken Getränken beluden, mußte der Geschäftsinhaber sicher daran denken, daß der Leutnant zu Hause am Glase des Vaters nippen durfte, wenn die Schulzeugnisse nicht zu schlecht waren.

Mir war alles egal, denn ich wollte meine Beförderung feiern und ergriffen lauschenden Mädchen erzählen, daß ich in den Krieg zog und vielleicht nicht mehr heimkehren würde. Daß sie also die vaterländische Pflicht hätten, mir einiges zu gestatten. Mit dieser Masche arbeiteten dem Vernehmen nach sehr erfolgreich die verwegenen Flieger der Jagdwaffe, vor allem die sehr erdverbundenen Motorenschlosser und Tankwarte im Kleide der Luftwaffe, weil die dummen Gören alles für Todeskandidaten hielten, was gelbe Kragenspiegel an der Uniform hatte.

Unsere Gören, lustige und viel zu anständige Hamburger Deerns, sprachen unbekümmert den Getränken zu, speisten die feinen Dinge voll des Lobes und sprachen kein Wort vom Fotografieren. Wir küßten uns inmitten der Lampen, Flaschen, Registrierkassen und Kameras und achteten genau darauf, daß die Dritte, eigentlich Überflüssige, gleichmäßig bedacht wurde. Als der Herr Leutnant Schwierigkeiten hatte, die Augen parallel zu stellen, fiel einem der Mädchen ein, daß es nun wirklich höchste Zeit sei, die Bilder zu machen. Ich setzte mich in Positur, wischte den Lippenstift und den Heringsrogen aus dem Gesicht und lächelte die Fotolinse an, als ob sie eines der Mädchen sei. Klick machte es, und die Damen wurden dienstlich. Name, Adresse und Lieferzeit schwirrten durch den Raum, wurden zu Papier gebracht und abgelegt. Ich hatte weder das Bedürfnis noch die Hoffnung, dieses Juxbild jemals zu sehen. Doch niemals wurde ich angenehmer von Mädchen enttäuscht als in diesem Falle. Nach Monaten erhielt meine Mutter einen reizenden Brief, worin das Bild lag und die Hoffnung ausgedrückt war, daß ich noch am Leben sei. Eine Rechnung würde nicht gestellt, man möge das Bild als Erinnerung betrachten.

Ja, so goldig waren die Mädchen in Hamburg. Unbefangen, fröhlich und sauber. Wo mögen sie wohl sein? Wenn die Generation nach ihnen genauso ist, dann muß es eine Lust sein, dort zu leben.

Kurz vor zwölf Uhr Mitternacht schwankten wir die Außentreppe zum Schiff empor und wurden von den Schauerleuten kaum beachtet, die in wilder Arbeit noch immer das Schiff beluden: mit unseren Kanonen, mit vierzigtausend Schuß 8,8 cm Flakmunition, tausend Tonnen Fliegerbomben und einem Güterzug voll Benzin. Es war spannend zu erleben, wie geschickt dieses ganze Zeug im Bauch des Schiffes verstaut wurde. Ganz ins Vorderschiff versenkten sie die PKW und den Kram aus den Schreibstuben, Schränke, Kisten und Kasten. Am Schluß kamen auf das Deck die schweren Zugmaschinen für unsere Kanonen und die Lastwagen. Verkeilt und festgezurrt. Anscheinend weil Krieg war, verzierte man das Achterdeck mit einer Kanone, die auf das Deck geschweißt wurde. Gespenstisch leuchteten die Brenner und knallten schrill. Funken stoben um die rasend arbeitenden Männer hinter den Gesichtsmasken. Hinter allem stand ein Druck und eine Eile, die aber nicht militärischen Anlaß hatte, sondern Übung im Hafenbetrieb war. Wir fühlten uns fürstlich bedient von den zivilen Mannschaften, die uns alle Arbeit abnahmen, weil wir nichts vom Schiff verstanden.

Der Morgen dämmerte. Ein Schiff, was ist das? Ein Haus, eine Fabrik, ein Fahrzeug? Nichts von alledem, wie mir zunächst schien. Nach kurzer Zeit wurde es mir zur Heimat. Es war wie eine Mutter, schützend, bewahrend. Ich verstand auch plötzlich warum man sagte »die Columbus« oder »die Bismarck«, obwohl die Namensgeber doch einwandfrei Männer waren. Schiffe sind Mütter, das ist richtig! Die menschlichen Küken rennen aufgeregt auf ihnen herum, aber die Mutter bleibt immer ruhig und besonnen. Nie macht sie hastige Bewegungen, auch wenn ihr schmächtiger Herr Gemahl, der Kapitän, sie aufstachelt. Die beiden lieben sich auf stille, aber doch sichtbare Weise. Manchmal bis in den Tod.

Ich brachte meine Mannschaft in den großen Räumen auch standesgemäß, also schlecht unter und schaute, wo der LKW mit der Marketenderware stand. Die Beförderung war nämlich noch mit den Kameraden aller Dienstgrade zu feiern, und dazu mußte ich das Auto mit dem Schnaps suchen. Ich fand es, einem gröhlenden Geräusch nachgehend. Auf der Brücke des Wagens stand trunken und Schnaps spendierend der Kanonier F., ehemals Leutnant, dann Gefängnisinsasse und Alkoholgegner. Meine Erinnerung an seinen Brief aus dem Gefängnis paßte ihm gar nicht, und er rief: »Herr Leutnant, so muß ich jetzt wohl sagen als popliger Kanonier, sprechen wohl nicht gerne mit einem Gemeinen!« Er meinte einen Mann geringen Ranges, und ich dachte an die geschmacklosen hohen Ränge, die den degradierten Trinker in die gleiche Einheit zurückschickten, wo er einmal Vorgesetzter war. Zur Bewährung! hieß es. Er sollte an der endlich errichteten Front mit Pulverdampf seine Sünde büßen. Mein Einkauf wurde auf später verlegt. Inzwischen war Löhnung angesetzt. Es war der zehnte April, also Dekade mit Wehrsoldempfang. Das fabrikneue Geld aus Hitlers Papiergeldwerken raschelte steif in der Hosentasche und wurde so geachtet, als habe es volle Golddeckung. Inzwischen verließen die Arbeiter und Stauer das Schiff, dessen Leib sachte fibrierte. Die Mannschaft der »Florida« wurde emsig, und am Kai erschien eine Musikkapelle

Navigare necesse est

und ließ Spucke aus den Mundstücken der Blasinstrumente teils ins Elbwasssser, teils auf den Vordermann tröpfeln. Plötzlich tutete es wunderbar, Trossen rasselten und gemütlich klang das »Muß i denn, muß i denn«. Ja, wir mußten! Alle mußten. Die mit Spaß an der Seefahrt, die Gedankenlosen – wie ich – und die Ängstlichen. Es war ein unbeschreiblich stolzes Gefühl, auf einem neuen Schiff durch den Hafen an den Landungsbrücken von St. Pauli vorbei die Elbe hinunterzugleiten. Eine Königin schritt durch ihr Reich!

Ich öffnete die Flaschen zur großen Feier und verpaßte die Einfahrt zum Kaiser Wilhelm Kanal, die ich unbedingt hatte sehen wollen. Ich verpaßte den ganzen Kanal, traf ihn aber, über die Reeling gebeugt, ganz gut, als ich das Überflüssige los wurde. Das Schiff machte mich krank, noch bevor es auf dem bewegten Meer fuhr. Die Lust am Feiern verging, der Rausch bald danach. In der Früh bemerkte ich schon, daß wir auf der Kieler Förde lagen und zum Geleitzug sammelten. Es war Sonntag. Nieselig, kühl. Im Radio kam die erfreuliche Nachricht, daß ein englisches U-Boot im Skagerrak versenkt worden sei. Recht so! Bald nahm der Geleitzug Fahrt auf und zog gen Norden. Es waren sechs Frachter und einige Marine-Begleitboote. Minenräumer, Torpedoboote. Wir hörten, daß Gebirgsjäger auf den anderen Schiffen seien mit vielen Pferden, da Norwegen sehr unwegsam sei. Uns bewegte natürlich die Frage, welche Stadt unser Ziel sei. Das war streng geheim, und nur der Kapitän schien es zu wissen. Aber der war unerhört schweigsam, was man allerdings von den 450 Soldaten an Bord nicht sagen konnte. 150 Gröhler unterstanden mir zur Zeit, bis geklärt war, wer der Batteriechef wird. Vielleicht erwartete uns dieser in Norwegen oder befand sich noch unerkannt unter den Offizieren der beiden anderen Batterien an Bord. Mir war Oslo so unbekannt wie Trondheim. Gegen Narvik hatte ich eine Aversion. Das war zu weit für mich. Auch zu kalt. Wir hörten auf zu rätseln, und ich wanderte durch das Schiff. Ein Teil meiner Leute soff nach der Feierlichkeit auf eigene Kosten weiter und verbreitete in dem großen Raum direkt unter dem Deck Wirtshausluft. Die provisorische Holztreppe nach oben wurde pausenlos begangen, um an der Reeling zu opfern oder dem Meere Warmwasser zuzuführen. Ich stieg hinunter in den Maschinenraum zu den Ingenieuren und ließ mir die

Technik erklären. Der riesige Dieselmotor wurde mit Außenwasser gekühlt, das mit vier Grad Celsius zur Zeit hereinkam und fast kochend ins Meer zurückfloß. Alles war sauber wie in einem Schlachthaus. Durch enge Durchlässe zwischen den Schotten zwängte ich mich ins Vorschiff und fand mich zwischen dem unmilitärischen Kram des Trosses. Plötzlich befiel mich ein eigentümlich ungemütlicher Gedanke, und ich eilte ängstlich wieder zurück. In meiner Kajüte auf Deck war es doch angenehmer! Man sah das Meer, die aufmerksamen Posten, die alle 20 Meter rund um das Schiff eingeteilt waren, um die Blasenbahn feindlicher Torpedos zu melden. Man war auch in der Nähe der Schwimmgürtel für den Notfall. Diese Gürtel aber waren ja nicht unbedingt anzulegen, da sich die deutsche Armee auf siegreichem Vormarsch befand. Sie waren auch etwas primitiv und den komfortablen Westen mit Stehkragen sehr unähnlich. Es gelüstete mich nach einem warmen Bade. Schnell war die Wanne dampfend gefüllt, und ich räkelte mich wohlig am Sonntagnachmittag im gliederlösenden Wasser. Wie Odysseus nach seiner Irrfahrt. Mein Gesang in der Wanne war so opernreif, wie der eigene Gesang im Bad stets ist. Da krachte gewaltiger Wagner-Donner, und meine erste Wahrnehmung war, daß in der Wanne das Wasser schief stand. Wie der Blitz war ich aus der Wärme und rannte nackt vor die Türe. Ein Matrose lief mir in die Arme, und voll Angst fragte ich ihn, was der Knall bedeute. Ich war wirklich besorgt, daß die Maschine explodiert sei. Der Mann sagte mir mit aller Seelenruhe ohne Zeichen der Erregung: »Torpedo«. Wie konnte das möglich sein? Ach ja, versenkte U-Boote im Skagerrak besagen auch, daß U-Boote anwesend sind und vermutlich nicht ohne böse Absicht. Dieser Gedanke war mir bei der Radiomeldung vorher nicht gekommen. Sollte ich nun ins Wasser springen? Oder ein Rettungsboot besteigen?

Aus unerklärlichen Gründen zog ich mich zunächst einmal korrekt an. Als Leutnant. Mit Stiefeln, Hemd, Krawatte, Mütze, Pistole. Dann lief ich achtern und schrie meinen Haufen zusammen, wie ich es auf dem Kasernenhof geübt hatte. Ohne Widerrede traten die Männer an und stellten sich auf. Der Drill ließ alle eigenen Ängste vergessen. Anschließend ließ ich kurz wegtreten zum Anlegen der Schwimmgürtel und spielte weiter Kasernenhof. Vor allem verbot ich, zu den Rettungsbooten zu gehen, wo

Navigare necesse est

inzwischen die Soldaten einer anderen Batterie eine mittlere Panik boten. Sie wußten nicht, wie man die Boote ausschwenkt, und ließen die vollen Schiffe an einem Galgen sausen, bis sie, wie Würste aufgehängt, an einem Strick ihre Besatzung ins Meer entließen. Aus beachtlicher Höhe. Ich eilte nach vorne und sah, daß der Bug schon so bequem wie ein Badesteg ins Wasser reichte. Mit zunehmender Neigung nach Backbord. Von Besatzungsmitgliedern schnappte ich auf, daß von dieser Seite ein Torpedofächer mit drei Geschossen gekommen sei, den man erst in letzter Minute, zu spät für ein Manöver, gesehen habe, weil die See zu bewegt war und leichtes Schneetreiben herrschte. Nur ein Torpedo habe getroffen, und zwar ins Vorschiff. Das war der einzige Teil des Schiffes ohne hochexplosive Ladung. Nur acht Meter weiter hinten begann die Ladung aus Benzin, Granaten und Bomben. Ich begriff unser Glück im Unglück und beschloß zu überleben.

Rasch eilte ich achteraus, ließ ein langes Seil an die Reeling knüpfen und ins Wasser baumeln. Es lag auf dem Schiffsrumpf wie ein Kletterseil an der Felswand. »Reihe rechts, Marsch!« Das alte Kommando wirkte, und Mann für Mann ließ sich ins kalte Wasser hinab, nicht ohne kurz vor dem Naß etwas zu zögern. Auf einmal bemerkte ich das Fehlen eines Mannes. Wir suchten hastig nach ihm unter Deck und fanden ihn in völliger Verzweiflung. Er weigerte sich, ins Wasser zu steigen und wollte mit dem Schiff untergehen. Da wir ihn mit Reden nicht nach oben zu bringen vermochten, versuchten wir es mit Gewalt. Er klammerte sich fest und schrie und biß. Als das Schiff eine ruckartige weitere Neigung machte, sahen wir den Rückweg gefährdet und taumelten auf der schiefen Behelfstreppe ohne den Wahnsinnigen nach oben. Dort verlor der nächste vor Angst den Verstand und wollte mit Mutter »Florida« versinken. Der Kapitän rief durch seine Flüstertüte Kommandos, die nur zum Teil Gehör fanden und gab schließlich seine Verantwortung mit dem Kommando »Rette sich, wer kann« ab. Er hatte das Schiff in diesem Augenblick aufgegeben und ging mit seinen 50 Jahren ins Wasser, das ihn nicht behalten wollte, weil er offensichtlich zu gut in Form war. Auch der Zahlmeister nahm mit der Kasse im Arm Abschied von der »Florida« und sorgte dafür, daß die Wellen Löhnung erhielten, denn er konnte die Kasse nicht lange halten. Das

Papiergeld war leicht und begleitete ihn eine Weile, bis er es im Vergleich zum Leben für wertlos erachtete. Es tanzten Scheine auf den Wellen, völlig verachtet und bar jedes Kurswertes. Ich haute mit einem Stecken dem lebensmüden Kameraden auf die Finger und warf ihn über Bord. Er überlebte es. Schließlich wurde mir mein Führertum arg lästig, und ich drängelte sehr zur Eile, um als letzter am Seil nicht ein Held zu werden. Ich rutschte nach unten, trat einigen Zauderern auf die Finger. Die Stiefel hatte ich auf Rat des Kapitäns wieder ausgezogen. Dann lag ich im Wasser. Ich wußte, daß es nur vier Grad »warm« war. Aber wenn man friert, ist es gleichgültig, ob man sehr friert oder grausam friert. Kalt ist kalt. Ich schwamm vom Schiff weg, weil ich einmal etwas vom Sog gelesen hatte. Doch konnte ich nicht den Blick von der »Florida« wenden.

Der Untergang war ein schauriges Schauspiel. Im Leib des Schiffes polterte die Ladung wie ein Gewitter, und die Zugmaschinen an Bord stürzten durcheinander. Schließlich brach die mühsam angeschweißte Kanone am Heck aus dem Sockel und fiel nach vorne. Die Schraube stieg aus dem Wasser, der Kamin tauchte ein. Luft aus dem Inneren des Schiffes wurde verdrängt und entwich tosend durch den Kamin. Dann stand die »Florida« mit ihren 120 Metern Länge plötzlich auf der Spitze, vermutlich schon den Meeresgrund berührend, und verharrte ein wenig, wie überlegend, ob sie nun wirklich ganz verschwinden solle. Sie hatte keine Wahl mehr und ließ das Heck sterbend zur Seite fallen. Der letzte Atemzug drang fauchend nach oben. Dann herrschte Totenstille. Unsere Mutter hatte uns verlassen. Wir mußten uns selbst durchkämpfen und am Leben erhalten.

Jedesmal, wenn ich auf dem Wellenberg schwamm, sah ich den Rest des Geleitzuges. Mit Volldampf stoben die Frachter auseinander. Die Begleitboote rasten im Kreise und ließen Wasserbomben übers Heck fallen. Wir spürten die Explosionen wie ein Bad in Sprudelwasser. Es toste das Meer. Die Kameraden schwammen ziellos herum. Einige machten Witze, weil sie von der Nachfeier noch beschwipst waren oder im Rausch die Situation nicht als ernst betrachteten. Doch gerade die Trunkenen wurden vor allen anderen still und starben der Reihe nach an Unterkühlung. Schmerzlos zwar, doch Familien hinterlassend. Mir war ein Schiff, ein Räumboot, greifbar nahe, und ich verdoppelte meine Bewegungen, die ich als Selbstzweck bisher nur ausgeführt hatte, um nicht kalt zu werden wie die wortlosen Freunde um mich. Endlich erreichte ich die Trosse vor dem Bug und klammerte mich daran. Die Rettung schien nahe. Als ich mehrmals lange unter Wasser war, trotz meines Haltes, begann ich fieberhaft zu denken. Das Schiff stampfte im Wellengang. Durch den festen Griff an der Trosse wurde ich bei jedem Eintauchen des Buges mit in die Tiefe gezogen. An der Trosse hochzuklettern war mir kräftemäßig nicht möglich. Die Lebenschancen waren demnach größer, wenn ich mich nicht festhielt. Ich ließ los und schoß nach oben. Kälte war nicht mehr zu verspüren, ganz langsam kam die Gleichgültigkeit des Erfrierenden über mich. Mir tat nichts mehr weh, und irgendwelche Gedanken an zu Hause oder dergleichen stellten sich nicht ein. Die Lage war nicht unkomfortabel. Nur der Schwimmgürtel ging plötzlich auf und trieb vor meiner Nase dahin. Das ärgerte mich und löste zugleich die Vorstellung meines vorzeitigen Endes wegen technischer Mängel aus. Ich schwamm dem Gürtel nach, legte mich darauf und versuchte, ihn anzulegen. Doch die Hände waren steif und nicht fähig, eine Schleife zu binden. Ich rief einem Kameraden, der herbeipaddelte und hinter meinem Rücken in mühsamer Arbeit eine Schleife zauberte, die mir das Leben rettete. Denn jetzt wollte ich doch wissen, ob es nicht möglich sei, aus dieser verdammten Situation zu kommen. Wieder auf einem Wellenberg treibend, sah ich ein Torpedoboot in der Ferne und schwamm wie ein Besessener, ein vom Leben Besessener, drauf zu. Die folgenden Gedächtnislücken kann ich nicht füllen. Ganz verschwommen sehe ich das Bild einer Bordwand vor mir, von der Hände und Stangen sich mir entgegenstreckten.

Dann wachte ich in einem überfüllten engen Schiffsraum auf. Ich lag in einer Koje und klapperte mit den Zähnen. Der Boden war mit nassen Uniformstücken übersät, und in den Ecken kauerten Menschen, manche mit gebrochenen Augen. Sie hatten das Schiff noch erreicht, aber den Anschluß an das Leben versäumt. Ich war unfähig, erschüttert zu sein. Ganz langsam begriff ich, daß mir das Leben geschenkt war. Als es wieder einmal krachte, stürmte ich zum Ausgang des Raumes, weil ich nicht im Schiffsleib ertrinken wollte. Man wies mich zurück mit der gelassenen Bemerkung, man sei auf U-Boot-Jagd und müsse Bomben werfen. Außerdem solle ich mich gut abtrocknen, nicht mehr schlafen, sondern Bewegung machen und Rum trinken. Ich folgte wie ein Kind und war glücklich, kommandiert zu werden. Bald dachte ich an das Land und suchte nach trockener Kleidung. In Seemannskisten und Säcken fanden wir elegante Matrosenanzüge, die wir schnell anlegten. Inmitten der Toten am Boden begann eine Modenschau der Überlebenden, die nicht roh waren, doch Genugtuung darüber äußerten, daß sie zu den Glücklichen gehörten. Während des ganzen Krieges mußte ich darüber nachdenken, ob es anständig sei, sich des Lebens zu freuen, während andere Soldaten das Opfer der Furie wurden. Es half nichts, der erste Gedanke beim Anblick von Gefallenen war immer der selbe: Ich bin nicht unter ihnen!

Nach geraumer Zeit, ich weiß nicht, wie viele Stunden es waren, legte das Schiff in einem Hafen an. Er hieß Skagen, gab dem Skagerrag den Namen und lag auf dänischem Boden, der nördlichsten Spitze Jütlands. Wir taumelten von Bord und liefen Spalier durch eine Menschenmenge, die uns mit offensichtlicher Schadenfreude betrachtete. Man muß ihnen verzeihen, denn einen Tag zuvor waren deutsche Truppen auch über die dänische Grenze gedrungen. Ohne Blutvergießen, doch nicht zum Vergnügen der Bevölkerung, die mit diesem Krieg absolut nichts zu tun haben wollte. In Skagen waren vom Land her noch keine Soldaten eingetroffen, doch hatte ein Marinekommando in Frederikshaven Stellung bezogen und Erste Hilfe für uns organisiert. Die Soldaten wurden in die Schule gebracht. Der Reihe nach, wie sie von verschiedenen Schiffen in den folgenden Stunden angelandet wurden. Den Offizieren bot man das Hotel an. Mein Rang eines Leutnants war erstmals von Vorteil. Ich kroch ins Bett und schlief. Dann verlangte ich ein Bügeleisen, brachte meine Uniform in Ordnung, trocknete den Inhalt des Geldbeutels, die Löhnung der beiden letzten Tage, auf der Heizung und marschierte zur Schule, um nach meinen Mannen zu sehen. Die wußten bereits, was der Aquavit kostet und wo man Orangen kaufen kann. Auch erzählten sie von preiswerter Schlagsahne mit Ananas.

Kaum zu glauben! Dieses Land schwamm im Überfluß. Und wir für einige Stunden auch. Je nach Temperament ergriff uns Wut oder Bestürzung, als die Kaufleute mit dem Ausdruck tiefsten Bedauerns die Deutsche Reichsmark ablehnten. Das hatten wir noch nie gehört, daß unser Geld nichts wert sei! Aber wir waren bis jetzt ja nur in Italien gewesen, wo ein Kollege von Hitler, der außerdem schon länger an der Regierung war, herrschte. Offiziell gab es für 60 Pfennige 100 Öre oder eine Dänenkrone. Auf der ganzen Welt halten die Kaufleute aber weniger vom »Offiziellen«, sondern mehr von den Tatsachen. Und Tatsache war, daß, international gesehen, die Mark unter Hitler an Kaufkraft verloren hatte. Die Geschichte hinkt immer etwas hinter der Wirtschaft her, aber sie geht selten andere Wege. Die Krämer in Skagen wußten fünf Jahre vor uns, daß wir Falschgeld mit der echten Unterschrift der Reichsbank in Umlauf bringen wollten. Ich schämte mich schrecklich des miesen Geldes und gab im Hotel großzügige Trinkgelder. Geschenkt wurde es wenigstens akzeptiert! Das tröstete mich wieder.

Am zweiten Tage oblag es mir, in die örtliche Turnhalle zu gehen und zwischen den Reihen von Leichen diejenigen zu identifizieren, die meiner Batterie angehörten. Wie nützlich Erkennungsmarken sind, konnte ich dabei lernen, denn das Wasser hatte die Gesichter sehr entstellt. Einige hatten befehlswidrig gehandelt und die Marke nicht um den Hals getragen. Sie machten uns viel Ärger damit, konnten aber nicht mehr bestraft werden. Schließlich wußte ich von allen, die hier lagen, wer sie betrauern würde. Zwei Mann fehlten. Vom einen wußte ich, daß er im Bauch der »Florida« ruhte. Man registrierte ihn dennoch als vermißt. Der andere Soldat war wirklich vermißt. Die Batterie war um 16 Mann kleiner geworden. Für 14 Kameraden gab es in Skagen ein Begräbnis in weißen Särgen in einem Massengrab. Wir wunderten uns über die Sargfarbe. Entweder entsprach sie der Landessitte, oder der Fabrikant war nicht auf Deutschlands männliche Jugend vorbereitet. Wir waren ja selbst nicht auf das Sterben vorbereitet. Unsere Batterie hatte jedoch für immer den schändlichen Ruf verloren, ein Haufen von Sockenträgern zu sein, der ohne Gefahr und Opfer für das Vaterland faul in der Heimat herumsaß. Die 16 Kameraden rehabilitierten uns schamlos Überlebende. Wir nahmen das Opfer dankbar an und sangen wirklich tief bewegt »Ich hatt' einen Kameraden!«

Am Abend des gleichen Tages grölten wir unser ganzes Repertoire an fröhlichen und anzüglichen Soldatenliedern, als wir zum Bahnhof marschierten, um Dänemark auf dem Schienenwege zu verlassen. Die Bevölkerung staunte über den ungebrochenen Geist der Schiffbrüchigen, und gerade das wollten wir ja den Schlagrahm-Hortern zeigen. Unser Geld war nichts, aber in der Kehle hatten wir Gold genug, um ganz Europa niederzusingen.

Wie immer war das Ziel der Reise geheim. Bei der Ankunft stand am Bahnhofsgebäude jedoch klar und deutlich der Name: Rendsburg.

Unsere Truppengattung war nicht ohne weiteres zu erkennen, denn in Skagen kleideten wir uns recht gemischt mit Uniformteilen des Heeres, der Marine und Resten unserer eigenen Uniform. Die Flakkaserne von Rendsburg hatte genügend neue Gewänder vorrätig und auch einen Zahlmeister, der uns Geld gab. Viel Geld! Als erstes durften wir den Verlust unserer persönlichen Habe melden und wurden nach den eidesstattlichen Angaben entschädigt. Zudem ergab sich noch ein besonderes Phänomen. Vermutlich hervorgerufen durch den Schock des Unterganges, konnte sich kein Soldat erinnern, daß am Tag des Unglücks die Löhnung vor der Katastrophe ausbezahlt worden war. Auch unser Rechnungsführer glaubte sich zu erinnern, daß er eine volle Kasse verloren habe. So gab es nachträglich eine Dekade ausbezahlt. Mit diesem Geld, das wir ja außerhalb der Legalität annahmen, zogen wir in die Gaststätte »Paradies«, direkt am Kanal gelegen, und ließen uns dort als Seehelden feiern. Der Heimweg führte über die Alte Kieler Landstraße. In der Ferne sahen wir ein rotes Licht mit der Nummer »7« baumeln, welches sich mild über eine lange Schlange von Heeressoldaten der nahen Kaserne ergoß. Wie vor einem Metzgerladen bei Fleischknappheit standen sie und warteten. Es war wohl ein vergleichbarer Mangel. Die Disziplin war vorbildlich, doch wurde über die langsamen Vorarbeiter gemurrt, die Schuld daran trügen, wenn in wenigen Minuten Zapfenstreich geblasen würde, ohne daß alle Hungrigen ihren Anteil bekommen hätten. Erstmals baten Soldaten mich als Offizier um Hilfe. Ich schien ihnen energisch und unparteiisch zu sein.

»Herr Leutnant, würden Sie bitte vorne an der Tür mal Krach schlagen und sagen, die sollen sich schicken. Das ist doch unkameradschaftlich! Und die Mutter soll doch ihren Laden zumachen, wenn sie kein Personal herbringt!«

Sofort pochte ich gebieterisch an die Türe und sagte der öffnenden Chefin, daß dies ein Skandal sei. Ich wolle nichts für mich, aber sie müsse doch eine bessere Abwicklung garantieren. Schließlich sei Rendsburg kein Dorf.

»Sie können mir glauben, Herr Offizier«, sagte Mütterlein sanft, »meine Mädels tun, was sie können. Aber wir waren auf diesen Stoßbetrieb nicht vorbereitet. Es will ja auch keine mehr einen vernünftigen Beruf. Die meisten rennen doch jetzt in die Fabrik!«

Ich hielt draußen eine Rede über Personalmangel und die Notwendigkeit, daß die weibliche Jugend in die Rüstung muß, um an einer anderen Front für den Sieg zu kämpfen. Der Krieg würde eben nicht auf der Alten Kieler Landstraße entschieden, sondern in Norwegen, von wo wir soeben der Hölle entronnen seien. Die Rede war sehr erfolgreich, und die Schlange bröckelte ab. Die Mädchen konnten etwas verschnaufen, bis nach zwölf Uhr die höheren Dienstgrade oder die ehrsamen Bürger Rendsburgs kamen. Ich eilte in die Kaserne und spielte auf dem neuen Akkordeon, das ich mir von der Wiedergutmachung gekauft hatte. Der Untergang hatte mir einen alten Traum erfüllt!

Der alte römische Spruch, daß die Seefahrt not tue, kam mir trotz aller positiven Seiten des Unternehmens als sehr unpassend für deutsche Verhältnisse vor. Wenn ich der Führer gewesen wäre in diesem Augenblick, hätte ich die Meere den Engländern überlassen.

»Navigare necesse est« war von vielen Schülern in der Pause oft wörtlich mit »schiffen ist notwendig« übersetzt worden. Jetzt kam ich zu einer ganz anderen Formulierung: »Natare necesse est« oder frei übersetzt: schwimmen muß man können.

Tyske Tropper

Während die neueingekleidete, aber waffenlose Batterie in Rendsburg saß und von den Ärzten untersucht wurde, ob sie noch zu gebrauchen sei, ging in den Stäben ein Handel um den Männerhaufen los. Nicht etwa, daß man sich um uns riß, sondern ganz im Gegenteil, niemand wollte uns haben. Was sollte man schon mit Flaksoldaten, die keine Kanonen hatten! Leute, ach, die gab es in Hülle und Fülle. Polen hatte wenig Opfer gekostet, die Bilanz von Norwegen war noch nicht veröffentlicht, und die Jugend war zahlreich und gesund. So schob man uns zunächst einmal nach Wolfenbüttel in die Kaserne.

Einige Tage später hieß unser Ziel Hilden bei Düsseldorf. Dort erhielten wir Urlaubspapiere und die Auflage, uns zu Hause erst einmal zu erholen, denn bei manchen Passagieren der »Florida« waren Kreislaufschäden festgestellt worden. Die Ärzte waren äußerst gewissenhaft, da sie es noch von ihrer freiberuflichen Praxis her gewöhnt waren, an die Gesundheit ihrer Patienten zu denken.

Ich war aber noch keine drei Tage zu Hause, als ein Telegramm den Urlaub unterbrach. Das Vaterland konnte uns plötzlich wieder gebrauchen und hatte eine neue verantwortungsvolle Aufgabe für uns. Wir sollten Kopenhagen vor englischen Luftangriffen schützen. Mit dänischen Waffen, die wir dort in Empfang nehmen sollten. Wir trafen uns mit großem Hallo in Hilden und reisten, wieder mit der Bahn, nach Warnemünde. Dort erst stellten wir Helden mit Schrecken fest, daß der Fährweg nach Gedser über das Wasser führt. Beruhigende Worte über die Unzugänglichkeit der inneren Ostsee für U-Boote fielen, aber jeder dachte im stillen, daß Flugzeuge nachts auch Minen legen können. Wegen solcher Flugzeuge sollten wir auch an den Sund, die Meerenge zwischen Schweden und der Insel Seeland Dänemarks, verlegt werden. Trotz des schlechten Wetters und der guten Speisekarte im Saal unter Deck trafen wir uns alle oben und priesen die gesunde Meeresluft. Es sei ja eine Sünde, in die muffigen unteren Räumen zu gehen. Und dabei dachte jeder daran, wie ungesund es jetzt in den unteren Räumen der »Florida« sei.

Das Fährschiff kam heil in Gedser an und wir alle gesund nach Kopenhagen. Dort funktionierte bereits eine deutsche Militärverwaltung, und alles war gut vorbereitet. Im südlichen Vorort Dragör bei einer alten Festung stand das Badhotel und lieferte Beweise bester dänischer Küche. Der Stab unserer Flakabteilung, der dort wohnte, übergab uns die Waffen: englische Flakkanonen schweren Kalibers, leichte Geschütze der Marke Bofors aus Schweden und ein Rechengerät Gamma-Juhasz aus Ungarn. In den Ausbildungspausen kamen Autos mit Kuchen und Schlagsahne aus Dänemark. Auch die Eier der benachbarten Hühnerfarm waren dänisch und kosteten umgerechnet vier Pfennige. Unser Koch verarbeitete nur wenige Tage die Trockenkartoffeln aus Deutschland, dann machte er die Küche zu und schloß sich dem allgemeinen Brauch an, sich nach Landessitte anständig zu verpflegen.

Bald hatten wir gelernt, mit den Beutewaffen umzugehen und fuhren zu einer echten Schießübung nach Rageleye, der nördlichsten Spitze Seelands, direkt am Kattegatt. Die Fahrt durch das frühsommerliche Land gehört zu meinen schönsten Reiseerlebnissen. Dänemark blitzte vor Sauberkeit, und man konnte in keiner Stadt richtige Arme-Leute-Quartiere entdecken. In Italien hatte man stets das stolze Gefühl, der Sohn einer reicheren und besser geordneten Heimat zu sein. Hier kam uns der Gedanke, man habe uns nicht ausreichend über die Welt informiert. So wenig Uniformen und doch so gute Ordnung! Wie machen das die Leute nur? Niemals ein Betrunkener auf der Straße, von den Deutschen natürlich abgesehen. Mit Staunen hörten wir, daß es strafbar sei, in der Öffentlichkeit alkoholisiert zu sein. Dagegen habe die Polizei nichts gegen Suff in den eigenen vier Wänden. Die Landwirtschaften waren gepflegt, die Straßen perfekt. Und nirgends ein Braunhemd! Keine Parolen an den Hauswänden!

Nach der Schießübung freuten sich alle wieder auf Kopenhagen, dessen Bild ich aus der Erinnerung genüßlich male. Lange bevor die Zigeuner Europas durch die Campingbewegung rehabilitiert und gesellschaftsfähig wurden, schlugen wir unsere Zelte direkt am Sund auf. In malerischer Abwechslung mit Kanonen, die wir nur anfaßten, um sie zu reinigen. Morgens, ehe der Bäcker und Milchmann in die Stellung kamen, sprangen wir ins Meer, um Appetit zu bekommen. Die Händler boten besten Service und wir dafür Kreditkassenscheine. Das war Besatzungsgeld, das nur in bestimmten Mengen ausgegeben wurde, um die Währung und Wirtschaft der besetzten Länder nicht schneller zu ruinieren als die in Deutschland. Für dieses Geld konnten wir alles bekommen, und die Schande von Skagen war schnell vergessen. Nach dem Frühstück dachten wir pausenlos an den Abend, manchmal schon an den Nachmittag in der City.

Hauptanziehungspunkt war das weltberühmte Tivoli, der Vergnügungspark, den manche Stadt kopiert, aber niemals erreicht hat. Schießbuden und Schausteller gab es dort wie überall auf der Welt, doch die Besonderheiten waren die eingestreuten Tanz- und Freßlokale. »Diwans« nannten sie sich. Ganz am Rande der Anlage war das berühmte »Vivex«, wo die zerlassene Butter in Strömen floß und Fremde wie Einheimische gern schlemmten. Das Märchen vom Schlaraffenland war also doch nicht erfunden. Auf der Toilette lag die beste Seife, tatsächlich für jedermann zu benützen. Gesättigt machte ich mir in einem der Diwans beim Tanzen Bewegung und ließ meinen Blick über die Schönen des Landes schweifen. Sie rauchten genießerisch ihre Zigarren, die mir nach drei Zügen vornehme Blässe verliehen hätten. An einem Tisch saß eine ganze Familie und sah beunruhigt immer wieder zu mir herüber. Da die mitgeführte Tochter äußerst hübsch war, dankte ich mit Gegeninteresse. Sie war schwarzhaarig und zweifellos Jüdin. Der schwammige kleine Bruder, die behäbige Mamme und der blasse blaubärtige Vater bestätigten meinen Verdacht. Ich war in Uniform und fühlte mich frei in diesem Lande. Wäre es nicht eine schöne Geste, die Tochter zum Tanz zu holen und zu zeigen, daß »wir nicht alle so sind«? Ein sichernder Blick in die Runde gab mir die Gewißheit, daß kein Parteibonze in der Nähe war. Der Blick war damals im Jahre 1940 überflüssig, denn bis jetzt waren nur deutsche Soldaten im Lande. Ich rückte meine Krawatte auf korrekt bis unwiderstehlich und schritt gemessen an den Tisch der Familie. Verbeugung vor den Eltern, Verbeugung vor der Tochter, der Bruder unwichtig. Das Mädchen lächelte verlegen und wurde noch hübscher, als es schon war. Die Mamma schlug die Augen zu Boden. Da schoß dem Vater die Röte ins blasse Gesicht, und er zischte: »Niemals! Niemals mit einem Deutschen!« Ich sah nur die Tochter an und ihre große Traurigkeit im Gesicht. Sie hätte so gerne getanzt! Für sie war ich ein Junge aus Deutschland, ihrer früheren Heimat. Kein Schuldiger, dem man Rache geschworen hatte. Dann wurde ich selbst traurig. Es war mir klar, daß ich dieses Mädchen nicht mehr treffen würde, denn der Vater mied fortan gewiß alle Orte, die auch schon von Deutschen, von Nazis, verseucht waren. Wie gerne hätte ich ihr gesagt, daß sie schön sei und daß ich den Haß ihres Vaters verstünde, auch wenn er ihn an der falschen Stelle geäußert habe. Ich hätte auch fragen können, ob sie wissen, wo die kleine Müller aus Berlin, die Freundin meines Bruders lebt. Aber all dieses war durch das harte »Niemals!« unmöglich. Wer weiß denn schon mit knapp 21 Jahren, wie man eine solche Situation zum Guten wendet?

Heute würde ich mich zu dem Manne setzen und sagen: »Mein Herr, ich verstehe Sie. Das Recht und das Gefühl sind auf Ihrer Seite. Aber wenn Sie etwas Gutes am Geist tun wollen, dann hassen Sie nicht mich, der ich 1933 erst 14 Jahre zählte. Kennt Jehovah wirklich nur die Rache? Soll ich durch Sie lernen zu glauben, was die Nazis predigen? Wäre es nicht besser, mich an meinen Christenglauben zu erinnern, damit ich erröte beim Gedanken an das Gebot der Nächstenliebe, welches so schwer zu befolgen ist?«

Ich war der Situation nicht gewachsen. Zorn ergriff mich, und die verletzte Eitelkeit des jungen Mannes legte mir die gemeine Antwort in den Mund: »Das hätte ich mir von einem Juden denken können!«

An beiden Tischen wurde gezahlt und gegangen. Der Abend war verdorben.

Bald kam ich wieder ins Tivoli, an einem schönen sonnigen Nachmittag. Es war ein Wetter zum Damenumwerfen. Eine besonders Hübsche lief vor mir und erwies sich auch nach dem Überholen noch als Sonderklasse, was bekanntlich sehr selten vorkommt.

»Meine schöne Dame, darf ich Ihnen Gesellschaft leisten?«
»Mein vorwitziger Herr, das geht nicht!«
»Warum, wenn ich fragen darf?«
»Weil ich verheiratet bin.«
»Das ist aber schade!«
»Für Sie vielleicht. Für mich nicht!«

Die flotte und schlagfertige Rede gefiel mir. Die überaus eilige Betonung des moralischen Bremsklotzes ließ mich zudem hoffen, daß sie in Wirklichkeit gar nicht so kleinlich sei. So wie Mädchen mit einem Kreuzchen an der Halskette auch nicht unbedingt die stärksten Neinsagerinnen sind.

Zwei Stunden später saß ich in der Bar »Poppedrengen«, zu deutsch »Papagei«, und wartete auf den Auftritt der jungen verheirateten Sängerin. Sie killte mein Herz mit Hilfe englischer Songs, die sie Whisky-rauchig vortrug. Sie sang mit einem sprechenden Blick zu mir: Take it easy, boy, boy, go to your home and have a cigar! Ich konnte es aber nicht leicht nehmen, weil ich kein Heim, sondern nur ein Zelt hatte und außerdem Nichtraucher war. Es blieb mir also nichts anderes übrig, als mit zu ihr nach Hause zu gehen. Ihr Gemahl, auch ein Künstler und schon ihr zweiter in ihrem 21jährigen Leben, war vor zwei Uhr morgens nicht zu erwarten. Das nahm mir keineswegs die Schüchternheit, und sie hielt mich von da an als netten harmlosen Freund zur Erholung, nahm mich mit auf Parties in der Stadt und zeigte den Original-Deutschen bei allen Bekannten und Freundinnen her. Die gaben sich als echte Freundinnen große Mühe, den Beweis meiner Verführbarkeit zu erbringen, doch mußte ich sie enttäuschen, weil ich mich während meines Aufenthaltes in Kopenhagen zur Treue verpflichtet fühlte.

Inzwischen dauerte dieser schon fast zwei Monate, und in Frankreich war unsere Armee zum letzten Angriff dieses Krieges angetreten. Nicht so dumm wie 1914, sondern quer durch Belgien und Holland zunächst in Richtung Kanalküste. Die Neutralität anderer Länder mit so ungeschickter Geographie wie Holland durfte kein Hindernis zum endgültigen Siege sein. Das sah jeder bei uns ein. Außerdem warteten die Germanen der Niederlande sehnsüchtig aufs Pangermanische Reich, hieß es. Es galt also nur, die wenigen ewig Gestrigen in den Niederlanden zu bekämpfen. Der Rest war reine Befreiung. Bald flohen die Briten bei Dünkirchen über den Kanal. Weihnachten 1940 wird eine Friedensweihnacht, so schön wie nie zuvor! Schade, daß ich nicht dabei sein konnte, um den Ablauf der Sache zu beschleunigen.

Es war ja immer noch recht schön in Kopenhagen, aber für einen Soldaten geradezu verweichlichend. So gemütlich war es zu Hause nicht. Die Bevölkerung war sehr freundlich zu uns, wie wir auch äußerst streng angehalten waren, Dänemark als befreundetes und nicht als besiegtes Land zu betrachten. Die dänische Armee blieb bewaffnet, und es bestand gegenseitige Grußpflicht. Die deutsche Kommandantur war im Hotel d'Angleterre und wirkte lautlos nobel. In den Tagesbefehlen wurden wir verpflichtet, den dänischen König ehrerbietig zu grüßen, und wir genossen es wirklich sehr, dem reizenden und feinen Herrn bei seinen Ausritten die Ehrenbezeugung zu erweisen. Einen echten König durften wir grüßen! Wir lagen oft absichtlich auf der Lauer, um in diesen Genuß zu kommen. Prinz Knud hingegen hielt mehr vom Genuß scharfer Getränke, die im Kreise wohlgesitteter deutscher Offiziere das gegenseitige Verständnis, Friedenswünsche und gegen Morgen das Menschliche in jeglicher Richtung förderten. So kam unser Herr Major zu einem königlichen Hausorden, den er mit Stolz Tag und Nacht trug. Wir nannten ihn sein Saufsportabzeichen.

Doch nicht in allen dänischen Armeeteilen wurde auf gutes Einvernehmen mit Tyske Tropper, den deutschen Truppen, Wert gelegt. Heute mag es der Stolz der dänischen Marine sein, damals in Reserviertheit verharrt zu haben. Den Krieg hat diese Haltung nicht beeinflußt und auch das üble Auftreten der Gestapo und der Nazi-Zivilorgane nicht verhindert. Später war alles vergiftet, ließ ich mir sagen. Aber 1940 konnten die Menschen noch miteinander sprechen. Nur der nette Matrose nicht mit mir.

Es passierte beim gepflegten Abendessen im »Skandia«. Roastbeef mit Salaten war dort mein Favorit. An meinem Tisch ein dänischer Matrose, der gerne ein zwangloses Gespräch mit einem harmlosen Deutschen anknüpfte. Wir sagten uns gegenseitig Höflichkeiten über unsere Länder und hofften, daß bald kein Grund mehr für die Tyske Tropper bestünde, in Dänemark zu verweilen. Ich versprach, als Tourist auf jeden Fall wieder nach diesem herrlichen Lande zu reisen. Plötzlich erstarrte der Junge, reagierte auf den Wink eines Marineoffiziers unter der Türe und verschwand im Gang. Als er zurückkehrte, war er wortkarg und zahlte sogleich. Meine Einladung lehnte er entschieden ab. Beim Abschied wußte er nicht recht, ob er mir die Hand geben sollte oder nicht. Sie zuckte erst vor, dann schnell zurück, ohne mir zu begegnen. Leise sagte er mir, daß man ihm Vorhaltungen gemacht habe, weil er mit einem Deutschen gesprochen habe. Ich bekam allmählich doch das Gefühl, daß wir Deutschen aussätzig seien. Wieder eine Brücke eingerissen! Der Haß war eine starke Strömung. Daß sie nicht auch mich fortgerissen hat, ist das Verdienst des Herrn Dyrbye aus Dragör.

Abends, wenn Kopenhagen verdunkelt war, um den Briten kein Ziel zu bieten, schauten wir besonders gerne über den Sund nach Malmö. Von dort drüben in Schweden, kaum 17 Kilometer entfernt, glitzerte ein Lichtermeer übers Wasser. Dort herrschte Friede. Zumindest war dort kein Deutscher. Und das bedeutete helle Straßen, helle Fenster. Ich glaube, ich wäre nur für eine

Nacht hinübergefahren, um das Licht zu sehen, wenn ich ein schnelles Boot gehabt hätte. Aber im Sund fuhren nur Frachter von der Ostsee nach Norwegen. Meist mit militärischen Gütern oder irgendwelcher Tauschware für die Wirtschaft beider Länder.

Eines Morgens hörten wir eine laute Explosion auf dem Wasser und gewahrten bald eine Rauchsäule, dann ein Schiff, das sank und nur noch die oberen Aufbauten zeigte. Der Sund war flach, doch wie es schien, vermint. Die Briten hatten ihre Mühlen flach fliegend bis hierher geschickt und das Wasser unsicher gemacht. Schnell fuhren vom Gestade einige Boote hinaus, um Rettung zu bringen, und in kürzester Zeit waren die ersten zivilen Seeleute mit schweren Verbrennungen an Land gebracht.

Am kleinen Hafen stand ein großer amerikanischer Wagen, dessen Besitzer die Szene genau wie ich beobachtete. Ich überlegte gerade, wie ich die nächsten Sanitätsautos der deutschen Armee herbeiholen könnte und erkundigte mich nach einem Telefon. Da meinte der feine Herr, es wäre wohl wenig Zeit bei derartigen Verletzungen, öffnete die Türe seines schönen Wagens und ließ die ersten ölverschmierten Matrosen hineinlegen. Dann brauste er ab zum Krankenhaus.

Die Männer hatten schaurige Schmerzen und spürten, der Bewußtlosigkeit nahe, doch die Fürsorge. Ich besuchte sie am nächsten Tag im Hospital. Einer lag in den letzten Zügen, zwei hatten schwache Hoffnung und baten mich, für sie einen Brief an die Familie zu schreiben. Es waren eigentlich Abschiedsbriefe. Ich war beim Diktat den Tränen nahe und machte Witze, um meinen Schmerz zu verbergen. Als ich gehen wollte, kam Herr D., um nach den Unglücklichen zu sehen. Er brachte eine Kleinigkeit mit. So meinte er. In Wirklichkeit brachte er das allergrößte Geschenk dieser Erde mit, ein menschliches Herz.

Als er mich einlud, auf dem Rückweg zu ihm zu kommen, nahm ich dankbar an. Seine hübsche schwedische Frau bewirtete mich wie einen Herrn der guten Gesellschaft, nicht wie einen deutschen Eindringling. Als ich das Haus verließ, nahm ich mir vor, niemals zu hassen. Wenn Herr Dyrbye noch lebt, besitzt Kopenhagen heute in ihm einen Menschen, der vielleicht bedeutender ist als Andersen. Einen Lehrer in Nächstenliebe.

Der Gröfaz

Jeder vernünftige Mensch muß mich einen Narren schelten, wenn er vernimmt, daß die Ruhe und Geborgenheit Dänemarks mir eines Tages die Feder in die Hand drückte, um einen Brief an den mir bekannten General der Luftwaffe und Befehlshaber im Luftgau VI, August Schmidt, zu schreiben. Es ist nicht närrisch, an Generale zu schreiben, doch Wahnsinn ist's, um die Versetzung an die Front zu bitten, weil man das Wohlleben einer Oase satt hat. Ich hatte Angst, den Krieg zu versäumen und an den Nachkriegsstammtischen nicht als vollwertiger Mann betrachtet zu werden. Noch gab es in Frankreich Gelegenheit, sich zu bewähren. Die allerletzte Gelegenheit, denn in wenigen Wochen war Friede.

Wie ich später erfuhr, hielt mich der General tatsächlich für einen Verrückten, bemühte sich aber um mich so intensiv, daß der Herr Major in Kopenhagen mir Umgehung des Dienstweges vorwarf, von krummen Touren sprach und mir schwor, daß er die von oben angeordnete Versetzung vereiteln werde. Schließlich habe er sich keine Gehilfen herangezogen, die endlich mit den verdammten Beutewaffen umgehen könnten und dann abhauen. Er bereue es schwer, daß er mich zum Eisernen Kreuz zweiter Klasse vorgeschlagen habe.

Damit gab er ein Geheimnis preis, von dem wir schon seit Wochen gesprochen hatten. Unsere Schwimmkünste sollten nämlich belohnt werden, und ich wurde aufgefordert, aus meiner Batterie Ordensvorschläge einzureichen. Der Vorschlag mußte eine gute persönliche Beurteilung des Kandidaten enthalten sowie eine kleine Heldengeschichte, damit eine Tapferkeitsauszeichnung gerechtfertigt war. Ich schlug den Spieß, die Mutter der Kompanie vor, weil dieser wirklich durch seine Besonnenheit auf dem Schiff meine beste Stütze gewesen war und mit mir nochmals unter Deck gegangen war, um nach zurückgebliebenen Männern zu schauen. Außerdem hatte er mir die Schleife am Schwimmgürtel gebunden und mir so das Leben gerettet. Vier weitere Männer wählten wir gemeinsam nach ihrer allgemeinen Hochanständigkeit und Dienstbeflissenheit. Einer davon hieß Müller I. Es gab nämlich zwei Müllers in der Batterie. Der zweite hieß, man rät es kaum, Müller II. Der Spieß meinte, es sei wohl anzunehmen, daß ich dann auch einen Orden bekäme. Mir war es wahrhaftig nicht wichtig, dekoriert zu werden, doch rechnete ich leidenschaftlich damit. Ich rechtfertigte die Annahme am Ende mit der Überlegung, durch meine Schwimmerei dem Staate einen Soldaten mit langjähriger und teurer Ausbildung erhalten zu haben.

Der Tag der Verleihung nahte, und die ganze Batterie trat in bester Uniform zwischen den Geschützen an. Die Verleihung sollte aus hoher Hand, von einem Generalmajor aus Hamburg, vorgenommen werden. Dieser entstieg auch, vom Aquavit etwas behindert, ziemlich pünktlich einem offenen Wagen und achtete darauf, daß sein Hündchen nicht von seiner Seite geriet. Dieses benahm sich wie ein verwöhnter Fratz des Generaldirektors im Fabrikgelände, hob das Bein am kostbaren Gamma-Juhasz-Gerät und ließ sich liebkosen, obwohl es jeder gerne mit einem Fluch gegen seinen Herrn getreten hätte.

»Männer! Im Namen unseres Führers (leichtes Aufstoßen mit Cordon-Bleu-Geschmack) habe ich die Ehre und schöne Pflicht (am Salat war Knoblauch!), die Tapfersten unter Euch (... das Soufflé hätte ich weglassen sollen!) mit dem Eisernen Kreuz Zweiter Klasse auszuzeichnen! Ich rufe jetzt folgende Dienstgrade zu mir (... hoffentlich bleiben die Kerle außer Reichweite meiner Fahne). Batterie stillgestanden!«

Rumms! Alles stand, und einzeln sprangen die Aufgerufenen vor. Auch Müller. Aber nicht der richtige Müller, sondern Müller II, der ein echtes Miststück war, jedoch mit hoher Selbsteinschätzung begabt. Offensichtlich auch mit bester Reaktionsfähigkeit. Ich war in der Stellung »Stillgestanden« und konnte das Unglück nicht verhindern. Müller II war einer unserer Tapfersten nach der Feierlichkeit und blieb es bis heute. Denn was der Führer verlieh, konnte der Mensch nicht nehmen. Das war Gesetz wie ein Sakrament. Müller I war untröstlich und weigerte sich anschließend, seinen Heimaturlaub anzutreten. Als Grund gab er an, daß er schon heimgeschrieben habe, mit dem EK II an der Brust als erster Held des Dorfes dem Zug zu entsteigen. Als ich das hörte, freute ich mich nachträglich über sein Mißgeschick und bekräftigte ihn in seiner Meinung, daß er unmöglich mit nackter Brust Urlaub nehmen könne.

Der Hund des Herrn General stieg wieder in das Auto und

vergaß auch nicht, sein Herrchen mitzunehmen, welches vor dem Abflug nach Hamburg noch Besorgungen in der Stadt machen mußte. Der Wunschzettel der Gattin war sicher lang und der Mangel an Kreditkassenscheinen gering, da die Umtauschmenge vom unterstellten Zahlmeister kaum beanstandet worden war.

Am nächsten Tage nahm ich kurzen männlich-harten Abschied von meiner lieben Sängerin, kaufte einige Stücke Seife und holte meine Marschpapiere beim Abteilungskommandeur. Der Major schwor mir, daß er mich noch auf dem Wege nach Deutschland mit einem Gegenbefehl abfangen werde. Deshalb mußte ich meine Reiseroute angeben. Ich nannte die Strecke: Korsör – Nyborg – Fredericia – Flensburg – Hamburg – Berlin – Münster. Nach Münster hatte man mich nämlich zu meinem Freund, dem General, versetzt. Der Aufenthalt in Berlin sollte dazu dienen, einige Habseligkeiten zu Hause aufzunehmen, weil ich noch nicht alle Verluste von der »Florida« hatte ergänzen können. Nachdem ich diese Reiseroute genannt hatte, fuhr ich mit dem Taxi auf den Flugplatz Kastrup. Dort landete regelmäßig ein Flugzeug zwischen, das von Oslo nach Berlin pendelte. Als es vom Boden abhob, dachte ich ein wenig an den guten Major, der an Bahnhöfen und Fähren meinen Namen ausrufen ließ.

Am Namenstag meines Bruders war ich zu Hause. Wir bestaunten meine dänische Seife, rochen zuerst daran, dann an einigen Flaschen und feierten mit dem Wiedersehen gleichzeitig meinen Abschied.

Am nächsten Morgen erwartete mich am Flugplatz Staaken eine Kuriermaschine des Generals. Eine sportliche Me 108 mit Saffianledersitzen. Herrliches Flugwetter und mein 21. Geburtstag. Ich flog auch innerlich in höchsten Höhen. Kapitän Bernsmann, ein eingezogener Berufsflieger, stellte sich als Flugkapitän des Generals und Leiter der Flugbereitschaft von drei Maschinen vor. Er befehligte eine Me 108, einen Fieseler Storch und eine zivilgerüstete Ju 52. Bei so schönem Wetter nehme man am liebsten die Me. Da mußte ich absolut beipflichten und genoß in 300 Metern Höhe die Reise entlang dem Mittellandkanal. Bald mußte Hannover in Sicht sein. Bernsmann wurde, in seinen Kopfhörer lauschend, etwas nervös, besser gesagt, gespannt. Dann zeigte er mit dem Finger nach vorne auf eine hohe Rauchsäule, die nach der Karte über der Ölraffinerie von Misdorf stand. Englische Flieger hatten am Nachmittag des 26. Juni 1940 ohne Rücksicht auf die Namensumschreibung unseres Reichsmarschalls Hermann Göring auf Meier mitten in Deutschland gezielt Bomben geworfen. Wir kurvten um den Brand und priesen die Kaltblütigkeit der Briten. Dann lachten wir und riefen: »Wenn das der Meier hört!«

Eine gute Stunde später stieg ich in Münster-Loddenheide aus und wurde sofort zum General geführt. Eine herzliche Begrüßung, eine Einladung zum Abendessen in seiner Familie und ein Hotelzimmer im Kaiserhof. Alles recht schön, aber kein Krieg, dachte ich. Am andern Tag ließ er mich rufen und gab mir bekannt, was er mit mir vorhabe. Soeben sei der Krieg in Frankreich ins letzte Stadium getreten, eine Teilnahme nicht mehr möglich. Er habe aber einen wichtigen Posten für mich und viele ehrenvolle Aufgaben. Sein Ordonnanzoffizier, von Haus aus Kampfflieger, habe einen Einsatz über England geflogen und sei dabei abgeschossen worden. Nun benötige er einen Ersatzmann, und ich sei gerade der Richtige.

Kann man sich meine Enttäuschung vorstellen? Nein, man kann es nicht, es sei denn, man wäre so borniert wie ein verhinderter Held. Bei allen guten Beziehungen hatten die Anweisungen des Generals auch für mich Befehlskraft, und ich blieb in Münster. Wieder trug mich ein gütiges Geschick an einen prächtigen Ort, den ich zwar genoß, doch immer mit einem unbequemen und gefährlicheren vertauschen wollte. Meine wiederholten Bitten um Versetzung machten den General ärgerlich.

In einer stillen Stunde sagte er folgendes zu mir: »Hören Sie mal! Ich erlebe jetzt den zweiten Krieg in meinem Leben. Wenn ich Ihnen etwas sage, dann dürfen Sie mir ruhig glauben. Ich habe gelernt, daß man niemals in sein militärisches Schicksal eingreifen soll. Tun Sie, was Ihnen befohlen wird! Tun Sie es hundertprozentig. Aber versuchen Sie niemals, Ihre Geschicke als Soldat zu beeinflussen. Wenn Sie den Kopf auf Befehl verlieren, ist es nicht Ihre Schuld. Wenn Sie ihn aber verlieren auf einem selbstgewählten Platz, dann müssen Sie sich ein Leben lang Vorwürfe machen!«

Diese Rede war so weise, daß ich sie damals noch nicht begriff. General August Schmidt selbst mußte sich keine Vorwürfe machen, denn er wurde als Pensionär acht Jahre nach dem Kriege von einem Mopedfahrer in Münster totgefahren. Der General hatte noch viele Weisheiten für mich parat, da er früher Geschichtslehrer an der Kriegsakademie war. Auch nichtmilitärische. Trotz aller Kenntnis der Weltgeschichte war er dennoch dem Blender Hitler erlegen, den er für ein Genie hielt. Allerdings für ein proletarisches.

Der Krieg in Frankreich endete mit der totalen Niederlage der Alliierten. Die strategischen Pläne des deutschen Generalstabs waren orthodox und auf Nummer sicher abgestellt. Während die Offensive rollte, befahl Hitler in einer plötzlichen Eingebung den schnellen, riskanten, nachschubmißachtenden Direktdurchbruch zum Kanal. Der Erfolg war frappant. Das hatten die Alliierten nicht erwartet, weil es genaugenommen Wahnsinn war. Gerissene Skatspieler fallen beim ersten Spiel mit einem Anfänger oft herein, weil sie hinter dem Ausspiel echte Überlegung vermuten. Hitler, sich nie gering einschätzend, triumphierte als Dilettant am Kartentisch über seine Generäle und ließ sich von dieser Zeit an bei jeder Ehrung »der größte Feldherr aller Zeiten« nennen. In den Stäben aber war man gewohnt, alle Bezeichnungen abzukürzen und sprach bald nach den ersten Lobeshymnen auf das militärische Genie nur noch vom »Gröfaz«. Der Name blieb ihm bis ans Lebensende und wurde mit Genuß nach den Niederlagen im Osten verwendet, für die er die Pläne durchweg selbst gemacht hatte. Mein General jedoch war vom militärischen Genie Hitlers überzeugt und berichtete mir von einem Lagevortrag des Führers, der diesen als überragenden Kenner und Könner ausgewiesen habe. Er, der General, habe nur so gestaunt, wo dieses fundierte Wissen herkomme. Hitler sei einfach genial!

Im Befehlsbereich meines Chefs residierten in der Parteiorganisation an verschiedenen Orten insgesamt vier Gauleiter. Sie waren die Bosse der Kreisleiter in den Landkreisen. Einige kamen nach dem Kriege in Prozessen zu Berühmtheit. Sie waren die Statthalter des Führers und hatten alle Fäden in der Hand. Die meisten von ihnen zählten zur ältesten Garde der Partei, aber ich kann mich nicht entsinnen, daß Hitler jemals einen von ihnen erschießen ließ, was doch sonst innerhalb einer Gang zwischen Chikago und Moskau ganz alltäglich ist.

Der Gauleiter von Köln wurde in einer Angelegenheit der Luftverteidigung von uns eines schönen Tages besucht. In seiner Residenz am Rheinufer ließ er uns eine geschlagene Stunde warten. Ich machte dem General gegenüber schon Bemerkungen über gute Erziehung. Da hieß er mich ängstlich schweigen. Eine Woche später kam der Gauleiter von Münster in unser Luftgaukommando. Der General ging ihm als Hausherr an der Treppe entgegen und führte ihn sofort in sein Zimmer. Hinterher konnte ich nicht an mich halten und wies auf den Unterschied zwischen Köln und Münster hin. Vier Gauleiter seien im Bereich des Generals. Also sei er doch wohl viermal soviel wie diese einzeln.

»Junger Mann, das ist ein großer Unterschied« sagte er. »Das sind die Fürsterzbischöfe der Neuzeit. Ihre Macht ist unbegrenzt.«

Unbegrenzt war sie jedoch nur auf Erden. In der Luft begannen die Briten mächtig zu werden. Das Unheil des Zivilistenmordes nahm seinen Lauf. Es ist wirklich müßig, erforschen zu wollen, wer den ersten Luftangriff auf eine offene Stadt flog und ahnungslose Bürger im Schlaf tötete. Der Luftkrieg barg diese Gefahr immer in sich, denn militärische Ziele liegen nicht in der Wüste, sondern in der Nähe menschlicher Behausungen. Ein verfehltes Ziel, ein Notwurf im Abwehrfeuer konnte eine friedliche Stadt treffen und eine Vergeltungsaktion provozieren, die ihrerseits eine massive Antwort auf das Verbrechen forderte. Und so weiter und so weiter. Bis Dresden.

Der Angriff der Engländer auf Münster im Jahre 1940 war harmlos im Vergleich zu den späteren Leiden deutscher Städte. Einige Straßen brannten, es gab aber so wenige Tote, daß man sie einzeln feierlich begraben konnte. Ich lief hinter dem Sarge eines Majors aus dem Stabe und nahm mir vor, in Zukunft immer bei Alarm in den Luftschutzkeller zu gehen. Das war der Raum, in welchem die westdeutsche Bevölkerung schon ab 1940 einen großen Teil der Nacht zubrachte. Schimpfend, zitternd, gebärend, liebend oder sterbend. Es widerstrebt mir, diesen Teil einer Leidensgeschichte, die auch ihre Entsprechung in England hatte, breitzutreten, auch wenn die Keller für Millionen die Rettung waren.

Gott wird entscheiden, ob die Menschheit wieder in die Keller

Der Gröfaz 169

muß, weil sie das Licht des Tages, diese Gnade, sich verscherzt. Er wird auch entscheiden, wer ihn lebend wieder verläßt. Ich werde seine Entscheidung in meinem Falle zu beeinflussen versuchen; durch die heiße Bitte um Frieden und durch Beachtung der Luftschutzhinweise, wenn die anderen keinen Frieden wollen. Mehr kann ich nicht tun, weniger darf ich nicht tun.

Für den Gröfaz war Gott nicht mehr wichtig. Er nahm nicht einmal mehr dessen Namen in den Mund. Nur bei ganz starken Lügen vielleicht. Dann sagte er: »So wahr mir Gott helfe.« Ansonsten erkannte er nur eine leicht, aber auch nur ganz leicht übergeordnete Stelle, die er mit »Vooorsehung« bezeichnete und deren Aufgabe es war, alles so zu wenden, wie er es sich vorher ausgedacht hatte. Sie hatte ihn auch vor Überfällen und Attentaten zu schützen. Was sie auch sehr gewissenhaft mit Hilfe eines ungeheuren Polizei- und Spitzelapparates tat. Dieser wurde vom Innenministerium und der Partei Hitlers geliefert. Niemals in der Geschichte hat es einen besser bewachten Mann gegeben, und niemals wurde für das Leben eines einzelnen soviel Geld aufgewendet. Man konnte schon an erstaunliche Zufälle und an Schicksalsfügungen glauben, wenn man hörte, wie Hitler verschiedenen Gefahren entrann. Letztlich war das Glück aber doch das Ergebnis ungewöhnlicher Sicherheitsmaßnahmen, die sich auch in plötzlichen Programmwechseln ausdrückten. Im Jahre 1940 war zudem die Zahl seiner Feinde geringer als die Zahl seiner Bewunderer. Alles war ihm geglückt. Der Anschluß Österreichs und des Sudetenlandes 1938, der Blitzkrieg in Polen 1939, die schnelle Besetzung Norwegens und Dänemarks im April 1940 und dann ab Mai 40 der erfolgreiche Feldzug im Westen. In der Politik gelang ihm der Nichtangriffspakt mit Rußland, der ihm den Rücken frei hielt. Lediglich im Süden Europas lief nicht alles nach seinen Wünschen. Italien stand zwar Gewehr bei Fuß und band starke Kräfte der Gegner ohne Krieg. Diesen Zustand hätte Hitler gerne ewig aufrechterhalten. Aber Mussolini konnte seine tatendurstigen Faschisten nicht mehr halten, als die befreundete Konkurrenz im Norden so erfolgreich war. Das schon in den letzten Zügen am Boden liegende Frankreich wurde noch mit der italienischen Kriegserklärung und einer billigen Niederlage bedacht. Der Brand war in den Mittelmeerraum übergesprungen. Die Kriegsschauplätze vermehrten sich.

Langsam mehrten sich auch die Todesanzeigen in den deutschen Zeitungen. Mengenmäßig waren sie noch unterzubringen und deshalb nicht verboten. Ich weiß nicht, ob es eine Sammlung ausgefallener Anzeigentexte gibt. Man sollte sie anlegen und von Zeit zu Zeit veröffentlichen. Vielleicht am Heldengedenktag oder am Tage der Kapitulation. Niemand kann behaupten, daß diese Texte von der Partei vorgeschrieben worden wären. Wer sie verfaßte, handelte völlig freiwillig und bot ein Beispiel moralischer Verkommenheit und Rohheit, möglicherweise auch der Geistesgestörtheit. Aus dem Gedächtnis will ich einige Beispiele von »Elternliebe« zitieren:

»Der Führer hat ihn uns geschenkt, ihm und dem großdeutschen Vaterlande haben wir ihn freudig geopfert. Unser Sohn... starb den Heldentod bei....«

Oder: »Ich bin stolz, unseren einzigen Sohn, ..., Volk und Führer opfern zu dürfen.«

»Stolz geben wir den Heldentod unseres lieben Pappi bekannt. Er fiel auf dem Felde der Ehre. Alles, was wir haben, gehört unserem Führer. Wir geben es freudig!«

Wenn wir Zeitung lasen, erschauderten wir ob solcher Perversitäten. Dem Gröfaz gefielen sie, denn seine Pläne waren nur mit Blut, sehr viel Blut zu verwirklichen. Vermutlich kann kein Staatsoberhaupt, auch nicht in wirklich freien Demokratien, besonderen Schmerz empfinden, wenn es »Verlustziffern« vorgelegt bekommt. Die Lenker unserer irdischen Geschicke denken in weiteren Maßstäben und größeren Zeiträumen. Sie können sich nicht damit aufhalten, daß diese oder jene Entscheidung »einen gewissen Aufwand an Menschen und Material« erfordert. Schließlich rasen und saufen sich genügend Bürger auch freiwillig zu Tode, ohne einer guten Sache oder kommenden Generationen zu dienen. Wenn den Staatsoberhäuptern die Tränen kämen wie den Müttern, dann könnten sie ihr Amt nur einen Tag, nämlich den ersten Tag, ausüben. Sie müßten demissionieren und auf den Berg Athos auswandern.

Hitler hatte natürlich keine Sehnsucht nach der Mönchsrepublik in Griechenland, wenn er auch sonst ziemlich enthaltsam lebte. Er rauchte nicht und trank keinen Alkohol, wechselte aber zweimal täglich das Hemd. Das bezeichnete er selbst als seinen größten Luxus, wobei er die Befriedigung all seiner pompösen

Der Gröfaz

Gelüste einfach nicht zu den Privatvergnügungen zählte. Was er baute, veranstaltete, abriß, schenkte, gewährte oder tötete, geschah ja alles nur für Deutschland, für seine Jugend, seine Zukunft. Für die lieben Kinderlein, denen er die Wange streichelte, wenn sie von ehrgeizigen Müttern mit Blumen nach vorne gestoßen wurden. Er war für alle da und sogar unverheiratet, damit sich die verrücktesten Weiber noch in sein Bett hineindenken konnten. Tatsächlich hörte ich auf einer Party in Berlin eine Dame der Gesellschaft einmal sagen: »Meinem Peterchen könnte nur einer gefährlich werden, der Führer!«

Dabei war Hitler, wie man munkelte, ebenso impotent wie Peterchen. Über das Liebesleben des Führers mögen sich in Memoiren seine früheren ergebenen Angestellten auslassen, welche für Diskretion hoch bezahlt waren. Ich habe mir als junger Mann nie darüber den Kopf zerbrochen. Mich störte nur, daß er absolut nichts trank und rauchte. Vielfach sind solche konsequenten Abstinenzler in anderen Dingen verbohrt und maßlos. Wie gemütlich war die Zigarre Churchills! Solche Männer haben das rechte Maß. Oder gar Politiker, die etwas vom Wein verstehen. Auf absurde Gedanken können sie niemals kommen. Und sie leben lange, weil sie lange leben wollen mit den genüßlichen Dingen ihres Alltags. Ihnen ist auch das Verständnis dafür zueigen, daß andere Menschen auch lange rauchen und Wein trinken wollen. Selbst wenn ihre Zigarren aus der Repräsentation der Staatskasse finanziert würden, käme dies dem Volke billiger als die Prachtbauten auf dem Parteitagsgelände oder die Beschenkung der Parteikumpane mit Ämtern und Gütern. Würden Sie mich als selbstlos und persönlich anspruchslos bezeichnen, wenn ich im nächsten Museum einen Rubens stähle, um meinem besten Freunde eine Freude damit zu machen? Wenn ich auch auf Staatskosten meinem Hobby frönte und eine konkurrenzlose Pferdezucht ins Leben riefe? Natürlich zum Wohle des Rennsports! Hitler gestattete solche Eskapaden nicht nur sich, sondern auch seinen Gefährten aus der Kampfzeit. Er war ein großer Menschenverächter und wußte um die Käuflichkeit der Kreaturen. Damit lag er keineswegs schief, doch korrumpierte er planmäßig seine Handlanger. Vom Hausknecht mit dem Titel »Präsident« bis zum General auf dem ostpreußischen Gute, das er für besondere Erfolge im Angriffskrieg vergab. Viele aber lagen ihm zu Füßen nur um der Ehre willen. Ich möchte nicht wissen, was aus mir geworden wäre, wenn er mir mit 21 Jahren das Amt des Reichsnasenbohrerführers angetragen hätte. Mit einem großen Mercedes, eigener Flagge und der Auflage, dafür zu sorgen, daß jegliches Bohrgut im Namen des Führers der deutschen Rüstung zugeführt würde. So möchte ich heute dem Führer dafür danken, daß nicht er mich entdeckt hat, sondern er mir so seine Entdeckung ermöglichte.

Diverse und die Seine

Durch Münsters Umgebung floß ein geruhsames Flüßchen mit dem Namen Werse. Es fließt natürlich auch heute noch um die Stadt herum und würde, wenn es lesen könnte, noch gelangweilter sein angesichts des sehr alten Witzes, den ich hier kolportiere. Eine Scherzfrage in den Kreisen der Zugezogenen lautete nämlich: Welche Stadt ist moralischer, Münster oder Paris? Die Antwort lautete dann: Paris! Denn in Paris hat jeder die Seine, aber in Münster hat jeder Diverse. Ha, haha! Und der Gefoppte konnte nicht umhin, eine gewisse Berechtigung dieser Sentenz zuzugeben, weil Münster kein Städtchen von Traurigkeit war, Paris hingegen weitgehend unerforscht.

Um diese Bildungslücke zu schließen, wurden dienstliche Flüge in die Hauptstadt Frankreichs noch und noch initiert. In Paris gewesen zu sein, gehörte zum Prestige eines jeden Offiziers im Stabe. Mein Chef, darauf bedacht, daß sein Ordonnanzoffizier eine Persönlichkeit sei, schickte mich deshalb im Juli 1940 dorthin. Begleitet von dem Hauptmann Ia op I – der Leser soll jetzt nicht mit der Organisation von hohen Stäben gelangweilt werden –, der auch einen Grund fand und viel einzukaufen hatte. Er war selbst Flieger, aber ein so miserabler, daß der General seine Me 108 lieber mit einem Feldwebel am Knüppel für uns bestückte. Wohl versehen mit den Kreditkassenscheinen und vielen, vielen Wünschen der weiblichen Stabsangestellten stiegen wir in Loddenheide ein. Mit wenig Gepäck, damit die Maschine beim Rückflug noch vom Boden abheben konnte. Seit der Einnahme von Paris war dies eine der größten Sorgen der Luftwaffe. Dafür stanken die Stäbe in allen Etagen, besonders aber in der

Nähe der Vorzimmerdamen nach Soir de Paris von Bourjois. Den Geruch kenne ich noch heute unter Tausenden von Düften heraus, und wenn ich diese Parfümmarke heute lese, kommt unwillkürlich eine Gedankenverbindung mit dem Luftgaukommando VI zustande. Der Leser täte gut daran, ein Fläschchen zu kaufen, damit er sich restlos in die Atmosphäre versenken kann.

Nach der Landung in Le Bourget und während der Fahrt zur Innenstadt staunte ich erst einmal gehörig über die heruntergekommenen Vorstädte in Paris und über die Unverschämtheit des Hauptmanns A., der mir einen Teil meiner »Devisen« abknöpfte mit der schnodderigen Bemerkung, ich brauche wohl nicht so viel. Den Gegenwert könne ich in Reichsmark von ihm wiederbekommen. Das mußte er mir viel später allerdings herrlich büßen!

Im Hotel Westminster bekamen wir unsere Zimmer zugeteilt und wurden informiert, daß Damenbesuch laut Anweisung der deutschen Kommandantur auf der Bude verboten sei.

Die erste Mittagsmahlzeit sollte im Kasino des Generals der Luftwaffe von Paris genommen werden. Das war im prächtigen Palais Rothschild, und man scheute sich nicht, sich innerhalb nichtarischer Wände von weißgekleideten Ordonnanzen bedienen zu lassen. Das Essen war einfach und stand wie häufig bei verarmtem Adel in keinem Verhältnis zum Zeremoniell.

Die größte Sensation war jedoch das Besteck. Einesteils seiner Art wegen, andernteils im Hinblick auf seine Vorlage. Kaum hatte ich am Tisch des Herrn Rothschild Platz genommen, nahte der makellose Ober und legte mir Messer, Gabel und Löffel aus purem Golde zurecht. Dann zückte er ein Formular nebst dazugehörigem Bleistift, und ich durfte den leihweisen Empfang von drei Teilen Besteck unter Angabe von Dienstgrad, Name und Dienststelle bestätigen. Herr Ober warf noch einen Blick in mein Soldbuch, den Paß jedes Soldaten, ob die Angaben auch stimmten und wünschte mir guten Appetit. Es war wie eine perfekte Verbrecherhochzeit, wohl organisiert und getragen vom gesunden Rechtsempfinden, wonach dem Obergauner nichts mehr von den kleinen Ganoven gestohlen werden darf. Ich fühlte mich beleidigt und faßte den Vorsatz, in Zukunft auf eigene Rechnung im Restaurant zu essen, was sogar, von der Speisekarte her gesehen, vernünftiger war.

Bei der Gelegenheit lernte ich eines Tages einen Offizier kennen, von Beruf Kunstkonservator, der in Paris studiert hatte und nun damit betraut war, den Louvre zu katalogisieren und vor Schaden zu bewahren. Soweit mir bekannt wurde, geschah dies auf verantwortungsvolle Weise und nicht zum Schaden Frankreichs und des ganzen Abendlandes. Dieser Mann war ein Idealist. Als ich ihn nach dem fragte, was wir so unter Paris verstanden, meinte er, ich solle mir einen anderen Führer und Berater suchen. Er könne mir leicht ein Schwein vermitteln, einen Arzt bei der Waffen-SS. Ich schämte mich ganz schrecklich und ließ mir daraufhin Paris bei Tage zeigen, auch die guten Speiselokale. In ihnen tummelten sich zwei verschiedene Gruppen. Die eine bestand aus älteren Offizieren der Reserve, denen man zutraute, daß sie auf eigene Kosten auch schon einmal in Paris waren und jetzt angenehme Erinnerungen auffrischten. Sie aßen maßvoll, mit Bedacht, sicher und leise. Die andere Gruppe, sozusagen meine, lud sich von den Vorspeisen, die man nicht kannte und mit Fingerdeuten auswählte, Berge auf den Teller, als ob nichts mehr nachkäme, stöhnte bei jedem Gang, ließ aber keinen aus, da alles sein Geld kostete. Dazu trank man den falschen Wein oder sogar Bier, rülpste, schaufelte, lachte, zahlte großzügiger als die »Feinen« und litt unter dem vollen Bauch noch viele Stunden. Ich wußte, daß ich alles falsch machte, aber es schmeckte mir, es schmeckte...!

Inzwischen sank auch die Dunkelheit über die Stadt. Der Montmartre füllte sich, und in der Moulin Rouge begann das Programm für viele deutsche Armeeangehörige wie zuvor für englische, zu Hause prüde Weekendreisende. Lange Beine, nackte Brüste, dumme Szenen mit Sex und viel Verlangen nach Geld beherrschten die Atmosphäre.

Ein Mann bot mir einmal einen Film an. Diskret im Hausgang. Der Titel lautete: Paris bei Nacht. Ich griff zu, da ich einen Projektor zu Hause hatte. Sie können den Film heute noch bei mir sehen. Er handelt von Anfang bis Ende von den Leuchtreklamen der Stadt, ist garantiert bei Nacht gedreht und viel anständiger als alles andere, was heute die Leinwand bekleckert. Er war aber auch teurer!

Die Mondhelle der Julinacht ließ mich nicht schlafen. Paris war quicklebendig und seine Einwohner in steigender Stimmung. Die Oper hatte an diesem Tage wieder ihre Pforten geöffnet, was einer Liquidierung des Kriegszustandes gleichkam. Wie im Deutschland des Jahres 1945, nur vor wesentlich fröhlicherer Kulisse, begruben die Mädchen als erste den Haß und säten Liebe. Einiges fiel auf fruchtbares Erdreich, einiges wiederum auf steinigen Boden. So steht es im Gleichnis vom Sämann. Ich wäre gern fruchtbarer Boden gewesen, führte mich aber ziemlich steinig auf. Aber auch nicht wieder so extrem, daß ich nicht in die Nähe des Lasters geraten wäre.

Mein Feldwebel-Pilot hielt sich auch auf der Erde an meiner Seite, da er, in Münster verheiratet, ganz gerne einen Zeugen seiner Sittsamkeit als Beweis mit nach Münster gebracht hätte. Er gab dies auch unumwunden zu, und ich wußte somit, daß er ständig »daran« denken mußte.

In der Nähe der Place Pigalle wurden wir von zwei Mädchen angesprochen, von denen die eine Deutsch mit Dortmunder Akzent sprach. Vermutlich war sie einmal als Austauschstudentin im Kohlenpott gewesen. Die Damen fragten nicht lange, sondern schleppten uns in ein kleines Hotel, ließen sich einen Zimmerschlüssel geben und entschwebten mit uns im Lift nach oben. Es war wirklich ein Schweben, denn der Lift hatte eine minimale Geschwindigkeit und war kaum schneller als der Schwan in Lohengrin. Wir wurden auch nie befragt. Das »Woher« war immerhin klar an der Uniform ersichtlich, der Name für die Damen unerheblich. Aber das Erstaunliche an der Sache war, daß auch vom »Wieviel« nie die Rede war. Damit unterschieden sie sich so deutlich von ihren deutschen Kolleginnen wie der Champagner von der Berliner Weißen. Champagner mußten wir nämlich schon bestellen, weil dies vom Hotel aus so gefordert wurde. In dem gemütlichen Zimmer kam allmählich eine unbefangene Party-Stimmung auf, und allein die Sprachschwierigkeiten hätten den Abend ausreichend gefüllt. Schließlich ging ich an den Kleiderschrank, wühlte in den Sachen und bald war der Leutnant im Abendkleid, der Feldwebel in feenhaftem Nachtgewand. Ein Rausch in Organza, Satin und Cliquots Witwe. Diese Dame aus Reims lieferte nämlich auch die nachfolgenden Flaschen. Ich wollte wissen, wie hoch der Lift führe, und stieß mit dieser Frage die Tür zum Sternenhimmel auf. Genau zu dem Sternenhimmel, der auf den Schachteln des »Soir de Paris«

abgebildet ist. Wir traten auf ein flaches Dach und standen in der blauen Nacht. Im Nachthemd. Die Rede verstummte wie beim ersten Takt eines Adagio. Ich hielt die junge Hetäre um die Schulter gefaßt wie meine erste Schülerliebe. Ganz leicht, wie einen guten Freund und völlig vergessend, daß sie von der Eile der Männer lebt. Sie drehte mich langsam nach hinten und deutete wortlos auf die weiße Kuppel von Sacre Cœur, die im Mondlicht leuchtete. Mehr Tausendundeine Nacht als Christentempel. Im Süden, so glaubte ich wenigstens, leuchtete die strahlende Innenstadt und summte das Leben der Millionen im Frieden. Sogar die Pfeifen auf den Kaminen, diese schwindsüchtigen Verlängerungen des Ofenzuges, wurden im Mondlicht zum Schiffsmast im Häusermeer und romantisch schön. In der Nachbarschaft konnten durch kaum verhangene Fenster Licht und Intimität nach außen dringen. Mir lag Paris zu Füßen, die ganze Stadt, sein ganzer Himmel. Die Mädchen hatten Takt. Sie sprachen die ganze Zeit kein Wort. Erst als ich tief einatmete und das Abendkleid damit zu sprengen drohte, hörte ich ein besorgtes »oh«. Das rief mich in die Realität zurück, und wir lachten herzlich und schallend, bis jemand ein Fenster aufstieß und unverständlich schimpfte. Das war das Signal für unsere Damen, Kaskaden von Worten vom Dach zu schütten, die ihr Opfer mit voller Wucht getroffen haben mußten, denn es verstummte gurgelnd in der Finsternis.

Im Zimmer tranken wir den Champagner aus, den wir bei der Anlieferung immer sofort bezahlt hatten, weil dies der Hausordnung entsprach. Um der Hausordnung zu genügen, fragten wir auch die Mädchen nach dem Preis. »Pour une nuit sur les toits de Paris? No, no!« Sie wiesen eine Bezahlung weit von sich. Sie meinten wegen außergewöhnlich geringer Inanspruchnahme. So wie ehrliche Kaufleute, bei denen Kleinigkeiten unter »Garantie« laufen. Ich bildete mir ein, weil auch sie sich beglückt fühlten von der Unbeschwertheit des Abends und dem Mondlicht über Montmatre. Wir schieden voneinander mit gegenseitiger Hochachtung und nicht triste wie omne animal post coitum. Da die Mädels aber schließlich leben mußten, legten wir schnell noch für jede zehn Mark auf den Tisch. Das waren 200 Franc und genügte für vier Flaschen Champagner oder genauso viele Flaschen Hennessy im Laden. Deutsche Touristen waren schon immer die besten Zahler. Das sollte bei Gesellschaftsreisen des Reisebüros Hitler nicht anders sein!

Der Heimweg zum »Westminster« führte über die Rue de la Paix am gleichnamigen Café vorbei. Wir amüsierten uns erst noch über die öffentlichen Bedürfnisanstalten, bei denen Kopf und Beine allen Passanten sichtbar blieben und nur die Nebensächlichkeiten verborgen wurden. Dabei stellten wir uns vor, wie man als Zivilist galant den Hut lüpfte, wenn bekannte Damen vorbeigingen. Oder wie man als SA-Mann die Hand zum Deutschen Gruß herausreckt. Für Rechtshänder erst nach unsichtbarer Übergabe möglich.

Das brachte uns so in Stimmung, daß wir das berühmte Café betraten. Es war schon spät, und nur an einem Tisch saßen noch deutsche Offiziere. Am Nebentisch einige Mädchen, die auf eine Einladung warteten, vielleicht in Verbindung mit einem kleinen Abenteuer oder Verdienst. In Paris konnte ich die Frauen nicht so sicher einschätzen wie in Berlin. Wir nahmen Platz, gerade als sich drüben ein Kontakt anbahnte. Die vier Herren in Uniform wurden bei unserem Anblick jedoch sehr unruhig und verlegen. Sie zahlten nach kurzer Zeit und verließen das Lokal. Es blieb ihnen kaum etwas anderes übrig, weil sie sich wohl denken konnten, daß wir an den violetten Einfassungen von Mützen und Kragenspiegeln die Heerespfarrer deutlich ausmachen konnten. Ich will den Herren keineswegs unterstellen, mit schlimmen Absichten in dieses Café getreten zu sein, aber sie hätten leicht die Beute des Teufels werden können, der auf einen Pfarrer sicher größeren Wert gelegt hätte als auf einen Leutnant, der an jeder Ecke billig zu kriegen war. Welcher Kirche wir durch unser Erscheinen den Sündenfall erspart hatten war an der Uniform allerdings nicht abzulesen.

Der nächste Vormittag galt den Besorgungen. Als der Wunschzettel der Vorzimmerdamen nur noch gestrichene und erledigte Positionen aufwies, kaufte ich mir noch einen Koffer voll Champagner und ein halbes Kilo blaßrosaroten rumänischen Kaviar. Paris macht vornehm, und zur Vornehmheit gehört eben Kaviar. Dieses Attribut der Weltgewandtheit stand in meiner Bude im Fliegerhorst Loddenheide lange und für jedermann sichtbar herum, bis ich eines Nachts mangels Brot oder Keks im Heißhunger das ganze Pfund Kaviar mit dem Suppenlöffel vertilgte.

Schwer beladen stieg Hauptmann A. mit uns in die Maschine und machte den unwirschen Eindruck eines Ehebrechers auf dem

Heimweg, den weder eine freundliche noch eine hübsche Frau erwartet. Eben die Occasion aus schlechteren Zeiten, welche ihre eheliche Überflüssigkeit heraufdämmern spürt. Drei Stunden später übte er schon beim Aussteigen das unschuldige Begrüßungsgesicht.

Mich erwarteten die Freuden der Stadt Münster. Die Werse und diverse. Herr General sahen meine Vergnügungen nicht besonders gern, Herr General waren zum Beispiel der Meinung, daß die Dame meines häufigsten Umganges nicht gesellschaftsfähig sei, da sie einen Ruf wie Donnerhall besaß. Ich fand sie hingegen faszinierend. Sie überließ mir den Schlüssel ihrer Wohnung und 100 eingelegte Eier zur Selbstbedienung. Diese teilte ich redlich mit meinen besten Freunden; wir ließen uns im Kasino des Luftgaukommandos zum zweiten Frühstück etliche davon in die Pfanne hauen. Uns weniger wohlgesinnte ältere Hauptleute und Majore, meist reaktivierte Reserveoffiziere des ersten Krieges, bestellten dann bei den Ordonnanzen ebenfalls Spiegeleier und mußten leider hören, es gäbe keine. Der empörte Hinweis auf unsere Schlemmerei erntete mit schöner Regelmäßigkeit die Antwort: »Die Herren haben ihre eigenen Eier mitgebracht.« Auf diese Weise schmeckten uns die geschenkten Landesprodukte gleich zweimal so gut.

Herr General fanden es auch nicht gut, daß ich mich im Café Roxel im modernen Tanz erging. Auch Barbesuche im »Kaiserhof« hielt er für überflüssig. Und gerade dort fand ich so gute Ansprache bei der Bardame und beim Publikum! Es kamen Töchter guter Familien bis aus Osnabrück dorthin. Vielleicht auch nur wohlhabender Familien, denn sie erzählten gerne von zu Hause, vom Auto, das sie leider nicht mehr benützen durften, weil es entweder von der Wehrmacht eingezogen oder mangels Kriegswichtigkeit ohne Fahrerlaubnis aufgebockt worden war.

Eine Unternehmerstochter klärte mich auch darüber auf, daß man außer französischem keinen Weinbrand genießen könne. Ich pflichtete ihr bei und schmiedete mit der Barfrau ein Komplott. Dann lud ich das verwöhnte Kind an die Bar und bestellte zwei Martell. Die Barfrau zelebrierte über Kerzenlicht vorgewärmte Schwenker und goß hinter der Theke ein. Wir stießen an, und die junge Dame geriet in Verzückung. Das Spiel wurde wiederholt, da sie sich nicht freihalten lassen wollte. Widerstrebend willigte ich ein. Ich hatte ein laufendes Konto an der Bar, aber dem Mädchen mußte doch jetzt der hohe Preis für echten Cognac abgenommen werden, damit es nicht am Preis erkennen konnte, wie gut ihm der braune »1000jährige Münsterländer Korn« geschmeckt hatte. Die Barfrau war praktisch veranlagt und schrieb die Differenz meinem Konto gut.

Differenzen gab es in Münster auch andernorts. Die heftigsten zwischen der Partei und dem Bischof Graf von Galen. Der Hüne im geistlichen Gewande und mit dem Dickschädel des echtesten Westfalen versehen, predigte in der überfüllten Kirche ausführlich über das Fünfte Gebot – Du sollst nicht töten – und machte die Partei nach Strich und Faden nieder. Dabei zitierte er Tatsachen aus den sogenannten Euthanasievorgängen, wie man verniedlichend die Ermordung solcher Menschen nannte, die zur Zucht nicht mehr geeignet waren. Eine Folge der Rassenlehre war die Parteiforderung, erblich Kranke zu sterilisieren und unheilbar Pflegebedürftige ins Jenseits zu befördern. Beides Taten, die dem Menschen nach christlicher und allgemein ethischer Auffassung nicht zustehen. Da der Betroffene wie die Angehörigen nicht gefragt wurden, waren die vorgeschobenen Humanitätsgründe erstunken und erlogen. Es ging eiskalt um die Rechnung eines Viehzüchters. Diese Vorgänge waren dem Volk nicht bekannt, bis Graf Galen von der Kanzel donnerte und dem Gauleiter Mayer von Hitler der Vorwurf gemacht wurde, in seinem westfälischen Bereiche sei der Nationalsozialismus am wenigsten entwickelt. Damit hatte er sicher recht. Aber das konnte Mayer auch nicht ändern. Am wenigsten durch die Verhaftung Graf Galens, der nur darauf gewartet hatte, eingelocht zu werden, um noch mehr Widerstand zu leisten. Ich hörte wie der Gauleiter einmal sagte: »Den Gefallen tu' ich ihm nicht! Auf den Märtyrer kann er lange warten!«

Als Märtyrer in Kleinformat fühlte ich mich allmählich, weil der General von mir verlangte, Tag und Nacht stets erreichbar für ihn zu sein. Inzwischen nahmen nämlich die Luftangriffe in seinem Befehlsbereich zu, und ich fungierte als sein wandelndes Notizbuch für den Einsatz von Abwehrbatterien, Kapazitäten von Industrieanlagen, Luftschutzmaßnahmen und Verkehrswegen. Jedesmal, wenn ich mir etwas von seinen Anweisungen oder das Ergebnis von Recherchen notieren wollte, nahm er mir den Bleistift weg und sagte: »Lieber Freund, fangen Sie nicht an, sich Notizen zu machen, Sie werden sonst vorzeitig alt.« So trainierte er mein Gedächtnis und schonte das seine. Ich war ihm noch oft dankbar für den Rat.

Aber jetzt hielt er mich am Gängelband und ließ mich mitten in der Nacht aus den Kneipen, aus Kinovorstellungen und aus dem Bett holen. Oft, wenn ich dann bei ihm antanzte, in der Wohnung oder auch zu später Stunde bei dem unermüdlichen Arbeiter im Stabe, war er sehr freundlich und meinte, es habe sich inzwischen erledigt, und ich könne ruhig gehen. Ich ging dann auch, aber nicht ruhig, sondern laut schimpfend. Außer seiner Hörweite natürlich.

Einmal in der Woche hatte ich offiziellen Nachtdienst und mußte in den Kleidern bleiben. Dann sammelte ich die eingehenden Nachrichten von Luftangriffen zwischen Emsland und Siegerland, erfragte die Abschüsse, die Schäden, die Menschenopfer, den Produktionsausfall der Fabriken und den Verbrauch an Munition bei der Abwehr. Um fünf Uhr morgens mußte der General nämlich wissen, was der Krieg an dem Tag gekostet hatte, weil seine Chefs in Berlin um acht Uhr die Kasse machten und Hitler um zwölf Uhr die wohldosierte Halbwahrheit zu erfahren wünschte. Am Anfang war man von der Wirkung der Abwehr sehr überzeugt, doch allmählich nahmen die Schäden zu. Das war vor allem für den General peinlich, weil man ihm in Berlin das als Minus ankreidete, was die Briten als Plus verbuchten. Wir durften unserem General schon die Wahrheit sagen, und mehr als einmal ertappten wir ihn dabei, daß er sich erst direkt informierte und dann uns fragte. Nur so zur Kontrolle unserer Gründlichkeit. Das wußten wir und logen deshalb nicht.

Eines Morgens mußte ich ihm die traurige Mitteilung machen, daß in der Nacht eine Hochüberführung des Dortmund-Ems-Kanals von den Engländern exakt getroffen worden sei und damit die Schiffahrt unterbrochen war. Er war ratlos über diese Frechheit, weckte den Chef des Stabes, Herrn Oberst i. G. Vodepp, und fragte: »Sagen Sie mal, Vodepp, wie ist denn das möglich, daß die Brücke zerstört werden konnte?«

Er meinte natürlich, wie es möglich sei, daß ein so neuralgischer Punkt nicht ausreichend geschützt wurde. Er suchte einen Schuldigen. Der Oberst, ein gemütlicher Österreicher, bezog die

Diverse und die Seine

Frage auf die englischen Bomben und antwortete: »Ja meinen Sie, Herr General, die schmeißen mit Scheiße?«

Der Nachfolger von Oberst Vodepp war kein Österreicher. Er hieß Reh, nannte seine Frau »Häschen« und fand nicht heraus, wer den Hauptmann Hirsch, der die Stabskompanie fuchste, an den Rand des Wahnsinns gebracht hatte. Mich hatte er nicht direkt gefragt, also mußte ich es auch nicht zugeben.

Die Stimme meines Herrn konnte ich fast so gut nachmachen wie seine Unterschrift. Als einige meiner Hilfskräfte, Mannschaften und Unteroffiziere über ihren Kompaniechef Hirsch sehr klagten, beschloß ich, dem Volke Gutes zu erweisen. Ich rief gegen Mitternacht den Hauptmann an und bat ihn, in der kurz angebundenen Manier des Generals, sofort mit der Personalstärkenliste in die Piusallee zu kommen. Dort wohnte der General, der kurz darauf von Hirsch aus dem Schlaf gerissen wurde. Der Anschiß war sicher von mittlerer Stärke. Hirsch tobte vor der Kompanie, doch wußte wirklich niemand außer mir, wer die Hand im Spiel hatte. Eine Woche später, ich wußte, daß mein Chef gut ruhte, rief ich wieder Hirsch an und sagte: »Hören Sie, nicht daß Sie jetzt meinen, es erlaubt sich wieder jemand einen dummen Scherz; nehmen Sie einen Wagen und bringen Sie mir die Beförderungsvorschläge. Ich warte auf Sie!«

Hirsch geriet beim General langsam in Ungnade.

Es folgte ein Stabsbefehl über den Vorfall mit der Androhung strengster Strafen und der Ankündigung, daß nachrichtentechnische Vorrichtungen den Anrufer ermitteln würden. Also mußte ich jetzt vorsichtiger sein. Ich hatte Nachtdienst und dachte mir eine mögliche Vorgehensweise aus. Zuerst wählte ich die Amtsleitung aus dem Hause heraus ins Münsterer Ortsnetz, dann die allgemeine Postrufnummer vom Luftgau. Das Telefonat kam also sozusagen von draußen herein. Ich rief dann die Nummer von Hirsch an. Die Kontrolleure in der Selbstwählanlage konnten nur feststellen, daß der Anruf ordnungsgemäß aus der Stadt kam. Es war also der General, der von seiner Wohnung aus anrief. Ich weckte Hirsch, fragte, ob er den Übeltäter schon gefunden habe und ob die Kontrolle eingebaut sei. Dann bat ich ihn wieder zu mir. Um jeden Verdacht zu zerstreuen, hieß ich ihn vorsichtshalber in die Piusallee zurückzurufen. Und so weckte Hirsch den General ein drittes Mal aus süßem Schlummer und galt bei ihm jetzt endgültig als Idiot.

Nach dieser Strafmaßnahme mußte ich noch den Hauptmann A. dafür sühnen lassen, daß er mir in Paris die Einkaufsscheine abgejagt hatte. Das war ganz einfach und brachte ihm kurz darauf die Versetzung zu einer Aufklärerstaffel. A. hatte Nachtdienst, aber viel Müdigkeit in den Knochen. Also befahl er mir, zu wachen und ihm um halb fünf Uhr morgens die Lage zu geben. Ich tat wie befohlen und legte dem faulen Kerl alles rechtzeitig hin. Darunter auch den Bericht über Bombenwürfe auf Kiosk fünf bei Duisburg. Kiosk war der Tarnname für künstliche aufgebaute Scheinanlagen, meist geschickt illuminierte, billige Nachbildungen von Industriekomplexen im freien Felde. Als A. dem General um fünf Uhr meldete, daß Kiosk fünf bei Duisburg stark beschädigt sei, wollte der General wissen, was Kiosk fünf überhaupt sei. Er meinte wohl, welches Objekt er vertrete. A. hielt einen Augenblick die Spechmuschel zu und fragte mich aufgeregt über den Tisch, was ein Kiosk sei. Ich sagte ihm harmlos, daß man darunter solche Verkaufshäuschen verstünde. Mit Limo, Zigaretten, Kaugummi usw.

»Herr General«, »das sind diese Häuschen für Limonaden, Milch und Süßigkeiten!«

Der General hängte ein. Nach einer Stunde rief er mich an und fragte, was unter Kiosk fünf zu verstehen sei. Geschmiert leierte ich herunter, wo die Scheinanlage stünde und daß sie die Thyssenhütte darstelle. Dazu nannte ich Ausdehnung der Anlage und Stärke der Besatzung. Der General erzählte mir nun die Auskunft von A. und meinte, ob denn der Hauptmann von Sinnen sei. Ich gab zur Antwort, mir stünde kein Urteil über rangältere Offiziere zu. Dem Hauptmann war um neun Uhr gekündigt, und er tobte in meinem Zimmer mit drohender Faust. Bescheiden gab ich zu verstehen, daß ich seine allgemeine Frage wahrheitsgemäß beantwortet habe und als Leutnant doch einem Hauptmann im Dienst keine Lehren erteilen könne.

Die Mehrzahl der Kriegsteilnehmer wird mich beneiden, wenn sie erfährt, welch ein angenehmes und abwechslungsreiches Leben ich auf Staatskosten führte. So wie ich damals die Männer im Einsatz beneidete, die den Feind vor sich her trieben und ein hartes, dem Manne gemäßes Leben führten. Arbeiten mußte ich auch, dafür sorgten der General und die Royal Airforce.

Diverse und die Seine

Im Herbst des Jahres 1940 kam eine ganz besondere Betriebsamkeit in unseren Stab. Bei den Flügen über Belgien und Holland bemerkte ich in allen Kanälen unzählige Kähne. Die Beschiffung der Wasserstraßen wurde immer dichter, je näher sie an der Küste lagen. Eines Tages flog mein Chef mit mir nach Calais und stattete dort im Befehlsbunker an der Steilküste des Kanals dem Generalfeldmarschall Kesselring einen Besuch ab. Mich ließen die Herren nicht zuhören. Wahrscheinlich weil ich zu klein war, zu wissen, daß die vielen Schiffchen für eine Landung auf der Insel gedacht waren. Der Befehlsstand selbst hatte vermutlich auch nur den Sinn, den hohen Offizieren etwas von der gesunden Meeresluft zu verschaffen. In meinem Beisein sprachen die Herren auch von solchen belanglosen Dingen. Auf dem Rückflug fragte ich den General, ob man mit den kleinen Frachtkähnen den Kanal auch bei schlechtem Wetter überqueren könne. Er zuckte die Schultern. Zu Hause wurden wir dann angewiesen, in der nächsten Zeit stets innerhalb 15 Minuten im Stabe greifbar zu sein. Das waren wir auch, nicht aber die Engländer auf der Insel. Das Unternehmen wäre zu abenteuerlich gewesen.

Nun machte sich Göring stark und versprach, die Insel aus der Luft k.o. zu schlagen. Tag und Nacht waren jetzt die Maschinen unterwegs. In den Einsatzhäfen im Bereiche unseres Luftgaues herrschte pausenloser Betrieb, und Herr General waren in der glücklichen Lage, nicht nur Schläge gegen sein Gebiet einstecken zu müssen. Aber ich konnte auf seinem Schreibtisch jeden Tag die Verlustmeldungen der deutschen Bomberflotte lesen. Im Tagesdurchschnitt etwa 25 Maschinen, vor allem 25 Besatzungen. Oberst Vodepp meinte kühl: »Lang machens des net!« Und sang- und klanglos hörte der Sturm auf, ohne daß sein Anstifter Göring um seinen Posten als Reichsmarschall kam.

Er schnupfte neuen Euphorien entgegen in seinem Germanenschloß Karinhall in der Schorfheide. Seit dem ersten Weltkriege war er nämlich rauschgiftsüchtig und schwankte zwischen dickleibiger Freundlichkeit und grausamer Härte hin und her, wie es ein Symptom dieser schrecklichen Krankheit ist. So half er heute einem Juden zur Flucht, und morgen ließ er einen Wehrmachtskraftfahrer ins Gefängnis werfen, weil er ihn mit seinem Wagen auf der Autobahn überholt hatte. Beide Vorfälle sind verbürgt.

Den letzten berichtete mir ein seriöser Augenzeuge, der mir genau schilderte, wie der zweithöchste Mann im Staate dem Unteroffizier persönlich die Rangabzeichen auf der Autobahn herunterriß.

Ein Wehrmachtsgefängnis habe ich nie von innen gesehen. Ich war ja ein vorsichtiger und folgsamer, wenn auch kritischer Untertan. Aber ein Reservelazarett durfte ich noch im gleichen Jahr besuchen. Als Insasse.

Östlich der Werse liegt die Ortschaft Telgte. Milde Schwestern durften dort in einer kleinen Irrenanstalt des Führers Soldaten wieder gesund pflegen, die auf dem Kriegsschauplatz »Haut und Harn« verwundet worden waren. Die Hälfte, welche bei Haut verletzt worden war, genoß zwar etwas höheres gesellschaftliches Ansehen, wurde aber von den Schwestern deswegen nicht besser behandelt. Den Helden von Harn wurde lediglich der Alkohol weggenommen, da er dem Heilverfahren zuwiderlief.

Ich durfte alles essen und trinken, da meine Diagnose auf »parasitäre scabies« lautete, was man im Volksmund schlicht mit Krätze bezeichnet. Unser Arzt bei Stabe riet mir zur stationären Behandlung, damit ich mich durch die Kleider nicht immer wieder neu ansteckte. Auch hielt er den Geruch des Schwefelpräparates Mitigal für so penetrant, daß er meinte, meine Nähe könnte dem Herrn General unangenehm sein. Ich entband den Doktor von seiner Schweigepflicht und hatte dennoch bei meinem Abschied für eine Woche in Richtung Telgte schwer zu kämpfen, nicht in falschen Verdacht zu geraten.

Es war die Weihnachtswoche. Mir lag nicht daran, bis zum Heiligen Abend wieder entlassen zu werden. Ein Fremder kann tausend Freunde in einer Stadt haben. Einmal im Jahr ist er überall überflüssig: an Weihnachten. Die Familien begehen das Fest im engsten Kreise, beschenken sich und wüßten nicht, wie sie den Fremdling so in den Abend einbeziehen sollten, daß dieser keinen Unterschied in den menschlichen Beziehungen spürt. Fremde unter sich können keine Familienfeier veranstalten. Bräute und Freundinnen, selbst wenn sie nicht aus gutbürgerlichen Verhältnissen stammen, müssen zu Hause bleiben. Die Gaststätten schließen, und die Ungläubigen schämen sich, nichts von der Weihe zu spüren.

So blieb ich im Lazarett und nahm um fünf Uhr nachmittags

an der allgemeinen Weihnachtsfeier teil. Der Bürgermeister, der Pfarrer, die Ärzte und vor allem die Schwestern waren rührend besorgt um uns. Die Flechte neben der Lues, die Blase neben der Gonorrhöe sangen gerührt das schönste Lied dieser Erde. Es war eine stille Nacht, als ich den Bau verließ und der Stadt Münster zustrebte, weil ich plötzlich doch allein war. Ich fuhr zur Lambertikirche, wo wegen der Fliegerangriffe die Christmette nicht um Mitternacht, sondern einige Stunden vorher gefeiert wurde. Die Kirche war übervoll und nicht einer der Gläubigen war zum Besuch kommandiert. Sie trafen sich bei dem, der in der gleichen Nacht als Fremder überflüssig war und seitdem nicht den Geringsten und Verkommensten fortschickt, wenn dieser nur eine Spur vom guten Willen hat.

Bad Gastein

Der teuerste Irrtum ist immer die eigene Fehleinschätzung, die Überschätzung des eigenen Ich. Man muß seine Grenzen kennen und sich innerhalb dieser bewegen. Wer die eigenen Grenzen kennt, respektiert auch die Grenzen des Nachbarn. Aber gerade dies fällt den Diktatoren so schwer, da sie im Gegensatz zu den Königen früherer Zeiten nicht einmal mehr den Hofnarren dulden. Dieser Narr mit seiner Freiheit war eine hervorragende Einrichtung. Denn alles, was er sagte, war ja närrisch und dem kranken Hirn des Zwerges entsprungen. Man konnte darüber nachdenken, ohne von einem Ebenbürtigen belehrt worden zu sein.

Ein solcher Narr fehlte im Palazzo Venezia zu Rom, als Mussolini 2000 Jahre später nochmals Griechenland dem römischen Weltreich einverleiben wollte. Nur Hitlers massive Hilfe konnte die italienische Niederlage verhindern. In Deutschland lachte man köstlich über die Prügel, welche die Griechen dem Eindringling verabreichten. Neue Kriegsschauplätze bringen neue Witwen. Der Balkan geriet in den Sog des Wahnsinns. Jugoslawien überraschte durch seine politische Wendung ins Lager der Alliierten und zwang Hitler im Frühjahr 1941 zum ersten nicht geplanten Unternehmen. Natürlich wischte er mit der linken Hand die Streitmacht des kleinen Landes vom Schachbrett, hatte aber trotzdem neue Feinde, neue Probleme und einen Zeitverlust, der sich später vielleicht als kriegsentscheidend erweisen sollte. Viele Betrachtungen der Kriegsvorgänge befassen sich mit den militärischen Fehlern, mit dem »Wenn, dann«. Man könnte aus ihnen den Wunsch herauslesen, den Gegner geschlagen zu haben. Für den Kriegshandwerker, den Generalstäbler ohne politisches Denken, ist dies bestimmt ganz natürlich, und wir dürfen es ihm nicht verübeln. Noch weniger darf von normalen Bürgern oder gar Soldaten erwartet werden, daß sie die Niederlage ihres Vaterlandes mit den bekannten Folgen herbeisehnen.

Im Jahre 1941 wünschten wir uns alle den siegreichen Frieden. So schnell wie möglich und militärisch eindeutig. Eines Nachts hatte ich im Traum die brennende Stadt Köln gesehen und englische Truppen, die am Hotel Excelsior vorbeizogen. Wir deutschen Soldaten standen waffenlos am Eingang zum Bahnhof und warteten auf den Abtransport. Der Traum war fürchterlich und ließ mich schweißgebadet erwachen. Unsinn! dachte ich mir. Das gibt es nur im Traum. Wie sollten denn englische Soldaten nach Köln kommen? Warum sollten wir den Krieg verlieren? Das konnte nicht sein. Konnte? Es durfte nicht sein! Hatte man uns doch versprochen, daß der Staat nach dem Kriege den Verlust an Studienjahren durch ein vollbezahltes Studium vergüten wolle. Nach einer Niederlage wäre ja das Leben zu Ende. Ob mit oder ohne Hitler, das war jetzt gleichgültig. Der Sieg mußte unser sein. Mit der Partei könnten die Militärs nach dem Siege schon ein ernstes Wort reden, wenn die Braunhemden zu frech würden. Mein Onkel, der politisierende, sagte mir etwas anderes voraus. Er sah nach dem Kriege seinen Neffen in den besetzten Gebieten als Besatzungsoffizier so lange fungieren, bis es zu spät war, einen bürgerlichen Beruf zu wählen. Während die Armee damit beschäftigt war, den Raub zusammenzuhalten, würde die Partei zu Hause jedes Maß verlieren und den Terror des Mittelmaßes über den Geist verhängen. Die letzten Hemmungen des Zweckdenkens würden fallen, und nach den Juden kämen die Christen an die Reihe. Wenn man so dachte, und der Gedanke war nicht abwegig, und weiterhin unter Leben mehr als essen, sich vermehren und sterben verstehen wollte, dann war auch die militärische Niederlage kein zu hoher Preis für die Beseitigung der Parteiherrschaft. Der Mensch lebt nicht vom Brot allein! Das

Brot der Massenmörder war zudem ungenießbar geworden. Die Kritik erwachte langsam auch in mir. Auch der Inhalt schmeckte fad wie eine Suppe, die langsam kalt wird, bis das Rinderfett am Gaumen klebt.

Der General war mit seiner Frau nach Bad Gastein gefahren. Dem Bade wurden verjüngende Eigenschaften nachgesagt, denen zuliebe seit vielen Jahren die Wiener Gesellschaft im Sommer dorthin pilgerte, um sich für die »Saison« zu kräftigen. Mein General fuhr dorthin, weil die Luftwaffe eine eigene Kuranstalt, ein bis Kriegsbeginn renommiertes Hotel am Platze unterhielt, das preiswert war. Und Preiswertes liebte der General, mußte es lieben. Die Gehälter entsprachen trotz beachtlicher Höhe nicht den gesellschaftlichen Verpflichtungen. Besonders nicht, wenn man zwei Töchter hatte. Nach der Devise »Leben und leben lassen« befahl er nach einiger Zeit seinen Ordonnanzoffizier dienstlich ebenfalls nach Bad Gastein, um ein spezielles Gebiet der Abwehrtechnik mit ihm zu pauken. Der hatte zwar absolut kein technisches Verständnis, aber den großen Ehrgeiz, alles zu lernen. Am menschlichen Format, sich unbekannte Gebiete von einem jungen Lehrer erklären zu lassen, mangelte es ihm nicht. Für mich waren diese Lehrstunden köstlich, weil ich meinen Schüler abfragen durfte wie mich einst der Physikprofessor. Es gelang mir aber niemals, ihm ein Differential begreiflich zu machen. Zwar glaubte er mir, daß diese vier Zahnräder eine Gleichung lösen können, schaute aber indessen kopfschüttelnd auf meine Zeichnungen und bemerkte: »Unglaublich, was die Leute alles erfinden!«

Schön war Gastein nicht. Die Wolkenkratzer, besser gesagt Hangkratzer, in denen der Gast nobel kaserniert wurde, bildeten einen imposanten Abschluß des Tales ohne einen Hauch des Malerischen, wonach man sich in den Bergen sehnte. Die Spazierwege, für die häufig überfetteten Gäste gut angelegt, führten aber in eine wirklich schöne Landschaft. Wenn wir schlechtes Wetter hatten, setzten wir uns in die Bahn und waren in wenigen Minuten hinter dem Tauerntunnel in Mallnitz auf der Sonnenseite. Wir pflückten Schlüsselblumen in Kärnten und brachten sie abends zurück ins Salzburgische. Hinter dem Vorgesetzten wurde der Mensch immer mehr sichtbar, und wir mußten uns beide anstrengen, den vorgeschriebenen dienstlichen Umgangston aufrechtzuerhalten.

Auf politisches Eis war der Herr General nicht zu führen. Ich wollte ihn auch wirklich nicht ausrutschen lassen, hatte aber so viele Fragen. Fragen, auf die es keine Antwort gab. Denn Deutschland war gefährlich! Die Partei befahl den Kindern, ihre Eltern anzuzeigen; den Untergebenen, ihre Vorgesetzten zur Meldung zu bringen, wenn ein Zweifel an der Richtigkeit des Nationalsozialismus geäußert oder der Sieg in Frage gestellt wurde. Mißtrauen war zum Überleben so nötig wie Schwimmen zur Seefahrt. Selbst das arrogante Auftreten von Frau Göring in Bad Gastein konnte ihm keine Äußerung entreißen. Er sagte mir nur so nebenbei, daß die vorgeschriebene Anrede für Frau Göring »Hohe Frau« laute. Das war, bei Gott, kein Witz! Noch scheute sich Göring, seiner Familie erblichen Adel anzuheften. Aber »gnädige Frau« schien ihm für die geborene Emmy Sonnemann doch zuwenig. Frau Marschallin mochte er sie wahrscheinlich wegen des »Rosenkavaliers« nicht nennen. Blieb also nur die Rede von der Hohen Frau.

Diese ließ sich den Mummenschanz gefallen. Es tut mir leid, wenn die Dame nicht geschont werden kann. Ich persönlich gebe ihr keine Schuld am Nationalsozialismus, aber dennoch hat sie nicht dazu beigetragen, diese idiotische Lehre bei den noch Unentschlossenen in Mißkredit zu bringen. Als ich hörte, daß die Dame in Wien im Modenhaus Braun bargeldlos einkaufte, also nicht nach der Rechnung fragte und darauf vertraute, daß man es nicht wagen würde, Rechnungen zu schicken, war mein Urteil rund. Ihr Mann erschien wie in der Operette, von Zeit zu Zeit mit dem Salonzug vom Balkankriegsschauplatz kommend, in Bad Gastein und sah nach seiner kleinen Tochter Edda, die ein liebes Mädelchen war, das gerade das Laufen lernte und gut bewacht wurde. Sie lebt heute in München, genießt einen guten Ruf und sollte von niemandem wegen ihrer Eltern behelligt werden. Für sie war Göring nichts als ihr Vater, und das Recht, ihn zu lieben, würde ich für sie verteidigen.

In die Zeit meines Gasteiner Urlaubsdienstes fiel die verwirrendste Nachricht des Tausendjährigen Reiches. Der Stellvertreter des Führers, Rudolf Hess, ein stiller Mann, der die Landsberger Zeit mit Hitler geteilt hatte, war mit einer zweimotorigen Me 110 im Alleinflug entwichen und über England mit dem Fallschirm abgesprungen. Die wahren Hintergründe werden sicher nie exakt zu klären sein. Hitler war mit seiner Vorsehung beschäftigt, und für Hess waren Traum und Wirklichkeit oft nicht mehr zu unterscheiden. Man kann schon glauben, daß er ein Mystiker war. Sein Gesichtsausdruck zeugte davon und machte viele Frauen hysterisch. Eine junge Engländerin bat mich 1936 in Berlin, ihr eine Möglichkeit zur Begegnung zu verschaffen. Sie habe ihn im Kino gesehen, und er sei »wonderful«! Wir paßten ihn in der Wilhelmstraße ab, und das Mädchen geriet in Verzückung.

Hitler bescheinigte seinem Kameraden Hess nach dem Fluge geistige Unzurechnungsfähigkeit. Ich sagte zum General, das sei aber peinlich, daß wir seit Jahren einen Umnachteten in der Position des Führer-Stellvertreters gehabt hätten. Er fand es auch erstaunlich, ließ aber die Möglichkeit einer mißglückten amtlichen Mission offen. Als zwei Monate später die Deutsche Wehrmacht über die Grenzen des Paktfreundes Rußland gejagt wurde, kam mir ein anderer Gedanke. Für mich war Hess über Nacht nicht mehr umnachtet, sondern vielleicht der einzige Mann in der Regierung, der einen klaren Verstand hatte und in letzter Sekunde im opfervollen Alleingang den Untergang des Westens verhindern wollte. Er kannte die Engländer aus seiner Kindheit in Ägypten, aber er kannte sie nicht genau genug, um zu wissen, daß sie mit den Nazis um keinen Preis verhandeln würden. Zahllose Vertragsbrüche hatten die Nazis der britischen Diplomatie unglaubwürdig gemacht. Man legte Hess auf Eis bis zu den Nürnberger Prozessen. Dort erwies er sich dann effektiv nicht mehr als voll zurechnungsfähig.

Die schöne Zeit in Bad Gastein mußte auch ihr Ende nehmen. Einige Tage vor dem General holte mich eine Ju 52 in Salzburg ab. In der Dämmerung flogen wir über Böhmen nach Dresden. Zum Sonnenuntergang stieg ich in die hintere Bordschützenkanzel und sah das Sudetenland langsam in der Dämmerung versinken. Erst als der letzte Lichtstreif im Westen verschwunden war, ging ich fröstelnd in den Fluggastraum zurück und wartete auf die Landung in Dresden. Bei schönem Wetter ist Fliegen eine genüßliche Sache. Der Morgen versprach uns ein solches Vergnügen, das der Tag hielt. Mit leichtem Gegenwind machte die alte Tante Ju nicht mehr als 200 km in der Stunde. Das reicht, um nach Hause zu kommen, und gibt genügend Muße, die Landschaft zu studieren. Kapitän Bernsmann gönnte mir den Spaß, selber nach Münster zu franzen, und überließ mir das Steuer für die Strecke, weil nichts zu verderben war. Außer den Passagieren den Appetit. Der Ungeübte am Knüppel fährt wie ein Anfänger im Auto Schlangenlinien. In diesem Falle in der Vertikalen. Auch der Blick auf die Instrumente kann dies kaum verhindern, weil es beim Ausschlag der Nadeln eigentlich schon zu spät ist und die verspätete Korrektur den Fehler nur ins Gegenteil verkehrt. Allmählich lernte ich jedoch bei festgestelltem Gas am Klang der Motoren rechtzeitig zu hören, ob man fällt oder steigt. In Münster war mein Ohr bereits ausreichend geschult und unser einziger Passagier krank. Beschwerden brachte er aber nicht ein, da er eine Freifahrt hatte und bekanntlich einem geschenkten Gaul nicht ins Maul geschaut werden darf.

Frisch gestärkt durch den Urlaub im Gebirge machte ich mich wieder an meine Routinearbeit und nahm mir vor, mich bei der nächsten Gelegenheit undankbar zu erweisen und den General um die Versetzung zur Truppe zu bitten. In einem Brief an meine Jugendfreundin Alix entschuldigte ich mich nochmals ausdrücklich dafür, daß ich immer noch in der Heimat säße und andere sterben ließe. Ich schrieb auch, daß ich sie in guter Erinnerung habe, aber wie einen Buben, denn weibliche Eigenschaften und Wesenszüge würden ihr ermangeln. Drei Tage später hielt ich ein Telegramm in Händen: eintreffe münster dienstag 19/23 uhr – alix.

Während ihres Besuches verbrachte auch mein Bruder einige Urlaubstage bei mir in Münster. Er war inzwischen Sanitätsfeldwebel, hatte zwischendurch studieren können und bereitete sich auf das Staatsexamen vor. Kurz vor Weihnachten hoffte er fertig zu sein und als approbierter Arzt seinen Beruf ausüben zu dürfen. Da dem Krankenhaus meines Onkels auch ein Reservelazarett angegliedert war, konnte er dort einesteils seinen unfreiwilligen Wehrdienst und anderenteils seinen geliebten Beruf ausüben. Das Militär war ihm vom ersten Tag im Jahre 1937 an äußerst zuwider. Beziehungen sollten ihm jedoch helfen, in diesem Lazarett das Medizinische vor das Militärische stellen zu können.

Warum ist es am Rhein so schön?

Fand schon der Kriegsausbruch 1939 keinen freudigen Widerhall im Volk, etwa wie die echte Begeisterung im Jahre 1914, so war die Nachricht vom Einmarsch in Rußland für alle Deutschen ein Keulenschlag. Auch wer die Geschichte nicht kannte, wurde das dumpfe Gefühl nicht los: Jetzt gehen wir etwas Endlosem, Ungewissem entgegen. Der Präventivgedanke fand keine Anhänger unter den Lesern der gleichgeschalteten Zeitungen. Von der Gefahr des Bolschewismus war seit Jahren keine Rede mehr. Zuerst weil wir uns stark genug fühlten, ihr zu widerstehen, und später weil wir mit Rußland nach dem gemeinsamen Verbrecherstück in Polen befreundet waren. Hitlers Staatskunst wurde über alle Maßen gerühmt, denn ihm war es gelungen, Deutschland trotz der zentralen Lage vor dem Zweifrontenkrieg zu bewahren. Man konnte ihn, den großen Feldherrn und Führer, getrost mit Bismarck vergleichen. Und mit... nein, um Gottes willen nicht! Der wurde ja vor Moskau geschlagen. Hitler zog ja auch nicht nach Rußland. Bis Juni 1941. Was er in seinem Buch vom deutschen Lebensraum im Osten gesagt hatte, war also doch keine Theorie. Er wollte seine Pläne selbst verwirklichen. Er war jetzt 52 Jahre alt und fing an zu rechnen: Wie viele Jahre habe ich noch? Wer außer mir ist fähig, das Reich zu formen? Ein größeres Reich, als es Karl der Große verwaltete. Nur Adolf der Große konnte das! Adolf der Unbesiegbare. Adolf, der von der Vorsehung Erwählte. Deutscher Messias ließ er sich unwidersprochen nennen.

Innerlich war er sicher froh, daß sein Vater die Mutter geheiratet hatte. Sonst hätte er Schicklgruber geheißen. Die Menschen auf der ganzen Erde hätten rufen müssen: Heil Schicklgruber! Und die Knaben wären Mitglieder der Schicklgruberjugend gewesen. Schicklgruberfahnen hätten im Winde geknattert, wenn zur morgendlichen Weihestunde in den Adolf Schicklgruberschulen und Ordensburgen Zitate aus »Mein Kampf« wie das Wort Gottes verlesen wurden.

In den Ordensburgen, erbaut in Hitlers eigenem Stile zwischen Akropolis und Westwallbunker, wuchsen die Junker – sie hießen wirklich so! – heran, die den weiten Raum des Ostens verwalten sollten. Die jungen Vizekönige in spe fühlten sich entsprechend, und einer von ihnen, seinen Militärdienst bei mir ablegend, wußte schon Ende 41, welcher Teil Rußlands seinen Befehlen zu gehorchen habe. Es war ein Teil, den nie ein Parteigenosse betreten hat. Wenigstens keiner der nazistischen Schwesterpartei der KPdSU. Mit Ausbruch des Krieges im Osten beschimpften sich die im Geiste Verwandten wieder heftigst. Den antikommunistischen Film »Ninotschka« mußte ich in Kopenhagen ansehen, weil er in Deutschland verboten war. Aus feiner Rücksicht auf Väterchen Stalin. Jetzt, ein Jahr später, war der gleiche Stalin das, was er zwanzig Jahre später bei seinen Landsleuten endlich auch sein durfte: ein Teufel. Bis er wieder zum Helden der Sowjetunion erklärt wird. Wann? Sobald es die Partei so will!

Nun fühlte ich wirklich Gefahr für mein Vaterland und meinte diese nur abwenden zu können, wenn wir alle vorbehaltlos mit letzter Konsequenz im Osten den Sieg anstrebten. Von den beiden Übeln Bolschewismus und Nazismus war die NSDAP sicher das kleinere. Mit dieser Ansicht standen die Deutschen zwar nicht ganz allein auf der Welt, aber sie wurde von den Völkern nicht geteilt, die den Bolschewismus erlebt hatten und im Anschluß daran die arrogante Verwaltung ihres Landes durch Partei und SS. Dem militärischen Sieg in Polen und in der Ukraine folgte nicht der moralische. Wer will schon Untermensch sein! Wie alle Teilnehmer des ersten Krieges wiegte mein General bedenklich den Kopf bei der Nachricht von der Front im Osten. Auf mein Begehren, dorthin versetzt zu werden, orakelte er: »Ich glaube, Sie haben noch lange Gelegenheit, bei der Truppe zu kämpfen!« Dann machte er mir einen Kompromißvorschlag, der seinen und meinen Wünschen entgegenkam. Ich sollte, angesichts der immer stärker werdenden Luftangriffe, im Westen in eine Flakbatterie versetzt werden und ihm von Zeit zu Zeit mit exakten Berichten dienen, die der Beschönigung eines Dienstweges entbehrten. Er wollte wie immer alles ganz genau wissen. Die Batterie dürfe ich mir selbst aussuchen, möglichst eine mit einer modernen technischen Ausrüstung. Um ihn festzunageln, vereinbarte ich als letzten Termin den 1. November 1941. Damit war er zufrieden. Mir war so die Möglichkeit gegeben, alle Batterien zu studieren. Am Ende entschied ich mich im Stillen für eine 10,5 Zentimeter Batterie im Raume Köln. Brandneu ausgerüstet mit allem, was zur Zeit gut und teuer war, vor allem mit einem Funkmeßgerät letzter Bauart. Heute würde man Radar zu diesem Ding sagen, und es hätte bei gleicher Meßgenauigkeit eine größere Reichweite. Damals war es eine Sensation und sehr geheim. In aller Heimlichkeit bereitete ich auch meine Versetzung bei der Personalabteilung IIa vor, damit der General sich nicht plötzlich anders besinnen konnte.

Am 31. Oktober waren meine Koffer gepackt und der Wagen für den ersten November zur Fahrt nach Köln bestellt. Frühmorgens um sieben Uhr befahl mich der General zum Abflug nach Braunschweig. Ich war pünktlich an der Maschine und meldete gehorsamst, daß ich mit seinem Einverständnis ab heute zur 1./407 nach Köln versetzt sei. Wortlos stieg er in die Maschine, ohne noch einmal umzuschauen. Ich stand da wie die kündigende Hausangestellte, die nur Wohltaten empfangen hatte und nun trotzig in eine Fabrik davonlief. Das schlechte Wetter paßte zu meinem schlechten Gewissen. Nebel von Münster bis Köln, Regen und Dreck in der Flakstellung am Kölner Grüngürtel bei der Luxemburger Straße. Ich meldete mich bei meinem neuen Kommandeur und bei meinem Batteriechef, einem Oberleutnant.

Als Agrippa, der Römer, seine Kolonie am Rhein gründete, wußte er sicher nicht, wie ungesund das Klima dieser Gegend war. Feuchte Wärme, feuchte Kälte. Kein richtiger Winter, aber Treibhausschwüle im Sommer. Der richtige Platz für Grippe, das war Colonia Agrippina. Ich mußte schon manchmal daran denken, was ich eigentlich für ein Trottel war. Aber der Umgang mit Soldaten anstatt mir Bürohengsten und Vorzimmerdamen tat mir wohl. Ich hatte Verantwortung für Menschen bekommen und nicht nur für Zahlen. In die Technik vertieften wir uns alle begeistert, bauten und bastelten, probierten und schlossen kurz, gruben und putzten. Eben wie die Heinzelmännchen von Köln.

Einmal in der Woche zogen wir auch in die Stadt, um die Heinzelfrauchen anzusehen. Die waren gar lieblich und nahbar. Meist waren ihre Haare dunkel, die Augen stark geapfelt, das Kinn gerundet und die Rede flüssig. Es war bestimmt an ihrer Rasse noch das Blut der Römischen Besatzer vor 2000 Jahren zu bemerken, die in ähnlicher Eigenschaft wie wir am Rheine gelegen waren. Ohne Radar, doch mit Freude an der Siedlung am

Rhein. Genau wie wir. Die Stadt wurde fast jede Nacht durch Fliegeralarm aus dem Schlafe geweckt, war aber noch nicht nennenswert beschädigt worden, weil es sich meistens um Überfliegungen handelte. In den Nachtlokalen zog man mit den Getränken und der Musik eine Treppe tiefer, wenn man nicht gleich in solche Etablissements ging, die im Keller lagen und vom Alarm nicht berührt wurden. Am Sonntag fuhren noch die weißen Schiffe der »Köln-Düsseldorfer« nach Andernach, und die Rheinuferbahnen in Richtung Godesberg und Honnef am Siebengebirge waren überfüllt. Der Kölner Dom grüßte das weite Land nach allen Seiten und strahlte soviel Würde aus, daß er unangreifbar schien.

In manchen Nächten schossen wir mit Erfolg auf die leicht entzündbaren Wellingtons, Lancasters und Blenheims. Zu meiner Orientierung stellte ich eine kaufmännische Rechnung über den Munitionsverbrauch, den fixen Materialkosten-Einsatz auf der Erde, den Lohn der Soldaten und die Amortisation auf und kam zu dem Ergebnis, daß die Engländer trotz Maschinenverlust besser dastanden als wir. Auch wenn sie in Köln nichts trafen. Das ist Krämergeist, sagte ein Oberst zu mir. Denn der Krieg werde, wie unser Führer sagte, nicht mit dem Rechenstift, sondern mit heißem Herzen geführt. Da war ich anderer Meinung. Mit heißem Herzen konnte man keine Maschine vom Himmel holen. Mit überhitzten Rohren konnte man nicht einmal mehr schießen. Und ich hatte unsere Feinde im Verdacht, daß sie hauptsächlich mit dem Rechenstift Krieg führten. Ganz besonders, als noch die USA in den Krieg eintraten. Denn jetzt kamen die Flieger auch am Tage. Nachts die Briten, tags die Amis. Wir wurden reichlich beschäftigt.

Wenn wir einen Abschuß hatten, durften wir einen Ring um die Kanonenrohre malen. Vorher mußten wir gewissenhaft unseren Erfolg nachweisen. Unter anderem durch »Anfassen des Bruches«. Also Besichtigung der Absturzstelle mit Notiz von Type, möglichst Motornummer und Bericht über die Besatzung. Diese lag gewöhnlich in der Nähe der Maschine verstreut und regte meine Phantasie in trauriger Weise an. An den Papieren lernten wir bald Ausschnitte aus ihrem Leben kennen. Ein Bild der Braut, der Mutter, ein letzter Brief begleitete die blutjungen Engländer, Neuseeländer, Australier, Südafrikaner und manchmal auch Polen auf ihrer letzten Reise. In den Kombinationsanzügen blieben die Verletzungen äußerlich unsichtbar, aber wir wußten, daß ihnen alle Knochen gebrochen waren wie ihren Lieben zu Hause das Herz. Die Hinterlassenschaft wurde eingesammelt und dem Roten Kreuz zugeführt. Die Nachrichtendienste hatten Interesse an den Personalpapieren, den Geldscheinen aller europäischen Währungen, den gefälschten deutschen Lebensmittelkarten, den Taschentüchern mit aufgedruckten Fluchtwegen zur Kanalküste und den in unverfänglichen Gegenständen verborgenen kleinen Eisensägen. Ihre Auftraggeber unternahmen alles, wenigstens die am Fallschirm Geretteten über Hilfsorgane in Holland und Frankreich auf Abholboote am Kanal zu bringen. Das Mitleid mit den jungen Burschen hinderte uns nicht daran, auf sie in der Luft zu schießen. So wie die Knaben aus dem Empire kein Mitleid mit den verbrennenden Menschen in den Häuserblocks hatten. Sie sahen im Zielgerät nur die Stadt, und wir sahen nur die Maschine. Herr vergib ihnen und uns die Schuld, kann man da nur sagen!

Eines Tages kam der Herr Oberst und Regimentskommandeur in die Stellung. Mit Monokel im Auge und schnarrender Kälte in der Stimme begann er seine Rede mit diesen Worten: »Ich kann wohl mit Sicherheit annehmen, daß ich unter euch der älteste Parteigenosse bin. Aus dieser Warte...«

Nanu, was waren das für neue Töne im Offizierskorps? Gut, er war eine Niete und hatte es nötig, wenigstens auf diesem Gebiete etwas Positives vorzuweisen. Aber bei der Truppe hatte noch niemand wissen wollen, ob und seit wann ein Offizier bei der Partei war. Es galt als unfein, sich mittels Partei einen guten Ruf zu verschaffen. Wenn jemand so reden durfte in aller Öffentlichkeit, wie es der Herr Oberst tat, dann mußte irgend etwas sich entwickelt haben. Etwas Ungutes, Heimtückisches. Unser Major, im Frieden Bankdirektor, kratzte sich nervös an der Glatze und war eine Woche später nicht mehr unser Kommandeur. Hinter den Kulissen mußte ein Kampf stattgefunden haben, der mit unfairen Mitteln ausgetragen worden war. Sieger: der Altparteigenosse und Oberst. In einem anderen Kleinkrieg, gegen das Vergnügen, konnte ich ihn aber bald darauf schlagen.

Jede Batterie hatte eine Kantine am Rande der Feuerstellung. Sie diente dem gemeinsamen Essen, dem Unterricht und der

»Wehrbetreuung«. Dieses kunstvolle Wort beinhaltete die Unterhaltung und kulturelle Beschäftigung. Oder das, was uns als Kultur verkauft wurde. Zum Beispiel ein bunter Abend mit einem Tenor, welcher den »Chiantiwein« knödelte, einer Tänzerin, die das Tambourin auf Zigeunerweise quälte, einem Conférencier, der vor Eitelkeit triefte und nach jedem Bonmot in die Runde blickte, ob wir Idioten nicht endlich lachen wollten. Nach kurzer Zeit waren uns all diese »durch Film, Funk und Bühne« bekannten, ach so großartigen Künstler vertraut. Gegebenenfalls waren wir durch die Nähe der Großstadt mit ihren Möglichkeiten etwas versnobt und hätten die gleichen Darbietungen östlich der Weichsel hoch geschätzt. Dort war allein der Besuch einer Dame aus Deutschland sensationell, und wenn die Dame, als Zigeunerin verkleidet, zwischen BH und Fetzenrock einen blanken Nabel darbot, vergaß man selbst die Kleiderläuse im eigenen Hemd. Im Schatten des Kölner Domes war die Situation, wenigstens für verwöhnte Berliner, völlig anders. Wir hatten einen strengen Blick und lernten sogar, daß dieser Dom nicht so schön wie berühmt war. Kunstgeschichtlich bedeuteten mir Groß-St. Martin, St. Gereon und Maria im Kapitol wesentlich mehr. Und weil ich in einem Anfall von Kulturbedürfnis der Kunst, der wahren Kunst, zum Durchbruch verhelfen wollte, schritt ich sendungsbewußt zur Geschäftsstelle der NS-Organisation »Kraft durch Freude«. Abgekürzt KdF. Das war die Abteilung »circenses« der Reichsführung. Sie gewann mehr und mehr an Bedeutung, je weniger die Abteilung »panem« zu bieten vermochte. Der Geschäftsführer in Köln war kein braunhemdiger Banause. Er hörte meinen Vortrag mit wachsender Begeisterung an, und bald schwelgten wir nicht mehr in KdF, sondern KdV, was man mit »Kunst dem Volke« übersetzen kann. Ich konnte dem Volke kein Theater schenken wie König Ludwig und darüber »Die Kunst dem Volke« schreiben. Aber ich konnte aus gleich nobler Gesinnung anstelle von Tänzerinnen ein Streichquartett bestellen. Im Leben jedes zur Führung berufenen Mannes kommt der Augenblick, wo er »den einfachen Leuten« mal »echte Werte« vermitteln will. Sie wissen schon: Beethoven in Wolfsburg und Kleist im Kolchos. Es ist bestimmt ehrlicher Idealismus ohne jeden Hintergedanken, wenn man nicht das damit verbundene Eigenlob als Hintergedanken bezeichnen will.

In Köln wirkte damals ein ganz hervorragendes Quartett mit musikalischer Tradition und gutem Namen. Die Herren mußten, um der Einberufung zu entgehen, von Zeit zu Zeit kriegswichtig tätig werden. Also für die Truppe zur Verfügung stehen. Sie waren verdammt wenig gefragt und von meinem Wunsche geradezu gerührt. Wir setzten uns zusammen und besprachen, wie behutsam wir vorgehen müßten, um klassische Musik anschaulich zu repräsentieren. Ein Einführungsvortrag mit Erklärung der italienischen Musikbezeichnungen, mit einer kurzen Biographie des Tondichters und ein vorgegriffener Hinweis auf die Themata und deren Behandlung würden weiten Kreisen die klassische Musik zum Freund machen. Zur Verstärkung der Weihe wurde das Ganze auf einen Sonntagvormittag gelegt. Es war eine echte Matinée! Ins Kalkül stellte ich außerdem, daß am Vormittag des Tags des Herrn verführerische Weiber etwas weniger galten als nach 20 Uhr am Tage der Löhnung. Das Auditorium wurde, welch gründliche Arbeit, noch durch Freiausschank von Portwein bestochen und dem Quartett zusätzlich Beethoven verklärt durch eine Einladung zu anschließendem markenfreien Riesenkotelett.

Es fehlte an nichts mehr. Beim Einführungsvortrag schliefen zunächst nur die hinteren Reihen. Den Rest besorgte das Adagio. Molto vivace – wer macht denn da solchen Krach? Ich klatschte wie wahnsinnig und stürzte gerührt auf die Interpreten zu. Die Truppe war wohldisziplinert und klatschte, langsam erwachend, immer mehr. Am meisten diejenigen, welche ihre Urlaubsgesuche demnächst vorzulegen gedachten. Etwa vier Männer zogen die Musiker ins Gespräch und schienen tatsächlich beglückt. Ich tröstete mich mit dem Gedanken, daß es sich gelohnt habe, wenigstens einigen Kriegern ein Erlebnis höchsten Ranges verschafft zu haben. Die hatten in ihrer Freizeit solche Veranstaltungen zum eigenen Vergnügen und auf eigene Kosten schon häufig aufgesucht. Voll befriedigt waren die Künstler: von der Küche und der menschlichen Begegnung. Am Abend hörte ich, wie Harun al Raschid an der Theke stehend, vox populi. Meine Niederlage war vollständig. Die nächste Veranstaltung sollte ein Riesenfest mit Weibern werden. Ich versprach es den Männern.

Herr Oberst untersagte aufs strengste, Damen in die Kantinenbaracke zu bringen. Nicht weil er selbst ein Kostverächter war, sondern weil Auswüchse dem Ansehen der Flakartillerie schaden könnten. Als ich den Plan eines Batteriefestes vorlegte, wurde ich ausdrücklich darauf aufmerksam gemacht. Aber was sollte ein Batteriefest ohne Mädchen? Eine Riesensauferei lag in der Luft. Waren das vielleicht keine Auswüchse? Die Männer hatten mein Wort, und ich mußte es einlösen. Darum zermarterte ich mein Hirn ganz fürchterlich. Endlich kam mir die Erleuchtung. Als Punkt eins organisierte ich Kölns bekanntesten Barmixer für den Abend und mit ihm die wilde Wanda. So hieß die Barfrau. Dann erbettelte ich bei den städtischen Bühnen Dekorationsmaterial für die schummrige Ausgestaltung des Raumes. Weiterhin nahm ich Taxichauffeure unter Vertrag, denen ich Wehrmachtsbenzin versprach, wenn sie nach 24 Uhr lebenshungrige und zahlungskräftige Gäste zu meiner Kantine brächten. Schließlich besorgte ich Getränke auf weißen und schwarzen Märkten, darunter um den Preis der Sektsteuer ganz offiziell echten Champagner aus der Marketenderei. Die Getränkekarte für die fremden Besucher wurde preislich so gestaltet, daß durch die überteuerten Preise die ganze Batterie gratis saufen konnte. Das Hauptproblem, Damen, war am mühevollsten zu lösen. Damenbesuch war verboten, aber auf Rückfrage wurde von Herrn Oberst genehmigt, daß künstlerische Darbietungen von weiblichen Truppen erlaubt seien. In jedem größeren Betriebe gab es »Werkfrauengruppen«. Sie sangen und tanzten Folklore. Mein erstes Opfer war die Schokoladenfabrik Stollwerck. Die Einladung wurde angenommen. Dann kam 4711. Fräulein Doktor Sowieso wollte Näheres wissen und gab schließlich eine Gruppe frei. Zur notdürftigsten Versorgung mußte ich aber etwa 40 Mädchen haben. Selbst wenn die Verheirateten unter uns sich mehr den Getränken zuwenden wollten, war das nicht zuviel. Tapfer fuhr ich zu Klöckner-Humboldt und sprach mit der Werkfrauenführerin dieses Rüstungsbetriebes. Die Dame war sehr skeptisch. Sie sprach von großer sittlicher Verantwortung. Sie könne mit einer Gruppe nur kommen, wenn die Abfahrt mit der letzten Straßenbahn auch geschlossen garantiert sei. Hoch und heilig schwor ich, dafür Sorge zu tragen.

Der Abend nahm seinen Anfang. Herr Oberst staunte über die Gruppen von Damen und blickte mir prüfend ins Auge, als ich ihm die Zusammensetzung der einzelnen Gruppen erklärte und ihm auch die Werkfrauenführerin vorstellte. Diese machte einen hervorragenden Eindruck auf den Oberst, weil sie einen vorzüglichen NS-Wortschatz hatte. Sie bephrasten sich gegenseitig wie Kinder in der Schneeballschlacht. Guten Eindruck machte die Werkfrauenführerin auch auf einen meiner Unteroffiziere, einen »schönen Mann«, Dekorateur bei Wertheim in Berlin. Ihm versprach ich eine Flasche Sekt, wenn er die Dame so becircen würde, daß sie keinen Schaden anrichten könne. Er arbeitete vorzüglich. Um 24 Uhr, kurz vor der letzten Tram, suchte ich die Dame, fand sie in den Armen des Dekorateurs – lallend. Als ich ihr scheinheilig in Erinnerung brachte, daß sie doch geschlossen mit den Mädels gehen wollte, schrie sie mich an: »Was! Bin ich die Mutter von denen? Die sind doch alt genug, um alleine heimzufinden. Hau jetzt ab! Der Junge ist süß!«

So ging meine Rechnung genau auf. Vorher mußte aber die Sache mit den Darbietungen geschaukelt werden. Wir hatten nämlich keine. Ich hatte auch keine bestellt außer bei Klöckner-Humboldt, der Panzermotorenfabrik. Herr Oberst wartete aber schon seit neun Uhr ungeduldig darauf. In der teuren Bar, bei Jonny und Wanda, sammelten sich inzwischen dunkle Typen in Zivil. Darunter, wie Johnny sagte, auch ein echter Gangster mit viel Geld. Diesen griff ich mir und beförderte ihn zum Direktor von Klöckner-Humboldt, stellte ihn auch so dem Herrn Oberst vor. Bald erklomm Herr Direktor das Podium und hielt folgende Ansprache:

»Sehr geehrter Herr Oberst, liebe Kameraden (keiner von uns hatte einen Einbruch hinter sich, aber das war jetzt egal), liebe Mädels! Wir, die wir die Waffen schmieden, mit denen ihr die Heimat gegen den frechen Überfall unserer Feinde verteidigt, sind glücklich, einmal in eurer Mitte sein zu dürfen. Euer Herr Oberst, alter Kampfgefährte des Führers, führt Euch zum Siege, dessen bin ich gewiß. Aber er weiß auch, daß die Truppe ihre frohen Stunden braucht, daß die Menschen an den Drehbänken und in den Büros um so freudiger schaffen, je besser sie Fühlung zur kämpferischen Truppe haben. Ihr für uns, wir für Euch! Das ist das Gebot der Stunde. Unser Geschenk an Euch sollte unsere Volkstanzgruppe sein. Leider ist die Hauptdarstellerin heute nachmittag erkrankt, und wir können unser Versprechen nicht mehr einlösen. Es ist uns unangenehm, da wir Eure Gastfreundschaft in so reichlichem Maße genossen haben. Wenn Herr Oberst jetzt von hier scheiden, möge er bitte unseren guten Willen für die Tat nehmen. Heil Hitler!«

Herr Oberst schüttelte dem Herr Direktor die Einbrecherhand und schied tatsächlich. Die Mädchen blieben, und das Fest wurde rund und laut. Aber es zerfiel in zwei Teile. Der eine Teil fand im großen Saale statt und hatte volkstümliche Züge. Geprägt von Bier und Schnaps, ging es entsprechend geräuschvoll zu. Die Art der Konversation war schlecht zu erkennen, lediglich ein Wort kehrte besonders oft wieder: Prost! Um das viele Freibier zu vertilgen, waren auch besondere Anstrengungen nötig. Die Stimmung glich aufs Haar den Zuständen in einem Bierzelt auf dem Oktoberfest. Aber nur wenige Meter nebenan, wo die Society im gedämpften Licht der Bar sich mit höheren Unkosten einen gleich ordinären Rausch kaufte, war weltstädtisches Nachtleben ausgebrochen. Weil mich keine Sekunde das Verantwortungsgefühl verließ, hatte ich den klarsten Kopf und konnte mühelos meine Beobachtungen machen. Der Einbrecher-Direktor spendierte großzügig Runde um Runde mit Vorliebe den Soldaten, die sich in den Raum wagten und schon wußten, wie man sich in einer Bar bewegt. Wie man elegant den Hocker ohne Leiter und ohne abzustürzen erklimmt. Wie man gelangweilt zur Barfrau sagt: »Was nehm ich denn heute?« Die Auswahl reichte vom schlichten Eierlikör über echten Cognac bis zum besten Stoff aus Reims. In diesen Jahren trank man noch viele Cocktails in den Bars. Wer vom Lande kam, bevorzugte interessant klingende und anmachende Getränke: Blutgeschwür, eine Mischung aus Eierlikör und Kirschlikör zum Beispiel. Die Weltmänner orderten Sidecar, Rauhreif und Manhattan. Für große Runden kam der Nikolaschka in Frage, ein Weinbrand mit Zitronenscheibe auf dem Glas und einem kleinen Häufchen gemahlenen Kaffees darüber. Ich hatte mir einen Krug mit Saft und etwas Gin auf die Seite stellen lassen, aus dem ich mir bei Barbesuchen immer ein Gläschen einschenkte.

Das Schönste in einer Bar sind aber nie die Getränke, sondern die Besucher und deren Gepflogenheiten. Unsere Wanda war ein Prachtexemplar. Sie war ins Gespräch vertieft, weit nach vorne gebeugt über den Arbeitstisch, und ihr Ausschnitt am Kleide war so tief wie ihr Verständnis für alle Probleme. Selbige reichten im Laufe des Abends von Rilke bis Rheumatismus, von Buddhismus bis Busengröße. Gerade auf das letzte Thema kamen sehr viele Gäste mit ihr zu sprechen, wobei sich die Herren bemühten, lässig wie von Frau zu Frau zu parlieren. Rein sachlich und vom Standpunkt des Künstlers aus gesehen. Mit der eigenen Gattin könne man sich über solch schöne Dinge gar nicht unterhalten. Überhaupt habe diese wenig Verständnis für ihren Mann. Ein Mann brauche unbedingt seine Ansprache neben dem harten Existenzkampf. Ob Wanda nicht mal ihre Adresse geben könne, damit man sich wieder treffe, um die Unterhaltung fortzusetzen. Dann sagte Wanda: »Ach ja! Ich geb sie Ihnen nachher. Darf ich einen mittrinken? Die meisten Herren sind so primitiv, wissen Sie!«

Und Wanda bekam viele Drinks, machte viel Umsatz, viel Trinkgeld. Die Bar glich einem großen Orgel-Spieltisch, hinter dem Wanda mal oben und mal unten in die Tasten griff und alle Register zog. Sie hielt alle Pfeifen gleichzeitig unter Druck, damit die Musik stimmte. Die Toccata und Fuge der Begehrlichkeit und Lüge füllte den Raum. Nur Dr. Sch., ein zaundürrer Kollege von Röhm, wollte von Wanda lediglich gut eingeschenkte Gläser haben. Beim Eingießen galt sein Interesse dem Eichstrich am Glase. Da half kein Bücken!

Die Gespräche der feinen Herren untereinander hatten auch kein höheres Niveau als jene im Biersaal. Die rezitierte Lyrik stammte meist von Kiesewetter oder hatte die Gegend an der Lahn zum Inhalt. Von Krankheiten wurde im Kriege jedoch sehr wenig gesprochen. Es gab weder Illustrierte, die emsig durch ihren medizinisch versierten Redakteurmitarbeiter Krankheiten anboten, noch so gute Kost, daß man krank werden konnte. Mangels Heizung waren auch Erkältungen selten und das Wort »Infarkt« nur den Medizinern geläufig. Privates Autofahren war völlig unbekannt, und eine Bandscheibe hätte jeder Mensch für einen Schleifapparat gehalten. Gespräche über Essen und gute Einkaufsquellen lagen deshalb schon an zweiter Stelle. Streng vermieden wurde das Thema Politik. Auf die Wiedergabe einer Nachricht aus Sendern des Auslandes stand unweigerlich die Todesstrafe. Spitzel mußte man überall befürchten, aber noch mehr die Dummen, die wirklich glaubten, dem Vaterlande zu dienen, wenn sie Zweifler zur Anzeige brachten.

Wenn in einem Lokal aus irgendeiner Ecke das Wort »Mensch« zu vernehmen ist, wenn ein Mann mit feierlicher Zunge »ich bin Mensch« sagt, dann weiß man genau, hier ist einer betrunken wie ein Schwein. Im Unterbewußtsein spürt der Sprecher, daß es Zeit ist, sich als Mensch erkennbar zu machen, weil man es seiner Haltung und Sprache kaum mehr entnehmen kann. Ist sein Partner auch restlos besoffen, dann gibt er auch diesem ein Alibi und lallt: »Weißt du – hup – wir sind beide – hup – Menschen!« Dabei schüttet er ihm etwas aus seinem Glase über den Anzug, bläst Proben des Sodbrennens ins Gesicht des »Freundes« und übt feierlichen Verzicht auf die Weiber. Wozu ihn die Natur in diesem Stadium sowieso zwingen würde. Dann bestellt man zwei neue Gläser, an die man sich beim Bezahlen später nicht mehr erinnern kann. Die bestimmte Forderung der Barfrau wird dann als Beweis für die Nichtsnutzigkeit des anderen, des nüchteren Geschlechts integriert. Es fällt aber auch ein Schatten der Enttäuschung auf den anderen Homoporcus – in Anlehnung an den Minotaurus, halb Mensch, halb Schwein –, der sich beim Zahlen gedrückt hat.

Wanda hatte großen Kummer mit »Menschen« an diesem Abend und sprach von enormen Verlusten. Sie schrie in gemeinster Weise hinter der Bar herum, und ich wurde an ihrer Diktion endlich gewahr, daß sie nicht aus alter polnischer Adelsfamilie stammte, sondern aus Beuthen in Oberschlesien.

Warum die Briten in dieser Nacht nicht kamen, weiß ich nicht. Vielleicht weil ihnen Wanda zu gefährlich war oder weil sie, wie man ihnen nachsagt, faire Gegner waren. Unser Fest wurde durch keinen Alarm unterbrochen, und der Krieg forderte in dieser Nacht nur finanzielle Opfer. Es war sehr gut für uns, keine Proben unserer artilleristischen Zielsicherheit abgeben zu müssen. Schaden konnte die Flak sowieso nicht mehr verhindern, weil die ganze Konzeption der Luftverteidigung nicht mehr den Erfordernissen entsprach. Wir hatten nur noch moralische Bedeutung und mußten daher auf unseren guten Ruf besonderen Wert legen.

Um fünf Uhr morgens saß ich mit den standhaftesten meiner Krieger auf einem leeren Bierfaß, auf dem Kopf einen in der

Garderobe gefundenen Schlüpfer ohne Rangabzeichen. Vermutlich also nicht aus Luftwaffenbeständen. In der Hand schwenkte ich die letzte Flasche Pommery und sang: »Warum ist es am Rhein so schön... weil die Mädels so lustig...«.

Zwei Stunden später war ich nicht mehr lustig. Die Kasse aus der Bar mit 800 Mark Inhalt war aufgebrochen und ausgeraubt. Aber nicht von unserem Direktor-Ganoven. Der war ehrlich! Sondern, wie man später herausfand, von unserem Postabholer, dem Vertrauensmann unserer Schreibstube.

Im Namen des Volkes

Die gefährlich spitze Nase des Kriegsrichters stach in den Sitzungssaal und hielt Ausschau nach Opfern. Nicht nach dem einen Opfer, dem Angeklagten, sondern nach allen potentiellen Übeltätern im Raum. Den Zeugen war nicht wohler zumute als dem Beschuldigten. Sogar die Zuhörer und Beisitzer wünschten sich, die Sache möge schon vorüber sein. Der Raum war schuldschwanger. Wie ein neutraler Beobachter schaute nur der Protokollführer herab auf das versammelte schlechte Gewissen und drehte seinen Bleistift zwischen beiden Händen, bis ihn der gestochene Finger des Richters zum Schreiben zwang.

Die »Sache« befand sich in der Beweisaufnahme. Die Beweise hatte ich in mühevoller Arbeit recht ungern zusammengetragen, weil ich diese Sitzung vermeiden wollte. Aber wenn 800 Mark gestohlen werden und der Täter ermittelt ist, gibt es kein Zurück mehr. Und ich hatte den Täter ermitteln müssen, weil ich den entwendeten Betrag als Eigentum der Batterie zu betrachten hatte. Man hätte mir sonst noch nachsagen können, das entwendete Geld sei in meine Tasche geflossen. Mein Chef hatte keinen Zweifel darüber gelassen, daß ich als Initiator des Festes auch dafür zu sorgen hätte, die finanzielle Seite restlos zu klären, wenn ich mich nicht selbst dem Vorwurf der Unterschlagung aussetzen wolle. So wurde ich zum Detektiv.

Am Vormittag nach dem großen Vergnügen ließ ich zunächst den Ausgang für alle Soldaten sperren, damit keiner die Möglichkeit bekam, das Geld aus der Stellung zu schleusen. Ein Appell wurde angesetzt, bei dem ich den oder die Täter bat, den Scherz zu beenden und das Geld wieder bei mir abzuliefern. Ich hätte mich köstlich amüsiert und sei tatsächlich auf den Spaß hereingefallen. Aber auf diese Finte fiel mein Dieb leider nicht herein. Am Nachmittag ließ ich alle Soldaten in die Unterkünfte treten und führte mit Hilfe des Spieß und eines weiteren Unteroffiziers eine Kontrolle aller Taschen, Schränke und Betten durch. Es war eine unvorstellbare Arbeit, die uns auch in übelriechende Regionen führte. Um 20 Uhr hatte ich zwar noch immer keinen Täter, dafür aber eine neue Idee. Ich ließ nochmals antreten und behauptete fest, nunmehr wichtige Indizien gefunden zu haben; die Feldpolizei habe Fingerabdrücke an der Kasse sichern lassen, die nicht unserem Rechnungsführer gehörten, der die ganze Nacht die Kasse allein bedient hatte. Ich bat den Täter in seinem eigenen Interesse, nunmehr unter Zusicherung von Straffreiheit wegen Trunkenheit, das Geld bei mir unter vier Augen abzugeben. Ja, ich sei sogar bereit, in den nächsten 30 Minuten die Stellung zu verlassen, damit das Geld unbemerkt in mein Zimmer gebracht werden könne. Als das auch nichts half, vernahm ich viele Zeugen, die in den frühen Morgenstunden noch im »Lokal« waren, darunter den Koch, der mir die ersten Kaffeeholer nennen konnte. Meiner Rechnung nach mußte der Täter unter diesen zehn Personen zu suchen sein. Einzeln rief ich diese zu mir und bat sie unter vier Augen, doch ein Geständnis abzulegen, um ihnen und ihren Familien eine Kriegsgerichtsverhandlung zu ersparen. Damit erntete ich teils Empörung, teils Erstaunen, auch angstvolle Beteuerungen. Aber keinen Dieb. Nach längerem Nachdenken fiel mir ein, daß eine konsequente Verkleinerung dieses Kreises von zehn Personen entweder auf eine heißere Spur oder zur völligen Pleite führen mußte. Fast alle Soldaten hatten beim Kantinengefreiten ein Konto, so daß dieser Mann leicht in der Lage war, die Vermögenslage des einzelnen Soldaten zu schätzen. Ich legte ihm die Liste der zehn Personen vor und ließ mir die geschätzten Umsätze nennen. Dann prüfte ich in Kenntnis der privaten Verhältnisse und der Einkünfte als Soldat die Relationen und stieß bei zwei Männern auf ein Mißverhältnis zwischen Einnahmen und Ausgaben. Dabei stellte ich die Vermutung an, daß der Dieb keine einmalige Handlung begangen hatte. Diese beiden Personen bat ich nun gemeinsam zu mir und sagte ihnen auf den Kopf zu, daß einer von ihnen der

Dieb sei und daß ich beide in Untersuchungshaft schaffen würde, da dringender Tatverdacht vorliege. Ich sei aber innerhalb der nächsten Stunde zu Einzelaussprachen bereit. Beide verließen wortlos den Raum.

Inzwischen war es aber Mitternacht und der Chef ungeduldig geworden. Morgen früh müsse er Anzeige gegen Unbekannt erstatten und die Polizei einschalten. Er gratulierte mir zu dem »erfolgreichen Abend«, haute die Türe zu und ging schlafen. Für mich war es zwecklos, Schlaf zu suchen. Ich weckte den Spieß und wollte von ihm ganz genau wissen, ob am Morgen nach der Tat nicht doch irgendeine Maus aus der Stellung entwichen sei. »Nein!« meinte er, lediglich dienstlich sei der Postholer weg gewesen, aber der scheide ja aus. Aber wieso denn? Er war doch unter den letzten zwei Verdächtigen! Sofort rannten wir zu dessen Bett, holten ihn heraus und nahmen ihn gemeinsam ins Gebet. Auf die bohrende Frage, wie er in der Kantine solche Umsätze machen könne, gab er regelmäßige Geldsendungen von seiner Frau an. Da fiel mir plötzlich ein, daß mir ein Päckchen von einem Freund in Brüssel nicht zugegangen war, der mir dort einen Schmalfilm für meine 8 mm Kamera besorgen wollte. Ich rief ihn mitten in der Nacht an und hörte zuverlässig, daß er den Film längst abgeschickt habe. Plötzlich erinnerte sich der Spieß an verschiedene Meldungen von Soldaten, die den Verlust von Sendungen mit Zigaretten und Briefen mit kleinen Geldbeträgen gemeldet hatten. Ich verdächtigte nun unseren Postabholer, da die Kette von Indizien fast geschlossen war. Es kam zur sofortigen Festnahme. Ein Anruf bei der Feldpolizei setzte ein Fahrzeug in Bewegung, um den vermeintlichen Dieb ins Gefängnis zu bringen. Stumm packte dieser sein Waschzeug unter unserer Aufsicht ein, wobei vier Augen auf allen seinen Bewegungen ruhten. Bis das Auto der Polizei eintraf, hatte ich 600 Mark in seinen Habseligkeiten gefunden. Und einen Brief seiner Frau, er möge doch etwas Geld schicken, es reiche ihr und den Kindern kaum zum Nötigsten. Nachdem der Polizeiwagen abgefahren war, rief mich der Fahrer an und fragte, wem der belgische Schmalfilm gehöre, der auf dem Boden des Wagens gefunden worden sei.

Von solcher Kriminalarbeit zeigte sich der Richter wenig beeindruckt. Er wollte wissen, wo die zweihundert Mark geblieben seien. Als der Täter sich nicht daran erinnern konnte, half der Richter nach. Eine Zeugin wurde hereingeführt, schick und kokett. Der Richter entlockte ihr, daß sie regelmäßig von dem Angeklagten beschenkt worden sei und am Tage nach der Tat benachrichtigt worden war, sich für einen schönen Abend bereitzuhalten. Leider sei ihr Freund nicht erschienen. Jetzt sahen sie sich hier vor Gericht wieder, und Herr Kriegsgerichtsrat ging in das interessantere Detail der intimen Beziehungen. Nach einiger Zeit wußten wir nicht mehr, ob hier Postunterschlagung und Einbruchsdiebstahl verhandelt würden oder »Sittlichkeit«. Das Mädchen war wenigstens nicht schüchtern und erzählte anregende Dinge, welche die Beisitzer aus dem Schlafe rissen. Entrüstet funkelten die Brillengläser des Richters, dem es schwerfiel, wieder zur »Sache« zurückzufinden.

Der Angeklagte schilderte dann den Abend, die hohen Preise in der Bar und die Unmöglichkeit für ihn, den armen Schlucker, auch einmal Champagner zu trinken. Da sei er verführt worden, sich die Mittel zum großen Leben auf diese Weise anzueignen.

Während der Aussage des Angeklagten schaute der Richter immer öfter in meine Richtung, und mir wurde zusehends wärmer. Am Ende dieser traurigen Sozialtragödie stach die spitze Nase in mich. Es prasselten die Fragen hernieder wie Hagelkörner auf einen überraschten Badegast. Fieberhaft zimmerte ich im Kopf die unvorbereitete Verteidigung zusammen und schluckte meine Angst hinunter. Nur nicht unruhig werden! sagte mein Schutzengel zu mir. Bleibe gelassen, greife nicht an, sondern zähle der Reihe nach auf, wo und wie eingekauft wurde, was die Soldaten gratis erhielten. Am Ende kam mir noch der gute Gedanke, daß der Reinerlös für eine Spende an das Winterhilfswerk gedacht gewesen sei, diese Einrichtung perfekter Verlogenheit. Diese Ausrede war bestimmt keine Gemeinheit, denn die erbettelten Gelder kamen sowieso in den großen Rüstungstopf. Der Richter war bestimmt überzeugt, daß meine Ausrede so verlogen war wie das WHW selbst. Doch die große Kunst des Florettfechtens mit den Phrasen der Partei hatte ihre Spielregeln. Es war streng verboten zu glauben, es könne der Gegner womöglich etwas nicht glauben. Mit einer solchen Vermutung würde man ja selbst in einen Gedankengang des Unglaubens steigen, was dem streng Gläubigen wegen der Glaubwürdigkeit des zu Glaubenden einfach unmöglich sein mußte. Der junge Leser wird das nicht verstehen, da er heute Meinungsfreiheit besitzt. Im Dritten Reich war die Freiheit des Denkens, nicht nur des Redens schlicht verboten. Wenn auf einer Bühne mit klassischem Repertoire Schillers Satz »Sire, geben Sie Gedankenfreiheit!« fiel, klatschte das Publikum und fühlte sich in der Weihestimmung der Katakomben.

Der Richter war mit seinen eigenen Waffen geschlagen. Schnell verdonnerte er den Dieb zu eineinhalb Jahren Gefängnis und war damit, nach damaliger Rechtsprechung, recht milde.

Das Dritte Reich steht heute noch bei vielen Zeitgenossen in dem Ruf großer öffentlicher Sicherheit. Man schrieb sie den drastischen Strafen zu und der sittlichen Stärke des Regimes. Ich frage mich dabei, ob es als öffentliche Sicherheit bezeichnet werden kann, wenn einige Millionen von Staats wegen ermordet wurden, weil sie die falsche Nase hatten oder Gedankenfreiheit forderten. Wenn man von der Partei versehentlich erschossen werden durfte. Auch mit der Sicherheit vor Kriminellen alten Schlages war es nicht so weit her. Freilich, Mördern und Sadisten begegnete man in den Städten weniger. Diese wurden für die Befriedigung ihrer Neigungen besoldet und in den Konzentrationslagern gut beschäftigt. Die Falschmünzer waren überflüssig, denn Geld floß in Mengen aus der Reichs-Falschmünzerei. Blieben die kleinen Diebe, denen es nicht vergönnt war, im Feindesland zu plündern. Auf sie konzentrierte sich die Aufmerksamkeit der Polizei und Gerichte. Ihrer gab es genug, nur hörte man nichts von ihnen, weil die Zeitungen keinen Polizeibericht kannten. Mir aber wurden in Köln genügend Überfälle auf alte Damen, sogar auf einige unserer jungen Flakhelfer bekannt. Und die Fliegergeschädigten wußten ein Lied von den Plünderungen zu singen, wenn »hilfreiche Hände« während des Brandes »retteten«. Dabei stand auf Plünderung und generell auf alle Verbrechen unter »Ausnützung der Verdunkelung« die Todesstrafe. Die Vollstreckungen waren geringer in der Zahl als die Verbrechen. Nicht wegen der Milde der Gerichte, sondern wegen der vielen unaufgeklärten Fälle, die deutlich der Abschreckungstheorie widersprachen.

Unaufgeklärt blieben auch viele Fälle, die durch die Milde der Mädchen entstanden. Man könnte auch sagen, durch falsche

Auslegung nationalsozialistischer Propaganda. Es waren die Vaterschaftsprozesse, die uns als Vorgesetzte laufend beschäftigten und auf Anforderung der Vormundschaftsgerichte zu Vernehmungen zwangen. Ich schwankte bei diesen Einvernahmen immer zwischen sittlicher Entrüstung und großem Verständnis für die Augenblickssituation des Beklagten, zwischen Mitleid mit der jungen Mutter und Fürsorge für meinen Untergebenen.

Diesen Gewissenskonflikt trug ich bei einem Besuch der »Luftflotte Reich« in Berlin dem obersten Richter dieser Kommandostelle vor. Er hatte eine unbeschwerte Art, über Rechtsfälle zu diskutieren. Der tägliche Umgang mit der Verzweiflung machte ihn hart wie einen Arzt, der nicht den Tod kennt, sondern nur den Exitus. Zunächst meinte er, daß es ohne Hammer über den Kopf sehr schwer sei, eine Vergewaltigung durchzuführen. Man müsse also mit einem gewissen Einverständnis rechnen. In seiner ganzen Praxis sei ihm aber noch kein Fall von Vergewaltigung vorgekommen, der früher als im dritten Monat vom Opfer angezeigt wurde. Ich möge daraus meine eigenen Schlüsse ziehen. Mit solchen Gedankengängen lag er auf der Linie des »gesunden Volksempfindens«. Dieser schöne Ausdruck geisterte durch die Rechtsprechung und war die holzhammermäßige Vergewaltigung von Justitia; nach dem Kriege in der östlichen Hälfte Deutschlands zur Perfektion gebracht durch den Einsatz von Richtern aus dem Volke, das heißt ohne Rechtsstudium, sondern im staatlichen Schnellkursus auf die Parteilinie gebracht. Das Volksempfinden ist immer gesund. Das bestohlene Volk fordert die Todesstrafe für Diebe. Die schwangere ledige Tochter fordert Zuchthaus für den Vater, der nicht heiraten will. Der leichtsinnige Erzeuger Gefängnis für Vorspiegelung falscher Tatsachen. Der Fußgänger wünscht trunkene Autofahrer hinter Gittern zu sehen, der Wirt möchte den Staatsanwalt wegen Geschäftsschädigung verklagen. Denn jeder weiß, was für ihn selbst gesund ist. Und die Diktatur sorgt durch ihre Propaganda dafür, daß ein Volk die richtige Einstellung zur Gesundheit bekommt. Recht, vor allem das hier noch gültige Römische Recht, war objektiv. Und Objektivität ist eben falsch. Sagte man. Die große Rechtsreform wurde durch den Krieg verhindert. Es blieb also vorerst nichts anderes übrig, als das gültige Recht zu mißachten. Oder auszulegen. Etwa in der Art, daß

Röhm vor seinem Tode bekanntlich Stabschef der SA war, nach seinem Tode aber als Schwuler abklassifiziert wurde.

So behandelte ich dann auch die Vaterschaftsklagen. War der Beklagte ein guter und tüchtiger Soldat, las sich meine Vernehmung wie eine Anklage gegen eine Schlampe von Weib, war der Gesuchte jedoch militärisch wertlos, schien eine Madonna geschändet worden zu sein. Oft verfolgten solche Rechtsstreitigkeiten die Väter über Jahre hinweg und wurden sogar deren Vorgesetzten allmählich lästig. Dann sorgte man bei nächster Gelegenheit für die Versetzung des Mannes zu einer entfernten Einheit. Ein neuer Chef konnte die Akten bearbeiten, der Mann selbst hoffte darauf, daß seine Spur sich verlöre. So war allen gedient außer der Mutter. Der Staat gab ihr die Ehre wieder, aber einen Vater konnte er auch nicht besorgen. Er konnte ja den Familien die vorhandenen nicht einmal mehr erhalten.

Für Eheschließungen wurden in dieser Zeit feine Nuancen erfunden und auch rechtsgültig gemacht. Da gab es die Ferntrauung auf dem Postwege mit telefonischer Brautnacht. Einerseits sollten ja viele Ehen geschlossen werden, damit dem Führer Kinder geschenkt würden. Andererseits bedingt die Hochzeit eine Abwesenheit des Soldaten von der kämpfenden Truppe. Bräute an die Front zu schaffen war ein Transportproblem. Also ließ man die Braut in der Fabrik, den Bräutigam an der Front, und siehe da, es ging auch so. Per Feldpost. Die Fortentwicklung dieses Systems war dann die Eheschließung post mortem. Bei glaubwürdigem Nachweis ernsterer Eheabsichten eines Gefallenen konnte die Braut nachträglich vermählt werden. Das gesunde Volksempfinden glaubte aus dem Grabe ein Jawort zu vernehmen. Das erwartete Kind erhielt den Vatersnamen, ihm war damit geholfen.

Das Recht aber wurde verbogen. Nicht so schmerzhaft wie beim Volksgerichtshof, der die politischen Fälle aburteilte und ein Hinrichtungshof wurde. Im Namen des Volkes natürlich. Mit Volljuristen als Richtern, Verbrechern im Talar! Dienern des Staates, nicht aber des Volkes. Einige ließen Milde walten, bis sie abgesetzt wurden. Doch für jeden Menschen mit Gewissen fand sich ein Ersatz ohne Gewissen. Bis zu jenem Scheusal eines Lebewesens mit Namen Freisler, den sich der Teufel bei einer Sitzungspause per Bombentreffer in seinen eigenen Stab holte.

Non scholae sed vitae discimus

Wenn die Lehrer das sichere und zutreffende Gefühl hatten, die ganze Lernerei hänge den Schülern zum Hals heraus, dann gaben sie uns einen Wechsel auf die Zukunft. Mit dem schönen Satze: Nicht für die Schule, sondern fürs Leben lernen wir! Und wir gaben dem mühsamen Unternehmen wieder Kredit, weil wir an unser zukünftiges Leben dachten. An ein Leben mit Erfolg als Lohn für die dämliche Paukerei, oder, soweit wir faul waren, als Lohn der ständigen Angst, das Klassenziel nicht zu erreichen.

Hitler packte uns bei der Ehre, indem er uns zu Garanten der Zukunft stempelte. Wir wollten die Zukunft nicht enttäuschen und strengten uns an. Langsam, aber ganz langsam wollten wir schließlich doch erfahren, wie diese Zukunft aussah. Die Gegenwart ließ mehr und mehr zu wünschen übrig. Wir wurden nicht jünger. Die Geburtstage waren noch Anlaß zum Feiern, doch merkten wir auch von Jahr zu Jahr, daß in unserem Adventskalender des Lebens die offenen Fenster sich mehrten. Was würde in den kommenden Fenstern zu sehen sein?

Wenn man dem Führer glauben konnte, war es eine prächtige Welt. Den Bombengeschädigten versprach er schöne neue Häuser. Zunächst zahlte er ihnen großzügig die Schäden. Schnell und mit Papiergeld. Die Schadensanträge aus den untersten Kreisen Kölns gaben ein imponierendes Bild von der hohen Zivilisationsstufe in Deutschland. Was man vorher nie geahnt hätte: keine Familie hatte ohne echte Teppiche gelebt! Ölgemälde bedeutender Künstler hatten die Heime von Gelegenheitsarbeitern geziert. Den Namen konnte man nicht mehr genau sagen, aber sie waren jedenfalls sehr groß und kostbar. Das Tafelsilber, welches mit der Schlaf-Wohn-Bade-Küche unterging, hatte hohe Legierungen, ganz abgesehen vom Traditionswert, den es für Familie Schmitz besaß.

Entschädigt wurden in den ersten Monaten des Luftkriegs auch die Inhaber von Betrieben. Ich lernte einen Mann kennen, der für eine kleine Fabrikation auf technischem Sektor nach der Zerstörung des Unternehmens mit einer Million Reichsmark abgefunden wurde und sich beeilte, das Geld in Baden-Baden zu verspielen. Der Fatalismus breitete sich von Westen nach Osten langsam aus und fraß den Fanatismus auf. Vergebens kämpfte die

Partei gegen diese Entwicklung an. Vergebens vor allem deswegen, weil in den eigenen Funktionärsreihen der Zukunft keine allzu große Chance mehr gegeben wurde. Die Gegenwart, der tägliche Überlebenskampf, wurde stärker. Zarte Ansätze von Schwarzhandel mit bewirtschafteten Gütern erstaunten den immer noch gut versorgten Soldaten. Waren die Lieferanten der Ware in privilegierten Kreisen beheimatet, konnte man auf die übliche Geheimnistuerei verzichten.

Ein vielbesuchtes Nachtlokal in Berlins Bleibtreustraße verkaufte unbekümmert alle französischen Getränke und sämtliche Tabaksorten des Festlandes. Auch über die Straße. Verkäufer wie Kunde beruhigten sich bei dem Gedanken an die absolute Straflosigkeit, weil die Ware durch hohe Offiziere der SS per Waggon importiert und per Lastwagen zugestellt wurde. Alle Welt wußte dies, nur unser Führer, der alles wußte, wußte nichts davon. Die Meinung vertraten diejenigen, die ihn selbst für gut, seine Umgebung aber für schlecht hielten. Für den Fall jedoch, daß Hitler zweierlei Maß hatte, unterließ man es vorsichtshalber, ihm solche Dinge zur Kenntnis zu bringen. Und er hatte zweierlei Maß!

Jahre später, im Führerhauptquartier im Osten, zeigte ich einen seiner Günstlinge an, der sich vor den Augen meiner Soldaten strafwürdig zeigte und gegen »Führerbefehl« verstieß. Es wurde mir die Antwort des Allerhöchsten wörtlich mitgeteilt: »Laßt ihm doch seinen Spaß!« Der Spaß bestand darin, mit dem Schwimmwagen täglich auf dem naturgeschützten Mauersee herumzuknattern, zu fischen und zu schießen. Unser Funkmeßgerät konnte unterdessen wegen Benzinmangels nicht in Betrieb genommen werden. Die russischen Aufklärungsflugzeuge waren sehr dankbar dafür, ihre nächtlichen Rundflüge verliefen ungestört.

Während dem Volke also die Opfer für den Endsieg auferlegt wurden und jedem Zweifel daran mit der Todesstrafe begegnet wurde, kam von oben die Parole auf: »Kameraden genießet den Krieg, denn der Frieden wird fürchterlich!« Von unten her konnte dieser Spruch kaum kommen, weil es bei der Truppe im Osten wenig zu genießen gab. Der schnelle und siegreiche Vormarsch endete vor Moskau und im Schlamm des beginnenden Winters. Heute weiß jeder Kohlenhändler, daß »der nächste Winter bestimmt kommt«. Hitler war kein Kohlenhändler, sondern nur ein Genie. Also verzichtete er darauf, seine Armeen auf den russischen Winter, dessen Härte in den Volksschulen gelehrt wird, vorzubereiten und entsprechend auszurüsten. Als der erste Schnee fiel, wurden die Kommandeure durch Rundschreiben zur Stellungnahme aufgefordert, ob die Einheiten ausrüstungsmäßig dem Winter standhalten könnten. Wer dies wahrheitsgemäß verneinte, bekam das Odium des Defaitisten und wurde seines Postens enthoben. Wer der vorgefaßten Meinung Hitlers beipflichtete und die Frage bejahte, erhielt die freiwerdenden höheren Kommandoposten. Damit war die Truppe winterhart gemacht.

Erstaunt vernahm die Bevölkerung in der Heimat nach kurzer Zeit, daß es nationale Pflicht sei, alle warmen Bekleidungsstücke, Handschuhe und Pelzmäntel, Schals und Wollmützen bei einer großen Kleidersammlung abzuliefern. Die frierende Truppe bedürfe der Sachen. Was sich in den folgenden Monaten abspielte, war die größte Gemeinheit gegenüber den Spendern wie auch den Empfängern. Ganz gleich wie ein Bürger zu diesem Staate stand, die Vorstellung von frierenden Landsleuten im kalten russischen Winter riß alle Deutschen aus der Reserve. Es galt ja nicht, den Krieg zu fördern, sondern Menschen vor dem Erfrieren zu bewahren. An den Sammelstellen im ganzen Reich türmten sich die Wintersachen. Vom Fäustling bis zum Persianermantel, vom Kinderschal bis zum Ozelot.

Mein Bruder erhielt einen Kinderschal, fast einen Meter lang und zwölf Zentimeter breit. Ich habe ihn gemessen, weil er ihn mir mit der Bemerkung überließ: »Das hat der Führer für mich getan. Ist er nicht gütig?« Freilich hat er den Schal nicht in der Reichskanzlei entgegengenommen, sondern in einer Kleiderkammer in Spandau, kurz nach seiner ärztlichen Approbation und kurz vor seiner Abfahrt an die Ostfront, wo Ärzte inzwischen immer dringender benötigt wurden.

Damenpelze bester Qualität waren durch ihren Schnitt etwas unzweckmäßig für militärische Verwendung. Um die deutschen Soldaten vor ihren russischen Kollegen nicht durch diese Mäntel lächerlich zu machen, wurden sie an den Sammelstellen häufig zurückgehalten und wieder fraulichen Zwecken zugeführt. Diesmal den Gattinnen von Feldwebeln. Die nationale Gabe wirkte somit sozialistisch. Echtester Nationalsozialismus. Was ehedem nur die Frauen der Generaldirektoren und Bankiers, prominenter Ärzte und Anwälte getragen hatten, zierte jetzt die Schränke anderer Schichten. Zum Leidwesen der Empfängerinnen konnten die Pelze im Augenblick jedoch schlecht getragen werden. Da auch die Prostituierten ihre Pelze weggegeben hatten, wollten sich die neuen Besitzerinnen in diesem Gewande nicht mit jenen verwechseln lassen, was rein typmäßig oft gut möglich gewesen wäre. Ein weiterer Teil von verarbeiteten Edelpelzen wurde vernünftigerweise von den beauftragten Sammlern in den Städten, Fachleuten der Rauchwarenbranche, erst gar nicht zur Truppe geleitet. Es war immer schon umstritten, ob Breitschwanz in feinster Zeichnung auch besonders gut wärmt. Man diente der Truppe mehr durch Umtausch in Kanin und legte mit dieser vernünftigen Handlungsweise auch den Grundstein zur heutigen internationalen Geltung des deutschen Pelzhandels. Eine Geschäftstüchtigkeit, die besonders deshalb zu loben ist, weil sie garantiert ohne jüdische Mitwirkung zustande kam. Auch der deutsche arische Kaufmann ist nicht auf den Kopf gefallen!

Gen Osten rollten aber unzählige Waggons mit Winterbekleidung, die beim Ausladen weiter sortiert wurden. Da man im Bahnhof genauso fror wie im Straßengraben, auf der Rollbahn nicht weniger als am Ilmensee, wurde die warme Bekleidung immer dünner, je weiter sie nach vorne an die Front kam. Sich darüber aufzuregen hat wohl wenig Sinn. Welcher Lastwagenfahrer sucht sich den schlechten Mantel aus und überläßt den besseren einem anonymen Mitmenschen? Das Verbrechen lag also nicht bei den Verteilern, sondern eindeutig bei denen, die diesen Krieg trotz Winter weiterführten und zu feige waren, zu erklären: »In dieser Kälte kann die Truppe mit ihrer kärglichen Ausrüstung nicht kämpfen oder auch nur die Stellungen halten!«

Ich fuhr an Weihnachten für einige Tage nach Berlin. Urlaub zu Hause war keine Freude mehr. Die Stimmung sank von Monat zu Monat. Bei Fliegeralarm mußte man in den Keller und untätig das Schießen über sich hören. Jeder Soldat fühlte sich hundertmal wohler in der Stellung während der Luftangriffe. Dort konnte kein Haus über einem zusammenstürzen, die Zeit war mit höchster Geschäftigkeit ausgefüllt, und die Angst der Menschen war im Dunkeln nicht aus ihren Gesichtern zu lesen. Auch hielt kein Blockwart dumme Durchhaltereden, und kein

Hauswart belauschte die unmutigen Äußerungen wahrheitsliebender Hausbewohner. Gerade der letzte Punkt war besonders widerlich.

Eine Probe erhielt ich im Urlaub auch sofort geliefert, als unser Hausgenosse, Dr. Müller, plötzlich sagte: »Und Äpfel gibt es dieses Jahr an Weihnachten wahrscheinlich auch nicht mehr!« Es dauerte keine 15 Minuten, bis ein uniformierter Bräunling in den Keller und direkt auf Dr. Müller zutrat: »Sie haben die Hausbewohner durch zersetzende Reden aufgehetzt! Im Namen des Führers verhafte ich Sie hiermit! Folgen Sie mir!«

Nach Wochen sah Dr. Müller die Freiheit wieder. Er hatte sich bei der Vernehmung damit herausgeredet, daß er die schlechte Baumblüte für verantwortlich gehalten habe. Von Versorgungsschwierigkeiten zu reden wäre ihm nie in den Sinn gekommen!

Wenn auch die Versorgung mit den nötigsten Lebensmitteln tatsächlich wesentlich besser als zwei Jahre nach dem Kriege war, bedrückte es den Urlauber doch sehr, am heimatlichen Tische von Freunden bewirtet zu werden. Die Nachdenklichen konnten sich ausrechnen, wie man vorher gespart hatte und welche Vorgriffe auf der Lebensmittelkarte getätigt worden waren, um dem Sohn, dem Enkel, dem Manne den Urlaub recht prächtig zu gestalten. Die Gedankenlosen sahen in der Bewirtung einen Beweis dafür, daß zu Hause alles zum Besten stünde. Und beide Gruppen brachten in den Urlaub von draußen eßbare Schätze in die Städte mit. So viele Gänse, wie damals Polen verließen, können heute die polnischen Staatsexporteure im Raume der EG nicht absetzen. Und alle Gänse fuhren im Einzeltransport! Meist ehrlich bezahlt mit dem Gelde, mit dem wir selbst entlohnt wurden, oder eingetauscht gegen nützliche Dinge, die im Osten knapp waren. Dazu zählten Streichhölzer, Nähnadeln, Werkzeug. Das große Thema »Essen« beherrschte auch stark unsere Überlegungen in den Flakeinheiten der »Heimatfront«. Es war die Kunst der Vorgesetzten, sich durch beste Verpflegung bei der Truppe beliebt zu machen. Liebe geht durch den Magen. Das müssen nicht nur Hausfrauen wissen. Das lernte ich eingehend in der Gemeinschaft mit über hundert Männern und sammelte dabei echte Lebenserfahrung.

Die verschiedenen Versorgungsmöglichkeiten dürfen hier wegen Verjährung ohne Scheu erklärt werden. Eine harmlose und fast legale Methode war die Kooperation. Nah gelegene Bauernhöfe litten unter Arbeitermangel und dankten für Hilfe auf dem Felde mit Naturalien. Mehl, Zucker, Gemüse, Speck und Eier genossen bei uns hohes Ansehen. Zuerst versuchte der Bauer mit kleineren Gaben davonzukommen. Sein Gedankengang war einfach: Gib den Offizieren, dann schicken sie dir Leute. Ein Offizier oder auch zwei dieser Sorte und der Spieß können nicht die Welt fressen.

In dem Punkt war ich anderer Meinung. Erstens aus Idealismus und zweitens aus Vorsicht. Oder aus einem aus Vorsicht entstandenen Idealismus. Ich wollte mich nicht erpressen lassen und war später froh über meine reine Weste auf diesem Gebiet. Also legte ich Kurse fest für den Arbeitstag eines Hilfsbauern, bestand darauf, daß der Helfer selbst gut beköstigt wurde und die Batterie offiziell die vereinbarte Kalorienmenge erhielt. Sie kam sofort in die Küche und wurde dort verarbeitet. Vor mehreren Zeugen natürlich.

Außer der Kooperation pflegten wir auch die Substitution, die Unterstützung durch Angehörige der Batterie, die auf ergiebiger Scholle saßen. Landwirte aus allen Teilen Großdeutschlands überlegten scharf, wie sie der Allgemeinheit nützen könnten und eine Dienstreise nach Hause durch anschließende Warenlieferung zu rechtfertigen sei. Der eine verhalf uns zu einem ganzen Waggon Äpfel aus Österreich, der andere brachte Wein vom Rhein. Ein dritter sollte Wein aus Südtirol bringen. Aber der bereitete mir großen Kummer und hat mir vermutlich eine tolle Lügengeschichte erzählt.

Kurze Sonderurlaube waren nämlich gerade wieder einmal verboten, und Reisen von Soldaten konnten nur auf Marschbefehl stattfinden. Also gab ich dem Weinbauern aus Tramin einen Marschbefehl nach Bozen, auf dem vermerkt war, daß er einer nach Afrika versetzten Einheit nachreisen solle, die auf dem Wege nach dem Süden gerade in Bozen erreichbar sein müsse. Ein zweiter Marschbefehl für die Rückreise trug den Vermerk: »Zurück zur Einheit Nr. X., falls Einheit Nr. Y. in Bozen nicht mehr erreicht wurde.« Insgesamt rechnete ich mit fünf Tagen für das Unternehmen. Der Tag seiner Rückkehr war dem Guten festgesetzt. Als unser Traminer am sechsten Tage noch nicht in

Köln eingetroffen war, nahm ich mir vor, ihn ordentlich ins Gebet zu nehmen. Am siebten Tag – ich war inzwischen Batteriechef und Disziplinarvorgesetzter – formulierte ich den Text der Bestrafung. Am achten Tag fiel mir siedendheiß ein, daß die Bestrafung nicht einzutragen war, weil ich selbst eine strafbare Veranlassung zum Delikt gegeben hatte. Schon am neuten Tage wurde ich von wundersamer Milde befallen und sagte innerlich dem Manne Straffreiheit zu, wenn er überhaupt nur wieder käme. Die Wehrmacht ließ zwar Tausende sterben, aber nur registriert. Einen Mann verlieren konnte man nicht. In der Ist-Stärkeliste war jeder Soldat notiert und mußte bei Versetzungen mit Zielangabe gestrichen werden. Wie bei einer polizeilichen Abmeldung. Auch sehr erfahrene Juristen fanden keinen Rat, wie ein Mann aus den Personallisten plötzlich verschwinden kann. Von den 100 Mitwissern ganz zu schweigen, denn die Reise war allgemein gebilligt worden, um nicht den Verdacht der Bevorzugung mit Urlaub aufkommen zu lassen. Als ich am zehnten Tage für das Gerichtsverfahren, das mir bevorstand, meine Verteidigung schrieb, trat in meine Stube fröhlich der Südtiroler Naturmensch, stellte zwei schwere Koffer und einen Rucksack ab und erzählte mir die Neuauflage der Odyssee.

Auf dem Bahnhof in München habe der Lautsprecher angesagt, daß alle Reisenden über den Brenner zur Frontleitstelle im Bahnhof zu kommen hätten. Dort habe man seine Papiere eingesehen und ihm mitgeteilt, die besagte Einheit sei bereits in Sizilien. Daraufhin erhielt er einen Marschbefehl nach Sizilien und den Zug zugeteilt, der ihn in den sonnigen Süden bringen sollte. Es sei ihm also nichts anderes übriggeblieben, als zunächst einmal nach Sizilien zu fahren, das er noch nicht kannte. Eine sehr schöne Gegend, aber ärmer als Tramin und der Kalterer See. Die Einheit sei jedoch einen Tag zuvor bereits nach Afrika verlegt worden. Die Gefahr eines Einsatzes in Afrika habe er aber nicht verkannt, und er habe auch gar kein Interesse daran gehabt, für die »Bluats-Italiener« im Sand zu sterben. Daher wäre er wagemutig auf eigene Kosten mit der Bahn nach Bozen zurückgefahren. Das Geld dafür bräuchte ich ihm nicht wiederzugeben. Wie generös! Dann habe er den Wein in Tramin besorgt und den Zug Richtung Brenner bestiegen. Es sei in Bozen allgemein bekannt gewesen, daß die Deutschen ausreisende Soldaten sehr genau untersuchten. Um nun nicht den Wein loszuwerden und vielleicht doch in Afrika zu landen, habe er sich zu Fuß über den Brenner gemacht. Mit den Koffern. »Hebens die Stücker nur amol auf!« sagte er zur Demonstration. Was ich auch tat. Danke! Von Gossensaß bis Gries am Brenner mit dem Gepäck, ob das keine Leistung sei? Dann sei er mit dem Retour-Marschbefehl wieder nach Köln gekommen. Und der Wein sei auch recht gut. Nachdem wir vor allem die letzte Behauptung auf ihre Wahrheit hin genau geprüft hatten, war ich zufrieden, und die Gattin des Südtirolers war es in den schönen zehn Tagen hoffentlich auch bei so einem starken Mann.

Noch gefährlicher als die Substitution war die Selbstversorgung. Sie verstieß ohne Einschränkung gegen die Strafgesetze, weil Schwarzschlachten, also Schlachtung ohne Erlaubnis des Ernährungsamtes, sehr streng verboten war. In ganz Deutschland wurde deshalb überwiegend nachts schwarzgeschlachtet, damit es niemand bemerkte. In einer Flakbatterie kann man aber bei Nacht nicht mit Ungestörtheit rechnen. Entweder kommen die feindlichen Flieger oder der eigene Wachtposten vorbei. Es war erlaubt, die Essensreste des großen Haufens einem Schwein zuzuführen. Wenn der Tod des gemästeten Tieres gemeldet wurde, wurde dafür aber bei der Zuteilung von Fleisch wieder gekürzt. Daran hatte ich kein Interesse. Bald hatten wir kleine Läuferschweine erworben und fütterten diese mit den Resten und ertauschtem Korn, gestohlenem Klee und dem bewährten »Bratlingspulver« zu stattlichen Schweinen heran. Mein vorzüglicher Lehrer in Schweinezucht war ein holsteinischer Fachmann auf diesem wichtigen Wissensgebiete. Er lehrte mich, daß ein Schwein keine Sau ist und immer Wert auf Reinlichkeit legt. Der Trog wurde nach jeder Mahlzeit ausgespült, das Fressen nie aufgewärmt, sondern stets frisch zubereitet. Die Verdauung durch Gaben von Klee gefördert, denn harter Stuhl ist dem Schweine noch unangenehmer als dem Menschen. Vor allem müssen Ratten ferngehalten werden, denn von ihnen, nicht vom Schweine selbst kommt die Trichine. Ich erschoß also, auf dem Anstand sitzend, mit der Pistole manche Ratte und jeden Monat ein Schwein. Da alle Schweine Namen hatten und auf Zuruf reagierten, war mir die Tötung immer ein trauriger Anlaß, anschließend beim Schnaps Vergessen zu suchen. Doch tröstete mich der

Fachmann aus Holstein dabei jedesmal mit dem Hinweis auf unseren erfreulichen Zuwachs im Stall. Der Koch wußte den gebratenen Zustand so anschaulich zu schildern, daß uns schnell wieder leichter ums Herz wurde. Dann gingen wir in die Küche und sahen die leckeren Hälften an, während die Blutwurst im Kessel dampfte. Die Hälften hatten am Tage öffentlich vor der Küche gehangen, damit kein Soldat glauben sollte, hier wäre etwas Unerlaubtes geschehen. Beim Antreten fragte ich vor der Mannschaft den Spieß, ob der Fleischbeschauer schon dagewesen sei. »Jawohl!« kam die stramme Lüge zurück. »Der Beschaustempel ist am Fleisch angebracht worden!« In der Tat war an den Hälften überall ein Stempel zu sehen. Etwas unleserlich zwar, weil ich unseren Poststempel mit der Feldpostnummer so drehen mußte, daß nicht »L 42 266 Luftgaupostamt Münster« zu lesen war. Der Fleischbeschauer hatte nämlich einen ganz anderen Text auf seinem Stempel und unser Schwein vermutlich nicht einmal vom Hörensagen gekannt. Daß wir keinen Fall von Trichinose erlebten, war meinem Jagdeifer zu verdanken und der holsteinischen Sauberkeit im Saustall.

Unser Küchenbulle erhielt vom Verpflegungsoffizier der Division eine öffentliche Belobigung, da er als einziger Koch im Befehlsbereich es verstünde, durch gute Rezepte den Verbrauch von Bratlingspulver zu steigern. Bratlingspulver sei Sojaschrot, eiweißhaltig und nahrhafter als Fleisch. Es sei eine Schande, daß keine Einheit dieses kostbare Gut abnähme bis auf die Batterie, wo Gefreiter Herzele koche. Und Herzele wurde zu einem Kursus für Umgang mit Bratlingspulver als Lehrer berufen. Es war tatsächlich nicht ganz leicht, mit Bratlingspulver umzugehen. Am Anfang fraßen es unsere Schweine absolut nicht, bis der Holsteiner meinte, die neue Kost müsse dem Schwein durch steigende Gaben allmählich angewöhnt werden. Und siehe da, lange bevor Herzele seine Kollegen die Zubereitung von Frikadellen aus Soja lehrte, fraßen unsere lieben ringelgeschwänzten Kameraden das Bratlingspulver pur wie heute die sechzehnjährigen Mädchen den Whisky on the rocks. Persönlich bereichert habe ich mich bei diesen Fürsorgeunternehmen niemals. Lediglich die Milch unserer Ziege trank ich allein, was aber daran lag, daß diese Milch niemand in der Batterie trinken wollte. Hingegen aß ein Leutnant sehr gerne Katzenbraten, den er sich auf der Jagd selbst besorgte. Mit sauerem Rahm sei dies eine Delikatesse, von der er mich aber nie überzeugen wollte. Ich bereitete lieber Pudding zu. Böse Zungen behaupteten aber, mein Pudding habe viel schlimmer als Katze geschmeckt. Dem war leider nicht zu widersprechen.

Als Frühaufsteher liebte ich es, wenn alle Soldaten noch ruhten, zur Küche zu wandeln und mich am frischen Morgen über das faule Pack in den muffigen Betten erhaben zu fühlen. Der Arbeiter am Morgen hat zweifellos ein gesundes Gefühl der Überlegenheit über jene Sorte Mensch, die sich noch den Ruck aus den Federn geben muß. Man ist sehr zufrieden mit sich selbst und versteht gar nicht, wie jemand so lange pennen oder gar am Abend saufen kann. Wie es tatsächlich manche Leute treiben oder wie man es kürzlich zum allerletzten Male tat.

Fröhlich pfeifend wanderte ich von der Chlorkalk-Grube zum Feld neben der Stellung, riß je nach Jahreszeit einen Arm voll Klee aus dem Acker oder auch bereiften Rosenkohl und donnerte den Schweinen ein fröhliches »Morgen Kameraden« entgegen. Die vierfüßige Truppe dankte mit Grunzen und reckte mir die Schnauzen entgegen. »Ave Leutnant, morituri te salutant«, sagten sie und waren begeistert wie Truppen beim Besuche Hitlers an der Front. Sie waren ja in gleicher Situation und hatten die gleiche Lebenserwartung. Keine Versicherung hätte sie mehr akzeptiert, aber sie waren glücklich, mich zu sehen, die Wackeren! Dann fielen sie über die Liebesgaben her und genossen den Augenblick.

Ich ging gerührt über so viel Anhänglichkeit weiter zur Küche, wo Herzele schon den Kaffee-Ersatz in das kochende Wasser warf. Wir besprachen den Küchenzettel und verstanden uns wie Kollegen. Dann hatte ich die Idee, da Sonntag war, heute einen besonders leckeren Pudding für alle zu kochen. Wir hatten gerade sehr viele Eier, weil ein Unteroffizier vom Urlaub auf seiner Mühle in Niedersachsen an die 200 Stück mitgebracht hatte. Ich dachte mir einen Pudding aus, dessen Kraft durch 50 Eier geradezu einmalig sein mußte. Stück um Stück schlug ich mit der eleganten Schalen-Wegwerfbewegung großer Küchenchefs auf und ließ den Inhalt in die angerührte Masse plumpsen. Herzele machte ergebenst – er sagte wirklich ergebenst, weil er aus Österreich war – darauf aufmerksam, daß es zweckmäßig sei und üblich, jedes Ei über einer Tasse zu öffnen. Den Grund konnte er nicht mehr nennen, weil ich ihn von der Seite mitleidig ansah. Mitleidig, weil er offensichtlich noch nichts von meiner Perfektion in der Küche gehört hatte. 47, 48, 49 ... so fielen sie hinein. Und schließlich Nummer 50. Donnerwetter, das war aber dünnflüssig! Und es stank. Stank ganz erbärmlich und genau wie faule Eier. Das wird doch nicht ... Ja, es war. Nur Teile davon konnte ich wieder herausfischen, während Herzele mit schnuffelndem Geräusch sich in die hinterste Ecke der Küche verzog und ergebenst schwieg. Nun ging ich mit Hilfe der berühmten deutschen chemischen Industrie daran, den Schaden wiedergutzumachen. Gerade als sei alles so geplant gewesen, gab ich etwas Backaroma bei. Rumgeschmack. Dann ließ ich das Ganze aufkochen, damit der faule Gestank Gelegenheit zum Verdunsten hatte. Wohl roch es in der Küche jetzt intensiv nach faulen Eiern, aber der Geschmack verlor nichts von seiner Eigentümlichkeit. Eigenartig! Wie in einer Schulklasse ein übler Schüler die ganze Klasse verderben kann, war ein einziges Ei aus Niedersachsen in der Lage, 50 Liter meines Puddings zu verderben. Da half nur gekonnte Geschmacksverbesserung. Also röstete ich Haferflocken in Kunsthonig zu einem Krokantersatz und zog trickreich die Splitter darunter. Aber das Ei blieb Sieger!

Noch war die Batterie nicht erwacht und angetreten. Die Sache konnte unter uns zwei Köchen bleiben. Herzele sprach mir die einfache Eidesformel nach und versuchte ergebenst ernst zu bleiben, wobei er hauptsächlich zu Boden oder in den Kaffee schaute. Dann füllte ich zum Erkalten den Pudding in Schüsseln und ließ die Batterie antreten. Beide erstarrten befehlsgemäß und dösten dem Mittagessen entgegen.

In der Kantinenbaracke standen die Reihen von Tischen, darunter auch jener, an dem ich mit etwa zehn Unteroffizieren zu speisen pflegte. Das Kotelett fand allgemeine Zustimmung, und der Pudding wurde am Schalter ebenso freudig in Empfang genommen. Grabesstille. Bäh! hörte ich jemanden sagen und wagte nicht hinzuschauen. Dann meinte einer an meinem Tische: »Das ist aber ein komischer Geschmack. Was ist denn da hineingekommen? Der Herzele, die alte Sau, was hat die schon wieder zusammengepantscht.«

Ich nahm Herzele in Schutz und erklärte, dieser teuere und

nahrhafte Pudding mit 50 Eiern sei mein eigenes Erzeugnis. Nun schoben sich pflichtgemäß alle wieder sehr kleine Löffelspitzen zwischen die Zähne. Es sah aus wie bei Kamelen, die Zuckerstückchen mit ihren großen Lippen vorsichtig aus des Zoobesuchers Hand holen. Ich aber aß tapfer drauflos. Plötzlich meinte ein sehr ordentlicher Soldat, der Pudding sei wohl ein klein wenig angelegen beim Kochen. Verbrannt könne man noch nicht einmal sagen. Ja, ja! Und nochmals Ja! So sei es, sagte ich und ließ auch mein letztes Drittel stehen. Dennoch hatte ich am meisten davon gegessen. Ich ging hinaus und übergab mich. Herzele hingegen schien wenig berührt. Er hatte seinen Pudding einem Freund abgetreten und dafür ein zweites Kotelett gegessen. Als Schweigegeld und ganz ohne Angst vor Maßregelung. Von ihm weiß ich seitdem, daß man Eier zuerst in eine Tasse schlägt und erst beigibt, wenn das Ei als frisch befunden wurde. Schon deshalb hatten sich die fünf Jahre Militärzeit bis dahin gelohnt.

Sonst hatten wir ja nichts Besonderes gelernt. Am Anfang den richtigen Gruß. Dann die nicht anwendbare Beschwerdeordnung. Später das Reinigen von Böden und Kleidern und den Umgang mit unseren Flugabwehrgeräten. Auch im Krieg vermied man es, uns eine Handgranate oder ein Maschinengewehr zu erklären, da dies Dinge aus dem Bereich der Infanterie waren. Auch meine Pistole war nur beim Schlachten in Aktion getreten. Mit dem Gewehr hatte ich aber in fünf Jahren zu drei verschiedenen Terminen jeweils etwa fünf Schuß abgegeben. Diese Schüsse waren in einem Buch sogar aktenkundig.

Die Technik unserer Rechengeräte zur Leitung des Geschützfeuers war mir und einem Teil der Batterie auch geläufig. Vor allem der theoretische Teil war uns in Form von Katechismus-Sätzen zum Heruntersagen beigebracht worden. In das Innere der Geräte durften wir aber nicht hineinsehen. Vor allem durften wir nicht wissen, wie man einen Fehler behebt. Dazu gab es Spezialisten, die telefonisch gerufen werden konnten, aber sehr schlecht grüßten. Sie taten sehr geheimnisvoll wie die Uhrmacher und Radiotechniker. Wenn sie gedurft hätten, wie sie wollten, wären ihre Rechnungen an uns sicher erstaunlich gewesen. Sie durften aber keine Rechnungen stellen, sondern für Kleinigkeiten das Gerät nur sehr lange in der Werkstatt behalten. Sie staunten, daß ich den ganzen mathematischen Vorgang kannte, aber beim Ausbau eines Teiles wie ein Idiot fragte, was denn das für ein Stück sei. Dabei war mein Interesse wirklich echt. Im Gegensatz zu dem geheuchelten der prominenten Besucher, die sich häufig in unserer Stellung einfanden. Die standen sehr unintelligent vor den Gerätschaften und lauschten den Erklärungen eines höheren Offiziers, der völlig falsche Dinge von sich gab. Meine Sorgenkinder im theoretischen Unterricht hatten dann ihren guten Tag und grinsten vergnügt, wenn sie den Unfug aus dem Munde der Vorgesetzten hörten. Anfänglich griff ich oft untertänig in die Erklärung ein und versuchte unmerklich der Wahrheit eine Gasse zu bahnen. Doch mit diesem Fehler räumte ich bald auf, als ich merkte, daß Wissen nicht stark, sondern nur unbeliebt macht. Wenigstens Sachwissen.

Die Kenntnis persönlicher Schwächen war dagegen immer von Vorteil. Eine Schwäche des japanischen Außenministers General Oshima war der Steinhäger. Dieser Ruf eilte ihm schneller voraus als seine Fahne. Ich meine jetzt nicht die weiße Fahne mit der roten Sonne Japans, sondern die unsichtbare Waffe Westfalens und seines gebrannten Kornes. Als er zu Besuch in unsere Stellung kam, hatte ich, um das Wissen seiner Schwäche zu nutzen, bei der Marketenderei drei Flaschen Steinhäger angefordert. Das sei Oshimas normales Quantum, was ich aus meiner Zeit bei hohen Stäben wisse. Da ich die drei Flaschen mit Rücksicht auf die Prominenz des Trinkers nicht bezahlen mußte, konnte ich dem japanischen General ohne Bedenken eine Flasche kredenzen. Herr General waren hoch entzückt, daß sich durch Deutschland ohne Unterbrechung der Steinhäger wie ein vierzigprozentiger Faden zog, und lobten unsere Batterie ganz besonders.

Der noch nüchterne Dolmetscher übersetzte die Rede des kleinen dicken Mannes im schwarzen Anzug mit Homburg: »Herr General meint, daß er sehr befriedigt sei über das, was er hier gesehen habe. (Braune Tonflaschen mit dem Schinkenbild.) Auch auf die Waffen könne das deutsche Volk stolz sein. (Heute morgen wegen dem Affen mit Petroleum abgewaschen.) Der Geist der Truppe aber wäre wohl besonders gut. (Weingeist unter 35 Prozent war in unserer Kantine immer verpönt.) Den Offizieren gebühre höchstes Lob und Dank. (Den hatten wir schon, denn die beiden anderen Flaschen gehörten uns.) Das deutsche Volk wie das japanische Volk würden sterben oder

siegen. (Danke, an Kamikaze ist hier kein Bedarf.) Heil dem Deutschen Führer! (Heil dem Tenno!)
Dann tanzten beflissene Wichtigtuer dem General den Weg zum Auto vor und führten ihn zur nächsten Steinhägerflasche. Irgendwo zwischen Rhein und Ruhr.
Als Freund und 23jähriger Vater meiner Untergebenen zwischen 18 und 50 Jahren nahm ich auch regen Anteil an den persönlichen Schicksalen und bemühte mich, soviel wie möglich von zu Hause zu erfahren. Jeder unterhielt sich gerne über die Familie in der Heimat. Der eine aus Sehnsucht, der andere aus Wut über seine ungetreue Alte. Man fungierte als Seelenmülleimer, Tröster, Rechtsanwalt und oft auch nur geduldiger Zuhörer. Die unglücklichen Ehen waren ein besonders interessanter Stoff.
Ein weicher Wiener wollte mich eines Abends ganz vertraulich sprechen und brachte als Einleitung oder als Eintrittsgeld für das Drama ein Glas eingemachter Paprika mit. »Von der Mamma«, sagte er und wurde dabei ganz gerührt. Dann aber zog er über seine Schlampe los. Er meinte Frau Gemahlin. Das Luder sei jetzt seit einem Jahr seine Frau. Schlafen tät sie mit einem Feldwebel vom Heer. Also mit einem Manne von einer fremden Waffengattung. Doppeltes Fremdgehen sozusagen. Und zwar gar nicht weit von hier, in Troisdorf, wo die Pulverfabrik ist. Da habe sie nämlich früher gearbeitet, und dort wohne sie bei ihren Eltern. Vor der Hochzeit hätten sie ihn wie einen Fürsten empfangen, aber alles war ein Krampf! Das Silber, das jeden Tag aufgelegt worden sei, wenn er kam, war vom Nachbarn geliehen. Die Eltern hätten ihr Schlafzimmer frei gemacht, damit er noch vor der Ehe mit der Tochter »verfänglich« würde. Und prompt sei er auf das rheinische Theater hereingefallen. Nie mehr wieder würde er nach der Scheidung heiraten. Höchstens eine Wienerin. Die gäben weniger an. »Einen Fehler habens halt bei uns. Man weiß nie, wie man dran ist, weils zuerst immer ›na‹ sagen. Das kann stimmen und auch nicht stimmen. Hier sans kommoder auf dem Gebiet. Da weiß man gleich, was gspuilt wird!« Bei seiner Frau Gemahlin wußte dies auch der Feldwebel vom Heer. Er fand es auch kommoder. Ich probierte die Paprika von der Mamma und sagte, während er zu weinen anfing, daß an dem Sprichwort: »Bleibe im Lande und nähre dich redlich« wirklich

was dran sei. Dann aßen wir die Paprika aus Wien gleich ganz auf. Ich hatte etwas Wein, nicht sehr viel, aber genug, um einen Heurigen-Abend daraus zu machen, und wir sangen beseelt alle Wiener Lieder. Zuerst mundartlich, später unartikuliert und mehrstimmig. Die Schlampen hätte sich gegiftet, wenn sie gesehen hätte, wie wurscht sie uns mit ihrem Feldwebel war. Besonders mir.

Eine gewaltige Lehre, die man ohne jede Einschränkung für das ganze weitere Leben erteilt bekam, danken unserem Führer heute noch viele Männer. Gerade die Bayern, in Fragen der Rückständigkeit oft führend, zogen großen Nutzen, da sie vorher auf diesem Gebiete wirklich hinter dem Mond gewesen waren. Sie konnten Watten, Schafkopf, Tarock. Im Skat aber waren sie den Preußen weit unterlegen, ja die meisten Süddeutschen beherrschten das Spiel absolut nicht. Zwar konnten die anderen keinen Tarock, aber wenn zwei etwas nicht können, ist es noch lange nicht das gleiche. Es heißt dann, der eine sei doof, und das andere, was er könne, sei unwichtig. So kam es, daß durch den Krieg nicht der Tarock, sondern der Skat weit verbreitet wurde. Und ich bin nicht gram darob, denn dieses Spiel kann den Vergleich mit jedem anderen Kartenspiel gut aushalten.

Man sagt, daß der Skat seine Wiege in Thüringen habe. Bei der Erwähnung des Wortes Altenburg durchrieselt es den Skatspieler wie einen Wagnerianer bei dem Worte Bayreuth. In Streitfragen hat immer derjenige Recht, welcher schnell behauptet: »In Altenburg wird das so gespielt...« Widerrede zwecklos, denn noch niemals traf ich einen Menschen, der jemals in Altenburg gewesen wäre, wo auch die Heimat der Stralsunder Kartenindustrie ist. Während Wagner aber in Bayreuth seinen Frieden fand, finden die Skatspieler am Tische absolut keinen Frieden. Feine Herren werden ausfallend über ein ungeschicktes Ausspiel des Partners, Staatsanwälte schauen unehrlich dem Nachbarn in die Karten, Sozialisten raffen Geld an sich und Sexualprotze pfeifen auf die Weiber. Pastoren rufen »Verdammt!«, Pantoffelhelden reißen das Spiel an sich, Schwarzhändler verlieren beim Schieberamsch und Darmträge machen einen Durchmarsch. Es wird alles, alles ganz anders! Oder genauso, wie es eigentlich ist? Entfesselte Gewalten verwüsten die Aschenbecher und die Freundschaften. Die Ober in den Gaststätten schleichen nur scheu um solche

Runden, damit sie nicht um ihr Urteil als Schiedsrichter gebeten werden und es dann mit einem der Gäste in jedem Falle verderben. Sie wissen genau, wer am meisten verloren hat. Nämlich der, welcher zuerst schreit: »Ober, zahlen!« Und er zahlt willig fürs Getränk, nachdem er mit echter Verachtung seine Spielschulden haderud beglichen hat. Oft nur Pfennigbeträge, doch so ungern verspielt wie ein Vermögen. Die Soldaten spielten im Kriege mit hohem Einsatz, weil Spielverluste eine der wenigen Sozialprodukte waren, die sie frei erwerben konnten. Soldaten verschiedener Dienstgrade in einer Kartenrunde fand ich immer äußerst erlebenswert. Der Gefreite sagte ganz am Anfang noch: »Herr Wachtmeister kommen heraus!« Später sagte der Wachtmeister zum Gefreiten: »Jetzt spielt der Idiot Karo!« Dann meint der Gefreite zum dritten Mann: »Und nochmal nachspielen.« Darob wird der Wachtmeister zu beiden etwas dienstlicher. Seine Gegner schauen ihm daraufhin genau auf die Finger, und wenn sie rufen: »Halt, Sie haben vorher die Farbe nicht bekannt!« ist ein Rechtsverfahren nicht mehr weit. Im Strafbuch unserer Abteilung, in dem die Sünden und ihre Bußen säuberlich registriert und eingeschrieben waren, konnte ich als Folge derartiger Geselligkeit lesen:

»Ich bestrafe den Gefreiten NN mit drei Tagen verschärftem Arrest, weil er am x-ten zu dem Wachtmeister XY gesagt hatte, dieser solle ihn am Arsche lecken und ihm 36 Gute anschreiben.«

Offensichtlich sind dem Gefreiten die 36 Guten schlecht bekommen. Bald bekamen mir die schlechten Skatspieler gut, und ich liebte dieses Spiel zunehmend. Vor allem bei langen Bahnfahrten spielten wir lieber Karten, als im Speisewagen zu sitzen, der bei Fronturlauberzügen oft sowieso fehlte.

Diese Fronturlauberzüge zu benützen waren wir angehalten, damit die Kontrollen und Jagden auf Deserteure von der Feldpolizei besser durchgeführt werden konnten. Meist fanden sie aber nur harmlose Männer, die ihren Urlaub überzogen hatten und dann ihren Einheiten gemeldet wurden, falls der Chef nicht selbst merkte, daß der Mann einen Tag zu lange beim Weibe verweilt hatte.

Die Streifen in den Zügen waren strenger als die Streifen in den Städten, zu denen keine Feldpolizisten eingeteilt wurden, sondern reihum Offiziere des Standortes. Mir selbst wurde diese

Ehre auch gelegentlich zuteil, und ich meldete mich öfters freiwillig zu dieser kurzweiligen Nacht, wenn ich mir das Revier für diesen Dienst selbst aussuchen durfte. Die Streife Nummer vier in Köln hatte die Gegend zwischen Rheinufer und Neumarkt, Schildergasse und Dom. Eine nächtens sehr bewegte Gegend mit allen renommierten Nachtlokalen. Ich kannte die Lokale natürlich auch als Privatmann, besser gesagt als Freizeitler. Die Barkeeper und Wirte freuten sich, mich einmal im Stahlhelm zu sehen, drückten mir mit kleinen Drinks die Augen zu und versteckten die Soldaten nach der Sperrstunde in den Toiletten, damit ich keine Arbeit hatte. Wo es dann am schönsten war, gab ich meinen Stahlhelm in der Garderobe ab und blieb ein Weilchen, so bis fünf Uhr oder auch ein wenig länger. Da man in Uniform in keiner deutschen Kneipe an der Bar sitzen durfte, lieh mir der Wirt eine Jacke. Kontrollen waren kaum zu befürchten, denn die saßen ja nunmehr selbst an der Bar. Es fehlte mir tatsächlich immer an der Korrektheit des alten preußischen Beamten, der eine Selbstanzeige machte, um verdiente Strafe und eine Erwähnung in der Zeitung zu erlangen.

Denkwürdig wird mir immer jener Gang sein, bei dem des Führers Wort höchste Bestätigung fand: »Der deutsche Solldatt würd seine Waffe nicht ehär aus der Hand legen, bies ähr siegreich seine Pflücht ährfüllt hatt!« Die Pflichtrunde führte mich durch »die Rue de kamma cher«. Geschrieben stand an der kurzen Straße »Kammachergasse«. Eine solche Gasse gibt es in jeder großen Stadt. Von Rendsburg aufwärts etwa. Die in Köln war für Soldaten verboten. Vielleicht waren die Damen Pazifisten oder Konkurrenz von einem wehrmachtseigenen Unternehmen. Ich weiß es nicht. Da die Mütter den Streifenführer stets freundlich mit Kaffee oder Schnäpschen empfingen, war von einer Kontrolle dieser Gasse nicht abzuraten. Man könnte fast das Prädikat »empfehlenswert« gewähren, wenn man von den Vorrichtungen sonst keinen Gebrauch machte. Mir wurde also in einem Hause im Stübchen neben der steilen Treppe zum Stunden-Himmel – oder sind es nur Sekunden? – treuherzig versichert, daß natürlich kein Wehrmachtsangehöriger zugange sei. Ein mütterlicher Blick, ein Pröstchen und ein fürchterlicher Krach auf der Treppe. Des Schneiders neugierige Frau schien in Köln mit der Lampe nach den Heinzelmännchen gesehen zu haben, worauf es rumpelte und pumpelte, holperte und polterte. Ich stürmte hinaus und sah oben das Weib in dünnem Gewande stehen, während ein Heinzelmännchen im Gefreitenrang sich schmerzvoll erhob, und, Gewehr in der Hand, seinen Stahlhelm, die Gasmaske und den Tornister einsammelte. Diese an solchem Orte anscheinend unentbehrlichen Stücke waren beim Sturz auf der schlecht beleuchteten Treppe dem Krieger entfallen. Doch die Waffe hielt er fest in der Hand, vermutlich wie oben im Kämmerlein auch während des ganzen Unternehmens. Ich brachte es nicht über das Herz, diesem Manne Kummer zu bereiten, der den Führerbefehl so strikt befolgte und nur im Detail strauchelte. Lediglich die Frage erlaubte ich mir, wohin des Wegs er sei. Da richtete er sich auf und schrie mit der verbliebenen Kraft: »Melde gehorsamst, von Hilversum kommandiert zur Flakartillerieschule IV in Schongau. Mein Zug hatte hier eine Stunde Aufenthalt, da dachte ich mir ...«

»Danke, mein Lieber«, sagte ich, »grüßen Sie mir Bayern und Schongau. Wenn Sie dort sind, dann gehen Sie abends nach Hohenfurch in die Wirtschaft. Dort bekommen Sie riesige Fleischportionen ohne Marken. Jünger als hier!« In Hilversum war ich nie. Anscheinend eine sittenstrenge Gegend. Und auf Schongau wollte sich der Soldat wohl nicht verlassen. Aber Schongau kannte ich. Der Ort war auch sittenstreng, aber dennoch weltberühmt bei der Flak. Es wäre gemein, den Leser anzulügen und zu behaupten, es habe jemals ein Flaksoldat und Besucher der Schule bei dieser Gelegenheit vielleicht Rottenbuch besucht. Oder sogar den Altenstadter Dom, eines der berühmtesten romanischen Bauwerke im Basilikastil, angesehen. Aber die Schwarzschlächter von Schwabsoien und vor allem der ganz berühmte von Hohenfurch gingen von Mund zu Mund in allen Flakstellungen zwischen Narvik und Odessa. Der Andrang war entsprechend, und der Ruf verpflichtete den Wirt zu immer höheren Leistungen, bis er den Behörden am Ende ein Dorn im Auge wurde, weil der Name Schongau, wo das Landratsamt war, fast in Vergessenheit geriet. Jeder Reisende aus dem deutschen Lebensraum fragte nämlich schon beim Umsteigen in Weilheim oder in Kaufering: »Wann geht der Zug nach Hohenfurch?« Von Schongau – pah –, da wollte keiner etwas wissen! Erst nach dem Krieg wurde es wieder berühmt, als dort ein gewisser Franz Joseph beim Landratsamt tätig wurde, der aber nicht den Strauß mit dem Wirte von Hohenfurch ausgefochten hatte. Er schien eher ein alter Kunde von ihm gewesen zu sein. Dem Formate nach. Die guten Taten dieses Wirtes werden unvergessen bleiben. Er hielt den Dank des Vaterlandes, der uns als gewiß versprochen, aber zusehends fraglicher war.

Vor dem Abendessen in Hohenfurch sah man aus den Fenstern der Hörsäle, die gut geeignet waren, ein Volk von Wissenschaftlern heranzuziehen. Die Stuhlreihen waren ansteigend angebracht, damit jeder Schlafende vom Dozenten überblickt werden konnte. Irgendwo, weit vorne, sprach einer von Strahlenbrechung in Prismen. Dann und wann wurde der Saal automatisch verdunkelt, und alles freute sich auf die Lichtbilder oder Filme, deren Inhalt wohl nicht besonders fesselnd gewesen sein mußte. Sonst hätten nicht die Studenten im Schutze der Dämmerung ihre Objektive nunmehr ganz geschlossen, um jeden Lichteinfall im Schlafe zu vermeiden. Es gab aber Tage, an denen fuhr man hinaus ins Gelände und übte praktisch an den Meßgeräten.

Ich war an Föhntagen dort. Ziemlich genau neun Jahre nach jenem Föhntag in Augsburg, wo die Fahnen im Wind geknattert hatten. Hier knatterten keine Fahnen mehr. Eine alte Flugkiste knatterte über uns, damit wir sie anmessen konnten. Wir, die Garanten der Zukunft von 1933. Wir waren immer noch Garanten, wie es schien, sonst hätten sie uns nicht so schöne Schulen gebaut. Und die Zukunft? Sie war eigentlich noch nicht vorbei. Nein! Nein! Zwar lag die Gegenwart schon neun Jahre zurück, aber Gegenwart ist eben etwas sehr Langes für einen jungen Menschen. Und Zukunft ist etwas sehr weit Entferntes. Man kann nicht verlangen, daß man sie gut sieht. So gut wie den Flieger durch das E-Meßgerät oder die Lechtaler Alpen an diesem klarsichtigen Tag. Sie waren weiß. Weiß, weil es Winter war und weil das Blut noch nicht so hoch spritzte. Rot war der Schnee hauptsächlich in Rußland. Mußte er wohl sein, weil die Zeitungen für die Todesanzeigen allmählich weitere Seiten einlegen mußten. Große Dinge fordern ihre Opfer. Das dachte ich mir, wenn ich zu dem schwarzgeränderten Teil der Presse kam und die Zeitung zuklappte. Keine schöne Lektüre!

Ich blätterte im Bilderbuch der Natur und war berauscht von den Farben des Himmels, dem eigenartigen Blau der Berge an den Steilwänden. Die Gegend kennt kaum Laubwald, also gab es Grün auf den Hügeln bis hinauf nach Füssen. Und weil die Luft so lind war, wollten meine Augen aus den Wiesen neues Gras sprießen sehn, ich wollte mir einbilden, daß schon ein heller Schimmer glänzte. Einige Vögel erlagen der Illusion und sangen vorwitzig einige Takte aus dem Opus I vom lieben Gott, dem Werk über die Liebe. Natürlich zu früh. Aber sie konnten sicher sein, daß der Frühling kommt. Wenn nicht heute, dann morgen.

Meine Übung auf der Schule ging schnell zu Ende. Die Traurigkeit einer Reise von Süden nach Norden war mir nicht neu, aber diesmal reiste man außerdem vom halben Frieden des Voralpenlandes in den halben Krieg des Industriegebietes am Rhein. Die Menschen hatten wieder eine ungesunde Gesichtsfarbe und die ungesunde Heiterkeit von Berufskomikern auf der Bühne des Krüppelheimes. Der rheinische Humor ist oft schwer von Vortragskunst zu unterscheiden. Man kann ihn sich ohne Publikum schwer vorstellen. Jetzt wirkte er langsam schaurig und war vielleicht doch die einzige Möglichkeit, das Leben zu ertragen. Denn die Flieger kümmerten sich immer weniger um das Wetter und waren über den Wolken noch unheimlicher als am mondhellen Himmel. Die Scheinwerfer leuchteten sinnlos die Wolkendecke wie ein Leichentuch ab, und die Kanonen schossen, von Radar geleitet, hinauf zu den Unsichtbaren, meist Unerreichbaren.

Selten hatten wir das Glück, einen Bomber nur mit Hilfe des Funkstrahles abschußreif zu orten. Solche Fälle mußten für die Besatzung der Maschine noch heimtückischer gewesen sein als die Sicht auf die Erde. Die Umstände eines Todes sind doch von unterschiedlicher Annehmlichkeit. Und wir sollten vielen Fliegern den Tod bringen, damit nicht so viele Bürger den Tod erleiden mußten. Die Maschinerie des Mordens wurde weiter technisiert. Ich konnte noch zu wenig und mußte auf eine neue Schule. Diesmal nach Berlin.

Der Krieg an sich ist keine imponierende Sache. Er ist Wahnsinn, Krankheit des menschlichen Handelns, Trugschluß und Mutter von tausend Übeln. Gleichzeitig bringt er aber imponierende Leistungen zustande, die einer besseren Sache würdig wären. Je weiter die Niederlage voranschritt, desto größer wurde die Ruhmestat der Deutschen Reichsbahn. Es ist schlicht gesagt unvorstellbar, was dieses Unternehmen vollbracht hat. Im Hagel der Bomben bei Nacht, später am Tage von Kampffliegern und Jägern gejagt, fuhren die Züge laut Fahrplan und brachten die Menschen zueinander, voneinander. Mit ungeeigneter Braunkohle geheizt, rußten und qualmten die Züge durch die Gegend. Das Personal arbeitete bis zur Erschöpfung in nicht endenden Schichten im Dienste der Allgemeinheit. Sobald ich die Sperre eines Bahnhofs durchschritten hatte, fühlte ich mich gut aufgehoben bei einer fast fehlerfreien Organisation und überließ die Sorge um meine Beförderung beruhigt der Reichsbahn. Auf allen Lokomotiven und vielen Gebäuden stand der Wahlspruch »Räder müssen rollen für den Sieg«. Selbst in den späteren Jahren des Zweifels und der besseren Einsicht schloß ich vom Funktionieren der Bahn auf die Unversehrtheit der ganzen Verwaltung und die noch vorhandene Kraft des Staates. Das war aber ein Trugschluß, hervorgerufen durch die Konzentration einer Elite mit Tradition, welche weiter zurückreichte als bis 1933. Eine Garde ohne Waffen. Die Schriften auf den Loks paßten absolut nicht zu dem unpolitischen Unternehmen. Sie waren eigentlich eine Beleidigung der deutschen Eisenbahner, weil diese ihr ganzes Leben lang nach der Devise handelten »Räder müssen rollen, weil wir einen Fahrplan haben«.

Auf die Minute verließ mein Zug den Hauptbahnhof von Köln in östlicher Richtung über die Rheinbrücke. Die Abteile waren leidlich sauber, so daß die Illusion einer Ferienreise aufrechterhalten werden konnte. Uniformen überwogen, und Männer in Zivil wurden bestaunt, weil man sich gar nicht denken konnte, aus welchem Grunde sie nicht zum Dienst in der Armee einberufen wurden. Ein wenig geringschätzig sah man schon auf die traurigen Zivilisten herab. Sie blieben daher auch sehr bescheiden und fühlten sich gar nicht wohl unter uns. Zur Unterhaltung hatte ich nicht die geringste Lust und schenkte meine Aufmerksamkeit lieber der vorbeiziehenden Landschaft.

Am Mittellandkanal hielt ich Ausschau nach dem Volkswagenwerk, dessen lange Vorderfront den Reisenden mächtigen Stolz aufs Deutsche Reich einflößte. Das sollen sie uns einmal nachmachen! Donnerwetter ist das eine Fabrik! Fast war man versucht, die Nationalhymne anzustimmen. Selbst im D-Zug-Tempo fahrend und normal singend, wäre man über die zweite

Strophe gekommen beim Anblick des Werkes. Und mancher Reisende durfte sogar das Gefühl haben, zu dem engeren Kreis der Erbauer zu gehören. Das waren die Volkswagensparer. Sie versuchen noch heute, ihre Vertrauensseligkeit rückgängig zu machen, und gründeten nach dem Kriege eigens einen Verein dafür. Gegen solchen Massenbetrug nützt aber mit Sicherheit nur ein Verein zur Verhinderung der Diktatur.

Hitler versprach dem Volke neben anderen herrlichen Dingen auch ein Auto zum Ladenpreise von 1000 Reichsmark. Das war die berühmte Traumgrenze aller Autobauer. Größere und reellere Firmen als die NSDAP hatten sich darum bemüht, ein anständiges Gefährt um diesen Preis auf den Markt zu bringen. Aber nur unser Führer schaffte es! Bald fuhr der Volkswagen in großen Mengen – an allen Fronten. Und die Soldaten lobten seine Qualität und Zuverlässigkeit. Auch seinen Preis, denn dieser wurde von den Sparern beglichen und nicht von seinen Fahrern. Als ich das großartige Werk »Astutuli« von Carl Orff nach dem Kriege erlebte, mußte ich unwillkürlich an die VW-Sparer denken. Weil das Stück auf den Bühnen nicht mehr wiederkehrte, vermutlich wegen zu geringer Zustimmung des Publikums, schalt ich die Theaterfreunde zuerst unverständig. Später korrigierte ich meinen Irrtum und erkannte, daß die Besucher überaus verständig waren. Sie erkannten bei dem Geschehen auf der Bühne, daß diese Geschichte nicht im Mittelalter spielte, sondern zu allen Zeiten. Zuletzt sogar unter Mitwirkung des verehrten Publikums von heute. Und wer läßt sich gerne an seine Dummheit erinnern? Man müßte schon dem Stück einen Untertitel geben: Astutuli oder die ergötzlich G'schicht vom VW-Sparen! Unter dieser Marke garantierte ich jedem Intendanten ein volles Haus, da als Besucher nur die erwähnten Geprellten fehlen, während sich die anderen Betrogenen schlau dünken und zuhauf in Schadenfreude schwelgen. Denken Sie sich nur, da gab es vor dem Kriege Leute, die haben zuerst das Geld hingelegt und erst nach dem Kriege gefragt, wo die Ware bleibt! Ha-ha-ha!

Der Zug rollte in den Bahnhof Zoo ein und spuckte seine Ladung aus. Auf den anderen Bahnsteigen lastete die Traurigkeit. Fronturlauberzüge mit Ortsschildern unbekannter polnischer und russischer Bahnhöfe füllten sich kurz vor ihrer Abfahrt. Wortlos hielt manche Frau ihren Mann an der Hand, der auch gerne geweint hätte, wenn keine Kameraden in der Nähe gewesen wären. Man mußte nicht einmal an ewigen Abschied denken, es genügte schon die Trennung für ein Jahr, um einer jungen Frau die Kehle trocken zu machen und die Augen mit Tränen zu füllen. Für die Unverheirateten war dieser Schmerz völlig unverständlich. Sie dachten nur an ein leeres Bett und machten ihre dummen Witze darüber. Eher hatten sie Verständnis für den Kummer der alten Mütterchen auf dem Bahnsteig, die in ihrem Leben zum zweitenmal am Fronturlauberzug standen und seit 1918 diese Leichenzüge haßten. Ihnen wäre es am liebsten, es gäbe gar keine Bahn oder höchstens die S-Bahn, die über die Vororte Berlins nicht hinausführt.

In dem Vorort Heiligensee war die Flakartillerieschule III untergebracht. Sie hatte die Aufgabe, Offizieren tieferen Einblick in Geräte zu vermitteln, die sie nach strenger Vorschrift nicht aufmachen durften, um hineinzuschauen. Technische Psychiatrie würde ich sagen, mit Therapieverbot. Ganz zu schweigen von Neurochirurgie. Unsere Funkmeßgeräte waren auch so empfindsam wie Seelchen und forderten viel Mitgefühl von ihren Herren. Wir konnten sie durch falsche Behandlung kaum aus dem Gleichgewicht bringen, aber sie versagten ihren Dienst plötzlich in einem Anfall unerklärlicher Depressionen. Trösten durften wir sie nicht, das war den Spezialisten vorbehalten, aber wir sollten sie wenigstens verstehen in der Tiefe ihres Unterbewußtseins. Einen Kursus mit diesem unpraktischen Ziel hielt ich für sinnlos, doch wäre es idiotisch gewesen, nicht an ihm teilzunehmen.

Dem wissenschaftlichen Stoff entsprechend war die Lehrgangsatmosphäre stinkfein. Unser Dozent war ein echter Professor von der Technischen Hochschule. Selbst die Majorsuniform war nicht in der Lage, ihm das feine Aussehen eines Wissenschaftlers zu nehmen. Wir, das Auditorium, bestehend aus etwa 30 Offizieren vom Leutnant bis zum Hauptmann, fühlten uns durch sein Auftreten wie Akademiker im Hörsaal. Seine Begrüßungsansprache lautete:

»Guten Morgen meine Herren! Mein Name ist Major W., und ich habe die Ehre, Ihnen die Funkmeßtechnik verständlich zu machen. Manches werden Sie auch als Laien auf diesem Gebiete gut verstehen, manche Dinge sind der Wissenschaft auch nur empirisch bekannt. Ich muß Sie also bitten, mir die unverständlichen Vorgänge einfach zu glauben. Weiterhin bitte ich Sie herzlich, nicht mit Papierkugeln zu schießen, Stinkbomben zu werfen oder Senf auf meinen Stuhl zu schmieren, meine Herren Offiziere! Seit ich diese Kurse führe, mache ich immer wieder die erstaunliche Feststellung, daß der Anblick von Schulbänken aus Truppenführern kindische Schulbuben macht. Die Kürze des Lehrgangs zwingt mich aber zu intensiver Unterrichtung, die keine Unterbrechung duldet, um eventuelle Herren Flegel zu ermitteln. Ich danke Ihnen, meine Herren!«

Es blieb bei diesem Lehrgang genügend Freizeit. Wer aufmerksam dem Unterricht folgte, konnte sich Hausaufgaben ersparen. Das Grundprinzip der Meßtechnik war äußerst simpel und aus dem Prinzip des Echos elektrischer Strahlen leicht verständlich. Bald warfen wir mit Zwischenfrequenzverstärkern und Amplituden, Braunschen Röhren und Dipolen, Endstufen und Oszillographen, Bandbreitendehnern und Kathoden um uns. Der Herr Professor hatte seine Freude an den Studenten.

Diese wiederum hatten Freude am Nachtleben Berlins, das als Abglanz alter Zeiten immer noch bescheiden blühte. Die Müdigkeit mancher Studenten am anderen Morgen ließ zumindest darauf schließen. Mir, dem »alten Berliner«, bedeutete die Vergnügungsindustrie herzlich wenig. Die Erinnerung an den alten Glanz des Kurfürstendamms nahm mir jede Lust daran, mich mit dem schnöden Ersatz zu begnügen. Wo einst ein Autosalon den weißen Cadillac ausgestellt hatte, den später der Zahnarzt Reichel mit Hilfe der gelben Gebisse der Ufa-Stars erwarb, gähnte ein leeres Fenster. Die Eleganz der Damen auf dem Damm hatte den Uniformen Platz gemacht. Nutzlose Haustiere im Gefolge der Dandys waren ebenso wie ihre Herren zum Wehrdienst eingezogen, um durch Minensperren zu laufen und mit ihrem Opfer eine Gasse für Menschen zu bahnen. Der Ku-Damm summte noch, aber die Melodie war falsch.

In einem seiner Häuser, an der Ecke Bleibtreustraße, wohnte inzwischen der Onkel. Sein Bedürfnis nach Repräsentation wurde auch dort befriedigt, und die hohen Räume gaben nicht nur den Rahmen für sein Privatleben, sondern auch für die private Internisten-Praxis, die er neben seiner leitenden Stellung an einem Krankenhaus betrieb. Dort herrschte immer Leben und Betrieb.

Die Patienten waren von den Freunden nicht zu unterscheiden, was sie gerne dadurch unterstrichen, daß sie die Liquidationen freundschaftlich mißachteten. Die Namen aller alten preußischen Adelsgeschlechter hörte ich dort ebenso wie die der Filmprominenz. Man sagte Professorchen und Graf, lästerte über das geringe Alter der Hohenzollern und das hohe Alter von Schauspielerinnen, die gerade auf der Toilette waren. Von Politik sprach man nie und lud vor allem kein Braunhemd ein. Um so erstaunter war ich bei meinem überraschenden Besuch während dieser Lehrgangszeit, als ich auf der Suche nach Unterhaltung in eine für mich sehr verwirrende Situation geriet.

Im vierten Stock angekommen, öffnete mir der Onkel selbst die Türe. Das Mädchen hatte Ausgang. Der Tisch war gedeckt für zwei Personen. Am zweiten Gedeck saß ein Leutnant des Heeres, der älter als ich war. Sein Gesicht verriet nicht die Spur von Unbekümmertheit, die diesem Stand in aller Welt zusteht. Nach der korrekten Vorstellung wußte er, daß ich ein Neffe sei, und mir wurde sein Name, Fabian von Schlabrendorff, genannt. Ich sah ihn später nie mehr wieder, doch las ich zehn Jahre später sein Buch »Offiziere gegen Hitler«. Mit diesem Buch erst löste sich mir das Rätsel völlig. Auch das Rätsel, warum Hitler nicht einfach umgelegt wurde, was doch bei echtem Willen seiner Widersacher leicht möglich schien. Der Autor hatte es vorher und nachher nicht nötig, sich ins gute Licht des Widerständlers zu stellen und schildert leidenschaftslos auch das Scheitern seines Attentatsversuches, der damals in Vorbereitung war. Aus diesem Grund hielt er sich auch bei meinem Onkel auf, bei dem man sich in der Rolle des Patienten mit Genossen »zufällig« treffen konnte.

Mich mußte er wohl nicht für einen potentiellen Genossen gehalten haben. Vielleicht sollte ich ihm dankbar dafür sein. Es hätte nach unserer Begegnung dann nur zwei Möglichkeiten gegeben: Entweder ich wäre begeistert auf die Seite der Tyrannenmörder gegangen mit dem wahrscheinlichen Ende am Strick in Plötzensee, oder meine Unvernunft hätte den unverstandenen von Schlabrendorff dem Henker ausgeliefert. Der erste Gedanke ist schrecklich, wenn ich an die zweite Möglichkeit denke, bekomme ich heute noch Herzklopfen. Niemand kann mit Sicherheit von sich behaupten, daß er, in der Zeit stehend, so gehandelt hätte, wie er heute wünscht, gehandelt zu haben.

Wir konnten damals auf gleicher Ebene miteinander sprechen, weil wir den gleichen Dienstgrad hatten. Ganz natürlich fühlte ich aber meine Unterlegenheit gegenüber dem Volljuristen, dem geschichtskundigen Manne und engem Freund des respektierten Onkels. Seine militärische Position entsprach dem Namen nach meiner Tätigkeit in Münster. Er war der Ordonnanzoffizier des Generalfeldmarschalls von Kluge, der in Rußland die Heeresgruppe Mitte kommandierte. Frisch aus dem Hauptquartier eingetroffen, wußte von Schlabrendorff nur Unerfreuliches zu berichten. Zuerst hielt ich ihn für einen Miesmacher und sagte ihm auch von Leutnant zu Leutnant, daß die Niederlage nicht zu vermeiden sei, wenn sich diese Einstellung in den höchsten Stäben schon verbreitet hätte. Große Unternehmen fordern eben ihre Opfer, daran sei in einem Krieg nicht vorbeizukommen. Der Herr Kollege schien mir ein mißratener Sohn Preußens zu sein. Nicht bereit zu sterben, ja nicht einmal andere Leute sterben lassen! Wir kamen auf das Gebiet der Geschichte, auf dem ich so ausrutschte, daß es unter der Würde meines Gegners war, mich dort länger leiden zu sehen. Doch langsam dämmerte mir die Morgenröte des Verstehens aus den Darlegungen des Gegenübers. Der Onkel schwieg sehr ernst und vermied jeden Einwurf. Bald bemerkte ich seinen Versuch, mich aus der Diskussion zu befreien. Das machte mich eigensinnig, und nun wollte ich aus dem Munde von Schlabrendorffs genau hören, woraus man jetzt, im Frühjahr 1942, auf die totale Niederlage schließen müsse. Er blieb mir die Antwort nicht schuldig.

»Sehen Sie, bei Clausewitz steht geschrieben, daß ein unterbrochener Feldzug ein verlorener Feldzug ist. Darüber gibt es unter Fachleuten der Strategie keinen Zweifel. Das lernt jeder Kriegsschüler in den ersten Jahren auf der Akademie. Nach dem Fiasko vom Winter vor Moskau hätte man die ganze Armee weit zurücknehmen müssen, und das Leben von vielen Tausenden wäre gerettet gewesen. Der Ruhm Hitlers wäre angeschlagen, aber weniger als er es in der kommenden Zeit sein wird.«

»Aber warum sagt dann keiner von Ihnen gescheiten Strategen so etwas dem Führer?«

»Mein Chef, von Kluge, hat es ihm gesagt. Aber der Gefreite des ersten Krieges, der größte Feldherr aller Zeiten, gab zur Antwort, er habe Clausewitz nicht gelesen, er habe es auch gar nicht nötig, und er werde ihn auf keinen Fall lesen.«

Mein erster Gedanke war, daß Clausewitz sich auch irren könne. Aber so wie von Schlabrendorff den Namen Clausewitz aussprach, war es für einen Feldherrn wohl gar nicht statthaft, Clausewitz zu übergehen. Innerlich beanstandete ich nicht die abweichende Handlung Hitlers, um so mehr jedoch seine Arroganz, Literatur aus dem Fach nicht nötig zu haben. Das konnte nicht gut gehen, auf keinem Gebiet eines Wissens. Warum man dann nicht gleich aufhöre, wollte ich wissen. Weil es wegen Hitler nicht möglich sei, war die Antwort. Es sei auch nicht sicher, ob ein Volk, eine Truppe, tief im Feindesland stehend, überhaupt Verständnis für eine Liquidierung des Krieges habe, der bis jetzt als Sieg gefeiert worden sei. Es sei auch eine Gewissensfrage, ob man einzelne Menschen töten dürfe, um den Tod von Hunderttausenden zu vermeiden. Fragen über Fragen, gestellt von einem Manne, der die Zukunft richtig sah, machtlos war und aus streng christlichen Gedankengängen noch immer vor der Gewalt schauderte.

Ich war zum allerersten Male mit einem Menschen in ein ernstes Gespräch über diesen Krieg, über unsere Zukunft geraten. Mein Standpunkt war: Was nicht sein darf, kann doch nicht sein! Nach der Niederlage gibt es kein Leben mehr für uns!

Der andere sagte: »Hitlers Sieg ist auch kein Leben mehr für uns. Hitlers Krieg ist aber jeden Tag der Tod von Tausenden. Man wird sterben und verlieren! Kommen Sie nach Rußland zu uns, und überzeugen Sie sich an Ort und Stelle.«

In Heiligensee war am andern Morgen alles in bester Ordnung. Die Verpflegung klappte ausgezeichnet, der Herr Professor pries die Möglichkeiten der weiteren Entwicklung der Meßtechnik, die Kollegen hatten eine ersprießliche Nacht, und die Zeitungen wußten von vielen Erfolgen zu berichten. Das Frühjahr in Rußland würde die Wende bringen. Dann war ein Verbündeter der Sowjets, der Winter, ausgefallen und der Sieg greifbar. Ohne Mitwirkung des Herrn von Schlabrendorff, der wohl etwas unter dem Eindruck leichter Schwierigkeiten am Ilmensee stand, wo zur Abwechslung einmal nicht die Russen eingeschlossen waren, sondern vorübergehend die Deutschen. Mein Bruder war auch in diesem Abschnitt und hatte kürzlich noch geschrieben. Nicht sehr begeistert, aber auch nicht so hoffnungslos, wie die Herren in den Stäben die Lage sahen. Gewonnen wird der Krieg nicht in den Stäben, sondern an der Front, wo keine Büroknechte stehen, sondern – Gott sei Dank! – harte Männer. Mit Ritterkreuz, Ritterkreuz mit Schwertern, Ritterkreuz mit Schwertern und Brillanten.

Ehe der Unterricht nach der Pause begann, blätterten wir in der Zeitung und lasen die Frontberichte, die Ordensverleihungen und die Kinoanzeigen. Auf den letzten Seiten wimmelte es wieder von Todesanzeigen. Vier volle Seiten! Mein Nachbar meinte, es sei allmählich schrecklich mit den Verlusten. »Na ja«, erwiderte ich, »wo gehobelt wird, da fallen auch Späne!«

Und dann standen wir auf, weil der Herr Professor wieder würdig hereintrat. Die Zigaretten wurden sorgfältig gelöscht, damit der »Hugo« nachher wieder ohne Verlust qualmen könne. In einer Ecke lachte jemand verspätet laut und dreckig. Sein Nachbar war vor dem Erscheinen des Dozenten nicht mehr fertig geworden mit der Schilderung der dummen Ziege von gestern nacht, die – hahaha – hinterher immer von »Liebe und so« anfangen wollte.

Kaum saßen wir, als es an der Türe klopfte. Herr Professor schritt hin, öffnete und sprach leise mit irgend jemand. Dann wurde ich gebeten zur Türe zu kommen. Ein Gefreiter wies mir die Richtung zu einem Telefon. Dort sei ein Gespräch für mich.

Ich eilte und hob den Hörer: »Ja bitte?«

Keine Antwort, nur ein Schluchzen.

»Hallo, wer ist denn dort, was ist denn los?«

»Hans ist gefallen! Dein Bruder ist tot! Mein Sohn kommt nicht mehr! Komm bitte sofort nach Hause zu mir! Komm zu deiner Mutter!«

Ich legte den Hörer auf. Späne? dachte ich. Sind Späne gefallen? Nein, mein Bruder ist gefallen. Nur wenige Monate, nachdem er sein Berufsziel erreicht hatte. Das ist kein Hobeln, das ist Mord! Ganz gewöhnlicher, gemeiner Mord!

Und wie ein Blitz durchfuhr mich die Erkenntnis, was Garanten sind:

Garanten sind tote Brüder, zerfetzt am Ilmensee in Rußland.

Garanten sind tote Söhne, ertrunken mit der »Erich Giese« vor Narvik.

Garanten sind tote Gatten, beerdigt in weißen Särgen in Skagen.

Gestorben für den Ehrgeiz eines Wahnsinnigen, nicht für das Vaterland, nicht für eine neue und glücklichere Generation.

Und ich beschloß, den zu überleben, der in seinem Buche »Mein Kampf« seine politischen Ziele dargelegt hatte.

Ich überlebte. Bis heute. Besonders behaftet mit einer unheilbaren Allergie gegen Fahnen und Fackelzüge. Gleichgültig zu wessen Ehren und auf wessen Geheiß. Denn Fahnen und Fackelzüge vermögen offensichtlich die Welt nicht zu verbessern. Sie beginnen romantisch und enden im Grab. Um Schule schwänzen zu können, lasse ich mich nicht später von meinen Verführern oder deren Gegnern erschießen.

Ist das unpolitisch?

Zweites Buch
Die Versager

Einleitung

Die Garanten der Zukunft aus dem Jahre 1933, soweit sie noch am Leben waren, entwickelten sich langsam, aber sicher zu Versagern. Sie verloren jegliches Schamgefühl und schickten sich größtenteils sogar an, die Jahre 1942 bis 1945 bei lebendigem Leibe und sterbender Illusion zu überstehen. Nach dem tausendjährigen Kalender des Dritten Reiches waren dies die Jahre 750 bis 1000. Ich kann nichts dafür, daß 250 Jahre Geschichte auf so wenigen Seiten Platz haben. Entweder war so wenig los, oder die NS-Zeitrechnung hatte einen Fehler.

Nach der Meinung des Führers Adolf Hitler lag der größte Fehler beim deutschen Volk: Nach Opferung der Gesundheit, des Lebens vieler Millionen Menschen, der Heimstätten, des Ansehens als Kulturnation und in vielen Fällen auch der Heimat war es nicht bereit, Selbstmord zu begehen. Für solche Verweichlichung hatte der Führer wenig Verständnis. In seinen letzten Lebenstagen sagte er im Berliner Reichskanzlei-Bunker zu seiner Umgebung: »Das deutsche Volk hat versagt. Es hat mich nicht verstanden und deshalb verdient es auch kein besseres Schicksal als jenes, welches jetzt über dieses Volk hereinbricht.«

So liebte uns unser Führer!

Die Garanten entpuppten sich als schlechte Schüler. Es mangelte mir jedoch an Reue, ja sogar am guten Vorsatz, es den Nibelungen gleich zu tun. Denn süß und ehrenvoll ist es, für das Vaterland zu leben! Das war sicher auch die Meinung all derer, die in den Tod gejagt wurden. Wir müssen die Gefallenen ehren, indem wir jeden falschen Mythos vernichten. Wer am Eingang zu Walhall drängelt, versäumt eine mühsame, aber lohnende Wanderung durch die Welt, die der liebe Gott zur allgemeinen Nutzung besonders geschmückt hat. An den meisten Stellen darf sogar der Rasen betreten werden.

Führers Geburtstag

Am 20. April 1933 hatte ich erstmals an einer Ehrung Hitlers teilgenommen, was ich in den folgenden Jahren noch öfter tun sollte. Das mußte ihm seine Sekretärin zugetragen haben, denn meine Beförderungen erfolgten mit schöner Regelmäßigkeit. Im Jahre 1942 erinnerte er sich wiederum meiner und machte mich zum Oberleutnant, in der guten alten Zeit »Premierleutnant« genannt. In gemütlichen Stunden nannten wir uns gerne selbst »Premier«. Wir sprachen das Wort sogar richtig als »Premjeh« aus und fühlten uns dann wie im Frieden. Mit Monokel und Casino, Handkuß und Gavotte. Einen kleinen Ausflug in diese Welt durfte ich als junger Leutnant in Münster machen. Sie war nicht meine Welt, und ich wurde auch schnell wieder ausgestoßen. Der Fehler lag auf meiner Seite, weil ich mich am Staub stieß und nicht auf die Formen darunter achtete, die ihren Stil hatten und der Generation vor uns wirklich etwas bedeutet hatten. Heute wäre ich toleranter und würde genüßlich das Bild in mich aufnehmen. Ich gebe es wieder, so gut ich kann, und bitte den Leser, mir zu glauben, daß ich keinen Menschen kränken will mit dieser Zeichnung.

In unserem Stabe wirkte als Quartiermeister der General von Wangenheim. Seine Heimat war Potsdam, seine schönste Zeit als Militärberater in China bei Marschall Tschiangkeischek in den dreißiger Jahren. Auch seine Gattin, eine kleine und feine Person an der Seite des alten Garde-Hünen, schwelgte in Erinnerung. Die Dienstboten in China waren zahllos und billig. Die Lebensmittelpreise lächerlich gering und das Ansehen eines deutschen Generalmajors himmlisch. Man hatte auch jetzt Zeit für gesellschaftliche Veranstaltungen, Kunst und Unterhaltung. Man hatte zudem Freude an jungen Leuten, zumal man kinderlos blieb. Also prüfte das Auge des Generals wohlwollend die Knaben vom Leutnant aufwärts und die Mädchen vom Hals abwärts. Man lud beide Sorten zum Tee, mischte etwas reiferes Obst darunter, welches auf städtischen Bühnen oder in musikalischen Zirkeln gedieh, und bemühte sich um ein höheres Niveau, als es die Münsterschen Bierkneipen boten. Als sein Auge auch an mir hängenblieb, war ich äußerst stolz auf die Auszeichnung und eilte freudig dorthin.

Von irgendeiner Seite her wußte ich, daß man Blumen mitbringt und daß eine ungerade Stückzahl sehr fein sei. Ich entschied mich für elf gelbe Teerosen, weil wir zum Tee gebeten waren und weil rote Rosen in Liebesliedern eine Rolle spielen. Der Herr General sollte keinen Kummer haben. Pünktlichkeit fiel mir nicht schwer, aber die Beseitigung des Papiers, in das die Rosen eingewickelt waren, machte mir ziemliche Schwierigkeiten. Ich versenkte es heimlich im Schirmständer, nicht ohne mich vorher beim Zusammenknüllen an einer Stecknadel zu verletzen. Dann trat ich in den Salon. Er erinnerte mich stark an Peking, wo ich zuvor noch nie war, das ich mir aber so vorstellte wie ein chinesisches Restaurant in Charlottenburg. Die Möbel waren durchwegs schwarz glänzend lackiert und teilweise mit Einlegearbeiten versehen. Viele exotische Vasen mahnten zu vorsichtigen Bewegungen im Raum und warteten seit Jahren vergebens darauf, mit Blumen gefüllt zu werden. Sie erinnerten an ältere Jungfrauen, die schön geschmückt darauf hofften, ob nicht doch eines Tages Gebrauch von ihnen gemacht würde. Zu erwähnen waren auch die zahlreichen Teppiche mit ungeahnter Ornamentik. Ihre Farben erschienen etwas gewagter als die landesüblichen Perser, und ihre Frechheit gefiel mir nicht übel. Schwer wogten die Vorhänge von der Decke bis zum Boden. In ihrer Nähe roch man den Staub, noch ehe man sie bewegte.

Außer der Büste von Bismarck standen noch einige Offiziere steif im Raum herum und wechselten zwischen Stillgestanden und Rührt Euch. Die Generalin fuhr mit der rechten Hand in Mundhöhe die Front ab, stellte den Damen die versprochenen Herren vor und mischte zum Tee das Volk wie die Karten. Aber nicht so wie es ehrliche Kartenspieler wünschen, sondern nach Plan. Wir waren offensichtlich alle gezinkt. Das jüngste Mädchen im Kreise war nach allem Anschein hier fast wie zu Hause. Man hätte es für eine Art Nichte halten können. Da es niedlich anzusehen war, mußte ich im Gespräch mit meiner Tischnachbarin oft den Kopf so halten, daß es wie lauschendes Interesse für die Nachbarin aussah, aber genügend Gelegenheit zur Musterung der Kleinen gab. Diese Akrobatik ist sehr schwierig, weil Damen in Gesellschaft schnell merken, wer auf wen ein Auge hat. Die Nichte – wir wollen sie so nennen – paßte gut in den Raum. Mir kam der Gedanke, daß diese gut entwickelte Figur eigentlich in jeden Raum paßte. Auch in mein Zimmer im Fliegerhorst, das eine eher sachliche Einrichtung hatte. Es schien nicht unmöglich zu sein, sie mit meinen Möbeln zu konfrontieren, aber am ersten Tage legte ich vorsichtshalber den sicheren Geländegang ein. Beim anschließenden Tanze, zu dem wir vergewaltigt wurden, holte ich die Generalin, die leicht wie eine Elfe mit mir einherschwebte. Herr General saß im Sessel und genoß den Feierabend der Liebe. Die Damen hatten Alpenglühen auf den Wangen, während von den Stirnen der Tänzer die Schweißbächlein rannen. Der Tanz bot Gelegenheit zur Abwechslung in der Wahl der Unterhaltungspartner, und ich entledigte mich langsam aber sicher meiner Dame, die für den Rest des Abends an einem unglücklicheren Kollegen klebte, dem es an der nötigen Härte mangelte, den Schwarzen Peter weiterzugeben.

Mein Ruf blieb indessen gewahrt, weil ich der Generalin Gesellschaft leistete und mir von ihr eigene Lyrik vorlesen ließ. Das war wirklich amüsant, denn die Gedichte hatte sie mit 17 Jahren geschrieben. In diesem Alter haben Mädchen die herrlichsten Gedanken, verkleiden sie aber in züchtige Ausbrüche, deren Worte unanfechtbar sind. Die Natur wird häufig zu Vergleichen herangezogen, was für eine Naturgewalt wohl als statthaft bezeichnet werden kann. Es kommen auch viel edle Herren darin vor. Gar nicht wie im wirklichen Leben, wo es von Heiratsschwindlern und Lustmolchen nur so wimmelt. Gerade diese Diskrepanz macht solche Gedichte rührend, und man darf nicht darüber lachen. Man darf sich nur wundern, daß die Damen die Wirklichkeit so gesund überstehen. Das schönste Gedicht der Frau Generalin hieß: »Und er küßte den Saum meines Kleides.« Es handelte von einem Kavalier, der sich von allen Seiten näherte, aber offensichtlich über den unteren Kleidersaum nicht hinwegkam. Wie eine Kuh am elektrischen Weidezaun trieb ihn irgend etwas immer wieder zurück, wenn er mit der Schnauze an die Begrenzung geriet. Im Gedicht wurde nicht klargestellt, ob er den Kleidsaum hochhob bis zu seinem Mund oder ob er pausenlos am Boden herumkroch. Den langen General konnte ich mir in dieser niedrigen Haltung nicht vorstellen. Darum fragte ich verständnisvoll lächelnd, ob dieses Gedicht eine anwesende Person zum Gegenstand habe. Die Generalin gestand mir leise, daß ihr niemals ein Mann den Kleidsaum geküßt habe, daß sie aber mit 17 Jahren eine solche Vorstellung von einem Manne hatte, der im elterlichen Hause zu Gast war. Er sei sehr schön gewesen. Das Gedicht war nicht lang und leicht zu memorieren. Deshalb lernte ich es flugs durch stille Wiederholung.

Bald kam die Stunde des Abschieds für die Gäste. Dem Dümmsten vertraute man die Nichte für den Heimweg an. Ich aber hatte schon die Einladung für den nächsten Tee in der Tasche.

Der ließ nicht lange auf sich warten, und bald machten die Blumenhändler wieder Umsatz mit gelben Rosen. Umgeben von der Huld der Generalin, bewegte ich mich diesmal höchst sicher in den Räumen und galt bei der neuen Treibjagd bald als Salonlöwe. Beim ersten Tänzchen holte ich mir wieder die Generalin und landete den ganz großen Coup. Kaum daß wir fünf Schritte geschlurft waren, begann ich mit der Rezitierung des Gedichtes »Und er küßte den Saum meines Kleides«. Die Generalin war wie vom Schlag gerührt. Sie hielt im Tanz inne und fragte mich, wieso ich ihr liebstes Gedicht könne. Dann log ich, daß es mir so schön und unvergeßlich schien, als wäre es mein eigenes Werk. Damit hatte ich schon die Einladung für den nächsten Tag zum Tee in der Tasche. Und außerdem wurde die Nichte für den Heimweg nicht mehr dem Dümmsten, sondern dem Zweitdümmsten, nämlich mir, anvertraut. Darüber will ich mich keineswegs beschweren, aber ich hatte bei meinem Charme-Bombardement nicht bedacht, daß ich eine ständige Einrichtung werden könnte und damit die Freizeit etwas einseitig im vornehmen Geleise verlaufen würde. Ich begann den Vorzug geringer zu achten und wurde von Mal zu Mal gelöster bei den Tees. Eines Tages war ich so gelöst, daß es der letzte Tag in diesem Hause wurde. Und das ging so zu:

Nach dem Tee bot die Hausherrin kulturelle Kurzweil. Mal ein Gedicht, mal ein Stück auf dem Klavier, gespielt von einem

Gast. Hin und wieder auch ein braves Gesellschaftsspiel. Es wurden auch Herren aufgefordert, über irgendein Thema eine kurzweilige Rede zu halten. An diesem Tage gab eine Sängerin von den städtischen Bühnen etwas zum besten. Sie sang, was das Zeug hielt, und war eigentlich recht erträglich. Wir hatten auch Glück, daß man keinen Koloratursopran verdauen mußte, sondern nur Mezzo, wobei dem Manne das Lachen nicht so leicht in den Hals steigt, wie bei den kunstflugtauglichen Sopranistinnen. Alle waren sehr still während des Vortrags und schauten in die leeren Preßglastellerchen, wo vorher sparsam Gebäck dekoriert gewesen war. Die ganz Verlogenen hatten den Blick zum Kronleuchter erhoben, als ob sie schon in jene Höhen entrückt seien, wo die Glühbirnen mit Fliegenschiß getupft waren. Am Ende des Vortrages, als keine Gefahr mehr für die Kleidernähte rund um die Sängerin bestand, herrschte weihevolles Schweigen. Endlich begann die Gastgeberin mit dem Beifall, und das Volk fiel, erleichtert und dankbar für etwas Bewegung, sofort in den Applaus ein. Dann meinte die Generalin zu mir ganz diskret, ob ich nicht etwas Galantes zu der Darbietung sagen könnte. Ich war bereit. Meine letzte Rede in diesem Hause lautete folgendermaßen:

»Hochzuverehrende Frau Generalin, hochverehrter Herr General, meine Damen und Herren!

Es ist ein Vorzug, in dieser Stadt zum Kreise derer zu gehören, die in diesem Hause zu Gast sein dürfen. In einer Welt ohne Form gehört es zu den dankenswertesten Dingen, von Zeit zu Zeit Werte aufleben zu lassen, die seit Friedrich dem Großen ein wesentliches Merkmal preußischer Gesinnung und Gesittung sind. Es ist nicht die Menge des Gebotenen, der Buttergehalt des Kuchens oder die Stärke des Tees, was uns an diesen Tisch zieht (Mein Gott, was hatte ich da gesagt? Ich wagte nicht nach der Hausfrau zu schauen, weil der Tee äußerst dünn und das Gebäck reine Diät war), sondern, äh... es sind, wenn ich so sagen darf, die geistigen Bande.«

Im folgenden ließ ich mich über die Bande aus und wurde wieder sicherer, aber auch leichtsinniger. Die Rede war zu lang, um über die ganze Strecke ernst bleiben zu können. Langsam regte sich Heiterkeit, und ich ließ mich vom Erfolg davontreiben. Ich plauderte weiter.

»Unsere lieben Gastgeber scheuen keine Mühe, uns gut zu unterhalten. Auch wir scheuten die Mühe nicht und lauschten dem herrlichen Gesange, welcher vermutlich aus dem Halse jener Dame dort kam.«

Durch einen Betonungsfehler wurde dieser Satz mein Untergang. Ich betonte das Wort »Halse« anstatt des Wortes »jener«. Dadurch wurde in allen Zuhörern der Gedanke an die Alternative vom Hals wach. Man hörte noch wie ein Teelöffel, nämlich jener der Generalin, auf Glas fiel. Dann erhob sich zornesrot der Mezzosopran. Der General ließ den Kopf nach unten sinken, und ein junger Leutnant lachte versehentlich an dieser falschen Stelle. Dann fragte die Generalin, ob ich nicht heute Spätdienst hätte. Sie würde mir nicht böse sein, wenn ich vorzeitig aufbräche. Damit führte sie mich zu meinem Mantel in der Garderobe. Sie murmelte immer wieder vor sich hin: »Nein, das verstehe ich nicht! Ausgerechnet Sie! Ich bin sehr schockiert. Hoffentlich finden Sie den richtigen Weg zu der gekränkten Künstlerin.«

Den konnte ich leider nicht finden, weil ich ihn gar nicht suchte. Ich mußte nämlich nach Hause. Die Nichte war für später angesagt. Sie brachte mir die Botschaft, daß der General in engstem Kreise die Rede herrlich gefunden habe. Er soll gesagt haben: »Wenn sie wirklich nicht mehr zu uns kommt und singt, dann muß man dem Rotzer von Leutnant obendrein dankbar sein.«

Ich fand daraufhin, daß die Preußen Sinn für Formen und außerdem ein gerades Herz haben.

Dieser Formensinn war früher bei Kaisers Geburtstag auch von der Natur gewahrt, denn bei der Kaiserparade schien immer die Sonne. Man sprach von Kaiserwetter. Hitler übernahm dieses Erbe. So hatten wir immer am 20. April Führerwetter. Im April wechselt das Wetter sehr stark. Man konnte also auch ziemlich bestimmt mit sonnigen Abschnitten rechnen und sich in diesen Augenblicken der Gunst der Vorsehung erinnern. Die Zeitungen vergaßen nicht, darauf hinzuweisen. Der Führer gab den Segen in Form von Beförderungen weiter, und ganz Deutschland war in Wonne getaucht. Wer enttäuscht wurde vom Luftwaffenpersonalamt, der hoffte auf den nächsten Geburtstag und machte die frisch beförderten Kollegen schlecht. Wie schon gesagt, hatte ich keinen Grund zur Klage und empfing leidenschaftslos den höheren Lohn.

Führers Geburtstag

Das Gewäsch in den Zeitungen interessierte keinen Menschen mehr. Es wurde ja auch nicht zum Lesen geschrieben, sondern von den Verfassern verbrochen, um ebenfalls befördert zu werden. Glücklicherweise feierte Adolf seinen Namenstag nicht, sonst hätte man zweimal im Jahr lesen müssen, wie gezielt die Vorsehung am Glücke Deutschlands schmiedete.

Die Stadt Braunau am Inn, damals wie heute Österreich, wurde im Reiche so berühmt, daß sie gezwungen wurde, an Hitlers Geburtshaus eine Tafel anbringen zu lassen. Ich habe mich kürzlich selbst davon überzeugen können, daß sie inzwischen wieder entfernt wurde. Welche Schicksalsfügung, daß der Führer der Braunhemden ausgerechnet in Braunau zur Welt kam! Welcher Fingerzeig, daß er an der Grenze zwischen Deutschland und Österreich ins Leben trat, da er doch berufen war, die beiden Staaten zusammenzuführen! Welches Glück, daß er nichts Gescheites gelernt hatte, um nicht in der Routine eines Berufes zu verkümmern! Dank sei der Armut der Eltern, die ihm keine höhere Bildung kaufen konnten! Er hätte sonst niemals auch den einfacheren Mann so gut verstehen können. Diese Gefahr bestand nämlich damals für begabte Kinder in großem Maße, daß sie durch Vermittlung eines Pfarrers aufs Gymnasium als Stipendiaten kamen. Aber auch dies wurde von der Vorsehung abgewendet. Selbst der Gefahr, in vier Jahren Weltkrieg einen Dienstgrad zu erreichen, entrann er und blieb der schlichte Gefreite, der seinen Kameraden durch eifernde Reden auf die Nerven fiel. Als er durch Giftgas vorübergehend erblindete, senkte sich sein Blick noch mehr nach innen, und er beschloß im Lazarett zu Pasewalk, »Politiker« zu werden. Diese Story hatte er von Ignatius von Loyola abgeschrieben, aber leider nicht genau. Sonst hätte es vermutlich in diesem Jahrhundert nicht so viele Witwen gegeben.

Mit sieben Freunden gründete er die Partei und brachte damit München in schlechten Ruf. Von seinen Mitgründern war später nie mehr namentlich die Rede, was dieselben dankbar begrüßten, weil auch sie überrascht waren über die Entwicklung dieses politischen Fötus aus der Bierwirtschaft. Weil er sich am 9. November 1923 im Kugelregen reaktionsschnell niederwarf, blieb er uns erhalten und trat mir 1925 am Liebherrplatz in München erstmals unter die Augen. Bei Opel Häusler gab er seinen Wagen zur

Reparatur, ohne daran zu denken, daß bei ihm auch etwas nicht stimmen könnte. Diese Sorge hatte er auch später nie. Als kleiner Schulbub las ich an den Plakatsäulen schon damals, daß er vom Schicksal auserwählt sei. Ich las auch, daß es nach Meinung der Nazis keinen Staatsbeamten mit mehr als 1000 Mark Monatsgehalt geben dürfe. Diese lehrten uns dann später, wie man durch sparsame Wirtschaft auch mit einem so begrenzten Lohn Prachtvillen am Tegernsee bauen konnte. Wie gesagt, Wunder über Wunder, ausgehend vom 20. April 1889 bis zu meinem neuen Einkommen als Oberleutnant von folgender Höhe: alle zehn Tage 24 Mark Wehrsold, im Monat 30 Mark Bekleidungsgeld und ein Monatsgehalt von 228 Mark. Und das bei freier Verpflegung und Wohnung! In Grundstücken ließ sich das Geld aber nicht anlegen, weil Spekulation verboten war und auf Parteibonzen beschränkt blieb. Grundstücksverkehr bestand zwischen Juden in Abwesenheit und Nutznießern in Anwesenheit. Aber auch die Liegenschaften anwesender Bürger gerieten nur mit Parteihilfe an neue Besitzer. So war ich gezwungen, mein Geld in Nachtlokalen anzulegen oder auf die Bank zu bringen. Ich wählte die goldene Mitte und verjubelte nur die Hälfte. Die andere Hälfte wurde später entwertet. Ich weine diesem Geld aber keine Träne nach. Es war zu viel Blut daran, als daß es hätte glücklich machen können. Fremdländisches Blut und deutsches Blut. Manchmal blieb auch gar keine Gelegenheit mehr, Geld auszugeben. Das war das schlimmste! Ein solcher Tag war der 31. Mai 1942.

Der Grüngürtel

In uralter Zeit, vor vielen, vielen Jahren soll in Köln einmal ein Oberbürgermeister regiert haben, an den sich 1942 noch einige Bewohner der Stadt erinnern konnten. Zu seinen Verdiensten gehörte auch die Anlage eines breiten Erholungsstreifens um die Stadt, der vom Rhein im Norden nach Westen bis zum Rhein im Süden reichte.

An der westlichsten Stelle dieses Gürtels, neben einem Sportplatz, erholte ich mich damals und gedachte weniger meines Arbeitgebers als des Schöpfers dieser schönen Anlage. Es soll ein gewisser Konrad Adenauer gewesen sein, von dem man aber im

Jahre 1942 gar nichts mehr hörte. Der Platz war geradezu idyllisch, aber auch strategisch erstklassig gewählt. Zwischen kleinen Wäldchen breitete sich eine weite grüne Wiese aus, die im Mai von gelbem Löwenzahn und scheckigen Kanonen übersät war. Die hatten das Kaliber 10,5 Zentimeter und sollten die britischen Flieger daran hindern, die Stadt zu beschädigen. Inmitten der zwölf Geschütze, hinter schützenden Erdwällen halb verdeckt, nisteten ein Feuerleitgerät und ein Funkmeßgerät. Durch dicke Kabel mit 108 Adern bestand Verbindung zu den Kanonen, und man konnte per Telefon gleichzeitig zwölf Geschützführern Kiesewetter-Verse übermitteln. Eine kleine Feldbahn verband die Wäldchen mit den Geschützen, die auf diesem Wege ihren Nachschub an Munition erhielten. Die Toiletten, die den Wäldern schwache Konkurrenz machten, lagen auch am Waldesrand und erhielten ihre vorgeschriebene Ration an Chlorkalk. Die Fernsprechzentrale und die Flugauswertung waren in der Nähe der Leitstelle, aber in den Boden versenkt, damit sie auch während der Angriffe einen gewissen Schutz boten. Immerhin arbeiteten im Gefecht 16 Männer an dieser Stelle.

Das Gefecht war eine recht anonyme Auseinandersetzung zwischen Lufttechnik und Bodentechnik, und man konnte das »Weiße im Auge des Gegners« niemals sehen. Sein Ablauf war selten aufregend. Zuerst läutete die Alarmglocke in allen Unterkünften, und jeder eilte an seinen Platz. Das Funkmeßgerät drehte sich im Anflugsektor hin und her und suchte dringend einen Impuls. Bei größeren Angriffen war die Auswahl an Impulsen recht beachtlich, und es war die Aufgabe des leitenden Offiziers, die passende Fährte aufzunehmen. Aus den Eingangswerten der Höhe, Richtung und Geschwindigkeit sowie der Entfernung machte das Rechengerät fertige Schußwerte für die Kanone, bestehend aus Laufzeit des Zünders und richtigem Vorhalt. Wenn das Flugzeug dann so freundlich war, während der Flugzeit der Granate, oft bis zu 20 Sekunden, seine Höhe oder Richtung nicht zu korrigieren, führte dies häufig zu seiner Vernichtung. Die Flieger wußten dies und änderten den Kurs deshalb ständig. Später warfen sie große Mengen von Staniolstreifen ab und foppten damit die Meßgeräte. Das ist der Grund, warum Köln heute viele Neubauten aufweist. Dennoch war die Feuerkraft von zwölf Kanonen, die auf ein Ziel schossen, eine bei den

Briten unbeliebte Erscheinung. Sie bemühten sich manchmal, uns zum Schweigen zu bringen und luden die Bomben nicht über der Stadt, sondern in unserer Nähe ab. Ein Flieger, den wir schon in Brand geschossen hatten, nahm im Absturz noch Kurs auf uns und schoß mit den Bordwaffen bis zum letzten Atemzug des Schützen auf unsere Wiese. Dann zerschellte er jenseits der Straße. Seine Tapferkeit und Verbissenheit wurde sehr bewundert, denn die Möglichkeit zum Aussteigen war am Anfang noch gegeben. Unser Mut wurde weniger beansprucht, weil im Trubel der Schießerei und der hektischen Betriebsamkeit fast keine Zeit für Angst blieb.

So war es auch am 31. Mai, als Köln wieder einmal das Ziel der Bomber war und der Himmel von Detonationen und Bränden erleuchtet wurde. Wir hörten, wie die Bomben sich in der Luft überschlugen, und hofften, daß die Granatsplitter unserer Kollegen-Batterien nicht wieder die Dachpappe an allen Baracken undicht machen oder auf die Stahlhelme klingeln würden. Die erste Bomberwelle kam uns schön vor die Flinte. Unser Mündungsfeuer blitzte pausenlos. Plötzlich flog mir an der Leitstelle Dreck um die Ohren, und ich wurde etwas kleiner. Im Kopfhörer herrschte Schweigen. Rings um mich bemühten sich andere Leute auch um Verständigung, aber jedwede Übertragungstechnik schien gestört. Ich eilte zur Zentrale, genau gesagt an die Stelle, wo einmal die Zentrale war. Von den 16 Männern gab keiner Antwort. Sie waren dazu nicht mehr fähig. Ausgefallen nennt man das im Krieg. Es bedeutete, daß 16 Familien nicht mehr komplett waren, daß Menschen ihr Liebstes verloren hatten, ohne nur einen Funken Schuld zu tragen. In diesem Falle waren nicht einmal die Leichen komplett, und wir wurden in den folgenden heißen Tagen nur durch die Nase zu den im Wäldchen verstreuten Kameraden geführt. Die mangelhaft gefüllten Särge fanden eine sehr ehrenvolle Bestattung unter Teilnahme von Partei und Wehrmacht. Wir Überlebenden kochten vor Wut auf die Briten und brachten die Technik schnellstens in Ordnung, um Rache nehmen zu können. In der Frühe war schon mein General aus Münster herbeigeeilt und drückte mir sein echtes Beileid aus, aber auch seine Freude, daß es mich 20 Meter neben der Einschlagstelle nicht erwischt hatte.

Zum Mittagessen kamen wir nicht an diesem Tage. Wir sättig-

Der Grüngürtel

ten uns an einem leckeren Brocken. Vom Funkmeßgerät kam um 13 Uhr die Nachricht, daß in 30 Kilometer Entfernung ein schnelles Ziel direkt auf uns Kurs nehme. So ganz ohne Luftwarnung. Ich schaltete das optische Meßgerät parallel und erkannte in der klaren Mailuft des 1. Juni bei 20 Kilometer eine völlig unbekannte Sorte Flugzeug. Mit 150 Meter pro Sekunde, so schnell wie ein Jäger. Im Bilderbuch der Branche war der Typ nicht vermerkt. Da es aber kein deutscher Typ war, nahm ich es auf mich, im Zweifelsfalle darauf zu schießen. Meist kamen am Tage nach großen Angriffen Aufklärer, um Bilder vom Erfolg zu machen. Die Maschine war 7000 Meter hoch, was damals als beachtlich galt. Wir ließen sie in Ruhe kommen, und ich wartete auf eine günstige Schußdistanz von etwa 10 Kilometern. Dann drückte ich auf die Feuerglocke und ließ pro Kanone so schnell wie möglich drei Brocken nach oben schicken. Die Wölkchen platzten am Himmel rund um die Maschine, und zu unserer Freude kam auch aus dem Flugzeug ein Wölkchen, das sich wie ein Schweif nicht mehr von dem Vogel löste. Der drehte zurück und verlor rapide an Höhe. Bestimmt wollte er noch Holland im Gleitflug erreichen. Meiner Rechnung nach mußte er jedoch bei Mönchen-Gladbach schon auf der Erde sein. Ein Anruf beim dortigen Fliegerhorst brachte die Bestätigung, und am Abend wurden wir belobigt, die erste »Mosquito« abgeschossen zu haben, die als Wundermaschine galt. Das versöhnte uns mit der Niederlage vom Vortage und war Anlaß zu einem Umtrunk, wobei der erste Schluck denen gewidmet war, die nie mehr trinken würden.

Benebelt saß ich später in meiner Bude und überlegte, ob ich den Angehörigen den verlogenen Satz »Er starb für Deutschlands Zukunft, und sein Tod wird nicht vergebens sein« schreiben sollte. Ich brachte es nicht übers Herz, diese Phrase loszulassen. In Wirklichkeit dachte ich: »Ein Glück, daß ich drei Minuten vor dem Treffer die Zentrale verlassen habe, weil es mir in dem Loch immer ungemütlich war.« Also wählte ich die Formel vom guten Kameraden, dessen Tod schnell und für ihn sicher schmerzlos war. Dessen Verlust aber nicht mit Worten auszugleichen ist, weil er für uns keine Nummer, sondern ein Mitmensch war. Und das war nicht gelogen. Schließlich wußte ich seit einiger Zeit, daß »Verlustziffern« keine Arithmetik bedeuten, sondern persönliches Leid.

Dennoch ging das Leben allenthalben weiter, als wenn die Menschen herzlos geworden wären. Das Leben blühte sogar, weil der Sommer kam und mit ihm das große Hoffen in der Natur. Am nahen Sportplatz kämpften die Damen-Handballmannschaften vom KBC um den Ball aus Leder, während wir Zuschauer die 22 anderen Bälle hüpfen sahen, die diesen Sport für Damen so bewegt gestalten. Vor allem im Gedränge am Wurfkreis stieg unsere Begeisterung, weil wir hofften, daß in der Rage Bälle verwechselt würden. Doch niemals riß eine Dame der anderen den Busen aus und warf ihn ins Toreck. Sie traten auch nie darauf, obwohl die Nähe zum Boden bei einigen beängstigend war.

Am Sonntag waren die Wege im Grüngürtel belebt von Spaziergängern aus dem nahen Klettenberg, und wir lockten manche Maid in unsere Kantine, wenn sie dieser Falle zu nahe kam. Die zarten Bande, die dabei geknüpft wurden, waren nicht von besonderer Dauer und Haltbarkeit. Ich kann mich keines Falles erinnern, der zu einer Ehe geführt hätte. Mich lud eine Maid ins elterliche Heim, was ich nicht abschlug im Hinblick auf die offerierten Reibekuchen. Ich revanchierte mich dafür mit einem Wochenendausflug ohne Eltern, dem die Mutter in Erinnerung an ihre Jugend sorgenvoll entgegensah. Sie verabschiedete mich am Samstag mit den Worten: »Ich hoffe, daß Sie mir meine Tochter so wiederbringen, wie Sie diese aus meiner Hand entgegengenommen haben!«

Auf manchen Toiletten stand damals der Spruch: Verlasse diesen Ort so, wie Du ihn vorzufinden wünschtest! Ich fand die Tochter wunschgemäß und verließ sie auch wieder so. Die Mutter konnte sich nicht beschweren. Töchterchen meinte zu mir, ich solle das Geschwätz ihrer Mutter nicht ernst nehmen. Ich kam mir aber gar nicht schlecht vor am Sonntagabend, sondern von der Fahrt nach Godesberg sehr beglückt.

Das Wasser des Rheins ist schmutzig. Die Orte am Rhein, von geringer Kultur und meist in altdeutscher Masche rekonstruiert, wirken am schönsten vom Dampfer aus. Der graue Schiefer auf den Dächern und an den Hauswänden bringt nur wenig Charme ins Bild. Und trotzdem versetzt der Rhein in Stimmung! Er ist, ob man will oder nicht, die Schlagader Deutschlands, unser Schicksal. Die gleiche Rolle spielt er heute für Europa, das sich auf seinen Wellen tausendfach begegnet. Auch damals fuhren die Schiffe stromauf und stromab, ja sogar die Ausflugsdampfer waren unterwegs und taten so, als ob es keine Nacht mit Alarm gäbe. Nur am Abend bekamen sie ein schlechtes Gewissen und fuhren völlig verdunkelt an die Landeplätze, um dann recht schnell außerhalb der Stadt einen Liegeplatz aufzusuchen.

Dann war die Zeit gekommen, wo die Leuchtkäferchen und Glühwürmchen im Grüngürtel hemmungslos ihre Lampen ansteckten, weil ihnen kein Nachbar »Licht aus!« zuschrie. Die Pärchen saßen stumm auf den Bänken oder im Gras, hielten sich die Hände und dachten an die Sirenen. Nicht diejenigen, die Odysseus lockten, sondern die eisernen auf den Dächern. Die Liebenden mißtrauten der Zukunft und lebten vielleicht deshalb in der Gegenwart mehr als gut war. Es wurden Ehen ohne Hoffnung geschlossen und ohne Überlegung. Aber auch Ehen gebrochen, die in normalen Zeiten als haltbar gegolten hätten. Die Nation war stark, aber die Menschen überaus schwach.

Der Grüngürtel war alles andere als ein Keuschheitsgürtel, aber das ist vermutlich das Schicksal aller Großstadtlungen. Doch es muß nicht ihr Schicksal sein, zu Schießplätzen degradiert zu werden, Bombentrichter wie Pockennarben zu tragen oder Berge von Trümmerschutt aufzunehmen. Selbst mit diesen Verunstaltungen blieb die Wiese eine Oase, von der ich Ende des Jahres nur ungern Abschied nahm.

Wenn ich heute auf der Autobahn nach Aachen fahre und an einer bestimmten Stelle hinter Köln nach rechts schaue, dann kann ich über sie hinwegblicken. Sie ist immer noch grün, und der Löwenzahn ist ihr treu geblieben. Die Kanonen hat sie vergessen. Die paßten nicht zu ihr. Wiesen denken nicht strategisch. Ihnen ist am wohlsten, wenn sie von Schafen abgerupft werden, nicht wenn sie von Rindviechern in Uniform in den Krieg hineingezogen werden oder wenn sie mit Blut gedüngt werden. Auf die Beförderung zum Gelände verzichten sie liebend gern.

Die Russen kommen

Was nützt es dem Leser, wenn ich ihm alle Stellen nenne, an denen ich Latrinen, Kantinen und Gemüse bauen ließ? Es war immer der gleiche Vorgang: ein Feld, kurz darauf Erdwälle, dann viele Baracken, schließlich Wege, Zäune und Tomaten. Bei dem großen Angebot an Dünger bot sich nämlich besonders die Tomatenzucht an. Niemand wußte jedoch, ob er die Früchte noch würde ernten können. In unserem Klima müßte man sich mindestens acht Monate an einem Ort aufhalten, um mit Sicherheit den Lohn des Fleißes zu erhalten. Unser Nomadenschicksal lag in den Händen von Vorgesetzten, die kaum landwirtschaftlich dachten. Die Gefahr fruchtloser Arbeit schwebte also stets über uns. Oft konnte ich meinen Untergebenen nur mit Mühe klarmachen, daß der Mensch einfach säen muß, wenn er noch an sich selbst glauben soll. In militärischen Verbänden sind die Philosophen meist dünn gesät. Das Sittliche meiner Überlegung fand daher wenig Anklang. Doch jeder Soldat erkannte instinktiv die Notwendigkeit, sich zu beschäftigen, und zog die Landwirtschaft dem Exerzieren vor.

Unsere Stellung in Longerich wurde ein Musterbetrieb der Tomatenerzeugung, der von der Personalkostenseite her niemals nachgeahmt werden konnte. Ich ließ 600 eckige Löcher mit dem Spaten stechen und verbot die Benützung der Toiletten. Dafür erhielt jeder Mann fünf Löcher zugeteilt, die er persönlich zu betreuen hatte, im Großen wie im Kleinen. Das morgendliche Bild hatte in der ganzen Natur nicht seinesgleichen. Vielleicht gab es auf Feuerland Vergleichbares, wenn Abertausende von seltenen Tieren gleichzeitig auf den Felsen brüten. Von den höheren Chargen verlangte ich, daß sie mit bestem Beispiel vorangingen, und überprüfte die Ausführung meiner Befehle mit dem Augenmaß. Muß ich dem Leser sagen, daß ich mich selbst nicht schonte? Bald konnte ich die öffentlichen Anstalten wieder der Allgemeinheit zugänglich machen, da mir die Truppe mit Bravour gefolgt war. Nun ließ ich noch einige Wochen den Regen auf unser Werk einwirken, füllte Torf und Erde nach und setzte schließlich 600 Pflanzen einer neuen Sorte Buschtomaten.

Leicht unterschätzt der Mensch die Natur. Ihre Gewalt kann nicht gebändigt werden. Da wir zur Erntezeit noch in der gleichen Stellung waren, überrollten uns die Tomaten hemmungslos. Am Anfang gab es jeden Tag für über 100 Mann Tomatensalat. Dann zusätzlich Tomatensuppe. Als Hauptgang gefüllte Tomaten mit Kartoffeln, die durch Tomatenmark besonders schmackhaft wurden. Der Getränkefavorit in der Kantine wurde die Prärie-Oyster, hauptsächlich aus Ketchup bestehend. In unserer Not kochten wir Tomatenmark für den Winter ein und legten die festeren Tomaten in Essigkübel. Als der Mangel an Gefäßen dringend wurde und die Stöcke nicht aufhörten, uns rot anzulächeln, begann ich mit dem Chef der Nachbar-Batterie, der ein ähnliches Unglück mit Bohnen hatte, einen Tauschhandel. Nach zwei Wochen konnten meine Leute auch keine Bohnen mehr sehen, und seine Leute ließen die Tomaten stehen.

In dieser Not kam uns Stalin zu Hilfe! Die Kesselschlachten der ersten Kriegsmonate in Rußland brachten Hunderttausende von Kriegsgefangenen, die in den Massenlagern hungerten. Nicht weil es System war, die Gefangenen hungern zu lassen, sondern weil ein so plötzlicher Zuwachs am Suppentopf einfach nicht zu verpflegen ist. Noch dazu, wenn der Transportraum für die eigene Kriegführung kaum reicht. Solche Erfahrungen machten nach großen Niederlagen auch deutsche Soldaten, und man sollte auf beiden Seiten solchen Geschehnissen gegenüber Nachsicht üben.

Die russischen Gefangenen waren Künstler im Überleben unter schwierigsten Verhältnissen, aber dankbar für jede Chance, den Hunger stillen zu können. Dem Aufruf in den Lagern, sich freiwillig zum Dienst nach Deutschland zu melden, kamen viele nach. Sie gaben den Krieg für Rußland sowieso verloren, da sie nur aus dem eigenen Erleben die Lage beurteilen konnten. Zum Teil gaben sie sich auch der Illusion hin, Rußland würde vom Terror Stalins befreit werden, dessen Ähnlichkeit mit dem SS-Terror ihnen noch nicht geläufig war. Sicher stand bei allen Überlegungen nur der Gedanke im Vordergrund, daß der Magen so beruhigt würde, denn Hunger ist wirklich schmerzhaft.

Der Genfer Konvention nach dürfen Gefangene nicht zum Dienst mit der Waffe eingesetzt werden. Entweder hielt man die Flak für keine Waffe, was böse Zungen sogar in Deutschland verbreiteten, oder die Konvention wurde nach guter alter Hitlerart einfach mißachtet. So oder so, man führte mir eines Abends ein Elendshäuflein von 15 Mann in grünen Uniformen zu, deren Rückenteile mit einem weißen SU verziert waren. In Ölfarbe draufgeschmiert wie bei der Viehzählung. Die Mienen der Männer waren fragend und verängstigt wie von Menschen, die nichts Gutes mehr erwarten. Aber in ihren Augen leuchtete noch eine Spur von Hoffnung, wenn man sie frei ansah. Ein Gefreiter der Luftwaffe mit schwachen Kenntnissen der russischen Sprache war ihnen als Führer und Dolmetscher beigegeben, und dieser Mann meldete mir »gehorsamst 15 Hilfswillige zur 4./381 versetzt«. Abgekürzt wurden sie »Hiwis« genannt. Der Gefreite brachte auch ein Merkblatt mit, demzufolge diese Hiwis abends in der Baracke eingeschlossen werden mußten und ihnen die Schuhe über Nacht abgenommen werden mußten. Bekanntlich haben die russischen Bauern so zarte Sohlen, daß sie barfuß nicht fliehen können. Aus dieser Anordnung schloß ich auf die beschränkte Freiwilligkeit des ganzen Unternehmens und auf den beschränkten Geist unserer Vorgesetzten. Die beste Bewachung schien mir ein gutes Essen zu sein. Also führte ich die Männer in ihre Baracke, ließ die Türe offen und die Schuhe an ihren Füßen, nicht ohne durch den Dolmetscher mitteilen zu lassen, daß wir bekannt für unser gutes Essen seien. Das brachte Beifall auf offener Szene. Schnell holten wir einen riesigen Topf voll Suppe und wurden Zeugen einer Essensschlacht, die vom Grollen der Rülpser widerhallte und mich ernsthaft erschreckte. Mir fiel ein, daß ausgehungerte Menschen krank werden, wenn sie plötzlich zuviel Nahrung zu sich nehmen. Also beendete ich die Freßorgie durch ein Machtwort und kam so in den Verdacht, mit dem Essen falsche Versprechungen gemacht zu haben. Der Wortführer mit dem seltenen Namen Iwan bettelte mich, die Schüssel doch noch stehen zu lassen, aber ich mußte hart bleiben. Begleitet von vielfältigem Aufstoßen, ging ich aus dem Raum und studierte die Personalpapiere der neuen Kriegskameraden aus Rußland. Sicher waren die Angaben nur teilweise richtig, weil jeder Gefangene mit Köpfchen sich einen Phantasieberuf zulegt, um besser verwendet werden zu können. Es wimmelte nur so von Maschinisten unter den fünfzehn Mann. Der älteste, Pjotr, war Landarbeiter, der jüngste, Josef, Postbeamter aus Minsk. Wortführer Iwan angeblich Lehrer, Philip ein Metzger, der seit Monaten kein Fleisch mehr gesehen hatte. In Gedanken setzte ich die Leute in meiner Batterie zweckmäßig ein. Philip kam zu meinem Thomas Herzele in die Küche, der alte Pjotr sollte als Viehhirte unser einziges Pferd und die Ziegen bewachen, der Rest wurde den einzelnen Geschützmannschaften als Munitionsträger zugeteilt. Vor allem freute ich mich auf die Verstärkung meiner Kolchose. Zwei Maschinisten, sie selbst nannten sich »iich-Spezialiist!«, teilte ich dem Dieselaggregat zur Stromerzeugung zu. Das war mein einziger Mißgriff, denn beide Männer waren studierte Herumsteher landwirtschaftlicher Planwirtschaft und hatten noch nie Dieselöl gerochen.

Pjotr wurde am ersten Tage schrecklich krank, weil ich die Suppenschüssel nicht schnell genug weggezogen hatte. Er lag ganz elend auf seinem Bett und sagte mir lächelnd, daß er jetzt sterben werde. Seine Kameraden standen heiter herum und nickten beifällig im Chor »Pjotr morgen kaputt!« Es war keine Spur von Trauer, sondern Ergebenheit ins Schicksal und Hoffnung auf eine übrige Essensportion von Pjotr selig, die den restlichen Hiwis zugute kommen könnte. Ich klärte diesen Irrtum auf, mit dem Hinweis auf die Essenszuteilung nach Ist-Stärke seitens unserer Intendanz. Dann holte ich den Doktor und nahm mir vor, Pjotr mit allen Mitteln über die Runden zu bringen. Es gelang mir trotz seiner 50 Jahre, was für einen Soldaten als Greisenalter gilt. Bald lächelte Pjotr dankbar aus einem Stoppelgesicht, und wenige Wochen später stand er Tag für Tag neben seinem Pferd und achtete hauptberuflich darauf, daß es nicht auch magenkrank würde. In dieser Pose habe ich ihn auf einem Schmalfilm festgehalten. Sein Heimweh ist nicht zu erkennen, aber in der Nähe konnte man es spüren.

Mit Iwan ließ ich mich in politische Diskussionen ein, die streng verboten waren, obwohl sie beste Propaganda gegen den Bolschewismus waren. Iwan gab sich als überzeugter Kommunist zu erkennen, der persönlichen Besitz als Verbrechen bezeichnete und jeden freien Bauern einen Volksfeind nannte. Am Beispiel eines Landwirts in unserer Nachbarschaft, der Tag für Tag auf seinem Feld schuftete, wollte ich ihn bekehren. Es half nichts, der fleißige Mann auf seinem kleinen Hof war für Iwan ein verabscheuungswürdiger Kulak. Seine Borniertheit steigerte sich zusehends, und ich wurde den Verdacht nicht los, daß er unter seinen Kameraden stark agitierte.

Eines Tages wurde jenseits der Straße wieder ein Zug von Russen vorbeigeführt, der zur Arbeit am Flugplatz vorgesehen war. Iwan schrie zu der Kolonne hinüber, von drüben kam ein Echo. Aufgeregt lief er zu mir und berichtete, in dieser Kolonne sei soeben sein Bruder aufgetaucht, den er seit zwei Jahren nicht mehr gesehen habe. Solche Schicksalswinke, dachte ich mir, sollte man nicht unbeachtet lassen. Die Geschichte war zu schön, um nicht zum Happy-End gebracht zu werden! Also eilte ich der Kolonne nach, suchte den Führer des Haufens und vollführte einen regelrechten Menschenhandel. Ich bot einen Maschinisten ohne Kenntnis von Motoren für den schwach ernährten Bruder, legte noch eine Schachtel Zigaretten zu und konnte meinem Iwan schnell seinen Bruder zuführen. Bis heute weiß ich nicht, ob ich belogen wurde, aber auch auf diese Gefahr hin, wurde ich in der Zusammenführung tätig, um Iwans Seele zu gewinnen. Es war leider zwecklos. Er wurde immer ungemütlicher und baute offensichtlich an der Brücke zurück ins Arbeiterparadies, die jene Russen abgebrochen hatten, die Dienst als Hiwis taten. Wenigstens erzählten sie mir, daß allein die Tatsache der Gefangennahme sie später in der Heimat den Kopf kosten würde. Sie wollten nichts von Deutschland wissen, sahen aber auch keine Möglichkeit in der Heimat mehr. Deshalb bedauerte ich sie herzlich.

Mir blieb keine andere Wahl, als Iwan vom Posten des Sprechers zu entheben und das Amt dem intelligenten Josef zu übertragen, dem es keine Freude machte, der es aber im Interesse seiner Kameraden korrekt ausübte. Er war ein Mensch von hohen Qualitäten. Man konnte mit ihm vernünftig reden, und ich machte ihm den Vorschlag, daß ich für die Sorgen der Russen ein offenes Ohr haben würde, wenn er mir dafür garantieren könne, daß keiner der Kameraden durchginge. Er sprach mit seinen Freunden und versicherte mir hinterher ehrenwörtlich, daß mir von dieser Seite kein Kummer drohen würde. Beim Militär ist nämlich nichts schlimmer als ein fehlender Mann. Man macht seinen Vorgesetzten große Vorwürfe. Viel größere, als wenn die Vorgesetzten einen Mann nutzlos sterben lassen, da der Tod keine Schlamperei ist, sondern eine Ehre. Josefs Wort war Goldes wert, ich konnte in Ruhe die Unterschiede in der Behandlung deutscher und russischer Soldaten aufheben.

Ganz war dies allerdings nie möglich, weil die Russen eine besondere Protektion besaßen. Es gab im deutschen Heer eigens einen General für die Betreuung der Hiwis, der mit deutscher Gründlichkeit die gründlichen Greuel in anderen Gegenden durch übertriebene Fürsorge an der gleichen Nation gutmachen wollte. Die Russen kannten seinen Namen, seine Adresse und die Möglichkeit, ihm in russischer Sprache direkt Beschwerden zukommen zu lassen. Eine derartige Möglichkeit hatte es für deutsche Soldaten noch nie gegeben, und wir beneideten deshalb die Kollegen aus dem Osten. Außerdem hatten sie Anspruch auf Zuteilung von Zigaretten ihres Geschmacks, die berühmten Machorka. In den folgenden Jahren geschah es mehr als einmal, daß die Machorkas pünktlich geliefert wurden, aber die Lieferungen in »Eckstein« und »Ernte« ausblieben. Dann teilten die Russen freundlich mit ihren deutschen Kameraden oder tauschten Essen ein, weil ihr Hunger immer unstillbar war. Bier und anderen Alkohol durften wir ihnen nicht geben. Wir ließen deshalb in den Gläsern etwas stehen und baten sie, die Kantine aufzuräumen. Wenige Minuten später waren alle Gläser sauber, und wir summten die alten russischen Weisen mit, welche die Rhein-Kosaken inbrünstig sangen. Josef spielte auf einer Geige herzzerreißend von seinem Postamt in Minsk oder einer anderen Erinnerung, und Philip hielt inne beim Kartoffelschälen, um Rotz und Wasser besser in unser Essen tröpfeln zu lassen. Wenn dieser Krieg nur um Grenzen geführt worden wäre, hätten wir uns über deren Verlauf schnell geeinigt und uns nach dem Kriege längst besucht. Die Unerbittlichkeit der sozialistischen Weltrevolution aber macht ein Wiedersehen ohne propagandistische Auswertung unmöglich. Wer weiß, ob nicht Iwan nach dem Kriege seine Kameraden wegen Ab- und Aufweichung dem Richter ausgeliefert hat. Ein Beweisstück hatte er in der Hand, denn ich habe die Burschen auf einem Foto vereint und jedem einen Abzug zur Erinnerung geschenkt. Hoffentlich war dies nicht ihr Unglück, denn ich hatte die besten Absichten damit verbunden. Wir blieben ein Herz und eine Seele bis in die letzten Kriegstage. Ob die Männer von den Deutschen oder von den Russen noch Schreckliches erfuhren, konnte ich nicht mehr erfahren. Beide Möglichkeiten bestanden für die Spezies Hiwi. Hier wegen Unzuverlässigkeit, drüben wegen Verrats.

Man nahm uns die Männer wieder weg, als wir zum Einsatz an die Ostfront kamen. Der Abschied war tränenreich. Philip küßte mir die Hände und bat, ohne jeden Lohn in unserer Küche weiterarbeiten zu dürfen. Als wenn nicht jeder Mann gezählt sei in der deutschen Armee! Er hielt den Kapitalismus für so perfekt bei uns, daß alles nur eine Geldfrage sei. Seine Erinnerung an dieses dekadente System wird aber immer ganz unauflöslich verbunden sein mit dem ungeheuren Reichtum an Goldäpfelchen oder Tomaten, deren die westliche Welt sich rühmt.

Caritas

Frühere Potentaten hatten eine vorzügliche Methode gefunden, sich der bedingungslosen Hingabe ihrer Diener zu versichern: Die Kastration. Der Gedanke war einleuchtend, daß Männer ohne Liebesleben von Weibern nicht verwirrt werden konnten und einer Sache konsequenter dienten als ihre Artgenossen, deren Gedanken sich in großem Maße ums andere Geschlecht drehen.

Das Zölibat hätte Hitler der Römischen Kirche sicher zu gerne nachempfunden, aber es stand seinen hohen rassischen Plänen entgegen. So erlaubte er seinen Soldaten, an die Frauen und Bräute zu denken und nahm dafür in Kauf, daß die halbe Armee mit nur halber Kraft voraus dampfte. Ein kleines Stimulans war die Prognose, daß unsere Besieger unsere Mädchen schänden würden, es also niemals zur Niederlage kommen dürfe. Leider hatte er damit teilweise recht, aber es steht zu befürchten, daß auch die deutschen Soldaten nicht in jedem Falle bei der Mutter um die Hand der Tochter angehalten haben, wenn sie im Feindesland von Cupido angestachelt wurden. So wurde die Liebe ins Wehrprogramm eingeflochten. Kriegsruhm ist eine Ersatzpotenz wie heute schnelle Wagen; Orden an der Heldenbrust bedeuten eine Auslese wie die Kör-Marken im Ohr des Bullen, und höhere Dienstgrade erfahren auf Amors Kriegsakademie manche Erleichterung.

Die Aktion »Liebespäckchen« bescherte den jungen Mädchen zu Hause ein Objekt der Hingabe, dem man vaterländisch gesinnt in Gedanken auch sonst gut angehören konnte. Man machte ein Päckchen, schrieb darauf mit Kinderhand »An den unbekannten Soldaten« und schickte es los. Nach geraumer Zeit hatte das Mädchen einen Briefpartner, dessen Phantasie entweder auch bewegt wurde oder der mit seinen Kameraden über die kindlichen Briefe der Göre lachte.

Mich erreichte eines Tages ein Brief mit der Anschrift: an den unbekannten Soldaten – mit voller Namensangabe und genauer Adresse. Die Unbekanntheit hatte demnach einige Mängel. Der Brief kam aus Berlin. In der schönsten Schrift, deren ein Mädchen in der sechsten Klasse Volksschule mächtig ist, wurde mir mitgeteilt, daß die Unterzeichnende zwar erst zwölf Jahre alt sei, aber wesentlich älter wirke und überhaupt kein so dummes Ding mehr sei, wie die anderen Mädels aus der Klasse. Die Buben in der Schule seien ihr zu albern, und ob ich schon das Eiserne Kreuz besäße. Ich solle ihr postlagernd etwas Schönes zurückschreiben vom Kampf, und ob ich ein anderes Mädel schon lieb hätte. Dann wolle sie nicht im Wege stehen, aber sie könne schon etwas bieten. Als Beweis legte sie ein Foto bei, das mit Hilfe eines Selbstauslösers auf der häuslichen Couch entstanden war. Dazu hatte das Herzchen die Wohnung in ein Atelier verwandelt und als Hintergrund ein Bettuch aufgespannt. Das war leider schon gebraucht und schuf so eine recht zerknitterte Umgebung. Außerdem hatte sie im Sucher nicht bemerkt, wie hoch das Laken hing. Die Unterkante des Backgrounds endete etwa 50 Zentimeter über der Couch, was der ganzen Sexstimmung sehr abträglich war. Die Hauptdarstellerin rettete, was zu retten war. Der Blick war so dämonisch, wie es mit zwölf Jahren gerade möglich ist. Dabei half das Aufstützen des Kindergesichtes auf die Fingerspitzen beider Hände. Der Körper lag halb hingestreckt auf der Sofadecke, damit die Rachitis auch an den Beinen besser diagnostiziert werden konnte. Eine Vamplarve, deren Eltern offensichtlich von der offiziellen Zuteilung lebten. Meine Nachforschungen ergaben, daß es sich um eine Schülerin meiner Mutter handelte, die im Kriege wieder ihrem früheren Lehrberuf nachging. Von ihr hatte das Mädchen meine Feldpostnummer erfahren und somit auch auf einen unbekannten Soldaten gezielt.

Derartige Verlockungen beeinträchtigten die Kampfhandlungen der Truppe nur wenig, jedoch stellte die echte Liebe der Ehemänner zu ihren Familien ein großes Hindernis für den bedingungslosen Krieg dar. Es war schwer, all die Urlaubsgesuche abzuschlagen, die pausenlos wie Trommelfeuer auf den Chef niedergingen. Ich konnte mir zwar nicht vorstellen, wie sich diese Dringlichkeit anfühlt, derer man sich nach Jahren glücklicher Ehe kaum erwehren kann, aber ich glaubte den Männern. Durch die Unmöglichkeit, Geschütze ohne Personal zu lassen, verfiel ich auf den Gedanken, die Frauen in die Nähe der Kanonen zu bringen. Eine freundliche alte Dame vermietete mir in der Nähe ein Zimmer, das ich durchs Telefon mit dem Krieg verband, damit die männliche Hälfte der Benutzer im Alarmfalle auch die militärische Pflicht erfüllen konnte. Der Vermieterin mußte ich heilige Eide schwören, daß nur Ehepaare dort Zutritt fänden.

Ich hielt mein Wort bis auf eine Ausnahme. Doch muß ich zu meiner Entschuldigung sagen, daß ich in doppeltem Sinn nur beschränkt zurechnungsfähig war, als ich mich dort angesichts meines späteren Weibes übergab. Der Tatbestand des Erbrechens ist, so ungehörig das Kotzen wirkt, nämlich kein Sittlichkeitsdelikt. Frau Sturm, die Besitzerin der sturmfreien Bude, war demnach auch nicht der fahrlässigen Kuppelei verdächtig. Aber alle Gattinnen meiner Soldaten und die meisten ihrer Kinder lernte ich auf diese Weise kennen. Ich sonnte mich in deren Dankbarkeit und kam mir zu dieser Zeit sehr nützlich vor. Wir hätten den Krieg auf diese Weise noch eine Weile ertragen ohne Einbuße an Moral.

Nützlich war diese Zimmervermittlung auch dem Anschauungsunterricht für die jüngste Generation von Soldaten, die Luftwaffenhelfer. Diese Oberschüler von 15 und 16 Jahren wurden somit nicht ganz aus dem Familienleben gerissen, dessen sie eigentlich noch sehr bedurften. In grauen Uniformen mit dem Abzeichen der Hitlerjugend pendelten sie zwischen Schule und Flakstellung, waren noch grüner als ihr Batteriechef und schliefen in einer eigenen Baracke, damit nicht die echten Soldaten vom Lande sie zu schnell aufklären konnten. Die Freundinnen der Luftwaffenhelfer waren übrigens höchste Klasse. Man durfte sie ihnen nicht abjagen, da dies als Mißbrauch der Dienstgewalt geahndet wurde. Ihre Schwestern und Mütter hingegen waren durch kein Gesetz geschützt. Nur ungern gingen die Buben um 22 Uhr zu Bett, wenn die Mutter noch lange in der Kantine bei uns saß. Eine war besonders ausdauernd und im Gegensatz zum Kinde dem Steinhäger sehr zugetan. Da sie die Gattin eines Lebensmittelgroßhändlers war, erfreute sie sich großer Beliebtheit. Sie hat uns nie enttäuscht und immer Berge von Marzipan mitgebracht. Zum Dank ließ ich die Betrunkene durch unser müdes, zuverlässiges Pferd nach Hause bringen. Es kannte den Weg schon ziemlich gut, aber ich ließ es nie ohne Bewachung auf die Strecke, damit es nicht in falsche Hände geriete und vielleicht als Salami zurückkehrte, wozu Pferde damals eine starke Neigung hatten.

Solche Abende erforderten musikalische Umrahmung. Wir hatten ein eigenes kakophonisches Orchester, bestehend aus einem Profi-Stehgeiger, dem Schlagzeug der städtischen Straßenbahn von Essen, fünf Mundharmonikas aus allen Gauen, zwei Akkordeons und einer Trompete aus Thüringen. Letztere hatte keinen sächsischen Akzent, dafür aber einen sehr starken Feuchtigkeitsgehalt. Von den Akkordeons traktierte ich eines selbst, während das andere richtig spielte. Dank meines Dienstgrades war ich jedoch an keinerlei Tonarten gebunden. Außerdem tranken wir alles durcheinander. Dadurch wurde auch unser Repertoire immer größer, die Texte dafür einseitiger, aber allgemeinverständlich. Kunst muß volksnah bleiben, war die Devise unseres Orchesterleiters. So kamen Telemann und Bach noch seltener zur Aufführung, als man aus der Besetzung hätte schließen können.

Als der Kalender den beginnenden Winter 1943 anzeigte, wurde uns auch wieder Kunst aus dem Musentempel »Kraft durch Freude« geliefert. Der Chiantiwein floß in Strömen aus dem Halse des schwulen Tenors, der ein Bruder des Kreisleiters der NSDAP war. Mit vollem Recht erbat er sich deshalb energisch die Aufmerksamkeit seiner Zuhörer. Die Spanierin mit einem Blick aus Glut und Verachtung stampfte trotzig auf die Weltbretter zweiter Wahl, und der Zauberer ließ statt der Tauben weiße Mäuse verschwinden, weil die Tauben vor kurzer Zeit endgültig in seinem Magen verschwunden waren.

Eine junge und hübsche Sängerin war der Star des Abends. Niemand machte den Versuch, mir, dem Chef, das jus primae noctis streitig zu machen. Nach einigen Wortgeplänkeln gab sie doch die Adresse her, und ich begann langsam, aber sicher von unten her zu brennen, bis auch mein militärischer Wert zu sinken begann. Nicht der Feind war mein Ziel, sondern der nächste Urlaub mit jenem zauberhaften Wesen. Fortan schmiedete ich an diesem Plan mit Zähigkeit und Tücke. Ich ging sogar so weit, daß ich die Eltern aufsuchte und um Genehmigung bat, die Tochter in allen Ehren zum Skilaufen ins Gebirge begleiten zu dürfen. Allein der Ausdruck »in allen Ehren« hatte den Eltern verraten, woran ich hauptsächlich dachte. Ich bedauerte gegenüber dem Vater, nicht im selben Hotel wie Fräulein Tochter wohnen zu können, weil nur noch Zimmer in verschiedenen Häusern zu haben waren. Diese Lüge wirkte sehr beruhigend, hatte aber den Nachteil, daß wir am Urlaubsort jeden Tag im angeblichen Tochterheim nach Post von zu Hause fragen mußten, damit diese nicht mit dem Vermerk »unbekannt« retour ginge. Ja, ja, damals machte man sich noch große Mühe, den Eltern das Gewissen zu erleichtern! Man hatte noch Mitleid mit der älteren Generation. Später hörte ich, daß die Mutter schon vor meiner offiziellen Anfrage den Segen zu der Reise gegeben hatte, weil sie der Tochter das bißchen Freude ihrer Kriegsjugend nicht nehmen wollte.

Die Freude begann im Zug, als wir gen Süden rollten und uns mehr und mehr vom Krieg entfernten. In Österreich kannte man den Krieg »nur« von den Todesnachrichten, wußte aber nicht, wie Bomben wirken und wie verbrannte Mitbürger am geschmolzenen Asphalt kleben. In Landeck stiegen wir in einen Bus und fuhren die enge Straße nach Galtür hoch. Längst hatte ich den Rat meines Wiener Freundes vergessen, bei der Gattenwahl »im Lande zu bleiben«. Ich nährte mich redlich mit meiner angebeteten Sängerin vom Rhein und ärgerte mich über ihr Ungeschick auf Skiern weniger als über ihre Art, sich am Hang wegen des ungehobelten Mannes bemitleiden zu lassen, der sie nach jedem Sturz aufforderte, sich aus eigener Kraft zu erheben. Den Aasgeiern um sie herum war nicht daran gelegen, daß sie das Skifahren lernte. Ihnen schienen die natürlichen Anlagen des Weibes vollauf zu genügen. Es wäre mir ein Leichtes gewesen, dort oben einige gute Skiläuferinnen gegen eine gute Sängerin einzutauschen, aber ich verharrte in dem Irrtum, daß ich für meinen Schatz unentbehrlich sei. Die alte militärische Lehre, wonach das Denken den Pferden überlassen werden müsse, weil sie einen größeren Kopf hätten, kam just im falschen Augenblick zum Tragen.

In einem derartigen Urlaub fällt es sehr schwer, sich, wie die Geistlichen sagen, im Stande der Gnade zu halten. Weil aber der liebe Gott nirgends so viel Verständnis für menschliche Schwächen hat wie im Land Tirol, schämte ich mich nicht, ihm jeden Sonntag die Aufwartung in der Dorfkirche zu machen. Sie war für die Einwohner gebaut und für diese in der Hochsaison auch ausreichend, weil Urlauber meist keine große Belastung für die Pfarrei darstellen. Sie bewundern die entzückenden Bauwerke der Frömmigkeit wie das Panorama, haben aber keinen blassen Dunst davon, daß sie von den Menschen aus echter Gläubigkeit erbaut wurden. Auch wenn die Mannsbilder Teile der Messe auf halbem Wege zwischen Gotteshaus und Wirtshaus stehend verbringen. Sie wären enttäuscht, wenn sie der Pfarrer deswegen nicht andonnern würde. Der Ruf der Unheiligkeit wäre ihm sicher. Von ihm erwarten sie korrekte Verkündung und einen ehrlichen Schafkopf, Wohlgenährtheit und eine deutliche Sprache.

Der Pfarrer von Galtür entsprach diesem Ideal völlig. Als ich bescheiden im Dämmerlicht nächst dem Ausgang stand, wo sich die Verspäteten und Eiligen drängten, kniete er an den Stufen des Altares. Sein Haupt, in Demut geneigt, war unsichtbar, aber seine Skischuhe Größe 48 ragten dem Volke gewaltig entgegen. Die schwarzen Sohlen unter dem Meßgewand füllten den Altarraum zur Hälfte aus. Als er die Hände ausbreitete, wurde mit diesen Riesenpranken das Altarbild verdeckt. Ich war auf seine Predigt gespannt. Sie enttäuschte mich nicht, denn das Gleichnis vom Sämann gab ihm reichlich Gelegenheit zu einem Landwirtschaftsvortrag in Tiroler Mundart. Der Schilderung des Saatgutes räumte er viel Zeit ein. Es muß beste Qualität gewesen sein, denn die Stimme erhob sich dabei, als habe er Landsprodukte anzupreisen, die anderweitig schwer abzusetzen sind. »Es war erschtklassiger Weizen, Ia Ware, poliert und ausgesucht!« verkündete er, und jeder in der Kirche sah die Körner auf dem steinigen Boden, auf dem fruchtbaren Erdreich und mit Kummer auch auf den steinigen Wegen liegen, wo sie laut Überlieferung zertreten wurden. Sicher steuerte Hochwürden auf das nützliche Ende der Predigt zu und schloß mit einem ganz unpathetischen

Satz in normaler Stimmlage: »Und wenn dann dereinscht der große Drusch kommt, wollen wir hoffen, daß wir eingehen in die ewige Scheune, Amen!« Zwischen Scheune und Amen machte er keine Pause, weil es beim Eintritt in die Scheune, vorausgesetzt, daß man eine Einladung hat, recht reibungslos und schnell zugeht. Er verzichtete auch auf eine Schilderung des Dreschens à la Dante, da seine braven Schäflein den jüngsten Tag nur erwarten, aber nicht fürchten sollten. Frömmigkeit in Angst braucht ein Gebirgsbauer nicht, weil die Gewalt Gottes oft genug sichtbar wird. Mal schön, mal schauerlich.

Als am Rhein die Weihnacht nahte, was sich in der verflixten Gegend ohne Schnee durch Nebel und Halsweh andeutete, hingen meine Gedanken noch an den Stiefelsohlen des Hochwürden von Galtür. Mein Kopf glühte im Fieber, und bei genauer Kontrolle mittels rektaler Messung mit dem staatseigenen Thermometer unseres »Sani« kamen 40 Grad im Schatten ans Licht. Ich fragte den Sani, ob er kurz vorher mit dem Thermometer woanders gewesen sei. Als er dies verneinte, beschlossen wir gemeinsam, das Fieber anzuerkennen und den Arzt zu rufen. Der war schnell da, schaute in den Hals und ließ mich wegen Diphterie sofort ins Lazarett bringen. Die Frage, ob ich an Weihnachten wohl wieder zurück sei, beantwortete er wie ein richtiger Arzt, nämlich sehr ausweichend. Daß ich sechs Monate liegen würde, konnte auch er nicht ahnen.

So ein weißes Bett wie im Reservelazarett Köln-Hohenlind, das zur Hälfte noch allgemeines Caritaskrankenhaus war, hatte ich schon lange nicht mehr gesehen. Wie ein hilfloses Kind ließ ich mich in das Einzelzimmer legen und fühlte mich bei den Ordensschwestern sicherer als im dicksten Betonbunker. Die Schwester setzte sich neben das Bett und sagte: »So, so, Leutnant mit Kinderkrankheit!«

Ich verzieh ihr, daß sie einen Stern übersehen hatte, weil ich im Hemd ankam und die Uniform mit dem nötigen Gepäck, zu einem wüsten Haufen gewickelt, noch auf dem Gang lag. Dann kam der Arzt gemessenen Schrittes, stellte sich korrekt als Stabsarzt Dr. Schäfer vor, Facharzt für Kinderkrankheiten, und machte einen Abstrich. Dazu meinte er, die toxische Diphterie habe er schon auf dem Gang gerochen. Gestern sei im Nebenzimmer ein Mann daran gestorben. Das sei häufig, aber nicht unvermeidlich. Es käme auf den Patienten an. Wenn dieser sich völlig ruhig verhalte und es vermeide, sein Herz im geringsten anzustrengen, bestünden gewaltige Chancen. Aber, bemerkte er, wer habe sich schon so in der Gewalt, auch wenn er ein strammer Offizier sei.

Nun wollte ich es dem Stabsarzt aber zeigen und blieb eine Woche reglos im Bett liegen. Auf Fragen gab ich keine Antwort, den Hintern ließ ich mir putzen, und die Augendeckel bewegte ich zweimal am Tage. Einmal zum Zumachen am Abend und einmal zum Öffnen in der Frühe. Die Nachtwache durch die rührende Schwester Sulpicia nahm ich nicht zur Kenntnis, und die alarmierte Mutter sah ich schweigend aus der Ferne an. Ich hörte die Schwester beten, bezog dies aber nicht auf mich, weil ich ja einen Wettstreit mit dem Stabsarzt hatte und nicht mit der Gnade des Allmächtigen. Nach zehn Tagen sagte der Doktor zu mir: »Sie haben gewonnen! Nicht schlecht, diese Sturheit«. In Wirklichkeit hatte der Arzt gewonnen, denn seine psychologische Maske hatte sich als erfolgreich erwiesen. Erfolgreich auch seine therapeutischen Bemühungen und seine Aufopferung. Daß ein Arzt, wenn Millionen sterben, noch so um ein einziges Menschenleben ringen kann, ist wunderbar! Ich kann diesen Menschen nie vergessen, genausowenig wie die Schwester Sulpicia, die keine Nacht länger als drei Stunden schlief und sich wahrhaftig für ihre Patienten zu Tode arbeitete. Mehrmals brach sie mit Herzanfällen zusammen, doch immer wieder betete sie um die Kraft, noch ein wenig länger helfen zu können. Sie schleppte mich bei Alarm auf dem Rücken in den Keller, kehrte die Glasscherben nach den Angriffen zusammen, wusch mich wie ein Kind und lag in ihrer Freizeit vor dem Bilde Gottes, dem sie fröhlich diente. Nie fehlte es ihr an Witz, und ihre Scherze, in westfälisch Platt vorgetragen, stammten bestimmt nicht aus der Klausur. Die hatten mehr das Flair der Dorfschenke. Sie meinte auch, daß der tägliche Blick auf den Hühnerhof in ihrer Jugend das dumme Geschwätz vom Storch schon früh ad absurdum geführt habe.

Das Caritaskrankenhaus war in der Tat ein Palast der Nächstenliebe. Während der Bombenangriffe lagen wir zu Hunderten in den Kellern und sahen, daß für alle Patienten gleich gut gesorgt wurde. Die Männer mit Streckverbänden, die Transportunfähigen, lagen ständig im Keller. Darunter waren auch verletzte Flieger aus England und Amerika. Man konnte mit ihnen sprechen, aber sie waren sehr einsilbig. Sogar untereinander. Ihre Rotkreuzpakete waren ein Wunder an Luxus und Genuß. Der Duft von Camel-Zigaretten schwebte um ihre Gipsverbände.

Der Konsum an Gips in diesem Hause hätte den Brüdern Zuccalli alle Ehre gemacht, denen viele bayerische Kirchen den reichsten Schmuck verdanken. Vor allem an Tagen mit Wind. Auf dem Fliegerhorst Wahn wurden nämlich Fallschirmregimenter aufgestellt, die wegen der eiligen Ausbildung nicht mehr richtig trainiert werden konnten. Man ließ nach einigen kurzen Erklärungen die Kandidaten einfach aus dem Flugzeug hinaushüpfen und einen Teil von ihnen gleich ins Lazarett weiterfahren, weil sie sich beim Aufprall die Beine brachen. Die Schwestern beobachteten am Nachmittag das Spiel des Laubs in den Bäumen und sagten: »Na, so bis zehn Uhr wird Wahn wohl wieder liefern!« Beim Alarm im Keller interviewten wir dann die Neulinge und hörten, daß bei Wind immer noch gesprungen würde, weil der Termin der Aufstellung neuer Einheiten nicht am Wetter scheitern dürfe. Ein Arzt, der auch gesprungen war, konnte mir genau erklären, wie die Beine brechen und warum. Es wurde ihm nachher klar, daß ein Bein allein den Aufsprung niemals aushalten konnte. Das nächste Mal wollte er sich die Füße zusammenbinden.

Inzwischen war ich ein alter Insasse geworden, bekam die üblichen Sehstörungen der Diphterie und auch die Lähmungen, die mich völlig hilflos machten. Weihnachten hatte ich kaum bemerkt. Es fiel in meine Schweigezeit. Im Garten regten sich die Vögel und bei den Patienten das Freiheitsbedürfnis. Es wurde von »Vorkommnissen« gemunkelt, an denen weltliche Hilfsschwestern beteiligt gewesen sein sollten. Vor allem auf der Augenstation, wo alle anderen Organe der Patienten so völlig gesund waren, mußte es für die Schwestern nicht leicht gewesen sein. Eine, die später bei mir Dienst machte, weil Sulpicia neue Schwerstkranke zu betreuen hatte, erzählte mir, wie sinnlich die Augenkranken auch mit einem Auge noch schauen konnten. Und wenn beide Augen verbunden waren, versuchten sie mit den Händen zu sehen.

Ein halb verbrannter Panzerfahrer mit zahllosen Plastiken gab mir eine sehr nützliche Warnung. Er sagte zu mir: »Paß auf, die Schwestern werden immer schöner, je länger man hier drinnen liegt. Verlieb dich nicht! Sobald du einmal Ausgang hast, werden sie ganz häßlich.«

Diese Weisheit eines alten Hasen wurde oft überhört, und es kam zu Verlobungen zwischen Schwestern und Patienten, die bald wieder enttäuscht aufgelöst wurden. Der Schwesternberuf stellt große Anforderungen an die seelischen Kräfte, auch ohne Entlobung. Jede Frau, die einen Menschen wirklich pflegt, verliert ein Stück Herz an ihn. Und sei es noch so ein kleines Stückchen. Eine echte Frau kann nicht anders als liebend pflegen. Die Ordensschwester wird sich bemühen, dabei immer an Gott zu denken. Aber auch sie kann es nicht ohne Herz, bestenfalls ganz ohne Eros. Solange der Patient hilflos ist, gehört er ganz seiner Pflegerin. Er ist ihr Kind, das sie aber mit zunehmender Genesung wieder hergeben muß an die glücklichen anderen Menschen, denen man nur die Gesunden zum Lieben gibt. Die Schwestern wußten, wann dieser Tag gekommen ist, und wir merkten genau, wie ungern sie in den letzten Wochen unseren Stadtbummel gesehen hatten. Der Schritt vor die Türe war wie Undank. Wir kamen auch sicher ganz verändert wieder zurück. Selbstbewußt, aufsässig, frivol, unartig. Und dieses Spiel wiederholte sich im Leben der Schwestern unzählige Male! Was sind das doch für großartige Menschen, die dennoch in ihrem Beruf bleiben und keinem Hilfe versagen! Ob nun im Ordenskleid oder im Gewerkschaftsbund, für Gottes Lohn im Jenseits oder Tariflohn mit Sonntagszulage, sie wissen, was Verzicht heißt. Selbst ein bitteres Wort aus ihrem Munde kann all die tägliche Liebe nicht ungeschehen machen. Wer gibt uns das Recht, für den Ortskrankenkassen-Beitrag ein Regiment von Heiligen antreten zu lassen? Warum gehen wir nicht selbst unter die Krankenpfleger, wenn wir so gut wissen, was wohl und wehe tut?

Das Bettliegen bescherte außer solchen tiefsinnigen Gedanken auch eine Lungenentzündung, die wie alle Krankheiten nachts begann, wenn die Ärzte ein wenig ausruhen wollen. Die Schmerzen im Bauch – jawohl, im Bauch! – waren unerträglich und mein guter Dr. Schäfer nicht im Hause. Man holte aus dem Kasino einen anderen Arzt, der sich beim Eintritt schon entschuldigte. Er meinte, ich solle keinen Anstoß an seinem Schwips nehmen, aber er habe wirklich mal »einen gebraucht«. Dann saß er an meinem Bett, fühlte die Milz und erzählte mir von den schönen Studienjahren in Schwabing. Ich wand mich vor Schmerzen und mochte gar nicht an Schwabing denken. Dafür hatte er Verständnis mit den Worten: »Gelt, wenn was weh tut, dann stören einen besoffene Ärzte, die nicht helfen können!« Ich mußte trotz allem lachen über diesen klugen Satz und das Eingeständnis. Die Schwester brachte ein Morphiumzäpfchen und legte es auf den Tisch. Sie schickte den Doktor fort und empfahl mir, das Zäpfchen nur anzuschauen. Wenn es morgen früh noch daläge, hätte ich viel gewonnen. Man sei so schnell süchtig, und das täte dann mehr weh als alles Bauchweh der Erde zusammen. Es lag beim Tagesgrauen noch da, obwohl ich die Hölle durchlebte. Schließlich kam auch Dr. Schäfer und röntgte mich in der richtigen Gegend, weil er gleich den Verdacht hatte, daß der Schmerz in der falschen Etage klingelte. Es hätten sich schon berühmte Chirurgen bei Lungenentzündung durch ihre Assistenten die gesundesten Blinddärme operieren lassen. Welch schöne Unregelmäßigkeit im makellosen Bild menschlicher Expertengröße!

Hätte mir der Arzt angekündigt, daß mein Lazarettaufenthalt ein halbes Jahr dauern würde, wäre ich verzweifelt. Wenn sich Woche an Woche reiht, Monat an Monat, dann vergeht die Zeit wie ein Rosenkranz. Gegenüber den Gefängnisinsassen besteht noch der Vorteil, daß man seine Tage nicht abstreichen kann, weil das Ende nicht bekannt ist.

Ich kann nicht sagen, daß es eine Leidenszeit war. Ein großes Krankenhaus ist wie eine Stadt, mit Gesellschaftsklatsch, vielen Gesichtern und vertrauten Plätzen. Sobald ich »negativ« war, also ohne Ansteckungsgefahr, bekam ich einen Zimmergenossen. Vorher konnte ich mich nur mit den Schwestern, dem Arzt und einem »Sani« unterhalten. Den fand ich besonders amüsant, weil ich in ihm zum ersten Mal einem Missionspater in der Uniform eines Unteroffiziers begegnete. Das Mißverhältnis zwischen Geist und Aufmachung war umwerfend. Sollte ich »Hochwürden« oder »Unteroffizier Müller« zu ihm sagen? Ich entschloß mich zu der Anrede »Pater Sani«. Das gefiel ihm. Er stellte meine Verbindung zur Stadt dar, die er in seiner Freizeit durchwanderte. Er besuchte für mich z. B. die Ausstellung eines Bildhauers, dessen Werk dem Geschmack Hitlers entsprach. Den Namen verschweige ich, damit seine Werke nicht mit Vorurteilen betrachtet werden. Pater Sani kam zurück und faßte seine Eindrücke mit dem Satz zusammen: »Die Ärsche waren gewaltig, die Genitalien klein!« Ich konnte mir den Besuch also sparen, da sich in der Kunst nichts Wesentliches geändert hatte.

Einmal hatte Pater Sani ziemlichen Ärger in der Stadt. Er ging Zivil, also in schwarzer Uniform. Beim Einsteigen in die Rheinuferbahn hatte er eine leichte Kollision mit einem Parteifunktionär in brauner Uniform. Dieser feine Mann sagte auf die leise Entschuldigung meines Sani: »Sie schwarzes A.... loch könnten auch besser aufpassen!« Pater Sani gab sanft zur Antwort: »Der Teil, von dem Sie soeben sprachen, ist meines Wissens braun!« Die umstehenden Fahrgäste brüllten vor Lachen, und der Bonze wollte den Sani verhaften. Da veranstalteten die Fahrgäste ein zufälliges Gedrängle, und der Sani entkam seinem Widersacher im Braunhemd.

Mit solchen Erzählungen war Schluß, als ich meinen neuen Zimmerkollegen bekam. Er war Hauptsturmführer-Hauptmann der Waffen-SS. Diese Truppe, ursprünglich aus den kasernierten SS-Verbänden hervorgegangen, die zum Schutze Adolfs aufgestellt waren, entwickelte sich neben der Wehrmacht her zu einer Gardetruppe. Gerade in Bezug auf Ausrüstung, Körperlänge und Dünkel. Sie wurde eigentlich zum Schutze des Regimes benötigt, aber ihr Einsatz an der Front ließ sich nicht vermeiden, wollte man ihr nicht einen Anteil am Kriegsruhm verweigern.

Die Soldaten, die bei der Waffen-SS dienten, waren nicht unbedingt Erznazis. Viele Burschen leisteten dort freiwillig ihren Dienst, weil sie sich zu dieser verwegenen Einheit berufen fühlten. Sie taten es wacker und ohne ideologische Absicht. Mit der Zeit wurden sie dann zum Austritt aus den Kirchen gezwungen und auf ihre eigentliche Aufgabe vorbereitet, nämlich der Welt das unchristliche Heil des völkischen Rassenwahns zu bescheren. Dann aber war es für die verführten Buben zu spät, wieder aus dem Verein auszutreten, denn bei der Truppe gab es keine Kündigung. Später wurden auch Männer, ohne gefragt zu werden, zur Waffen-SS eingezogen, wenn ihre Körpermaße sie dazu würdig machten. Unseren Befreiern war der Unterschied zu kompliziert. Sie schoren später die ganze SS über einen Kamm, mit harten Zacken allerdings.

Mein Kollege im Zimmer kannte nur eine Sorge: den Nachwuchs! Inmmer klagte er, daß er keine Kinder bekomme, daß seine Beförderung deshalb zum Teil zurückgestellt würde. Er war seinen eigenen Worten nach ein bevölkerungspolitischer Blindgänger. Mich, den Arzt, den Pater, die Ordensschwestern, kurzum jeden Menschen um sich fragte er, ob es noch eine neue Methode gäbe, die ihm zur Beförderung bzw. seiner Frau zur Schwangerschaft verhelfen könne. Wir waren alle ratlos, aber ich bemühte mich wenigstens, mit ihm die Methoden durchzusprechen. Seine Frau, die ich nie kennenlernte, war nach zwei Wochen für mich wie eine gynäkologische Topographie-Karte, die ich auswendig malen konnte.

Außer diesem Geheimnis gab er mir noch ein anderes preis. Ich fragte ihn geradeheraus, was an den Gerüchten von den Exekutionen wahr sei, die angeblich in den besetzten Ostgebieten stattfänden. Zuerst fragte er nach, was und woher ich davon schon wisse. Ich verkroch mich hinter dem allgemeinen Geflüster, das mir Unruhe bereite. Da ermahnte er mich zu völliger Schweigsamkeit und berichtete von Greueln, die er selbst gesehen habe. Es sei ihm schlecht geworden dabei, aber einige seiner Kollegen seien wohl in eine Art Blutrausch verfallen. Einer seiner Vorgesetzten habe in Polen täglich einen Zivilisten umgebracht, sozusagen als Dessert. Man habe ihn dann selbst erschießen müssen, weil er eines Tages in großer Materialnot keinen anderen Ausweg gesehen hatte, als einen jungen SS-Mann umzulegen, der gerade des Wegs kam. Mein Zimmergenosse fand die Vorgänge auch schrecklich, aber er berief sich auf die Greuel der Inquisition, die für ein hohes Ziel auch nicht gerade zimperlich gewesen sei. Überhaupt seien dies alles Dinge, die, an der Größe des Unternehmens gemessen, nicht überbewertet werden sollten. Wichtig sei, daß der Osten deutsch und seine Frau geschwängert würde. Da machte ich ihm den Vorschlag, an der Größe des Unternehmens gemessen, nicht zimperlich zu sein und mal einen Kameraden deutschen SS-Blutes zu bitten. Einer für alle, alle auf eine! Darüber war er sehr entrüstet, und er meinte, es gäbe doch noch gewisse Grenzen. Für den eigenen Lebensbereich galten also offensichtlich andere Maßstäbe.

Andere, rassisch nicht so hochstehende Frauen wie die Gattin des Hauptsturmführers bekamen im zivilen Teil des Caritaskrankenhauses laufend Babys. Zu allen Tageszeiten und auch während der Bombenangriffe auf die Stadt, die nur noch zur Hälfte wie eine Wohnstätte aussah. In der Frauenstation wehte eine andere Luft als bei den lädierten Fallschirmspringern, sinnlichen Augenkranken und qualmenden Amerikanern im Streckbett. Dort war Hoffnung, Freude und Mutterglück zu Hause. Wegen der schönen Stimmung in diesem Teil des Hauses lenkte ich dorthin meine Schritte, wenn ich mir nach meiner Lähmung Bewegung verschaffen sollte.

Eines Tages platzte der Fliegeralarm in meine Besuchszeit bei den Müttern. Die Betten mit den Rädern an den Füßen rollten zu den Fahrstühlen, und die Schwestern liefen im Trab, um die Aufgeregten schnell in den Keller zu schaffen. Jeder Helfer war herzlich willkommen. Ehe ich mich umsehen konnte, war ich in die Organisation eingebaut und transportierte Mütter nach unten. Wenn der Fahrstuhl beladen abwärts schwebte, hämmerten an jeder Etage die Fäuste an die Eisentüren, um Zustieg zu erlangen. Es fielen teilweise Worte, die nicht aus dem Repertoire des Hausherrn, der Caritas, stammten.

Ein starker Liftboy mit Nerven wie Schiffstau war unbedingt erforderlich. Da dieser Posten noch frei war, bewarb ich mich um ihn, ohne jemanden zu fragen, und erhielt ihn auch. Fortan begab ich mich bei Vorwarnung in die Nähe des Mutter-Liftschiffes oder meinetwegen auch Lift-Mutterschiffes und wartete auf den Alarm. Dann besetzte ich die Gondel und gab sie erst wieder frei, wenn meine Kaiserschnitte, Steißlagen und Zangen im sicheren Keller waren. In der Enge des Fahrstuhles bekamen viele Frauen Angstzustände, in der Psychiatrie Klaustrophobie genannt. Um diese zu überbrücken, imitierte ich den Fahrstuhlführer eines Warenhauses, der auf jeder Etage ansagt, was es dort zu kaufen gibt.

»Vierter Stock. Kinderspielwaren–Andenkenartikel–Herrengeschenke«. Aus dieser Abteilung stammten meine Schutzbefohlenen.

»Abwärts, meine Damen! Dritter Stock. Herreninfektion, Sport, Reise, Unterhaltung, türkische Musik – will jemand aussteigen?« Wir fuhren ohne Halt an der Dermatologie vorbei.

So hatte ich für jede Etage meine Ansage, und der Spaß im Fahrstuhl wurde so groß, daß sich die braven Nonnen drängten, bei uns mitfahren zu dürfen. Vor allem vergaßen die Frauen den Alarm und ihre Angst. Zum Glück fiel der Fahrstuhl nie aus und blieb nie stecken. Bis zur Entwarnung wäre mein Programm immer weiter abgesunken, so tief, daß sich die Damen zwischen dem vierten und dritten Stock im Keller befunden hätten. Die Schweinereien hätten aber immer unter dem Gedanken der Caritas gestanden, so daß selbst die Oberin oder der Direktor Prälat Müller mich nicht meines Amtes enthoben hätten. Bis zum Tage meines ersten Ausganges in die Stadt wäre mir meine Tätigkeit sicher sehr abgegangen. So durfte ich ohne Zwischenfall selbst ohne geburtshilfliche Tätigkeit bis Mitte Mai mein Amt ausüben. Beifall ist der Lohn des Künstlers, sagte immer der schwule Tenor von Kraft durch Freude. Mir wurde reicher Lohn zuteil, und keine Dame, die von mir in den Keller geschleppt wurde, ist mir etwas schuldig geblieben.

Der Krankenhausgarten war im Mai eine wahre Pracht! Bunt blühten die gesteppten Morgenröcke der Patientinnen darin am Besuchstag und hoben sich vom langweiligen Kopfsalat und Rhabarber angenehm ab. Diese Morgenröcke gehörten zum Besuchstag wie Kneippsandalen zum Kurgast in Wörishofen. Nie wurde so ein Stück vorher gekauft, wenn man sich noch gesund fühlte. Erst eine Krankheit oder bevorstehende Entbindung bringt die schreckliche Gewißheit, daß die Nachthemden beim Arzt ein schlechtes Bild hinterlassen könnten und kein geeignetes Kleidungsstück zum Gang auf die Toilette vorhanden sei. Der Blick auf ein Krankenbett ist deshalb vielfach angenehmer als auf eine häusliche, besetzte Liegestätte, wo der langsam an alles gewöhnte Ehepartner sowieso keinen Blick mehr verschwendet. Mit besonderer Liebe ausgesucht sind aber immer die Morgenröcke, die man auch ruhig Morgenröte nennen dürfte. Die Lieblingsfarbe ist nämlich Lachs, gefolgt von Hellblau, am Ende Lindgrün. Sie halten in ihrer Blumenpracht jeden Vergleich mit einer Blumenwiese stand.

Wie Königsroben walzte die kunstseidene Pracht über die Kieswege. Die Soldaten in den Anstaltsanzügen brachten etwas Gefängnisstimmung dazwischen, und als Symbol der Freiheit grub ein schwachsinniger Gärtnergehilfe in echtem Zivil die

Beete um. Er war der glücklichste von allen! Politik, Weiber, Gips und Bomber gingen ihn gar nichts an. Seine Welt begann beim Kopfsalat und endete bei den Stachelbeeren. Eine schöne Welt, eine beneidenswerte Welt! Und eine gesunde noch dazu. Für das bißchen Schwachsinn konnte man schon auf den Majorstitel oder eine Beinprothese verzichten. Seit der Sterilisation war auch das Problem »Mädchen« gut gelöst, und nichts stand seiner Entwicklung zum weisen Narren entgegen. Er war heute schon ein bißchen klüger als mein Hauptsturmführer und wußte es nicht einmal selbst, der freundliche Gärtnergehilfe. In puncto Fruchtbarkeit standen sie auf einer Stufe. Die ausgleichende Gerechtigkeit Gottes hatte vielleicht für jeden von Staats wegen Sterilisierten bei SS-Gattinnen einen Eileiter angesägt, um die Balance of Power unter den Menschen zu halten.

Angesägt war in der Maienpracht auch meine Geduld. Den Tag des ersten Ausgangs in die Stadt konnte ich kaum erwarten. Meine Rückkehr ins Lazarett konnten nun ihrerseits die Schwestern nicht erwarten, weil ihnen bis sechs Uhr morgens die Zeit lange wurde. Sie sahen mich vorwurfsvoll an beim Frühstück und wußten, daß ich ihrer reinen Liebe nicht mehr bedurfte. Von nun an beredete ich mit dem Doktor den Entlassungstag und den Genesungsurlaub. Bei der Schwere der Krankheit durfte ich mit drei Wochen Urlaub und erheblichen Sonderzulagen an Lebensmittelmarken rechnen. Darüber verlor ich jegliches Interesse am Weltgeschehen.

Vom deutschen Standpunkt aus gab es sowieso nichts Erfreuliches mehr zu konstatieren, denn auf allen Kriegsschauplätzen folgte Niederlage auf Niederlage. Am Atlantik drohte die Invasion der anglo-amerikanischen Armeen, und im Osten folgten der Niederlage von Stalingrad reichlich weitere Schläge. Die Heimat sank langsam, aber sicher in Schutt und Asche. Dresden war die einzige Großstadt ohne Bombenschaden.

Aber in Kärnten schien die Sonne, wie ich aus alter Erinnerung wußte. Darüber sprach ich mit dem guten Dr. Schäfer. Der meinte zwar, zur Genesung wäre eine Kur in Bad Kissingen wesentlich besser. »Sie sollten alle Anstrengungen, hören Sie gut, – alle Arten von Anstrengungen – meiden!«

Ich war fast 25 Jahre alt. Zur Wahl stand eine Kur in Kissingen oder ein Erholungsurlaub mit einer attraktiven Sängerin in Millstatt in Kärnten. Der Leser darf jetzt raten, wie ich mich entschieden habe. Ohne viel zu verraten, darf ich bemerken, daß ich vom heutigen Standpunkt aus beim Einnehmen der Herztropfen immer für Kissingen plädiere.

Der Millstätter See hat ein mildes Klima und in Kriegszeiten wenig Fremdenrummel. Man konnte sich wirklich dort erholen, und die Genesung war nicht restlos für die Katz. Alle Menschen, vor allem die waschechten Kärntner, machten einen normalen Eindruck, wie Leute, die nicht jede Nacht im Keller sitzen. Im Weinkeller saßen sie natürlich gelegentlich schon, aber nur aus Angst vor der Alten zu Hause und nicht gewärtig, in der nächsten Sekunde unter Trümmern zu liegen.

Daß es kein sorgloser Urlaub wurde, lag diesmal nicht an der Sängerin, sondern an den Alliierten. Sie legten ihre Invasion genau in die erste Woche meiner Ferien. Ob das fair war oder nicht, sollen die Geschichtsschreiber entscheiden. Ich wurde von einem bohrenden Gedanken an meine Kameraden in der Batterie ergriffen. Ich war nicht mehr bereit, mich für Hitlers Wahnsinn zu schlagen, aber ich fühlte mich verpflichtet gegenüber meinen Soldaten. Wenn es rund ging, mußte ich bei ihnen sein. Der blödsinnige Gedanke aller Chefs, ohne ihn ginge es nicht, ergriff auch den 25jährigen Batteriechef. So saß und lag ich meine Tage bzw. meine Nächte ab und fuhr anschließend zum Ersatztruppenteil. Der zivile Leser muß wissen, daß jeder Soldat, ganz gleich, wo er sich gerade befand auf der Welt, einem Ersatztruppenteil zugehörig war. Diese Stelle sorgte für die weitere Auffüllung der Einheit mit »Menschenmaterial«. Dorthin mußte er sich wenden, wenn er im Lazarett lag, aus dem Heere ausscheiden durfte oder zu weiterer Verwendung vorerst eingefroren wurde. Wäre ich eine Nonne gewesen, hätte ich gesagt, ich fuhr ins Mutterhaus. Ich war keine Nonne und mußte deshalb nach Linz-Wegscheid.

Dort erblühte eine herrliche Barackenstadt mit vielen tausend uniformierten Einwohnern. In Linz selbst fuhren die Trolleybusse durch die lebendigen Straßen und erzeugten ein italienisches Lebensgefühl. Italienisch deswegen, weil diese Busse aus Mestre bei Venedig gestohlen waren. Zum einen, weil die Stromspannung von Mestre und Linz die gleiche war, zum andern, weil Italien inzwischen schon kein echter Freund mehr war. Die untere Hälfte von Italia hatte sich schon neuen Freunden zugewendet. So fängt es meistens in der Liebe an. Die Alliierten waren weit gekommen bei der Dame. Vorher hatten sie Monte Cassino durch Bomben zerstört, weil man von Generälen nicht verlangen kann, daß sie das Leben des Hl. Benedikt studiert haben oder Denkmäler abendländischer Kultur pflegen. Monte Cassino kam bis jetzt noch in keinem Hollywood-Film vor, woher sollte man es kennen! Da hatte es Heidelberg ungleich leichter. Das Schloß war schon eine Ruine, den Rest mußte man schonen. Das gebot die Bildung!

Nach dem Untergang von Monte Cassino kursierte in Deutschland ein Witz. Der Papst soll nach seinem Tode im Himmel Balthasar Neumann und Deutschlands zweitgrößten Baumeister, Adolf Hitler, gefragt haben, wie lange sie zum Aufbau vom Kloster des Hl. Benedikt brauchen würden. Neumann verlangte 30 Jahre Zeit, Hitler drei Monate. Als der Papst deswegen Neumann zur Rede stellte, meinte dieser »Eure Heiligkeit wollen bedenken, daß ich in Barock baue, Herr Hitler dagegen in Barack.«

Dieser Stil des Tausendjährigen Reiches bestimmte das Bild des Reiches allenthalben. Reste davon, in der Nähe alter militärischer Einrichtungen, dienten als Hühnerställe, Flüchtlingsbetriebe, Wohnlager. Diese Vorläufer der heutigen Fertigbauweise zierten das Gelände meines Mutterhauses über Kilometer. In der Hitze des Juli flimmerten die Teerdächer. Von einem Einfrieren meiner Kampfkraft konnte demnach keine Rede sein. Aber man war dabei, mir den militärischen Garaus zu machen, indem man mich »a. v.« schrieb. Diese Abkürzung sagt, daß man arbeitsverwendungsfähig ist. Paradoxerweise ist die Fähigkeit zur Arbeit das Gegenteil von der Fähigkeit, ein ordentlicher Soldat zu sein. Richtige Soldaten waren nämlich »k. v.«: kriegsverwendungsfähig. Dem Weg nach Hause und auf die Uni stand also nichts mehr im Wege.

Jetzt wird jeder Leser das Buch sicher aus der Hand legen, weil er die Erinnerungen eines Idioten für keine geeignete Lektüre hält. Man staune: Ich verzichtete auf mein militärisches Laufbahnende unter der Bedingung, daß ich meine Soldaten wieder zur Endniederlage führen dürfe. Von der Niederlage sagte ich natürlich nichts. Wahrscheinlich sprach ich sogar vom Endsieg wider besseren Wissens. Es schien mir Untreue gegenüber den Kameraden zu sein, sie wegen eines geschädigten Herzmuskels im Stich zu lassen. Diese Kameraden waren inzwischen in Aachen in Stellung gegangen und erwarteten dort an der Grenze der Heimat den Ansturm der Invasoren. Jetzt, wo es ernst wurde, durfte ich sie nicht enttäuschen.

Walküre

»Raustreten zum Waffen- und Munitionsempfang!« rief der Unteroffizier vom Dienst durch die Barackengänge der Linzer Fertigbausiedlung. Erstmals versammelte sich das Volk aller Dienstgrade und wollte wissen, was der Unfug in der friedlichen Etappe zu bedeuten habe. Allmählich sickerte durch, es handle sich um den Fall »Walküre«. Diese Wagneroper sei das Stichwort für innere Unruhen, hervorgerufen durch die Massen von Fremdarbeitern im Lande. Ich war weder Wagnerianer noch sonst über dieses Wort informiert, mußte mir also völlig neu überlegen, welche Chancen die Fremdarbeiter sich ausrechnen konnten. In Linz waren sehr viele von ihnen bei den Reichswerken Hermann Göring – heute heißen sie VÖST – beschäftigt. Ich freute mich gar nicht darauf, nun gegen diese namenlose Masse zu Felde ziehen zu müssen. Wartend und mit geladenen Gewehren standen wir dumm herum. Dem ersten Befehl folgte kein zweiter. Nach einer Stunde endlich hieß es, die Übung sei beendet und wir sollten zum Gemeinschaftsempfang einer Führerrede ins Kasino kommen. Dort vernahmen wir, daß ihn die Vorsehung vor einem Attentat bewahrt habe, welches gewissenlose Elemente mit dem Ziele seiner Beseitigung und der Vernichtung Deutschlands geplant hätten.

An diesem 20. Juli 1944 war mir weder bewußt, daß hier Deutschlands bestes Gewissen am Werke war, noch daß die Parole »Walküre« das Stichwort der Revolutionäre war, die den Apparat des Ersatzheeres für die Beseitigung der Naziherrschaft in Gang bringen wollten. Es dämmerte mir aber langsam die Erkenntnis, wie nahe wir schon dem Jahre 1000 waren. Ein Attentat auf Hitler innerhalb seines Hauptquartieres konnte nicht von einem Außenseiter verübt worden sein. In Gedanken stellte ich auch eine Verbindung zu der Unterhaltung mit Herrn von Schlabrendorff her, die ich im Hause meines Onkels zwei Jahre vorher geführt hatte.

Das Attentat und die folgende Vernichtung der Widerständler in der Armee hatten schnell gewisse Auswirkungen auf uns gezeitigt. Es fing damit an, daß die ganze Garnison von Linz auf dem Hauptplatz antreten mußte, um vom Balkon eines Hauses einer Rede des Gauleiters von Oberösterreich zu lauschen. In ihr wurden die Offiziere generell niedergemacht, also auch wir begossenen Pudel, weil unser Rang allein schon für Reaktion und Rückständigkeit, Verrat und Meuchelmord bürgte. Dann kam der Adel dran! Unser Gauleiter-Prolet reagierte seine ganzen Minderwertigkeitsgefühle auf dem Balkon mit Worten ab, die auf der Mariensäule des Platzes die Mutter Gottes erröten ließen. Man hätte zu ihr hinaufsteigen mögen und sagen: »Glaub's nicht, was der sagt!«

Dem Herrn Gauleiter gelang es mit seinem Geschrei, den versammelten Soldaten reihenweise die Augen zu öffnen, welche Rolle die Partei uns zugedacht hatte: den Krieg zu gewinnen und dann der Partei zu gehorchen. Jetzt wartete die Partei also nicht einmal mehr auf den Sieg, da sie selbst nicht mehr an ihn glaubte. Hemmungslos riß sie alle Macht an sich. Als erstes wurde der militärische Gruß durch Handanlegen an die Mütze abgeschafft. Vom nächsten Tag an mußte man seine Vorgesetzten mit dem Nazigruß erfreuen, auch wenn man einen Hut oder Helm aufhatte. Das war die äußere Schmach. Dann folgte die Einrichtung der NS-Führungsoffiziere. Die Schwesterpartei in der Sowjetunion hatte die gleiche Einrichtung. Dort hieß der Mann »Politruk« oder Kommissar. Wegen der deutlichen Ähnlichkeit nannten wir diese Männer auch gleich »Politruks«. Jede Woche einmal mußten wir den Unfug hören, den diese Offiziere aus Schulungsbriefen entnahmen und mehr oder weniger eifrig vortrugen. Nicht jeder NS-Politruk war ein Nazi. Es waren nämlich gar nicht mehr so viele Exemplare von dieser Sorte vorhanden, um die Einheiten ausstatten zu können. Mancher beschränkt diensttaugliche Leutnant ließ sich den Posten aufhängen und übte sein Lehramt routinemäßig aus. Aber es gab auch Scharfmacher unter ihnen, vor denen die Kommandeure zitterten, weil jede Möglichkeit bestand, auch ranghöhere Offiziere zu denunzieren. Die Partei ließ ihre Maske fallen und arbeitete jetzt offen mit Denunziation und Terror, aber auch mit ihrer angeborenen Dummheit.

Vorsicht war das Gebot der Stunde. Es war jetzt effektiv nicht mehr festzustellen, wes' Geistes Kind der Nachbar war. Anfangs konnte ich den 20. Juli nicht ganz einwandfrei beurteilen. Man hatte zuwenig glaubwürdiges Material. Zunächst war ich froh, daß die Niederschlagung des Aufstandes einen Bürgerkrieg vermieden hatte. Es schüttelte mich bei dem Gedanken, auf irgendwelche Männer zu schießen, die Landsleute waren und auch nicht ganz genau wußten, warum sie auf uns schießen sollten. Heute weiß man, daß nur ein Kampf gegen die Waffen-SS stattgefunden hätte, falls sie zahlenmäßig stark unterlegen gewesen wäre. Die Isolierung dieser Truppe durch die Nazis hätte es den Soldaten der Wehrmacht erleichtert, auf sie zu schießen. Die SS hielt uns nicht für Kameraden, umgekehrt war es daher genauso. Der Dünkel hätte sich gerächt. Je mehr Namen bekannt wurden, die am Aufstand ihren Anteil hatten, desto größer wurde meine Hochachtung. Je mehr man sie Verbrecher schimpfte, desto deutlicher wurden ihre mutigsten und ehrlichsten Helden sichtbar. Am meisten bewunderte ich jene unter ihnen, die früher zur Gefolgschaft Hitlers gehört hatten wie z. B. Graf Helldorf, der Polizeipräsident von Berlin, und mutig ihre Jugendsünde gutmachten und mit dem Tode büßten. Man sagt so gerne, unsere neue Zeit sei arm an Vorbildern. Wenn Wahrhaftigkeit und Unbestechlichkeit, Mut in Verbindung mit Bildung und Geist erstrebenswerte Tugenden sind, dann dienen uns die Männer vom 20. Juli mehr zum Vorbild als ganz Europa in den letzten 50 Jahren aufzuweisen hat.

Ich hatte Sehnsucht nach meinen Soldaten, nach ehrlichen Männern, die keine Reden schwangen. Mein Bestes wollte ich geben, sie so zu führen, daß sie ihre Familien wiedersehen konnten. Und immer dafür sorgen, daß genügend Schweine zum Schwarzschlachten und Schnaps zur Verdauung des Bratens vorhanden war.

Im Nachtzug nach Aachen konstruierte ich eine Destillationsanlage auf dem Papier, deren Leistung auf etwa eine Schlachtung im Monat abgestimmt war. Die Pläne wurden in dieser Nacht leider nicht mehr ganz fertig. Die Züge fuhren in völliger Verdunkelung. Ohne Licht kann man aber bekanntlich schlecht zeichnen. Aber seine Nachbarin kann man ohne Licht im Zug ganz gut kennenlernen. Der geringe Grad von Verbindlichkeit erfüllte den Soldaten dabei keineswegs mit Unbehagen. Die Erfahrung lehrt seit vielen Jahren, daß nicht alle Fahrgäste den gleichen Zielbahnhof haben. Um nicht als aufdringlich zu gelten, stieg ich aus, ohne meinen Namen genannt zu haben. Schon als Rekrut war mir eingehämmert worden: »Reden Sie nur, wenn Sie gefragt sind!«

Von der Maas bis an die Memel

Hatten Sie schon einmal Wanzen in Ihrer Wohnung? Diese kleinen flachen und sehr widerstandsfähigen Blutsäufer? Der Kampf gegen sie ist für den Menschen trotz eines gewissen geistigen Vorsprungs nahezu hoffnungslos. Beim hartnäckigen Ringen weicht am Ende das höchste irdische Wesen zurück, um nicht das Hohngelächter der kleinen Sieger anhören zu müssen.

Ohne Argwohn legt sich Homo sapiens ins Bett und findet den erquickenden Schlaf, den er sich durch des Tages Mühen verdient hat. Seine Körperwärme durchdringt das Bettzeug und schafft einen Bereich der Behaglichkeit, an dem auch andere Lebewesen gern Anteil hätten. Vor allem Lebewesen ohne Nase werden von Sehnsucht nach diesem Ort erfüllt, wo die Warmblutheizung pulsiert. Lüstern nähern sie sich der Quelle dieser Wonnen. Aus den verborgensten Winkeln eilen sie herbei und finden mit Sicherheit das ersehnte Ziel. So sicher wie ein Soldat in fremdem Land das Mädchen mit dem schlechtesten Ruf. Nach der Persönlichkeit wird wenig gefragt, und die soziale Stellung des Opfers interessiert nicht. Ob Leutnant, ob Kanonier, die Wanzen fragen nicht danach. Selbst Generäle sollen schon von ihnen gebissen worden sein. Aber dies ist ein geringer Trost für das Opfer. Es half dieser Gedanke auch mir nicht über die Plage und die Schmerzen hinweg. Und dabei sind es nicht einmal die körperlichen Leiden gewesen, die mich zur Raserei gebracht haben, sondern der wahnsinnige Gedanke, als Befehlshaber von sechs schweren Geschützen, zwei Schnellfeuerkanonen, tausend

Schuß hochbrisanter Munition und etwa 150 Gewehren nebst Patronen völlig machtlos zu sein gegen die kleinen Feinde, die sich nach jedem Angriff in die Ritzen der Bettgestelle und Barackenwände zurückzogen. Einzelne Gefangene waren auch durch Folterung nicht zu genauen Aussagen über ihre Schlupfwinkel und zahlenmäßige Stärke zu bewegen. Wenn sie starben, machten sie nur »knack« und hinterließen einen Flecken Blutes. Nicht einmal des eigenen, sondern des Blutes ihrer Opfer. Wir erklärten daraufhin entgegen den Genfer Abmachungen und der Haager Landkriegsordnung den Gaskrieg.

Kriegsschauplatz war meine Baracke. Vermutlich war dies die am meisten verseuchte Gegend, denn ich kam ja erst nach meinen lieben Männern in diese Batterie. Nach militärischem Brauch überläßt man nämlich die ehrenvollsten Plätze, die Stellungen, wo Kriegsruhm zu ernten ist, den Nachzüglern. Es hätte mir eine Warnung sein sollen, daß bei meinem Eintreffen diese schön gelegene Behausung »extra für mich« reserviert worden war. Aber die Eitelkeit spiegelt so manchen Vorgesetzten, auch in Industrie und Handel, den schönen Gedanken vor, daß die Leute nichts anderes im Sinn haben als die Annehmlichkeiten und Wünsche ihres verehrten Chefs. Jetzt war mein Hauptwunsch ein guter Kammerjäger mit Giftgas. Alle Fenster und Türen, Ritzen und Spalten wurden mit Streifen verklebt, damit das Gas alle Feinde erfassen und töten konnte. Ich erwartete deren Niederlage in einer fremden Unterkunft und feierte die ganze Nacht bei einem gemütlichen Männerabend. Dann kehrte ich zurück und freute mich auf geruhsamere Nächte. Zu früh! Viel zu früh, denn schon am zweiten Abend kehrte der ungeschlagene Gegner zurück. Möglicherweise waren es nicht dieselben Krieger, aber auf jeden Fall müssen in den Auffangstellungen genügend Reserven den Gaskrieg überstanden haben.

Da wurde mir ein guter Rat zuteil. Ein sehr gebildeter Soldat wußte zu berichten, daß der natürliche Feind der Wanzen nicht der Mensch, sondern der Weberknecht sei, diese langbeinige Spinnensorte, vor der es jungen Mädchen graust. Meine Hochachtung vor diesen Tieren stieg mit dieser Nachricht und hielt sich bis zum heutigen Tage. Bald hatte ich von den Spinnen viele gedungen, eigentlich nur eingefangen wie Fremdarbeiter, und in meine Baracke versetzt. Was soll ich Ihnen sagen, es kehrte vorübergehend Ruhe ein! Fast fünf Tage biß mich keine Wanze. Das Leben zeigte sich von der schönsten Seite. Dann muß aber unter den Spinnen ein Defaitist zersetzend gewirkt haben, denn sie waren nicht mehr an die Front zu bringen. Faul saßen sie in den Ecken herum und untersuchten mit ihren langen Beinen nicht mehr die Ritzen im Holz der Wände. Langsam zeichnete sich meine völlige Niederlage ab, und der Plan zum Rückzug nahm Gestalt an. Die persönliche Habe wurde aus der Frontlinie gebracht und der Boden der Baracke mit Benzin begossen. Den Rest besorgte ein Streichholz. Der Feind erlitt zwar empfindliche Verluste, blieb aber der eigentliche Sieger. Es war eine Szene aus dem Wehrmachtsbetrieb dieser Tage.

Die deutsche Armee, so las man, vernichtete pausenlos Feinde und zog sich während dieser Aktionen langsam auf die Grenzen der Heimat zurück. Wir bereiteten uns allmählich darauf vor, unsere Kanonen in gute Schußposition auf Erdziele zu bringen, um die Stadt Aachen zu verteidigen, deren Bevölkerung bereits, zwar noch ohne amtliche Aufforderung, die Koffer packte. Ich begann um meine Heimat noch ernster als bisher zu bangen. Wer sich Gedanken machte, kam in die scheußliche Bedrängnis, entweder das Leben der Verbrecherregierung zu verlängern oder die Besetzung des Heimatbodens widerstandslos zu dulden. Ernstere Männer als ich müssen gelitten haben unter dieser Alternative! Ich fand keine Antwort auf diese Frage, wenngleich zu spüren war, daß sich hinter dem Sprichwort »mitgefangen – mitgehangen« der braune Abschaum vorerst recht stark dünkte. An die Stelle des Nationalgefühls trat die Kameradentreue als Ersatz für ein Ideal, das die Machthaber durch die enge Verknüpfung von Staat und Partei im Laufe der Jahre beschmutzt hatten.

Ich nahm mir vor, auch den letzten Weg mit den Gefährten zu gehen. Die guten Zeiten hatten wir nun jahrelang geteilt. Der General konnte nicht von mir verlangen, daß ich mich in diesem Augenblick von ihnen trennte, um in seinen Stab zurückzugehen. Genau dieses Ansinnen hatte er an mich gestellt und meine Versetzung befohlen, als die Batterie urplötzlich den Befehl zum Stellungswechsel erhielt. Mit den Anweisungen für den Abbruch unserer Zelte in Aachen und der Bahnverladung kam mein Versetzungsbefehl. Ich rief meinen Beschützer an und bat ihn um Einsehen. Er meinte, daß die Batterie nach dem Osten verladen würde und ich damit aus seinen Händen geriete. Das wolle er vermeiden, da er gerade einmal wieder Bedarf an einem Mitarbeiter habe, der mehr als »jawohl, Herr General« sage. Und damit blieb er hart. Ich leitete nun die Verladung ein und bestellte die Waggons. Inzwischen kam mir der Gedanke, einen Kurier mit einem persönlichen Schreiben an den General zu schicken. Der konnte mit dem Motorrad in fünf Stunden Münster erreichen, also noch vor der Abfahrt des Zuges. Der Brief, den ich ihm mitgab, lautete:

Hochverehrter Herr General,
bei dem heutigen Telefongespräch, das Sie mir gewährten, äußerten Sie Ihre Genugtuung über Soldaten, die mehr als »jawohl, Herr General« sagen können und offen, wenn auch in geziemender Form, ihre Meinung äußern, die vielleicht voreilig sein mag, aber immerhin den Vorteil der Freiheit hat. Ich möchte Sie, hochverehrter Herr General, nicht enttäuschen durch eine Verleugnung dieser Tugend und bitte Sie gehorsamst, dem Kurier Wachtmeister S. den Bescheid zu geben, daß ich bei meiner Einheit bleiben darf, weil ich zu der Versetzung zwar nicht »nein«, aber auch nicht »jawohl, Herr General« sage.
   Ihr gehorsamer . . . .

Der Wachtmeister rief mich aus Münster an und teilte mir mit, daß ich Batteriechef bliebe. Ich war gerührt über meinen alten Chef. Auch gerührt über die feuchten Augen meiner Sängerin, die am Güterbahnhof den Kopf schüttelte über den Schatz, dem die Männer seiner Batterie wichtiger waren, als die Nähe der Braut. Ich sah sie noch lange winken, als der Zug Aachen West verließ. Dann schüttelte ich den Kopf über die Strategie, die uns aus den Stellungen vor Aachen nach Osten führte und gleichzeitig von dort Batterien nach dem Westen brachte, wie wir zuverlässig erfahren hatten. Es brannte eben an allen Ecken und Enden, und die Feuerwehren wurden durch zahllose Alarme immer in Fahrt gehalten.
   Nach 36 Stunden Fahrt quer durch Deutschland erkannte ich die Oder. Bis zur Memel war es noch ein Stück, aber wir hatten Deutschland in seiner ganzen Länge durchquert, wie es heute nicht mehr existiert. Von Stettin ging die Fahrt etwas nach Norden, und unter dem Bahnhofsschild Pölitz endete die »Fahrt ins Blaue«.

Wir waren sehr neugierig, was uns hier die Ehre verschaffte. Bald wurden die Karten aufgedeckt und uns die Aufgabe zugewiesen.

Das Wichtigste an diesem Ort war ein großes Hydrierwerk, also eine Stätte zur Gewinnung von Benzin aus Kohle. Die Anlage war groß und neu. Sie ähnelte den Werken im Kohlenpott, die durch Luftangriffe häufig außer Betrieb waren. Pölitz, so sagte man uns, sei außer Blechhammer in Schlesien die letzte Hydrieranlage für Flugbenzin. Von unserer Treffgenauigkeit hinge die Versorgung der deutschen Luftwaffe mit Treibstoff ab, solange nicht Strahljäger Me 262 in genügender Anzahl im Einsatz seien, die ihre Triebwerke mit Kerosin speisten. Der Endsieg, man könnte fast sagen, der Schwarze Peter, wurde also uns zugeschoben. Wenn das keine Ehre ist! Also buddelten wir wie wild unsere Stellungen in der schönen Septembersonne und machten uns mit der Umgebung unseres Schutzobjekts vertraut. Bald merkten wir, daß hier 60 schwere Batterien nur um eine Fabrik gruppiert waren. Die größte Zusammenballung von Flak, die es in diesem Kriege je gegeben hatte. Wir glaubten an die Bedeutung von Pölitz und auch an unseren Erfolg.

Bald kam auch der Herr Regimentskommandeur, ein Oberst, und verlangte für die Begrenzung der Wege zwischen den Kanonen ordentliche Einfassungen wie im Kurpark von Bad Pyrmont, mit Holzpfosten und gespannten Drähten, die weiß gestrichen sein mußten. Wir glaubten nicht, daß dies für den Endsieg erforderlich sei, taten aber dem Schönheitssinn des Herrn Oberst keinen Abbruch. In diesem Punkte war der Herr nämlich schon seit 1916 sehr streng, wie ich mir aus seiner Umgebung berichten ließ. Als die Promenade fertig war, kamen die Kurgäste aus Übersee. Schwerreiche Amerikaner mit dicken Kisten. In ihrem Überfluß warfen sie tonnenweise das Edelmetall auf die Fabrik und brachten sie zum Brennen. Wir zählten etwa 300 Bomber, eine Masse Einschläge, auch in unserer Nähe, und immerhin zehn Abschüsse. Das war viel für ein so kurzes Gefecht, denn lange blieben die Kisten nicht im Schußbereich der Kanonen, wenig für die Unbekümmertheit des Angriffs und das gute Wetter. Vor allem viel zu wenig für die Fabrik, der die übrigen 290 Vögel starke Wunden schlugen. An der Stelle, wo man nach alter Erfahrung das Werk vermuten konnte, stand eine gewaltige

Rauchwolke als Zeichen unseres Versagens. Das war auch die Meinung unserer Vorgesetzten, die bei ihren Vorgesetzten ebenfalls als Versager galten und zwar der Reihe und Rangordnung nach bis oben hinauf zum Allerhöchsten, der natürlich kein Versager war. Seine Entscheidungen waren immer richtig. Also hagelte es »Zigarren« – der militärische Fachausdruck für das Wort »Anschiß« – stolzen Kalibers. Um diese Rauchwaren schnell weitergeben zu können, wurde nach dem verlorenen Skat eine Lagebesprechung einberufen, an der alle Schuldigen teilnehmen durften.

Den Vertreter der Anklage spielte ein General, der eigens für diese Szene aus Berlin herbeigeeilt war, wo er kurz vorher »eine aufs Dach« bekommen hatte wegen der Schweinerei in Pölitz. Er war entsprechend wütend und gab seiner Unzufriedenheit lebhaften Ausdruck. Sein erstes Opfer war der Regimentskommandeur. Als örtlicher Kommandant trug er ja die volle Verantwortung für diese »unerhörte Pleite trotz des gewaltigen Waffeneinsatzes«. Der Angeklagte verteidigte sich mit Hilfe großer Schaubilder, aus denen ersichtlich war, wie geschickt er die vielen Batterien um das Objekt gruppiert hatte. Es gab keine besseren Stellungen als die ausgewählten! Er wolle allerdings nicht ausschließen, der Herr Kommandeur, daß der Ausbildungsstand der Batterien nicht auf dem hohen Stande sei, den die Truppe gewöhnlich habe, wenn sie längere Zeit unter seinem Befehl stehe. Ich mußte innerlich zugeben, daß unsere weißen Wegeinzäunungen wirklich noch nicht den letzten Wünschen des Herrn Oberst entsprachen. Er hatte recht, wir waren in dieser Hinsicht noch viel zu kurze Zeit in seiner Obhut. Der Fehler war also bei den Batteriechefs zu suchen. Alle gestrengen Augen richteten sich nun auf die Arme-Sünderbank, wo die Rangniedrigsten saßen. Meine Kollegen und ich. Weil meine Batterie dem Objekt am nächsten stand, also die beste Beobachtungsmöglichkeit des Gesamtgeschehens hatte, wurde ich zur Stellungnahme aufgefordert. Mir war es zu blöde, einen meiner Untergebenen zu suchen, dem ich die Lahmlegung der Deutschen Luftwaffe in die Schuhe schieben konnte. Also sagte ich die Wahrheit.

Bei einer Versammlung reden zu dürfen, gehört zu den Höhepunkten im Leben eines Mannes. Alle anderen müssen schweigen und auf das Ende der Rede warten. Man wird ungeheuer wichtig, weshalb man bei der Rede aufsteht und anstelle eines Trompetenstoßes mit fester Stimme ruft: »Meine Herren .....« Diese Anrede kann der Redner auch zwischendurch oft bringen, wenn ihm nichts mehr einfällt oder wenn die Aufmerksamkeit der Zuhörer nachläßt. Ein Teil von ihnen ist erfahrungsgemäß von Anfang an unaufmerksam, der Teil nämlich, der auch eine Rede halten will. Versammlungen dienen nicht dem Hören, sondern dem Sagen. Es war mir verwehrt mit »Meine Herren ......« zu beginnen. Ich mußte nämlich folgende Ansprache oder Verteidigung halten:

»Herr General! Melde gehorsamst, Chef der schweren Flakbatterie z. b. V.1030, eingesetzt 900 Meter südlich des Schutzobjektes. Nach Erhalt der Luftwarnung Feuerbereitschaft hergestellt, erste Ortung mit Funkmeßgerät im Südosten, etwa bei 30 Kilometer Entfernung der Bomberspitze. In geradem Zielanflug viermotorige Liberator der ersten Welle bekämpft. Maschine in Brand geschossen, vermutlich vor dem Bombenwurf. Danach Batterie zurückgeschwenkt in die Anflugsrichtung und dort ein weiteres Ziel aufgenommen. Maschine konnte über dem Objekt, aber nach dem Bombenwurf mit zwei Gruppen beschossen werden. Explosion der Maschine. Nach erneutem Zurückschwenken in Anflugsrichtung waren keine Ziele mehr im Schußbereich. Wenn ich mir die Bemerkung erlauben darf: Selbst wenn jede der 60 Batterien optimale Verhältnisse und Ergebnisse gehabt hätte, wären rein theoretisch nur 120 Maschinen abzuschießen gewesen. Die moralische Wirkung gut liegenden Feuers ist vermutlich gleich null, weil auch der Gegner unter den Augen seiner Vorgesetzten fliegt und nicht aus Angst abdrehen kann. Es hätten also 180 Maschinen ungestört ihre Bomben ins Ziel werfen können. Der Fehler liegt also nicht bei uns, sondern bei der Stärke des Gegners, der, wenn er will, auch mit 1000 Maschinen kommen kann. Dann hätte es noch trauriger ausgesehen. Ich sehe die Schuldfrage darin begründet, daß so viele Flugzeuge von England bis zur Oder im Verband fliegen können.«

Der General schnappte nach Luft. Dann schrie er, es sei ein Skandal, was ich da verkünde. Niemals sei der Gegner schuld! Der Fehler sei immer bei einem selbst zu suchen. Er möchte eine solche verkommene Einstellung nicht noch einmal vernehmen. Dann könne man ja gleich aufhören mit dem Krieg. Dieser Gedanke war der einzige vernünftige an seiner Rede, aber er wurde nicht mehr weiter diskutiert. Vermutlich, weil alle Beteiligten noch länger leben wollten. Ich mußte mich setzen und hatte das Gefühl, daß meine erste Rede in illustrem Kreise nicht gut angekommen war. Ausgenommen bei den übrigen Batteriechefs, die zuerst nickten, dann aber schreckhaft erstarrten, um nicht mitschuldig zu werden.

Am nächsten Abend war zu unser aller Erstaunen die Fabrik wieder ziemlich in Betrieb. Die Tankwagen rollten ein und aus. Wir hatten gewaltigen Respekt vor der Leistung der Ingenieure und Arbeiter des Werkes und waren sehr stolz, Angehörige der Nation zu sein, die mit solchen Dingen im Handumdrehen fertig wird.

Die Amerikaner konnten es kaum glauben, daß unser Hydrierwerk wieder funktionierte. Täglich kamen sie zum Nachschauen. Die Aufklärer zogen in großer Höhe ihre Kreise und trugen die Fotos schnell nach Hause. Nach einer Woche arbeitete das Werk wieder zu 100 Prozent, und am Tag darauf waren 600 Bomber, gesichert von 500 Jagdflugzeugen, im Anflug auf Pölitz. Meine Prognose mit den 1000 Bombern stimmte nicht, doch die 600 Maschinen reichten auch aus, um Pölitz völlig außer Betrieb zu setzen. Eine neue Verhandlung über die Schuldfrage fand nicht mehr statt. Man wußte ja, daß es am schlechten Ausbildungsstand der Truppe lag. Wir schimpften auf die Amerikaner und auf ihr Geld, das ihnen solche militärischen Ausschweifungen erlaubte, und wurden dabei sogar von den Russen unterstützt, die Demonstrationen des Kapitalismus verabscheuten. Amerika nix gut! Einig in dieser Meinung, bestellten wir uns einen Güterzug bei der Bahn und fuhren mit der Erlaubnis der hohen Führung weiter nach Osten und näher zu Mütterchen Rußland. Aus den Berichten konnten wir entnehmen, daß unsere Stellung in Aachen bereits in die Hände der selben Amerikaner gefallen war, die uns auf dem Wege zu unserem sicheren Erfolg dauernd hinterherjagten.

Ostpreußen! Für die meisten Deutschen ein Land in weiter Ferne, das im Ruf einer geringen Zivilisationsstufe stand. Sicher waren prozentual mehr Briten in Indien als Süddeutsche jemals in dem Land zwischen Weichsel und Memel, das von Köln nur 1000 Kilometer entfernt liegt, also eigentlich näher als die Badeorte an der Adria oder die spanischen Urlaubsorte ist. Die Menschen in Ostpreußen waren sicher nicht so feurig, wie die Spanier. Tarantella oder Fandango wurde auf den Dorfplätzen nicht getanzt, aber dafür war es leichter, sich den Holden des Landes zu nähern. Die Sprache des Landes war verständlicher. Reines, sehr sauberes Deutsch mit etwas breiter Betonung der Doppellaute. Ich habe diese Sprache geliebt, weil sie bedächtig war. Sie war völlig ungeeignet, schnelle Unwahrheiten auszusprechen oder den Partner zu erregen. Die geeignete Sprache für Psychiater, denen es obliegt, das Vertrauen ihrer Patienten zu gewinnen und besänftigend zu wirken! Die Anrede allein stellte schon einen väterlichen Kontakt her, weil niemand mit einem barschen »Sie!« angeschossen wurde, sondern ein gemütliches »Mannchen« oder »Freileinchen« die Rede einleitete. Wir wurden von den alten Bauern oft mit »Soldatchen« angesprochen, wodurch wir uns vom Jünger des Mars in ein harmloses Figürchen der Staatsgewalt wandelten, dem das Schießen gar nicht viel Freude machte. Diese Art des Umgangs war aufgrund des Fehlens von Sentimentalität besonders sympathisch. Selbst in der Liebe bleiben die Ostpreußen unsentimental, so auch in der Liebe zu ihrer heute verlorenen Heimat. Das ist der Grund, warum man aus ihrem Munde nie Klagen hört, wie schön es bei ihnen war. So sei es einem Bayern gestattet, das Lob der »kalten Heimat« zu singen. Das war später unter uns der Spitzname für dieses Land mit dem langen, harten, aber sehr gesunden Winter.

Heute ist Ostpreußen zur Hälfte unter polnischer und zur anderen Hälfte unter russischer Verwaltung. Ob es jemals wieder deutsch wird, ist zu bezweifeln, zu bedauern ist der Verlust dieses Landes auf jeden Fall. In ihm steckt eine Unmenge preußischer Fleiß, mit dem sie jahrhundertelang das Gebiet kultivierten. Dies ist nun einmal nicht zu leugnen in der Diskussion um die rechtmäßigen Besitzer.

Die Nationen haben im Streit um Grenzgebiete sehr unterschiedliche Ansichten, welche Kriterien den wahren Besitzer ausmachen. Die einen sagen, es käme auf den letzten Besitzer an. Die anderen meinen, der frühere Bewohner sei entscheidend. Dabei wählen sie in der wechselvollen Geschichte genau den Abschnitt, in dem ihre Landsleute zufällig in der strittigen Gegend hausten. Deshalb ist an »rechtmäßigen« Erben kein Mangel, und der Streit kann Tausende von Jahren genährt werden. Sprache und Volkstum werden in die Diskussion geworfen, man kann als Sieger natürlich beides ausrotten, damit bei späteren Auseinandersetzungen die »Rechtsgründe« klarer erscheinen. Das Seltsame ist aber, daß Staaten im Streit um ihren Landbesitz an der einen Ecke die geleistete Kulturarbeit, an der anderen Grenze den Volkstumsstand des 15. Jahrhunderts und an dritter Stelle einen De-facto-Zustand als Folge neuerer Politik zur Begründung ihrer Ansprüche nennen. Mir liegt es fern, den Anspruch Preußens oder Deutschlands auf diese Gegend, die jedenfalls einmal eine preußische Kolonie war, zu untermauern. Die vorpreußischen Besitzer haben das Land heute nicht in Händen, das ist eindeutig. Was 1945 in diesem Land zu sehen war, ist unter der Verwaltung und unter den Händen der Preußen gewachsen. Von einigen Landarbeitern abgesehen, sprach die Bevölkerung, ob jung, ob alt, Deutsch. In der südöstlichen Ecke beherrschten viele Bauern noch die masurische Sprache, und man darf annehmen, daß sie Nachkommen der alten Einwohner waren. Im Nordosten verlief die Grenze zu Litauen, das bis 1917 zum russischen Reich gehörte, dann ein eigener Staat wurde und nach 45 wieder unter russische Verwaltung kam.

Aber zurück nach Ostpreußen! Wir betraten das Land im Herbst, als die Laubwälder allerorts sich vergoldeten. Ich suchte in meinen Gedanken nach einer vergleichbaren Gegend und wurde bei der Einfahrt in den Bahnhof Lötzen an Starnberg in Oberbayern erinnert. Der Zug fuhr plötzlich nahe an das Wasser des Löwentinsees heran, um zwischen Stadt und Wasser anzuhalten. Wenige Segelboote schaukelten noch auf den Wellen und gaukelten ein friedliches Wochenende vor. Man hätte Urlaub machen mögen an diesen Ufern! Ein Gedanke, den schon vor uns clevere Berliner hatten und den man als Naturfreund auch heute verfolgen sollte.

Lötzen war eine saubere Stadt mit gepflegten Häusern, die nach der Masurenschlacht 1915 Erneuerung fanden. Von der sprichwörtlichen Trostlosigkeit ostpreußischer Landschaft keine Spur. Die 12 000 Einwohner schienen gut zu leben und hatten bestimmt nicht das Bedürfnis auszuwandern. Ich lernte noch viele Orte in Ostpreußen gut kennen, doch denke ich an diese erste Begegnung mit besonderer Liebe. Die Jahreszeit erlaubte keine Badefreuden am schönsten Strand der Ostsee, dem von Rauschen, sonst würde ich vielleicht von Samland schwärmen und die Erinnerung an die masurischen Seen käme erst an zweiter Stelle. Im Herbst gab es bestimmt keinen schöneren Platz in der Provinz als diese Seenplatte. Ich hätte die Zeit anhalten mögen, um die Farbe der Wälder und die Reinheit der Gewässer zu genießen. Das Staunen nahm bis zum Eintreffen an unserem Einsatzort bei Rosengarten am Mauersee kein Ende. In Ehrfurcht erschauderten wir schließlich bei der Bekanntgabe unserer neuen Aufgabe. Die Versager vom Hydrierwerk Pölitz waren auserwählt, das Hauptquartier des Führers in Rastenburg zu schützen!

In diesen Tagen hatten die Russen einen Angriff aus der Rominter Heide nach Südosten vorgetragen und waren bis auf 20 Kilometer an die Wolfsschanze, das Quartier unseres Gröfaz, herangekommen. Eine Streitmacht von 25 000 Mann wurde an dieser Stelle zusammengezogen und mit den neuesten und besten Waffen versehen. Plötzlich war alles im Überfluß da! Schnellfeuergewehre und Fahrzeuge, Munition in Traummengen, neue Uniformen und Winterbekleidung, MGs und Konserven, Landkarten und Bilder von Hitler.

Vor allem diese Bilder waren wichtig, weil laut Stabsbefehl des Hauptquartiers in jeder Stellung eine Führerecke eingerichtet werden mußte. Ganz einfach und geschmackvoll, genau wie ein bayerischer Herrgottswinkel. Statt des Erlösers hing halt der Führer mit Blumen geschmückt an der Wand, und statt der Bibel lag »Mein Kampf« darunter auf einem Podest. Die Morgenandacht war auch obligatorisch. Welches »Halbgotteswort« zu verlesen war, stand in den täglichen Befehlen der Speichellecker in der Wolfsschanze. Bis auf die Namensverwechslung war die Sache für einen alten Klosterschüler recht vertraut. Aber auch sehr geschmacklos. Wir nahmen sie hin wie die bessere Verpflegung. Ich dachte mir, daß alles seinen Preis hat. In diesem Fall war eben das gute Essen mit diesem kultischen Unfug erkauft.

Der Mauersee, ein wunderbares Naturschutzgebiet, an dessen Ufer wir unsere Stellung bauten, lieferte uns nach Herzenslust die besten Fische. Wenn wir mit 140 Mann Lust auf frischen Hecht oder Barsch hatten, dann schickten wir unseren besten Angler, Wachtmeister Rockel, mit dem Kahn und einem Blinker aus Konservenblech hinaus. Der erfahrene Sportfischer hatte in zwei Stunden das Mittagessen für die ganze Batterie gefangen, ohne sich besonderer Schliche zu bedienen.

Es schmerzte uns jedesmal sehr, wenn wir Schießübungen mit den Kanonen machen mußten und dann die Stille der unberührten Insel so schändlich störten. Zum Glück herrschte striktes Schieß- und Lärmverbot vor zehn Uhr morgens. Aber nicht wegen der glücklichen Natur, der Scharen seltener Singvögel oder gar der Heiligkeit eines Gottesmorgens, sondern wegen der Heiligkeit des Schlafes unseres Führers, der einen etwas verschobenen Arbeitstag hatte und unter gar keinen Umständen vor zehn Uhr morgens geweckt werden durfte. Für diese Verlautbarung hatten wir alle volles Verständnis, weil bei Soldaten eine ordentliche Ladung Schlaf zu den wünschenswertesten Dingen zählt, die man sich als Oberbefehlshaber auch ausbedungen hätte. Es wurde bekannt, daß selbst die Annäherung der Russen an die Wolfsschanze und die Invasion in Frankreich diese Vorschrift nicht außer Kraft setzen konnten.

Rund um »unseren« See waren die vielen hohen Stäbe in ihren Sonderzügen untergebracht. Was im Frieden als Schlafwagen oder Speisewagen diente, tat jetzt Dienst als »Walze«. So hießen die fahrenden Ämter der Ministerien und Befehlshaber. Der ganze Befehlsapparat war auf einem Raum von etwa 20 Kilometer rund um die Wolfsschanze aufgestellt, und wir konnten die ganze Prominenz des Reiches bewundern, wenn sie auf dem Wege zum Hauptquartier war, das durch drei Sperrkreise gesichert und seit dem 20. Juli besonders scharf bewacht war. Mein Ausweis galt nur für den äußersten Vorhof des Heiligtums, aber dafür hatten wir häufig den Besuch hoher Herren aus der Umgebung des Führers. Sein Flugkapitän Bauer fuhr mit dem Volkswagen zum Fischen und knatterte mit dem Schwimmwagen auf dem See herum. Wir stellten uns dann immer dumm und kontrollierten ihn und seinen Fahrbefehl, der pauschal für ganz Europa galt. Mit den gleichen Papieren fuhren auch der Leibarzt Morell und Hitlers Schwager Fegelein durch unsere Stellung. In dem Fischerhäuschen am Rande unserer Anlage stapelten sich langsam die leeren Flaschen aus Frankreich zu Bergen, denn in dem Häuschen war es abends immer sehr gemütlich. Das Töchterchen des Fischers und eine Freundin sorgten für gute Stimmung.

Einen Augenblick bitte! Ich muß mein Gewissen erforschen, aus welchen Gründen ich diesen Umstand überhaupt berichte. Richtig, es ist der nachträgliche Neid oder besser die Erinnerung an den damaligen Neid. Wir konnten die Tochter nur am Tage zu Gesicht bekommen, und da war sie recht ruhig. Wer waren wir schon? Kleine Soldatches mit zuwenig Schnaps! Als ich jedoch hörte, daß Hitler seinen Schwager Fegelein erschießen ließ, war ich nicht mehr so neidisch. Und dem Mangel an Schnaps half ich ab.

Ich hatte ja im Zug von Linz nach Köln den halbfertigen Plan einer Kleinbrennerei begonnen. Die Ölleitung eines russischen Panzers T 34, die ganz aus Kupfer war, eine alte Milchkanne und ein Kartoffeldämpfer ließen sich so zusammenbauen, wie ich mir eine Steinhägerfabrik vorstellte. Die Fuselöle sollten in einem Gasmaskenfilter aufgefangen werden. Der erste Versuch war recht hoffnungsvoll. Das Brenngut war unterschiedlich. Wasser mit Zucker, Kunsthonig, Getreideschrot und Hefe. Die Brühe konnte schon vor dem Brennen besoffen machen, wenn sie noch im Bottich gärte. Ich hatte Mühe, meine Russen von dem Gefäß fernzuhalten. Sehr wichtig ist bei einer Brennerei die richtige Bedienung der Apparate. Heizt man zu stark, dann läuft der Schnaps zu schnell und schlecht. Bei zu geringer Hitze rührt sich dagegen gar nichts. Da in der Schreibstube fast gar nichts los war, stellte ich die Fabrik dort auf und konnte getrost meinen Führer bewachen. Die Männer im Büro waren auf der Hut! Sie brachten einen etwa 75prozentigen Sprit mit sehr eigentümlichem Geschmack auf den Markt, den nur unsere Kameraden aus der Gegend hinter Minsk unverdünnt trinken konnten. Sie taten es mit Verzückung und lachten herzhaft, wenn wir die Augen verdrehten. Mit Himbeersaft verdünnt war der Likör geeignet, alle Mädchen Ostpreußens zu betören. Leider waren sehr wenige zu sehen. Die Bäuerin auf unserem Hof trank nicht. Ihre böse Schwiegermutter, die den ganzen Tag bei uns auf »die faule Schlampe« schimpfte, der vor Arbeit der Rücken krumm wurde, trank auch nicht. Dafür soff der Nachbarsbauer mit uns, allerdings lieber seinen eigenen Bärenfang. Er hatte Grund zum Trinken. Wo sein Sohn steckte, wußte er nicht zu sagen. Er war im Westen oder in Afrika zuletzt gesehen worden. Seine polnische Magd wurde von Tag zu Tag vertraulicher zu ihm und fragte ihn, ob er auf seinem Hof bleiben wolle, wenn die Russen kämen. Seine liebe Frau war vor einem Jahr gestorben, und uns gab er wenig Chancen. »Mechte der liebe Jott jeben, daß ihr ahle jut heimkommt, ihr lieben Soldatches, aber ich firchte, es wird bitter!« so sinnierte er beim Bärenfang und schenkte uns außer seinem Segen noch ein schlachtreifes Schwein.

Die Landwirtschaft Ostpreußens war für uns eine erstaunliche Sache. Den Boden konnte man nur mit drei Pferden pflügen. Er war schwer und nach Trockenperioden hart wie Beton. Jetzt, regenfeucht, hing er in Klumpen an unseren Füßen, und die schweren Kettenfahrzeuge blieben mit unseren Kanonen mehr als einmal stecken. Die ostpreußischen Pferde waren immer noch die sicherste Kraft. Bei den größeren Bauern, auf den Besitzungen des Adels, sahen wir modernste Landmaschinen und konnten an der Größe der Scheunen auf die Ernte schließen. Das Land war reich, ließ sich mit Erfolg jedoch nur von Wohlhabenden bewirtschaften.

Bei der Unterhaltung mit einem Kleinbauern konnte ich mir erstmals Gedanken über die Bodenreform machen. Mein Berichterstatter hatte aus der Landaufteilung, einem Versuch der Theoretiker in Berlin, 50 Morgen erhalten. Ein ganzes Dorf mit Höfen gleicher Größe war so entstanden. Wer hätte nicht den grenzenlosen Dank der Befreiten erwartet? Ei, war das eine Überraschung für mich, von dem Beschenkten zu hören, daß er lieber wieder Knecht beim Grafen wäre! Der Neubauer hatte jahrelang geschuftet und mußte jetzt erkennen, wie sinnlos alles war. Der schwere Boden erforderte mindestens vier Pferde im Stall. Vier Pferde wollen jedoch neben dem anderen Vieh ernährt sein. Mit 50 Morgen ist dies nicht gewährleistet. Die Wege waren weit, der Verkauf der Früchte nicht bequem. Ganz klar rechnete mir mein Nachbar vor, wo die Grenze der Rentabilität läge, wenn man weit entfernt von der Verbraucherschaft in Deutschland mit Landesprodukten konkurrenzfähig sein wolle. Er kam auf die Betriebsgröße von 300 Morgen Land. Aber damit war ein Bauer schon wieder Großgrundbesitzer. Ich konnte die Rechnung nicht auf ihre Richtigkeit prüfen, aber sie schien einleuchtend zu sein. Am liebsten hätte ich ihm auch ein Schwein geschenkt, aber damit wären nur seine Sorgen um das Futter vergrößert worden.

Von der Maas bis an die Memel

Die größten Sorgen jedoch hatte inzwischen Hitler. Im Westen blieb nach einigen Anfangserfolgen, die in vielen Menschen die Hoffnung auf eine Wende stärkten, die Ardennenoffensive stecken. Manche meinten zu dem Unternehmen, es habe viel Ähnlichkeit mit der letzten großen Offensive im Westen von 1918. Der Führer verließ Rastenburg und regierte von Zossen aus weiter. Die Hauptquartiere rückten immer näher an die Reichshauptstadt heran. Wir merkten seine Abreise daran, daß wir alle schönen neuen Waffen wieder hergeben mußten, daß die guten Fahrzeuge verschwanden und das Essen schlechter wurde. Selbst die Munition-Ausstattung wurde verringert. Alle diese Wanderpreise reisten mit ihm, weil er vor der Haustüre überall auf gut genährte und gut gerüstete Truppen treffen wollte. Dieser Wunsch ist mit einigen Güterzügen leicht zu befriedigen gewesen. Zu den Schnapsflaschen beim Fischer kamen keine neuen hinzu, und die Tochter wurde freundlich zu uns, was besonders verdächtig war. Ihr Lächeln verpuffte in die Kühle der Nebel am See, den auch wir verlassen hatten.

Verlassen mußten uns auch die russischen Hiwis, deren Abschied uns wirklich naheging. Wir waren Kameraden geworden und trauten dem weiteren Schicksal unserer Freunde nicht. Angeblich sollten sie aus der Nähe der Front gebracht werden, damit sie nicht das Opfer der Kommissare werden könnten. In Wahrheit befürchtete man, daß sie überlaufen würden, weil jedermann um die geänderte Weltlage wußte. Ganz leicht regte sich bei mir der Verdacht, man könnte den Plan haben, alle ausländischen Mitwisser total verschwinden zu lassen. Um nicht als unmännlich zu erscheinen, machte ich den traurigen Abschied kurz. Als Philip zu weinen begann, mußte ich weglaufen. Thomas Herzele, Philips Küchenchef, wischte sich die Augen am weißen Schurz aus und bekam dadurch ein schmutziges Gesicht.

Der Boden war jetzt gefroren. In unserer Stellung kamen wir kaum in die Erde. Die Gegend war menschenleer, die Höfe verlassen. Auch die kleine Stadt Goldap, von den letzten Straßenkämpfen arg ramponiert, barg keine Bürger mehr. Mit Genehmigung des örtlichen Kommandanten durften wir aus den verlassenen Häusern Gegenstände holen. Man gestattete mir einige Bücher aus dem Hause des Pastors. Trotz der Erlaubnis kam ich mir wie ein Plünderer vor. Es ist schaurig, an Stätten zu weilen, die von ihren Bewohnern fluchtartig verlassen worden sind. In der Küche stand noch das ungespülte Geschirr, ein geöffnetes Konservenglas. Die Betten waren ordentlich gemacht. Wohl schämte sich die Hausfrau noch in der Panik, das Pastorenbett schamlos dem Feind zu zeigen. Kleider lagen herum, und im Gang standen die Hausschuhe des Pastors. Ich setzte mich in einen Sessel und versuchte mir die Familie vorzustellen. Wenn sie jetzt hereinkäme und mich fragte, was ich hier zu suchen hätte? Was ich mit den Büchern da wolle? Ob ich mich denn nicht schämen würde, ihre Abwesenheit so auszunützen? Ich suchte meinen Erlaubnisschein in der Tasche und fand etwas Beruhigung. Ich könnte eigentlich schauen, ob das Klavier noch gestimmt ist. Kaum hatte ich einige Töne angeschlagen, da fielen wieder Granateinschläge hinter das Haus, und ich machte erschrocken den Deckel zu. Im ersten Augenblick fürchtete ich, den Feind durch meine Musik zum Schießen gebracht zu haben. Sicher war mein Spiel erbärmlich schlecht, und gezieltes Feuer auf das Piano wäre ein Akt der Gerechtigkeit gewesen. Aber ich fand bald heraus, wie wenig Einfluß die Musik auf Artillerie und Granatwerfer hat.

Auf dem Sattel des Motorrades ritt ich in meine Stellung zurück und stattete noch unserem vorgeschobenen Artilleriebeobachter einen Besuch ab, von dem wir unsere Tips bekamen, wohin wir zu schießen hatten. Da sah ich nun die Russen auf deutschem Boden in den Gräben laufen oder mit einem Auto über die Landstraße flitzen. Ich prägte mir dieses Stück Land ein, in das wir hineinschießen sollten. Mehrmals waren wir für unser gutes Feuer gelobt worden. Der Kommandeur der Gebirgsjäger, die hier den Abschnitt hielten, fand uns nicht so miserabel wie der Kommandeur in Stettin. Wir fanden es im Vergleich zum Schießen auf Flieger leichter, in einer Entfernung von 12 Kilometern ein Bauernhaus mit dem ersten Schuß zu treffen. Der Beobachter langweilte sich gründlich. Als es pfiff, gab er mir einige gute Ratschläge fürs Leben. Vor allem den, ohne Feindeinsicht nicht zu lange an einer Stelle mit dem Motorrad zu knattern. Es könne mir sonst die Luft in den Reifen und in der Lunge ausgelassen werden. Granatwerfer würden ganz gut auch nach Geräuschen schießen. Man soll erfahrenen Leuten glauben, besonders an der Front. Ich verließ die Gegend in rasender Geschwindigkeit und rollte später gemächlich durch einen Wald, der mir als sicherer Schutz erschien.

War es die Stimmung des Gehölzes oder der erschütternde Anblick des Feindes auf Heimatboden? Irgendeine Wandlung fand in mir statt. Halb Ergebenheit, halb Trotz, Untergangsstimmung und der Wunsch, etwas Entscheidendes zu tun! Plötzlich war mir alles egal, und ich beschloß zu heiraten! Eine Tafel wies zu einem Verbandsplatz, wo ich mit Sicherheit einen Arzt treffen konnte. Nicht um meinen Geisteszustand prüfen zu lassen, was sicher gut gewesen wäre, sondern um das zur Eheschließung erforderliche »Ehetauglichkeitszeugnis« zu erbitten. Im Dritten Reich wurde diese Bescheinigung eines Arztes zur Voraussetzung gemacht, um gesunden Nachwuchs für die Heldenfriedhöfe zu zeugen. Das Erstaunen des Doktors über meine Bitte war nur mäßig. Er hatte schon zuviel erlebt, um sich noch zu wundern. Da er Cognac besaß, nahm er diesen als Testflüssigkeit. Wir unterhielten uns hervorragend über die Weiber, dann über griechische Lyrik, schließlich über gute Getränke. Als die Flasche leer und wir beide voll waren, schrieb er mich ehetauglich und stellte mir ein Papier aus, das ich elegant fahrend bis zu meinem Kommandeur brachte. Der riet mir, doch mit der Hochzeit bis zum Endsieg zu warten. Hatte er den Schalk im Nacken oder glaubte er tatsächlich an den Sieg? Natürlich hätte ich ihm folgen sollen. Aber ist es mit fast 26 Jahren nicht allerhöchste Zeit zu heiraten? Beruf – ach, der wird später ergriffen! Vorerst reichte das Gehalt des Offiziers. Sie kann ja auch ein bißchen dazuverdienen. Haushalt hatte man sowieso keinen, der kostete also nichts. Ganz gegen jede Erfahrung ergriff den jungen Mann eine entsetzliche Angst vor einer Verknappung auf dem Mädchenmarkt. Jetzt mußt du zupacken, sonst heiraten die anderen dir alle weg! Wer weiß, ob andere Mütter nicht auch schöne Söhne haben. Und der Heiratswütige stürzt sich auf die holde Weiblichkeit wie auf ein Sonderangebot im Schlußverkauf. Durch keinen Rat, durch kein Beispiel, durch nichts ist er aufzuhalten. Es muß sein. Jetzt, sofort. Her mit der Braut! In der Stellung überfiel ich meinen Spieß mit der Nachricht, daß er sofort zu meiner Braut fahren müsse, zu ihren Eltern und daß er die Hochzeitspapiere gleich nach Berlin aufs Standesamt zu bringen habe. Der machte das natürlich sehr gerne, weil bei dieser

Fahrt ein Aufenthalt bei seiner früheren Braut abfiel, die seit einem Jahr mit den Kindern das Bild vom Vater anschaute, wenn sie sich nach Familienleben sehnte. Der eilige Entschluß hatte auf diese Weise doch etwas Gutes gebracht, diesmal für einen anderen, dem ich es aber von Herzen gönnte. Innerhalb einer Woche war ich stolzer Besitzer der Papiere zum Glück und der freundlichen Genehmigung zur Eheschließung durch den Herrn Kommandeur. Man darf annehmen, daß er sich zu der Zustimmung ohne innere Kämpfe bringen ließ, weil die politische und militärische Lage sowieso hoffnungslos war. Warum sollte er mir meine Freude nicht lassen und über meinen weitreichenden und trotzdem so schnellen Entschluß selbst mehr ernste Überlegungen anstellen als der Heiratswütige selbst?

Das klingt vielleicht so, als ob ich den Kommandeur heute für ein Unglück verantwortlich machen wollte. Der Gerechtigkeit halber ist zu sagen, daß ich erstens mit 25 Jahren geschäftsfähig und zweitens wirklich von Amors Pfeilen getroffen war. Ich glaubte an die Kraft der Liebe und die Heiligkeit der Ehe. Und daran, daß ein Mädchen durch einen Heiratsantrag von mir der glücklichste Mensch auf der Welt würde. In manchen Mittelmeerländern denken die Männer noch heute so, und die Mädchen würden ihre Mütter tödlich kränken, wenn sie sich bis in die Nähe des dreißigsten Lebensjahres zierten. Auch mir kam niemals der Gedanke, daß Fräulein Lilly R. aus Aachen nein sagen könnte.

Fräulein Braut wurde inzwischen nach Berlin beordert und bei der Mutter des Ungeduldigen in Bereitschaftsstellung gebracht, damit sie Kontakt zur neuen Familie gewänne. Militärisch ausgedrückt, war das eine Einweisung ins Gelände. Dieses Gelände war aber sehr schwierig und von starkem Störfeuer belegt. Es kam zu mehreren Gefechten, in die auch der Brautvater einbezogen wurde. Bei meiner Ankunft in Berlin traf ich auf einen Haufen seelisch Verwundeter und erlebte noch einige Zeitzünder.

Immerhin war der Hochzeitstag, vor allem der Kirchgang, eine besondere Leistung an Beherrschung, Verzicht, Trauer und Wahrung der Formen. Die Anstrengung war allen an den Gesichtern gut ablesbar, konnte von Uneingeweihten aber leicht als Ergriffenheit gedeutet werden. Echten Seelenfrieden hatte eigentlich nur der Priester, der persönlich in die gleiche Situation nie kommen kann und aus diesem Grunde vermutlich keine Vorstellung von Schwiegermüttern hat. Das Problem dieser Damen ist zwischen Maas und Memel, zwischen Sibirien und Kapstadt nämlich sehr ähnlich gelagert. Die Witzblätter behandeln es aber völlig falsch und fordern eine Berichtigung durch einen ehrlichen Fachmann geradezu heraus.

Es gibt keine »böse Schwiegermutter«! Es gibt nur die eifersüchtige Mutter des Mannes, die zunächst jedes Mädchen für unwürdig hält, ein solches Prachtstück wie den eigenen Sohn zu bekommen. Sie vergleicht die Mädchen mit sich selbst, findet sie weniger fürsorglich, weniger fleißig, weniger selbstlos. Was sogar meistens stimmt. Dafür wird dieses Weib als sinnlich, versorgungshungrig und materialistisch angesehen. Der arme Junge erlag dem, was die Mutter – ach, wie schade – nicht mehr bieten kann: der Brust! Oder noch Schlimmerem. Um den Jungen vor allem Übel zu bewahren, werden die weiblichen Waffen geschmiedet, die Pfeile vergiftet, der Heckenkrieg ohne offizielle Kriegserklärung begonnen. Für den Feind besteht während der Kampfhandlungen ein Handicap, das ihn an kräftigen Gegenschlägen hindert. Er, in diesem Fall sie, hat den Nachteil jünger zu sein, muß also das Alter respektieren und immer zur Kenntnis nehmen, daß die kriegerischen Handlungen unter der hehren Fahne der Mutterliebe stattfinden. Wer kann schon mit voller Kraft und mit dem Beifall der Neutralen gegen die edelsten Gefühle zu Felde ziehen? Das Mädchen, sei es würdig oder nicht, hat nur zwei Möglichkeiten: Entweder sie räumt das Feld und wartet auf einen Waisenknaben, oder sie duldet beharrlich. Der zweite Weg gilt dann als Beweis ihrer besonders schlimmen Absichten und wird ihr niemals ganz verziehen. Verläuft die Ehe nachher besonders gut, wird die Knabenmutter sich diplomatisch nicht die Gunst des Sohnes ganz verscherzen, aber stets daran erinnern, daß mit einem solchen Prachtkerl die Dame ein besonders großes Los gezogen hat. Man wird ihre Tugend der schärfsten Prüfung unterziehen und kleine Seitensprünge des Sohnes mit Genuß entschuldigen. Strafe für Kinderdiebstahl muß sein! Der Bub ist nämlich mit 50 Jahren auch noch das Kind seiner Mama und nicht ein Mann mit eigener Familie. Daß er zur Mutter seiner Frau schamlos auch Mama sagt, ist eine besondere Gemeinheit, zu der er nur fähig ist, weil ihn die gegnerische

Familie umgarnt hat. Mit Falschheit, vielleicht Bestechung und kupplerischen Manieren. Bald stellt der junge Mann fest, daß seine Schwiegermutter wesentlich friedlicher ist, und er beginnt sich in deren Haus allmählich wohler zu fühlen. Der schreckliche Gedanke kommt auf, er könne mit der Mutter der Frau leichter leben als mit der eigenen Mutter.

Er sehnt sich nach Frieden und einer Gattin, die, nicht mit Pfeilen gespickt wie der Hl. Sebastian am Marterpfahl, ein Ende der Leiden ersehnt. Der Mann kommt in einen unnötigen Gewissenskonflikt und hat die Wahl von seiner Mutter wegen »Hörigkeit« oder von seiner Frau wegen »Unmännlichkeit« verachtet zu werden. Wenn dieses Problem nicht durch Auswanderung nach Australien gelöst werden kann, die Ehe aber der Weiterführung wert ist, dann tut er gut daran, nach vorne zu schauen und sich für die Zukunft zu entscheiden. Für die kommende Generation, für Frau und Kinder. So wie es seine Mutter damals auch gefordert hat. Vergessen ist menschlich, deshalb weiß sie es nicht mehr, was sie vor vielen Jahren zu Papa gesagt hat: »Hast Du jetzt mich geheiratet oder Deine Mutter und Deine ältere Schwester?«

Wir haben am Altar nach vorne geschaut und am Abend ins Glas. Die Braut etwas mehr. Der Erfolg war bedrückend. Mein Onkel sagte aus ehrlicher Überzeugung, daß die Gattin beachtlich sei und ein Typ, den er als Freundin stets geschätzt habe. Als sie sich dem Hochwürden, der uns getraut hatte, auf den Schoß setzte, um ihn besser testen zu können, wurden auch ihre eigenen Eltern, kreuzbrave Leute, sichtlich nervös. Das Urteil meiner Familie bedurfte keiner weiteren Korrektur. Ich genoß eine Anteilnahme in Blicken, die mir bei meiner Beerdigung wohler getan hätte als an meinem Hochzeitstage. Die Freunde des Onkels, der in seinem Hause das Fest ausgerichtet hatte, tranken mir aus Dank für den Saufanlaß pausenlos zu. Zum Wohle!

Es war nicht zu meinem Wohle. Am nächsten Morgen erwachte ich mit friedensmäßigem Kopfweh und eigener Frau im Bett. Ein völlig neues Erwachen. Ich war stolz. Wir waren beide stolz und mußten deshalb noch Verwandten von ihr gezeigt werden, die in einer kleinen Kreisstadt westlich der Elbe lebten. Den Namen der Stadt will ich verschweigen, denn die Kinder, die heute dort leben, sind an ihrem heutigen Regime so wenig schuld wie an dem Vorfall, der sich damals begab.

Von der Maas bis an die Memel

Die Stadt war von Fliegerangriffen verschont geblieben und lebte vergleichsweise ungeschoren inmitten einer nahrhaften Umgebung. Vom Zimmer der Verwandten aus sah man das gemächliche Treiben einer Kleinstadt, den Unwert des Zeitbegriffes, die Selbstzufriedenheit der Bürger, die Durchschnittsquote an Kriegerwitwen und manchmal ein militärisches Fahrzeug aus der nahen Kaserne. Deutschland 1944, weit ab vom Krieg. Weit ab?

Unten auf dem Marktplatz erhob sich ein wildes Geschrei und ein Knäuel aufgeregter Menschen ballte sich zusammen. Besonders unangenehm war die keifende und hysterische Stimme eines Weibes. Vom Fenster aus konnte ich erkennen, daß eine Schlägerei im Gange war. Ich eilte hinab, um das Schämen zu lernen. Am Boden lag ein britischer Flieger, der blutend immer wieder von Schwächlingen in Männerkleidung und einem rasenden Weib getreten wurde. »Mörder! Mordflieger! Verbrecher!« An diesen Worten ließ sich erkennen, daß das arme Opfer Soldat war wie wir auch, vom Himmel gefallen war und sich mit dem Fallschirm vor dem Tode gerettet glaubte. Der Mann lebte noch, und ich drang zu ihm vor, um ihm zu helfen. Der Haß der Menschen entlud sich auch auf mich, und das Weib spuckte mich an. Da fühlte ich mich als Bruder des Briten und haßte die Bürger dieser Stadt, in die noch keine Bombe gefallen war. Das Gift aus der Feder von Goebbels, dem Propagandaminister, der in seiner Zeitung »Das Reich« geschrieben hatte, daß Lynchjustiz an notgelandeten Fliegern rechtens sei, daß die Polizei gegen solche Übergriffe nicht einschreiten würde, war unter die Spießer geraten. Es wirkte, wie man sah, bei manchen wenigstens, vorzüglich, auch ohne den Affekt eines eben durchlebten Bombenangriffs. Und die nicht Vergifteten waren gelähmt, man kann auch sagen feige. Sie standen herum und halfen mir nicht, den Mann zu schützen. Ich zog mein Soldbuch, den Ausweis eines jeden deutschen Soldaten hervor und las die Paragraphen über die Ritterlichkeit des Deutschen Soldaten vor, der die Innenseite des ersten Blattes zierte. Aber das galt nicht mehr. Ein Parteimann in der scheußlichen braunen Uniform, die ich einstmals so ersehnt hatte, notierte sich meinen Namen, um mich zur Anzeige zu bringen. Ich schrie, daß der Flieger von der Abwehr verhört werden müsse und deshalb vernehmungsfähig zu bleiben habe. Das sei kriegswichtig. Was der Ruf an die Menschlichkeit nicht vermochte, gelang dem Gedanken an den Krieg. Der Mann wurde nur noch beschimpft, ohne daß er ein Wort verstehen konnte, und bewacht, bis vom Fliegerhorst ein Wagen mit einigen Soldaten kam. Jetzt erst, in den Händen der Luftwaffe, war sein Leben sicher. Hitler bezeichnete gegenüber dem Generalstabschef der Luftwaffe die Ausübung solcher Selbstverständlichkeiten als ein »Feigheitsabkommen der deutschen Luftwaffe mit dem Feind«. Er meinte, man wolle sich so bei Abschüssen über der Insel des Lebens versichern.

Geschunden, blutend, verbissen blickend, saß der Flieger mit seinem Bewacher hinten in dem Lastwagen und würdigte den Pöbel keines Blickes mehr. Mir war es ein Bedürfnis, dem Manne etwas wie eine Entschuldigung für das schändliche Verhalten meiner Landsleute zu sagen. Ich sprach ihn in seiner Sprache an. Statt des erwarteten Dankes und der Freude über den Trost erntete ich nur Verachtung. Demonstrativ drehte er seinen Kopf zur Seite. Er war mit den Deutschen fertig! Zunächst empfand ich diese Geste als groben Undank und war geneigt, alle Briten als arrogant zu bezeichnen. Je länger ich aber über die Empfindungen des Gequälten nachdachte, desto mehr begriff ich seine Reaktion. Einige tröstliche Worte sind kein Radiergummi, der das Erlebnis des Totgeschlagenwerdens auslöscht.

Um Weihnachten 1944 stand die Stadt Dresden noch unversehrt. Als einzige deutsche Stadt ohne jeden Bombentreffer galt sie mir als eine Art Wunderland, und es war kein schlechter Gedanke, die Hochzeitsreise dorthin zu machen. Der Stadtteil »Weißer Hirsch« hatte zudem einen guten Ruf als nobler Kurort und versprach die Ruhe, die der Flitterwöchner benötigt, um über seine neue Lage nicht nachdenken zu müssen. Die Flitterwochen dauerten fünf Tage, weil die Wehrmacht diese Frist unter den gegebenen militärischen Verhältnissen für ausreichend erachtete. Ich kann heute nicht mehr sagen, ob mir diese Zeit zu kurz oder zu lang erschien. Die Gedanken waren sowieso zur Hälfte bei den Kameraden in der Geschützstellung. Würden sie wohl den Ausbau richtig machen ohne den Chef? Ob wohl die Russen uns schon erkundet hatten und ihren eisernen Segen in unsere gepflegte Anlage gossen? Die Zeit der weißen Zäunchen war vorbei, aber wir hatten viel für unsere Sicherheit getan.

Auch für unsere Verdauung. Dieses unerläßliche Gebäude bereitete im Bau enorme Schwierigkeiten. Der hartgefrorene Boden war nicht aufzugraben und mußte mit Minen gesprengt werden. Ich nahm bei den benachbarten Pionieren Privatunterricht im Sprengen und erhielt eine große Kollektion Sprengstoff aller Art geschenkt. Dem Bubenalter des »Zündelns« noch kaum entwachsen, hatte ich mit den Pülverchen viel Spaß und ersetzte die Schaufel durch die Zündschnur, wo es nur ging. Größere Löcher machte ich mit Riegelminen, mittlere mit Tellerminen, kleine mit Sprengpatronen. Für den mehrsitzigen Verdauungspalast opferte ich drei Tellerminen. Die Lage des Gebäudes war strategisch ausgezeichnet. Auf einem leichten Hang, der Feindseite abgekehrt, damit die Artillerie der Russen den Aufenthalt nicht stören konnte. Auf Türen wurde verzichtet, um nicht den Blick auf den Troß und die Feldküche zu versperren. Einerseits. Andererseits erübrigte es sich so auch, ein Schloß mit weiß-rotem Sichtzeichen »frei – besetzt« anzubringen. Nie ganz gelöst habe ich das Problem mit der Heizung. Der Gedanke an den eisigen Wind im und unter dem Rücken verfolgte mich deshalb bis ins gekachelte, geheizte Bad des Hotels in Dresden. Ich entwarf in der »Freizeit« der Flitterwochen deshalb ein vorgefertigtes, bewegliches, sogar motorisiertes Häuschen mit der Bezeichnung: Fahrbares Feld-00 (mot.). Durch das vorzeitige Ende des Krieges kam das Gerät nicht mehr in die Rüstungsproduktion und zum Einsatz an der Front, wo es sicher eine entscheidende Wende herbeigeführt hätte nach dem Versagen der anderen V-Waffen.

An Unfreundlichkeit und Häßlichkeit waren die Berliner Bahnhöfe kaum zu überbieten. Sie wurden auch durch die Verdunkelung nicht schöner, höchstens noch unheimlicher. Der Wind pfiff eiskalt durch die Halle des Stettiner Bahnhofs und machte die Gesichter der Feldpolizei nicht freundlicher. Auf der Brust der Gendarmen glänzte das prunkende Blechschild und deckte die Herzgegend gründlich ab, damit dieses Organ von allen menschlichen Einflüssen unberührt blieb. Diese Männer sollten doch die armen Sünder von Urlaubsüberschreitern, Umwegfahrern und Drückebergern fangen und dem strengen Richter zuführen. Fürwahr kein schöner Beruf! Aber in einer Armee von Millionen Unfreiwilligen sind die Häscher gar nicht wegzudenken. Ihr Anblick gab aber auch dem Besitzer einwandfreier

Papiere ein ungutes Gefühl in der Magengegend, und man fühlte sich als Soldat keineswegs kameradschaftlich verbunden mit diesen Aufsehern. Sie blieben, ohne eine Schuld zu tragen, immer eine besondere Kaste. Nicht einmal meine hübsche junge Frau erregte ihr Aufsehen. Weil sie keine Uniform trug, denke ich. Wir passierten die Wächter und suchten meinen Fronturlauberzug in Richtung Osten. Die Züge trugen an ihren Wagen Schilder wie jeder normale D-Zug, aber die aufgeführten Bahnhöfe deckten sich nicht mit den beliebten Reisezielen der friedlichen Reisenden, sondern waren recht unbedeutende Orte irgendwo hinter der Front. Diese Endstationen wechselten zuweilen mit dem Frontverlauf. Vor Jahren waren es russische, dann polnische und jetzt wieder deutsche Ortsnamen. Auch die deutschen Namen blieben nicht lange die gleichen, und mir schwante nichts Gutes, als ich auf einem anderen Bahnhof aussteigen sollte, als dem, wo ich meinen Hochzeitsurlaub angetreten hatte. Ich machte den Abschied männlich kurz und bat meine Frau, nicht zu warten, bis der Zug langsam aus der Halle schlich. Das Winken hätte mir den Abschied nicht erleichtert. Gut verpackt in meinen wattierten Winterkampfanzug lag ich in der Ecke des stockdunklen Abteils und war so traurig, daß ich jede Unterhaltung mit den Abteilgenossen vermied.

18 Stunden später erstarb der Zug irgenwo in Ostpreußen. Der Schnee knarzte unter den Füßen auf dem Wege zur Baracke der Frontleitstelle, die uns gleichgültig in Empfang nahm. Damen in Schwesterntracht reichten uns heißen Kaffee aus zerbeulten Aluminiumkannen und suchten durch ihren rührenden Dienst der Nächstenliebe, uns etwas Kraft zum Endsieg zu geben. Noch wußten sie nicht, daß sie bald selbst auf der Flucht und auf Nächstenliebe angewiesen sein würden. Der Kaffee tat mir gut. Nach einem völlig sinnlosen Blick vor den Bahnhof, wo nicht einmal im Frieden Taxis standen, fragte ich in der Leitstelle nochmals nach, ob meine Batterie noch in der alten Stellung sei und wie man dorthin gelangen könne. »Zu Fuß!« meinte ein alter Hauptmann. »Die Straßenbahn wird erst nach dem Endsieg gebaut.« Der Rat war ausgezeichnet.

Ich nahm meine Karte zur Hand und schätzte die Strecke. Diese lächerlichen 15 Kilometer müßten auch mit Gepäck und Maschinenpistole um den Hals in drei Stunden leicht zu machen sein. Glücklich über einen Weggenossen von den Gebirgsjägern machte ich mich auf die Socken und lief in die helle Mondnacht hinaus gen Osten. Nach einigen Kilometern kam die Zone der verlassenen Bauernhöfe und das weiberlose Reich der Soldaten. Wir waren jetzt wieder »daheim«. Um Mitternacht sprach mich in meiner Stellung der Posten an und wollte die Parole wissen. Durch die lange Abwesenheit mußte ich leider bedauern, aber mit Jungvermählten hatte er Nachsicht, und er gratulierte mir herzlich. Besonderes sei nicht vorgefallen, nur die Russen würden etwas lebhafter und würden sich offensichtlich einschießen. Bei unseren Nachbarn habe es schön gekracht.

Mit freudiger Erregung schritt ich meinem Unterstand zu, den ich mit vier Männern teilte, und bekam sogleich den Unterschied zwischen frischer Winterluft und behaglicher Soldaten-Ausdünstung zu spüren. In Sekundenschnelle war ich umringt und mußte von Berlin, von der Hochzeit und den Weibern im allgemeinen erzählen. Dann standen die Flaschen auf dem Tisch, damit die Reiseberichte Marco Polos nicht zu trocken würden. Natürlich trug ich dick auf und malte ein Sittengemälde von Berlin, wie es die Einsiedler hier wünschten. Die Augen glänzten, aber ohne den geringsten Neid.

Nur ein alter Wachtmeister, der älteste Mann meines Haufens, war sehr ruhig und nachdenklich. Auf dem Wege zur Latrine fing er mich ab und trug mir sein Leid vor; bei ihm zuhause in Aalen war alles ziemlich im argen, was die Familie betraf. Ich mußte erschütternde Briefe lesen. Wegen des strikten Urlaubsverbotes seit einigen Tagen bestand keine Hoffnung für ihn, nachsehen und helfen zu können. Durch den Rotwein ermutigt, fälschte ich ihm einen Marschbefehl und gab ihm einige gute Ratschläge, wie er es vermeiden könne, wieder hierher geschickt zu werden. Der Tip war relativ einfach: immer mit dem falschen Fronturlauberzug nach Osten fahren, sich dann an der Leitstelle melden, wieder heimfahren und beim Ersatztruppenteil vorstellen, damit keine 24 Stunden ohne Meldestempel vergingen. Mein militärisches Gewissen beruhigte ich mit dem Gedanken, daß ein fast 60jähriger den Krieg auch nicht mehr retten könne. Vier Jahre nach dem Kriege wollte ich wissen, ob das Unternehmen geglückt sei. Er war tatsächlich dem Kampf entronnen. Seine Witwe dankte mir gerührt dafür, daß sie ihren Mann zurückbekommen hatte und seine letzten Lebensjahre mit ihm teilen konnte. Dafür nehme ich gerne in Kauf, daß strenge Leser mich mitschuldig an der Niederlage Hitlers nennen.

Mein Verhältnis zu Pferden war ein sehr lockeres. Als Gassenbub hatte ich die gefrorene Losung dieser edlen Tiere geschätzt, weil stets ein Mangel an Wurfgeschossen in unserer Straße geherrscht hatte. Mit Ehrfurcht hatte ich auch die gewaltigen, schäumenden Bäche bewundert, die sie unter die Bierfuhrwerke ließen. Dann war mir noch bekannt, daß ihr Fleisch nicht empfehlenswert sei. Wie man so ein Riesentier bewegen kann, in bestimmte Richtungen zu laufen, war mir stets ein Rätsel.

Unversehens kam ich hier in Ostpreußen in die Situation, ein Pferd als Fortbewegungsmittel besteigen zu müssen. Zwei Tage nach meiner Hochzeitsreise wurden alle Batteriechefs zu einer Lagebesprechung befohlen, die in einem abgelegenen Gehöft stattfinden sollte. Hoher Schnee machte die Benutzung von Motorfahrzeugen unmöglich. Die befreundeten Gebirgsjäger, die in »unserem« Bauernhof ihre Pferde eingestellt hatten, redeten so lange auf mich ein, bis ich ihnen Glauben schenkte und meinen ungeübten Leib auf einen riesigen Gaul schwang. Innerhalb des Hofgeviertes riskierte ich unter Anleitung einige Runden und stellte sehr erstaunt fest, daß Pferde lenkbar sind wie Motorräder und Autos. Man bedient sie mit Händen und Füßen, teilweise auch mit guten Worten. Nach dem Gashebel fragte ich erst gar nicht, weil ich lieber langsam, aber dafür sicher ans Ziel kommen wollte. Die Jäger waren so anständig, mir ein zuverläßiges Exemplar zu geben, dem zwar unterwegs manchmal hör- und riechbar die Luft ausging, das aber dennoch keinen Platten bekam. Ich war ein König! Der Freund unter mir war mir gut gesonnen und trug mich ganz vorsichtig querfeldein in die befohlene Richtung. Was scheren mich Straßen, was Wege? Ich bin ein Reitersmann und reite übers weiße Feld! Tief sanken die Hufe in den Schnee und fanden den sicheren Grund. Es schien dem Pferd selbst Freude zu machen, denn manchmal wieherte es ein wenig zu meinem Gesang. Oder tat ihm der Gesang weh? Alle hundert Meter klopfte ich ihm glücklich an den Hals und sagte: »Gut so, bist ein braver Kerl!« Diese Anrede muß ihm besonders gut gefallen haben, denn vor seiner Kastration war er bestimmt ein Kerl. Endlich einer, der nicht »Wallach« sagt und an den herben Verlust erinnerte! Zum Dank brachte er mich heil ans Ziel, ließ sich in den Stall führen und sah mich noch einmal genau an, als wenn er mich vor der Besprechung in nüchternem Zustand in guter Erinnerung behalten wollte.

Diese Pferde haben Vorahnungen! In der Tat war ich zwei Stunden später über die bedrohliche Lage ins Bild, aber auch unter Steinhäger gesetzt. Ich kann mich noch gut erinnern, wie man mich aufs Pferd hob und gute Reise wünschte. Dann drehte mein Freund eine Runde im Hof, lief zielstrebig zu einer bestimmten Ecke hinaus, die ich ihm nicht mehr weisen konnte, und bewies, daß die Lehre der Preußen doch richtig war, den Pferden das Denken zu überlassen. Mein Schlaf auf dem Pferderücken wurde nur durch einen plötzlichen Schmerz am Kopf unterbrochen. Dieser rührte von einer ganz natürlichen Sache her! Freund Hippos wollte nämlich in seinen heimatlichen Stall einziehen und bedachte nicht, daß der Reiter für den oberen Türbalken zu hoch saß. Dadurch wurde mir aber erspart, die ganze Nacht auf dem Pferderücken zuzubringen oder in den Stallmist zu fallen. Seit jenem Tage ist mir klar, warum man das Pferd als edles Tier bezeichnet.

Königsberg

Am frühen Morgen des 13. Januar erzitterte die Erde. Es war nicht der Donner eines Gewitters, sondern das Rollen eines Erdbebens, das uns aus dem Schlafe riß. Noch ehe durchs Telefon Bescheid gegeben wurde, erkannten wir die Zusammenhänge und wußten, daß jetzt die Schicksalsstunde für Ostpreußen schlug, daß die Russen sich anschickten, nunmehr in unser Land einzurücken, wie damals die Deutschen nach Rußland vorgestoßen waren. Das Blatt hatte sich gründlich gewendet. Wir hofften, daß es uns trotz Hitler gelingen würde, den deutschen Boden vom Feinde frei zu halten. Als die ersten Schlachtflieger vom Typ IL-2 auftauchten, löste sich unsere Spannung, denn nun konnten wir unser Handwerk ausüben. Nach einiger Zeit blieben aber korrekte Anweisungen für den Beschuß von Erdzielen aus. Wir waren zur Untätigkeit verdammt, obwohl wir in nächster Nähe des Einbruches lagen. Auch ohne große Erfahrung ließ sich das Geschehen als geglückter Einbruch erkennen, weil der Lärm der Panzerschlacht immer weiter von Osten nach Norden zog und schließlich gegen Abend schon links hinter uns vernehmlich war. Den Frontverlauf konnte ich mir gut vorstellen, und wenn wir keine schwerfällige, fahrzeuglose Batterie gewesen wären, sondern eine bewegliche Kampftruppe, hätte man uns sicher in die südliche Flanke des Angriffskeiles geschickt.

Wir wurden in der Nacht mit geliehenen Zugmaschinen und Lastwagen geradezu rückwärts nach Westen in Richtung Angerapp geführt. Im Deutsch des Wehrmachtsberichtes handelte es sich um eine planmäßige Absetzbewegung mit dem enormen Vorteil der Frontverkürzung. Auf einer bestimmten Linie durfte ich mir selbst den besten Platz für eine Abwehrstellung mit Schußfeld gegen Panzer aussuchen. Dann verschwanden die Fahrzeuge wieder, und wir konnten nur hoffen, daß sie uns bei weiterer Planmäßigkeit nicht ganz vergessen würden. Die schweren Geschütze tarnten wir mit Bäumchen so gut es ging, und zur eigenen Sicherheit sprengten wir uns Löcher neben den Kanonen, damit wir uns notfalls von den Panzern überrollen lassen konnten, um ihnen dann in das Hinterteil zu schießen. Es kamen aber den ganzen Tag keine Panzer, sondern nur zurückströmende Truppen vorbei, die uns viel Glück wünschten. Gegen Abend war keine Menschenseele mehr unterwegs. Das gab mir sehr zu denken, und ich mußte daher die zweite Nacht ohne Schlaf verbringen. Am Morgen war es wunderbar ruhig um uns. Als wenn der Krieg schon zu Ende wäre. Die nächtlichen Gedanken hatten zur Folge, daß ich allen Besitz außer dem nackten Leben für überflüssig erachtete und es für richtig hielt, alle bewegliche Habe auf einen großen Haufen zu legen und anzuzünden. Wäsche, Bücher, Spiele, Uniformen, Schuhe, Briefe, kurz alles, was ich nicht am Leibe hatte, übergab ich den Flammen. Bis vorgestern war es mir unmöglich gewesen, auch nur ein Stück herzugeben, aber jetzt hatte ich die Ahnung, daß ich früher oder später den Plunder doch wegwerfen müßte. Weshalb also nicht gleich?

Mein Beispiel machte Schule, und das Feuer brannte bis zum Abend wohlgenährt durch Kostbarkeiten aller Art. Zwischendurch nährten wir uns selbst mit dem Eingemachten aus dem Keller eines verlassenen Bauernhauses so ausgiebig, wie es der

Magen nur aushielt. Die Russen sollten angesichts der leeren Konservengläser jeden weiteren Vormarsch für sinnlos halten.

Am späten Nachmittag hatten wir überraschend wieder Gäste, die aber sehr in Eile waren. Es waren Infanteristen, die uns erzählten, sie seien die Nachhut, und der Iwan wäre ihnen dicht auf den Fersen. Da hinten in dem Wald sei der Feind, allerdings im Vorrücken etwas vorsichtig, weil nicht besonders stark massiert. Um uns Mut zu machen, schossen wir nunmehr in diesen Wald hinein. Schließlich konnte ich doch nicht abwarten, bis man auf uns schießen würde. Durch diese Schießerei mußte unser Regimentskommandeur wieder an uns erinnert worden sein, denn plötzlich kam die Nachricht, wir sollten uns weiter zurückziehen und die Front nochmals verkürzen. Meine Frage, mit welchen Fahrzeugen wir uns und die Kanonen bewegen sollten, überraschte den Kommandeur sehr. Er versprach aber, daß er sich beim Heer für uns einsetzen wolle. Wir sollten auf keinen Fall die Geschütze dem Feind überlassen, sondern die Kanonen unbrauchbar machen und die Munition sprengen, falls keine Fahrzeuge kämen. Tatsächlich kamen nach einiger Zeit einige Lastwagen und ein »Muli«. Das war ein Drei-Tonnen-LKW mit leichten Ketten als Hinterantrieb. Die Lastwagen waren dank unserer gewaltigen Muskelhilfe mit den zwölf Tonnen schweren Kanonen bald fertig und krochen mit zerstörten Kupplungen ohne Anhang aus der Stellung. Das Muli brachte zwei Geschütze bis auf die Straße und roch auch schon so verdächtig, daß der Fahrer ans Weiterfahren dachte. Also mußten wir die übrigen Kanonen unbrauchbar machen. Wir vergruben die Verschlüsse und warfen die Schlagbolzen weit in den Wald. Dann durfte ich wieder zündeln. Diesmal standen 800 Schuß schwere Munition zu meiner Verfügung. In rasendem Tempo legten wir alle Granaten auf einen großen Haufen, packten eine Mine dazwischen und zündeten die Zündschnur an. Die Soldaten hatte ich in Deckung gehen lassen, und ich tauchte in ein Loch in der Nähe, um etwas Heldenmut zu demonstrieren, da mangelnde Feindberührung keine Gelegenheit bot zu zeigen, wer hier der Chef war. Das Feuerwerk war gewaltig! Noch lange nach dem ersten großen Schlag krachte es an allen Ecken und Enden, und es regnete Eisen vom Himmel. Dann band ich ein Maschinengewehr auf einen Kinderschlitten und zog planmäßig nach hinten. Sehr erleichtert über die geringe Verantwortung für nur zwei Kanonen und einen Haufen gesunder Leute.

Ich konnte das Reisen per Anhalter nie leiden. Wenn man es genau nimmt, ist es doch reine Transportbettelei und deprimiert ganz scheußlich, sofern man noch etwas Stolz im Leibe hat. Der Erfolg ist auch immer sehr ungewiß. Hübsche Mädchen kommen zwar ganz gut vom Fleck, müssen dafür aber immer mit der gleichen Frage rechnen. Sagen sie »nein«, dann erstirbt die Konversation mit dem Fahrer, und das Auto ist bald am Ziele, weil der Fahrer nicht zum Ziele gelangt ist. Sagen sie »ja«, dann kommen die Mädchen auch nicht dort an, wo sie wollten, sondern in einen Frühstücksraum, dem maßlose Peinlichkeit anhaftet, die auch durch ein Vier-Minuten-Ei nicht zu überbrücken ist. Der heiße Kaffee kündigt den kalten Abschied an. Manche Männer haben die üble List erprobt, sich als Anhalter mit einem netten Mädchen zu schmücken, damit der Autofahrer in falscher Hoffnung auf die Bremsen tritt. Solche Lock-Mädchen erfüllen ihren Zweck tatsächlich recht gut.

Von meinen Kanonen konnte man dies allerdings nicht behaupten. In den Augen eines Artilleristen waren sie zwar ausgesprochen schön und vielversprechend, die LKW-Fahrer auf der Straße in Ostpreußen versprachen sich aber nichts von ihnen. Weder mein Lächeln noch mein strenges Befehlsgesicht konnten die letzten zurückeilenden Vehikel zum Halten veranlassen. Einige Fahrer waren gerne bereit, uns persönlich mitzunehmen, aber von »der da« – dabei warfen sie böse Blicke auf das Geschütz – wollten sie nichts wissen. Die sei zu schwer, mache Kupplung und Getriebe kaputt. Ich wurde eigensinnig und entwickelte so etwas wie Liebe zu meinen Kanonen. Jetzt sollten sie nicht im Stich gelassen weden! In meiner Sturheit lief ich fast Gefahr, so lange zu warten, bis der Iwan kam, und ihn zu fragen, ob er so freundlich sei, uns mit den Kanonen Richtung Bartenstein mitzunehmen. Als ein Panzer auftauchte, wurde es mir ganz heiß, weil ich zunächst nicht erkennen konnte, ob er Freund oder Feind war. Glücklicherweise war es ein »Tiger«. Der konnte sich nicht auf eine schwache Kupplung herausreden, und so hängten wir insgesamt 24 Tonnen dran. Fürs erste hatten wir es also geschafft! In der Eiseskälte saßen wir auf den Geschützfahrwerken und froren gen Westen. Rings um uns blitzte und krachte es, aber nicht vom Kampf, sondern von den Sprengungen der weichenden Truppen, die auch keine Fahrzeuge hatten. Nach 20 Kilometern hängte uns der »Tiger« ab, weil er einen anderen Weg einzuschlagen hatte und weil eine echte Zugmaschine der Flak ohne Anhängsel am Straßenrand parkte. Der Fahrer hatte kein besonderes Ziel und konnte außer dem Drang nach rückwärts keinen Auftrag nennen. Ich machte mich zu seinem Vorgesetzten kraft der besonderen Lage und hängte ihm die zwei Kanonen an. Mit zwölf Mann bestiegen wir die Plätze des Fahrzeuges und nannten unser Ziel. Die übrigen Männer meines Haufens zogen auf eigene Faust in die angegebene Richtung. Als Treffpunkt hatten wir Zinten ausgemacht, natürlich ohne unsere Vorgesetzten zu fragen.

Weil ich drei Nächte ohne Schlaf zugebracht hatte, konnte ich bei minus 30 Grad auf der Zugmaschine wunderbar schlafen und wachte erst auf, als die Maschine vor einem Berg anhielt. Die Kanonen mußten einzeln hinaufgezogen werden, denn 24 Tonnen waren auf einmal eben zuviel. Das sah sogar ich ein. Der Fahrer meinte, es würde an jedem Berg das gleiche Theater geben und es sei vernünftiger, wenigstens eine Kanone unbrauchbar zu machen und stehenzulassen. Wir kämen sonst bestimmt erst nach den Russen in Zinten an. Auch das sah ich ein. Inzwischen wurden auch die Straßen wieder belebter, wenn auch auf eine sehr traurige Weise. Die ersten Trecks mit Flüchtlingen wurden überholt, und die Gehetzten fanden es sehr eigenartig, daß wir an ihnen vorbeifuhren, statt ihren Fluchtweg zu schützen. Auf den Fuhrwerken türmten sich die Habseligkeiten, hinter den Wagen trotteten Ersatzpferde, und unter den Planen lagen die Frauen und Kinder, die alles auf sich nahmen, um nur nicht der russischen Soldateska in die Hände zu fallen. Schaurige Vorfälle zogen als Gerüchte durchs Land, und leider war es diesmal keine Nazi-Propaganda, sondern bittere Wahrheit. Eine andere bittere Wahrheit kann ich der Gerechtigkeit wegen leider auch nicht verschweigen. Sie ekelte mich so an wie später das Bild der zu Tode geschändeten Frauen und Kinder aus dem Dorfe Metgethen bei Königsberg.

Vom Sitz unseres Fahrzeuges aus sah ich im rechten Straßengraben von Zeit zu Zeit Leichen liegen. Es waren barfüßige Gestalten, in Lumpen eingehüllt, mit blutendem Haupt. Verdammt! Das sind doch russische Zivilisten. Durch einen Elendszug vor uns werden wir zum Halten gezwungen, und ich sehe mit Entsetzen, wie ein Deutscher in Uniform auf einen am Boden liegenden Menschen aus nächster Nähe schießt und die Leiche in den Straßengraben zerrt. Dann geht er wieder weiter hinter dem Zuge drein. Ich springe herab, eile zu dem Mann mit dem Gewehr und frage ihn entsetzt, was er da mache.

»Hören Sie, sind Sie wahnsinnig? Warum erschießen Sie die Zivilisten? Wer sind die Leute?«

»Ach, das sind so Zivilrussen aus einem Arbeitslager. Die sollen zurückgeführt werden. Wer nicht mehr weiterlaufen kann, muß erschossen werden, damit er nicht in die Hände der Russen fällt.«

»Wer hat das befohlen?«

»Weiß ich nicht. Mir hat's der Hauptmann gesagt. Der sitzt da vorne auf dem Bock vom Panjewagen.«

»Aber das ist doch kein Grund, Menschen zu erschießen! In dem Zug laufen auch Frauen mit, wie ich sehe.«

»Herr Oberleutnant, wenn wir sie nicht erschießen, der Russe läßt sie bestimmt verrecken. Meinen Sie, der Iwan pflegt die Halbtoten wieder gesund, die wir liegen lassen?«

»Eine Stunde hinter uns kommt der Russe. Meinen Sie nicht, daß er beim Anblick der Leichen auf Rache an deutschen Zivilisten sinnt? Man sieht doch den Kopfschuß!«

»Kann schon sein. Aber ich hab' meine Befehle.«

»Mann! Und ein Gewissen? Hören Sie sofort auf mit dem Mord! Ihre Hände sind blutig.«

Im Laufschritt eilte ich an der Kolonne vorbei. In der Todesangst hielten sich die Kranken an den Gesunden fest, mehrere Halbkranke schleppten zusammen einen Mitmenschen, um ihn vor dem gräßlichen Ende zu bewahren, um ihn nach einigen Kilometern schließlich aber doch fallenzulassen und bald selbst zu stürzen. Die wenigsten hatten Schuhwerk. Im Januar! Außer Atem erreichte ich den alten Hauptmann, der apathisch vor sich hindöste.

»Ich habe meine Befehle, junger Herr«, gab er müde zur Antwort auf meinen Vorwurf. »Kümmern Sie sich um Ihre Angelegenheiten, und halten Sie den Feind auf. Das ist besser, als hier moralisch zu werden. Sie türmen ja, wie ich sehe. Und da wollen Sie mir sagen, was ich zu tun habe?«

»Sie täuschen sich, Herr Hauptmann. Wir rücken befehlsgemäß in einen neuen Abschnitt.«

»So! Und ich lasse befehlsgemäß keinen Russen lebendig beim Iwan zurück. Jetzt hauen Sie ab!«

Und ich haute ab. Befehlsgemäß. Und hatte Angst um Deutschland nach der Niederlage.

Bald war auch unsere Zugmaschine im Nirwana der Motoren. Wir ließen sie mit der Kanone stehen und wanderten zu Fuß durch Ostpreußen. Unterwegs hörten wir, daß ein Feldwebel, Ritterkreuzträger, standrechtlich erschossen worden sei, weil er, einen Tag von seiner Truppe entfernt, nicht alles unternommen hatte, um sich in den Kampfverband wieder einzureihen. Wir eilten dem Sammelpunkt in Zinten entgegen, um nicht auch ein Opfer der SS-Streifen zu werden, die nach Feiglingen Ausschau hielten. Kurz vor Zinten mußten wir feststellen, daß die Russen schon vor uns am Sammelpunkt waren. Feldgendarmen wußten zu berichten, daß unser Regiment nach Königsberg zog. Aber der Weg dorthin war nicht mehr frei. Wir sollten weitere Befehle abwarten. Vorsichtshalber ließ ich mir diese Anweisung auf einem Zettel bestätigen, um meine eventuelle Hinrichtung zu verhindern.

Heiligenbeil war schrecklich überfüllt von Flüchtlingen. Am 28. Januar fuhr der letzte Zug von Ostpreußen heim ins Reich, und am gleichen Tage trennten die Russen durch die Besetzung Elbings die kurze Landverbindung. Über das Eis des Haffs und die langgestreckte Nehrung ging die Flucht der Ostpreußen in Richtung Danzig. Wenn das Eis brach oder feindliche Flieger Jagd auf die Ärmsten machten, versanken ganze Familien im kalten Wasser des Haffs.

Die Soldaten wurden um diese Zeit noch im Lande gehalten und zu neuen Einheiten formiert, die nach dem Willen des Führers die Festung Königsberg bis zum Endsieg halten sollten. In dem Gefühl des Eingeschlossenseins klammerte man sich ohne jede Logik an die Hoffnung, von irgendeiner Seite doch noch Entsatz und den Weg in die Heimat zu finden. Im Augenblick wären wir aber schon froh gewesen, wenn wir einen sicheren Weg nach Königsberg gewußt hätten. Es gab keinen festen Frontverlauf mehr und darum nur Gerüchte über die Positionen des Feindes. Immerhin bestand noch eine gute Telefonverbindung nach Königsberg und aller Flucht zum Trotz eine Führung, die versuchte, ihre Schäflein wieder zu sammeln. Die geliebte Stimme meines Kommandeurs rief mir durch den Draht aus Königsberg zu, ich solle mit meinen Mannen bald kommen und auch die Kanonen mitbringen. Da mußte ich den Guten leider enttäuschen, aber er trug es mit Fassung und versprach mir fabrikneue Geschütze, die zufällig in der Stadt ohne Bedienung herumständen. Über diese Aussicht waren wir alle recht glücklich, denn Kanoniere ohne Kanonen wurden im Handumdrehen zu Infanteristen gemacht und mußten den Feind auf kurze Distanz bekämpfen. Das war während des ganzen Krieges gefährlich gewesen. Mir genügten jetzt schon die Anstrengungen der letzten Tagesmärsche, und manchmal kam mir der Gedanke, daß es recht blödsinnig war, wegen eines Herzschadens dienstuntauglich geschrieben, freiwillig an diesem Feldzug teilzunehmen. Den Männern konnte ich mich nicht offenbaren, wenn ich mein Herz spürte und Anfälle von Übelkeit bekam, weil sie zur Erhaltung der Stimmung meiner Sorglosigkeit bedurften. Vom Dünnpfiff waren wir alle befallen und konnten diesen auch nicht verbergen. Aber gerade dieses Übel wäre vermeidlich gewesen, wenn wir den erfahrenen Landwirten geglaubt hätten. Die Ursache lag bei der Milch. Die flüchtigen Bauern hatten beim Verlassen der Höfe das Vieh losgebunden und in der Hoffnung seinem Schicksal überlassen, die Tiere würden sich noch etwas Nahrung suchen können und nicht elend brüllend im Stall verhungern. Überall im Land lief herrenloses Vieh herum, scharrte den Schnee auf, fraß Rinde von den Bäumen, ja sogar Stroh von den Dächern. In vielen Fällen konnte es sich in den Scheunen noch lange selbst bedienen. Weil aber kein Bauer zum Melken kam, tropfte die Milch aus den Eutern, und die Kühe liefen uns nach, damit wir sie von den Qualen im Euter befreien sollten. Ich konnte noch nie melken, aber bei diesen Kühen schoß die Milch nur so weg, wenn man an den Zitzen zog. Die bäuerlichen Kameraden warnten uns vor der überständigen und überfetteten Milch, aber in der Kälte war das warme Gesöff so willkommen, daß sich kaum ein Städter beherrschen konnte. Die Spuren dieser Unvorsichtigkeit markierten jetzt unseren Weg von Heiligenbeil nach Nordost. Auch der Besuch einer verlassenen Schnapsfabrik brachte nur vorübergehende Schmerzlinderung.

Dieser Werksbesichtigung zum Trotz standen wir nach zwei Tagen in Königsberg und hatten einen herzlichen Empfang im Stabe. Auch das Wiedersehen mit Teilen meiner Batterie, die auf einem anderen Wege per Anhalter schneller die Stadt erreicht hatte, war eine kleine Feier wert. Eins-zwei-drei hatten wir wieder vier Kanonen und waren eine kampfstarke Batterie. Die Zuteilung an Munition war geringer als jemals zuvor. Ich mußte an meine angezündeten 800 Schuß denken, als der Befehl erging, pro Tag und Kanone keinesfalls mehr als zehn Schuß loszulassen. Der Kommandeur meinte, es würde auch genügen, wenn wir auf die Panzer erst schießen würden, kurz bevor wir erschossen würden. Das sei Ermessenssache des Batteriechefs, aber er hielte eine Distanz von 500 Metern für richtig.

Mit dieser Empfehlung und einem Schlag auf die Schulter ließ er uns im Süden der Stadt eine Stellung beziehen. Noch außerhalb der alten Befestigungsanlagen aus dem letzten Jahrhundert. Vor einem Gutshof fanden wir schönes Schußgelände und eine Umgebung, die es den Russen unmöglich machte, ungesehen anzuschleichen. Die Gutsherrin, eine richtige Dame, deren Mann als Offizier an der Westfront andere Gutshöfe verteidigte, lud uns zum Essen ein und bewirtete uns recht stilvoll. Kerzenlicht, Wein, herrschaftliche Küche. Sie wollte von Dank nichts wissen, hoffte aber, daß wir durch unseren Einsatz ihr Verbleiben auf dem Hof sichern könnten. Wir versprachen unser Bestes. Im Morgengrauen hielten wir unser Wort dann sofort, indem wir die ersten Panzer mit Prachtschüssen und nach dem Rezept des Kommandeurs abknallten. Auch einen Versuch feindlicher Infanterie konnten wir im Keime ersticken. Die gnädige Frau war sehr mit uns zufrieden, doch war es uns leider nicht möglich, ihre Gastfreundschaft nochmals in Anspruch zu nehmen, weil die heulenden Geschosse einer Stalinorgel den Hof hinter uns einäscherten. Wir kamen nicht mehr aus den Löchern heraus und warteten auf die Dunkelheit, um die Kanonen etwas zu verrücken. Die Kerle hatten sich nämlich auf uns eingeschossen und zwangen uns zu neuen, unbekannten Stellungen. In der Nacht holten wir die Zugmaschinen heran und wechselten den Ort. Nun schossen die Granatwerfer auf das Geräusch hin, und ich mußte so oft auf den Bauch wie im Kasernenhof als Rekrut. Mit nur einem Verwundeten entkamen wir der unwirtlichen Stätte.

An der Ringstraße, die zwischen den alten Forts die Verbindung schuf, ließen wir uns wieder nieder. In einem Fort konnte man ganz ungestört und geborgen kochen und schichtweise schlafen. Beim Mittagessen tauchte unsere ehemalige Gastgeberin auf und bat: »Meine Herren, es tut mir leid, ich hätte Sie lieber bei mir zu Gast, aber heute muß ich Sie bitten, mir Gastfreundschaft zu gewähren.« Sie sagte das ganz ruhig und mit Grandezza. Die Frau war bewundernswert. In Ostpreußen kein Einzelfall. Mehr Haltung als bei den Bewohnern dieses Landes habe ich nie gesehen. Nach der Erbsensuppe mit Speckbrocken zog sie stadteinwärts. Auch wir zogen jeden Tag ein kleines Stückchen stadteinwärts, weil sich das Spiel mit dem Einschießen täglich wiederholte. Zu einem Gegenstoß, um Luft zu schaffen, fehlten ja die Kräfte. Mancher Panzer wurde das Opfer unserer sparsamen Schüsse, aber der Ring um die Stadt wurde immer enger. Der letzte Platz mit freiem Schußfeld war vor der Mühle in Kalgen.

Dieses Gebäude beherbergte große Mengen Mehl und bot auch die Annehmlichkeit kultivierter Schlafzimmer. Als ich abgelöst wurde, um ruhen zu können, nahm ich das schönste Zimmer mit Blick nach Süden. Erstaunlicherweise war es frei. Als gegen Morgen die vordere Wand meines Zimmers einfiel, wußte ich, warum das Fürstenzimmer immer noch zu haben gewesen war. In Zukunft schlief ich, wie die Infanterie, immer in den hinteren Räumen. Dann brannte die ganze Mühle ab, und ich konnte mit Mühe das Mehl sowie zwei Milchkühe retten, die dank der Mehlkost eine beachtliche Milchleistung hatten.

Die nächste Unterkunft war ein Mietshaus mit mehreren Etagen. Man konnte sich die Wohnung aussuchen, aber es stank überall gleich. Die Spülung war nicht mehr in der Lage, die durchziehenden Kompanien zu bewältigen. Überall volle Schüsseln, vom Erdgeschoß bis ins oberste Stockwerk. In der Brauerei Schönbusch gab es wenigstens einen Pferdestall. Dort konnte ich auch meine Kühe und das Mehl abstellen. In dem stabilen Gebäude war der Mensch recht geborgen. Unsere Geschütze standen auf den Straßen und hatten nicht mehr viel Auswahl an Zielen. Jedenfalls verhinderten sie, daß die T 34-Panzer des Iwan in die Stadt hineinfahren konnten wie die Straßenbahn.

Im Brauereikeller versammelte sich inzwischen das Elend.

Hunderte von Obdachlosen, Bürger dieser schönen Stadt, bangten dort unten, während es oben krachte. Mit Hilfe meiner Kühe konnte ich einen Säuglingsdienst einrichten, der die jungen Mütter glücklich machte. Wir stellten uns auf Lagerbier und Schnaps um, damit die Milch an die richtige Adresse kam. Die Atmosphäre in diesem Keller war einfach makaber. Auf dem einen Lager starb ein Greis, wenige Meter weiter wurde ein Mensch geboren, und bar jeder Hemmung schickten sich im gleichen Raum andere Leute zur Zeugung an. Die Untergangsstimmung ermunterte die Primitiven zu primitiven Handlungen, die mir in diesen Tagen wahrhaftig keinen Spaß gemacht hätten. Ein uniformierter Ortsgruppenleiter der Partei lief zwischen den Hoffnungslosen im Keller herum und demonstrierte das Bestehen einer Ordnung. Der Mann enthielt sich aller dummen Nazi-Reden und gab so wenigstens ein gutes Beispiel, während sein Gauleiter Koch schon geflohen war. Die Menge war so fair, ihn nicht anzupöbeln, sondern nahm ihn zur Kenntnis wie den Nachtwächter. Keiner war so traurig wie dieser Ortsgruppenleiter. Für ihn war der untergehende Nationalsozialismus das Ende des Traums vom deutschen Vaterland, das sich seiner Söhne in Ostpreußen bewußter war als die Weimarer Republik. Langsam merkte er, wie man ihn und seinen Idealismus betrogen hatte, was er mir unter Tränen gestand.

Eines Abends erklärte mir der Truppenarzt, daß seine Heimatstadt Beuthen in Oberschlesien auf alle Zeiten verloren sei. Das größenwahnsinnige Bestreben nach einem germanischen Riesenreich würde die Geschichte um Jahrhunderte zurückdrehen. Geschichte dozierend, saß er an meinem Bett, gab mir zwischendurch eine Herzspritze, weil ich erbrach, und schrieb eine Überweisung ins Lazarett.

Ein Wagen brachte mich zum Nordbahnhof, in dessen Nähe das Verwaltungsgebäude der Ostpreußischen Überlandwerke stand. Wo einstmals Strom verschachert wurde, standen jetzt Hunderte von Feldbetten. In der Halle, auf den Treppen, in den ehemaligen Büroräumen. Pausenlos kamen die Verwundeten aus den Außenbezirken an, und immer wieder wurden Betten frei, weil der jeweilige Inhaber ganz still wurde.

Dafür wurde mein Zimmergenosse immer lauter. Der Ärmste war beinamputiert eine Woche in einem Lazarettzug auf dem

Güterbahnhof von Königsberg gelegen. Der Zug hatte noch vor den Russen die Stadt erreichen können, aber das Personal hatte sich verlaufen. Nur zwei junge Schwestern hatten bei den Opfern ausgehalten, ihnen zu essen und zu trinken gegeben und die schweren Fälle mit Spritzen beruhigt. Solange, bis Ordnung in die Stadt einkehrte und der Zug geleert wurde. Diese Zeit war aber ausreichend, um aus Verwundeten Süchtige zu machen. Mein Genosse, ein Leutnant, wimmerte wie ein Kind nach Morphium. Dann versuchte er, den Sani mit Geld zu bestechen. Wenn das nicht half, besann er sich seines Dienstgrades und befahl Morphium. Der Sani blieb standhaft, kam aber zuweilen doch mit der Ampulle und verschaffte uns allen damit Ruhe. Wenn ich den Leutnant an seine Sucht erinnerte und ihn bat, in seinem und unserem Interesse nicht nach Gift zu schreien, dann brüllte er mich an und warf mir vor, daß ich noch alle Gliedmaßen hätte. Es war geradezu peinlich, äußerlich unversehrt in diesem Hause zu liegen. Der Sani blinzelte mir zu und gab dem armen Kerl eine Spritze, daß er wieder zahm und erträglich wurde. Ich bewunderte die Wirkung der Kochsalzlösung und schlief endlich wieder einige Stunden durch.

Der neue Zimmergenosse, der als Dritter im Bunde am nächsten Tage zu uns gelegt wurde, war schon nach kurzer Zeit über unseren süchtigen Freund so aufgebracht, daß er mit ihm zu streiten anfing, als dieser nach der Spritze verlangte. »Idiot!« sagte er, »ist doch alles nur Einbildung. Meinst du vielleicht, ich hab' keine Schmerzen? Aber die geben dir doch kein Morphium. Was denkst du, wie dir das Kochsalz geholfen hat!«

Von diesem Augenblick an half auch das beste Morphium nichts mehr, und in dem Raum war es nur noch für Bewußtlose möglich zu liegen. Das sah der Stabsarzt ein und verlegte mich in einen stillen Flügel des Hauses. Dort konnte die Schwester in Ruhe das Venenstechen an meinem Arm üben. Die tägliche Strophantinspritze bescherte mir ungefähr drei Einstiche und eine gebrochene Nadel. »Oh, Sie haben eine Rollvene!« hauchte die Güte in Person und versuchte es ein weiteres Mal. Es war unmöglich, ihr böse zu sein, denn ihre Lage und ihre Aussichten in der Festung waren schlechter als die der Soldaten. Diese Mädchen waren größere Helden als ich mit meinem zerstochenen Unterarm.

»Hallo! Hallo! Bist du da? Kannst du mich verstehen? Ja – mir geht es gut. Ich weiß nicht... Was machen die Kinder? Viele liebe Grüße an alle, und sei tapfer, Liebes!«

Das war die Stimme des Lazarett-Doktors, der zu dieser späten Stunde ganz offensichtlich ein Telefonat mit seiner Frau zu Hause geführt hatte. Von seinem Stationszimmer aus, das gegenüber meiner Bude lag. Sein letzter Gang führte ihn immer zu mir, und wir plauderten dann ein wenig über alle möglichen Dinge. Ich fieberte seinem Besuch an diesem Abend entgegen, weil ich erfahren wollte, wie man ein Gespräch nach Hause aus dieser Festung heraus führen konnte. Als er merkte, daß ich Zeuge seines kurzen Glückes war, verriet er mir den nachrichtentechnischen Weg. Die Telefonverbindung ins Reich war nicht ganz abgerissen, weil ein Seekabel von früher her unbeschädigt im Wasser lag.

Die Zentrale der Kommandantur gab mir die Nummer in Berlin, als ich sie dem Reservelazarett 112 in Berlin-Wilmersdorf zugehörig nannte. Und das stimmte auch haargenau. Dieses Lazarett war im Krankenhaus meines Onkels. Gleich hatte ich ihn am Apparat, und er fragte ganz aufgeregt, woher mein Ruf komme. Er konnte es fast nicht glauben, war aber restlos glücklich, mich noch am Leben zu wissen und überhaupt zu erfahren, wo ich hingeraten sei. Mit dem Versprechen, an meinem Geburtstag im Juni zu Hause zu sein, wollte ich ihn aufmuntern, aber er sagte ganz resigniert: »Oh, du Optimist! Wer weiß, was im Juni ist.«

Um den Leser nicht unnötig auf die Folter zu spannen, will ich gleich hier verraten, daß ich nicht erst im Juni, sondern schon zwei Wochen später in Berlin war. So etwas wie ein Geburtstag war das auch schon.

Der Doktor benötigte dringend die Betten und schob auf dem Luftwege möglichst viele Transportfähige nach Westen ab. Täglich startete vom städtischen Flugplatz eine Ju 52 nach Wismar. Nach dem rauhen Gesetz, daß 20 Sitzende und Stehende mehr unnötige Esser sind als zehn Liegende, waren meine Chancen nicht die schlechtesten, denn ich konnte notfalls selbst zum Flugplatz laufen. Seit einigen Tagen war der Platz jedoch unter Beschuß. Die Russen lagen ganze drei Kilometer davon entfernt. Der Verkehr stockte. Auch der Weg zum Hafen Pillau war durch einen Durchbruch der Russen unpassierbar geworden. Zwei Drittel der Bevölkerung hatten die Stadt schon verlassen, und der Rest sollte über das Wasser evakuiert werden. Deshalb trat die Besatzung der Stadt zu einem letzten Angriff an und warf den Gegner in wahrhaft heldenhaftem Kampf soweit zurück, daß die Straße nach Pillau frei wurde. Gegenüber von Pillau, auf der frischen Nehrung lag der Flugplatz Neutief. Von dort aus gingen die Transporte weiter. Mit gewissen Störungen und Schwierigkeiten allerdings.

Manchmal schossen die Russen vom Festland herüber, manchmal kamen Jagdflugzeuge, und manchmal kam die Tante Ju nicht fahrplanmäßig durch die Lüfte angebraust. Schließlich gab es für den Abflug von Neutief nur noch eine sichere Stunde. Zwischen ein und zwei Uhr nachts. Flog man früher, geriet man im Westen in die englische Nachtjagd, flog man später, konnte die Kiste eine Beute russischer Tagjäger werden, die sich schon über die Ostsee wagten. War das Wetter zwischen ein und zwei Uhr schlecht, dann fiel der Flug für diesen Tag aus.

Ich stand bei bestem Flugwetter um ein Uhr an der Maschine und wies meine Überweisungspapiere ins Lazarett nach Berlin-Tempelhof vor. Ein Rucksack mit wenig Habseligkeiten war mir verblieben. Die Füße steckten in Gummistiefeln, denn die guten Filzstiefel überließ ich den zurückbleibenden Kameraden. Dicht gedrängt füllten wir die überladene Ju und jubelten innerlich beim ersten Abheben von der Graspiste. Erst der zweite Hupfer brachte den nötigen Stau unter die Flächen und den Vogel zum echten Fliegen. Ich schlummerte sanft ein, wachte aber durch einen Krach unsanft wieder auf. Eiseskälte im Frachtraum! Einige Flugmanöver folgten, und wir verloren an Höhe, bis wir eine glatte Landung bauten in der dunklen Nacht. Wir mußten aus irgendwelchen Gründen vorzeitig in Danzig gelandet sein. Na, das war wenigstens hinter den deutschen Linien und der Heimat ein ganzes Stück näher. Als ich hinaussprang, erkannte ich den Flugplatz von – man rät es kaum – von Neutief, unserem Ausgangspunkt. Die Besatzung tat uns kund, daß sich die Verkleidung vom Cockpit gelöst hatte und der Pilot im eisigen Nachtwind beim besten Willen nicht weiterfliegen konnte. Man müsse mal sehen, wie der Schaden behoben werden könne. Für heute sei der Flug abgesagt. Schöne Pleite! Ich suchte mir im

Fliegerhorst ein Bett und legte mich zur Ruhe, weil mir übel wurde. Um acht Uhr morgens hörte ich wohlig eingerollt ein Motorengeräusch über dem Platz. Mit einem Telefonanruf bei der Flugleitung wollte ich klären, ob der Probeflug zufriedenstellend verlaufe. Die Flugleitung war jedoch sehr erfreut, mir mitteilen zu können, daß die Maschine dank besonderer Wetterlage auf dem Wege nach Wismar sei. Ohne mich! Aber dafür mit meinem Rucksack. Vor Schreck fiel mir nichts Besseres ein, als über meinen Rucksack zu jammern und um einen Funkspruch zu bitten, man möge ihn in Wismar bei der Flugleitung abgeben. Der Kundendienst der ehemaligen Lufthansa wickelte diesen Auftrag vorzüglich ab und bestätigte die Erledigung. Eine Sondermaschine für mich stand aber nicht zur Verfügung, und man verwies mich auf den nächsten Abend. Um jede Panne auszuschließen, setzte ich mich ins Büro zum Wetterfrosch in der Absicht, der Besatzung nach Abholung der Wettervorhersage nicht mehr von den Fersen zu weichen. Die Besatzung holte aber den Wetterbericht nicht ab, sondern wartete gemeinsam mit dem Herrn Inspektor auf bessere Wetterbedingungen. Der Inspektor riet ab, ich riet zu. Die Besatzung schwankte in der Meinung. Um drei Uhr morgens gab der Flugzeugführer seine Zustimmung zum Fluge. Es war die allerletzte Stunde ohne größtes Risiko.

Fliegen ist heute keine besondere Sache mehr. Für mich war es damals schon keine Sensation, aber dieser Flug war der wichtigste meines Lebens und erfährt deshalb – wer würde es nicht verstehen? – eine besondere Würdigung in meinen Reiseerlebnissen.

Über Danzig wurde mir speiübel. Taktvoll zog ich meinen Gummistiefel aus und kotzte hinein. Tüten für solche Anlässe hat nur die zivile Luftfahrt. Weil keine Stewardeß zum Hinaustragen des kostbaren Gutes vorbeikam, hielt ich den Schuh bis Wismar eng umklammert und leerte ihn erst dort auf das Gras des Rollfeldes. Es war März und in Wismar kein Schnee mehr zum Ausputzen des Schuhes vorhanden. Eiskalt lächelnd schlüpfte ich in den Schuh und holte meinen Rucksack ab.

Am Abend des gleichen Tages gab mir meine Mutter neue Socken aus der Kommode, die den letzten Luftangriff besser überstanden hatten als unsere Standuhr mit dem Westminstergong. Nun, es schlugen sowieso die letzten Stunden für die Reichshauptstadt.

OKL

Ich meldete mich im Lazarett in Tempelhof mit meiner Überweisung aus der Festung Königsberg und wurde als »Ambulanter« eingestuft. Das hieß für mich: Zu Hause wohnen, alle zehn Tage Geld abholen und den Zustand weder zu verbessern noch zu verschlechtern.

Ich fuhr in die Provinz Sachsen, wo meine Gattin meiner Heimkehr aus dem Krieg freudig entgegensah. Vorher ließ ich mir aber mein weiteres militärische Schicksal durch den Kopf gehen und kam zu dem Schluß, daß eine Entlassung aus dem Heere keinerlei Vorteile brächte. So kurz vor Kriegsende, man sprach damals noch immer vom »Endsieg«, lohnte es sich nicht mehr, einen Beruf zu ergreifen. Als Entlassener der Wehrmacht mit einem Führungsdienstgrad und etwas Kriegserfahrung wäre ich bestimmt das Opfer des »Volkssturmes« geworden. Hinter diesem Namen verbarg sich das letzte Aufgebot einer ausgebluteten Nation. Jeder Schulknabe über 14 Jahre und jeder Gehfähige unter 65 sowie die wenigen Gesunden und Jungen, deren Arbeit in Rüstung oder Versorgung sie bisher unabkömmlich zum Heere gemacht hatte, wurden zum Dienst im Volkssturm aufgerufen und dessen Milizverbänden zugeteilt. Was der gut bewaffneten und teilweise erfahrenen Armee nicht gelang, nämlich die große Wende herbeizuführen, sollte diesen »Standschützen« gelingen. Die Buben waren vielleicht mit »Andreas-Hofer-Romantik« noch zu begeistern, aber ich hatte im Kriege, den Hitler ohne Rechenstifte geführt wissen wollte, das Rechnen gelernt. Ich errechnete mir beim Volkssturm ein Amt mit der Pflicht, Kinder und Greise in den Tod zu führen. Vom eigenen Ende ganz zu schweigen. Die Schwiegereltern wollten mich überreden, an ihrem Wohnort – sie sprachen von »unsere Evakuierung« – so lange zu bleiben, bis die Engländer dort einmarschierten, was allgemein mit zwei Wochen veranschlagt wurde. Das war mir aber doch zu komisch, auf einem Bauernhof als einziger Soldat wie ein Deserteur in Erwartung des Feindes unterzutauchen. Ich stellte mir die Gesichter der Tommies vor, wie sie mit Geringschätzung einen Kerl von 26 Jahren und mit Offiziersrang ergebnislos auf Waffen untersuchen würden.

Ich fuhr nach Berlin zurück und gelangte durch die Fürsprache eines Kameraden aus der Stabszeit in Münster in das Oberkommando der Luftwaffe, das in Wildpark-Werder bei Potsdam residierte und Hitlers betrügerischen Konkurs in seinem Bereich zu Ende führen mußte. Ehrenwerte Männer, teils wütend, teils sarkastisch, waren gezwungen, gegen besseres Wissen die unsinnigen Befehle der höchsten Führung auszuführen und den Krieg zu verlängern. Als kleines Rädchen in diesem Werk kurz vor dem Stillstand habe ich mich mitgedreht und in den letzten Wochen als Zeuge der Geschichte noch große Augen gemacht.

Eine grobe Übersicht über die Gliederung der Luftwaffe und ihrer Führung mag zum Verständnis beitragen. Hitler war oberster Kriegsherr und seit Rußlands erstem Kriegswinter gleichzeitig Oberbefehlshaber des Wehrmachtteiles Heer, da er sich für den besten Strategen hielt. Den Oberbefehl der Luftwaffe hatte Reichsmarschall Hermann Göring. Sein nächster Mann in der Führung war der Generalstabschef der Luftwaffe. Er hieß 1945 Koller. Wie seine Vorgänger war er ehrenwert, von menschlichem und militärischem Format. Die Fachzweige der Luftwaffe unterstanden dem »General der Kampfflieger«, dem »General der Jagdflieger«, dem »General der Transportflieger« usw. Für den Nachschub und die ganze Versorgung der Luftwaffe war der »Generalquartiermeister« zuständig. Ob der von meinen erfolgreichen Schwarzschlachtungen, meiner Zimmervermietung oder meinen landwirtschaftlichen Erfolgen mit Tomaten gehört hatte, weiß ich nicht. Jedenfalls kam ich in seinen Apparat und erhielt das Ressort »Truppentransporte und Kfz-Kolonnen«. Ehe ich meine Arbeit schildere, umreiße ich nun ein Bild meines »Generalquartiermeisters«.

Er kannte mich am ersten Tag natürlich nicht, vielleicht auch am letzten nicht, denn zwischen ihm und mir standen noch ein Hauptmann und ein Oberst. Aber Herr General von Kriegern schien sich stark für mich zu interessieren. An einem Abend der ersten Tage im OKL schlich er in Hausschuhen, ohne Jacke und mit hängenden Hosenträgern über den Gang. Er kam nicht vom Feindflug über London zurück, sondern hatte soeben auf der

Toilette der sauberen Kaserne seine Last abgeworfen. Ich erkannte ihn auch in derart menschlicher Verkleidung und erwies ihm im Vorübergehen den militärischen Gruß durch Erheben der Hand nach alter Nazi-Art. Halb an mir vorbei, blieb er stehen, drehte sich um, blickte wie ein Schulmeister über die Brillengläser und sprach die unvergeßlichen und überaus ehrenden Worte »Welcher Arsch sind Sie denn?« Außer diesem Führungsgespräch hatten wir nach einiger Zeit noch ein zweites, aber sonst traf er seine Entscheidungen in voller Verantwortung selbst.

Gar nicht für die Luftwaffe interessierte sich ihr Oberbefehlshaber Göring. Innerhalb des Monats meiner Tätigkeit war er niemals dort, und die Kollegen sagten, er sei auch vorher schon lange nicht mehr da gewesen. Er saß in seinem Schloß Karinhall und wollte mit der Niederlage nichts zu tun haben. Der Chef des Generalstabs konnte jedoch nicht über ihn hinweg entscheiden, weil er sich das streng verbat. Selbst traf er keine Entscheidung, also blieb alles Wichtige unentschieden. Wenn es überhaupt noch etwas Wichtiges gab. Zum Beispiel wurde ich von einem seiner Adjudanten telefonisch beauftragt, drei Waggons von Karinhall nach Berchtesgaden laufen zu lassen. Laut Führerbefehl durfte Frachtraum aber nur mehr für Waffen, Munition, Truppenverpflegung und Truppen freigegeben werden. Auf meine Frage, was Herr Reichsmarschall an Waffen nach Berchtesgaden bringen lasse, wurde ich sehr hart angefahren. Ich wagte nicht zu entscheiden, weil ich weder den Führer noch den Reichsmarschall gegen mich aufbringen wollte. Die Entscheidung, ob der Waggon zu stellen sei, überließ ich General von Kriegern. Der gab mir die Entscheidung zurück mit dem guten Rat, so zu handeln, daß mir der Kopf auf den Schultern bliebe. In diesem Falle hielt ich Göring für gefährlicher und gab die Waggons frei mit dem Hinweis, daß ich also gezwungen wurde, dem Führerbefehl keine Beachtung zu schenken. Darüber machte ich eine Aktennotiz, wie es alle im Stabe im Hinblick auf die Kriegsgerichte und aus guter Erfahrung taten.

Von allen Seiten wurden Kfz-Kolonnen angefordert oder ganze Güterzüge für Bewegungen von Truppen und Nachschub. Wir versuchten die Dringlichkeit abzuwägen und zu helfen, wo es ging. So versetzte ich auch auf höchsten Befehl eine große Transportkolonne von Kurland nach Oberitalien. Kurland war eingeschlossen, brauchte also keine Transportmittel. Die Front in Italien war in Bewegung, also sehr verlegen um die Fahrzeuge. Die 'zig LKWs in meiner Liste waren schnell versetzt. Wie sie allerdings aus der Festung Kurland nach Italien hätten kommen sollen, ist mir heute noch schleierhaft. Sie hätten 2000 Kilometer durch Feindgebiet fahren müssen. Vermutlich existierten die Fahrzeuge aber gar nicht mehr, konnten also vom Feind auf der tollen Fahrt hinter der russischen Front nicht erbeutet werden. Der Befehl zu dieser Transaktion kam nicht von General von Kriegern, auch nicht vom Generalstabschef, sondern vom Allerhöchsten selbst, der den verzweifelten Armeeführern Dinge versprach, die es eigentlich schon nicht mehr gab. Einwände von Fachleuten, in diesem Falle von Koller, wies er wütend zurück. Also teilten wir den anfordernden Stellen mit, daß der Befehl des Führers ausgeführt würde, so gut es gehe. Die nötigen Anweisungen seien schon erteilt. Koller kam jede Nacht um zwei Uhr ganz verzweifelt aus dem Reichskanzleibunker zurück und schilderte die irrsinnigen Lagebesprechungen des Wahnsinnigen. Wenn man ihn einmal halbwegs zur Einsicht gebracht habe, sei Feldmarschall Keitel, sie nannten ihn den »Lakaitel«, dem Alten in den Hintern gekrochen und habe ihn wieder auf die sture Linie gebracht. Der »Dicke«, das war Göring, halte seit Stalingrad den Mund, obwohl er doch groß versprochen habe, die ganze eingeschlossene Armee aus der Luft zu versorgen; den Warnungen des Fachmanns für solche Aktionen, des Generals der Transportflieger, zum Trotz, der ihm vorgerechnet hatte, daß dies absolut unmöglich sei. Diese Rechnung konnte ich nach zehn Tagen OKL selbst schon aufstellen. Der General machte seine Einwände aktenkundig, das Heer sandte als letzten Funkspruch: Die Luftwaffe hat uns verraten. In der Zeitung hieß dieser Spruch dann: Wir sterben für Führer und Vaterland! Leider hat die Aktennotiz des Generals der Transportflieger keinem Soldaten in Stalingrad das Leben gerettet. Aber nachfolgende Generationen können so die Wahrheit erfahren, damit sie nicht aus Stalingrad die Thermopylen machen und sich daran begeistern.

Der Soldat an der Front erlebte oft erstaunliche Dinge, die jeder Logik entbehrten und bald bei Pannen oder Niederlagen das Wort vom »Verrat« aufkommen ließen. Der Unfug konnte in dieser Deutlichkeit nicht die Folge reiner Gedankenlosigkeit sein. Es ist heute noch schwer, einem enttäuschten Frontkämpfer klar zu machen, daß dieser Krieg ungewinnbar war. Daß nicht Verrat, sondern falsche Rechnung und der Eigensinn des Höchsten, des Gröfaz, zu wahnsinnigen Befehlen führten. Ein unglaubliches Beispiel aus meinem eigenen Arbeitsbereich liefere ich als Beweis meiner Behauptung.

Die deutsche Kriegsführung war auch auf den Einsatz von Giftgas vorbereitet. Die Chemie lieferte eine besonders gute Sorte, die absolut tödlich war und vor der man sich kaum schützen konnte. Das Gas war überwiegend in Abwurfmunition, also in Bomben gepackt. Die Lager mit diesen Bomben befanden sich hauptsächlich an drei Stellen: im Taunus nördlich von Frankfurt, in der Gegend von Weimar und in der Lüneburger Heide. Daß die Bomben gegen Ende des Krieges als letzte große Wahnsinnstat nicht mehr eingesetzt wurden, lag daran, daß einfach nicht mehr die dafür nötigen Trägerflugzeuge vorhanden waren, um die Bomben über der englischen Insel zum Abwurf zu bringen. Man pries diesen Umstand im OKL mit lauter Stimme und zerbrach sich nur den Kopf, wo man das Gift am besten verschwinden lassen könne. Als sich die amerikanischen Truppen dem Lager im Taunus näherten und es also durch Beschuß in Gefahr geriet, handelte die Luftwaffenführung schnell nach Vernunft. Ein Parlamentär wurde zu den Amerikanern geschickt, der die Lage des Lagers angab und darum bat, im Interesse der Truppen und der Zivilbevölkerung nicht in diese Gegend zu schießen. Die Amis waren vorsichtig und korrekt, ein Unglück wurde vermieden. Krieg wie unter halbwegs zivilisierten Völkern und wie in der guten alten Zeit!

Als Hitler nachträglich von dem Vorfall erfuhr, bekam er einen Wutanfall. Für die folgenden Fälle interessierte er sich dann selbst. Kurze Zeit später erreichten die Amerikaner den Raum um Weimar. Hitler befahl die Räumung des nächsten Giftlagers. Koller kämpfte verbissen um einen vernünftigen Entschluß. Er wies darauf hin, daß die Geheimhaltung nach der Übergabe im Taunus kein Argument mehr sei, daß wir keine Flugzeuge mehr hätten, um die Bomben zu werfen, daß die Verladung gefährlich für die Bevölkerung sei, daß man ja gar nicht wisse, wohin mit dem Zeug, wenn es überhaupt gelänge, die wenigen Züge leer ins

Lager zu bringen. Fast war Hitler gewonnen, da machte Keitel wieder alles zunichte. Der Gröfaz befahl: Räumen! Verladen auf Elbkähne bei Torgau! Koller rief um drei Uhr nachts aus dem Bunker an und sagte resigniert: »Nichts zu machen!« Als er persönlich in den Stab zurückkam, war er wütend und sprach von einem Wahnsinnigen, der unser aller Unglück sei.

Ich ließ sieben Güterzüge in Richtung dieses Lagers dampfen. Einer wurde tatsächlich noch beladen und auf Elbkähne umgeladen. Der zweite geriet in Beschuß, doch eine Riesenkatastrophe konnte gerade noch vermieden werden. Die übrigen Züge blockierten die Bahnhöfe der Umgebung ohne jeden Sinn.

Kurz darauf rückten die Engländer in die Nähe des dritten Lagers in Norddeutschland. Wir waren sicher, daß Hitler nunmehr belehrt sei. Man stelle sich unser Entsetzen vor, als erneut der Räumungsbefehl aus dem späteren Führergrab kam. Wir konnten am Ende nur noch lachen, denn die Lage erwies sehr deutlich, daß die Güterzüge nicht mehr ins Lager gelangen würden. Den Befehl zur Fahrt gab ich deshalb ohne Sorge weiter.

Tag und Nacht taten wir unseren sinnlosen Dienst. Am Tage, weil die Truppe hauptsächlich tagsüber uns beschäftigte, nachts, weil die »Führerlage« am späten Abend im Bunker der Innenstadt begann und die Ausführung der Befehle keinen Aufschub duldete.

Vertretungsweise durfte ich meine Nase auch in die Sparte »Strahlflugzeuge« stecken. Die deutsche Luftwaffe hatte mit der Me 262 das erste serienmäßige Flugzeug mit Strahltriebwerken in Betrieb genommen. Düsenjäger sagt man heute im Volksmund dazu. Um die Entwicklung voranzutreiben, setzte Hitler einen Kommissar mit dem Range eines Generals der Waffen-SS ein. Wenn diese Angelegenheit der Luftwaffe so auch zum Teil entzogen war, war sie dennoch damit beschäftigt. Solche Kompetenzteilungen sind nie gut, und aus einer angeschlagenen Industrie kann auch ein SS-Mann plus Luftwaffe nichts herausholen. Der Plan klappte nicht. Die TL-Triebwerke lagen nie dort, wo die Zellen der Maschinen waren, und die Bodenorganisationen der neu aufgestellten Geschwader mit Me 262 konnten den Verbänden nicht folgen. Es kam zu einigen wenigen Einsätzen dieser technisch interessanten Waffe. Der General der Waffen-SS konnte auch nicht verhindern, daß Hitler einen Verband der

Maschinen in Innsbruck stationieren lassen wollte, wo ein Start der Maschinen wegen zu kurzer Pisten nicht mehr möglich war. Zwar gab es Starthilfen bei der Bodenorganisation der Verbände, aber diese Organisation konnte zu diesem Zeitpunkt nicht mehr von Mecklenburg nach Tirol gelangen. Wir haben sie so verlegt wie die Transportkolonne von Memel nach Mailand. Mit Blitzgespräch über die Leitungen, weil für diesen Vorgang höchste Dringlichkeit angeordnet war.

Die Führung – das gilt auch für die Industrie in Friedenszeiten – pflegt gerne mit Dringlichkeitsstufen zu arbeiten, die der Chef festlegt. Wenn es heiß wird im Getriebe, werden immer mehr Angelegenheiten dringlich, und bald läuft alles unter Stufe eins. Das ist in der Wirkung so wie gar keine Stufe. Deshalb wird die Superdringlichkeit eingeführt. Diese überflügelt erfolgreich die gewöhnliche Dringlichkeit und zeigt anfänglich noch Wirkung. Darüber ist der Chef so erfreut, daß er weitere Objekte zur Superstufe befördert. Bis wieder alles... na ja, der Leser kann sich vorstellen, wie flüssig beispielsweise der Verkehr wird, wenn um 17 Uhr auf dem Stachus in München alle Autos Blaulicht und Sirene haben.

Allmählich mußten wir in Potsdam auch an das Autofahren denken, weil die Stadt kurz vor der Einschließung durch die Russen stand. Die Amerikaner machten Potsdam in einer Nacht aus der Luft noch schnell zu einem Trümmerhaufen und näherten sich anläßlich Hitlers Geburtstag bedenklich der Elbe bei Torgau. Die Lobgesänge am 20. April waren etwas mager, dafür versprach man dem Führer den Entsatz der Reichshauptstadt durch die Armee Wenck, die schlagkräftig und begeistert sei. Wir schauten besorgt auf die Lagekarten, die wir nach den Nachrichten des englischen Senders steckten, weil der Frontverlauf laut Oberkommando des Heeres immer ein wenig altbacken war.

Das OKH zögerte mit der Wahrheit ein wenig, denn sein Chef war Adolf selbst, und der konnte schlechte Nachrichten nicht gut vertragen. Also belog er sich selbst. Das tun übrigens Unternehmer in ihren Bilanzen auch, wenn sie am Ende ankommen oder Selbstvertrauen not tut. Im Kriegsfalle war es aber etwas peinlicher, weil andere Leute im Vertrauen auf den Frontverlauf marschierten, fuhren, flogen. Nachdem ich mehrmals Züge in

Orte geschickt hatte, die laut OKH in unserer Hand, in Wahrheit aber schon an die Amerikaner übergegangen waren, hielt ich mich an die Nachrichten der Engländer. Wenn man ein Büro in unserem Stabe besuchte, genügte ein Blick auf die Karte, um zu sehen, ob der Sachbearbeiter gestern wieder London gehört hatte. Darauf stand die Todesstrafe. Hätten wir anders gehandelt, hätte es für manchen Soldaten den Tod bedeutet, nach falschen Angaben zu fahren.

Selbst Wundergläubigen blieb es nicht verborgen, daß die Amerikaner in wenigen Tagen an der Elbe den Russen die Hand reichen würden. Dann war Deutschland in zwei Teile geteilt, und die Strategen mußten sich diesem Fall auch im Führungssystem anpassen. Der Plan für eine Teilung der Führungsapparate bestand seit geraumer Zeit. Der nördliche Teil sollte dann von Flensburg aus, der südliche von Berchtesgaden aus regiert werden. Die politische Prominenz klammerte sich zu diesem Zeitpunkt noch an die Hoffnung, daß die Alliierten ihre inneren Gegensätze in Kürze hart austragen würden und für die Reichsregierung dann ein herrliches Stündlein käme. Die Wartezeit bis zum russisch-amerikanischen Krieg glaubte man – der Naivität von Amateurdiplomaten war ja keine Grenze gesetzt – in der Alpenfestung verbringen zu können. Die bayerisch-österreichischen Gebirgstäler waren gewaltig bevorratet und in einen Verteidigungszustand gebracht, der dem Namen Alpenfestung zur Ehre gereichen sollte. Als Hauptquartier war Berchtesgaden vorgesehen. Jeder im Stabe wälzte schon in seinem Hirn die Überlegung, ob er sich nach Norden oder nach Süden melden solle. Neben der natürlichen Neigung, sich für die engere Heimat zu entscheiden, gab es natürlich auch die Kalkulation, daß im Süden der Krieg etwas länger dauern würde und in den Alpen der letzte heroische Kampf der Nibelungen stattfinden könnte. So schön die Heldensagen für einen Buben zu lesen waren, so wenig ist der Jüngling mit gesunder Lebensauffasung zur Nachahmung bereit. Weil aber die Sage ging, unser Führer wolle den Sieg in der Reichskanzlei feiern, war die Hoffnung nicht unbegründet, die Alpenfestung könne vorher in Ruhe kapitulieren, noch ehe die germanische Rasse ganz ausgestorben war. Noch waren wir von dem Wert unseres Blutes so überzeugt, daß es uns unklug schien, die letzten Tropfen davon in die Bergbäche zu gießen.

Am 21. April traf jeder im Stabe eine Entscheidung, und wir trennten uns nach herzlichem Abschied mit viel Galgenhumor in den Reden.

Ich stieg auf einen LKW nach Süden. Das war, wie sich später herausstellte, das unbequemste, aber sicherste Transportmittel. Man hatte uns für die Reise auch die Bahn angeboten und gute Unterhaltung versprochen, weil der Sonderzug auch 600 Nachrichtenhelferinnen in Richtung Alpenfestung transportierte. Oft nannte man diese Mädchen wegen ihrer nachrichtentechnischen Arbeit auf recht schnoddrige Weise »Drahtamseln«. Das war nicht böse gemeint, aber die Mädchen hörten diesen Namen sehr ungern. Wie in jeder modernen, also totalen Kriegsführung war die deutsche Armee auch auf die Mitwirkung der Frauen angewiesen. In den Büros der Stäbe, in den Lazaretten und vor allem im Nachrichtenwesen standen die Mädchen ihren Mann. Oft genug starben sie wie Männer. Sie waren uns, wenn man ehrlich ist, ebenbürtig. Manchmal sogar überlegen, und ich kenne nicht wenige Führungsstellen, denen ein Major vorstand, die aber insgeheim von tüchtigen jungen Mädchen hervorragend geleitet wurden, weil sie von dem Geschäft mehr verstanden als ihr Chef. Sie waren dem deutschen Soldaten gleich. Ausgenommen in der Anatomie natürlich, und von diesem Unterschied gingen gewisse Schwierigkeiten, Vorurteile und Witze aus. Die Frauen wurden jedoch einberufen wie Männer. Die Suffragetten in England, die sich für die Gleichberechtigung mit den Schutzleuten auf der Straße prügelten, wären entsetzt, wenn sie die Folgen ihres heroischen Kampfes noch erlebt hätten.

Auf die 600 Helferinnen in dem Sonderzug droschen die Russen und Tschechen ein, als die Bahnlinie außerhalb der Kontrolle deutscher Truppen lief. Die Mehrzahl wurde nach bestialischer Vergewaltigung getötet, und wir hörten von den wenigen Überlebenden acht Tage nach dem Unglück Dinge, die uns die Scham ins Gesicht trieben, weil wir bei Abgang des Zuges dem Expreß einen zotigen Namen gegeben hatten. Das männliche Begleitpersonal wurde restlos niedergemacht.

Etwas besser erging es dem Lufttransport, zu dem wir auch eingeladen waren. Die Maschine machte in der Tschechei mit einem Toten und einigen Verletzten Bruch. Nur die LKWs, ausgenommen dem einen, der in Reichenhall in einen Luftangriff geriet und seine Besatzung verlor, kamen in einer abwechslungsreichen Fahrt in Berchtesgaden an.

Was man als Fahrkomfort bezeichnen darf, wird sehr unterschiedlich beurteilt und hängt immer davon ab, mit welchem Vehikel bisher gefahren wurde. Unser Reichsmarschall hätte trotz seiner guten Fettpolsterung den Dreitonner Opel Blitz ein Marterinstrument geheißen, weil er an Mercedes SSK gewöhnt war. Meine Erinnerung an den großen »Horch« beim Luftgaukommando war längst verblaßt, und im Vergleich zu Zugmaschinen und Motorrädern war der ziemlich neue Lastwagen sehr komfortabel. Er war auch objektiv gesehen ein gutes Fahrzeug, denn die Qualität deutscher Erzeugnisse lag gegen Ende des Krieges allen Erschwernissen zum Trotz immer noch etwas über der heutigen Wertarbeit. Es lohnte sich nicht, des Akkordes wegen Pfuscherei zu leisten, weil es für den Lohn sowieso keine verlockenden Güter zu kaufen gab.

Unser Opel gab keinen Anlaß zur Reklamation. Er ließ sich willig bis obenhin mit Aktenkisten füllen, nahm neben dem Fahrer einen Hauptmann, einen Gefreiten und mich in Kauf und fuhr mit dem sparsamen Licht der Tarnlampe in die Nacht hinaus. Die Strecke war mit Feldpolizei gut abgesichert, damit kein Flüchtling in die russischen oder amerikanischen Linien geraten konnte. Der Schlauch zwischen den Fronten war recht schmal, vor allem in der Gegend von Torgau, und man mußte sich so eng wie möglich an die Elbe drücken. Der Verkehr in südlicher Richtung war lebhaft, aber nicht beängstigend, weil sich ja nicht einfach jedermann aus Berlin absetzen konnte. Wir wurden von vielen Prominenten in dieser Nacht überholt, die alle das nahe Ende hinausschieben wollten. Göring raste an uns vorbei in der Nacht, und in Meißen glaubte ich Ribbentrop, den Außenminister, zu erkennen.

Als unser oberster Chef der Luftwaffe in Berchtesgaden ankam, wurde er gleich von der Leibstandarte Adolf Hitlers, der Garde des Führers, unter Bewachung genommen, weil ihn Hitler zum Tode verurteilt hatte. Göring unterließ es vor der Fahrt, sich bei seinen Kumpanen in der Reichskanzlei abzumelden. In den Augen seines Chefs war er fahnenflüchtig geworden. Die Erschießung Görings fand aber nicht statt, weil in Berchtesgaden die Machtverhältnisse etwas unklar waren. Die SS ließ ihn nicht vom Obersalzberg herunter, griff aber nicht an, weil ziemlich viel Luftwaffe am Ort war, die womöglich ihrem Chef geholfen hätte. Auf Befehl natürlich, denn persönlich war er uns ganz gleichgültig. Er kümmerte sich auch nicht um uns. Sicher hätte es so manchen Soldaten gegeben, der ganz gerne einmal ein bißchen auf die hochnäsige Leibstandarte geschossen hätte.

Die meisten Kilometer waren in der Nacht zu leisten. Am Tage suchten wir gerne mit dem Wagen Waldlichtungen auf. Nicht um Pilze zu sammeln, sondern um den Jagdfliegern zu entgehen, die ein wahres Scheibenschießen veranstalteten. Immer wieder kamen wir an rauchenden Fahrzeugen vorbei und wurden durch diese daran erinnert, keinen Meter ohne Fliegerposten zu fahren. Im Dach des Führerhauses war eine runde Öffnung mit einem Drehkreuz für Maschinengewehre. Durch dieses Loch schaute abwechselnd immer ein Mann nach vorne und nach den Seiten, während ein weiterer Mann hinten aus dem Wagen äugte. Mehrmals gab es Alarm, und manchmal ließen wir den Wagen alleine stehen und sprangen behende in den Straßengraben. Die Explosionsgefahr war gering, denn fast alle Fahrzeuge auf der Route enthielten keine Munition, sondern Papier und Verpflegung.

Unsere Laune wurde mit jedem Meter, den wir uns von Berlin entfernten, besser. In Dux, Pilsen, Klattau mußten wir jedoch zur Kenntnis nehmen, daß für die Deutschen in der Tschechoslowakei kein Grund zu guter Stimmung vorhanden war. Die Greuel und das schlimme Ende des großdeutschen Traumes lagen schwer in der Luft im Sudetenland. Gerüchte aus dem östlicheren Teil des Landes waren schon hierher gelangt. Sie ließen nichts Gutes ahnen. Das Ortsschild von Zwiesel im Bayerischen Wald las ich wie einen Freispruch mangels Beweisen. In der Donauebene grünten die Felder schon ganz leicht und schlugen den todeswütigen Menschen ein Schnippchen.

April ist im Frühling, und Frühling heißt erwachendes Leben. Daran können Russen, Tiefflieger, Parteibonzen, Generalstäbler, Politiker und Widerständler nichts ändern. Ändern könnte das allenfalls der liebe Gott, aber der ist nicht so verrückt wie die Menschen und zerstört seine eigene Leistung in einem Anfall von Maßlosigkeit. Er ist selbst das Maß. Wir könnten das rechte Maß von ihm abschauen und danach leben fast wie im Paradies und mit erträglichen Unvollkommenheiten. Wir könnten! Wenn es nicht die ruhelosen Verbesserer gäbe, die sich nicht mit dem Ebenmaß Gottes begnügen und die Welt besser ordnen wollen, als es ihr Schöpfer vermochte. Wie groß doch die Geduld des Allmächtigen ist! Ich mußte daran denken, als ich Niederbayern bei strahlender Sonne durchfuhr und die Kirchtürme winken sah, in deren Schatten Er kaum weniger beleidigt wird als im Urwald, wo man seinen Namen noch nicht kennt. Dank seiner Güte fingen die Felder wieder an zu sprießen und ließen auf Brot hoffen.

Es war wieder Föhn. Wie damals im März 1933, vor zwölf Jahren, als die Hakenkreuzfahnen so stolz flatterten. Jetzt war keine Fahne mehr zu sehen. Das rote Kreuz war auf die Dächer vieler Gebäude gemalt und erinnerte an die unzähligen Verwundeten, die in Hilfslazaretten persönlich für den Nationalsozialismus hafteten, ohne jemals Komplementär gewesen zu sein. Im Süden wurde die Linie der Alpen immer deutlicher, und wir fuhren wie Urlauber direkt auf sie zu. In Bad Reichenhall gab es Fliegeralarm, der in dieser Gegend wie ein Witz klang. Unser Fahrer gab instinktiv Gas und raste wie verrückt aus dem Ort hinaus. Ein zweites Fahrzeug aus unserem Stabe, das mit uns alle Fährnisse überstanden hatte, fand nie mehr den Anschluß nach diesem Alarm.

Kurz vor Berchtesgaden an der Reichenhaller Straße, noch etliche Meter höher als der Marktflecken gelegen, begrüßen den Urlauber und den flüchtigen Generalstäbler die ersten Fremdenheime und Hotels. Zu den Häusern beachtlicher Kategorie zählt das Hotel Geiger. Wer dort wohnen konnte, mußte über schöne Einkünfte verfügen oder wie wir zum Beispiel dem Oberkommando der Luftwaffe angehören. Für uns spielte der Preis keine Rolle, weil wir auf Kosten unseres Arbeitgebers untergebracht waren. Der Besitzer des Hauses war selbst Soldat und hielt sich nicht in der Gegend auf. Seine Frau führte das Unternehmen. Sie war bemüht, sich nicht anmerken zu lassen, daß ihr Preußen in Zivil mit Gold in der Tasche als Gäste viel lieber waren als Preußen und Bayern in Uniform mit Gold in den Rangabzeichen. Mit unserem lauten Betrieb konnten wir ihr aber gar keine besseren Gäste vertreiben, weil keine im Orte waren.

Berchtesgaden war ein Heerlager von Büromenschen geworden und hatte Tausende von Schreibmaschinen in seiner Gemarkung versammelt. So viele, daß nach dem Kriege die Sage ging, dort könne man von vielen Bürgern für ein Pfund Kaffee eine fast nagelneue »Olympia« oder »Wanderer« bekommen. Zumindest das Prädikat »nagelneu« entsprach der Wahrheit, denn die Stäbe begannen bereits, ihre Schriftstücke zur Verbrennung vorzubereiten und legten deshalb – seltene militärische Logik – möglichst wenig neue Akten an.

Die Zeit dort war recht angenehm zu verbringen. Allein der Rundblick über die Berge und ins Tal konnte den Naturfreund mehrere Stunden am Tage beschäftigen. Wir genossen dieses Geschenk. Auch ich beteiligte mich, obwohl Bayer, an der Betrachtung des Panoramas. Mögen mir die Bewohner dieser Gegend verzeihen, ich weiß nicht recht, wie ich es taktvoll ausdrücken soll, aber irgendwie hat dieser Ort für viele Einwohner Oberbayerns einen Makel. Er zählte dank seiner schönen Landschaft schon damals zu den Fremdenverkehrsorten und hatte Saison. Solche Schönheiten werden unwillkürlich mit dem gleichen Respekt bewundert wie Mannequins auf dem Laufsteg oder genauso lästerlich kritisiert.

Zu allem Unglück hatte sich noch Hitler diese Gegend auserkoren, auf dem Obersalzberg ein Anwesen erworben und dort oben Politik gemacht. Weitere Prominenz der Partei zog es dadurch unwiderstehlich ebenfalls auf diesen Buckel, und nach einigen Jahren Dritten Reiches war der ganze Berg Inbegriff des Nationalsozialismus. Eine Wallfahrt Millionen Deutscher zog den Berg hinan, um an der Stelle zu verweilen, wo der Verehrte Kraft für neue Taten schöpfte. Nah kam man nicht heran an seinen Berghof, aber es soll immer wieder vorgekommen sein, daß er spazierengehend auftauchte und Kindern die Wange streichelte. Schon ein Blick auf seinen Schäferhund hatte manchen Fanatiker in Ekstase versetzt. Später baute der Führer auf einen Gipfel das berühmte Teehaus, das man im Bergesinneren durch einen Fahrstuhl erreichen konnte. Dann brauchte er keinem Menschen zu begegnen.

Heute kann man dort Abertausenden von Amerikanern in die Arme laufen, die ein Mauerstückchen und ein wenig Mördergruseln von dieser Stätte mitnehmen. So hat der Ort durch unsere Befreier wieder einen Hautgoût bekommen – und Umsätze. Ich halte es für Ehrensache, daß man sich den Besuch des Obersalzberges verkneift und dafür lieber die herzliebe Einrichtung des Wittelsbacher-Wohnsitzes in Berchtesgaden als Zeugnis bayerischer Kultur anschaut. Der Berghof des Führers hat mit seiner gewollten Bäuerlichkeit außerdem in Deutschland eine Kitschwelle ausgelöst, die nur noch von der rustikalen Masche der Jahre nach 1960 übertroffen wurde. Man sprach vom Berghofstil, wenn ein Sofakisen mit dicken Noppen handgewebt wirken wollte; wenn falsche Balken unsinnig die Decke kreuzten; wenn mehr Holz und mehr Schnitzerei am Balkon hingen, als schön und nötig war; wenn hehre Frauen knöchellang das Selbstgesponnene wallen ließen; wenn man so wohnte, wie man sich nördlich der Donau das Leben bayerischer Bergbauern vorstellte. Und das Schlimmste war, einige Bayern taten den Fremden den Gefallen und halfen mit, das Klischee zu verewigen.

Die Küche im Hotel Geiger war von sehr guter Qualität. Im nahen Lager von Strub waren unheimliche Mengen von Cognac, Champagner, Likör und Zigarren eingelagert. Allmählich sprach sich herum, daß der Führer weder raucht noch trinkt, und die Verwaltung begann ohne Bedenken mit der Verteilung. Erst ganz vorsichtig bei den höheren Dienstgraden. Aber bald bekam ich als kleiner Oberleutnant auch meine Zuteilung. In den letzten Tagen besoffen sich sogar die Mannschaften, die nicht schon vorher gute Beziehungen zu ihren Vorgesetzten hatten.

Nichts ist schöner, als gastlich sein zu können! Mein Schlafgemach gegenüber vom Hotel im Hause Margareta war oft abendlicher Schauplatz geselliger Runden. Wir versuchten dabei immer, einem gemütlichen, älteren, österreichischen Major klarzumachen, daß der Führer keine Wunderwaffe mehr habe, um den Krieg zu beenden. Höchstens die Kapitulation! Der Alkohol beflügelte wohl die Worte des Harmlosen, aber nicht seine Logik. Er wurde immer trauriger dabei und mußte manchmal sogar weinen. Die Zimmermädchen, denen wir am Vormittag Pommery einflößten, mußten lachen. So noble Gäste hatten sie noch nie erlebt, die dann sogar den Staubsauger nahmen und prüften, ob der Champagner mag. Pfui, wie das Gerät den Sekt ordinär und hörbar schlürfte! Wie ein Prolet! Es war doch besser, wenn man das Zeug selbst schluckte.

In einen derartigen Test tönte das widerliche Geheule der Sirene hinein. Wir traten vor das Haus und bewunderten eine Formation von Kampfflugzeugen, die aus Italien kam, ohne unterwegs behindert worden zu sein. Jedem von uns war es völlig unverständlich, was in Berchtesgaden noch »Kriegswichtiges« zu treffen sei. Es wäre jedoch wohl ein unbilliges Verlangen, von den Entschlüssen hoher Militärs immer Zweckmäßigkeit oder gar allgemeine Verständlichkeit zu fordern. Man konnte diese Bombenwürfe in den letzten Kriegstagen notfalls einem Winterschlußverkauf in Sachen Munition gleichsetzen, bei dem es weniger auf den Gewinn, als auf die Räumung oder die Werbung ankam. Als Angestellte einer ehedem sehr leistungsstarken Firma blickten wir staunend auf die Vögel der Konkurrenz, die unbehelligt und prächtig glänzend im Tiefflug den Obersalzberg anflogen. Die Bombenschächte öffneten sich. Im Glas ließen sich die riesigen Bomben leicht ausmachen, deren Ziel Hitlers Idylle aus guten Tagen war. Die Explosionen berührten uns seelisch wenig. Kein Gedanke an sterbende Bürger in Häuserblocks griff ans Herz, kein Haß gegen die Banausen mit dem Kultur-Radiergummi aus Dynamit regte sich. Über allem stand der nüchterne Gedanke, daß in wenigen Tagen dieser Krieg zu Ende sein würde.

Das Ende und die Schwäche der Nazis wurde noch deutlicher durch das Auftreten der »Freiheitsaktion Bayern«. Politisch kann ich diesen Hauch eines Widerstands kaum würdigen, weil er schnell aus der Diskussion verschwand. Immerhin war es nicht ganz ungefährlich, im letzten Monat des Tausendjährigen Reiches über einen Sender die Bevölkerung zum Widerstand gegen die Nazis aufzurufen. Die Unternehmer dieser Aktion riskierten jedenfalls mehr als wir amüsierten Rundfunkhörer in Berchtesgaden. Vielleicht haben sie mit ihren Aufrufen doch noch einige Bayern oder Gäste in Uniform davon abgehalten, eine Brücke zu sprengen oder einen todbringenden Schuß abzugeben. Das wäre besser als nichts. Auf die einmarschierenden Sieger machte dieser Kleinaufstand allerdings keinen Eindruck. Sie hatten keine Hilfe mehr nötig.

Im Stabe machte sich Aufbruchsstimmung breit. Immer mehr Papierchen wanderten in den Ofen. Der Generalstabschef flog ein letztes Mal nach Rechlin in Mecklenburg und von dort in der Nacht mit dem Fieseler Storch in das untergehende Berlin. Am

Steuer der kurzstartenden Maschine soll eine Frau, Hanna Reitsch, gesessen haben. General Koller erzählte die Geschichte nicht selbst, aber sie wurde ernsthaft verbreitet. Nach seiner Rückkehr war er teils deprimiert über das Gesehene, teils erfreut über das sichere Ende Hitlers in der Reichskanzlei. Die Gefahr eines Endkampfes im Gebirge schien gebannt. Die Nachricht vom Tode des Führers war keine Sensation mehr. Wir hatten andere Sorgen.

Vor allem die, auf welche Weise das persönliche Hab und Gut über die Kapitulation zu retten sei. Man grub Löcher wie ein Dieb, gab Bauern voll Vertrauen Koffer zur Aufbewahrung, wähnte normale Keller als sichere Abstellräume für Gepäck und debattierte alle Möglichkeiten. Mir fiel ein, daß ich in einer Mühle bei Oberaudorf eine alte Tante hatte. Sie war im Kriege dorthin ausgewichen, wo sie ihre Sommerferien regelmäßig verbracht hatte. Die Mühle war geräumig, die Tante unverdächtig und der Hausherr grundehrlich. Es gab keinen besseren Platz zur Aufbewahrung! Meine Kollegen waren begeistert von meiner Tante und drängten mich, recht bald zu ihr zu fahren. Als Generalstäbler fanden sie auch schnell die mögliche Route dorthin. Die war landschaftlich sehr schön, dank der Amerikaner aber ein ziemlicher Umweg. Ich mußte mit einem Dreitonner-Lastwagen von Berchtesgaden über Lofer, St. Johann und Kufstein reisen, obwohl die Autobahn über Rosenheim viel schneller gewesen wäre. Dort reiste aber die US-Army erstmals ins Bayerische Alpenland. Unterwegs fiel Schnee in den Bergfrühling. Über Nacht war alles wieder weiß wie Monate zuvor. Solche Rückfälle in den Winter sind dort nicht ungewöhnlich, für Autofahrer ohne Ketten jedoch mörderisch. Meine hohe Aufgabe trieb mich zur äußersten Leistung, und erschöpft türmte ich in der Mühle die Koffer zu einem Berg, der mit einer großen Plane zugedeckt wurde. Die polnischen Gastarbeiter der Landwirtschaft waren mir behilflich, denn sie mußten ja einige Tage später wissen, wo alles lag. Mögen sie die Koffer gut nach Polen gebracht haben!

Die Rückfahrt fand angesichts der Amerikaner in aller Eile statt. »Angesichts« ist vielleicht der unpassende Ausdruck, denn sie tummelten sich überwiegend in der Körperrichtung, wo sich das Gegenteil des Gesichtes befindet. Die Straße von Kufstein nach St. Johann gibt an schönen Sonntagen noch heute dem Kraftfahrer etliche Probleme auf, wenn die in Richtung Kitzbühel stürmenden Skifahrer den Kavalier am Steuer vergessen. An jenem Maitag 1945 war es besonders schlimm. Die enge, steile und gewundene Straße trug einen Lindwurm von Lastwagen, deren Fahrer zum großen Teil so wichtige Aufträge zu erledigen hatten wie ich. Mein leerer Wagen war ein Phänomen und gab mir das moralische Gewicht dessen, der einen rein militärischen Auftrag erfüllt, nämlich zur Truppe zurückzukehren. An einigen Stellen stockte die Schlange, weil irgendein überladenes Fahrzeug eine Panne hatte. Überholen war unmöglich, warten noch unmöglicher. So bürgerte sich die schöne Sitte ein, die müden LKWs vom Rand der Straße noch ein wenig weiter zu schieben, bis sie mit Donner und Getöse in das Flußbett der tiefen Schlucht stürzten. Die Mehrheit der Aufgehaltenen erzwang einfach diese Art der »Pannenhilfe«, der wirklich jede Ähnlichkeit mit der ADAC-Straßenwacht von heute mangelte.

In Berchtesgaden empfingen mich die Kollegen nicht ohne Bewunderung. Teils priesen sie meine Fahrkünste, teils meine lautere Gesinnung, die durch die reine Tatsache meiner Rückkehr bewiesen wurde. Mancher mag mich im Stillen in der Mühle in seinem Koffer wühlend gesehen haben. Vor den Amerikanern durch die alte Tante geschützt oder als Bayer unter Kühen auf einer Alm versteckt, jodelnd und melkend.

Bavaria wants to see you

In windgeschützten Südlagen hatte das Gras schon einen frischen grünen Schimmer. Die ersten Schlüsselblumen mogelten sich zwischen den grünen Halmen hindurch, gerade als ob ein normaler Bergfrühling anbräche und nicht die Schicksalswende des deutschen Volkes oder gar das fürchterliche Ende eines Tausendjährigen Reiches bevorstünde.

Der Stab bestand nur noch aus einer kleinen Anzahl von Personen, weil nach und nach die Mannschaften in Gegenden versetzt wurden, die näher bei ihrem Heimatort lagen. Einige Mitarbeiter hatten den Krieg schon hinter sich, weil ihre vorzeitige Versetzung zum Fliegerhorst Bad Aibling sie westwärts dem

Feind entgegentrug. An Schreibdamen verblieben uns noch vier Kameradinnen. Unteroffiziere und Mannschaften waren auch keine mehr im Hause, und die Offiziere hatten selbst für die geringe Belegschaft weder Korrespondenz noch Befehle. Die Mädchen pflückten Blümchen und stellten liebevoll kleine Vasen auf die Tische ihrer Chefs. Die Blumen waren hübsch; ob die Mädchen ansehnlich waren, kann ich heute nicht mehr sagen. Als hoher Stab beanspruchte das OKL tüchtige und ernsthafte Kräfte. Vermutlich lagen die Qualitäten der Damen im dienstlichen Bereich, und wir hatten kein Auge für ihre weiblichen Reize. Der Umgang mit militärisch untergebenen Rockträgern in intimen Bereichen wäre mir geradezu pervers vorgekommen. Von Männern ständig übersehen zu werden, die sich sonst nach jedem fremden weiblichen Wesen umdrehten, war für die Helferinnen aber sicher hart, auch wenn sie nicht von Generalstäblern träumten. Zu dieser Elite zählte ich übrigens nicht, denn die roten Streifen an der Hose durften nur die Absolventen der Kriegsakademie tragen, die außerdem den Hauptmannsrang benötigten, um hinter den Dienstgrad das begehrte »i. G.« setzen zu dürfen.

Meinen Vorgesetzten und Freunden war klar, daß die Ehre jetzt ihren Tribut fordern würde, ausgedrückt in stärkerer Verfolgung durch die einrückenden Sieger. Die Creme rüstete sich zum weiteren Rückzug ins Gebirge, Richtung Zell am See, und gab mir das ehrenvolle Amt, den einrückenden Amerikanern unser Stabsquartier zu übergeben und die Mannschaften und Mädchen der Milde der Sieger zu empfehlen. Ich versprach ihnen, am Telefon eine getreue Reportage der Besetzung zu geben und schüttelte zum letzten Mal die Hände der korrekten Burschen. Ich war, obwohl nicht berufsmäßig, inzwischen auch acht Jahre in Uniform, hatte aber sonderbarerweise nicht das Gefühl, so nutzlos tätig gewesen zu sein wie meine Kollegen i. G., obwohl ich vorher auch nichts gelernt hatte außer Schulweisheiten und ein leidliches Umgangsenglisch, in dessen Wortschatz ich übungshalber zu kramen begann.

Ein Anruf aus Reichenhall sagte mir, daß die Amerikaner soeben durchgefahren seien und die dortige deutsche Truppe sich hiermit höflich verabschiede. Ich stellte die Verbindung nach Zell am See her und blieb mit dem Hörer in der Hand plaudernd am Fenster zur Straße. Nach 90 Minuten tauchte die Vorhut der Amerikaner auf, und ich konnte meinen Freunden berichten, daß die Truppe wohlgenährt aussehe. Erstaunlich sei auch die gute Ausrüstung, besonders was die Fahrzeuge angehe. Es scheine dieser Armee tatsächlich gelungen zu sein, mit wenigen Fahrzeugtypen auszukommen, während wir in der kleinsten Einheit mindestens vier Sorten Lastwagen verschiedener Fabrikate hatten und an PKWs einen Querschnitt der letzten Automobilausstellung von 1939 aufzuweisen hatten. Immer mehr Fahrzeuge fuhren in den Ort hinein, während sichernd auf den höher gelegenen Punkten Bewaffnete absaßen. Aus der Ortsmitte kehrte ein Jeep zurück. Neben dem Fahrer saß ein Zivilist mit weißer Armbinde, hinter ihm Offiziere. Sie hielten vor dem Hotel und gingen ins Haus. Kurz darauf sagte das Mädchen von unserer Telefonzentrale: »Ich muß jetzt leider trennen, Herr Oberleutnant!«

Aha! Die Zentrale war besetzt. Mit einem Griff zur Krawatte wie ein Tanzjüngling schritt ich hinunter, ging instinktiv auf den ranghöchsten Offizier zu und meldete wie gewohnt: »Melde gehorsamst, Oberkommando der Luftwaffe, ein Offizier, vier Unteroffiziere und Mannschaften, vier weibliche Hilfskräfte!«

Mein Gegenüber stellte sich als Oberst vor und fragte nach wichtigeren Leuten. Ich war ihm eine zu lächerliche Beute. Auf meine Frage nach seinen Befehlen zuckte er mit den Schultern. Als ich gar noch wissen wollte, wohin ich mich zu begeben habe, sagte er mit aller Natürlichkeit: »Nach Hause!« Darüber war ich so erstaunt, daß ich 24 Stunden brauchte, um es zu begreifen. Diese 24 Stunden aber waren voller Ereignisse und überaus interessant.

Der begleitende Zivilist war ein Mann aus der Gemeinde Berchtesgaden, der sich aus irgendwelchen Motiven als Wegweiser betätigte. Der zweite Offizier, ein Leutnant, hatte einen Wiener Akzent und war sehr ungehalten, als ich ihn fragte, ob er vielleicht Österreicher sei. Er war nämlich kein Österreicher, sondern US-Bürger und mit seinen jüdischen Eltern 1938 aus Wien emigriert. Ich traf ihn später in der Hotelküche, wo er den Küchenmädchen streng erklärte, daß sie bald nicht mehr so gute Sachen kochen würden wie bisher. Die Mädels blickten verängstigt in ihre Töpfe und rührten sich die Schmach der Niederlage vom Leibe. Ich verzieh innerlich dem Leutnant die Siegerpose, weil er als kleiner Judenbub in Wien sicher oft genug getreten worden war.

Wo ist der Gepeinigte, der es fertigbringt, zu den Verwandten seiner Schinder Worte der Verzeihung zu sprechen? Richtig, im Neuen Testament! Aber diese Männer hier kamen nicht auf dem Esel mit Palmzweigen, sondern auf Jeeps mit Kaugummi.

Ein Strom von Männern füllte bald das schöne Tal. Sie bewegten den Unterkiefer seitlich hin und her, spielten mit eigenartigen Handschuhen Ball auf der Straße und hüpften wie Knaben. Ihr Gang hätte jeden deutschen Feldwebel zur Raserei gebracht, weil er zuchtlos lässig war und auch im Angesicht von Vorgesetzten lediglich der bequemsten Fortbewegung diente, anstatt Eifer zu verraten. Rein äußerlich schienen die Männer einem großen Verein anzugehören und alle von gleicher Art zu sein. Wesentliche Unterschiede sprachen aber aus den Gesichtern, derer es zwei Sorten gab. Die einen kündeten lausbubenhafte Unbekümmertheit, neugieriges Interesse an der neuen Umgebung und so etwas wie tröstende Ermunterung. »Tut uns leid«, schienen sie zu sagen, »wir haben den Krieg gewonnen«, aber ihr Kameraden auf der Verliererseite wart gar nicht so schlecht. Jetzt wollen wir die Sache vergessen und schauen, daß wir alle bald heimkommen zu unseren Girls!« Die andere Gesichtssorte aber erinnerte mich an den Klassenprimus, der nie mit Dreck spielte. Ihre Augen gingen über die Bevölkerung hinweg, weil Fraternisation erstens verboten und zweitens mit »damned krauts« moralisch unhygienisch war. Manch junger Knabe in Uniform mußte sich richtig anstrengen, um das strafende Lehrergesicht bis zum Abend durchzuhalten. Wir verdienten kein Mitleid, waren durchweg böse Nazi und vielleicht sogar Werwölfe mit Dolchen im Gewand. Auf uns lastete das Odium von Assozialen.

Mir fiel sofort auf, daß die Gesichter nach Einheiten sortiert waren. Die eine Division war lustig, die andere strafend. Je weiter hinten die Einheiten waren, desto mehr neigten sie zur Strenge. Desto anspruchsloser waren sie auch in ihren Beutewünschen, das heißt, sie konnten Sachen gebrauchen, die den Voraustruppen noch zu schäbig gewesen waren. Die Airborne Division hatte hauptsächlich Durst. Ehrlichen Durst im besten Sinne des Wortes, denn ihre Mitglieder fragten mich höflich, ob ich

Schnaps zu verkaufen hätte. Natürlich hatte ich Schnaps, auch zu verkaufen, aber nur gegen Dollars. Der alten Reichsmark traute ich nicht mehr, als ich sah, daß manche Soldaten ganze Bündel Banknoten in den Händen hatten und auch unsere Verwaltung in den letzten Tagen sehr großzügig mit dem Papiergeld umging. Die Airbornes bedauerten einen ganzen Tag lang, daß sie keine Dollars hergeben dürften. Das sei strafbar. So blieb ich auf meiner Kiste Schnaps sitzen. Aber nur bis eine neue Einheit durchzog, Haussuchung machte, mich in den Keller sperrte und mit Erschießung drohte, weil Waffen gefunden worden seien in meiner Bude. Das war natürlich Unfug, denn ich hatte die Waffen längst weggeworfen; anstelle der Waffen fanden sie den Schnaps und schenkten mir die Freiheit wieder, aber keinen Pfennig mehr. Jetzt hätte ich doch gerne an die Fallschirmjäger gegen Reichsmark verkauft. Zu spät! Dafür hat mir im Keller der mich bewachende Neger mitfühlend die Zeit vertrieben und von der Freundlichkeit aller Deutschen gegenüber den Farbigen geschwärmt. Die Deutschen seien halt ein Volk ohne Rassenvorurteile. »Ja, ja«, sagte ich, »so waren wir immer!« Und wir tranken einen darauf aus seiner Flasche, und ich verriet ihm dafür ein Versteck im Keller, wo noch Hennessy mit etlichen Sternen zu finden war. Seine hohe Babystimme, die vielen Negern eigen ist, rief »Lordy, Lordy«, wie es die Baumwollpflücker in freudiger Überraschung tun. »Du guter Gott!« heißt das und war sicher wörtlich gemeint. Nun holte er mir den Sergeant, der angeblich die Waffen gefunden hatte. Der wollte mir vor der Entlassung noch etwas Angst einjagen und hielt mir die Pistole vor die Nase. Ich riet ihm, nicht zu schießen, weil der Oberst mich nach 20 Uhr suchen würde. Den Namen des Obersten konnte ich aus dem Gedächtnis nennen, so daß er an das Rendezvous glaubte.

Vor Sonnenuntergang kam ich aus dem Loch und genoß den lauen Frühsommerabend bei einem Spaziergang in voller Uniform. Unsere Mädchen kamen heulend gelaufen und beklagten den Verlust ihrer Armbanduhren. Ob sie noch mehr verloren hatten, entzog sich meiner Kenntnis, doch versicherten sie, daß ihnen sonst nichts genommen worden sei. Es war also doch besser, von den Amerikanern besiegt zu werden als von den Russen. Bei gleichem Mangel an Uhren!

Ich studierte die Fahrzeuge dieser Armee und stieß auf interessante technische Details. Die Hitlerbüsten auf den Kühlern, die Straßenschilder mit »Adolf-Hitler-Platz« über den Fahrerhäusern stammten allerdings nicht von General Motors. Einer der Jungs bot mir 200 Zigaretten für eine »Nazi-Flag«. Leider wußte ich nicht, wo man so eine Fahne bekommen konnte. So blieb ich weiterhin arm und hungrig, denn die Krieger hatten strenges Verbot, den Deutschen Abfälle zu überlassen. Es wanderten viele ungegessene Schinkenscheiben ins Feuer. Ein Soldat ließ einmal eine Patentbüchse mit Hühnercremesuppe, die sich in der Dose selbst erhitzen konnte, den Hang hinunterrollen. Nebst Gebrauchsanweisung. Die Suppe war gut, aber der Mechanismus begeisterte mich noch mehr.

Meine elterliche Wohnung war in Berlin, meine Frau – ja richtig, ich hatte ja vor einigen Monaten geheiratet! Fast hätte ich es vergessen. Meine Frau vermutete ich in der Gegend nördlich von Magdeburg auf einem Dorf bei ihren Eltern. Mein Herz war in Bayern, wo auch mein Hintern in einem weichen Hotelbett ruhte, das vor drei Tagen erst frisch bezogen worden war. Ich schlief herrlich wie im Waffenstillstand. Um sieben Uhr morgens schickte ich mich an, den Befehl des Colonel zu befolgen und nach Hause zu gehen. Wo war ich eigentlich zu Hause, in München saßen Verwandte, 50 Kilometer südlich davon in Weilheim der Onkel, der mich 1936 auf meinem Rückweg von Italien aufgenommen hatte, als ich ohne Geld, aber mit Durchfall bei ihm aufgekreuzt war. Ich konnte mir immer noch unterwegs überlegen, ob ich der Großstadt oder der Kleinstadt den Vorzug geben wollte.

Diebstahl verjährt ziemlich schnell. Außerdem wäre ich heute in der Lage, den Schaden wiedergutzumachen. Der Besitzer jenes Herrenfahrrades mit Ballonreifen, das am frühen Morgen des achten Mai in Stanggass abhanden gekommen ist, kann sich bei mir melden. Beweismittel sind natürlich mitzubringen. Das Rad war wirklich vorzüglich und trug mich flott bergab bis Reichenhall. Im Rucksack hatte ich noch eine Flasche Likör, zwei Paar Damenstrümpfe, Ersatzstiefel, Büchsenbrot und viel frohen Mut, weil das Wetter so einmalig schön war. Den Mut konnte man gut gebrauchen, und die Damenstrümpfe würden auch einmal ihre guten Dienste tun. Fast hätte ich jetzt vergessen, meinen bedeutendsten Besitz zu erwähnen: einen Daunenschlafsack mit elektrischer Heizung zum Anschluß an die Autobatterie! Mit dieser Ausrüstung war die Zukunft spielend zu meistern.

Die Kapitulation brachte einen einmaligen Vorteil für alle Verkehrsteilnehmer: Die Autobahn durfte auch mit dem Rad befahren werden, ja sogar Fußgänger waren darauf zugelassen. Mit dem Rad hatte ich das Vergnügen leider nur etwa 15 Minuten lang. Kurz hinter Reichenhall stoppte mich ein amerikanischer Brückenposten und versuchte mir klarzumachen, daß ich mein Rad einem entlassenen KZ-Häftling zu überlassen habe. Der Leidgeprüfte stand begehrlichen Blickes in seinem gestreiften Lageranzug neben dem jungen Amerikaner und wartete auf das »unrecht Gut«, das bei mir nicht gedeihen sollte. An die Entmachtung der Deutschen hatte er sich noch so wenig gewöhnt, daß er bei der Aushändigung des Vehikels »Dankeschön« sagte. Dann schwang er sich auf den Sattel und fuhr auf der Autobahn in Richtung Salzburg. Das war der Beginn der Wiedergutmachung.

Der Ami erkundigte sich anschließend nach der Uhrzeit und nahm mir bei dieser Gelegenheit meine Uhr ab. Das Prachtstück hatte nur noch einen Zeiger, immerhin den für die Stundenanzeige, war aus billigem Metall und war von meinem Bruder vor dem Kriege um fünf Reichsmark erworben worden. Aber es lief. Hatte den Rußlandwinter bei meinem Bruder überstanden und wurde von mir als Erinnerungsstück an den Gefallenen gepflegt. Der sentimentale Hinweis konnte den Sieger ebenso wenig beeindrucken wie die wortreiche Wertminderung. Die Beute verschwand in seiner Tasche. Das war der Beginn der Reparationen.

Ein wenig hat der Besitzwechsel der Uhr mein Bild vom Reichtum Amerikas verändert. Das Land stand doch bei jedem Europäer im Rufe, den höchsten Lebensstandard zu haben. Und nun sollten die Söhne dieses wohlhabenden Landes Uhren für fünf Mark mit einem Zeiger benötigen? Wir waren gewohnt, daß die offizielle Propaganda in Deutschland nicht stimmte. Die Unrichtigkeit der Mundpropaganda brachte mein Weltbild zum Schwanken. Schwankend wurde auch die Lust, an diesem Tage die Reise weiter fortzusetzen. Der Gedanke, nunmehr zu Fuß die Autobahn zu benutzen, war sehr unerquicklich.

Nur wenige Meter südlich der Betonpiste lag ein kleines Dorf an der Landstraße, das sich förmlich verkroch, um den Truppen nicht aufzufallen. Die Bauernhöfe lagen wie menschenleer und abweisend in ihren Obstgärten. Nicht einmal das unschuldige Vieh ließ sich blicken. Und doch mußten Menschen hinter den ungeputzten Scheiben leben. Alte und Junge, wie es im Krieg nicht anders zu erwarten ist. Heimstätten mußten es sein, keine Truppenunterkünfte, richtige Wohnungen von Zivilisten. Große Tische in den Stuben, an denen zu jeder Mahlzeit gebetet wurde. Küchenherde, unter denen die Katze den Tag totschlug. Eine gute Stube mit dem geliebten Kitsch aus vielen Wallfahrtsorten und einem Foto des Bauern als jungen Soldaten in Frankreich 1915. Ein Hausgang mit einer einzelnen, aber nicht stubenreinen Henne, die mit ihrer Frechheit bisher nur gute Erfahrungen gemacht hatte. Und alles würde eine anheimelnde Gemütlichkeit austrahlen. Die Sehnsucht nach einer solchen Umgebung kroch vom Herzen in die Beine und setzte sie in Bewegung. Ich stand auf der Dorfstraße. Kann man in ein fremdes Haus gehen und um Einlaß bitten? Als erfolgloser Vaterlandsverteidiger und mit leeren Händen? Um Unterkunft betteln? Während ich mit der Analyse meiner Hemmungen beschäftigt war, fuhr ein Truck der US-Army vorbei und hielt nach einigen Metern. Ein Landsmann des Uhrenjägers von vorhin stieg lachend aus, fragte mich, ob ich gerne Pudding äße und warf mir eine riesige Dose mit fünf Pfund Puddingpulver in die Arme. Entgegen seiner strengen Vorschriften. Danke, sagte ich, und sage es noch heute, wenn ich an den unbekannten Soldaten denke. Ich mag nämlich Pudding sehr gerne, fast so gerne wie Menschen, die gern Gutes tun. Im Augenblick konnte ich auch volle Hände gebrauchen, damit ich ein Entree für den Bauernhof hatte. »So, Bäuerin, da haben wir fünf Pfund Puddingpulver. Das kannst brauchen, denk ich. Da machst jetzt mir eine Ladung und den Rest gibst deinen Kindern.«

»'Gelts Gott! Wo kommen's denn her? Mei, soviel Soldaten san jetzt auf der Straß! Ob's wohl alle gut heimkommem?«

»Probieren wir es! Darf ich bei euch rasten?«

Und ob ich durfte! Man gab mir eine Lagerstatt und ein Abendessen. Der Mann war noch nicht aus dem Felde heimgekehrt, aber der Opa hatte mit der Frau den Hof ganz gut über den Krieg gebracht. Reich war man vorher nicht und ist es vermutlich heute noch nicht. Im Stadel stand eine winzige Dreschmaschine ältester Bauart. Sie war aber groß genug, um darin meine neuen Ersatzschuhe zu verstecken. Der Opa hielt das auch für zweckmäßig und versprach, die Schuhe gut zu verwahren, bis ich sie eines Tages abholen würde.

In der Gegend hatte sich herumgesprochen, daß unter den Touristen aus allen Ländern Europas, die zur Zeit Bayern bereisten, auch Franzosen seien. Unter der Reiseleitung eines gewissen de Gaulle. Man nannte sie die »De Gaulle-Truppen«, und es eilte ihnen der Ruf voraus, daß sie viel ärmer als die Amerikaner seien und nicht nur Uhren und Eheringe, sondern auch Lebensmittel und Bekleidung gerne annähmen. Ihre Bescheidenheit sei vorbildlich. Sie würden auch kleine Gaben nicht zurückweisen. Proben dieser Tugend sollte ich schon am folgenden Tage bekommen. Der erste Franzose, der mir begegnete, nahm als Charmeur natürlich die Strümpfe aus zartem Gewebe. Der zweite den Schlafsack. Durch die Vorsichtsmaßnahme mit der Dreschmaschine blieben die Schuhe in deutschem Besitz.

Die Bäuerin schenkte mir beim Abschied am nächsten Morgen einen alten Kinderwagen, den ich mit Lebensmitteln anfüllte und mit meinem militärischen Wintermantel zudeckte. Ich war wieder motorisiert!

Da böse Erlebnis mit Rad und Uhr auf der Autobahn hätte mir eine Warnung sein müssen, weiterhin die Straßen des Führers auf dem Wege in die verschwommene Zukunft zu benützen. Wie Touristen kamen auch die Besatzer 1945 wenig von den Hauptstraßen ab. Es war einfach zu erkennen, daß auf den Nebenstraßen größere Sicherheit herrschte. Nach der unfreiwilligen Übergabe meines kostbaren Schlafsackes an einen bewaffneten Touristen aus Frankreich an der Autobahnausfahrt Siegsdorf kam die Erkenntnis reichlich spät. Ich wünschte dem Wegelagerer ein mottenreiches Heim, auf daß die Federn bald wie Schnee in den Räumen wirbelten. Den Wunsch drückte ich in deutscher Sprache aus. Meine Kenntnis der französischen Sprache war sehr bescheiden, meine Angst vor den geladenen Maschinenpistolen wesentlich größer. Ein Mord wäre nur meinen Angehörigen aufgefallen, und seine rechtliche Verfolgung hätte mir bis heute nichts genützt, falls sie überhaupt stattgefunden hätte. Bekanntlich findet Justitia trotz verbundener Augen immer mit großer Sicherheit das Lager der Stärkeren und betrachtet die Handlungen von dort aus. Ich bin keineswegs beleidigt, daß die Dame mir meinen Schlafsack nicht zurückerobert hat. Schließlich hat sie oder irgendeine andere Gerechtigkeit mir bis heute mehr Daunendecken erster Qualität beschert, als ich gleichzeitig benützen kann. Der Schlafsack ist für mich lediglich zum Symbol der eigenen Dummheit geworden.

Nach diesem kleinen Zuwachs an Intelligenz nahm ich leicht südlichen Kurs in die Berge und schob mein Kinderwägelchen auf gewundenen, grüngesäumten Wegen durch das liebliche Bayernland. Durch schmucke Dörfer, und wenn ich Hunger hatte, auch quer durch die Höfe bis in die Küchen. Es wird viel Abträgliches über die satten und egoistischen Bauern berichtet, denen Lebensmittel nur zu Höchstpreisen feil waren. Wenn das stimmt, dann waren die Brote, Eier, Milch und warmen Mahlzeiten, die ich wochenlang einnahm, keine Lebensmittel oder die freundlichen Frauen hinter den Küchenherden, unter den Kuheutern oder vor den Kruzifixen keine Bauersfrauen. Und ich war nicht der einzige, der solche Nächstenliebe in Anspruch nehmen mußte. Gleich mir zogen Tausende ehemaliger Soldaten durch die Gegend und waren auf ihre Wohltätigkeit angewiesen.

Nach dem Kriege fuhr ich mit dem Auto zu einer Bäckerei, in der ich auf meiner Wanderung durchs Oberland einen Laib Brot geschenkt bekommen hatte. »Klingeling« machte die Ladentüre, weil es ihr oblag, die Bäckerin aus der Stube hinter dem Laden zu locken. Ein mehrstimmiges Geläute, das lieblich wie eine Kuhherde klang und den Kunden anheimelte. Musik öffnet die Herzen, den Mund und den Geldbeutel. Und zwar genau in dieser Reihenfolge.

Erstaunlicherweise blieb ich trotz Glockengeläute allein. Das gab mir willkommene Gelegenheit, den Mechanismus noch einmal in Bewegung zu setzen, wie es Kinder bei der Kuckucksuhr mit gleicher Begeisterung stundenlang vermögen. Leider kam die Bäckerin schon beim zweiten Ruf. Ich erwarb ein Brot, zahlte und zögerte mit der vorgefaßten Rede. Für Wohltaten zu danken kann peinlich werden. Der Bedankte könnte sich zu einer Wiederholung aufgefordert fühlen und sein Gesicht mit dem Ausdruck der Abwehr versehen. Das würde die schöne Stimmung zerstören. So dezent wie möglich wies ich auf meinen Mercedes hin, damit man mich nicht wie einen Bettler betrachte, und lenkte das Gespräch auf den Mai 1945.

»Ja ja, hier bin ich damals zu Fuß vorbeigelaufen. Es war schon sehr warm für die Jahreszeit.«

»Ja, recht warm war's damals.«

»Die Leute in der Gegend waren sehr freundlich zu uns.«

»Mei, warum net?«

»Von Ihnen bekam ich einen ganzen Laib Brot geschenkt ohne Geld und Marken.«

»Kann schon sein, wir haben viel hergegeben. Jetzt hams keinen Hunger mehr, gell?«

Und damit verschwand die Bäckerin hinter der Türe mit den Spanngardinen. Kann schon sein! Kein Stolz auf die eigene Großzügigkeit, keine Freude über soviel Lob. Kann schon sein? Es war so! Echte Nächstenliebe, die keinen Preis fordert weder sofort noch nach zehn Jahren. War diese Dankesfahrt jetzt sinnlos und überflüssig? Diese Frage kann ich tatsächlich nicht beantworten. Jedenfalls bereue ich nicht, sie unternommen zu haben. Vielleicht bin ich den Bauern in Bernau, in Feilnbach, in Dürnbach sogar noch Besuche schuldig.

Wohl ausgeruht vom Schlaf im duftenden Heu, angefüllt mit warmer Milch und herzhaftem Brot, schob ich kraftvoll meinen Kinderwagen bergauf gen Aschau. Hinter einer Straßenbiegung genoß ein Ami, auf dem Rücken liegend, den weißblauen bayerischen Himmel und seinen chewing-gum. Die Wiederkäubewegung, ausgeführt im Grase liegend, fügte das Geschöpf gut in seine derzeitige Umgebung. Fremdartig waren nur die Mütze, die über das linke Auge gerutscht war, und das Gewehr am Arm. Als mich das rechte Auge erspähte, kam Bewegung in den Körper. Langsam, widerwillig, aber unaufhaltsam. Der Kerl war nämlich unheimlich lang, als er auf seinen Gummihufen stand. Dafür war seine Rede kurz. A man of few words. Er teilte mir mit, daß ich in ein Gefangenenlager müsse. Im Dorf würden die ehemaligen deutschen Soldaten gesammelt und dann verladen. Ich habe mich sofort zur Bürgermeisterei zu begeben. »Let's go!« schrie er und trat mit seinen langen Füßen in Richtung meines Gesäßes, weil mein Gesicht schon zum Sammelpunkt zeigte.

Der Weg zum Hause des Bürgermeisters führte um eine Ecke

den ich ihnen für die kurze Reststrecke von 1000 Kilometer bis Hamburg spontan schenkte. Hoffentlich dauerte die Reise der Damen nicht so lange, daß sie das Gefährt unterwegs seinem natürlichen Zwecke zuführen mußten.

Das Wetter blieb weiterhin schön und machte für Bayern so gewaltig Reklame, daß sich die US-Army entschloß, noch einige Jahre in diesem gottgesegneten Lande zu bleiben. Inzwischen würde meinem Heimatlande ein Stück seiner typischen Ursprünglichkeit fehlen, wenn uns die Amerikaner verließen. Vor allem bestünde die Gefahr, daß die echte Folklore und das gewohnte Bild der bayerischen Tracht, besonders der Hut mit dem Gamsbart, verschwänden.

Drittes Buch
Alles in Butter

Einleitung

Selbst den Mächtigsten dieser Erde, den Inhabern der größten Denkmäler, ist es bisher noch nicht gelungen, gelegentlich einen Waffenstillstand zu verhindern. Den ehrenhaften Zeiten mit Tod und Hunger folgen dann einige Jahre der Schmach mit Leben und Sattheit. So lange, bis die Mehrheit Fett angesetzt hat und das tägliche Brot, worum im Vaterunser gebetet wird, in den Mülltonnen zu finden ist. Vorzugsweise dick mit Butter bestrichen.

Das Buch endet mit dem Tage, an dem Butter wieder ganz legal zu erwerben war. So wie es halt in allen Ländern ist, die keinen vergötterten Führer haben oder noch verdauen müssen. Dieser Verdauungsvorgang ist Gegenstand der folgenden Blätter, womit ich aber keineswegs behaupten möchte, daß er schon völlig abgeschlossen ist.

Land ohne Brücken

Auf dem Kohleherd des Arzthaushaltes bekam das Sauerkraut durch die dritte Erwärmung die letzten Feinheiten des Geschmackes. Neben ihm brannte soeben der Griesbrei an, und zwischen den Töpfen brodelte in Nickelschälchen ein Satz Kanülen der Sterilität entgegen. Zugegeben, das war nicht der denkbar höchste Grad von Antisepsis, muß aber wohl ausreichend gewesen sein, denn mir kam in zwei Jahren kein Fall zu Ohren, der dem Onkel Doktor hätte peinlich werden müssen. Die Bevölkerung war auch recht abgehärtet und widerstandsfähig. Sie mied den Arzt, solange es ging, da sie nur wenig Zeit für Wartezimmer hatte. Die Bauern waren grundsätzlich nur im Winter krank, und der Landarzt fürchtete sich richtig vor der sauren Sommerzeit mit den geringen Einnahmen. Die unvermeidbar Kranken kamen in der Absicht zum Arzt, bald wieder gesund zu werden und waren überaus glücklich, wenn ihnen Arbeitsfähigkeit attestiert wurde. Medikamenten gegenüber waren sie mißtrauisch, und sie glaubten nicht, besser als der Arzt zu wissen, was ihnen helfen könnte. Sogar die Diagnose überließen sie dem Doktor. Mit einem Wort, die Bevölkerung hatte noch nicht in Abendkursen oder Illustrierten Medizin studiert, war strohdumm und kerngesund.

Mein Onkel attestierte also wahrheitsgemäß Gesundheit und Arbeitsfähigkeit. Ja, er verging sich sogar an einem Privatpatienten, einem reichen Viehhändler, dessen Tabes nicht zu verheimlichen war, mit den Worten: »Mein Lieber, dir rat' ich, das Geld für den Doktor zu sparen. Dir kann keiner mehr helfen. G'soffen hast, g'hurt hast. Jetzt denk daran, wie gut dir das damals g'fallen hat, und verlang net von mir, daß ich das rückgängig machen soll!«

Als Altbayer fand der Mann diese Rede so schön und als

Viehhändler kaufmännisch so wahrhaftig, daß er voll des Lobes in der ganzen Stadt verbreitete, welch glänzender Diagnostiker der Doktor L. sei. Außerdem sei er die Selbstlosigkeit in Person. Auch damit hatte der Rückenmärker recht. Das Sauerkraut neben den Spritzen gehörte nämlich der Familie des Bahnhofswirtes. Den traf in den letzten Kriegstagen der einzige Bombenwurf auf Weilheim. Böse Zungen sagten, ein Amerikaner habe mal als Tourist vor dem Kriege in der Bahnhofswirtschaft gegessen und sich bei Ausbruch des Krieges sofort zur Air Force gemeldet. So nachtragend sind die Amerikaner aber sicher nicht. So oder so, der Bahnhofswirt verlor Heim und Habe und wurde von meinem Onkel spontan und ohne Bedenken mit seinen fünf Kindern zu den eigenen fünf ins Haus aufgenommen, das wirklich nicht zu den größten im Städtchen zählte. Um nicht in den Ruf zu kommen, daß er diese Wohltätigkeit bereue, ließ er noch seine Schwägerin, eine Offizierswitwe aus Ostpreußen mit drei Kindern, einziehen und fand natürlich auch für mich eine Liegestätte. Er meinte, wenn ich meine Frau wiederfände, müßten wir halt zu zweit dort ruhen. Damit man aus solchen Handlungen aber nicht auf unmännliche Weichheit schließen konnte, befleißigte sich der Onkel eines barschen Tones und schimpfte mit wahrer Wonne. Ohne die Patienten waren wir 19 Toilettenbenutzer. Lediglich der Hund, treu und ungepflegt, war an dem Gedränge nicht beteiligt und konnte austreten, wann er mußte und nicht, wenn Gelegenheit war. Er war zu beneiden!

Die amerikanische Besatzung hielt nicht nur den deutschen Geist, sondern auch die deutschen Abwässer für vergiftet. Weniger aus Sorge um die Bevölkerung als aus Angst um die eigene Truppe entfesselte sie einen Krieg gegen alle möglichen Seuchen. Mädchen wurden von der Straße weg ohne besonderen Anlaß zu peinlichen Untersuchungen ins Hospital geschleppt, das reine Quellenwasser der Berge mit Chlor versetzt, ehe man es in die Leitungsnetze ließ, die Honoratioren mit Läusepulver bestaubt und schließlich die ganze Bevölkerung gegen Typhus geimpft. So ging auf dem Herd der Tante das Feuer niemals aus, denn der Kanülenbedarf für die Spritzen war enorm.

Bald hatte ich auch einen weißen Mantel an und assistierte dem Onkel bei der Schutzimpfung. Durch Arbeitsteilung kamen wir auf eine sehr hohe Leistung pro Tag. Der Onkel zog die

Land ohne Brücken

Spritzen auf und stach zu, ich zeigte den Patienten, wo das Kleid zu öffnen sei und reinigte mit Zellstoff die bewußte Stelle auf der Brust, legte nachher einen Tupfer auf und spendete Trost, wenn die Nadel brach oder zweimal zugestochen werden mußte. Bei Damen unter 30 reinigte ich gründlicher, weil ich nur den Eid auf den Führer, aber nicht den hippokratischen geleistet hatte. Außerdem war das Geschäft für mich neu. Der Arztberuf gefiel mir ganz gut, denn Unwissende brachten mir mit der Anrede »Herr Doktor« ihre Verehrung zum Ausdruck. Ich mußte mich jedesmal sehr überwinden zu sagen: »Danke sehr, aber ich bin nur der Neffe des Herrn Doktor und helfe etwas mit.«

In jener Zeit hatten viele ehemalige Sanitäter nicht die Kraft zu dieser Richtigstellung und gaben Jahre später den Richtern Arbeit, weil sie als Chefärzte und geschätzte Gynäkologen den Neid der echten Kollegen erregt hatten. Ich schäme mich nicht zu gestehen, daß am Ende der Typhusgefahr große Traurigkeit über mich kam. Kein weißer Mantel, keine weiße Brust, kein weißer Zellstofftupfer! Nur graue Zukunft.

Die Welt war mit der Niederlage nicht untergegangen. Das dämmerte mir langsam. So langsam wie der Gedanke, daß ich irgendeine Art von Leben zu planen hatte. Eine ganz legitime, auf Broterwerb gerichtete Laufbahn ohne Uniform und Staatsverpflegung. Die Ämter aus dem Dritten Reich, Ernährungsamt, Arbeitsamt, Einwohnermeldeamt, Wirtschaftsamt und Landratsamt, hatten mit einigen personellen Änderungen den politischen Wechsel gut überstanden. Sie wußten, was mir fehlte: der Entlassungsschein der Amerikaner! Ohne diesen sei ich nicht existent, bekäme keine Lebensmittelkarten und keine Arbeit.

Durch Weilheim rollten pausenlos alte Wehrmachts-LKWs mit deutschen Soldaten an Bord, die fröhlich winkten, weil sie der Heimat zustrebten. Mit Kreide war auf die Führerhäuser geschrieben: »Discharged PW's«. Das bedeutet soviel wie »abgetakelte Kriegsgefangene«. Auch die Reiseziele waren aufgeschrieben. Kaum zu glauben, die Amis ließen die Gefangenen in Liniendiensten nach Hause fahren! Die beste Verwendung, die deutsche Wehrmachtswagen je fanden. Mir empfahl man das Lager Habach in der Nähe von Murnau im Landkreis Weilheim. Mein Onkel fuhr mich mit dem Auto dorthin und überließ mich meinem weiteren Schicksal. Einem gütigen, wie ich es seit Jahren gewohnt war.

Die 10th Armoured Division in der dritten amerikanischen Armee – das ist ein Name, den ich noch meinen Kindern zum Nachsagen aufgeben werde, denn die Männer dieser Einheit haben Tausenden von deutschen Soldaten eine Lektion in Fairneß erteilt. Wie es kommt, daß ganze Divisionen anständig oder gemein sind, kann ein Soziologe vielleicht besser erklären. Ich kann nur vermuten, daß es am Kommandeur liegt, dessen Geist auf das ganze Offizierskorps und schließlich bis zum letzten Mann wirkt. Hier wirkte er sogar bis zu den Gefangenen selbst. Mögen mir alle Kameraden verzeihen, die in Rußland in Lagern vegetierten, in Kreuznach bei den Amis verhungerten oder in Frankreich geprügelt wurden, daß ich es wage, diese fünftägige »Gefangenschaft« zu schildern.

Auf einer großen Wiese, eingerahmt von Wäldern und ohne die Spur eines Stacheldrahtes, befand sich ein Campingplatz aus Wehrmachtszelten, Laubhütten und alten Kastenwagen. In den Kastenwagen, alten Funkstationen, hauste die Lagerleitung, bestehend aus deutschen Offizieren. Der Unteroffizier vom Dienst machte seine Runden und achtete auf Reinlichkeit und gute Sitte. Dabei schaute er den Tausenden in die Kochtöpfe und Skatkarten, wenn es etwas besonders Interessantes zu sehen gab. Tagsüber ging man gelegentlich auf Nahrungssuche zu den umliegenden Bauern oder begnügte sich mit der offiziellen Verpflegung, die zwar eintönig, aber doch gerade ausreichend war. Einen Tag Puddingpulver, einen Tag nur Rosinen, an einem anderen Corned Beef ohne Brot, dafür auch wieder einmal Brot ohne Corned Beef.

Die schwerste Arbeit war das Ausfüllen eines großen Fragebogens, der vor allem die Soldaten ins Schwitzen brachte, die aus dem benachbarten Wald entwichen waren. Dort lag nämlich der Rest einer SS-Division, umstellt von einigen amerikanischen Panzern und doppelten Fußstreifen. Trotzdem kamen von dort immer wieder Knaben zu uns und schrieben beim Ausfüllen von uns ab, damit sie glaubwürdigere Angaben über die frühere Einheit machen konnten. Soweit sie nicht, wie bei der SS allgemein üblich, ihre Blutgruppe unter dem Arm eintätowiert hatten, kamen sie auch gut durch die Entlassung.

Land ohne Brücken

Die Angehörigen von Heer und Luftwaffe mit besserem Gewissen hatten gar nichts zu befürchten. Nach fünf Tagen wurden wir ins Dorf Habach gebeten und sahen erstmals Amerikaner in dem Getriebe. Sie hatten sich mit der deutschen Lagerleitung offensichtlich angefreundet, lachten uns herzhaft zu und bliesen uns ganze Wolken von DDT zur Entlausung ins Hosentürl, unter die Arme und hinten in den Hals. Nach dem Studium der Fahndungslisten gaben sie uns ein stattliches »Certificate« und 60 Reichsmark. Wir wurden auch gefragt, ob wir nicht vielleicht doch eine Pistole hätten. Der Besitz sei nämlich streng verboten und hier die letzte Gelegenheit, sie nicht gegen Zuchthaus, sondern gegen zehn Schachteln Zigaretten loszuwerden. Vor dem Hause auf der Dorfstraße standen die LKWs, an deren Beschriftung die passende Richtung zu entnehmen war. Ich las Dresden, Leipzig, Köln. Hamburg, Aachen, Stuttgart; auf der Straße ging es zu wie auf einem Bahnhof. Aber ohne große Eile. Manche Offiziere waren noch in voller Uniform mit ganz neuen Rangabzeichen. Dienstgrade, die noch nach der Kapitulation verliehen wurden! Die Deutschen hatten das Pech, durch vorzeitige Auflösung ihrer Armee um die letzten fälligen Beförderungen gekommen zu sein. Auch ich hätte unter »normalen Umständen«, also wenn der Krieg länger gedauert hätte, mit Wirkung vom 20. April 1945 noch Hauptmann werden müssen. Die Lagerleitung fragte mich, ob sie mich – es war über einen Monat nach Kriegsende – noch befördern solle. Der Eintrag ins Soldbuch könne erfolgen. Mein höflicher Dank stieß auf Unverständnis. Ansonsten blühte aber die gegenseitige Erhöhung auch ohne finanziellen Anreiz.

Mich reizte es, gratis nach Hamburg reisen zu können, und stieg auf einen Dreitonner Opel-Blitz. Der Fahrer, ein Gefreiter aus Berlin, hieß Helmut Huhn und hatte einen amerikanischen Ausweis für seinen Status als deutscher Soldat in amerikanischen Diensten. Ein prächtiges Papier! Helmut hörte, daß ich Englisch sprach und meinte: »Det is jut, jetzt fahrn wa, wohin wa wolln!« Unsere Fahrgäste wollten aber nur nach Bremen und Hamburg. Dort waren sie zu Hause. Mein eigentlicher Wohnort war aber in Berlin, was mich die Gerüchte über das Betragen der Russen in dieser Stadt schnell vergessen ließ.

»Allet fertich?« schrie Helmut nach hinten, legte den ersten

Gang ein und los ging die Fahrt. In Weilheim machte er schnell beim Onkel halt, damit ich meine Reisepläne bekanntgeben konnte. Alle Hausbewohner hielten mich für verrückt, wünschten uns aber gute Fahrt.

Gleichmäßig schnurrte der ziemlich neue Motor sein Lied und genoß das amerikanische Benzin mit hoher Oktanzahl. So etwas hatte er bei den Preußen nicht gesoffen! Helmut erzählte mir seine Geschichte, besonders von seiner Leidenschaft, dem Radrennfahren. Bald konnte ich mir seinen Trophäenschrank und alle Lorbeerkränze gut vorstellen. Es war ein Leben voller Entsagungen, das er hinter sich hatte, aber voller Ehren und Lorbeerkränze. Und ganz ohne Weiber, weil diese den Lorbeerkränzen abträglich sind wie Seidenraupen den Maulbeerbäumen. Ich konnte ihm dagegen von einem Leben ohne Lorbeerkränze berichten, dafür aber von den Damen erzählen, um die auch harte Konkurrenzkämpfe ausgetragen werden. Wir ergänzten uns prächtig. Wenn wir an einer amerikanischen Versorgungsstelle vorbeifuhren, ergänzten wir zudem unseren Benzinvorrat durch Vorweisen des Ausweises, auf dem alle Dienststellen um Unterstützung gebeten wurden. Es war unsere feste Absicht, mit mehr Benzin heimzukommen, als wir bei der Abreise hatten. Und das waren immerhin 200 Liter.

Unsere Fahrgäste im Fond des Wagens schliefen milde schaukelnd mit wackelnden Köpfen von einer Naturtoilette zur anderen. Sie merkten wenig von der Gegend und den Problemen der Strecke. Mit Entsetzen sahen wir, daß es in Deutschland kaum noch Brücken gab. Der Wahnsinn der letzten Kriegswochen hatte ohne Überlegung alle kunstvollen Bauten zerstört. Der nachrückende Feind hatte kaum einen Schaden dadurch, denn seine technische Ausrüstung war einmalig gut. Umgehungen, Behelfsbauten, die in kürzester Zeit errichtet worden waren, dienten uns jetzt auf der Fahrt, wie sie den Amis beim Vormarsch gedient hatten. Dem Helmut waren sie Anlaß zu immerwährenden Kommentaren über die Dummheit der deutschen Führung. Dabei nahm er mich wohl innerlich nicht ganz aus, denn wiederholt meinte er: »Ick vasteh det nich! Ick war ja nur Jefreita. Aber Sie war'n doch Offizier. Wart Ihr denn alle so bekloppt? Nischt jejen Sie persönlich, aba et muß doch 'ne Menge Flaschen unter euch jejeben ham, sonst wär det nich meglich jewesen mit die Sprengerei!«

Ich begann mich vor Helmut zu schämen, wenn wir wieder an

Land ohne Brücken 361

einer Fähre standen, anstatt über freitragenden Beton zu rauschen. Als es mir jedoch gelang, in Alsfeld sogar von der englischen Armee Benzin zu ergattern, war Helmuts Respekt trotz der gesprengten Brücken beachtlich. »Det hat schon Vorteile, wenn eener uff die hohe Schule war und so. Erstens lernste wat und zweetens macht et rotzfrech. Meen Oller konnte sich det nich leisten, vielleicht hätt ick det Abitur ooch nich jeschafft, aber die Fremdworte und so, da tät ick mir leichter!«

In Nienburg an der Weser verließen uns die ersten Fahrgäste, die wir natürlich bis vor die Haustüre fuhren. In Bremen machten wir es genauso, weil wir uns im Service vor den Amis nicht blamieren wollten. In Hamburg hatte Helmut aber plötzlich die Nase voll und schrie: »Ick bin doch keen Taxi. Nächstens soll ick euch noch die Treppe rufftragen und zu eure Olle int Bett lejen!«

Die Schwierigkeiten wegen der fehlenden Brücken zwischen Harburg und Hamburg hatten ihn sauer werden lassen. Er war auch übermüdet, denn zwei Tage und zwei Nächte kamen wir nicht aus dem Fahrerhaus, und er ließ sich durch mich nur ganz selten ablösen. Huhn hatte seinen Stolz. Als der Wagen endlich frei von Fahrgästen war, strebten wir einem Gasthaus in der Lüneburger Heide zu und kamen zu einer echten Nachtruhe.

Der Schlaf tat an Helmut seine heilsame Wirkung, und der Herr Gefreite war am anderen Morgen sehr ansprechbar. Wir waren jetzt allein auf unserem Lastwagen und ganz auf uns angewiesen. Im Vertragen und im Streiten. Die Sonne lachte ermunternd auf uns herab, als ob wir Mitglieder der siegreichen Armeen gewesen wären. Der wundersame Benzintank, wie immer gestrichen voll, gab uns das Selbstvertrauen von Reisenden mit zahlreichen gedeckten Traveller-Checks. Außerdem hatten wir unsere Pflichten erfüllt und keinen genau vorgeschriebenen Termin für unsere Heimkehr. So kann der Mensch leben! Frank und frei... ojemine, da fiel mir plötzlich siedendheiß ein, daß ich ja verheiratet war. Schon seit sieben Monaten. Außerdem hatte ich meiner Frau kurz vor dem Kriegsende versprochen, an meinem Geburtstag, dem 26. Juni, spätestens wieder bei ihr zu sein. Das war so eine siegessichere Rede eines Jünglings gewesen, an die niemand recht hatte glauben wollen. Ein Trostwort, mehr nicht. Aber jetzt fühlte ich mich wieder an das Versprechen gebunden, und ein Blick auf die Landkarte zeigte, daß die Chance bestand, genau am 26. Juni bei meiner Frau einzutreffen – wie Jules Vernes nach einer Weltreise. Der Gedanke faszinierte mich so, daß ich gerne absichtlich einen Tag verbummelt hätte, um ja nicht früher als am 26. Juni dort zu erscheinen. Der Leser wird das für keinen feinen Zug halten und mir Eitelkeit vorwerfen. Stimmt, ich halte es heute selbst für recht blöde, muß aber dazu sagen, daß es der Wesensart von Männern aller Altersstufen ganz gut entspricht. Beim nächsten Studium der Landkarte suchte ich den Ort Dahrendorf, der mir als Ausweichplatz meiner aus Aachen evakuierten Schwiegereltern bekannt war. Das Dorf gehörte zum Regierungsbezirk der Provinz Sachsen, deren Mittelpunkt Magdeburg war. Mit Freude, ja wirklich mit Freude machte ich die Entdeckung, daß dieses Dorf mit dem Wagen in wenigen Stunden erreichbar war.

Helmut Huhn konnte sich der Möglichkeit, ein kriegsgetrautes Paar zusammenzuführen, trotz seines geringen Interesses an der Weiblichkeit anstandshalber schlecht entziehen. »Meinetwegen«, sagte er gut gelaunt, »kieken wir nach deine Olle!«

Zweitausend Meter vor Dahrendorf, schon in Sichtweite des Ortes, hatten wir einen kleinen Aufenthalt. Eine englische Straßenkontrolle bedeutete uns, daß seit einigen Stunden ein größerer Teil des Landes an die russische Besatzung übergeben worden sei. Hier, wo sie jetzt ständen, sei die Zonengrenze, und sie könnten nicht erlauben, daß wir hinüberführen. Sie würden es auch nicht raten, selbst wenn sie wegschauen könnten. Mir, in meinem Zivilanzug, legten sie nichts in den Weg, zu Fuß nach Dahrendorf zu gehen und meine Frau abzuholen, denn vermutlich seien noch keine Russen im Ort. Was wir damals als ein Unglück empfanden, wäre heute schon eine paradiesische Erleichterung: zu Fuß, ohne Minen und Stacheldraht fürchten zu müssen, einen Gang über die Zonengrenze zu machen, um einige Verwandte abzuholen.

Einige Verwandte habe ich gesagt? Immerhin war das mir angetraute Weib dabei, das ich in meinem bisherigen Leben zuerst begehrt, dann in einem Urlaub und einer einwöchigen Hochzeitsreise geliebt, schließlich aus der Ferne herbeigesehnt hatte. Ein Teil meiner Kameraden kannte sie und hielt mich für einen Glückspilz, ob der äußeren Attraktivität der jetzt Zweiund-

Land ohne Brücken

zwanzigjährigen. Sie kannten von Lilly nicht viel weniger als ich, der ich wie die meisten jungen Männer Frauen zunächst nach ihrem Aussehen beurteilte und wie die meisten Kriegsteilnehmer zu wenig Gelegenheit hatte, die innere Harmonie zu prüfen. Unsere »Erfahrung« beschränkte sich auf wechselnde Abenteuer an verschiedenen Standorten. Erst mit der Heimkehr konnte die Ehe beginnen. Ich weiß nicht, ob ich jetzt, nach Einstellung der Feindseligkeiten, noch den gleichen Drang zur Heirat gehabt hätte. Aber ich war guten Willens, ein bürgerlicher Ehemann zu werden, wenn ich auch nicht wußte, wie ich eine Gattin ernähren sollte. Daß meine Frau ohne den Ex-Offizier auch nicht untergegangen wäre, wurde uns beiden erst später klar. Ein häufiges Schicksal von Kriegsehen, wie sich immer wieder zeigte.

Das Hühnchen wartete also mit dem Wagen bei den Engländern, und ich ging in den Ort, um mein Versprechen einzulösen. Die Überraschung war groß, und die Koffer mit meiner Hilfe schnell gepackt. Eine Stunde später saß im Führerhaus unseres LKW ein Huhn neben zwei Turteltauben, während die Eltern des Täubchens hinten die Wegzehrung der freundlichen Bauern von Dahrendorf genossen. Huhn sah diskret auf die Straße, die nach Hannover führte.

Bei jedem Messebesuch in Hannover muß ich an das Bild denken, das damals die Gegend hinter dem Bahnhof beherrschte. Schön war es im Jahre 1968 auch noch nicht, aber 1945 war es einfach schaurig. Die für Deutschland typische Mondlandschaft zerbombter Städte ließ an irgendeine Zukunft überhaupt nicht denken, denn in diesem Chaos konnte nicht einmal verborgen der Samen für ein späteres Erblühen stecken. Die höchste Regung, derer Menschen in einer solchen Umgebung fähig sind, ist die Absicht, die nächsten Stunden zu überleben, den anderen Morgen zu erreichen oder einen fahrbaren Untersatz zu gewinnen, der einen zu einem anderen Ort bringt.

Meine Schwiegereltern hatten Sehnsucht nach Aachen, nach ihrer Heimatstadt. Meine Frau wollte mich in die gleiche Gegend locken. Mich aber zog es nach Bayern zurück. Welch ein Glück, daß Helmut weiblichen Reizen nicht erliegen konnte! Meine Süße machte ihm nämlich den Vorschlag, den Wagen nach Aachen zu steuern und ebenfalls dort zu bleiben. Als Besitzer eines Lastwagens könne man überall leben. Damit hatte sie wirklich die Wahrheit gesagt, denn viele solche »Besitzer« von Lastwagen sind heute renommierte Transportunternehmer. Hühnchen hatte aber nicht das Zeug zum Unternehmer neuen Stils, sondern meinte, das Fahrzeug gehöre ihm ja gar nicht, er müsse es wieder abliefern. Außerdem sei er noch Angestellter der amerikanischen Armee und könne nicht einfach flüchten. Man wird mir sicher glauben, daß Huhn heute nicht zu den neuen deutschen Millionären gehört. Menschen seines Schlages sind eigentlich jedoch viel bemerkenswerter. Leider habe ich keine Gelegenheit, Helmut zu fragen, ob er lieber reich oder bemerkenswert sein möchte. Es ist nicht ausgeschlossen, daß er als fairer Sportsmann zur Antwort gäbe: »Am liebsten ehrlich!«

Als ich meine Schwiegereltern schließlich am Bahnhof von Hannover ablieferte, stand glücklicherweise auf dem Geleise ein leerer Kohlenzug bereit. Seit zwei Tagen. Er hatte Kohle von Aachen nach Niedersachsen gebracht und sollte mangels Güteraustausch wieder leer nach Aachen zurückfahren. Er hatte nur eine Klasse. In jedem Abteil befanden sich Aborte, was aber gar nicht störte, denn die Waggons waren oben offen, und es teilten sich selten mehr als 30 Personen die Sitze auf dem eigenen Koffer. Kein Zugschaffner ging durch, denn es gab keine Fahrkarten, die man hätte kontrollieren können. Meine Schwiegereltern waren über die günstige Verbindung überaus glücklich und priesen den hervorragenden Zustand der Bahn. Der Zug kam ohne Fliegerbeschuß schon 22 Stunden später in Aachen an. So lange muß man heute in einem Flugzeug sitzen, um über den Nordpol bis nach Tokio zu gelangen! Und genauso lange fuhren meine Frau und ich von Hannover nach Weilheim zurück. Um ein Haar hätte es noch viel länger gedauert.

Helmut Huhn überließ mir immer öfter das Steuer, denn zum Brautkutscher wollte er sich nicht erniedrigen lassen. Nicht daß er unhöflich zu meiner jungen Frau gewesen wäre. Oh nein! Er bemerkte sie nicht, das war alles. Sie verstand gar nichts vom Radsport und war zur Konversation deshalb so ungeeignet wie später für meine Ehe. Er schimpfte auch nicht mehr, wenn wir wieder an zerstörte Brücken gelangten. Er schlief lieber. Bei der Fahrt entlang des Mains empfand er den fränkischen Barock sogar als lieblich und die Gänse als genieß-

Land ohne Brücken

bar. In Karlstadt wurden seine Betrachtungen leider unterbrochen, aber immerhin der Grund zu einem längerem Aufenthalt in Mainfranken gelegt.

Lässig winkte uns der Posten mit den Mundwinkeln unter dem Stahlhelm heraus auf die Straßenseite. Wir hielten mit bestem Gewissen und zückten das kostbare Papier der 10th Division. Der Ami hatte wenig Interesse an den Papieren, sondern winkte einen Kameraden herbei, der sich aufs Trittbrett stellte und uns in den Hof des Gerichtsgefängnisses lotste. Hühnchen mußte seinen Wagen abstellen, und wir wurden in den Hausgang geführt. Nach kurzer Zeit erschien ein Leutnant – seine Abzeichen ordneten ihn bei der siebten Division ein – und gab in gutem Deutsch mit Wiener Einschlag bekannt, daß der Wagen beschlagnahmt und wir inhaftiert seien. Im Hof standen noch weitere Fahrzeuge aus Habach und auf dem Gang mehrere Kollegen von Helmut, die auch nicht glauben wollten, daß die siebte Division den Papieren der zehnten Division keinen Wert beimaß. Der Leutnant mißachtete diese Papiere mit lässigen Worten und meinte, es sei doch wohl absurd, daß sechs Wochen nach der Kapitulation noch ein deutscher Gefreiter in voller Uniform durch die Gegend führe. Ich wies meine Entlassungspapiere vor, um zu fragen, ob er denn diese auch nicht anerkennen wolle. Nun, er wolle sie schon gelten lassen. Ob es etwas genützt hätte, wenn ich meine Heiratsurkunde mitgeführt hätte? Immerhin hörte ich, wie sich zwei Herren auf englisch darüber einig wurden, mir die Dame abzunehmen, weil sie nicht übel aussähe. Den Helmut wollten sie gleich in ein Lager nach Ochsenfurt stecken und den Wagen behalten. Sie taxierten seinen Wert, denn bei der guten Ausrüstung der amerikanischen Armee hatten sie keinen anderen Gedanken, als das Fahrzeug sofort zu verschachern. Ich merkte, daß die Herren diese Tour schon seit Tagen mit Erfolg ritten. Sie merkten allerdings nicht, daß ich Englisch sprach. Es ist immer gut, sich zuerst als unkundig auszugeben und die Ohren zu spitzen. Reden kann man gar nicht spät genug! Deshalb schrieb ich auf den Fahrbefehl von Helmut unter dessen Namen noch »assistant driver W. Pfaff« und ging wieder zum Leutnant.

»Herr Leutnant, Sie sagen, daß der Wagen nicht weiterfahren darf, weil der Fahrer noch in Uniform ist?«

»Ja, so ist es!«

»Wir haben aber auf jedem Wagen einen Fahrer in Uniform und einen in Zivil. Dieser zweite Mann bin ich.«
»Das kann jeder sagen.«
»Dann sehen Sie sich doch den Fahrbefehl einmal genauer an.«
»Da steht nichts«, meinte der Leutnant.
Jetzt war es für mich Zeit, etwas deutlicher zu werden. Ich erklärte dem Leutnant auf englisch, daß assistant driver zu deutsch »Beifahrer« heißt, was ihm als altem Deutschen oder Österreicher doch wohl auch bekannt sei. Mit dieser Anspielung konnte man nämlich Emigranten am besten ärgern. Dann ließ ich ihn noch wissen, daß ich gehört hätte, was man mit meiner Frau im Schilde führe, daß die Autos der zehnten Division nur beschlagnahmt würden, um sie zum Verkauf anzubieten und daß ich aus den Gesprächen seinen und noch einige andere Namen deutlich gehört hätte. Am Ende erklärte ich ihm noch, wie man in Bad Tölz die dritte Armee und deren Chef General Patton erreichen könnte, um die ganze Geschichte zu melden. Ich versprach dem Leutnant, daß ich in Habach nach dem Verbleib von Helmut Huhn forschen ließe, nahm Fahrbefehl, Frau und Auto unverzüglich in Empfang und donnerte nach kurzer Unterhaltung mit Helmut aus dem Hof. Helmut hatte mir versprochen, sich baldigst bei meinem Onkel in Weilheim zu melden, wo ich seinen Wagen bis zu seinem Eintreffen gut verwahren wollte.

In Nürnberg suchte ich das Reichsparteitagsgelände auf. Nicht weil dort Hitler eine Veranstaltung abgehalten hätte, sondern weil dort freundliche Neger mit weißen Zähnen Benzin verwalteten und mir überreichlich davon gaben. Meiner Frau machten sie äußerst höfliche Komplimente, die sie glücklicherweise nicht verstand. Von Komplimenten konnte man eigentlich auch nicht sprechen. Es waren mehr Erklärungen über den Hauptverwendungszweck eines »Fräuleins«. Natürlich in englischer Sprache. Vulgär-Englisch sogar. Kein besonderer Ruhm für mich, daß ich es verstand, finden Sie nicht auch?

Am späten Nachmittag rollten wir in den Hof des Onkels. Mit vollem Tank und zehn Kanistern Reserve. Dieses Benzin überreichte ich dem Onkel als Mitbringsel, da mir ein weiterer Schlafgast als Reiseandenken – ich meine jetzt meine Frau – nicht als ausreichend erschien. Der Onkel begrüßte beides recht herzlich. Nach einem äußerst gemütlichen Abendessen wurde meine

Liege am Boden des »guten Zimmers« etwas verbreitert, denn es galt nunmehr eine Ehe zu führen, die vor einem halben Jahre schnell geschlossen worden war.

Huhn kam zehn Tage später angereist. Mit kahlgeschorenem Kopf, einem Entlassungsschein und wüsten Berichten über die Zustände bei den Amis in Ochsenfurt. Er warf aber nicht alle Amerikaner in einen Topf, sondern brachte den LKW zurück nach Habach und diente der zehnten Division künftig als Fahrer von Offizieren, die ihn vor weiteren mainfränkischen Erlebnissen beschützten. Sie sagten ihm auch, daß er der einzige Fahrer gewesen sei, der den Wagen nicht unterschlagen habe; sie könnten ihm den Wagen nicht nachträglich schenken, aber es wäre doch wohl schlauer gewesen, sich damit eine Existenz zu gründen. Das sei aber nur ihre private Meinung. Dienstlich würden sie sein Verhalten durch den neuen Vertrauensposten honorieren. »Cigarette, boy?« »Danke, ick rooche nich!«

Das auch noch!

Kraut und Rüben

Die Inventur, notgedrungen mit dem Vorrat an Fähigkeiten zum Unterhalt zweier Leben veranstaltet, fiel recht mager aus. Was ich seit dem Abitur an Ausbildung genossen hatte, war mehr auf die Auslöschung von Leben ausgerichtet gewesen. In diesem Punkte hatte ich zwar Millionen von Kollegen, doch konnte mir diese Tatsache keinen Trost spenden. Manche demobilisierten Krieger bemühten sich um eine Fortsetzung der alten Tätigkeit an einem anderen Punkt dieser unruhigen Erde, viele resignierten und legten die Hände in den Schoß. Dabei ließ sich vom alten Glanz am schönsten träumen. Sie faßten keine Arbeit an, verkündeten dafür bei jeder Gelegenheit stolz, daß sie zur See gefahren seien, ein Amt beim Stabe bekleidet hätten oder als Hauptmann im Schwarzen Meer besonders gern geschwommen seien. Sie merkten nicht einmal, daß solche Reden langweilten und schon gar nicht zu verkaufen waren. Erstaunlich viele Berufssoldaten aber, vor allem die Intelligenz unter ihnen, schalteten blitzschnell um und stürzten sich in irgendeine Berufstätigkeit. Das war sicher die einzige Methode, eines Tages wieder standesgemäß leben zu können. So weit dachte ich selbst nicht, denn ich wußte ja nicht einmal, welchem Stande gemäß ich leben sollte. Dem Schülerstande vielleicht? Die standesgemäße Anrede für mein Weib wäre »Frau Gymnasiast« gewesen. Klingt nicht schlecht, ist aber vermutlich erst später mit einer Pensionsberechtigung verbunden.

Der erste Mensch, dem ich auf Arbeitssuche begegnete, war Herr Winklhofer. Seine Art des Auftretens verriet den Mann aus der Hauptstadt München. Den Umgang mit der einheimischen Bevölkerung vermied er, wie auch er als Fremder, aus 50 Kilometer Entfernung zugereist, von den Kleinstädtern gemieden wurde. Sein gut genährtes, nicht gerade kerniges Haupt war von der Gloriole des Titels »Großhändler« gekrönt.

Herr W. betrieb Großhandel mit Obst und Gemüse, mit Stammsitz in München-Großmarkthalle. Der Krieg und die Angst vor Bomben hatten ihn rechtzeitig aufs Land getrieben, die Angst vor Ungemach rechtzeitig, nach neuester Auffassung aber etwas frühzeitig, in die Partei. Als kluger Taktiker hielt er es für angebracht, seine Niederlassung in Weilheim nicht mehr selbst zu betreiben, sondern durch einen unauffälligen Mann führen zu lassen. Meine Unauffälligkeit und Parteilosigkeit gefielen ihm sehr. Diese Tugenden waren ihm monatlich immerhin 250 Mark wert. Ich hatte mich also gegenüber meinem Einkommen beim Militär nur um die freie Kost und Logis verschlechtert, und das nur theoretisch, denn wir wohnten und aßen ja beim Onkel.

Herr W. erklärte mir die Kalkulation des Großhandels, die nach Reichsgesetz vorgeschrieben war. Im wesentlichen kam es darauf an, addieren zu können und zu wissen, wieviel 15 Prozent von einer bestimmten Summe sind. Lesen, Schreiben und Telefonieren waren weitere wünschenswerte Spezialkenntnisse. Die Warenkunde bedrückte mich weniger, weil kaum Waren im Angebot waren und niemand die Wahl zwischen Qualität und Abfall hatte. Man nahm, was zu bekommen war. Bald erkannte ich, daß die größte Tugend beim Einkauf die Muskelkraft war, weil kein Bauer die Rüben auf unseren Wagen legte. Das war Käuferarbeit! An der war auch mein Chef nicht so stark interessiert. Ganz zu Anfang gab er mir in der Probezeit ein Gesellenstück auf, das ich, obwohl eigentlich unlösbar, schließlich doch löste, weil ich nicht wußte, wie unverschämt dieser Auftrag war. Dummheit ist die beste Voraussetzung für Heldentaten, auch im Handel!

»So, nun wollen wir mal schauen, ob der Oberleutnant ein tüchtiger Mann ist. Zur Zeit ist in Bühl die Zwetschgenernte. Dort gedeiht eine vorzügliche Sorte. Sie nehmen den Spediteur L. mit einem Viertonner und Anhänger. Wenn Sie zurück sind, melden Sie sich gleich bei mir. Wir wollen die Ware dem Ernährungsamt absolut vollständig anbieten. Wir lassen uns nichts nachsagen!«

Nach dieser Rede händigte mir mein Chef 3000 Reichsmark aus. Der Geste nach war es die beste Währung der Welt und nicht der Kaufpreis für 30 Schachteln Ami-Zigaretten.

Der Spediteur war fröhlich und unternehmungslustig. Auf dem Wagen lagen zwei reinliche Kanister, in denen er den guten Schwarzwälder Kirsch nach Hause transportieren wollte. Sonst war der Wagen leer. So konnte man aber keine knappen Waren erwerben, wie ich bald merken sollte, denn das Interesse am Geld der Deutschen Reichsbank war sehr begrenzt. Nachträglich erkannte ich auch, daß aus eben diesem Grunde der Chef nicht selbst gefahren war. Wir schaukelten ahnungslos auf der Autobahn nach Karlsruhe und von dort in südlicher Richtung dem Zwetschgenlande entgegen. Kurz hinter Ettlingen grenzte die amerikanische Besatzungszone an die französische. Ausweiskontrolle, Fahrzeugkontrolle und die gute Nachricht, daß wir zur Einreise in diesen Teil Deutschlands ein bestimmtes Papier benötigten, das nur am Bahnhof Karlsruhe-West erhältlich ist. Wir wendeten umständlich mit unserem Lastzug und holten das Papier. Beim zweiten Anlauf schafften wir es und gelangten tatsächlich in das gelobte Land.

An den Sammelstellen der Anbaugebiete stauten sich die Lastzüge aus dem Ruhrgebiet, vollbeladen mit Kohle, und warteten auf den wohlfeilen Tausch. Wo wir auch anfragten und unser Schreiben vom Ernährungsamt Weilheim vorzeigten, ernteten wir einen großen Heiterkeitserfolg ob unserer Unbefangenheit. Ich wurde ernstlich böse und rief: »Wir können doch nichts dafür, daß in Bayern keine Kohlen wachsen!«

»Aber Käse und Butter!« erwiderte trocken der Leiter der Obstsammelstelle.

Ein echter Naturaltausch fand nicht statt. Die Zwetschgen hatten den Stoppreis von 18 Pfennigen pro Pfund, und die Butter oder die Kohle wurde mit diesem Stoppreis in Zahlung genommen. Dabei waren die Badener nicht einmal kleinlich, sondern luden die Wagen voll. Die Ernte war reich und der Ablieferungswille der Bauern in gewohnter Weise gut. Man hatte sich noch nicht an die neuen Verhältnisse gewöhnt. An einer Stelle erfuhren wir dann auch, daß zum Zwetschgentransport Spankörbe nötig seien. Ein Artikel, den Herr Winkelhofer auch meiner Erfindungsgabe anheimgestellt hatte. Zum Glück konnte man Körbe kaufen. Die Lage besserte sich zusehens!

Nach einem Tage voller Enttäuschungen riß dem Spediteur die Geduld, und er zeigte mir, wie man Obst ohne Kohlen oder Käse einkauft. Wir verließen die größeren Orte und fuhren in die abgelegenen Täler und Dörfer. Von Hof zu Hof zogen wir mit der verlogenen Rede, daß die Sammelstelle auf Anlieferung durch die Bauern heute verzichte und wir im Auftrage gleich ab Hof übernähmen. Entgegenkommenderweise würde dennoch der volle Marktpreis von 18 Pfennigen pro Pfund bezahlt. In den abgelegenen Dörfern und Höfen wurde diese Erleichterung sehr begrüßt. Wir bekamen so viele volle Körbe, wie wir leere Körbe hingaben. Auch hier ließen wir uns nicht lumpen, sondern opferten die brandneuen Spankörbe gegen mehrmals gebrauchte Behälter. Es war ein hartes Stück Arbeit bis zum Abend, die jedoch von dem einmaligen Erfolg gekrönt war, ohne jede Tauschware sechs Tonnen Zwetschgen gekauft zu haben. Nach einigen Stunden Schlaf im Führerhaus des Wagens gönnten wir uns am Morgen den Luxus eines Friseurbesuchs. Und das war unser Glück! Während uns der Lehrling Schaum im Gesicht verteilte, hörten wir ein Gespräch über zwei Gauner aus Bayern, die sich auf eine krumme Tour die Tagesernte einiger Gehöfte angeeignet hätten. Die Anlieferung bei der Sammelstelle sei heute morgen enttäuschend gewesen. Beim Zahlen befleißigten wir uns unseres besten Hochdeutschs, suchten dann unseren Wagen in der ruhigen Nebenstraße auf und verließen die Gegend in nördlicher Richtung.

»Wo haben Sie den Schnaps?« fragte ich den Fahrer.

»Der ist hinten bei den Dieselkanistern.«

»Hoffentlich kennen Sie die Kanister noch auseinander!«

»Na, das riecht man doch beim Eingießen!«
Zwischen Rastatt und Ettlingen hielten uns die Franzosen wieder an, um zu kontrollieren, was wir aus ihrer Besatzungszone wegschleppten. Die Zwetschgen interessierten sie nicht. Aber sie fragten nach Schnaps und anderen kostbaren Handelsobjekten, die sich beschlagnahmen und dann gut verkaufen ließen. Wir mußten die Herren enttäuschen. Was in den Kanistern sei, wollten sie noch wissen. Treibstoff natürlich.
»Aufmachen, bitte!«
Der Soldat steckte seine Nase in jeden Tank und stutzte plötzlich.
»Das ist doch kein Rohöl!«
»Nein, das ist Benzin.«
Man witterte Ungesetzliches, denn der Besitz von blau gefärbtem Benzin der Siegerarmee war streng verboten und führte flugs ins Gefängnis. In dieser höchsten Gefahr nahm der Spediteur den Tank und schüttelte sich eine Ladung Schnaps über die Hand, so daß jeder sehen konnte, wie wenig blau dieser Treibstoff war. Daß er blau macht, erprobten wir dann nach der glücklichen Rückkehr. Das Zwetschgenwasser hatte aber doch etwas den Geschmack von Dieselöl angenommen.

Stolz übergab ich meinem Chef die ganze Ladung Zwetschgen in der Hoffnung, wenigstens einen Zentner behalten zu dürfen. Er überließ mir fünf Kilogramm und machte ein sehr wichtiges Gesicht dabei, als wenn er sich eine Gehaltserhöhung abgerungen hätte. Den Rest müsse ich unbedingt dem Ernährungsamt vorfahren. Was ich auch tat, pausenlos Zwetschgenkerne auf die Straße spukend, um wenigstens noch einen Teil für mich zu retten. Das Amt war sehr erfreut über die Lieferung und gab mir einen Verteilerbogen mit den Adressen der Empfänger. Es handelte sich um die zahlreichen Krankenhäuser im Landkreis, außerdem um die Ausweichkliniken der Landeshauptstadt.

Der Juli im Voralpenland ist voller Saft und Kraft. Das Gras, schon wieder nachgewachsen, wird vom Gesumm erfüllt oder säuberlich von den Kühen gerupft, deren Fladen in großer Hitze schnell eine feste Kruste bekommen. An den schönsten Punkten des Landes, mal auf der Höhe, mal im fruchtbaren Tal, gelegentlich auch an einem See, liegen die alten Klöster. Durch ihr Betreiben wurde das Land vor langer Zeit gerodet und fruchtbar gemacht. Sie waren das Beständige in allen Zeiten und überstanden Raubritter, Säkularisation und Kriege. Der Landbesitz wurde zwar immer kleiner dabei, die Nächstenliebe jedoch immer größer. Hinter den dicken, kühlen Mauern pflegten die Nonnen und Mönche die Anbetung des Allmächtigen, während draußen Übermächtige für einige lumpige Jahre die Bewunderung der Welt auf sich zogen. So war es auch zu Zeiten der prunkenden Fürstbischöfe, die sich von weltlichen Herren nicht mehr unterschieden; genauso in den 1000 Jahren des Braunen Reiches, das bemüht war, dem Klosterleben den Ruf der Lächerlichkeit anzuheften. Die Abteien waren gerade noch gut genug, die Kranken aufzunehmen, die aus den vollen Lazaretten quollen. Mehr oder weniger zynisch meinten die Machthaber »nun können sie ja die Nächstenliebe ausüben, die sie predigen«. Sie wurde ausgeübt. In Wessobrunn, in Polling, in Schlehdorf, in Tutzing, in Bernried. Überall, wo Klosterfrauen Gebet mit Arbeit vereinten. Mancher Patient vertrat die Meinung, die Nonnen sollten weniger beten. Sie beschwerten sich, daß zu gewissen Stunden in der Kapelle mehr Schwestern waren als auf der Station. Von den Schwestern wurde einfach erwartet, daß sie ohne Bezahlung Tag und Nacht arbeiteten und dafür weder Freizeit noch Zeit für das Gebet erhielten; für genau jenes Gebet, aus welchem sie die Kraft schöpften, um jedem Hohn zum Trotze ihre Pflicht zu tun.

Die Oberinnen empfingen mich wie das liebe Christkind, wenn ich mit meinen Zwetschgen in die Küche einzog. Manche schenkten mir ihr Gebet, andere eine gute Brotzeit. Beides konnte ich gebrauchen, wenngleich die Brotzeit zunächst greifbar und deshalb von dem mageren Lieferanten mehr beachtet war. Heute, mit 86 Kilo auf der Waage, scheint mir, daß die Gebete um mein zukünftiges Wohlergehen gar nicht so wirkungslos waren. Ob Vaterunser oder Pressack, jeder Empfang war mir eine Entschädigung für den mühevollen Einkauf und gab mir die Kraft zu weiteren Einkaufsreisen.

Die Oberin von Tutzing jedoch gab mir noch mehr. Sie vertraute mir zwei Schwestern an, die in Franken zu Hause waren, wo auch Obst wuchs. Zum Einkaufen benötigte ich die jungen Nonnen weniger, aber sie gaben unserem Lastzug einen Hauch von Seriosität, den wir bei den Polizeikontrollen in den Anbau-

Kraut und Rüben

gebieten gut gebrauchen konnten. Jedes Land hütete nämlich seine Schätze und wollte die Ausfuhr verhindern. Dabei interessierte es wenig, daß die oberbayerischen Ernährungsämter schöne Bestätigungen mitgaben. Sie hätten Käse mitgeben müssen, dann hätten die Ämter in Württemberg auch Ausfuhrerlaubnisscheine für Obst ausgestellt. Im Notfall hätten die Schwestern bestätigt, daß die ganze Ladung dem Krankenhaus Tutzing gehört. Ich hätte den Beamten sehen mögen, der da noch die Ware beschlagnahmt hätte oder gar an Schwarzhandel denken mochte. Warum sie mir gleich zwei Schwestern mitgab, sagte die Oberin nicht. Ich meinte nämlich, daß eine leicht ausreichen würde. Aber sie bestand auf zweien. Hoffentlich nicht, weil wir auch zwei Männer im Fahrzeug waren.

Es war reichlich eng im Fahrerhaus. Die Damen wollten zwar bescheiden hinten aufsteigen, aber das ließen wir nicht zu. Wegen unserer guten Erziehung und wegen der Polizei, die schon von weitem unsere Nonnen sehen sollte. Es war heiß im Wagen, den Schwestern in ihrer Tracht doppelt so heiß wie uns. Still war es auch, denn wir zügelten unsere Rede, um nicht in den sonst üblichen Jargon zu verfallen oder unversehens auf das Thema »Weiber« zu kommen. Dabei vergaßen wir ganz, daß die Schwestern eine weibliche Anatomie hatten und nicht wie wir an den Parkbuchten einfach Bäume gießen konnten. Sie blieben dann immer sitzen und flehten um unsere Erleuchtung in einer sehr menschlichen Angelegenheit. Das Flehen wurde leider erst nach sechs Stunden Fahrt erhört. Gerade noch früh genug, um den Schwestern die furchtbare Frage nach einer Toilette zu ersparen. Meine Mutter hatte mir einmal erzählt, als Kinder wäre die Frage unter Gleichaltrigen aktuell gewesen, ob die frommen Schwestern auch aufs Klo gehen müßten. Ich kann die Frage dahingehend beantworten, daß sie sogar rennen müssen. Mein Angebot anläßlich einer Rast, ob sie sich nicht nach dem langen Sitzen ein wenig im Walde ergehen wollten, um kühle Luft zu schöpfen, führte zu einem Wettlauf in den dichten Tann. Auf der Weiterfahrt waren die Schwestern lustig und erzählten von ihrer Heimat und Kindheit.

Meine Lieferungen waren so korrekt, daß der Leiter des Ernährungsamtes seine Zweifel bekam. Im Vertrauen auf meine geschäftliche Sauberkeit unterließ ich auf den Ämtern jegliche

Dienerei und Naturalzuwendung. Deshalb mußte ich mich einmal peinlich verantworten und eine Kontrolle über den Betrieb ergehen lassen, die von einer Anklage nicht zu unterscheiden war. Mangels Beweises wurde ich freigesprochen. Von da an beschloß ich, bessser an mein Wohl zu denken, weil Selbstlosigkeit nur unglaubwürdig macht. Man hielt mich für einen perfekten Schwarzhändler. Mein Chef flehte mich an, ja nichts mit Obst anzustellen. Er sei ja noch nicht entnazifiziert.

Entnazifizieren bedeutet zu Gericht zu sitzen über ein Mitglied der NSDAP. Die Richter waren entweder Nichtmitglieder, was sehr selten der Fall war, oder Zugereiste, denen nichts mehr aus der Vergangenheit nachzuweisen war. Das kam häufiger vor. Die Ankläger waren sozial Unzufriedene – auf bayerisch »Neidhammel« –, die besten Verteidiger Juden, die Entlastungszeugen an den Haaren Herbeigezogene. Darunter kahlköpfige Geistliche, frühere Angestellte mit roter Vergangenheit oder Verstorbene. Die Protokolle solcher Prozesse zählen zu den komischsten Lektüren, wenn man genügend Abstand hat. Damals war es bitterer Ernst.

Ich verzichtete also auf eigene Obstgeschäfte und begnügte mich mit dem Tauschhandel auf dem Sektor Frischgemüse. Das interessierte in Bayern nicht so stark, weil es von alters her als Viehfutter galt. Mein einziger Geschäftspartner war ein Ami, Küchenbulle bei einer Einheit in Starnberg, der seinen Leuten Abwechslung in die Büchsenkost bringen wollte. Er zahlte einen unglaublich günstigen Kurs! Für eine Kiste Karotten gab er drei Pfund Kaffee, für Blaukraut fünf Pfund Fett, selbst Wirsing honorierte er mit einer Stange Zigaretten, 200 Stück. Ich hatte bald einen gesunden Vorrat, weil ich außer den Zigaretten nichts verkaufte. Dieser Versuchung konnte ich nicht widerstehen, weil die Stange etwa das Dreifache meines Monatsgehaltes einbrachte. Im Haushalt begannen sich Einnahmen und Ausgaben die Waage zu halten. Glücklicherweise sahen mich nur die LKW-Fahrer bei meiner Hauptarbeit, beim Aufladen von Krautköpfen in Pestenacker bei Landsberg oder bei der Gurkenernte in Mallersdorf/Niederbayern. Der Einkauf fand nicht nach einer guten Bewirtung durch den Verkäufer statt, sondern verlief nach folgendem Ritus:

Zuerst steuerte ich das Haus eines Landhändlers an, der meinem Chef von früher her bekannt war. Man begrüßte die Familie sehr leutselig, möglichst in der Sprache des Landes. Das Kind mit den langen Rotzfäden über dem Mund wurde auf den Schoß genommen und ob seiner Schönheit gepriesen. Dann hörte ich regelmäßig aus dem Munde des Händlers eine vorbeugende Rede über die miserablen Warenangebote, die ich mit einem Hinweis auf die alte Geschäftsverbindung und die kommenden normalen Zeiten konterte. Im Namen meines Chefs versprach ich, daß wir unsere gewaltigen Umsätze in Normalzeiten hauptsächlich mit Kraut und Rüben aus diesem Anbaugebiet machen würden, vorausgesetzt, wir würden auch jetzt gut versorgt werden. Wir sprachen über vieles, ja fast alles. Nur über Preise wurde nie gesprochen, weil Geld keine Rolle spielte. Und die Reichsmark spielte wirklich keine Rolle, vor allem international nicht. Kurz nach der Zigarettenverteilung oder dem Schnapsausschank bekam ich dann den Tip des Tages: eine Adresse, wo im Feld etwas aufzuladen sei oder sogar noch selbst geerntet werden durfte. Mit dem vollen Lastwagen begrüßte ich dann anschließend den Bauern und zeigte den Wiegeschein her. Der Händler bekam die miesen Papierlappen und ließ die wortreiche Danksagung über sich ergehen, von der er sich bis heute nichts kaufen kann. Das tat mir schon leid, denn es waren recht patente Burschen darunter, die sich oft viel Mühe machten, mich nicht leer heimfahren zu lassen.

Gemessen an meinen Gastgeschenken war ich bestimmt der unrentabelste Kunde. Dafür hatten alle Lieferanten die Gewißheit, daß die Ware in ordentliche Kanäle floß. Der Küchenbulle aus Starnberg war auch ein ordentlicher Kanal und nur sehr langsam zu füllen. Wenn der Kanal aber voll war, lief ihm das Wasser destilliert aus den Augen. Er sah meine Frau schmachtend an und holte noch Hersheys flüssige Schokolade aus dem Auto. Seine Besuche rissen ganz plötzlich ab, obwohl ich noch den Auftrag hatte, ihm eine ganze Kuh für 100 Pfund Kakao zu besorgen. So erlernte ich leider niemals den Viehhandel. In Richtung Holzhandel konnte ich meine Branchenkenntnisse aber gut ausweiten.

Onkel Peter

Jede Familie weist wenigstens einen bedeutenden Verwandten auf. Wenn sie keinen aufzuweisen hat, wird durch die interne Aufwertung einer Person einfach einer geschaffen. Der relativ Gebildetste oder Wohlhabendste wird so oft im Gespräch erwähnt, daß ihn sogar die Bekannten kennen, ohne ihn jemals gesehen zu haben, und ihn am Ende auch für bedeutend halten.

In der Familie meiner Frau war mit diesem Amt der Onkel Peter betraut. Ein dicker fröhlicher Holzhändler mit einer herzensguten Gemahlin. Peter war Gatte und Kind zugleich, weil er noch mit 60 Jahren zu jedem Lausbubenstreich fähig war. Wenn er voll des süßen Weines nächtens heimkehrte, sang er laut Lieder, schimpfte über die Zöllner an der holländischen Grenze hinter seinem Hause, weil sie seinen Kaffee-Nachschub störten, und kletterte neben dem Gartentor über den hohen Eisenzaun. Nicht etwa, weil das Tor verschlossen war, sondern weil er es in seiner Seligkeit schöner fand, ein böses Weib zu haben, das den lieben Gatten aussperren wollte. Einmal hing er, 200 Pfund schwer, an den oberen Spitzen fest und ließ sein Schimpfen in Flehen übergehen, bis schließlich sein gutes Lieschen erwachte und ihm eine Leiter holte. Lieschen schimpfte milde, als sie ihn zu Bett brachte, weil Peter wieder einmal ohne Bruchband ausgegangen war. Sein Bruch hatte nämlich oft die Neigung, herauszuspringen und Peter in Nöte zu versetzen. Peter wußte sich jedoch immer zu helfen. Er legte sich einmal während der Hauptverkehrszeit an der Haltestelle Elisenbrunnen im Zentrum Aachens auf den Rücken und brachte vor einem interessierten Publikum die Bänder schnell wieder in die richtige Lage. Peter war in allen Situationen Herr der Lage. Auch der Wirtschaftslage. Deshalb florierte sein Holzhandel nach dem Kriege reibungslos weiter. Fast reibungslos. An dem »fast« war ich etwas schuld. Nein, schuld darf ich eigentlich nicht sagen, denn das Mißgeschick mit den Holzscheinen hätte jedem Fachmann widerfahren können.

Peter besuchte uns in Weilheim gelegentlich bei seinen Holzeinkaufsreisen in Bayern. Er brachte viel kostbare Handelsware mit. Druckknöpfe von Prym in Stolberg, Nähmaschinennadeln und Tuche aus Aachen, Kaffee aus Belgien, Kakao aus Holland und Wein von der Mosel. Sein Auto war vollbeladen, aber dennoch unbehelligt zu uns gelangt. Ein Teil der Ware wurde für den Holzeinkauf benötigt, der Rest der Geselligkeit geopfert. Onkel Peters Besuch in Weilheim brachte mir viele Freunde in die Wohnung. Inzwischen hatte ich nämlich hinter dem Büro der Firma Winklhofer Obst und Gemüse en gros ein Zimmer mit Kochnische bezogen und konnte leicht Gäste empfangen, ohne dem Arzthaushalt des eigenen Onkels Ungemach zu bereiten. Der joviale Aachener schätzte unsere Fröhlichkeit und versprach bald wiederzukommen. Vor der Abreise ließ er mir einen größeren Geldbetrag da und machte mich zu seinem Einkäufer für Holzscheine. Rundholz oder Schnittholz und Riemen wie Nut und Feder waren streng bewirtschaftet und nur mit Holzscheinen zu beziehen. Die gab es auf dem Wirtschaftsamt oder im Schwarzhandel. Der Schwarzhandel war etwas teurer, aber lieferfähiger. Für den Meter zahlte der Kunde 150 Mark, den eigentlichen Holzpreis im Sägewerk noch nicht mitgerechnet.

Peter hatte die eigenartige Methode, nie einen Reichsmarkpreis zu kalkulieren, sondern immer laut in Goldmark umzurechnen: eins zu hundert. Erst wenn er diesen Preis hatte, äußerte er sich zu ihm, fand ihn günstig oder unverschämt. Der Schnaps war ihm in Bayern zu teuer, das Holz preiswert. Für die überlassenen 15 000 Mark sollte ich ihm also Holzscheine kaufen, die er beim nächsten Besuch abholen und gleich bei Sägewerken unterbringen wollte. Meine Recherchen in der neuen Branche machten über zwei Ecken einen Lieferanten ausfindig. Wenn ich Lieferant sage, meine ich natürlich jenen Zwischenhändler in der langen Kette, der gerade vor mir in dem Geschäft hing. Es war wie bei den Geheimdiensten, der große Boß blieb im Dunkeln. Mein Lieferant, ein Ungar, versicherte heilig, die Scheine kämen aus erster Quelle. Aus der Holzwirtschaftsstelle in Regensburg. Sie seien von einer Putzfrau im Büro aus dem Scheinrücklauf entnommen worden, bevor sie der Entwertung anheimfielen. Das klang hervorragend seriös! Ich kaufte.

Peter kam wieder und war sehr zufrieden mit meiner Arbeit. Sofort reiste er in die Sägewerke, war aber schon nach drei Tagen wieder bei mir. Weniger zufrieden als vorher. Alle Sägewerke erkannten die Scheine als Fälschungen aus dem Holzwirtschaftsamt Regensburg, wo sie bewußt billig vertrieben würden.

Die Putzfrau müßte die Scheine nicht stehlen, sondern sie würde sie ganz ehrlich von ihrem Chef kaufen. Sehr preiswert sogar, aber der lange Zwischenhandel mache die Scheine am Ende für Fälschungen doch zu teuer. Für diesen Betrag könne man echte Scheine verlangen. Ich wollte mein Geld, eigentlich Onkel Peters Geld, zurückhaben, doch die Ungarn bedauerten sehr. Ihr Vorlieferant sei ebenso wie sie selbst nicht mehr in der Lage, den Betrag zu erstatten. Ich gab Peter meine Handelsspanne zurück, lumpige 1000 Mark, und bat um Entschuldigung. Die Ungarn drückten mir ihr Bedauern aus. Peter war mir nicht gram und versprach mir eine neue Beschäftigung in der Holzbranche.

Obst und Gemüse waren immer schwerer zu bekommen, meine freie Zeit wurde immer reichlicher. Ich beschloß eine Geschäftsreise nach Köln. Dort gab es Kochtöpfe aus Eisen, Schnaps aus Zuckerrüben. Weil die Kölner zu den Rüben auch »Knollen« sagten, hieß dieses Getränk Sherry-Knolly. Die Flasche kostete in Köln 100 Mark, in Weilheim schon 150 Mark. Der Preis für die Bahn hin und zurück betrug 60 Mark. Zehn Flaschen brachten einen Nettogewinn von gut zwei Monatsgehältern bei der Firma Winklhofer. Wer so nicht rechnen konnte, mußte von der Zuteilung leben. Er verdiente es nicht besser. Viele konnten aber rechnen, und die Züge waren entsprechend voll. Und reich an Risiko.

Hinter Assmannshausen am Rhein kontrollierten die Franzosen vor der Durchquerung ihrer Zone und holten Ware nebst Schmugglern aus den Waggons. In Oberlahnstein mußte man aussteigen und im Laufschritt über die Notbrücke der Lahn nach Niederlahnstein rasen, um dort einen Anschluß nach Köln zu erreichen. Der Weg war lang, mit den Koffern voller Tauschware noch länger. Das Geld brannte in der Unterhose, wo es die meisten versteckten, um nicht bei der Brieftaschenkontrolle der Franzosen das Betriebskapital loszuwerden. Erst angesichts des Domes konnte man aufatmen, weil die Kölner Polizei für ihre Nachsicht bekannt war.

Meine Geschäftsfreunde in Köln pflegten größere Transporte innerhalb der Stadt nur unter Mitwirkung von Polizisten zu tätigen. Die englische Besatzung hatte auch den geringsten Ehrgeiz unter allen Siegermächten und hielt sich an Churchills

Onkel Peter

Wort, man solle »die Deutschen jetzt erst mal eine Zeit im eigenen Saft schmoren lassen«.

Mein Kriegskamerad Hofmann hatte schon vor meiner Ankunft die gewünschte Ware bereitgestellt, und ich konnte mit der nächsten Zugverbindung die strapaziöse Rückreise antreten. Das Schlimmste war die Besteigung des Zuges in Köln. Noch während die Waggons rollten, stürmte eine entfesselte Menschenmenge Trittbretter und Fenster, beschädigte dabei die ohnehin jammervolle Bahn und ergriff Besitz von den Plätzen. Der Stärkere trieb den Schwächeren vom Sitzplatz. Vor diesen Karikaturen höherer Lebewesen hatte ich mehr Angst ausgestanden als im ganzen Krieg. Unter den Peitschen der Nazis waren sie alle gehorsam marschiert. Die Freiheit ohne Obrigkeit ließ sie alte Opas vom Sitz schubsen. Die englischen Besatzer waren mit Recht voll Verachtung. Solche Menschen wollten die Welt regieren? Na Prost!

Wesentlich einfacher war die Fahrt ins Rheinland ohne Gepäck. Onkel Peter hatte mich zu einer Dienstreise nach Aachen gerufen. Für einen einfachen Auftrag sollte ich 3000 Mark bekommen. Es handelte sich nur darum, eine Million Reichsmark bei Herrn Himmelsbach in Mannheim abzuliefern. Inzwischen war ich an hohe Beträge gewöhnt, aber der Anblick einer ganzen Million machte mir heiße Ohren. Peter zählte mir lässig den Betrag vor und gab mir die Adresse in Mannheim. Direkt am Wasserturm. Ich steckte die Million in die lange Unterhose oberhalb des Knies. Die altmodische Knickerbockerhose verhinderte durch ihren Bund ein Abrutschen der Million in die Wadengegend und kaschierte durch ihre Weite gut die Pakete zu je hunderttausend Mark.

Der Zug nach Süden war wie immer überfüllt, und niemand wußte, daß eine Million im Abteil saß. Gegen zwei Uhr früh kam ich in Mannheim an und hatte bis sieben Uhr zu warten, weil Herr Himmelsbach mich nicht eher empfing. Mir blieb keine andere Wahl, als im Wartesaal, einem ehemaligen Luftschutzkeller, unter finsteren Gestalten zu dösen und mir vorzustellen, wie sie mich wohl killen würden, wenn sie wüßten, was ich außer Angst noch in der Hose hätte. Ich tat kein Auge zu. Um sechs Uhr hielt ich es nicht mehr aus und verließ den Raum in Richtung Straße. Herbst war es, schon empfindlich kühl. Die

Ruinen der Häuser sahen mich böse an, als wenn ich sie zerstört hätte. In den Vorgärten der Ruinen wucherte Unkraut wie der Pöbel auf den Bahnsteigen. Sich über alles Unglück hinwegsetzend durch die Kraft des Gemeinen und Unedlen. Immer zuerst da und doch ein Zeichen, daß Leben sprießt, daß wieder etwas nachkommen wird, auf das man sich sogar freuen könnte. Eine Stunde lang lief ich durch das zerstörte Mannheim. Die Kälte griff nach dem Gedärm und setzte es in Bewegung. Ich verlor den Kampf gegen die Natur und sprang in einen verschütteten Hauseingang. Fünfhunderttausend Mark fielen mir aus der Hose. Aus Papier waren sie und in diesem Augenblick dennoch unnütz. Ich mußte lachen, laut lachen, daß es schaurig in den Mauern hallte. So gehen Millionäre auf einen Ort!

Punkt sieben Uhr erklomm ich die Treppe in einem der wenigen Häuser am Rondell beim Wasserturm, das wenigstens noch teilweise bewohnbar war. Vor der Türe roch ich den Duft frischen Morgenkaffees. Himmelsbach gehörte offenbar zu den wohlhabenden in Mannheim. Man öffnete mir und führte mich in ein gut eingerichtetes Zimmer. Der Kaffee dampfte und würde auch mich bald erfrischen. Aber zuerst wollte ich mein Geld loswerden. Wir zählten zweimal genau nach, obwohl es schon beim erstenmal stimmte. Dann führte mich Herr H. zur Türe. Ohne Kaffee, ohne ein Wort des Dankes. Er wußte, daß ich den Transport nicht unentgeltlich übernommen hatte. Er wußte aber nicht, daß ich ein Mensch bin. Vielleicht war er selbst keiner.

Die kleine Stadt

Der Herr Apotheker wußte noch nicht, daß die Amerikaner im Zuge ihrer Demokratisierungsmission die Gewerbefreiheit einführen wollten, ja sogar die strenge Handhabung der Apothekenzulassung zu lockern gewillt waren. Er begrüßte ihre Anwesenheit darum laut und sichtbar. Seine Brillengläser blitzten in heiligem Eifer, als er den gleichgesinnten Männern gehobenen Standes seinen Abscheu vor dem Nationalsozialismus erklärte.

Unterbrochen wurde die Rede nur kurz durch das Vorbeirauschen des Herrn Stadtpfarrers, der sich bemühte, den Eindruck von christlicher Demut zu wahren, obwohl er sicher die Nieder-

Die kleine Stadt

lage der Nazis genoß, die ihn in den vergangenen Jahren gerade noch als Fossil einer früheren Kultur geduldet hatten. Man grüßte den Herrn Stadtpfarrer wieder mit Verbeugung und so freundlich wie früher. Der Herr Stadtpfarrer wurde überhaupt sehr geehrt, denn seine Unterschrift stand hoch im Kurs. Er mußte pausenlos bestätigen, daß dieser oder jener Bürger ein frommer Kirchgänger, ein Freund der katholischen Kirche, ein heimlicher, aber echter Christ, ein Gegner des Kreisleiters der NSDAP, ein Beschützer der Juden oder sonst ein Engel war. Diese Bestätigungen benötigte die Militärregierung für die Vergabe von Ämtern, Belassung von Geschäft und Besitz oder für die Entkräftung von Denunziationen. Mit christlicher Nächstenliebe bestätigte Hochwürden das Gewünschte und rächte sich nirgends. Nur in einem Falle hinderte ihn das Gebot »Du sollst nicht lügen«, einem Erznazi den Antifaschismus zu bescheinigen. Die ganze Stadt lachte über das Attest, das in seinem Wortlaut durch den verbitterten Bittsteller publiziert wurde. Hochwürden schrieb nur zwei Sätze: »Er war ein ordentlicher Nationalsozialist. Buße tut gut!«

Der Apotheker aber war wirklich kein Nationalsozialist, sondern Westfale aus der Gegend von Bochum. Deshalb wurde er zum besten Verfechter bayerischer Eigenstaatlichkeit und hielt sein Auditorium an, die weiß-blauen Bayernfahnen zu hissen. Seine Gewährsmänner bei der Militärregierung wußten mit Sicherheit, daß der Herr resident officer einer solcher Demonstration sehr, sehr gewogen sei. Wörtlich meinte der Pillenkönig: »Meine Herren, ich kann Ihnen zuverlässig sagen, daß der Major bzw. die Militärregierung es nicht ungern sehen würden, wenn weiß-blau beflaggt würde!«

Drei Jahre später mußte der enttäuschte Apotheker einsehen, daß die Militärregierung sein Monopol gebrochen hatte und drei weiteren Apothekern die Lizenz erteilt hatte. Ob er deswegen ins Lager der Gaullisten wechselte, weiß ich leider nicht zu berichten. Es ist anzunehmen.

Zum Kreis der von Amerika bitter enttäuschten Personen gehörte auch Lord Frigidaire. Der Mann mit diesem herrlichen Namen war im Standesamt sehr bürgerlich als »Kiesel« eingetragen und im englischen Adelsregister nicht zu finden. Seine Besitzung lag im fünf Kilometer entfernten Dorf Polling. Seine Welterfahrenheit wurde niemals bestritten, selbst wenn er sie am Stammtisch des Café Krönner ständig durchblicken ließ. Schon unter dem braunen Regime hatten seine Berichte mit dem Satz begonnen: »Also bei uns in Amerika...« Er sagte niemals »Bei uns in Nürnberg...«, wo er eigentlich geboren war, sondern er gab immer die Vereinigten Staaten als seine geistige Heimat an. Lordschaft hatten mehr als 20 Jahre als Gärtner und Chauffeur einem reichen Amerikaner gedient und sich dadurch angelsächsisches Wesen und Dollars angeeignet. Vor allem die zweite Tugend verhalf ihm zu einem Häuschen im Voralpenland und einem kleinen Selfmade-Unternehmertum. Er stellte mit einem kleinen Motor elektrischen Strom her. Aus diesem wiederum erzeugte der Lord Stangeneis, das er an bessere Haushalte und Gaststätten lieferte. Jahrzehnte vor der seuchenartigen Verbreitung weißer Kühlschränke. Der Name Frigidaire wurde ihm also zu Recht verliehen.

Zu Unrecht verhafteten die Amerikaner beim Einmarsch als ersten Bürger ihre Lordschaft, weil sie verdächtig gut Englisch sprach und möglicherweise Mitglied der Fünften Kolonne in USA war. Das mußte ausgerechnet dem Manne passieren, der in den Tagen vor dem Einmarsch der Befreier allen Freunden und wankenden Parteigenossen erklärt hatte: »Also, wenn die Amerikaner bei uns einrücken, dann seid ohne Sorge. Ich werde mit ihnen reden. Ich kenne die Boys von drüben. Sie sind meine Freunde. Die krümmen keiner Fliege ein Haar!«

Lordschaft waren eben keine Fliege und saßen deshalb einige Tage fest. Als er die Haft verließ, konstatierte er eine tiefgreifende Wandlung im Wesen der Amerikaner und sagte nie mehr »bei uns in Amerika«. Bald war man auch nicht mehr auf seine Dolmetscherkenntnisse angewiesen, denn in kurzer Zeit gab es unzählige Personen, die gut Englisch sprachen.

Einige Mädchen erlernten die Sprache besonders rasant, da sie in drei Schichten Unterricht nahmen und auch nächtliche Sprachübungen mit den weißen oder schwarzen Lehrern nicht scheuten. Angesichts des niedrigen Kurswertes der Reichsmark blieb ihnen nichts anderes übrig, als mit ihrem Körper das Schulgeld zu begleichen. Die Schulgeldfreiheit wurde erst später in der Bayerischen Verfassung verankert.

Auf der Butterberg-Alm außerhalb des Ortes fanden dann

auch Schulfeste mit Tanzdarbietungen der Schülerinnen statt, die stark unter der Textilknappheit litten. Die Boys sahen zwar nicht gerade darüber hinweg, fanden aber auch keinen Grund zur Beanstandung. Vor allem, wenn die Kathl auf dem Tisch stand. Sie war auch wirklich sehenswert in ihrer Urwüchsigkeit und keineswegs eine verruchte oder verkommene Person. Ihr kam es weder auf Englischkenntnisse, Männer oder Schokolade an, sondern nur darauf, ihren schokoladenbraunen Körper bewundert zu wissen. Mein Onkel nannte sie schon immer »die Landluft in der Tube«, weil sie prall gefüllt und von bäuerlicher Abstammung war. Als Malermodell wäre sie das Entzücken der Künstler gewesen, die im Dritten Reiche der Richtung »Gesunde Erotik« anhingen. Von Sepp Hilz abwärts. An heißen Sommertagen schuftete sie in den Wiesen ihres Vaters beim Heuwenden, setzte sich der lieben Sonne in höchster Naturverbundenheit aus und war der Society auf Sylt um Jahre voraus. Es war nichts Unanständiges daran. Nach Hautfarbe und Anatomie glich sie dem satten oberbayerischen Vieh, das des Kaugummis nicht bedurfte, um gleichmütige Mundbewegungen zu vollführen. Kein Wunder, daß man die Kathl in den Wiesen oft übersah. Doch folgten ihr alle Blicke, wenn sie bei Sonnenuntergang hoch oben auf dem Heuwagen thronend und freundlich grüßend wie Ceres, die Göttin der Fruchtbarkeit, durch den Ort fuhr. Das schlichte ärmellose Kleid ließ den Verzicht auf Miederware deutlich ahnen und die amerikanischen Lastwagenfahrer ehrfurchtsvoll am Straßenrand anhalten.

Die männlichen Gottheiten trugen die Uniform der US-Army und waren von unterschiedlicher Gerechtigkeit. Der Gott der Rache hieß Sergeant Montgomery und war sehr gefürchtet. Er drang den alten Nazis ins Gewissen, und wenn sie Besitz hatten, auch in die Wohnung. Man brachte ihm zur Besänftigung größere Opfer, die er später in die Staaten transferierte. Dort soll er Priester einer der unzähligen Sekten geworden sein. Das Zeichen seiner Würde war eine Pistole, die er gerne Gerechten und Ungerechten unter die Nase hielt, um die Vernehmungen nicht zu sehr durch den Gebrauch des Rechtes aufzuhalten. Als Naturfreund fuhr er gerne hinaus in das Naturschutzgebiet um den Staffelsee und übte dort auch Vergeltung unter den Rehen und Hirschen, die sich unter Hitler schuldig gemacht hatten wie alle Deutschen.

Ohne Gewehr, sondern als rechter Waidmann zunächst mit der Maschinenpistole. Aber nur so lange, bis er unter den ablieferungspflichtigen Jagdgewehren das passende Sortiment zusammengetragen hatte. Eines Tages muß es aber dem Göttervater, dem Major, wohl doch zuviel geworden sein, denn Sergeant Montgomery verschwand sehr plötzlich aus seinem Amte. Mit ihm verlor auch sein persönlicher Dolmetscher Viviani den Platz im Olymp, obwohl er nachweisen konnte, daß er im Dritten Reich nicht im Besitz der bürgerlichen Ehrenrechte war. Für ein Ehrenamt genügte damals nämlich schon dieser Nachweis. So wie die frühere Mitgliedschaft in der Kommunistischen Partei als besondere Empfehlung für den Dienst in der zivilen Hilfspolizei angesehen wurde. Ein geschichtskundiger Südstaatler mit höherer Schulbildung tröstete mich einmal amüsiert mit einem Vortrag über die Zustände nach dem Bürgerkrieg. Er meinte, bei soviel Wiederholung der Geschichte sei zu erwarten, daß auch wir eines Tages die Yankee-Epoche mit Humor betrachten würden. Wenn wir uns dagegen verwahrten, daß alle Deutschen Mörder genannt würden, müßten wir auch den Amerikanern zubilligen, nicht ein Volk von Montgomerys zu sein. Die beanstandeten Halbgötter von Dolmetschern seien übrigens liebe Landsleute von uns und keineswegs Amerikaner.

Nach dem Ende der Reichspropaganda begann das große Sterben der Vorurteile. Wer guten Willens war, lernte prächtige Menschen aus allen Ländern kennen. Im nahen Murnau war eine Kaserne voll von Offizieren der polnischen Armee, die hier unter leidlichen Umständen ihre Kriegsgefangenschaft verbrachten. Sie hatten nun ihre Freiheit teilweise wiedergewonnen und zogen in ihren Uniformen durch die Straßen. Sie drängten sich nicht um Kontakt zur deutschen Bevölkerung, aber sie versagten sich nicht der Unterhaltung. Niemals sprach Hohn, Rache, Schadenfreude aus ihnen. Sie wußten selbst nicht, ob sie ihre Heimat wiedergewinnen würden oder ob sie sich im Falle der Ablehnung des neuen polnischen Staates in England als Emigranten um die Exilregierung scharen sollten. Geistig und kulturell stellten die Männer eine Auslese dar. Es waren Herren von Format. Wie konnte unsere Propaganda nur vom polnischen Untermenschen sprechen! Das Mitgefühl mit den unglücklichen Polen war echt. Wir wünschten den Offizieren von ganzem Herzen die Rück-

Die kleine Stadt 385

kehr in einen freien Staat, der nicht immer das Opfer der Großmächte beider Seiten sein sollte.

Eine andere Gruppe von Gästen kam auch aus Polen, zerbrach sich aber nicht den Kopf über die politische Zukunft dieses Landes. Zum Teil waren sie erst in letzter Zeit aus diesem Lande angereist, die Mehrzahl aber hatte Polen seit Jahren nicht mehr gesehen, weil sie die letzten Jahre des Lebens im Konzentrationslager verbracht hatten. Der Begriff Leben ist für diesen Dämmerzustand am Rande des Todes eine Übertreibung. Es handelte sich um die 1945 noch nicht getöteten Juden. Nur für die Unbelehrbaren ein Beweis, daß die Geschichten vom KZ Märchen seien. In einer Anwandlung von Schamhaftigkeit oder Angst vor den Besatzern nannte man sie nicht bei ihrem echten Volksnamen, sondern gebrauchte den fürchterlichen Ausdruck »rassisch Verfolgte«. Tatsächlich konnte der Gebrauch des Wortes »Jude« schon den Verdacht des Antisemitismus erregen und Ärger bereiten. Es war noch verbreiteter, sie einfach »Schwarzhändler« zu nennen, womit man ihr Gewerbe bezeichnete. Ihre Begabung auf diesem Gebiet wurde durch die Nachsicht der Behörden unterstützt, die ihnen die neue Freiheit nicht vergällen wollten. Was sollten sie, die Lipskis, Levis, Goldsteins auch anderes tun? Geschlossene Familien gab es unter ihnen kaum mehr, Schneider und Schuster waren keine Mangelberufe, Fabriken machten keine verlockenden Angebote und die Deutsche Bundeswehr suchte keine Marschierer. Jetzt standen sie halt zu Hunderten vor den Hotels oder Kasernen und warteten auf die neue Zeit! Der Joint, ihre Hilfsorganisation, versorgte sie mit Lebensmitteln, und die deutsche Bevölkerung war nicht abgeneigt, Schmuck gegen Kaffee einzutauschen. Zum Schwarzhandel gehören immer Kunden und Lieferanten. Unter sich allein hätten die Juden nur ein mäßiges Geschäft betreiben können. Es war wie im Mittelalter, als die Fürsten für die Geldgeschäfte ihren Juden hatten und sich dann wunderten, wenn der daran verdiente. Die Volksseele empörte sich darüber, daß die Fremden bei ihrem illegalen Handel die Polizei nicht fürchteten. Diese Empfindung kann man mit einem Wort umschreiben: Neid!

Die Urbevölkerung der Stadt wurde zur hoffnungslosen Minderheit. Zu allem Überfluß zog der Reichsverweser des königlichen Ungarn, Admiral Horthy, mit seiner Familie nach Weilheim; das zog die Reste der ungarischen Armee in die Gegend und die Damen des Landkreises in den Bann galanter Handküsse. Die Honveds paradierten, wenn auch ohne Pferd, einzeln und in Gruppen, pflegten ihre Uniform vorzüglich und waren durch die Vermittlung der Bürgersfrauen bald die Prunkstücke gesellschaftlicher Zusammenkünfte. Die gute bayerische Sitte krachledernen Umgangs mit dem weiblichen Geschlecht wurde verpönt. Die Damen gingen sogar so weit, ihren Ehegatten die Nichtstuer aus der Pußta als leuchtendes Beispiel hinzustellen. Es fehlte nicht an Romanzen und häuslichen Dramen. Die Ungarn pflegten ihren Akzent wie der Hauptdarsteller vom Zigeunerbaron, da sie die Wirkung dieses entzückenden Sprachfehlers natürlich schnell erkannten. Nach Alkoholgenuß kam auch der melancholische Heimwehblick, bei Saufereien sogar die Träne ins Spiel. Die weibliche Tugend des Mitleids war unschwer in eine Untugend umzumünzen. Und die deutschen Männer konnten nicht einmal an der ungarischen Nation Rache üben, weil die wenigen Ungarinnen im Lande sehr unnahbar waren. Die Gattin des Admirals war wie eine Königin, die Schwiegertochter eine Schönheit mit fünf Lichtjahren Distanz.

Die Geldquellen der Ungarn waren unerforschbar. Dem Benehmen nach lebten sie alle von diskreten Schmuckverkäufen. Von einigen Rittmeistern wußte ich, daß sie ganz ordinär mit Ami-Zigaretten handelten. Aber sie taten es mit soviel innerem Abstand zum Geschäft, daß es entweder gar nicht bemerkt wurde oder geradezu nobel wirkte. Deutlich erkannte ich hingegen, daß meine Frau dem ungarischen Charme zunehmend erlag und mich in arge Verlegenheit brachte, weil ihre beiden Verehrer auch in meinen Augen recht nette Burschen waren. Sie geriet auch selbst in Bedrängnis, weil ihr die Entscheidung zwischen den beiden so schwer fiel. Vom dritten Mann, von mir, war bald nicht mehr die Rede, sonst wäre es für die Ärmste noch schlimmer gewesen. Ich mußte hart arbeiten und war mit Lastwagen viel unterwegs auf Nahrungssuche. Als ich einmal hinter mir hörte, wie ein Mann fragte, wer die Ungarin sei, die mit dem Fahrer von der Obstgroßhandlung manchmal gesehen würde, war mir alles klar. Fast alles. Denn noch stand nicht fest, ob der romantische Jenö mit den Märchenaugen oder der lustige Janos das Rennen machen würde. Jenö versprach ihr eine siegreiche Rückkehr auf die Güter mit

Die kleine Stadt 387

Ritten über die unendlichen Ländereien. Janos bot Kaffee und Küsse bei sofortiger Lieferung. Er wurde der Sieger. Das ersah ich daraus, daß in der Küche bei meiner Rückkehr von der Arbeit öfter ein Zettel lag mit dem schlichten Text: Essen im Rohr. Bin bei Janos. Kommst du später vorbei? Natürlich kam ich vorbei, denn ich wollte ja nachsehen, ob auch alles brav zuginge. Alles schien korrekt, wenn ich dort war. Die übrige Bevölkerung war anderer Meinung, sagte mir das aber erst viel später, um mir keinen Kummer zu bereiten. Ein knappes Jahr nach der Hochzeit will man so böses Gerede auch gar nicht hören.

Für die Hausbesitzer am Ort waren das größte Übel weder die Amerikaner noch die Juden und Ungarn, sondern die schlesischen Flüchtlinge. Sie kamen nämlich ohne Wohnungen angereist und wurden durch das Wohnungsamt in die Bürgerhäuser eingewiesen. Dann gingen sie noch daran, Existenzen zu gründen und brachten Unruhe in das zementierte Gewerbeleben. Sie stürmten mit Gesuchen die Ämter des Landkreises, wenn sie nicht gar die Ämter selbst personell besetzten. Die ansässigen Realitätenbesitzer zogen sich in der Minderheit grollend zurück und verfluchten den unseligen Krieg.

Oder die Entnazifizierung, die den Flüchtlingen erspart blieb, weil ihr Vorleben nicht mehr aktenkundig zu machen war. In der Tat habe ich keinen Schlesier angetroffen, der in der Partei gewesen wäre. Ich traf auch keinen, der in der alten Heimat besitzlos war oder als Arbeiter sein Brot verdient hätte. Es muß das Land der selbständigen Gewerbetreibenden, der Grundbesitzer und höheren Beamten gewesen sein. Im Gegensatz zu Ostpreußen, dessen Vertriebene gar nichts erzählten, still arbeiteten und uns rätseln ließen, was sie früher waren.

Als geborener Münchner, zuletzt in Berlin wohnhafter Soldat und ohne Grundbesitz am Ort war ich für die Weilheimer nicht viel mehr als ein Flüchtling. Ich blieb auch »draußen«. Daran änderte auch der Onkel nichts, weil der erst zehn Jahre dort praktizierte, zur Miete in einem Haus wohnte und nur als Arzt geschätzt wurde. Seine unerbittliche Zunge ließ sich schlecht in die kleinstädtische Unaufrichtigkeit einfügen.

Ein Lichtblick in dieser Festung war der Metzger Ostermayer. Er hatte seinen Laden direkt hinter der Kirche und war ohne jegliche Vorurteile. Vielleicht lag es daran, daß er nicht aus dem

Ort stammte, jung war und eine glückliche Ehe führte. Die eingeborenen Geschäftsleute hatten zwar auch Frauen, deren Funktion aber auf Haushaltsführung, Geschäft und Repräsentation beschränkt war. Dafür gab es keine Ehescheidungen, sondern nur Beerdigungen nach einem erfüllten Leben. Frau Ostermayer mußte mit 28 Jahren am Brustkrebs sterben, ehe dieses liebenswerte Leben erfüllt war. An ihrem Grabe standen trauernde Freunde und Kunden. Die Rede des Herrn Stadtpfarrer kam von Herzen und wurde von allen Trauernden als wahr empfunden. Ich konnte jedes Wort unterstreichen, traf ich Hochwürden doch selbst oft nach Ladenschluß in der Stube meines Freundes Bernhard, wenn seine Frau uns die Spielkarten durch eine Brotzeit fettig machte. Der geistliche Herr erhob seine Stimme auf dem Kirchhof und sagte:

»Trauernder Gatte, liebe Trauergemeinde! Wir stehen fassungslos am Grabe einer allzu früh dahingeschiedenen Frau. Man möchte an Gottes Ratschluß verzweifeln, wenn man als Christ nicht wüßte, daß der Herr nach anderen Maßstäben als den menschlichen und immer recht handelt. Ein Leben voll Liebe und Güte ist erloschen. Unsere liebe Frau Ostermayer war in der Tat gütig. Wenn sie hinter ihrem Ladentisch stand und die hungrige Bevölkerung mit Wurst und Fleisch bediente, kam ihr gutes Herz zum Vorschein. Sie wog immer gut und reichlich. Niemals war sie kleinlich mit den Lebensmittelmarken und der Zuteilung. Sie gab, was sie vermochte. Ohne Unterschied teilte sie mit den Bedürftigen. Der Herr wird es ihr lohnen. Nie kam es ihr auf das Gramm an, sondern auf den Menschen, wenn sie die knappe Ware verteilte. Oft siegte das Mitgefühl über den Geschäftsgeist. Wie sehr werden wir sie vermissen, nicht nur, wenn wir die Metzgerei betreten!«

Dann folgten die Gebete, und alle beteten laut mit und dachten an das eben gemalte Bild der Liesel mit dem großzügigen Messer. Ich hatte wirklich Tränen in den Augen. Nicht weil der Stadtpfarrer vielleicht ebenso fleischlos leben würde, sondern weil es eine Seltenheit war, daß eine Metzgerin den Überschuß zum Stoppreis verkaufte oder schwarzgeschlachtetes Fleisch unter die Leute brachte, ohne sich zu bereichern. Nur so aus Freude am Freudebereiten.

Mit der Wiedergabe dieser Grabrede rund um den Wurstverkauf wird deutlich, welchen Stellenwert in den schlechten Jahren nach dem Krieg die Nahrung hatte. Niemand am Grabe hat die Worte als lachhaft empfunden. Bernhard hat die Früchte seiner Gutmütigkeit nach der Währungsreform nicht ernten können. Er starb, auch noch jung, im ersten Urlaub, den er sich gönnte, am Hitzschlag. Ich kenne einige Leute, die sich seiner gern erinnern. Auch Flüchtlinge.

Die kleine Stadt bot ihren Bewohnern zum Wochenende Tanzvergnügen. Kleine Orchester schossen wie die Pilze aus der Erde. Die besseren spielten in Clubs der Amerikaner gegen ein Abendessen, Whisky und Zigaretten. Die Geldgage war Nebensache, denn eine Schachtel Zigaretten brachte leicht 70 Mark. Das war der Betrag, den man im Monat ohne Verletzung der Wirtschaftsbestimmungen für Lebensmittel auf Marken ausgeben konnte. Es war auch der Preis für eine geräumige Wohnung in der Provinzstadt. Man konnte auf der Bahn für diesen Betrag 1700 Kilometer weit fahren. Hinter zerbrochenen Scheiben in ungeheizten Abteilen oder im Viehwagen, je nach Glück. Oder die Alimente für zwei Kinder bezahlen. Auch je nach Glück. Nur sparen konnte man das Geld nicht, weil es sinnlos war, das schmutzige Papier überhaupt zu horten, und weil das Leben zum Sattwerden höhere Beträge erforderte.

Die Orchester nannten sich bald »Band« und hatten englische Namen. Außerdem das Bestreben, laut zu spielen, weil dies zwölf Jahre lang verpönt gewesen war. Karl und Max sangen vom »chattanooga express« oder verwahrten sich dagegen, eingeschränkt zu werden, indem sie »don't fence me in« gröhlten. Sie fragten auch »how deep the ocean« sei und baten höflich um »five minutes more«. Die Jugend schüttelte auf dem Parkett die Gliedmaßen und nannte die munteren Tänze auf bayerisch ordinär »Schoaß-Rottler«, was man, wenn überhaupt, mit »Blähungs-Rüttler« übersetzen kann. Getrunken wurde bei diesen Veranstaltungen Dünnbier ohne Alkohol, hergestellt aus Molke, Heißgetränk aus dem Hause Süd-Chemie oder Höchst und mitgebrachter Alkohol aus dunklen Quellen. Dank der niederen Löhne kam der Wirt auf seine Rechnung; als Gast seiner Gäste auch oft zu einem Schnaps. Der Flirt blühte besser als heute, weil andere Genußmittel nicht von den Mädchen ablenkten. Gelegentlich wurde sogar um die Damen gerauft. Nach oberbayerischem Empfinden eine besondere Weihe eines gelungenen Abends. Man sprach dann länger von diesem Vergnügen.

Die Abendgarderobe war etwas schlichter als heute. Alte Luftwaffenuniformen ergaben noble Trachtenanzüge mit Hosen, so weit wie die Kirgisensteppe. Um die Damenbeine wippten die kurzen Röcke aus den Felddecken der Amis. Die damals noch kleineren Brüste verbargen sich hinter Seidenresten aus Fallschirmen. Wer nähen konnte, war eine Königin. Ich überließ einem Flüchtlingsschneider aus Breslau meine alte Nähmaschine für einen Maßanzug aus dickem grünen Filz. Man hätte Billard auf mir spielen können. Schicker waren nur die Juden gekleidet, die unter ihren Landsleuten gute Schneider hatten. Favorit unter den Stoffen war bei ihnen der Nadelstreifen. Breit und kontrastreich. Die Jacke hatte fast Kaftanlänge und war stark wattiert, damit die Kleinwüchsigkeit wenigstens durch die imponierende Breite etwas ausgeglichen wurde. Führend in der Herrenmode waren Ungarn und Polen. Die neuesten Kreationen trug Albert, ein lustiger Bursche aus Wilna, der wenig geschäftlichen Ehrgeiz hatte und heute in Israel sicher so daheim ist wie damals in Bayern. Er fehlte nie in unserem Kreis, ernannte uns zu Ehren-Nichtariern, während wir ihm einen künstlichen deutschen Stammbaum malten, mit dem er unter Hitler leicht Minister geworden wäre. Albert entkrampfte das gespannte Verhältnis zwischen den »rassisch Verfolgten« und den »Mitläufern« auf recht unkomplizierte Weise. Es kam sogar so weit, daß wir auf jüdische Hochzeiten eingeladen wurden und uns an der Folklore aus dem Osten erfreuten. Die Jugend in beiden Lagern war einfach gewillt, sich zu verstehen. Das Fehlen gegenteiliger Staatsraison bescherte den Erfolg. Ein wenig hat natürlich auch der Schnaps mitgeholfen.

Giorgetto

Der Friseur legte die alte Schere auf die weiße Marmorplatte, kitzelte mich mit dem Handbesen im Genick, blies die Haare aus dem Kamm, ehe er ihn in die Brusttasche zurücksteckte und stellte die friedensmäßige Frage: »Haarwasser gefällig?« Freilich heißt es heute: »Welches Haarwasser bevorzugt der Herr?«

Aber in den Zeiten der schlechten Reichsmark war die Frage nach Haarwasser überhaupt erhebend. Man machte sich auch keine Gedanken über die Zusammensetzung des Gebräus. Mich interessierte aber doch die Marke, die sich wohltuend auf die Häupter der Bewohner der amerikanischen Besatzungszone – so hieß unser Vaterland – ergoß. Auf dem lieblich verschnörkelten Etikett las ich »Giorgetto«. Welch wunderbarer Name! Man sprach ihn natürlich richtig italienisch aus und hauchte »Dschordschetto«, so weich schmachtend wie das Flehen einer liebeshungrigen Dame nach einem schönen Manne mit dem Namen Giorgo. Das aromatische Leitungswaser rieb der Figaro so lange in mein Haupt, bis mir der Name Giorgetto nicht mehr aus dem Sinn ging. Er verfolgte mich wie der Gedanke ans Geldmachen.

Das Geldmachen aber schien mir am leichtesten auf dem Umwege über Schnaps-Mehl-Schnaps. Wenn ich sage am leichtesten, dann soll das nicht bedeuten, daß es leicht war. Es war nur relativ einfach, auch wenn man nicht über Lagervorräte verfügte wie der alteingesessene Handel. Mein Chef hatte mir strikt verboten, sein Gewerbe durch illegale Geschäfte in der eigenen Branche zu gefährden. Mein Chef war nämlich Mitglied der NSDAP gewesen und mußte stündlich befürchten, daß ihm ein Nichtparteigenosse aus unbekannten Landen seine Firma abknöpfen würde. Es mußte ganz eindeutig sein, daß in dieser Branche nichts zu holen war. Das war die einzige Möglichkeit, keinen Neider ins Feld zu rufen, der unter dem Deckmantel der politischen Entrüstung Ansprüche geltend machte. Von einer Einkaufsreise in Württemberg hatte ich etwas Obstschnaps mitgebracht, von dem ich dem guten Silbernagl eine Flasche überließ, weil er mir bei meinem schwierigen Geschäft in Kraut und Rüben wirklich so behilflich gewesen war. Silbernagl war gerührt und fragte mich, ob ich einen Sack Mehl haben wolle. Dieses Mehl stand so lange in meiner Behausung, daß es eines Kaufmanns unwürdig war. Zum Glück hörte ich von meiner Tante, sie habe einen Schwager in Mittenwald, Chemiker von Beruf, der dort neben anderen wissenschaftlichen Versuchen auch erfolgreiche Tests auf dem Gebiet des Schwarzbrennens von Alkohol durchführe. Das Schwarzbrennen von Alkohol geschieht nicht in der Weise, daß die Destillate schwarze Farbe annehmen, sondern daß man auf die Einschaltung des Zollamtes verzichtet und dadurch viel Geld spart. Darauf kam es mir an, und ich sann darauf, das Mehl nach Mittenwald zu schaffen. Auf der Suche nach einem Spediteur fiel meine Wahl auf den verschwiegensten aller Spediteure, auf den jungen Hiebler. Er hatte einen kleinen Eintonner und die gute Idee, den Mehlsack mit großen Stücken bewirtschaftungsfreier Braunkohle zuzudecken. Die Kohle könnten wir in Mittenwald auch noch verkaufen, so daß die Frachtkosten zu verantworten seien. Wir fuhren also unsere Braunkohle über Murnau und Garmisch-Partenkirchen in Richtung Mittenwald.

Kurz vor dem Bahnhof Krün, wo heute viele Autotouristen links abzweigen, um zum Walchensee zu gelangen, stand eine Polizeistreife, verstärkt durch Amerikaner. Man kann auch sagen: eine amerikanische MP-Streife, wegen der Sprachschwierigkeiten um einen armen deutschen Schutzmann erweitert. Die Herren hielten uns an, fragten nach dem Zweck der Fahrt und betrachteten die Kohle, die dem Torf ähnlicher war als den schwarzen Diamanten. Sie schienen zu glauben, daß die Kohle nach Mittenwald verkauft werden sollte, hoben aber vorsichtshalber noch einige Platten auf und stießen auf den Sack.

»Ist das auch Kohle?«

»Nein, das ist ein Sack Mehlabfall, sogenanntes Kehrmehl aus der Mühle.«

»Und das soll wohl auch verheizt werden?«

»Niemals! Das ist Viehfutter.«

»Viehfutter. Für wen?«

»Für Kühe.«

»Machen Sie mal den Sack auf!«

Ich machte auf, und alle schleckten an dem Mehl, obwohl sie doch Schutzleute und keine Ochsen waren. Ein Ami meinte: »much wheat in«. Das sollte heißen, daß viel Weizen in dem Abfallmehl war. Diese Bemerkung war Anlaß für eine Eskorte in das Hotel Zur Post in Wallgau, wo der Chef der Soldaten sein Hauptquartier hatte.

Der Captain lag in der Gaststube in einem Sessel, hatte die Beine auf dem Tisch und die Flasche zur Hälfte im Leib, zur Hälfte noch neben sich auf dem Boden stehen. Er freute sich über die Arbeit, die sein eintöniges Trinken unterbrach. Deshalb war er eigentlich eher freundlich als böse. Zuerst hörte er den Bericht, dann fragte er mich, warum ich Mehl nach Mittenwald bringen wolle. Nun ließ ich eine feine Geschichte vom Stapel, die ebenso rührend wie einleuchtend, aber auch gefährlich war, weil ich in der Eile eine Schwierigkeit nicht bedachte. Ich erzählte, daß Mittenwald die Stadt der Geigenbauer sei. Zwar ließ ich Amati und Stradivari weiterhin in Italien leben, nannte aber den ehrfurchtgebietenden Namen von Klotz. Ein Nachfahre von Klotz mache heute noch erstklassige Geigen, sei aber nebenher auch noch Landwirt. Ich selbst sei ein Geiger, der im Kriege sein Meisterinstrument verloren habe und deshalb brotlos bleiben müsse, wenn ich nicht eine neue Geige bekäme. Für einen Sack Viehfutter würde mir Klotz eine neue Geige machen.

Der Captain trank einen großen Achtungsschluck, kam aber Gott sei Dank nicht auf die Idee, mir für ein Konzert eine Geige bringen zu lassen. Ich hätte ihn sehr enttäuschen müssen! Dafür ließ er den Postwirt kommen und das Mehl testen. Der bezeichnete die Qualität auch als erstklassig. Grob mundartlich rief ich dem Wirt zu, daß er doch schmecken müsse, daß es Kehrmehl sei. Da begriff er endlich und sagte bedeutungsvoll: »Sehr gut für Kuh!« Das war meine Rettung. Ich durfte wieder weiterfahren und die Schwarzbrennerei ansteuern, die in einem sehr seriösen Unternehmen ihren Standort hatte. Vorsichtshalber fuhren wir aber in Mittenwald kreuz und quer durch alle Gassen, um Verfolger abzuschütteln, ehe wir blitzartig im Hofe der guten Adresse verschwanden. Das Mehl wurde abgeladen, gewogen und vereinbart, wieviel Sprit ich dafür erhalten sollte.

Der Schwager der Tante, Doktor der Chemie, bot damals noch Gewähr für die korrekte Abwicklung des Geschäftes. Ich verzichtete auf eine Empfangsbescheinigung mit Gewichtsangabe. Als meine Tante zwei Wochen später mit der Bahn nach Mittenwald fuhr, bat ich sie für eine Flasche Sprit als Lohn, das edle Produkt mitzubringen. Ich erwartete sie am Zuge, just in dem Augenblick, als ganz überraschend die Polizei alle Fahrgäste auf Hamsterware untersuchte. Mit Zittern und Beben konnte ich ihr vor der Kontrolle an der Sperre den Rucksack abnehmen und unbemerkt über das Geländer hieven, wo ihn ein Freund gleich wegtrug. Wir kontrollierten zu Hause die Flaschen und waren enttäuscht über die Ausbeute. Die Tante konnte mitteilen, daß ihr Schwager das Mehl nachgewogen habe und zu einem anderen Ergebnis gelangt sei als bei der eiligen Übernahme. Sollte ich ihn verklagen? Wir waren schließlich auch froh über die fünf Liter Sprit aus etwa 80prozentigem Alkohol. Nach meiner Rechnung waren dies doch zehn Liter Schnaps mit 40 Prozent, also ein Objekt von rund 2000 Reichsmark = drei Paar Schuhe = 13 Pfund Butter = ein Anzug = zehn lustige Abende. Ich entschied mich für die lustigen Abende plus etwas Geschäft. Beim Friseur kam mir dann die rettende Idee, unter welcher Marke der Schnaps zu verkaufen sei. Giorgetto mußte er heißen! So und nicht anders! Das war ein Name, der den hohen Preis rechtfertigte. Die Druckerei fragte nicht nach dem Sinn des Auftrages über 20 Flaschenetiketten mit dem stolzen Titel

GIORGETTO
40 % Vol.
Made in Italy

Wahrscheinlich hatte die gleiche Druckerei auch das Leitungswasser des Friseurs so beschriftet. Denn gerade der Friseur hatte mir die Druckerei als zuverlässig empfohlen. Sprit allein hat aber bekanntlich keinen Geschmack. Giorgetto klang außerdem mehr nach Likör als nach klarem Schnaps. Der Cafétier Jackl war mir rührend behilflich beim Mischen des Sprits mit Backaromen und Süßstoff. Lange fanden wir nicht die richtige Geschmacksrichtung, und am Ende konnte mir Jackl auch nicht mehr helfen, weil wir schon alle Sorten von Aroma in der Brühe hatten. Sie schmeckte dementsprechend. Der Name Giorgetto war aber immer noch gut. Er war bis zuletzt auch das beste an dem Getränk, konnte aber nicht verhindern, daß sein Preis fiel.

Am Samstagabend war auf dem »Gögerl« wieder großer Tanz. Der Wirt, eben jener Jackl, hatte meine bedruckten Flaschen in Verwahrung und beteuerte mir, daß der Absatz reißend sein würde, weil die Leute alles sauften, was rauschig macht. Ich stellte die erste Flasche auf meinen Tisch und soff zu Demonstrationszwecken wie ein Loch. Die Leute sahen zu, bewunderten die Flasche, fragten nach der Quelle und probierten erst einmal bei mir. Als sie hörten, daß sie als Entgegenkommen von mir eine Flasche für 250 Mark haben könnten, gingen sie wieder. Das wiederholte sich recht oft, ungefähr drei Flaschen lang. Dann war ich sehr lustig und bewirtete alle Bekannten gratis. Schließlich kam der Augenblick, wo die Grenze der Rentabilität auch einem Trunkenen sichtbar werden mußte. Radikal setzte ich die Preise auf 150 herunter, um den Posten loszuwerden. In der Tat kam ein Käufer, der keinen guten Leumund hatte und auch kein Bargeld. Was sollte ich tun? Auf Kredit an Strolche verkaufen oder auf der Ware sitzenbleiben? Heute weiß ich, daß der zweite Weg der bessere ist. Damals klammerte ich mich an die Hoffnung und gab sieben Flaschen für insgesamt 1000 Reichsmark ab, die ich niemals einfordern konnte, weil der Käufer mich auf offener Straße auslachte und mir riet, die Schuld bei ordentlichen Gerichten einzuklagen. Er würde dann seinerseits nur auf Körperverletzung klagen, wie es sich für dieses Getränk gehöre. Das war die größte Gemeinheit, fand ich, denn ich war drei Tage nach dem Abend mit Giorgetto schon wieder gesund. Nur finanziell kränkelte ich etwas. Ich brachte es nicht übers Herz, den Spediteur, die Druckerei, die Tante, den Jackl anzuschmieren, nachdem ich schon Zoll und Umsatzsteuer erlassen bekommen hatte.

Brillanten

Lipski, der königliche Kaufmann unter den Schwarzhändlern Weilheims, bedauerte meine arische Abstammung, denn er meinte, ich hätte einige Begabung für den seriösen Handel. Meine geschäftliche Zuverlässigkeit, mein Fleiß und wenigstens eine jüdische Großmutter hätten zusammen einen würdigen Kompagnon ergeben. Als Zeichen seiner Gunst ließ er mir kleine Geschäfte zukommen, die er leicht mit der linken Hand so nebenher auch selbst hätte machen können. Seine Börsentips waren erstklassig, und wenn ich nicht reich wurde unter seiner Obhut, lag es nur an mir selbst, weil ich die Tips nicht befolgte und mich zuviel mit dem Geschäft des Herrn Winklhofer befaßte, das im Monat drei Schachteln Zigaretten einbrachte und mich ruhig schlafen ließ.

Die Gedanken des Herrn Lipski dagegen waren ganz auf die Zukunft gerichtet, eine Zukunft mit großem Wohlstand. Wohlstand für alle, zunächst besonderen Wohlstand für ihn selbst und schließlich bescheidenen Wohlstand für mich.

»Ich brauch a Brillant. Weißte kan Brillant?«

Er sagte nicht »Brilljant«, sondern sprach das erregende Wort einfach so aus, wie man es schreibt.

»A lupenreines Stick. A nich a so kleines, meglich bis zu de finf Karaten!«

Ich wiegte überlegend mein Haupt hin und her, um nicht gestehen zu müssen, daß ich noch niemals fünf Karat gesehen hatte, auch keine Vorstellung davon hatte, wie groß ein einziges Karat ist. Mir war auch nicht geläufig, was man in einem Brillanten sehen konnte, wenn er lupen-unrein war. Warum fragte Lipski aber auch ausgerechnet mich? Sicher war ihm mein Umgang mit dem ungarischen Adel aufgefallen, und er vermutete in diesen Kreisen noch größeren Wertbesitz.

»Wenn de mer helfst, anen ze finden, werd ich der geben zehn perzent von dem, was ich dafir werde bezuhlen!«

A gutte panose! begann ich schon auf jidisch zu denken und fragte tatsächlich alle Ungarn nach einem Fünfkaräter aus erster Hand. Eine Woche später war ich genau im Bilde und durfte meinem Freund berichten, daß zu München in der Blücherstraße fünf Karat auf einen seriösen Barzahler warteten. Ein Treffen wurde vereinbart, und ich fuhr mit meinem Lehrmeister in die Landeshauptstadt. Vom Starnberger-Bahnhof über die Arnulfstraße zur Blücherstraße war es ein kurzer Weg, den wir zu Fuß zurücklegten. Ich fragte Lipski, ob er die Million in der Tasche habe.

»Wenn die den Brillant in der Wohnung haben, hab ich auch de Million in der Tasch!«

In der Wohnung in der zweiten Etage eines Mietshauses mit wenig Sonne waren drei Ungarn versammelt. Sie priesen den Brillanten mit mehr Feuer, als ein Edelstein es je selbst haben kann. Wir waren richtig neugierig auf das herrliche Stück und konnten uns nicht beherrschen, die Schilderung durch die banale Frage zu unterbrechen: »So, wo ist er denn? Kann man ihn jetzt sehen?«

Die Gesichter der Ungarn wandelten sich in Entsetzen. Wir hatten eine unschickliche Frage gestellt. Wie Proleten auf einer Party, die zur Gastgeberin sagen: So Kleine, jetzt zeig mir mal dein Schlafzimmer, damit ich es nachher finde! Sie ließen den Gegenangriff folgen und fragten Lipski, ob er denn das Geld dabei habe. »Geld fir a Stick, was es nicht gibt?« konterte mein Freund. Natürlich gäbe es den Fünfkarater, aber man müsse verstehen, daß man solche Werte nicht vor Unbekannten in einer Wohnung auf den Tisch legen könne. Nicht, daß man uns eines Verbrechens fähig hielte, aber so etwas komme doch immer wieder vor im Schmuckhandel.

»War a scheene Reis! Fahrn ma wieder zarick!« gleichgültigte Lipski.

»Moment, meine Herren! Wir müssen schnell telefonieren.«

Wir blieben allein im Zimmer und schwiegen, wie es sich in fremden Räumen gehört, denen man einige Ohren zutraut. Die Ungarn kamen zurück und machten einen Vorschlag. Lipski solle mit zwei Herren zu dem Orte fahren, wo der Brillant läge, ich möge mit einem Herren sozusagen als Pfand hierbleiben. Lipski hatte keine Bedenken, weil er kein Geld in der Tasche hatte. Die anderen erweckten dadurch den Eindruck, als hätten sie tatsächlich einen Brillanten irgendwo zu besichtigen.

Die Minuten rannen dahin, dann tröpfelten sie nur noch und schließlich schien die Zeit gar stillzustehen. Mein Bewacher bot mir ein Getränk an, aber ich lehnte ab. Auch kleinere Beträge werden nicht verschmäht, wenn man sie einem Bewußtlosen leicht aus der Tasche ziehen kann. Das Gespräch wollte nicht in Gang kommen, und der Mann gab mir zu verstehen, daß wir kleine Händler aus der Provinz seien. Meine Rolle als windigen Kaufmannsgehilfen durchschaute er sofort. Dafür pries ich Lispki als den reichsten Mann im Landkreis, der den Brillanten für sich selbst suche und es nicht mehr nötig habe, mit Lappalien zu handeln, um ein paar Mark dazuzuverdienen. Unabhängig vom Preis nehme er das Stück bestimmt nur, wenn es besonders sauber sei. Lipski hasse Kohle in Brillanten über alles. Das habe er von seinen vornehmen Eltern gelernt. Ich fügte nicht hinzu, daß Lipskis Eltern, arme Schneider in Polen, Kohle im Ofen zur Winterszeit sicher sehr geschätzt hätten. Und ich mußte plötzlich daran denken, daß seine Eltern vor einigen Jahren von Sadisten in Uniform selbst im Ofen eines Lagers verheizt worden waren.

Nach zwei Stunden kamen alle zurück. Man verabschiedete sich höflich, versprach sich bald wiederzusehen und konnte aus den Gesichtern lesen, daß dies die letzte Zusammenkunft war.

Lipski war kein gesprächiger Typ. Nur ganz allmählich war er zu einer Schilderung der letzten zwei Stunden zu bewegen:

»Sind wir gefahren zu eim Haus, wo gewohnt hat a anderer. Wie ich will sehen da Stein, machen sie spannende Redn, um za iberbrickn de Zeit, bis kommt jener, wo hat vielleicht da Stein. Ob der is der Besitzer, is a andere Frag! Na, was soll ich dr sagn, bringt der Mensch tatsächlich a Steindl mit. Mit hechstens drei Karaten und innen so voller ... Kohlen wie a Brikett! Sag ich dem, das is a Dreck. Meint er, ich soll verstehen a Dreck von Steine, und se wern mer bringen zu a Juewlier, wo wird ma gebn a Gutachtn. Na gut, mer fahrn zu a Juwelier. Der nimmt a Lupe, um za sehn, was ich seh mit am bloßn Aug. Se wern ihm gegbn haben a Geschenk, daß er mich liegt an wie an dummen Bauern, wo hietet de Kihe afm Feld. Hab ich ihnen gesagt, bin ich nicht infamiert iber de Preisen von de Briketten zur Zeit und wollt ich eigentlich kaufn a Brillanten. Meinense, ich werd vielleicht habn ka Geld zu keifen. Sag ich, so kleines, wie ma braucht zu bezuhlen jenen Stein, hab ich in der Tat nie in de Taschn.«

»Ja, hast du denn Geld dabei gehabt für den Fall, daß der Stein gut gewesen wäre?«

»I bewahre! mer reist nicht mit solche Beträge, und dann hab ich mir schon gedacht, daß a guter Finfkarater nich is so leicht ze finden. Hätt aber auch können sein, dann hätt ich gefunden a Freind in München, wo mir leiht.«

Im übervollen Zug Richtung Garmisch rumpelten wir wieder zurück. Die Menschen in den Abteilen waren keine Pendler, die täglich zur Arbeit fuhren, sondern Händler, die auf Nahrungssuche die billigen Fahrpreise der Bahn leicht riskieren konnten. Man stand dicht gedrängt, mit einer Hand an irgendeinem verschmutzten Eisenteil Halt suchend, und scheuerte die Hintern aneinander. An den Bahnhöfen wurde zugeladen, und die Welle der Belästigung pflanzte sich von der Plattform bis zur Wagenmitte fort. Ausdrücke wechselten von Mund zu Mund, und die Luft war bald noch schlechter als das Benehmen der Fahrgäste. Sie hatten keinen Anlaß mehr, sich vor den versammelten Säugetieren zu schämen. In Starnberg kämpfte sich ein Mitreisender zu spät aus der Mitte zum Ausgang und durfte dafür bis Possenhofen noch unfreiwillig mitfahren. Darum wurde er unfreundlich und vulgär. Er hielt Lipski für sein größtes Hindernis und bezeichnete ihn in seiner sudetendeutschen Mundart als einen »saugroben Bayern«. Lipski vergaß sofort seine polnisch-jüdische Abstammung und schrie landesgemäß zurück »Saupreiß!« Nur durch die strengen Gesetze ist es zu verstehen, daß mein Vermittlungsversuch nicht mit der Beschimpfung »Dreckjude« geahndet wurde. Immerhin war ich doch der einzige echte Bayer im Waggon.

Musica viva

Kein Musikinstrument kann die Sehnsucht besser interpretieren als die Ziehharmonika. Man nennt sie auch Schifferklavier, weil die Seeleute auf hohem Meer in Sachen Sehnsucht absolut führend sind. Die schwellenden Gefühle werden auf direktem Wege durch Druck auf den Balg ausgedrückt und können durch die Tremolo-Taste noch verstärkt werden. Leichtgängige Tasten ermöglichen ein Glissando von unvergeßlichem Schmelz. Die Gefühle gehen direkt ineinander über und vermengen sich zu einem Tonbrei gewaltiger Süße. Eine Ziehharmonika ersetzt nahezu eine Braut, da sie in puncto Stöhnen menschlichen Lauten nicht unterlegen ist. Meine Braut, eine geborene Hohner aus Trossingen, fiel 1945 in Ostpreußen den Russen in die Hände und wurde sicher von ihnen auf slawische Art vergewaltigt. Ich konnte sie nie recht vergessen und war immer darauf bedacht, Ersatz für sie zu finden. Aus alter Anhänglichkeit an Bräute. Ein herzerweichender Brief nach Trossingen, wo die schönsten Instrumente herkamen, erbrachte folgende Antwort:

Sehr geehrter Herr,
mit Dank für Ihr Schreiben teilen wir Ihnen höflich mit, daß es uns der akute Rohstoffmangel leider nicht ermöglicht, Ihren Wunsch zu erfüllen. Für den Klang unserer Harmonikas benötigen wir vor allem Zinn, das kaum zu bekommen ist. Die wenigen Instrumente müssen zwecks Rohstoffbeschaffung exportiert werden. Sollten Sie in der Lage sein, uns Zinn zu besorgen, können wir Ihren Wunsch eher erfüllen.

Mein Kriegskamerad Hofmann in Köln schrieb mir folgenden Brief:

Lieber Wolfgang,
natürlich gibt es hier Zinn, und ich will Dir gerne einige Kilogramm davon besorgen. Was hier dringend gebraucht wird, ist Butter, woran in Bayern bekanntlich Überfluß herrscht. Auf der Basis von RM 150,- pro Pfund Butter kann ich Dir das Gewünschte beschaffen. Gib mir Nachricht, wann Du liefern kannst.

Das Briefeschreiben nahm kein Ende, und ich ließ Walter nach einigen Tagen folgendes wissen:

Lieber Walter!
In der nächsten Woche stehen 100 Pfund Butter bereit. Das Pfund kostet 150 Mark. Bahnversand riskant. Schicke mir doch einen zuverlässigen Kurier, der die Ware nach Köln bringt.
In alter Freundschaft Dein Wolfgang.

In der Kaufmannssprache ist das ein Termingeschäft. Man muß also die Ware zum genannten Preise zum genannten Termin bereitstellen und liefern. Ich hatte mich bei Lipski vorher rückversichert und ob meiner Bedenken nur ein Lächeln geerntet. Nichts sei in Weilheim leichter zu besorgen als Butter. Einen Tag vor dem Eintreffen des Kuriers aus Köln rief mich Lipski an und verkündete, während im Hintergrund die Molkereimaschinen ihr typisches Geräusch machten, daß er in wenigen Minuten die bestellten 200 Pakete mit je 250 Gramm Butter vorbeibringen werde. Ich hatte durch die Geräuschkulisse das sichere Empfinden, mit frischer Ware aus erster Hand bedient zu werden. Tatsächlich brachte mein Lieferant in einem großen Koffer auf einem Leiterwagen die bestellte Ware. Wir zählten die Pakete im neutralen Papier mit dem Aufdruck »Deutsche Butter« und anschließend das Geld. Ich mußte mein gesamtes Vermögen in Höhe von 15 000 Reichsmark auf den Tisch blättern, weil das Pfund Butter inzwischen wirklich 150 Mark kostete. Auf Marken war Butter billiger und kostete nur vier Mark pro Pfund, war aber leider nicht zu bekommen, weil die Fettzuteilung pro Kopf auf wöchentlich 20 Gramm abgesunken war. Ich hatte die Zuteilung für ein halbes Jahrhundert im Hause. Das machte mich stolz. Zwei Tage später meldete sich der Kurier aus Köln, um die Ware zu übernehmen. Wir packten die 200 Pakete in zwei

Koffer, damit man der Last beim Tragen nicht ansah, wie schwer sie war. Der Mann war stark genug, einen halben Zentner recht unauffällig zu tragen und leicht in der Hand zu schlenkern. Ich brachte ihn am Mittag selbst zum Bahnhof und gab ihm einen Brief an Walter mit, worin die Richtigkeit des Geschäftes bestätigt war. Heute würde man Lieferschein sagen und solch ein Papier begrüßen. Damals begrüßte dieses Papier aber nur die Polizei und nicht der Empfänger der Ware.

Es war ein recht angenehmer Septemberabend. Klar wie immer in Bayern um diese Jahreszeit und eine Wiedergutmachung der Natur für den verregneten und kühlen Sommer. Das Abendessen harrte meiner mehr als die liebe Gattin. Von der Kirche klang das Gebetläuten in den sinkenden Tag hinein. Einige Familien mag es veranlaßt haben, das Ave zu beten und dem Herrn für den Tag zu danken. Ich muß gestehen, daß ich schon lange nicht mehr daran gedacht hatte, wozu uns dieses Geläute eigentlich ermahnte. Ich war verstädtert und hörte das Erz im Turm gedankenlos klingen. Nur wenn ich draußen, außerhalb des Ortes auf einer weiten Wiese war, registrierte ich das Gebetläuten noch dankbar als einen heimatlichen Klang und war gerührt. Dann fielen mir auch die Worte ein: »Und der Engel des Herrn brachte Maria die Botschaft...«

Meine Hausglocke bemühte sich, möglichst harmlos zu läuten und so zu tun, als ob sie von guten Freunden oder einem Bettler betätigt worden sei. Die Lüge währte nur kurz. Als ich öffnete, stand draußen nicht der Engel des Herrn, sondern ein Beamter der Stadtpolizei. Er brachte mir die Botschaft, daß ich auf der Wache im Rathaus einige Fragen zu beantworten habe. Vor allem die Frage, ob mir ein Herr Hofmann in Köln bekannt sei.

Dieser Frage entnahm ich die Gewichtigkeit der Sache und bat den Schutzmann um Auskunft, ob es wohl etwas länger dauern würde. Er meinte, es wäre vielleicht gut, das Waschzeug mitzunehmen. Der gute Polizist wollte mir eine Freundlichkeit erweisen und Peinlichkeit ersparen. Sie wissen ja, wie die Leute gleich reden.

Das war sehr gut gemeint, änderte aber nichts an der Situation. Deswegen bekannte ich mich sogleich zu meinem neuen Freund und zu meiner Tat und schritt wacker neben dem Schutzmann durch die Stadt. Durch heitere Zurufe und Gebärden teilte ich auf der Straße den Mitbürgern mein Unglück mit, weil ich hoffte, daß meine Lieferanten auf diese Weise schnell gewarnt würden.

»Kennen Sie einen Walter Hofmann in Köln?«
»Jawohl, Herr Wachtmeister!«
»Kennen Sie einen Herrn Becker?«
»Jawohl, Herr Wachtmeister!«
»Was haben Sie Herrn Becker mitgegeben?«
»200 Pakete Butter, Herr Wachtmeister!«

Der Reviervorsteher war erschüttert über diese rapide Verkürzung des Verhörs. Er wußte nicht recht, ob er mich loben oder wegen Schamlosigkeit beschimpfen solle. Er erzählte mir, daß der Kurier in München beim Umsteigen aufgefallen sei und der Polizei in München meinen Brief an Hoffmann ausgehändigt habe. Es war also gut, sofort alles zu gestehen. Die Münchner Polizei sprach allerdings nur von 198 Paketen, woraus ich schloß, daß vor der Meldung die Polizei nochmals eine ordentliche Brotzeit gemacht hatte. Ich gönnte es ihr, denn auch Polizisten können nicht von 20 Gramm Fett in der Woche satt werden, noch weniger an Pflichtbewußtsein zunehmen.

»Woher ist der Butter gekommen?«

In Bayern sagt man nämlich »der« Butter.

»Sicher von der Kuh!« höhnte ich.

»Nein, ich meine, welche Person hat Ihnen den Butter ausgehändigt?«

»Das kann ich leider nicht sagen, weil Sie den sonst auch verhaften.«

Nun folgte ein längerer Kampf, in dessen Verlauf der Beamte immer hören wollte, daß die Butter aus einer bestimmten Molkerei gekommen sei. Ich konnte ihm beim besten Willen über die Molkerei keine näheren Angaben machen, weil ich am Geräusch der Maschinen während Lipskis Anruf die Molkereien nicht unterscheiden konnte. Der Polizist und ich meinten natürlich die gleiche Molkerei, aber den Namen des Unternehmens nannte immer nur er. Dabei ließ er den Namen Sonnemann fallen, womit der Schwiegersohn des Molkereibesitzers gemeint war. Ich beschwor, mit Herrn Sonnemann noch niemals ein Wort gewechselt zu haben. Das stimmte auch. So wie es stimmt, daß ich später mit dem Staatssekretär Sonnemann im Bundesernährungsministerium, Referent für Fettwirtschaft, niemals ein Wort gewechselt habe. Ich freute mich nur später, wenn ich las, daß Herrn Staatssekretär der Absatz des Butterberges in der Bundesrepublik besonders am Herzen liege.

Gegen 22.00 Uhr gab ich auf Drängen den Namen meines Lieferanten preis und war sicher, daß Lipski inzwischen gewarnt war. Um 22.30 Uhr gab der Beamte zu, daß ihnen Lipski leider entwischt sei. Ich mußte lachen und sagte: »Ihr werdet es doch nicht wagen, einen rassisch Verfolgten einzusperren. Das wäre ja völlig neu!«

Der Schutzmann konnte sich das selbst auch nicht vorstellen und verdoppelte deshalb sofort die Schärfe des Tones wenigstens mir gegenüber. Mit dem Ausdruck tiefsten Bedauerns gab er mir die Erlaubnis, in seinem Beisein der wartenden Gattin am Telefon meine längere Abwesenheit zu verkünden und führte mich zum nahen Gefängnis des Amtsgerichtes Weilheim. Unter dem Arm hatte ich einen Kulturbeutel und im Bauch vor Angst Blähungen, die ich anstelle von Harmonikamusik in feigem Tremolo abließ.

Pension Pirzer

Neben der schweren Türe ragte ein eiserner Griff aus der Wand. Der Polizist bewegte ihn, ohne zu zögern, mit der Selbstverständlichkeit eines Stammgastes. Geradezu klösterlich erklang hinter den Mauern eine saubere Glocke. Dem Klange nach schwang ihr Ton durch einen langen Gang mit Steinfußboden, kahl und kalt. Ja, es klang nach der Kühle altehrwürdiger Mauern. Der Ton verlor sich in einer Welt, die weit entfernt war von meinem jetzigen Standort. Als er ganz verklungen war, wuchs ein neues Geräusch heran: Schritte. Feste und sichere Schritte, die vom Klingeln eines Schlüsselbundes begleitet wurden. Nach dem letzten Schritt kam Leben in das Türschloß vor meiner Brust. Endlos lang stach ein sicher gewaltiges Eisen in die Höhle und wälzte sich darin mehrmals herum. Das Tor sprang auf, und ein gleichmütiger Mensch in harmlos grüner Uniform sagte zum Schutzmann »Danke!« Mehr Worte waren nicht angebracht, um mich von der Freiheit ins Gefängnis zu befördern. Dann fiel die

Tür zu, wurde zweimal abgesperrt. Nach drei Metern durchschritten wir würdevoll ein eisernes Tor, das hinter mir ebenfalls verriegelt wurde.

»Ich gehe voraus!«

»Danke.« Was sollte ich schon sagen? Etwa, »Nicht nötig, ich kenne mich aus?«

Selten war ich so hilflos in der Rolle des Anfängers wie an diesem Abend. Im Büro durfte ich meine Personalien angeben, meine Barschaft gegen Quittung hinterlegen und die sinnlose Frage stellen, ob es wohl länger dauern würde. Ich erhielt die Antwort, die jeder Krankenhausarzt gibt: »Das kann man heute noch nicht sagen!« Der Grüne führte mich eine Treppe höher, machte von außen Licht in einer Zelle und schob mich mit sanfter Gewalt durch die Türe.

»Haben Sie schon gegessen? Abendessen steht Ihnen schon zu.«

»Danke, ich habe keinen Hunger.«

Ich hatte wirklich keinen Hunger, obwohl ich noch kein Abendbrot eingenommen hatte. Der Raum war etwa drei Meter im Quadrat und mit zwei doppelstöckigen Betten versehen. Es roch widerlich nach Urin. Die Toilette in Form eines Blecheimers stand in der Ecke neben einem kleinen Tischchen, das sich durch Brotreste als Eßzimmer auswies.

»Guten Abend«, tönte es aus dem Oberteil des einen Gestells. »Komisch was?« grinste der Untermann aus einer grauen Pferdedecke.

Ich hatte keine Lust zum Plaudern. Mein Hals war wie zugeschnürt, und ich bedauerte, die Nase zum Atmen offenhalten zu müssen. Mit Widerwillen legte ich mich unten in das freie Bettgestell und vermied jeden Kontakt mit der rauhen Decke. Der Strohsack störte mich nicht, denn an einfaches Lager war ich gewöhnt. Die Erkenntnis, eingesperrt zu sein, kroch von den Füßen her langsam nach oben und beschlagnahmte schließlich den letzten Winkel meines Gehirns. Ich versuchte es mit billigen Tricks. Zum Beispiel mit dem Gedanken, daß ich im Kriege schon schlechter gelegen hatte. Ja, aber nicht im Gefängnis! Wie war es denn damals in der Festung Königsberg? Wir waren mit einer ganzen Armee in der Mausefalle gesessen und hatten um unser Leben gebangt. Stimmt, aber in allen Ehren!

Das Licht wurde von außen gelöscht, um die Trostlosigkeit noch vollkommener zu machen. Mit »wenn« und »hätte ich« verbrachte ich das Martyrium der Nacht. Die Genossen schnarchten zufrieden und ungerührt ob meiner Seelenpein, bis das Haus lebendig wurde und der Kalfaktor eine Kanne Wasser brachte, die für unsere Körperpflege gedacht war. Die Leidensgefährten hielten nicht viel von der Reinlichkeit und befanden sich damit ganz auf der Linie der Gefängnisleitung. Die hielt auch wenig vom Morgenkaffee, der seinen Namen lediglich der Tageszeit und seiner dunklen Farbe verdankte. Alle tranken ihn aber wegen der wohligen Wärme, und aus dem gleichen Grunde gewöhnte ich mich auch an ihn. Die gemeinsame Mahlzeit ließ etwas Unterhaltung aufkommen. Ich durfte meine Geschichte erzählen, die den Zuhörern wegen der erwähnten Geldbeträge Hochachtung abnötigte. Der Bericht eines Mannes, der gestern noch die Freiheit genossen hatte und nun einen Hauch der Welt von draußen in die Zelle trug, ließ ihre Augen aufleuchten. Auch ihre Verdauung wurde dadurch angeregt. Sie setzten sich nacheinander auf den Eimer neben dem Eßtisch und ließen der Nahrung ihren Lauf.

Der Strafvollzug in dieser Musteranstalt hielt sich nicht mit so feinen Unterschieden auf wie einer Trennung zwischen Strafgefangenen und Untersuchungsgefangenen. Es gab nur »Einsitzende«, wie uns der Amtsschimmel nannte. Dem Gesetz nach hätte jeder Einsitzende spätestens nach zwei Tagen dem Untersuchungsrichter vorgeführt werden müssen. Ich mußte fünf Wochen auf ihn warten. Aber nicht in meinem festen Wohnsitz, sondern in der staatlichen Pension unter der Leitung des Herrn Pirzer.

Der genaue Beamtenrang unseres Direktors ist mir inzwischen entfallen. Aber mit Sicherheit war dieser Mann nicht unbedeutend. Er war der Mächtigste im Hause und bewohnte mit Frau und Tochter nahezu das ganze Erdgeschoß. Der Beruf brachte es mit sich, daß auch seine Wohnungsfenster fest vergittert waren. Sie unterschieden sich von den unsrigen nur durch die Größe und durch wundervolle Gardinen, die dem Geschmack von Frau Pirzer entsprachen. Sie war früher Gefängnisaufseherin und nicht so zart wie das Gewebe ihrer Vorhänge, aber doch fast so üppig. Die Tochter übte den Beruf der Eltern aus und hatte im

Geschäft ihres Vaters den Posten der weiblichen Aufseherin mit dem Spezialauftrag, die weiblichen Einsitzenden zu betreuen.
Die äußeren Lebensumstände der Familie Pirzer trösteten uns Gefangene in den schwersten Stunden. Wir fanden, daß Pirzers eigentlich zu »lebenslänglich« verurteilt waren mit der Auflage, die gesamte Strafzeit mit den gleichen Personen zu teilen. Personen, die man sich nicht unbedingt als Gefährten ausgesucht hätte. Wir empfanden keine Schadenfreude über Pirzers Unglück, denn er war ein gütiger Mann. Besonders das eine Auge strahlte Güte aus. Ich konnte nie ergründen, ob nun das echte oder das Glausauge die Milde verbreitete, weil meine Augen im Gespräch mit dem Chef taktvoll zwischen den beiden Möglichkeiten pendelten. Vielleicht hielt er mich für einen Mann mit schlechtem Gewissen, weil ich ihn nicht gerade ansehen konnte. In Wahrheit wollte ich nicht in das falsche Auge schauen und damit sein gesundes betrüben.
Pirzer verwahrte uns für Justitia mit der Ordnung der Gepäckaufbewahrung im Hauptbahnhof. Das Gerichtsgefängnis erledigte im Auftrag der Bürger Weilheims verschiedene Arbeiten zu sehr günstigen Preisen. Ich hatte mir schon früher einmal Brennholz sägen und hacken lassen. Die gelieferte Arbeit war vorzüglich, und man sah ihr an, daß hier nicht unter Zeitdruck gesägt und gehackt worden war. Nun hatte ich endlich Gelegenheit, den Produktionsvorgang an der Quelle zu studieren und mich als Volontär sogar selbst praktisch betätigen zu können. Volontär insofern, als Untersuchungsgefangene nicht zur Arbeit verpflichtet sind. Im Vertrauen auf meinen Status lehnte ich eines Tages das Holzhacken ab. Das brachte mir den Haß des Aufsehers ein, der mich laut brüllend zur Arbeit trieb, weil er Widerrede nicht schätzte und sich rühmte, der korrekteste und strengste Beamte im Hause zu sein. Nun, was soll ein Streit mit einem Mann, der außerhalb meiner Zelle wohnt? Ich ging in den Hof, ergriff das Beil und spaltete Holzklötze mit einer Hingabe, als ob es sich um das Haupt des Aufsehers gehandelt hätte.
In einer kleinen Pause erblickte ich unter den Hausgästen Herrn Sonnemann, der etwas im Hofe umherging. Wir kannten uns nicht, erkannten uns aber sofort. Sein Blick war einerseits leicht ungnädig, weil er in mir den Urheber seines derzeitigen Ungemachs sah. Anderseits bemühte er sich um Mäßigung, für

den Fall, daß ich noch nicht geplaudert haben sollte. Mir kam der Gedanke einer absichtlichen Zusammenführung, damit wir der Polizei durch eine Geste unsere Kooperation verraten konnten. Herr und Frau Sonnemann verließen das Gefängnis nach zwei Tagen und wurden nicht unter Anklage gestellt. Ich freute mich für sie, weil mir ihre Gesellschaft im Hause nichts genützt hätte.

Nach der dritten Nacht begann ich mich in meinem neuen Leben einzurichten. Schon konnte ich ohne Hemmung vor den Genossen auf dem Eimer sitzen und der Atmosphäre auch meinen besonderen Stempel aufdrücken. Ich glaube nicht, daß der verehrte Leser jemals in ein solches Gefängnis kommen wird. Er wird einen edlen und gemütlichen, ja pieckfeinen Strafvollzug in Deutschland vorfinden, und ich gratuliere ihm schon heute zu dem künftigen Gefängnisaufenthalt. Um diesen Genuß voll auskosten zu können, bedarf es aber der Kenntnis des anderen Extrems, das ich nun in aller Breite schildern möchte.

Besonders schwierig war die Verrichtung der nächtlichen Notdurft. Aus Sparsamkeit oder der Strafe wegen wurde das Licht kurz nach der Dämmerung gelöscht. Durch das vergitterte Oberlicht auf der Westseite drang mehr Geräusch als Mondlicht. Auf dem Heimweg von fröhlichen Saufabenden zogen die Freunde vorbei und riefen meinen Namen. Nicht aus Schadenfreude, sondern in herzlicher Erinnerung. Als Ausdruck besonderer Verbundenheit strahlten sie dann auch in den Gemüsegarten von Herrn Pirzer oder »zündeten das Haus an«. Mit diesem bayerischen Ausdruck wird verachtungsvolles Bewässern von Objekten umschrieben. Oft stellte ich den Stuhl und den Tisch vor dem Gitterfenster aufeinander, um die nächtliche Huldigung zu erleben. Das tat der Seele so wohl wie der Blase nach langem Kampfe ums Aufstehen die Entleerung. Der Weg zu dieser Wohltat war aber dornenvoll. Nach wenigen Tagen wußte man ziemlich genau, in welcher Richtung der Eimer zu suchen war. Das geringe Gepäck erlaubte keine Hausschuhe, die blanken Füße spürten also im Dunkeln an der Feuchtigkeit, daß die nähere Umgebung des Eimers erreicht war. Wenn es ganz naß war, stand man direkt davor. Nun kam es darauf an, möglichst genau zu orten und sicher zu treffen. Hierzu diente das akustische Peilverfahren. Hartes Plätschern mit Spritzern an den Waden bedeutete kurze oder seitliche Lage zum Ziel. Sehr schwaches Geräusch ließ darauf schließen, daß die Wand hinter dem Eimer getroffen war. Nun war es ein Leichtes, durch artilleristisches Eingabeln genau ins Ziel zu gelangen, was durch sattes Plätschern oder blechernes Dröhnen (bei fast leerem Eimer) angezeigt wurde. Vorausgesetzt, daß nicht die ganze Munition beim Einschießen vergeudet war. Die volle Wirkung war erst am nächsten Morgen zu bewundern. Die Bescherung gab der Gefängnisverwaltung aber keinen Anlaß, die Verhältnisse zu ändern. So war es auch mit den Läusen, die wir nach kurzer Zeit hatten, weil es keine Gelegenheit zum Baden oder Duschen gab. Es gab einmal wöchentlich Läusepulver aus den Beständen der amerikanischen Armee. Das genügte. Manchmal sogar den Läusen.

Am ersten Sonntag – wir erkannten ihn an der Arbeitsruhe und dem seltenen Auftreten der Aufseher – wollte ich die Geschichte meiner Zellengenossen hören und wissen, warum ihnen die Freiheit entzogen worden war. Das Recht zu dieser Frage meinte ich zu besitzen, weil ich freimütig meine Verfehlung vor ihnen gestanden hatte.

Der Ältere, ein Mann um die Dreißig, drängelte sich, um als erster zu Wort zu kommen.

»Mich haben sie wegen illegalem Grenzübertritt geschnappt. Ich Trottel hätte in Italien bleiben sollen. 1946 bin ich schwarz rüber und habe herrlich gelebt. Mensch, waren die Leute nett! So ein bißchen helfen bei den Bauern, dann wieder auf die Walze. Aber ich hatte immer Kopfweh. Weißt du, ich war nämlich im Krieg mal verschüttet. Seitdem habe ich immer Kopfweh. Das Dumme ist, daß mir nur Dolantin hilft. Die Schweine hier geben mir Aspirin. Das kann ich gleich in den Eimer werfen. Übrigens, wenn du mal von deiner Frau was reinschicken läßt, könntest du mal versuchen, daß sie Dolantin mitschickt? Ich zahls dir toll, wenn ich wieder herauskomme. Dauert ja nicht lang. Also, wie gesagt, ich hatte Kopfweh und kein Dolantin. Na, denke ich, mach ich mal wieder rüber und versuch, ob ich's bekomme hier. Und wie ich bei Mittenwald über die Grenze komme, schnappt mich der Ami und verdonnert mich zu drei Monaten. Sauerei! In zwei Wochen bin ich aber frei. Dann hole ich in Würzburg meine BMW ab. Weißte, ich hab eine R 5. Wenn du willst, verkaufe ich sie dir. 3000 Mark, und sie gehört dir. Ich bringe sie hierher und geb sie bei deiner Frau ab. Okay?«

Okay, sagte ich und schrieb meiner Frau einen Brief, sie möge unter gar keinen Umständen irgendeinem Menschen, der sich auf die Gefängnisbekanntschaft berufe, Geld oder Gegenstände aushändigen. Zu diesem Brief rang ich mich trotz aller Sehnsucht nach einem Motorrad durch, weil ich den verlogenen Drogensüchtigen schnell durchschaut hatte. Tatsächlich sprach der Mann am Tage seiner Entlassung bei meiner Frau vor und gab an, er solle 3000 Mark in Empfang nehmen für ein Motorrad, das er in drei Tagen persönlich vorfahren würde. Nebenbei erbat er sich auch ein starkes Kopfwehmittel, womit unser Haushalt aber nicht dienen konnte.

Die Geschichte dieses Mannes darf man getrost als schwach bezeichnen, und sie langweilte mich auch ziemlich. Der andere Kamerad, der sie bestimmt schon mehrmals anhören mußte, gähnte während der Erzählung auch recht rücksichtslos. Sobald ich aber ihm das Wort erteilte, wurde er sehr munter und legte los, als ob er vor Gericht sein eigenes Plädoyer halten dürfte.

»Es ist unerhört, wie die hier mit Unschuldigen umspringen! Überhaupt ist alles erstunken und erlogen. Kein Wort ist wahr, alles Denunziation!«

Er sagte wirklich »Denunziation«, weil er als Grenzpolizist in Garmisch keine Zeit hatte, sich in Abendkursen weiterzubilden.

Ich unterbrach ihn und fragte: »Warum haben sie dich denn eingelocht?«

»Wegen Sittlichkeit!«

Ich begann wirklich an der Gerechtigkeit zu zweifeln, als ich hörte, daß Sittlichkeit jetzt auch schon strafwürdig geworden war. Im weiteren Verlauf der Erzählung und vor allem im weiteren Umgang mit Gefangenen lernte ich aber, daß die Verletzer der Paragraphen 174 aufwärts niemals von Unsittlichkeit, sondern in besonders feiner Euphemie immer von ihrer Sittlichkeit sprechen.

»Die Nachbarn haben das behauptet, aber dann sollen sie doch erst mal meine Schwester untersuchen lassen. Dann muß es sich ja herausstellen.«

»Wie alt ist denn dein Schwesterchen?«

»Wird jetzt vierzehn.«

»Und wer hat ihr was getan?«
»Das ist es ja, sie sagen, ich sei es gewesen!«
»Unerhört!« entrüstete ich mich. »Und wenn die Schwester gefragt wird, kann sie doch deine Unschuld bestätigen, nicht wahr?«
»Die kann gar nichts anderes sagen.«
»Warum tut sie es dann nicht?«
»Ich verstehe das auch nicht. Vielleicht hat man sie schon so eingeschüchtert.«
»Ja, und ich verstehe nicht, daß du jetzt schon zwei Monate hier bist, obwohl nicht der geringste Verdacht besteht, wie du sagst. Hast du einen Anwalt?«
»Nein, den kann ich mir nicht leisten. Der kann ja auch nicht helfen.«

Der andere Zellengenosse blinzelte mir verständnisvoll mit den Augen zu, und wir waren uns beide einig, daß wir uns in Gesellschaft eines Blutschänders befanden. Ich ließ einen tiefen Atemzug los und verkündete: »Ja, meine Herren, wenn ich so in dieser Zelle und im Hof herumhöre, dann bin ich wohl der einzige Insasse dieses Hauses, der sich tatsächlich strafbar gemacht hat.«

Der einzige von 150 Bewohnern eines Hauses, das für 50 Gefangene geplant war. Inzwischen bemühte sich ein ortsansässiger Anwalt mehr schlecht als recht um meine Haftentlassung bis zur Verhandlung, weil ich verheiratet und Inhaber eines festen Wohnsitzes war. Der Richter beim Amtsgericht, Herr Kammergerichtsrat Birnbach, entschied jedoch auf Verdunkelungsgefahr. Das war albern, weil ich alles gebeichtet hatte.

Mein Anwalt berichtete mir, daß dieser Mann mich wohl besonders gefressen haben mußte. Mir war das unerklärlich, denn ich kannte ihn gar nicht. Mir schien eher, daß er sich mit dem Anwalt nicht gut verstand und daß, wie so oft bei Gerichten, die Fehden zwischen Anwalt und Richter auf dem Rücken des Angeklagten ausgetragen wurden. Später klärten mich Fachleute auf und schalten mich, daß ich die 5000 Mark Kosten gescheut hätte, um den Präsidenten der Anwaltskammer in München, Rechtsanwalt Neuland, zum Verteidiger zu bestellen. Birnbach als alter Kriegsrichter hätte sich gehütet, mit einem jüdischen Anwalt Streit anzufangen. Das war einleuchtend und offensichtlich erprobt.

Im Holzhof erzählte mir ein Mann, der sich am anderen Ende der

Säge festhielt, daß er Bauer sei und wegen einer Schlachtung einsitze. Der Birnbach habe bei ihm immer gehamstert. Er bekäme sicher einen anderen Richter, damit er bei der Verhandlung nicht in Lachen ausbräche. Er könne doch den Richter nicht fragen, ob ihm das Geräucherte von der Schwarzschlachtung gut bekommen sei. »O mei, wär des a Gaudi!« rief er.
So, so, der Birnbach hamstert. Das tat mir wohl. Und gleichzeitig schmerzte es. Im nächsten Brief an meine Mutter machte ich mir Luft mit dem Satz: Das Schlimmste ist, daß Menschen, die selbst nicht mit den Marken auskommen, über uns richten sollen. Der Brief war noch keine zwei Tage alt, als ich ins Büro gerufen wurde. Man überließ mich einem Herrn in Zivil, der sich als Kriminalinspektor vorstellte.

»Sie haben vor zwei Tagen einen Brief an Ihre Mutter geschrieben. Stimmt das?«

»Sicher. Warum interessiert Sie das?«

»Sie wußten doch, daß Ihre Post kontrolliert und vom Richter gelesen wird?«

»Nein, das wußte ich nicht. Ist es üblich, daß alle Post der Gefangenen dem Richter vorgelegt wird?«

»Nein, nur in besonderen Fällen.«

»Dann bin ich geständiger Butterhändler also ein besonderer Fall?«

»Das ist Sache richterlichen Ermessens. Nun geben Sie aber zu, daß Sie mit dem Brief den Herrn Kammergerichtsrat bezüglich Ihres Entlassungsgesuches gefügig machen wollten.«

»Ich verstehe den Zusammenhang nicht.«

»Reden wir doch nicht darum herum. Es ist doch ganz klar, daß Sie sagen wollten, der Richter Birnbach hamstert Lebensmittel.«

»Ui«, rief ich, »das ist aber ein starkes Stück! Sie beschuldigen hier einen Richter der Hamsterei. Wenn das Herr Birnbach wüßte!«

»Lassen Sie das. Es ist doch ganz klar, daß niemand anderer gemeint sein kann.«

»Ja, wollen Sie denn behaupten, daß beim Wort Hamstern jeder sofort an Birnbach denkt?«

»Nein, das nicht, aber...«

»Ich muß feststellen, daß Sie als erster und einziger den Namen Birnbach in Zusammenhang mit strafbaren Handlungen genannt haben. Bitte nehmen Sie das ins Protokoll.«

Der Kriminalinspektor wand sich hin und her. Schließlich bat er mich, doch die Sache abzukürzen und meinen Versuch der Nötigung zuzugeben. Ich beharrte darauf, daß er mein Entsetzen über die schlechten Vermutungen bezüglich des Lebenswandels eines angesehenen Richters, namentlich geäußert durch einen Kriminalbeamten, zu Protokoll nähme. Schließlich verzichtete er ganz darauf, die Unterhaltung zu protokollieren und verließ eilends das Büro.

Birnbachs Zorn wurde dadurch nicht geringer. Er verbot, daß ich zu Arbeiten außerhalb der Anstaltsmauern abgestellt würde. Das war hart, denn Außenarbeit bedeutete Kontakt mit der freien Welt und zusätzliche Nahrung.

Alte erfahrene Gefängnisinsassen wissen um die Vorteile der sogenannten guten Führung. Man demonstriert sie durch militärische Unterwürfigkeit gegenüber den Beamten, freiwillige Meldung zu unbeliebten Arbeiten, frische Rede und strahlendes Gesicht und vor allem durch verlogenes Lob für den täglichen Saufraß.

Die Küche wurde von Frau Pirzer geführt, der es oblag, aus den zugeteilten Lebensmitteln so zu kochen, daß die Gefangenen die ihnen zustehende Ration erhielten. Sicher hat ihr der Leibhaftige öfter am Herd ins Ohr geflüstert: »Sei doch nicht so dumm! Den Strolchen mußt du doch nicht aufs Gramm ihr Fleisch oder Fett geben. Hau lieber in deinen Topf ein bißchen mehr! Das fällt doch nicht auf!« Den Gefangenen fiel es natürlich doch auf. Man unterstellte ihr einfach, daß sie auf Kosten der Staatsgäste ihre füllige Figur erhalten konnte. Unter dieser seelischen Belastung – verdächtigt wirst du so oder so – vollzog die Pirzerin den härtesten Teil der Strafe, das Kochen. Ich ließ ihr schöne Grüße ausrichten und für das gutbürgerliche Essen danken. Köchinnen sind wie Kinder: Wenn man sie lobt, strahlen sie und wachsen über sich selbst hinaus. Das Mittagessen bei Pirzers muß hervorragend gewesen sein in den folgenden Tagen. Das Glausauge des Chefs ruhte mit besonderer Milde auf mir, und meine Führung war besser als dem Richter lieb war. Das war aber noch lange nicht alles. Wenige Tage später wurde ein Freiwilliger gesucht, der sich nicht scheute, die gesamte Anstaltswä-

sche zu waschen. Auf den ersten Blick war das eine Zumutung ohnegleichen, für die sich kein Dummer finden würde.
«Hier,« rief ich, womit schon ein Dummer gefunden war. Pirzer konnte es kaum fassen und wollte es mir wieder ausreden, weil er das Gefühl hatte, das sei keine Arbeit für einen seiner nobleren Gäste. Auf mein Bitten hin überließ er mir kopfschüttelnd diese Tätigkeit und bescherte mir ungewollt von diesem Tage an die so sehr vermißte Hygiene, auf die ich vom ersten Augenblick der Bewerbung an schon spekuliert hatte.

Aus dem Waschhaus schallte nun täglich mein prächtiger Gesang, wenn ich das Wasser mit dem Holz aus Kameradenhand heiß machte, in großen Bottichen das Waschpulver auflöste und zuerst ein herrliches Bad nahm. Etwa eine Stunde Sauna täglich hatte ich mir bisher im Leben nicht leisten könnten. Es war ein Leben voll Genuß! Draußen verdarb der graue Herbst den Menschen die Laune, während mich die heißen Gefängnisquellen erfrischten. Natürlich wusch ich auch Wäsche. Mit einem Waschbrett, gründlich und überlegt einteilend, damit der Job nie enden konnte.

Gegen Abend kamen dann, wenn ich wieder korrekt im Sträflingsgewande war, junge Damen, die wegen Diebstahls, Meineids oder Abtreibung hier waren, und holten die Wäsche ab. Sie brachten sie auf den Speicher, wohin ich ihnen aus Gründen der Sittlichkeit nicht folgen durfte. Die jüngste Dame dieser Gesellschaft, eine diebische Hausangestellte, lud mich zu einer bestimmten Geselligkeit ein, der ich aus dem Wege ging, weil mir meine gewaschene Haut zu schade für den Kontakt war. Der Goldschatz wollte meine Bedenken zerstreuen und mich aufstacheln. Mit Schmollmündchen tat sie kund, daß auch einer der Aufseher, nämlich der strenge und korrekteste und für uns wirklich einzig unangenehme, von ihren Reizen öfters Gebrauch mache. Im Speicher und beim Nachtdienst sogar in der Zelle. Ich spielte den Ungläubigen und erfuhr dadurch glaubwürdige Details, deren Verbreitung in der Zelle mich zu einem beliebten Erzähler machte. Meine Genossen hielten mit den Neuigkeiten den ganzen Holzhof in Spannung, und die Holzhacker wurden gegenüber dem strengen Beamten impertinent frech. Es kam, wie es kommen mußte. Der Aufseher reagierte nichtsahnend noch schärfer, ein Gefangener widersprach ihm und machte Andeutungen und wurde dafür noch härter angefaßt. Er bat, dem Anstaltsleiter vorgeführt zu werden, und einige Stunden später wurde der Aufseher unter der Obhut eines Kollegen dingfest gemacht. Takteshalber in einer anderen Stadt. Das Mädchen wurde wie eine Heldin gefeiert, und wenn es damals schon deutsche Illustrierte gegeben hätte, wäre sie sicher wohlhabend geworden durch den großen Bildbericht: Nachts kam ein Beamter.

Eine Woche später erfuhr ich meinen Verhandlungstermin. Nach fünf Wochen Haft lichtete sich das Gewölk, und der Anwalt machte mir Hoffnung, daß unter Anrechnung der Untersuchungshaft die Stunde der Freiheit bald schlagen würde. Inzwischen sammelte er positive Berichte aus meiner Schulzeit, vom Stadtpfarrer in Weilheim, von meinem Arbeitgeber und meinen Kunden. Er wollte einen Engel aus mir machen. Einen Papierengel, denn mit Seelsorge hatte sein Unternehmen nichts zu tun.

Seelsorge war diesem Hause eh so bekannt wie körperliche Hygiene, nämlich gar nicht. Den Gestrauchelten machte kein Priester einen Besuch, die Möglichkeit zum Kirchgang war natürlich ganz ausgeschlossen. Während sich draußen das religiöse Leben wieder voll entfalten konnte, drang das Wort des Herrn nicht durch die Mauern des Gerichtsgefängnisses zu Weilheim, weil sein Sprachrohr am Orte, der Herr Stadtpfarrer, auch nicht durchdrang. Ich glaube, der gemütliche Herr hatte nicht den Nerv und das jugendliche Feuer, Hohn und Zynismus verstockter Sünder zu schlucken. Die Sprache der Priesterseminare von 1900 war zu verschieden vom Wortschatz der entgleisten Kriegsteilnehmer, um eine Verständigung möglich zu machen. Dieser Verwirrung ging Hochwürden aus dem Wege. Einmal kam ein Pfarrer der lutherischen Kirche zu Besuch in meine Zelle. Er wollte sich jedoch nicht der Abwerbung schuldig machen und zog sich sofort taktvoll zurück, als er vernahm, daß ich der Konkurrenz verbunden sei. Im Jahre 1947 war es selbst den Priestern noch nicht allgemein bekannt, daß es sich bei dem Christus, von dem sie sprachen, um den gleichen Menschen und Sohn des gleichen Gottes handelte.

Welch festlicher Tag im Leben des Einsitzenden! Wohlvorbereitet durch den Empfang guter Ratschläge aus dem Munde gerichtserfahrener Kameraden, moralisch aufgerüstet durch den strahlenden Optimismus des Rechtsanwalts – »unsere Aussichten sind gar nicht so übel. Na, dem Richter werden wir ein paar Brocken hinwerfen, dem schenke ich nichts!« – und voll Vertrauen auf die Wirkung der eigenen Argumente legte ich den besten Anzug an. Er wurde mit Genehmigung der Anstaltsleitung extra ins Gefängnis gebracht. Die Aufseher behandeln den Gefangenen im reinlichen Hemde mit Krawatte an diesem Tage mit ausgesuchter Höflichkeit, denn es war ja nicht ausgeschlossen, daß er in einigen Stunden wieder ein ehrenhafter Bürger ist. Das Wohlwollen angesehener Bürger ist in einer Kleinstadt nämlich auch bei Gefängnisbeamten nicht verachtet. Man will sich später gegenseitig wieder grüßen können. Die Mitgefangenen umstehen den Glücklichen vor seiner Verhandlung mit Ehrfurcht. Wie Klassenkameraden einen zu Höherem berufenen Primizianten. Der Kandidat entrückt sich selbst immer mehr dem Kreise seiner Gefährten und fühlt sich bald nicht mehr als Einsitzender. Wie aus Gefälligkeit nimmt er entgegenkommenderweise noch einmal das Frühstück in der Zelle ein. Dann schreitet er, fast ein freier Mann, erstmals wieder durch die innere Eisengittertüre und sogar durchs große Burgtor. Der Gerechtigkeit entgegen.

Quod licet Jovi

Den schönen Spruch unseres Lateinlehrers in der ersten Klasse hatte ich nie ganz vergessen können, weil das Leben ihn immer wieder aufs neue bestätigte. Quod licet Jovi non licet bovi. In deutlicher Übersetzung dahingehend aufzufassen, daß einem gewöhnlichen Rindvieh noch lange nicht gestattet ist, was sich der Göttervater Jupiter herausnehmen kann. Jetzt aber, in den ehrfurchtgebietenden Räumen des Amtsgerichtes zu Weilheim, hatten solche Gedanken der Erinnerung keinen Platz in meinem Kopf. Weder Jupiter noch Rindviecher bevölkerten das Haus der Göttin Justitia, sondern überwiegend Schwarzhändler, die an meinem Fall ihre Studien treiben wollten. Zu frommem Nutzen bei einer möglichen späteren Verhandlung in eigener Sache. Aus ihren Gesichtern strömte mir Mitgefühl ebenso entgegen wie die Befriedigung darüber, daß sie es schlauer angepackt hatten bei ihren Geschäften als ich. Sie legten keinen Wert auf meinen Gruß im Gerichtssaal, weil sie vor dem Staatsanwalt lieber als innerlich unbeteiligte Zuhörer gelten wollten. Feige leugneten sie die Mitgliedschaft zum größten deutschen Orden, den kleinen Brüdern vom schwarzen Markte. Leider erkannte aber der Richter ihre Zugehörigkeit und kreidete mir den großen Aufmarsch als Sympathiekundgebung von Gesetzesbrechern an. Es fehlten im Saale die wirklich großen Kollegen aus der angesehenen Bürgerschaft, deren imponierende Umsätze sie weit über jeden Verdacht erhoben. Was sollten sie schon ihre Zeit auf dem Gericht vergeuden, wenn es ausgeschlossen war, daß jemand Anklage gegen sie erheben würde? Dem Staatsanwalt und dem Richter war also schon vor der Verhandlung klar, welcher Kategorie von Einwohnern der Angeklagte zugehörig war. Der Fall war undelikat, leicht zu führen und völlig problemlos.

Ich bekannte mich, respektvoll stehend, zu meiner Geburt, meiner Schulbildung, dem letzten militärischen Dienstgrad, dem Beruf als Handlungsgehilfen und sogar zu meiner Tat. Fast bestand die Gefahr, daß die Verhandlung recht langweilig werden würde für Gericht und Zuhörer. Der genannte Tausch Butter – Zinn – Ziehharmonika war kein erregendes Geschäft wie der Kokain- oder Diamantenhandel. Den Beamten verzog es nur das Gesicht bei der Erwähnung von Reichsmarkbeträgen fünfstelliger Höhe, weil sie schlecht besoldet waren und ihre Zusatzverpflegung nicht mit überhöhten Markbeträgen kaufen konnten. Das Mißverhältnis zwischen meinem Monatsgehalt und der eingelösten Summe von 15 000 Mark regte sie auch zum Denken an. Ansonsten schien das Gericht, vor allem der Protokollführer, dem Schlafe näher als der Härte.

Die anwesenden noch nicht ertappten Sünder sollten jedoch nicht den Eindruck bekommen, daß hier eine Lappalie verhandelt würde. Der Staatsanwalt beantragte deshalb wegen Wirtschaftsverbrechens eine Strafe von drei Monaten Gefängnis. Die Untersuchungshaft sei anzurechnen und der Rest der Strafe zur Bewährung auszusetzen.

Mein Anwalt meinte, seine eigene Leistung anerkennend, zu mir geneigt: »Da ist das letzte Wort noch nicht gesprochen!« Dann gab er dem Gericht eine dramatische Vorstellung mit einem nichtssagenden Text, aber in beachtlicher Lautstärke. Diese war nötig, weil niemand zuhörte, vor allem nicht der Richter, der doch schon ziemlich lange wußte, wie die Sache auszugehen hatte und sich in dankenswerter Beherrschung versagte, inzwischen ein wenig hinauszugehen, um Brotzeit zu machen. In einem kleinen Amtsgericht kann von den wenigen Anwälten, die dort agieren, nichts Neues mehr vorgebracht werden. Die Richter bleiben kühl bei den Attacken der Advokaten, weil sie wissen, daß der Klient sein Geld mit Vorliebe solchen Verteidigern opfert, die »es ihm ordentlich hinreiben«! Warum sollte er dem Advokaten das Geschäft verderben? Also ließ das hohe Gericht auch meinen Anwalt forsche Töne anschlagen und mit den Armen fuchteln wie den schaurigen Othello einer italienischen Wanderbühne. Dämonisch und sarkastisch warf mein Beschützer bohrende Fragen auf den friedlichen Richtertisch. Dann vibrierte die Stimme vor Mitleid mit dem irregeleiteten Schwarzhändler, erhob sich langsam und unaufhaltsam zur Beschwörung und knallte ein oft benütztes Bonmot wie Pistolenschüsse auf die Bank. Wir alle waren Zeugen der Geburt einer ersprießlich eloquenten Beweisführung, auf die der Staatsanwalt schon lange wartete. An den besten Stellen machte der Advokat bedeutungsvolle Pausen, um die Wirkung auf das Publikum beobachten zu können. Der wahre Künstler lauscht nämlich in den Zuhörerraum hinein, damit er sich an der Reaktion der Zuhörer weiterentwickeln kann. Er spürt, was »ankommt«.

Den Schwarzhändlern im Saale schlug das Herz höher. Noch niemals hatte ein Mann so viel Edles über dieses Gewerbe gesagt! Noch nie zuvor war ihnen bewußt geworden, daß sie Idealisten seien! Wer hatte jemals einem der ihren Frömmigkeit, Mildtätigkeit und Vaterlandsliebe bescheinigt? Wie ungerecht, lieblos und unchristlich sind doch die Richter! Wie miserabel ist die Kenntnis der Staatsanwälte auf den Gebieten des Strafgesetzes und der Strafprozeßordnung! Ha, wie gut kennt der Anwalt die Welt und den Weg zum Oberlandesgericht! Der Sieger nach Punkten konnte nur der Anwalt sein, meinte das Publikum. Vor dem K. o.

Nach dem letzten Wort meines Verteidigers kehrte der Herr Kammergerichtsrat im Geiste aus dem Frühstückszimmer wieder zur Verhandlung zurück und gab zur Ehrenrettung des Richterstandes eine kleine Probe seiner Moralbegriffe. Nun läßt sich Moral schon seit Noah und Moses sehr schlecht verkaufen. Sie dem Volk zu vermitteln bedarf einiger Unterstützung durch Gewitter oder Überschwemmungen. Also donnerte der Richter auch ein wenig und verlor auch etwas Spucke in meine Richtung. Das hätte mich aber nicht so sehr gestört, und meine gut gespielte Zerknirschtheit – ein wirklich guter Rat des Anwalts – verließ mich auch im Regen nicht. Leider machte ich einen schwerwiegenden Fehler, indem ich nämlich zuhörte, während der Richter sprach. Es heißt immer, Zuhören sei eine seltene Kunst und mache beim Gesprächspartner beliebt. Das stimmt aber nur, wenn dem Zuhörer hinterher auch die Gabe des Schweigens beschert ist oder wenn er sein Gegenüber einfach nicht ernst nimmt. Der Kammergerichtsrat schien mir aber schon ein ernstzunehmender Mann zu sein, und ich wollte ihm, meinem Gegner, das Format nicht absprechen. Ich lauschte also zunächst den folgenden Sätzen:

»Es ist dem Angeklagten nicht abzusprechen, daß er von seinem Ziele, wieder in den Besitz seiner geliebten Ziehharmonika zu gelangen, ganz gefangen war; doch wäre es sicher falsch, daraus ein edles Motiv abzuleiten. Ganz im Gegenteil war der Angeklagte darauf bedacht, sich einen besonderen Vorteil zu verschaffen. Schließlich ist er Handlungsgehilfe in einer Obstgroßhandlung und nicht Berufsmusiker. Das Instrument war keineswegs lebensnotwendig für ihn, wenngleich selbst eine solche Notwendigkeit nicht zum Gesetzesbruch berechtigen würde. Es muß also schon bedenklich stimmen, daß er mit einem Monatseinkommen von 250 Reichsmark in der Lage ist, für 15 000 Mark einen Zentner Butter zu kaufen. (Stimmt! Mein Gehalt war wirklich niedrig und der Butterpreis unverschämt hoch!) Das ganze Geschäft muß also Vorläufe ähnlicher Art gehabt haben. (Stimmt auch, aber du kannst mir nichts nachweisen). Allein die vorbedachte Art der Ausführung verrät doch genügend Intelligenz, die auch die Größe des Verbrechens erkannt haben muß. (Danke fürs Kompliment, aber mir schenkt keiner etwas, und ich muß deshalb mehr planen.) Die Tat ist verwerflich! (Mehr als deine Hamsterei?) Butter wird aus Milch gewonnen. (Da merkt man doch gleich die Staatsprüfung!) Die durch den Angeklagten der Verteilung entzogene Milch fehlte Müttern und Kindern. (Im Gegensatz zu deiner Milch, die sicher nur für Hühner und Richter geeignet war.) Ja, man kann sagen, daß durch die Handlung des Angeklagten der Tod von Kleinkindern herbeigeführt worden ist, die durch mangelnde Ernährung entkräftet wurden! Die Schwere des Gesetzes hat ihn deshalb zu treffen.« Da riß es mich vom Stuhle hoch, und ich bat eine Erklärung abgeben zu dürfen. Der Richter gab mir die Erlaubnis, weil er ein Schuldbekenntnis erwartete, einen grandiosen Akt der Reue. »Hohes Gericht«, hob ich an, »wenn meine Tat Kindsmord war, dann klage ich die deutschen Behörden des tausendfachen Kindsmordes an. Es gibt Industriezweige, deren Beschäftigte laut Gesetz bevorzugt werden. Einmal durch erhöhte Zuteilungen an Lebensmitteln, außerdem durch Deputate an den Erzeugnissen. Niemand in diesem Lande wurde gefragt, ob er mit der Klassifizierung einverstanden ist. Denken Sie nur an den Bergbau, der mit solchen Lockungen einen Schwarzhandel an Arbeitskräften betreibt. Essen und Kohle gegen Menschen! Hier verdirbt der Staat durch böses Beispiel die Sitten. Ich weiß genau, daß die Schuhfabrik Salamander in Kornwestheim jedem Arbeiter neben dem Lohn wöchentlich ein Paar Schuhe überläßt. Mit Billigung der Behörden. Dieser Artikel ist bewirtschaftet. Wer benötigt 52 Paar Schuhe im Jahr? Ein Paar Schuhe, das weiß jeder Mensch im Saal, kostet heute vier Pfund Butter. Wer kann ausrechnen, wieviel Pfund Butter über die Zuteilung hinaus nach Kornwestheim gehen? Mit Wissen und Willen der Behörden! Wer mag ausrechnen, wie viele Kinder somit die Behörden in Württemberg jährlich töten? Und ausgerechnet ich soll ein Kindsmörder sein? Jawohl, ich habe unrecht gehandelt! Das soll man nicht. Aber ich klage diese Ordnung an, in deren Namen ich hier verurteilt werden soll!«

Jetzt schlief keiner mehr im Raum. Der Anwalt schlug die Hände über dem Kopf zusammen und sagte mir ins Ohr: »Das kostet Sie die Bewährung!« Der Richter wurde puterrot, und der Saal mit seinem Beifallsgesumme trieb seinen Blutdruck über zweihundert. Das Deutsche Reich war zerbrochen, aber der Kammergerichtsrat sah sich mit dem Rest an Staat noch so verbunden, daß er sich angegriffen fühlte. Dafür muß ich ihn heute loben und einen guten Beamten nennen. Er diente dem Staate und nicht der Logik. Wie viele vor ihm und nach ihm.

Und dann fiel er über mich her, wie man es von einem Richter gegenüber einem Gesetzesbrecher erwarten kann. Mit der Waffe des Strafgesetzbuches streckte er mich nieder. Und siegte. Das Urteil lautete: drei Monate ohne Bewährung. Der Rest der Strafe wurde bis zu einem Termin nach Weihnachten ausgesetzt, den das Gericht bald bekanntgeben wollte. Der Verurteilte durfte zunächst seinen ständigen Wohnsitz aufsuchen.

Es ist mir bis heute noch nicht klar, ob an diesem Heimaturlaub über Weihnachten die schreckliche Überbelegung des Weilheimer Gefängnisses schuld war oder ob die Logik des Richters in seinem Innersten nicht doch etwas angekränkelt war. Jedenfalls erfüllten mich Dankbarkeit und Verzeihen. Wir schieden voneinander wie faire Gegner nach dem Kampf. Meine Frau war nicht bei Janos, sondern erwartete mich zu Hause mit einer kleinen Feier und Küssen, die man sogar für aufrichtig halten konnte.

Wiedergutmachung

Das Weihnachtsfest sollte wahrhaftigen Christen unabhängig von äußeren Umständen immer ein Fest der Freude sein. Ich gab mir auch alle Mühe, in feierliche Stimmung zu kommen, obwohl die äußeren Umstände im Jahre 1947 wenig erfreulich waren. Es gelang mir nicht. Immer wieder mußte ich daran denken, daß meine Ehe wie eine Gesellschaft mit beschränkter Haftung war, in der vor allem meine Mitgesellschafter bei kleinsten Einlagen regelmäßige Entnahmen tätigten. Durch das Mißlingen meines Buttergeschäftes war ich außerdem in eine üble Wirtschaftslage geraten. Pleite auf zwei Ebenen! Mit Geld in den Fingern kann sich ein gehörnter Ehemann wenigstens rächen oder trösten. Ein armer Teufel erntet im besten Falle Mitleid. Und das schmerzt auch. So sehr es mich im Gerichtssaal gefreut hatte, über Weihnachten Urlaub zu bekommen, so sinnlos erschien mir in der Heiligen Nacht die Freiheit. Im Gefängnis hätte ich nicht trauriger sein können.

Das ehrbare Geschäft des Obst- und Gemüsehandels schlief durch den Mangel an Handelsware mehr und mehr ein. Mein Chef legte mir, zu Tode geängstigt, wieder einmal nahe, nur keine illegalen Transaktionen im Rahmen seiner Firma vorzunehmen, weil er doch als alter Parteigenosse sowieso immer um seine Lizenz fürchten müsse. Ich versprach ihm feierlich, keinen Anlaß zu geben und das Geschäft in Übereinstimmung mit den behördlichen Richtlinien zu führen. Durch die strikte Befolgung aller Gesetze versiegte der Warenumschlag nun völlig. Wenn ich mit einem Zuteilungsschein des Ernährungsamtes in den Anbaugebieten ohne Zigaretten auftauchte, bewunderten die Behörden dieser Gebiete meine Harmlosigkeit und schickten mich mit einer Bestätigung zurück, auf der mir bescheinigt wurde, daß ich zwar dagewesen sei, die Sammelstellen zu diesem Zeitpunkt aber leer gewesen seien. Mein Spediteur machte dann einige persönliche Besorgungen, damit die Reise nicht ganz nutzlos war, ich sah zu, wie andere LKWs beladen wurden und sonnte mich in meiner Korrektheit.

Der Gesamtverlust aus meinem Buttergeschäft betrug inklusive der 3000 Mark Strafe, einiger Gerichtskosten und dem Honorar für den Anwalt fast zwanzigtausend Mark. Nach den damaligen Kursen 200 Päckchen Zigaretten oder mein Gehalt für etwa sieben Jahre. Eine solche Bilanz konnte den besten und nervenstärksten Kaufmann erschüttern, schrie aber geradezu nach Konsolidierung und entschlossenen Maßnahmen.

Zum Glück war Weilheim gesegnet mit Wirtschaftsberatern, die in Polen als Schneider und Schuster von der Pike auf gedient hatten und nun im Bräuwastl die Börse beherrschten. In Anzügen mit breiten Nadelstreifen brachten sie bei südländischer Mimik die Wirtschaft in Gang. Einer von ihnen meinte, ich solle von Lebensmitteln die Finger lassen. Die Hartware sei sicherer. Zum Beispiel goldene Stoppuhren aus der Schweiz. Da koste eine einzige schon 12000 Mark, und pro Uhr ließen sich leicht 2000 Mark verdienen. Ich mußte ihm recht geben, aber auch mein Leid darüber klagen, daß ich kein Kapital besäße, um solche Geschäfte zu machen. »Na, biste a anständiger Mensch, werde ich machen a Panose mit dir ohne a einzige Mark, wenn de hast a Kunden, wo mir wern bescheuern.«

Drei Wochen nach dieser unentgeltlichen Beratung traf ich einen »Kaufmann« bayerischen Geblütes, der wegen der schlechten Geschäfte bei seinem Arbeitgeber, der Waffen-SS, von der Militärwissenschaft auf Textilien, speziell englische Tuche aus Zellstoff, umgesattelt hatte. Er rühmte seine Branche und vor allem einen hervorragenden Kunden aus Peißenberg, der wahllos und zu höchsten Preisen zusammenkaufe, was nur zu haben war. Ich bat ihn, seinen Geschäftsfreund zu fragen, ob er auch Interesse an goldenen Stoppuhren habe. Wenn man damals goldene Stoppuhren sagte, wußte jeder gebildete Mensch, daß die Rede von riesigen Armbanduhren war. Groß, rund und hoch wie Taucheruhren. Mit gewaltigen Knöpfen, um ohne vernünftigen Anlaß die Sekunden stoppen zu können. Sie waren das Statussymbol der Schwarzhändler von der Mittelklasse aufwärts, und im Bräuwastl hatten alle displaced persons ein solches Unding am Arm.

Der Peißenberger ließ mir sein Interesse mitteilen und bat um einen Termin für eine konkrete Vorlage. Ich eilte zu meinem »Wirtschaftsberater« und versetzte ihn in rasante Geschäftigkeit. Zwei Tage später wartete ich in meiner Wohnung auf den Mann aus Peißenberg. Mein Wirtschaftsberater hielt sich mit zehn Uhren im Schlafzimmer der gleichen Wohnung auf. Er gab mir ein Muster zu treuen Händen und nannte als äußersten Preis bei geschlossener Abnahme des ganzen Postens RM 11 500.– pro Stück. Pünktlich, wie es sich für seriöse Kaufleute schickt, kam mein Kunde mit dem Fahrrad durch den Schnee gestrampelt. Ärmlich gekleidet und wahrhaftig eines Almosens würdig. Deshalb beschloß ich meine Preisgestaltung sozial zu machen und nur 14 000 Mark pro Stück zu verlangen. Außerdem hatte ich Angst, aus übergroßer Gier vielleicht das ganze Geschäft zu verderben. Mein Kunde bekam glänzende Augen, als er das Gold funkeln sah, machte aber aus Tradition die Ware mies und begann mit mir zu handeln. Bei 13 500 waren wir einig. Ich bat ihn, das Geld vorzuweisen. Mit ruhiger Hand holte er aus der Klemme seines Gepäckträgers am Fahrrad ein Päckchen, das in alte Zeitungen gewickelt war, öffnete es und ließ lumpige 150 000 Reichsmark auf den Tisch fallen, zählte davon 135 000 ab und erbat die Ware. Das Herz schlug mir bis zum Halse, als ich ins Schlafzimmer eilte und die übrigen Uhren holte. Der arme Mann aus Peißenberg steckte die Uhren in die Hosentasche, übergab mir die Kaufsumme und schwang sich auf sein Rad.

Der Jude in meinem Schlafzimmer war froh, daß kein Kriminaler die Uhren gekauft hatte. Am frohesten aber war ich, denn nun sah meine Existenz wieder gesicherter aus.

Leider geriet die Existenz meines Kunden aus Peißenberg ins Wanken. Denn einen Monat später las ich in der Zeitung, man habe bei einem Molkereileiter in Peißenberg bei dessen Verhaftung 50 Ballen Anzugstoff, 20 Schreibmaschinen und zehn goldene Uhren gefunden. Der Umfang seiner Schwarzmarktgeschäfte sei noch nicht ganz zu übersehen. Mein Kunde war jedoch ein Ehrenmann, wie es in Peißenberg keinen zweiten gab. Er nannte keinen seiner Lieferanten, vor allem nicht jenen, welcher einschlägig vorbestraft auf Ehrenwort in Freiheit weilte.

Comeback

Der Schnee schmolz im Frühjahr 1948 schneller als mein Geld, das ich schön vernünftig einteilte und nur zu den allernötigsten Zukäufen von Eßbarem auf dem Schwarzmarkt langsam aufbrauchte. Von den Zuteilungen allein zu leben war nahezu unmöglich. Die Lebensmittelkarten waren nie so schwach bestückt wie in diesen Monaten, und von den vorgedruckten Einheiten wurden nicht immer alle Mengen verteilt. Ich entsinne mich verschiedener Wochen, in denen die Gesamtzuteilung an Fetten aller Art für die ganze Woche nicht größer war als heute eine Frühstücksportion Butter in den Hotels. Eine ganze Nation lebte in Leberdiät und war eigentlich physisch ganz gesund. Tägliche Fußmärsche in einer Luft ohne Abgase, wenig Nikotin und Alkohol, fettarme Kost – wenn das nicht gesund ist! Die Schlafzimmer waren kalt, der Stromverbrauch rationiert und reichlicher Schlaf das sicherste Mittel, sich die Arbeitskraft zu erhalten.

Und es wurde gearbeitet in dieser Zeit! Die Fabriken produzierten, soviel die Materiallieferung erlaubte. Die Mehrzahl der Produkte ging in den Export, der in Form von Tauschgeschäften wieder Rohstoffe einbrachte. Die Löhne in schandbar geringer Höhe reichten aus, um zu kaufen, was die Zuteilungen gestatteten und ermöglichten auch die Zahlung der sehr niedrigen Wohnungsmieten. Die Lage der Sachwertbesitzer ohne Produktionsstätten, also der Haus-, Grund- und Aktienbesitzer, war ebenfalls nicht rosig. Sie konnten nichts von ihrem Besitz herunterschneiden, um zu leben, von den geringen Mieteinnahmen ihre Häuser nicht richten lassen und auch keine Dividende erwarten, denn Gewinnausschüttungen waren nicht üblich. Wer seinen Besitz unbeschädigt über den Krieg hatte retten können, durfte auch noch damit rechnen, einen erheblichen Teilwert als sogenannten Lastenausgleich dem Staat zuführen zu müssen.

Die erste Verlagerung ging zu Lasten der älteren Sparer, gleichgültig ob sie ihre Hoffnungen auf Konten, Goldstücke, Schmuck oder Kunstwerte gesetzt hatten, als sie noch zu Geldverdienern gehörten. Stückweise mußten sie sich, um ihr nacktes Leben zu retten oder um für ihr altes Herz eine Tasse Kaffee zu erstehen, von den Dingen trennen, die heute hoch im Kurs stehen. Weil sie nicht sterben wollten, schufen sie eine neue Klasse von Kunstsammlern. Die unberechtigte Bereicherung der Nazis an fremdem Gut wurde gesühnt.

Der Aufstieg einer neuen Kategorie von Mensch blieb der Öffentlichkeit nicht verborgen: die Günstlinge unserer Besatzungsmächte. Alle Ämter und einträglichen Geschäfte waren bis 1945 in Händen von Freunden der Partei gewesen. Damit soll nicht gesagt sein, daß die Amtsträger grundsätzlich unfähig waren, aber sie galten als korrumpiert. In den Augen der Bevölkerung und in den Augen der Besatzer. Auch der korrekteste Buchhalter einer Verbrecherbande kann nicht erwarten, nach deren Auflösung einen Vertrauensposten bei einer Bank zu bekommen. Das Vakuum in Ämtern und Wirtschaftspfründen zu füllen war Aufgabe der Besatzungsmacht, derer sie sich nach der einfachen Methode entledigte: Geeignet ist, wer nicht in der Partei war. Doppelt geeignet ist, wer außerdem Englisch spricht, dreifach geeignet, wer darüberhinaus die richtigen Kontakte zu knüpfen verstand. Weil die NSDAP rechtsextrem war, galten die Anhänger der politischen Linken als aussichtsreichste Kandidaten für die zu vergebenden Ämter. Um Schutzmann zu werden, eine Lizenz für eine Zeitung zu bekommen oder Teigwaren zu importieren, empfahl es sich, den Mantel mit der roten Seite nach außen zu tragen. Eine Seite, die angeblich schon immer so gefärbt war, aber im Dritten Reich verdeckt getragen werden mußte. Unsere Besatzer konnten das nicht immer so genau prüfen. Das Fälschen von Fragebogen wurde hart bestraft, das Unentdecktsein reich belohnt. In dieser Zeit wurde wie um 1933 das Denunzieren wieder Mode, doch widerte es die fremden Mächte offensichtlich mehr an als die Führer des Jahres 1933. Die oftmals an den Tag gelegte Verachtung gegenüber der Bevölkerung hatte nicht zuletzt daher rühren können.

Eine weitere Gruppe von Gewinnern steht immer noch im Kreuzfeuer der Diskussion. Je nach Position des Betrachters wird sie recht einseitig beleuchtet. Ich will hier den Versuch einer leidenschaftslosen Betrachtung der Realität unternehmen, die jeder gewitzte Mensch zu seinem eigenen Vorteil genutzt hätte.

Wie schon berichtet, produzierten die Fabriken bzw. deren Fragmente mit billigsten Arbeitskräften. Monatslöhne von 300 Mark, also drei Schachteln Zigaretten, galten als normal. Die deutsche Ware konnte auf der ganzen Welt ohne Mühe konkurrieren. Wenn der Erlös durch Tauschgeschäfte in Rohstoffen bestand, mußte ein erheblicher Gewinn dadurch verbleiben, daß die Arbeitskraft praktisch nichts kostete. Ein ganzes Volk arbeitete drei Jahre lang billiger als Ordensschwestern. Die Schwestern tun das, um im Jenseits entlohnt zu werden, unsere Arbeiter taten es, um irgendwann im Diesseits wieder menschenwürdig leben zu können. Heute wissen wir, daß die Rechnung der Arbeiter aufging. Was die Welt so simpel das deutsche Wirtschaftswunder nennt, ist nichts anderes als der Lohn für die Entbehrungen während dieser Jahre. Jedermann hat noch heute die Chance, im eigenen Bereich dieses Wunder zu vollbringen. Verzichten Sie drei Jahre auf alles, was über die notdürftigste Ernährung hinausgeht, und prüfen Sie dann Ihren Kontostand! Sie werden Ihren Nachbarn überlegen sein. Und natürlich beneidet werden, denn niemand hatte an Ihrem Hunger teilgenommen.

Noch besser ging die Rechnung der Unternehmer auf. Es bestand gar keine andere Möglichkeit, als die Gewinne in Form von Vorräten anzulegen und anzusammeln für den »Tag X«, den Tag, der kommen mußte, und von dem an nicht mehr die primitive Tauschwirtschaft, sondern die altgewohnte Wirtschaft mit kaufkräftigem Geld das Leben beherrschen würde. Die Vorratsvermögen wuchsen unaufhörlich, und die Produktionsanlagen verbesserten sich zusehends. Von den späteren Konkurrenten unbemerkt, vollzog sich ein nie dagewesener Aufmarsch der Geschlagenen an einer neuen Front: in Japan und in Deutschland. Im kapitalistischen Teil Deutschlands. Die Angst, Privatpersonen verdienen zu lassen, ist nämlich ein verläßliches Mittel, außergewöhnliche Erfolge in den Volkswirtschaften zu unterbinden. Millionäre sind der Preis, und wenn man es so empfindet, die Schönheitsfehler solcher Erfolge. Es müssen nur recht viele Millionäre sein. Auch solche, die ihr Vermögen nicht halten können und es wieder umverteilen auf neue Anwärter, die auf der Warteliste stehen.

Der Schutzmann, der meine rosigen Zeiten abrupt beenden wollte, mußte ohne mich ins Gefängnis gehen. Ich hatte nämlich eine gesunde Außenpolitik betrieben und in München bei höheren Gerichten um Strafaufschub gebeten. Die versagte Bewährung wollte ich auf kaltem Wege durch mehrmaligen Aufschub bis zu dem Zeitpunkt gewinnen, wo die Gefängnisse wegen Überfüllung gezwungen waren, auf Reservisten zu verzichten. Ich erhielt also ein Papier mit dem Vermerk, daß der weitere Vollzug zunächst auszusetzen sei. Hei, welche Wonne, so ein Dokument einem Beamten vorzuweisen, der vom Kammergerichtsrat B. zu mir geschickt worden war, um mich büßen zu lassen! Mein Richter tobte, wie ich aus verläßlicher Quelle hörte, und schwor beim Heiligen Knast, mich wieder einzufangen. Ich fuhr erneut nach München und kümmerte mich um die Verlängerung meiner Freiheit. Richter B. war dort bekannt, aber nicht sonderlich beliebt, und meine Schonzeit triumphierte wieder über seinen Jagdschein. In Seelenruhe erwartete ich den nächsten Polizeibesuch, den ich wie schon den ersten erfolgreich abwehren konnte. Jetzt zog B. alle Register, einschließlich der Militärregierung, und die Sache Pf. barg den Keim eines Skandals in sich. Soviel war ich aber nur meinem Richter wert. Die Gönner in München machten schon darauf aufmerksam, daß jetzt B. gewinnen würde. Schade um diese Partie! Sie war so spannend und zog sich über die Ostertage und das ganze herrliche Frühjahr hin!

Die Dörfer um Weilheim versanken langsam wie jedes Jahr im frischen hohen Gras. Die Jugend stellte die Skier wieder in den Keller und holte die Fahrräder dafür nach oben. Am Sonntag fuhr sie mit der billigen Eisenbahn ohne Brettln nach Süden zum Bergsteigen. So wie es auch heute noch all diejenigen machen, die sich von der Schöpfung angesprochen fühlen, wahrhaftig jung sind und ihre Kräfte an der Natur messen.

Meine Leistung als Staatsbürger war denkbar gering. Selten,

ganz selten verirrten sich einige Mohrrüben oder Krautköpfe aus irgendeiner Gegend in den Bereich des Ernährungsamtes Weilheim. Ich wog sie ab und fuhr sie weite Strecken zu den bevorrechtigten Empfängern, meist Krankenhäuser oder Altersheime. Die Fracht war immer teurer als die Ware selbst, aber nach dem Preis wurde sowieso nicht gefragt. Er war laut Verordnung mit 25 Prozent auf den reinen Warenwert zu Stoppreisen kalkuliert und für beide Partner völlig uninteressant. Mir war das ganze Geschäft gleichgültig, meinem Chef auch und den Behörden nicht minder. Lediglich die Freude der Empfänger konnte als Ansporn betrachtet werden.

In der reichlichen Freizeit wartete ich auf den Schutzmann und überlegte, wie ich ihn überlisten könnte. In solchen Stunden wurde mir bewußt, was es heißt, auf die Verhaftung zu warten. Bei jedem Klingelton den Verlust der Freiheit befürchten zu müssen. Tausende haben das im Dritten Reich erleiden müssen, aber in Erwartung größerer Pein als des Holzhackens im Gefängnishof. Und Tausende leben noch heute so in den verschiedenen Diktaturen. Faschistischen und kommunistischen, die alle das Glück der Menschen als höchstes Ziel benennen.

Ich brachte einen Spiegel am Fenster an und konnte so bei jedem Läuten sehen, wer Einlaß begehrte. Notfalls also durch den zweiten Ausgang, vorne durchs Büro, verschwinden. Diese Sicherheitsmaßnahme erwies sich als nützlich.

Fast zärtlich klang das Glöckchen der Wohnungsklingel. Der Beamte bemühte sich, sein Läuten zu tarnen wie das schüchterne Klingeln eines Hausierers am Samstagnachmittag. Hier brach der Staat nicht mit roher Gewalt in die Wohnung seiner Bürger, sondern vollstreckte diskret das Urteil des ordentlichen Gerichtes. Wollte vollstrecken! Denn ich sah den Schutzmann im Spiegel und flüchtete durch die andere Türe. Die Zellengemeinschaft mit anderen Gesetzesbrechern erwies sich jetzt als sehr lehrreich, weil ich nicht mehr spontan, sondern sehr überlegt meine nächsten Schritte überlegte. Mein Ziel hieß München, Justizpalast. Zum Bahnhof waren es nur wenige Schritte. So wenige, daß sogar die Polizei auf die Idee gekommen wäre, mich dort zu suchen. Also wandte ich mich der schönen sommerlichen Natur zu und wanderte durch die saftigen Wiesen.

Es war ein unvergeßlicher Gang! Jeder Schritt entfernte mich vom Gefängnis und trug mich tiefer in die versteckten Schönheiten der Natur. Ich fand Wege wie in altmodischen Kinderbüchern, wo Grillen und Schnecken miteinander plaudern, wo Zwerge unter Fliegenpilzen hausen und Eulen kluge Ansprachen halten. Die Birken waren am allerschönsten anzusehen. In ihrer Nähe einige Torfhütten, aus denen der wohlig warme Geruch strömte, der diesem Brennstoff so viel Gemütlichkeit verleiht. Torf hatte mich schon immer allein durch den Anblick erwärmt, noch ehe er im Ofen glühte. Heute aber war es heiß von der Sonne und ein Stück Weg durch den Wald eine willkommene Erfrischung. Im Mai ist der Waldboden noch schön feucht und der Nadelwald nicht so stachelig-trocken, daß man sich nach Laubbäumen sehnt. Federnd sprang ich auf den Nadeln der letzten Jahre zwischen den Stämmen der Lichtung entgegen und stieß auf eine Bahnlinie. Minuten später stand ich im vergessenen, heute noch verschlafenen Bahnhof Diemendorf und löste die Karte nach München. Eine Stunde später verließ ich den Zug im Starnberger Bahnhof zu München.

Der Weg zur Justiz war kurz, meine Unterredung nicht viel länger. Man schenkte mir freundlich reinen Wein ein und gab zu bedenken, daß mein Richter nicht mehr auf normalem Wege davon abzubringen sei, mich zu Ende büßen zu lassen. Ich solle doch wegen der sechs Wochen den Mut nicht sinken lassen. Schließlich hätte ich acht Jahre Wehrmacht gut überstanden. Dann wurde mir noch der Rat zuteil, nach der Rückkehr gleich zur Polizei zu gehen und um Einlieferung zu bitten. Nach der Rückkehr! Also schob ich die Rückkehr noch einen Tag hinaus. Quartier hatte ich bei meinen lieben Tanten und konnte mir somit ohne Sorge einen ganzen Tag für München vornehmen.

Es gibt genügend Bilder aus jenen Tagen. Und doch will ich die Stadt im Jahre 1948 schildern. Von den Häusern in der Innenstadt stand damals höchstens jedes zweite oder dritte. Der Schutt war weggeräumt, weil der alte Oberbürgermeister den Dreck nicht hatte sehen können und die braven Bayern dazu überreden konnte, für miserables Geld die Schaufel in die Hand zu nehmen. In diesem Jahre war keine der zerstörten Städte so weit vom Schutt befreit wie München. Ich hatte manchmal Gelegenheit, Vergleiche anzustellen und wunderte mich. Den unproduktiven Teil des Aufbaus hatte man dadurch mit wenig finanziellem Aufwand vorweggenommen.

Die abgeräumten Flächen, auf denen früher stattliche Geschäftshäuser gestanden hatten, waren entweder Leerstellen in der Bayerischen Landeshauptstadt oder Standfläche für irgendwelche Buden, die Betrieb vortäuschten. Der eigentliche Handel fand in der Möhlstraße in Bogenhausen statt, wo man alles erstehen konnte, wenn man das nötige Geld für die Schwarzmarktpreise hatte. Das Geschäft wurde ausschließlich von den Juden betrieben, die als Form der Wiedergutmachung von der Rechtssprechung übersehen wurden. Die Schwarzhändler konnte man an ihren Aktentaschen erkennen, in denen sie ihre »Lager« untergebracht hatten. Auch die nichtjüdische Bevölkerung hatte ihre Handelsplätze, und ich wunderte mich, wie gering das Interesse der Polizei in der Großstadt an diesen Geschäften war. Von Zeit zu Zeit fand ein razziaähnlicher Einsatz statt, der die Plätze schnell leerfegte und bestenfalls ein altes Mütterchen um den soeben teuer erstandenen Nescafé brachte. Die Einwohner Münchens sahen nicht kränker aus als die der Provinzstädte. Es gab noch genügend Verbindungen aufs Land, um dem Hungertode zu entgehen.

Und es gab Unterhaltungen, um der Langeweile zu entgehen. Die Theater spielten mit den besten Kräften, die sich aus Berlin nach hier verkrümelt hatten. Teils für Geld, teils für Naturalien und immer für ein interessiertes Publikum. Die Theater, das waren nicht die heute bespielten, wiederaufgebauten Bühnen, sondern kleine Notbehelfe, in denen die Kunst schon oft ihre Höhen erreichte. Die bekannteste Stätte war die Schaubude in der Reitmorstraße, an die viele namhafte Künstler heute noch gerne zurückdenken. Alle schönen Kirchen waren zerstört, das kirchliche Leben aber von den Fesseln der Diktatur befreit und auf bayrisch-barocke Art erblühend. Das schönste Gewölbe der Stadt war immer noch der weiß-blaue Himmel. Anstelle der Orgeln klangen die Vogelstimmen im Englischen Garten mit doppelter Kraft. Möven und Krähen gab es weniger als heute, weil die Menschen ihre Abfälle selber aßen. Auch die Tauben hatten ein hartes Los. Das lag an ihrer Genießbarkeit. Am besten ging es den Hunden. Ihre Besitzer hungerten lieber selbst, als daß sie ihre Lieblinge darben ließen. Die Einwohnerzahl hielt sich in Grenzen durch eine strikte Zuzugssperre selbst für Münchner, die als Folge der Bombennächte außerhalb wohnten und keine Bleibe in der Stadt nachweisen konnten. Die Umgangssprache war damals noch Bayerisch.

Richter B. in Weilheim beherrschte diese Mundart nicht. Er konnte ja nichts dafür, aber in meinen Gedanken wirkte dies wutverstärkend, als ich wieder im Zuge saß und die hügelige Voralpenlandschaft ansteuerte. Fünfzig Kilometer lang belegte ich ihn mit allen mir geläufigen Schimpfworten. Dann rannte ich vom Bahnhof zur Wohnung und sofort mit dem Waschzeug ins Gefängnis. Der Empfang war herzlich wie bei alten Bekannten nicht anders zu erwarten. Im Fürstenzimmer war eine Pritsche frei. Unter den Insassen befand sich keiner, den ich noch von früher kannte, weil die »unfreiwillig länger Dienenden« nach der Verurteilung in andere Anstalten kamen. Mein froher Ton und meine Vertrautheit mit dem Aufseher-Corps erweckte in einigen Gefangenen den Argwohn, ich sei ein Spitzel der Polizei. Ich ließ sie in dem Glauben, um Neid zu vermeiden.

Schönes neues Geld

Die erste Nacht auf dem Strohsack war wieder etwas hart. Aber alle weiteren Nächte zeichneten sich durch besten Schlaf aus. Das Holzhacken im Hof gab Kondition und Müdigkeit zugleich. Bei sehr schlechtem Wetter ließ ich mir als »Intellektueller« geistige Arbeit zuteilen und klebte die zerschlissenen Bücher unserer Leihbibliothek, die noch nicht ganz vom völkischen Gut gereinigt war. Das lag nicht am bösen Willen des Direktors, sondern daran, daß er überhaupt nie las und schon gar nicht die schmierigen Bücher der Anstalt. Ob die Aufseher des Lesens kundig waren, weiß ich nicht mehr so genau. Sie verließen sich in diesem Punkte auf mich, und ich sonderte alles aus, was ich als schädlich für die demokratische Erziehung bezeichnete. Das waren in erster Linie die Bücher, die ich nicht mehr flicken wollte, weil sie zu liederlich zugerichtet waren. Manchmal las ich stundenlang Heldengeschichten aus dem Kriege 70/71 oder von der kaiserlichen Marine. Davon hatte die Bücherei recht viele. Die Marine hatte in Weilheim nämlich Tradition. Admiral Hipper stammte aus dieser Stadt. Man konnte seinen Namen täglich an einer Eisenhandlung lesen, die seinen Verwandten gehörte. Aus Weilheim stammte auch Krumper, der berühmteste Bildhauer und Eisengießer des bayerischen Barock. Von ihm war nichts in der Bücherei zu lesen. Auch anregende Literatur aus der Welt der Liebe fehlte völlig. Solche Bücher wären ihrer besten Seiten beraubt worden, und selbst meine Kunst hätte die Wunden nicht mehr heilen können. Wissenschaftliche Arbeit kann nicht im Akkord geleistet werden. Das war auch der Anstaltsleitung bekannt. Das Tempo wurde allein von mir bestimmt. Es war schwankend. Und trotzdem war nicht aufzuhalten, daß eines Tages alle Bücher in Ordnung waren. Es wurde mir nämlich zu langweilig, und so meldete ich die Vollendung meiner Aufgabe.

Die Vorgesetzten erkannten Qualifikation und Zuverlässigkeit ihres alten Zöglings mit sicherem Blick und gaben mir eine noch größere, noch ehrenvollere Aufgabe. Ich kam als Schreiber ins Büro! Nun unterschied ich mich von einem Aufseher nur noch durch die Uniform und die Gewißheit, daß ich irgendwann einmal hier herauskommen würde. Gegenüber von einem Beamten hatte ich meinen Platz am Schreibtisch und zog Linien in Bögen, machte Strichlisten, führte Tagebücher mit und ohne Vorkommnissen, und ich telefonierte, wenn ich allein war, auf Staatskosten mit meiner Frau und einigen Freunden.

Besonders schön waren immer die Neuaufnahmen. Die armen Opfer, meist kleine Gauner oder Schwarzhändler, Landstreicher oder Gelegenheitsdirnen, erzählten für mein Protokoll herrliche Lügengeschichten über Herkunft, Beruf und Schicksal. Oft waren die Geschichten sich sehr ähnlich, aber ich lernte doch immer wieder neue Varianten kennen. Rittergüter im deutschen Osten, frühere Triumphe auf der Bühne, Abenteuer im brasilianischen Urwald und mächtige Freunde in höchsten Ämtern zogen vor meinem geistigen Auge vorbei. Die Geschichten waren weitaus spannender als die ganze Bücherei zusammengenommen. Sehr anschaulich war auch die Habe, die alle Einsitzenden im Büro gegen Quittung abgeben mußten. Man glaubt nicht, mit wie wenig der Mensch wirklich auskommen kann! Und was ein einsamer Strolch als Kostbarkeit hütet. Bei Damen war der Blick in die Tasche ein Blick in die Seele, oft auch ins Gewerbe.

Ein kleines Gerücht schlich sich vom Haupteingang langsam die Gänge entlang, die Treppen hoch und in unser Büro. In der Stadt war es schon ein Ungeheuer, aber der Ableger in unserem Bau machte sich auch schon recht breit. Es hieß, in Kürze würde die Militärregierung neues Geld ausgeben und all die vielen

Geldscheine seien dann nichts mehr wert. Der Gedanke war ungeheuerlich. Aber auch tröstlich, wenn man an die Kerle dachte, die es in dicken Bündeln aus der Tasche zogen. Man sprach von einem Umtausch eins zu zehn oder noch rigoroser. Als Gehaltsempfänger war ich mit den Beamten einer Meinung, daß dies nur zu unserm Vorteil sein konnte. Im Unterschied zu meinen uniformierten Kollegen war ich aber nicht so sicher, anschließend noch eine feste Anstellung zu haben. Vor allem befürchtete ich, am Tage X noch im Gefängnis zu sitzen und meinen Posten im Gemüsehandel an einen zur Zeit freien Mann zu verlieren. Mein Chef hätte sagen können, daß er für die wiederauflebende Wirtschaft tätig sei, nicht einsitzende Mitarbeiter benötige. Jetzt war es ihm noch egal, ob er lumpige 250 Reichsmark zahlen mußte für einen Nichtstuer wider Willen. Ich begann mich für den Kalender zu interessieren und fixierte meinen Entlassungstag. Die Existenzangst kroch hoch wie damals am Tage des Waffenstillstandes. Die Gerüchte wurden deutlicher. Sie verdichteten sich zu Ausführungsbestimmungen für Gefängnisse. Es wurde angeordnet, daß alle Barbeträge der Insassen in einer Liste für den Umtausch zu erfassen seien. Gleichzeitig kam die Nachricht, daß innerhalb der ersten Woche nach dem Umtausch Hartgeld im Verhältnis eins zu zehn und die Ein-Mark-Scheine wie zehn Pfennig-Stücke vorläufig weiterverwendet würden. Und dann schlug die Bombe ein! Der Termin der Währungsumstellung stand fest. Es war der Tag meiner Entlassung!

Auch die kleinste Vorsorge ist hilfreich. Bei der Anfertigung der Vermögenslisten unserer Insassen prüfte ich, wer erst nach der ersten Woche mit neuem Gelde entlassungsreif war und tauschte deren Ein-Mark-Scheine gegen größeres Geld aus meinem Depot. Das schadete den Gefangenen nicht und nützte mir, indem ich zusätzliche Valuta für die erste Zeit der Deutschen Mark schöpfte. Fast 200 Mark, also 20 Mark in neuem Geld wechselten ihren Besitzer. Da jeder Bürger 40 neue Mark als Kopfgeld erhielt, war ich um 50 Prozent besser dran und dementsprechend gut gelaunt. Ich ahnte nicht, daß es viele Leute gab, die sich durch Warenlager noch ganz anders aufgebessert hatten. Ich war so zufrieden.

Der Abschied vom Gefängnis war rührend. Ich schied aus wie ein Kollege, der versetzt wurde. Mein Bedauern für die lebenslänglichen Aufseher war nicht gering. Nur zehn Minuten hielt es mich zu Hause, bis ich mit meiner Frau stolz zum Empfang des Kopfgeldes schritt. Zweimal 40 Mark in neuen Scheinen nach Art der Dollarnoten. Neues ehrliches Geld, von dem niemand wußte, wie es sich vermehren sollte. Zwei Tage später füllten sich die Schaufenster, und das Geld wurde mehr, vor allem in den Händen der cleveren Leute. Der Traum von der égalité zerplatzte mit der liberté. Ein Volk machte sich auf, die Freiheit zu nützen.

Für mich war alles in Butter, aber Butter war nicht mehr alles, denn bald gab es sie in Mengen zu kaufen. Und wenn ich heute einen Zentner dieser Gottesgabe verschwinden ließe und ins Meer versenkte, gäbe mir der Landwirtschaftsminister eine öffentliche Belobigung. Seine Rede, die ich dem Kammergerichtsrat gerne vorlesen würde, dürfte etwa so lauten:

Meine Damen und Herren!
In dieser schweren Zeit des Überflusses an Milchprodukten hat sich in uneigennütziger Weise ein Bürger bereitgefunden, etwas Besonderes für die Allgemeinheit zu leisten. Wir alle kennen die Not der Milcherzeuger und die ganze Misere, in der sich die Milchwirtschaft der EG befindet. Tausende von Bauern wurden schon von Haus und Hof vertrieben, und weitere Tausende werden den gleichen bittern Weg gehen müssen. Vielleicht hat unser Mitbürger Pf. durch seine große Tat einer Familie die Existenz gerettet. Der Staat dankt seinen Bürgern bekanntlich nicht nur in Worten. In diesem Sinne verleihe ich Ihnen das Butterverdienst... Verzeihung, das Bundesverdienstkreuz zweiter Klasse im Namen unseres Bundespräsidenten!!!

Es gibt ein Land mit Landwirtschaft,
da wird nach dem Gesetz bestraft
und ausgestoßen wie die Pest,
wer ein Stück Brot verkommen läßt.

Es gibt ein Land mit Polizei,
da bringt ein überzählig Ei
in einem Jahr dich vors Gericht
und ein Jahr später wieder nicht,
selbst wenn man 1000 Stück, mit Rahm
vermengt, als Wagenschmiere nahm.

Das erste Land kennt keine Kriege,
das zweite wird regiert mit Lüge.
Man fälscht die Milch, man fälscht das Geld,
zum Gärtner wird ein Bock bestellt,
und wenn der Bürger es entdeckt,
wird heftig Reu und Leid erweckt.

Man wechselt Hymnen und Embleme
und fällt in äußerste Extreme.
Es ist mein Land, ich lieb es sehr,
Doch macht es mir die Liebe schwer.

(Geschrieben im Gefängnis in Weilheim, 1948)

Nachwort

Als ich die erste Niederschrift dieser Erinnerungen im Jahre 1968 beendet hatte, lebte ich schon 20 Jahre mit dem neuen Geld, zehn Jahre in einem neuen Haus, vor allem aber auch 14 Jahre mit einer neuen Frau, die mir bis dahin drei Kinder geschenkt hatte. Für sie alle habe ich mir die Mühe des Schreibens gemacht, damit sie Schlußfolgerungen ziehen können.

Vor allem folgende:

*Die Eier sind immer klüger als die Hennen
und entwickeln sich doch wieder zu Hennen,
deren Gegacker den Eiern auf den Nerv geht.*

Vom Autor Wolfgang Pfaff:

Susuki Grunz:
Das versteht kein Schwein.
Bemerkungen über den Mensch.
ISBN 3-925575-05-7

Wolfgang Pfaff:
Vor Männern wird gewarnt.
Anmerkungen über die Sappho aus Lesbos.
ISBN 3-925575-12-X

Flatus Sextus:
Über den Umgang mit Frauen.
ISBN 3-925575-10-3

Jeder Titel: fester Einband, 70 Seiten,

Satiren für Kenner.

printul

Susuki Grunz

Das versteht kein Schwein

Bemerkungen über den Mensch

printul

»Ein amüsantes Bändchen... ›Übersetzer‹ dieser Gedanken ist der ehemalige Narhalla-Faschingsprinz (von 1958) Wolfgang Pfaff, dem von seinen Faschings-Zeitgenossen immer noch Witz und Humor bescheinigt wird.« *Münchner Merkur*

Flatus Sextus

Über den Umgang mit Frauen

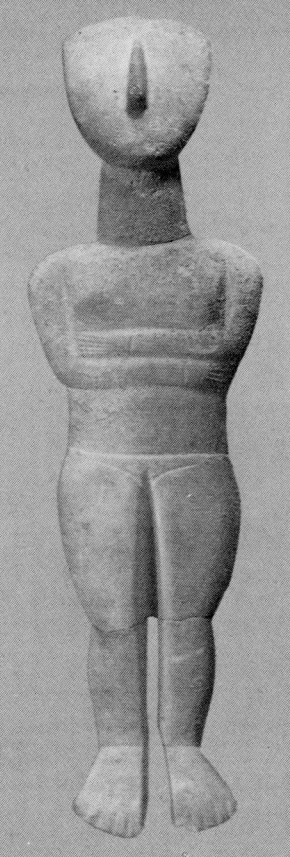

printul

Herausgegeben von Wolfgang Pfaff

Wolfgang Pfaff

Vor Männern wird gewarnt

Anmerkungen über die Sappho aus Lesbos

printul

Politik und Zeitgeschehen bei printul:

Luigi Vittorio Graf Ferraris:
Wenn schon, denn schon – aber ohne Hysterie.
An meine deutschen Freunde.
168 Seiten, gebunden mit Umschlag, mit einem Vorwort von Joachim Fest.
ISBN 3-925575-16-2   2. Auflage 1988
Die kritischen, stets liebenswürdigen Erinnerungen und Anmerkungen des langjährigen italienischen Botschafters.

Ferraris-Pressespiegel.
Mit der Laudatio von Hans-Dietrich Genscher.
36 Seiten, broschiert
ISBN 3-925575-21-9

Joachim Feyerabend:
Kameramann Hans Schrödl.
Für das Fernsehen durch die Welt.
220 Seiten, gebunden mit Umschlag, über 70 Fotos
ISBN 3-925575-04-9 1986
Die packende Reportage über einen der letzten Abenteurer unserer Zeit. Und ein kritischer Blick auf die fragwürdige Auslands-Berichterstattung unserer Fernsehanstalten.

Alfred Jahn:
Thailand. Ganz anders.
Erlebnisse eines deutschen Kinderchirurgen.
180 Seiten, broschiert
ISBN 3-925575-14-6   1987
Der engagierte Arzt arbeitete während des Vietnam-Krieges auf dem Hospitalschiff Helgoland und anschließend über ein Jahr lang in Thailand. Land und Leute erscheinen ganz anders als in üblichen Reiseberichten.

Egon F. Kasper:
Ungarn.
Lebenskünstler auf der Suche nach der kleinen Freiheit.
224 Seiten zzgl. 16 Seiten Bildteil, gebunden mit Umschlag
ISBN 3-925575-02-2 1986
Das vielbeachtete Buch eines Insiders über die frühen Reformbestrebungen der Ungarn, lange vor Glasnost und Perestroika. Mit einem Essay von Horst Krüger.

Torsten Neuborg:
Grenzgefühle. Zerrissen zwischen da und dort.
128 Seiten, gebunden mit Umschlag
ISBN 3-925575-22-7, 1989
Eine Bilanz des ersten deutsch-deutschen Grenzschreibers.